KB050485

제2전정판

정책분석론

THEORY OF POLICY ANALYSIS

권기헌 저

저자서문

정책분석: 분석방법의 다각화를 통한 정책연구의 심화

우리는 바야흐로 4차 산업혁명의 소용돌이 속에 살고 있다. VUCA(*Volatility, Uncertainty, Complexity, Ambiguity*) 즉, 변동성, 불확실성, 복합성, 모호성으로 대변되는 4차 산업혁명은 실체를 보거나 만질 수 없어 정책적 불안감이 더욱 커지고 있다. 한편 기후변화로 인한 자연재난까지 지구 곳곳을 강타하고 있다. 지구온난화에 대응하기 위한 국제협력은 현실에서 잘 작동되지 않은 채 기후변화로 인한 재난의 강도는 점점 더 심해지고 있다.

이처럼 정책학을 둘러싼 엄청난 환경변화는 정책분석의 중요성을 더욱 강화시키고 있다. 극적인 변화의 시대에 절실히 요구되는 것은 정책분석과 문제해결 역량이다. 지식정보 시대는 '무엇에 대한 지식'(*know-what*)보다 '분석에 대한 지식'(*know-how*)을 요구한다. 정책분석에 대한 다양한 이론적 토대와 철학적 인식을 기반으로 정책실패와 정책성공이 교차하는 분기점에 대한 다양한 정책사례들을 분석하고 학습하는 능력이 필요하다. 21세기 정책 화두는 다양성, 창의성, 실용성이다. 다양성과 창의성을 토대로 실용성을 추구해야 한다. 21세기는 4차 산업혁명의 잡히지 않는 실체 속에서 고민하고 있다. 바람처럼 잡히진 않지만 무시할 수 없는 실체 속에서 바람 위에 올라탄 국가는 바람과 같은 속도로 발전하고 있다.

변화와 속도의 시대이다. 변화를 경영해야 하고, 엄청난 속도 속에서 살아남은 민첩성 있는 정책분석이 필요하다. 이에 본서는 정책의 본질과 쟁점을 이해하고, 정책실패와 정책학습에 대한 분명한 시각을 토대로 정책분석에 대한 이론과 사례에 대해 학습하려는 목적으로 집필되었다.

정책학은 문제해결을 지향하면서(*problem-orientation*), 시간성과 공간성의 맥락성(*contexuality*)을 가지면서, 순수학문이면서 응용학문으로서 연합학문지향성(*inter-disciplinary approach*)을 지닌다. 정책학을 바르게 이해하려면 계량분석과 정책분석 기법뿐만 아니라, 정치학, 조직학, 심리학이 전제되어야 한다. 정책이란 이성과 합리성, 효율과 과학의 산물이면서도 동시에 가치와 갈등, 권력과 협상의 산물이기 때문이다.

정책분석의 궁극적 목적은 인간 존엄성을 실현하는 데 있다. 인간의 존엄(*dignity*)을 실현하고 인간의 가치(*value*)를 고양시키는 데 있다. 이를 H. Lasswell은 민주주의 정책학이라고 불렀다. 생산성(*productivity*)과 민주성(*democracy*)을 토대로 성찰성(*reflexivity* ─ 인권·정의·존엄의 실현)을 추구하는 학문이 정책분석론이다. 이를 정책분석의 당위성, 실현성, 능률성 차원이라고 부를 수도 있다. 규범적이고 당위적인 정책이상을 바라보면서 능률적이고 효과적인 정책을 추구하되 실현가능한 정책수단을 개발하는 것이 정책분석의 존재이유이다.

정책이란 정치적 갈등의 요소와 합리적인 의사결정단계가 상호 역동적이고 동태적인 과정을 거치면서 만들어진다. 정책과정은 가치 있는 자원의 배분을 놓고 이해관계자들이 경쟁하고 타협하는 과정으로서, 본질적으로 가치, 갈등, 권력 등의 요소들이 내재되어 있다. 이처럼 정책은 가치, 갈등, 권력적 요소를 그 배경적 특성으로 하고 있지만, 정책분석이 존재하는 본질적 이유는 이러한 특성적 제약조건을 배경으로, 어떻게 하면 합리적 정책과정에 있어서 권력적 요소를 배제하고 전문성을 제고하며, 과학적이고 체계적인 정책을 도출할 수 있을 것인가 사유하고 탐색하는 데 있다. 즉, 정책분석은 문제의 본질적 쟁점규명, 명확한 목표설정, 체계적인 대안탐색, 대안결과의 예측, 과학적인 대안비교 등을 통해 최적의 대안선택을 추구하는 끊임없는 분석과 사유의 과정이며, 이를 통해 궁극적으로 인간존엄성(*human-dignity*)을 지향하고자 하는 데 목적이 있다.

정책이 가지는 이러한 합리성과 정치성의 양면성(*duality*)으로 인하여 효율성 차원을 분석하는 양적분석(*quantitative of analysis*)과 민주성 및 성찰성 차원을 분석하는 질적분석(*qualitative of analysis*)은 병행되어야 한다. 정책분석은 양적분석과 질적분석을 병행하면서 효율성─민주성─성찰성 차원의 분석을 가급적 엄격하게 유지하려는 노력을 기울여야 한다. 이것이 이 책에서 논의하고자 하는 핵심 테마이다.

정책분석이란 정책을 대상으로 나누어서 살펴보는 노력이며, 정책이라는 복합적 가치의 구성물을 분할하고 종합하는 체계적 과학적 작업을 통해 정책판단의 근거를 질적으로 향상시키는 노력이다. 정책은 원래 합리적 요소와 정치적 요소를 포함하고 있으므로 우리가 정책을 분석한다고 할 때에는 정책에 담긴 비용-편익, 비용-효과성의 양적(*quantitative*)

저자서문

측면뿐만 아니라, 민주적 가치, 인권적 가치, 형평적 가치 등 민주성과 성찰성 측면의 질적(*qualitative*) 측면을 모두 분석하는 것이 필요하다. 즉, 정책에 담긴 예상 비용과 예상 편익(효과)만을 분석하는 것이 아니라, 정책형성 과정에서 나타나는 민주적 가치와 절차의 측면도 분석 대상이며, 나아가 정책이 가져올 정치적, 경제적, 사회적, 문화적 영향에 대해서도 종합적으로 판단하고 분석할 필요가 있다.

저자는 이러한 노력을 통해, 결코 쉽지는 않지만, 정책에 담긴 복합적 차원(*dimension*)이 좀 더 분명해 지고, 정책판단의 근거는 질적으로 향상될 것으로 믿는다. 이 책은 바로 이러한 전제 하에 정책분석의 세 가지 차원인 생산성(효율성) – 민주성(참여성·숙의성·합의성) – 성찰성(당위성)에 대해서 설명하고, 이를 구체적인 정책사례분석에 적용시켜보려는 노력을 통해 실제 정책분석이 어떻게 이루어지는지에 대해서 학습하는 데 많은 주안점을 두었다.

또한 이 책에서는 정책분석의 최신기법(*modern methodology*) 및 미래예측(*future foresight*)을 정책분석의 중요한 방법론으로 비중을 두어 소개하였다. 정책분석의 최신기법에서는 최근에 정책분석에서 활용도가 높은 회귀분석 및 구조방정식모형, Logit/Probit 모형 및 Tobit/Heckerman Selection 모형, DEA와 Post-DEA, Coulter 모형, 메타회귀분석 등을 다룸과 동시에 질적분석법인 Q-방법론, AHP분석, 민감도분석, 근거이론분석(*grounded theory approach; Atla/Ti*), 사회네트워크분석(*social network analysis*), 시스템 다이내믹스(*system dynamics*), 성향점수매칭 이중차이(*PSM-DID*), 위계선형모형(*HLM: hierarchical linear model*) 등에 대해서도 실제사례와 함께 중점적으로 검토하였다.

미래예측은 미래의 정책을 탐구하는 학문으로서 과거나 현재에 관한 일련의 추세적 연장에 그치지 않고, 미래의 대안을 창조하고, 그러한 대안의 선택과 결정을 통해서 미래의 바람직한 대안을 개발하는 학문이다. 미래예측의 통계적 기법, 그리고 미래연구의 창의적 분석들은 미래정부의 분석역량의 예측역량의 중요성을 감안할 때 정책분석론에서 차지하는 비중이 점점 더 중요해질 것으로 예상된다.

이 책은 총 제4부 14장으로 구성되어 있다. 제1부 정책분석론: 총론(*overview*), 제2부 정책분석론: 과정(*process*), 제3부 정책분석론: 기법(*methodology*), 제4부 정책분석론: 사례·윤리·맥락(*case·ethics·context*)으로 구성되어 있다.

제1부에서는 정책분석론: 총론(*overview*)에 대해서 논의하며, 제1부는 제1장 정책분석의 패러다임과 제2장 정책분석의 기준으로 구성되어 있다.

제1장에서는 정책분석의 패러다임에 대해서 논의한다. 이 장에서는 정책학과 정책분석, 지식정보사회와 정책분석이념, 지식관료와 정책분석, 정책분석의 중요성에 대해서 검토하고, 정책분석론의 패러다임 및 이 책에서의 논의의 틀에 대해서 제시한다.

제2장에서는 정책분석의 기준에 대해서 논의한다. 이 장에서는 Nakamura와 Smallwood, Suchman의 분석기준, 그리고 가장 포괄적으로 W. Dunn의 정책분석 기준에 대해 살펴보고, 이러한 기준들 사이의 공통요소는 무엇인지, 그리고 정책 환경의 변화에 따라 더 추가되거나 강조되어야 할 분석기준이 무엇인지에 대해서 검토함으로써, 효율성(생산성) – 민주성(참여성) – 성찰성(당위성)이라는 세 가지 총체적 분석 차원에 대해서 도출한다.

제2부 정책분석론: 과정(*process*)에 대해서 논의하며, 제2부는 제3장 정책문제의 분석, 제4장 정책목표의 설정, 제5장 정책대안의 분석(Ⅰ): 정책대안의 탐색개발, 제6장 정책대안의 분석(Ⅱ): 정책대안의 미래예측, 제7장 정책대안의 분석(Ⅲ): 정책대안의 비교평가, 제8장 분석결과의 제시로 구성되어 있다.

제3장에서는 정책문제의 분석에 대해 논의한다. 정책분석의 단계, 즉 문제의 분석과 목표의 설정, 정책대안의 분석(Ⅰ), 정책대안의 분석(Ⅱ), 정책대안의 분석(Ⅲ) 등에 대해서는 필자의 졸저 「정책학」(박영사, 2008)에서 원론적 관점에서 소개된 바 있으나, 여기에서는 각론적 수준에서 좀 더 상세하게 다루어 보았다.

정책분석의 첫 단계는 정책문제의 분석이다. 문제의 본질과 쟁점을 규명하려는 노력이야말로, 제3종 오류를 방지하고, 타당한 정책목표와 정책대안 탐색의 가장 중요한 첫 출발점이 된다. 특히 여기에서 문제란 객관적 실체로서 '저기 따로 떨어져 존재'하는 것이 아니라, 문제란 바로 인지하는 사람의 마음속에서 이루어지는 주관적 구성물이라는 시각에서 출발하는 것이기에 문제의 본질과 쟁점은 그만큼 더 중요한 의의를 지니는 것이다. 이 장에서는 문제의 중요성에 대한 분석의 과정으로서 예비분석과 본 분석에 대한 분석방법을 학습하기로 한다.

제4장에서는 정책목표의 설정에 대해 논의한다. 정책분석의 두 번째 단계는 정책목표

의 설정이다. 문제의 본질과 쟁점을 규명하고 나면 타당한 목표를 설정해야 한다. 여기에서 타당한 목표란 시대와 가치 적합성을 지니고, 시간과 정도의 적정성을 지니며, 목표구조 사이에 내적 일관성을 지니는 목표를 말한다. 정책의 최상위 가치는 인간의 존엄성실현이다. 이를 위해 정부는 타당하고 규범적 가치를 지닌 정책목표를 설정하게 된다. 이러한 목표는 정책결정의 지침, 정책집행의 기준, 정책평가의 근거가 된다는 점에서 매우 중요한 의의를 지닌다. 이 장에서는 정책목표의 의미, 의의와 기능, 정책문제와 정책목표의 관계, 바람직한 정책목표의 요건, 정책목표들 간의 우선순위 관계 등에 대해서 학습하기로 한다.

제5장에서는 정책대안의 분석(Ⅰ): 정책대안의 탐색개발에 대해서 논의한다. 정책분석의 세 번째 단계는 정책대안의 분석(Ⅰ): 정책대안의 탐색개발이다. 정책 결정, 집행, 평가, 환류의 모든 단계가 문제없이 진행된다 하더라도 채택된 수단이 아닌 보다 더 나은 정책수단이나 대안이 있었다면 그 정책은 성공적이라 할 수 없을 것이라는 점에서 대안의 창조적 탐색과 개발 및 설계의 중요성은 아무리 강조해도 지나치지 않을 것이다. 즉, 최선의 대안을 선택하기 위해서는 우선 정책 대안을 광범위하게 탐색, 개발해야 하며, 정책대안의 탐색 개발 과정을 거친 후에는 제시된 대안 중 최선의 대안을 선택해야 한다. 이 장에서는 정책 대안분석의 의의, 정책대안의 탐색개발방법(이론적 모형 *vs.* 주관적 방법), 정책대안의 설계, 정책대안의 예비분석 등에 대해서 학습하기로 한다.

제6장에서는 정책대안의 분석(Ⅱ): 정책대안의 미래예측에 대해서 논의한다. 정책분석의 네 번째 단계는 정책대안의 분석(Ⅱ): 정책대안의 미래예측이다. 사회과학 이론의 궁극적 목적은 정확한 묘사와 설명을 통한 예측의 가능성이다. 정책분석에서도 정책의 분석을 통한 예측의 기능이 가장 중요하다고 할 수 있다. 대안 결과의 예측 방법에는 귀납적으로 데이터에 기초한 연장방법인 경향치의 투사와 연역적인 방법에 속하는 이론적 모형설정, 전문가의 의견조사에 해당하는 주관적 판단의 영역이 있다. 이 장에서는 시계열 분석과 선형 경향 추정법, 모의분석법과 회귀분석, 미래예측 Delphi, 정책 Delphi, 교차영향 분석 등에 대해서 학습하기로 한다.

제7장에서는 정책대안의 분석(Ⅲ): 정책대안의 비교평가에 대해서 논의한다. 정책분석의 다섯 번째 단계는 정책대안의 분석(Ⅲ): 정책대안의 비교평가이다. 대안의 비교 평가란 정책대안 간의 우선순위를 택하는 것인데, 여기서 우선순위의 선택 기준으로는 네 가지 차원, 즉 당위성에 속하는 성찰성과 민주성, 그리고 실현가능성과 효율성의 기준에 대

해서 학습하기로 한다.

제8장에서는 분석결과의 제시: 결과의 분석과 해석에 대해서 논의한다. 정책분석의 마지막 단계는 분석결과의 제시: 결과의 분석과 해석이다. 정책분석은 구체적으로 정책문제의 분석, 정책목표의 설정, 정책대안의 분석, 분석결과의 제시의 과정을 거치는데, 이 중에서 분석결과의 제시는 정책분석의 최종 마무리 단계에 해당된다. 분석결과의 제시 단계에서는 정책분석 과정을 통해 도출된 연구결과를 정리하여 분석 의뢰자 및 관심 있는 사람들에게 알리는 데 의의가 있는데, 여기에서는 정책분석가의 역할모형, 정책분석결과의 효과적 제시방법, 정책분석 결과활용의 저해요인 및 극복방안에 대해서 학습한다.

제3부에서는 정책분석론의 기법(*methodology*)에 대해서 논의하며, 제3부는 제9장 정책분석의 최신기법과 제10장 정책분석과 미래예측으로 구성되어 있다.

제9장에서는 정책분석의 최신기법에 대해서 논의한다. 정책분석의 최신기법에서는 양적자료분석과 질적자료분석으로 나누어 접근하며, 양적분석으로는 회귀분석(신뢰도분석, 타당도분석), 요인분석, 구조방정식모형, Binary-data 분석을 위한 Logit/Probit 모형, Censored-data 분석을 위한 Tobit/Heckerman Selection 모형, Count-data 분석을 위한 Poisson 모형, DEA와 Post-DEA, Coulter 모형, 메타회귀분석 등을 학습하고, 질적분석으로는 정책델파이기법, 시나리오기법, Q-방법론, AHP분석, 민감도분석, 근거이론분석(*grounded theory approach; Atla/Ti*), 사회네트워크분석(*social network analysis*), 시스템 다이내믹스(*system dynamics*) 등을 학습한다.

제10장에서는 정책분석과 미래예측에 대해서 논의한다. 미래예측의 개념 및 요소, 핵심명제 및 개념유형, 중요성 및 촉진동인들을 중심으로 미래예측의 패러다임에 대해서 살펴본 후, 미래예측의 방법론에 대해서 검토한다. 미래예측기법으로 사용되는 모든 방법들은 복잡한 수학적 모형, 계량적 기법이나 컴퓨터 시뮬레이션 등을 통해 이루어지기도 하지만, 실질적인 미래예측에 있어서는 전문가 패널, 시나리오 작성, 정책 델파이 등 전문가들의 주관적 판단이나 창의적 예측이 매우 중요한 자료로 사용되므로, 양적인 분석과 질적인 접근을 모두 활용하는 미래예측의 종합적 접근이 필요한 바, 이 장에서는 이러한 양적 방법론과 질적 방법론을 총체적으로 학습하기로 한다.

제4부에서는 정책분석론: 사례·윤리·맥락(*case·ethics·context*)에 대해서 논의하

며, 제4부는 제11장 정책분석과 정책사례, 제12장 정책분석과 정책윤리, 제13장 정책분석과 정책맥락으로 구성되어 있다.

제11장에서는 정책분석과 정책사례에 대해서 논의한다. 효율성 – 민주성 – 성찰성을 기준으로 구체적인 정책사례에 대해서 실제 분석해 보는데, 이 장에서 분석하는 정책사례로는 시화호, 부안핵 방폐장, 삼성자동차, 의약분업, 한양약분쟁, 국민연금, 화물연대파업, NEIS, 디지털지상파방송, 한반도대운하정책(4대강정비사업), 주택 발코니 구조변경 허용, 기업형 수퍼마켓(SSM) 허용, 하이닉스 반도체 빅딜사례 등이 있다. 효율성은 구체적으로 효과성과 능률성으로 나누어지며, 민주성은 절차적 민주성과 실체적 민주성으로 나누었으며, 성찰성은 인간의 존엄성에의 기여정도와 신뢰받고 성숙한 공동체에의 기여정도로 나누어 논의하였다.

제12장에서는 정책분석과 정책윤리에 대해서 논의한다. 정책분석에 있어서 윤리 및 가치문제는 매우 중요하다고 할 수 있는데, 정책분석의 모든 과정에 있어서 정책분석의 객관성과 중립성, 신뢰성과 타당성 유지를 위한 정책분석가의 윤리가 전제되어야 할 것이다. 학문으로서의 정책학의 태동은 정책의 윤리성에 대한 특별한 관심에서 출발한다. 정책학은 윤리적 학문이며 이것이 정책학의 정체성을 구성하는 본질이다. Lasswell이 소망하는 정책학의 이상도 "인간의 존엄성을 보다 충실하게 실현하는 것"이었으며, 그가 정책학의 주창을 통하여 진정으로 의도하였던 것은 과학적 방법을 통하여 인도주의적 이상을 구현할 수 있는 윤리적 학문을 성립시키는 것이었다. 정책학의 윤리적 기초와 목적이 정책학 개념화의 방향과 내용, 패러다임, 그리고 성격을 규범적으로 규정짓는다.

제13장에서는 정책분석과 맥락지향에 대해서 논의한다. 현대 정책환경은 국가중심에서 정부 – 시장 – 시민사회와의 수평적 네트워크에 기초한 보다 복합적이고 동태적인 양상으로 이동하고 있으며, 이에 따라 정책연구는 개인(actor)과 제도(institution), 생각(idea)과 이해(interest)의 매우 복합적이면서 역동적인 상호작용(complex and dynamic interaction)을 주제로 맥락지향적 연구가 될 것을 주문하고 있다. 정책분석과 맥락지향에 대한 중요한 연구경향으로서 이 장에서는 정책연구와 신제도주의, 정책연구와 정책네트워크, 정책연구와 숙의적 정책분석에 대해 검토하며, 이를 통해 이러한 방법론들이 정책분석에 주는 희망과 전망, 가능성과 한계, 그리고 이론 및 방법론적 과제에 대해서 토론하기로 한다.

마지막으로 요약 및 결론에서는 관점과 시각, 이슈 및 함의에 대해서 정리하면서 이 책을 마무리한다.

이 책은 정책분석론을 다루는 정책학의 개론서이다. 이 책은 정책분석론, 정책학이론 등에 관심을 가진 학부생과 대학원생, 그리고 고시 수험생들의 학습에 초점을 두고 집필되었다. 자칫 이론적 논리나 전문적 용어로 채색되어 읽기 어렵고 딱딱해지는 경향을 막기 위해 정책사례들에 대한 최근 동향과 용어 해설들을 사례박스로 처리하는 등 입체적인 소개를 통해 정책논의의 현실적합성과 실사구시성을 높이고자 하였다. 이 책이 정책학, 행정학 등을 공부하면서 정책분석과 정책이론에 관심을 가진 사회과학도와 정책실무자들의 논의에 참고가 되었으면 하는 바람이다.

특히 고시 수험생들에게 전하고 싶은 이 책의 공부 방법은 다음과 같다. 이 책의 구체적인 내용을 세부적으로 공부하기에 앞서, 이하에서 제시되는 장들을 먼저 독파하여 정책분석론의 논리 및 흐름을 먼저 파악한 후 개별 장들에 들어가길 바란다.

저자서문과 제1부 제1장 정책분석론의 패러다임을 이 책의 전체적인 개념도로서 먼저 파악하길 바란다. 또한, 부와 장이 시작할 때마다 제시된 학습목표와 장 말미에 제시된 요약 및 결론을 따로 모아서 이해하고 암기하는 방식으로, 전체적인 목차와 개요, 논리 및 흐름을 먼저 파악하는 것이 효과적일 것이다.

또한, 제1부 제2장 정책분석의 기준에서 제시되는 기준과 논리를 먼저 파악한 후, 구체적인 각론을 공부하는 것이 순서상 효과적일 것이다.

좀 더 구체적으로 이 책의 공부 순서를 제시하면 다음과 같다.

먼저, 저자서문과 제1부 제1장 정책분석론의 패러다임과 제2장 정책분석의 기준을 숙독하여 이 책의 전체 구성요지와 맥락을 이해하길 권한다. 정책분석론의 구성과 정책분석론에 대한 새로운 이해 및 이 책의 논의의 틀을 통해 이 책의 근저를 관통하는 논리의 흐름과 철학의 맥락을 먼저 꿰뚫어 이해하길 바란다.

둘째, 이 책의 부와 장마다 소개되는 학습목표와 장 말미에 제시된 요약 및 결론을 발췌하여 숙독하길 권한다. 학습목표에서 제시되는 핵심용어(*Key Word*)와 요약결론에서 제시되는 논리의 정리(*Wrapping Up*)를 따로 모아 이해하길 권한다.

저자서문

셋째, 맨 뒤에 제시된 요약 및 결론을 통해 이 책이 지향하는 정책분석이론에 대한 종합 정리를 하기 바란다.

이 책을 쓰는 데 도움을 주신 많은 분들에게 감사의 뜻을 전하고 싶다. 정신적으로나 학문적으로 많은 가르침과 은혜를 베풀어 주신 성균관대학교 행정학과의 허범 교수님, 김현구 교수님, 김광식 교수님 그리고 유민봉, 김성태, 박재완, 공동성, 이숙종, 이명석, 김근세, 문상호, 정문기, 박형준, 배수호, 박성민, 조민효, 전희정, 남태우, David O. Kasdan, 정규진 교수님께 감사의 말씀을 올린다. 또한, 책이 완성되기까지 많은 도움을 아끼지 않은 성균관대학교의 이종구, 김태진, 이현철, 서인석, 하민지, 주희진, 조일형, 임다희, 오정민, 이대웅, 손주희, 조동익, 탁성숙, 김세운, 정혜린, 정인호, 이다솔, 김광민, 이주현, 장정연, 전재원에게 실로 깊은 고마움을 전한다. 이들은 정책사례를 다양한 형태로 수집하여 정리해 주었으며, 정책분석의 최신기법들을 정리하고 이를 정책사례와 연계하여 분석절차를 구체화하는 데 큰 도움을 주었다. 이들의 작업과 도움이 없었다면 방대한 분량의 원고가 쉽게 정리되지 못했을 것이다. 또한 학생들의 빼어난 능력과 열의는 본인의 모자라는 부분을 메우는 데 너무나 많은 도움이 되었다. 특별한 감사와 고마움을 전한다.

이 책의 출판을 기꺼이 맡아주신 박영사의 안종만 회장님, 세심하게 원고를 숙독하고 좋은 편집을 위해 많은 수고를 아끼지 않았던 박영사 편집진들께도 깊은 감사의 마음을 전한다.

가족 모두에게 깊은 사랑을 전하고 싶다. 늘 뜨거운 지지와 사랑을 보내 주시는 부모님들과 언제나 깊은 애정으로 나를 도와준 아내와 지민, 지은, 지수에게 사랑과 고마움을 전하고 싶다. 사랑하는 이들과 친가, 처가의 부모님께 이 책을 바친다.

2019년 2월
명륜동 연구실에서
권기헌

저자서문

정책분석: 분석방법의 다각화를 통한 정책연구의 심화

21세기 정책 화두는 다양성, 창의성, 실용성이다. 다양성과 창의성을 토대로 실용성을 추구해야 한다. 21세기 디지털 기술은 시간, 속도, 불확실성이라는 속성을 지니고 있다. 시공의 압축 혁명 속에서 생각의 속도로 움직이는 디지털 신경망 조직을 만들고, 조직 구성원과 최고 책임자의 의식을 업그레이드하지 않으면 살아남지 못하는 시대에 살고 있다.

디지털과 속도 그리고 변화의 시대에 절실히 요구되는 것은 정책분석과 문제해결 역량이다. 지식정보시대는 '무엇을 알고 있는가'(know-what)보다 '어떻게 분석할 수 있는지'(know-how)를 요구한다. 정책분석에 대한 다양한 이론적 토대와 철학적 인식을 기반으로 정책실패와 정책성공이 교차하는 분기점에 대한 다양한 정책사례들을 분석하고 학습하는 능력이 필요하다. 이에 본서는 정책의 본질과 쟁점을 이해하고, 정책실패와 정책학습에 대한 분명한 시각을 토대로 정책분석에 대한 이론과 사례에 대해 학습하려는 목적으로 집필되었다.

정책분석의 궁극적 목적은 인간 존엄성을 실현하는 데 있다. 인간의 존엄(dignity)을 실현하고 인간의 가치(value)를 고양시키는 데 있다. 이를 H. Lasswell은 민주주의 정책학이라고 불렀다. 생산성(productivity)과 민주성(democracy)을 토대로 성찰성(reflexivity-인권·정의·존엄의 실현)을 추구하는 학문이 정책분석론이다. 이를 정책분석의 당위성, 실현성, 능률성 차원이라고 부를 수도 있다. 규범적이고 당위적인 정책이상을 바라보면서 능률적이고 효과적인 정책을 추구하되 실현가능한 정책수단을 개발하는 것이 정책분석의 존재이유이다.

정책이란 정치적 갈등의 요소와 합리적인 의사결정단계가 상호 역동적이고 동태적인 과정을 거치면서 만들어진다. 정책과정은 가치 있는 자원의 배분을 놓고 이해관계자들이 경쟁하고 타협하는 과정으로서, 본질적으로 가치, 갈등, 권력 등의 요소들이 내재되어 있다. 이처럼 정책은 가치, 갈등, 권력적 요소를 그 배경적 특성으로 하고 있지만, 정책분석이 존재하는 본질적 이유는 이러한 특성적 제약조건을 배경으로, 어떻게 하면 합리적 정책과정에 있어서 권력적 요소를 배제하고 전문성을 제고하며, 과학적이고 체계적인 정책을 도출할 수 있을 것인가 사유하고 탐색하는 데 있다. 즉, 정책분석은 문제의 본질적 쟁점규명, 명확한 목표설정, 체계적인 대안탐색, 대안결과의 예측, 과학적인 대안비교 등을 통해 최적의 대안선택을 추구하는 끊임없는 분석과 사유의 과정이며, 이를 통해 궁극적으로 인간존엄성(*human dignity*)을 지향하고자 하는 데 목적이 있다.

정책이 가지는 이러한 합리성과 정치성의 양면성(*duality*)으로 인하여 효율성 차원을 분석하는 양적분석(*quantitative of analysis*)과 민주성 및 성찰성 차원을 분석하는 질적분석(*qualitative of analysis*)은 병행되어야 한다. 정책분석은 양적분석과 질적분석을 병행하면서 효율성-민주성-성찰성 차원의 분석을 가급적 엄격하게 유지하려는 노력을 기울여야 한다. 이것이 본서에서 논의하고자 하는 핵심 테마이다.

정책분석이란 정책을 대상으로 나누어서 살펴보는 노력이며, 정책이라는 복합적 가치의 구성물을 분할하고 종합하는 체계적, 과학적 작업을 통해 정책판단의 근거를 질적으로 향상시키는 노력이다. 정책은 원래 합리적 요소와 정치적 요소를 포함하고 있으므로 우리가 정책을 분석한다고 할 때에는 정책에 담긴 비용-편익, 비용-효과성의 양적(*quantitative*) 측면뿐만 아니라, 민주적 가치, 인권적 가치, 형평적 가치 등 민주성과 성찰성 측면의 질적(*qualitative*) 측면을 모두 분석하는 것이 필요하다. 즉, 정책에 담긴 예상 비용과 예상 편익(효과)만을 분석하는 것이 아니라, 정책형성 과정에서 나타나는 민주적 가치와 절차의 측면도 분석 대상이며, 나아가 정책이 가져올 정치적, 경제적, 사회적, 문화적 영향에 대해서도 종합적으로 판단하고 분석할 필요가 있다.

저자는 이러한 노력을 통해, 결코 쉽지는 않지만, 정책에 담긴 복합적 차원(*dimension*)이 좀더 분명해지고, 정책판단의 근거는 질적으로 향상될 것으로 믿는다. 본서는 바로 이러한 전제하에 정책분석의 세 가지 차원인 생산성(효율성)-민주성(참여성·숙의성·합의성)-성찰성(당위성)에 대해서 설명하고, 이를 구체적인 정책사례분석에 적용시켜보려는 노력을 통해 실제 정책분석이 어떻게 이루어지는지에 대해서 학습하는 데 많은 주안점을 두었다.

또한 본서에서는 정책분석의 최신기법(*modern methodology*) 및 미래예측(*future foresight*)을 정책분석의 중요한 방법론으로 비중을 두어 소개하였다. 정책분석의 최신기법에서는 최근에 정책분석에서 활용도가 높은 회귀분석/요인분석 및 구조방정식모형, Logit/ Probit 모형 및 Tobit/Heckman Selection 모형, DEA와 Post-DEA, Coulter 모형, 메타회귀분석 등을 다룸과 동시에 질적분석법인 Q-방법론, AHP분석, 민감도분석, 근거이론분석(Grounded Theory Approach; Atla/Ti), 사회네트워크분석(Social Network Analysis; SNA), 시스템 다이내믹스(System Dynamics) 등에 대해서도 실제사례와 함께 중점적으로 검토하였다.

미래예측은 미래의 정책을 탐구하는 학문으로서 과거나 현재에 관한 일련의 추세적 연장에 그치지 않고, 미래의 대안을 창조하고, 그러한 대안의 선택과 결정을 통해서 미래의 바람직한 대안을 개발하는 학문이다. 미래예측의 통계적 기법, 그리고 미래연구의 창의적 분석들은 미래정부의 분석역량의 예측역량의 중요성을 감안할 때 정책분석론에서 차지하는 비중이 점점 더 중요해질 것으로 예상된다.

본서는 총 4부 14장으로 구성되어 있다. 제1부 정책분석론: 총론(Overview), 제2부 정책분석론: 과정(Process), 제3부 정책분석론: 기법(Methodology), 제4부 정책분석론: 사례·윤리·맥락(Case·Ethics·Context)으로 구성되어 있다.

제1부에서는 정책분석론: 총론(Overview)에 대해서 논의하며, 제1부는 제1장 정책분석의 패러다임과 제2장 정책분석의 기준으로 구성되어 있다.

제1장에서는 정책분석의 패러다임에 대해서 논의한다. 이 장에서는 정책학과 정책분석, 지식정보사회와 정책분석이념, 지식관료와 정책분석, 정책분석의 중요성에 대해서 검토하고, 정책분석론의 패러다임 및 이 책에서의 논의의 틀에 대해서 제시한다.

제2장에서는 정책분석의 기준에 대해서 논의한다. 이 장에서는 Nakamura와 Smallwood, Suchman의 분석기준, 그리고 가장 포괄적으로 W. Dunn의 정책분석기준에 대해 살펴보고, 이러한 기준들 사이의 공통요소는 무엇인지, 그리고 정책환경의 변화에 따라 더 추가되거나 강조되어야 할 분석기준이 무엇인지에 대해서 검토함으로써, 효율성(생산성)-민주성(참여성)-성찰성(당위성)이라는 세 가지 총체적 분석 차원에 대해서 도출한다.

제2부 정책분석론: 과정(Process)에 대해서 논의하며, 제2부는 제3장 정책문제의 분

석, 제4장 정책목표의 설정, 제5장 정책대안의 분석(Ⅰ): 정책대안의 탐색개발, 제6장 정책대안의 분석(Ⅱ): 정책대안의 미래예측, 제7장 정책대안의 분석(Ⅲ): 정책대안의 비교평가, 제8장 분석결과의 제시로 구성되어 있다.

제3장에서는 정책문제의 분석에 대해 논의한다. 정책분석의 단계, 즉 문제의 분석과 목표의 설정, 정책대안의 분석(Ⅰ), 정책대안의 분석(Ⅱ), 정책대안의 분석(Ⅲ) 등에 대해서는 저자의 졸저 「정책학」(박영사, 2008)에서 원론적 관점에서 소개된 내용을 인용하였으며 다만 여기에서는 이를 토대로 좀더 상론하였다.

정책분석의 첫 단계는 정책문제의 분석이다. 문제의 본질과 쟁점을 규명하려는 노력이야말로, 제3종 오류를 방지하고, 타당한 정책목표와 정책대안의 탐색의 가장 중요한 첫 출발점이 된다.

제4장에서는 정책목표의 설정에 대해 논의한다. 문제의 본질과 쟁점을 규명하고 나면 타당한 목표를 설정해야 한다. 여기에서 타당한 목표란 시대와 가치 적합성을 지니고, 시간과 정도의 적정성을 지니며, 목표 구조 사이에 내적 일관성을 지니는 목표를 말한다.

제5장에서는 정책대안의 분석(Ⅰ): 정책대안의 탐색개발에 대해서 논의한다. 정책 결정, 집행, 평가, 환류의 모든 단계가 문제없이 진행된다 하더라도 채택된 수단이 아닌 보다 더 나은 정책수단이나 대안이 있었다면 그 정책은 성공적이라 할 수 없을 것이라는 점에서 대안의 창조적 탐색과 개발 및 설계의 중요성은 아무리 강조해도 지나치지 않을 것이다.

제6장에서는 정책대안의 분석(Ⅱ): 정책대안의 미래예측에 대해서 논의한다. 사회과학 이론의 궁극적 목적은 정확한 묘사와 설명을 통한 예측의 가능성이다. 정책분석에서도 정책의 분석을 통한 예측의 기능이 가장 중요하다고 할 수 있다.

제7장에서는 정책대안의 분석(Ⅲ): 정책대안의 비교평가에 대해서 논의한다. 대안의 비교평가란 정책대안 간의 우선순위를 택하는 것인데, 여기서 우선순위의 선택 기준으로는 네 가지 차원, 즉 당위성에 속하는 성찰성과 민주성 그리고 실현가능성과 효율성의 기준에 대해서 학습하기로 한다.

제8장에서는 분석결과의 제시: 결과의 분석과 해석에 대해서 논의한다. 정책분석의 마지막 단계는 분석결과의 제시: 결과의 분석과 해석이다. 정책분석은 구체적으로 정책문제의 분석, 정책목표의 설정, 정책대안의 분석, 분석결과의 제시의 과정을 거치는데, 이 중에서 분석결과의 제시는 정책분석의 최종 마무리 단계에 해당된다.

제3부에서는 정책분석론의 기법(Methodology)에 대해서 논의하며, 제3부는 제9장 정책분석의 최신기법과 제10장 정책분석과 미래예측으로 구성되어 있다.

제9장에서는 정책분석의 최신기법에 대해서 논의한다. 정책분석의 최신기법에서는 양적자료분석과 질적자료분석으로 나누어 접근하며, 양적분석으로는 회귀분석(신뢰도분석, 타당도분석), 요인분석, 구조방정식모형, Binary-data 분석을 위한 Logit/Probit 모형, Censored-data 분석을 위한 Tobit/Heckman Selection 모형, Count-data 분석을 위한 Poisson 모형, DEA와 Post-DEA, Coulter 모형, 메타회귀분석 등을 학습하고, 질적분석으로는 정책델파이기법, 시나리오기법, Q-방법론, AHP분석, 민감도분석, 근거이론분석 (Grounded Theory Approach; Atla/Ti), 사회네트워크분석(Social Network Analysis; SNA), 시스템 다이내믹스(System Dynamics) 등을 학습한다.

제10장에서는 정책분석과 미래예측에 대해서 논의한다. 미래예측의 개념 및 요소, 핵심명제 및 개념유형, 중요성 및 촉진동인들을 중심으로 미래예측의 패러다임에 대해서 살펴본 후, 미래예측의 방법론에 대해서 검토한다.

제4부에서는 정책분석론: 사례·윤리·맥락(Case·Ethics·Context)에 대해서 논의하며, 제4부는 제11장 정책분석과 정책사례, 제12장 정책분석과 정책윤리, 제13장 정책분석과 정책맥락으로 구성되어 있다.

제11장에서는 정책분석과 정책사례에 대해서 논의한다. 효율성-민주성-성찰성을 기준으로 구체적인 정책사례에 대해서 실제 분석해 보는데, 이 장에서 분석하는 정책사례로는 시화호, 부안핵 방폐장, 삼성자동차, 의약분업, 한양약분쟁, 국민연금, 화물연대파업, NEIS, 디지털지상파방송, 한반도대운하정책(4대강정비사업), 주택 발코니 구조변경 허용, 기업형 수퍼마켓(SSM) 허용, 하이닉스 반도체 빅딜사례 등이 있다. 효율성은 구체적으로 효과성과 능률성으로 나누어지며, 민주성은 절차적 민주성과 실체적 민주성으로 나누었으며, 성찰성은 인간의 존엄성에의 기여정도와 신뢰받고 성숙한 공동체에의 기여정

도로 나누어 논의하였다.

제12장에서는 정책분석과 정책윤리에 대해서 논의한다. 정책분석에 있어서 윤리 및 가치문제는 매우 중요하다고 할 수 있는데, 정책분석의 모든 과정에 있어서 정책분석의 객관성과 중립성, 신뢰성과 타당성 유지를 위한 정책분석가의 윤리가 전제되어야 할 것이다.

제13장에서는 정책분석과 맥락지향에 대해서 논의한다. 현대 정책환경은 국가중심에서 정부-시장-시민사회와의 수평적 네트워크에 기초한 보다 복합적이고 동태적인 양상으로 이동하고 있으며, 이에 따라 정책연구는 개인(actor)과 제도(institution), 생각(idea)과 이해(interest)의 매우 복합적이면서 역동적인 상호작용(complex and dynamic interaction)을 주제로 맥락지향적 연구가 될 것을 주문하고 있다.

마지막으로 요약 및 결론에서는 관점과 시각, 이슈 및 함의에 대해서 정리하면서 이 책을 마무리한다.

본서는 정책분석론을 다루는 정책학의 개론서이다. 정책분석론, 정책학이론 등에 관심을 가진 학부생과 대학원생 그리고 고시 수험생들의 학습에 초점을 두고 집필되었다. 자칫 이론적 논리나 전문적 용어로 채색되어 읽기 어렵고 딱딱해지는 경향을 막기 위해 정책사례들에 대한 최근 동향과 용어 해설들을 사례박스로 처리하는 등 입체적인 소개를 통해 정책논의의 현실적합성과 실사구시성을 높이고자 하였다. 이 책이 정책학, 행정학 등을 공부하면서 정책분석과 정책이론에 관심을 가진 사회과학도와 정책실무자들의 논의에 참고가 되었으면 하는 바람이다.

특히 고시 수험생들에게 전하고 싶은 이 책의 공부 방법은 다음과 같다. 이 책의 구체적인 내용을 세부적으로 공부하기에 앞서, 이하에서 제시되는 장들을 먼저 독파하여 정책분석론의 논리 및 흐름을 먼저 파악한 후 개별 장들에 들어가길 바란다.

저자서문과 제1부 제1장 정책분석론의 패러다임을 이 책의 전체적인 개념도로서 먼저 파악하길 바란다. 또한, 부와 장이 시작할 때마다 제시된 학습목표와 장 말미에 제시된 요약 및 결론을 따로 모아서 이해하고 암기하는 방식으로, 전체적인 목차와 개요, 논리 및 흐름을 먼저 파악하는 것이 효과적일 것이다.

또한, 제1부 제2장 정책분석의 기준에서 제시되는 기준과 논리를 먼저 파악한 후, 구체적인 각론을 공부하는 것이 순서상 효과적일 것이다.

좀더 구체적으로 이 책의 공부 순서를 제시하면 다음과 같다.

먼저, 저자서문과 제1부 제1장 정책분석론의 패러다임과 제2장 정책분석의 기준을 숙독하여 이 책의 전체 구성요지와 맥락을 이해하길 권한다. 정책분석론의 구성과 정책분석론에 대한 새로운 이해 및 이 책의 논의의 틀을 통해 이 책의 근저를 관통하는 논리의 흐름과 철학의 맥락을 먼저 꿰뚫어 이해하길 바란다.

둘째, 이 책의 부와 장마다 소개되는 학습목표와 장 말미에 제시된 요약 및 결론을 발췌하여 숙독하길 권한다. 학습목표에서 제시되는 핵심용어(Key Word)와 요약결론에서 제시되는 논리의 정리(Wrapping Up)를 따로 모아 이해하길 권한다.

셋째, 맨 뒤에 제시된 요약 및 결론을 통해 이 책이 지향하는 정책분석이론에 대한 종합 정리를 하기 바란다.

이 책을 쓰는 데 도움을 주신 많은 분들에게 감사의 뜻을 전하고 싶다. 정신적으로나 학문적으로 많은 가르침과 은혜를 베풀어 주신 성균관대학교 행정학과의 허범 교수님과 김현구 교수님, 그리고 김광식, 김성태, 유민봉, 박재완, 공동성, 이숙종, 이명석, 김근세, 문상호, 박형준, 정문기, 배수호, 박성민 교수님께 감사의 말씀을 올린다. 또한, 책이 완성되기까지 많은 도움을 아끼지 않은 성균관대학교 연구실의 이종구, 김태진, 이현철, 서인석, 이동규, 최현정, 이미애, 하민지, 주희진, 조일형, 김선아 양에게 고마움을 전한다. 이들은 정책사례를 다양한 형태로 수집하여 정리해 주었으며, 정책분석의 최신기법들을 정리하고 이를 정책사례와 연계하여 분석절차를 구체화하는 데 큰 도움을 주었다. 이들의 작업과 도움이 없었다면 방대한 분량의 원고가 쉽게 정리되지 못했을 것이다. 또한 학생들의 빼어난 능력과 열의는 본인의 모자라는 부분을 메우는 데 너무나 많은 도움이 되었다. 특별한 감사와 고마움을 전한다.

이 책의 출판을 기꺼이 맡아주신 박영사의 안종만 회장님, 세심하게 원고를 숙독하고 좋은 편집을 위해 많은 수고를 아끼지 않았던 박영사 편집진들께도 깊은 감사의 마음을 전한다.

가족 모두에게 깊은 사랑을 전하고 싶다. 늘 뜨거운 지지와 사랑을 보내 주시는 부모님들과 언제나 깊은 애정으로 나를 도와준 아내와 지민, 지은, 지수에게 사랑과 고마움을 전하고 싶다. 사랑하는 이들과 친가, 처가의 부모님께 이 책을 바친다.

2010년 8월
명륜동 연구실에서
권기헌

차 례

제1부 정책분석론: 총론

제 1 장 정책분석의 패러다임

제1절 정책학과 정책분석 ·· 4

  1. 정책학의 본질 및 목적   4

  2. 정책분석론의 본질 및 목적   5

  3. 정책분석론의 대상 및 범위   5

  4. 정책분석론의 최근 경향   13

  5. 정책분석의 과정과 정책분석의 중요성   15

제2절 지식정부와 정책분석 ·· 19

  1. 지식정보사회의 정책분석이념   19

  2. 미래 환경의 변화   23

  3. 지식사회에서의 정부의 역할 변화   24

  4. 지식정부와 정책분석   26

제3절 정책분석의 패러다임 ·· 29

  1. Lasswell의 정책학 패러다임   29

  2. 정책분석의 새로운 패러다임   32

제4절 논의의 틀 ·· 33

제 2 장 정책분석의 기준

제1절 정책분석 기준의 의의 ·· 40

  1. 정책분석 기준의 새로운 이해   40

  2. 정책분석의 새로운 기준: 3차원의 접근   41

제2절 정책분석의 기준에 대한 선행연구 ·· 44

  1. Dunn의 분석기준   44

    2. Suchman의 분석기준　49

    3. Nakamura & Smallwood의 분석기준　51

    4. 요약 및 정리　53

제3절　새로운 정책분석 기준에 대한 논의 ……………………………………… 54

    1. 새로운 정책분석 기준 I　54

    2. 새로운 정책분석 기준 II　54

제4절　요약 및 결론 …………………………………………………………………… 58

제 2 부　정책분석론: 과정

제 3 장　정책문제의 분석

제1절　정책문제 정의 …………………………………………………………………… 63

    1. 개인문제와 사회문제　63

    2. 정책문제 정의의 관점　65

    3. 정책문제의 특성　68

    4. 정책문제의 유형　71

    5. 바람직한 정책문제의 정의　74

제2절　정책문제 분석: 예비분석과 본분석 …………………………………… 79

    1. 예비분석　79

    2. 본 분석　88

제3절　요약 및 결론 …………………………………………………………………… 93

제 4 장　정책목표의 설정

제1절　정책목표 설정의 의미 ………………………………………………………… 95

    1. 정책목표 설정의 중요성　95

    2. 정책목표 설정을 위한 분석　96

제2절　정책목표의 의의와 원천 …………………………………………………… 97

    1. 정책목표의 의의　97

    2. 정책목표의 종류　98

    3. 정책목표의 역할　99

    4. 정책목표의 원천　100

제3절 정책목표의 설정 및 명확화 ·· 101

   1. 정책문제와 정책목표　101

   2. 바람직한 정책목표의 요건　101

   3. 정책목표들의 우선순위 결정　103

   4. 정책목표 설정의 이상적 방법과 한계　107

   5. 정책목표의 명확화　108

제4절 정책목표 설정의 절차 ·· 109

제5절 정책목표의 변동 ·· 111

   1. 변동요인　111

   2. 변동유형　112

제6절 정책목표설정의 모순 ·· 114

   1. 정책목표 간의 모순 인식의 중요성　114

   2. 안정 정책 vs. 개발 정책　114

제7절 요약 및 결론 ·· 117

제 5 장　정책대안의 분석(I): 정책대안의 탐색개발

제1절 정책대안의 탐색개발 ·· 120

   1. 정책대안의 탐색개발의 의의　120

   2. 정책대안의 원천　121

제2절 정책대안의 탐색개발 방법 ·· 124

   1. 점증주의적 대안탐색　124

   2. 창조적 대안탐색　126

   3. 대안개발과정에서 주의할 점　134

제3절 정책대안의 설계 ·· 135

   1. 정책대안 설계의 의의　135

   2. 정책대안 설계의 일반적 절차　135

   3. 정책대안설계표 작성　137

   4. 정책설계에 영향을 미치는 요인　137

제4절 요약 및 결론 ·· 140

제 6 장   정책대안의 분석(II): 정책대안의 미래예측

제1절 정책대안의 미래예측 ·· 142

    1. 미래예측의 의미   142

    2. 미래와 예측   142

    3. 미래예측과 불확실성   144

제2절 정책대안의 미래예측 방법 ·· 148

    1. 미래예측의 접근방법   148

    2. 미래예측의 기법   151

제3절 요약 및 결론 ·· 169

제 7 장   정책대안의 분석(III): 정책대안의 비교평가

제1절 정책대안 비교평가의 의의 ·· 172

    1. 평가기준의 의미   172

    2. 평가기준의 요건   172

제2절 정책대안 비교평가의 측정지표 ·· 174

    1. 정책분석의 차원 및 측정지표   174

    2. 정책대안의 비교평가: 종합판정표의 활용   198

제3절 정책대안의 비교평가: 정책사례의 적용 ··· 200

    1. 사례개요   200

    2. 정책쟁점   203

    3. 정책분석   203

    4. 전체내용에 대한 요약   207

제4절 요약 및 결론 ·· 208

제 8 장   분석결과의 제시: 결과의 분석과 해석

제1절 분석결과 제시의 의의 ·· 211

제2절 분석결과 제시의 기본전제 ·· 212

    1. 분석이 근거한 가치전제의 표명   213

    2. 타당성 전제의 확보   215

    3. 개방적 관점의 유지   217

    4. 분석결과의 활용가능성 중시   219

차   례

제3절 정책분석가의 역할유형과 분석결과의 제시방법 ··· 223
    1. 정책분석가의 역할유형　223
    2. 정책분석 결과의 제시방법　230
제4절 분석결과 활용의 제약요인 ··· 235
    1. 분석결과의 적실성 결여　235
    2. 분석결과의 적시성 결여　235
    3. 비효과적인 의사전달　236
    4. 이용자의 분석결과 외면　236
제5절 요약 및 결론 ··· 237

제 3 부　정책분석론: 기법

제 9 장　정책분석의 최신기법

제1절 과학적 탐구로서의 정책분석 ··· 242
    1. 과학적 탐구　242
    2. 인과관계의 규명　242
    3. 과학적 탐구로서의 정책분석　243
제2절 양적자료분석 ··· 244
    1. 기초통계분석　244
    2. 요인분석　255
    3. 구조방정식(SEM: Structural Equation Model): 경로분석　258
    4. Binary-data 분석을 위한 기법　264
    5. Censored-data 분석을 위한 기법　270
    6. Count-data 분석을 위한 기법: Poisson모형　279
    7. 생산성/효율성 분석을 위한 기법: DEA분석　282
    8. Post-DEA분석　285
    9. Coulter 모형: 형평성 측정을 위한 분석모형　290
    10. 메타회귀분석　296
    11. 성향점수매칭 이중차이(PSM-DID: Propensity Score Matching-Difference
       in difference) 모형　299
    12. 위계선형모형(HLM: Hierarchical Linear Model): 다층모형　305

제3절 질적자료분석 ·· 310

  1. 정책델파이분석　310

  2. 시나리오기법　314

  3. Q-방법론: 주관적 요인을 측정하기 위한 분석기법　317

  4. AHP분석: 정책우선순위 분석　322

  5. 민감도분석　326

  6. 근거이론분석을 위한 질적분석기법: Atlas/Ti　328

  7. 사회네트워크 분석　332

  8. 시스템 다이내믹스　336

제4절 요약 및 결론 ···341

제10장　정책분석과 미래예측

제1절 미래예측의 의의 ···344

  1. 미래예측의 의의　344

제2절 미래예측의 연구방법 ···348

  1. 이슈의 확인　349

  2. 통계적 분석　351

  3. 창의적 예측　355

  4. 우선순위 선정을 위한 기법들　359

제3절 미래예측사례의 분석 ···360

  1. '치악권 행정협의회'에 대한 SWOT 분석　361

  2. '광역지방자치단체의 전자정부'에 대한 SWOT 분석　363

  3. '시군의 재정지출 구조'에 대한 회귀분석　366

  4. '한국의 선거제도 개선'에 대한 시뮬레이션 분석　368

  5. '정부의 정보화지원사업'에 대한 AHP 분석　370

  6. '온실가스 감축 효과'에 대한 시나리오 분석　372

  7. '국방부의 민간군사경비업의 도입'에 대한 정책델파이 분석　373

  8. 'U-Eco City 개발과 미래유망기술의 R&D 전략수립'에 대한 교차영향 분석　375

  9. '국가융합기술 발전 기본계획'에 대한 우선순위로드맵　377

  10. '생물자원·생명공학분야 기술'에 대한 우선순위로드맵　380

제4절 요약 및 결론 ···383

제 4 부 정책분석론: 사례 · 윤리 · 맥락

제11장 정책분석과 정책사례

제1절 정부정책: 정부–사회집단 간의 관계 ·· 388

    1. 시화호 정책분석　388

    2. 부안핵 방폐장 설치 정책분석　394

    3. 국민연금 정책분석　400

    4. NEIS 정책분석　409

    5. 디지털지상파방송 정책분석　419

    6. 한반도 대운하 정책분석　430

    7. 주택 발코니 구조변경 정책분석　437

제2절 정부정책: 정부의 3자적 관계 ·· 442

    1. 삼성자동차 정책분석　442

    2. 의약분업 정책분석　450

    3. 한양약분쟁 정책분석　461

    4. 화물연대파업 정책분석　469

    5. 기업형 슈퍼마켓 정책분석　482

    6. 하이닉스 반도체 빅딜 정책분석　489

제3절 요약 및 결론: 정책유형 및 정책단계별 정책실패요인 및 정책학습방안 ···· 496

    1. 정책사례의 유형분류　496

    2. 정책유형 및 정책단계별 정책실패요인　498

    3. 정책유형 및 정책단계별 정책학습 메커니즘　501

제12장 정책분석과 정책윤리

제1절 정책윤리의 개념 및 중요성 ··· 505

제2절 정책분석에서의 정책윤리의 의의 ··· 506

제3절 정책분석에서의 윤리분석의 실패 ··· 508

제4절 정책분석가의 윤리 ·· 509

    1. 명확한 근거의 제시　510

    2. 타당성의 확보　511

    3. 개방적 관점　511

　　　4. 체계적 윤리성 지향　511

제5절　정책분석가의 역할 및 정책윤리 ··· 513
　　　1. 객관적 기술자 모형과 정책윤리　513
　　　2. 고객 옹호자 모형과 정책윤리　514
　　　3. 쟁점 창도자 모형과 정책윤리　517
　　　4. 정책토론 옹호자 모형과 정책윤리　518
제6절　정책토론과 개방적 사고의 중요성 ··· 520
제7절　실천적 이성과 정책토론의 중요성 ··· 521
제8절　요약 및 결론 ·· 522

제13장　정책분석과 정책맥락

제1절　정책분석과 맥락지향의 의의 ··· 525
제2절　정책분석과 신제도주의이론 ··· 526
　　　1. 신제도주의 이론의 개관　526
　　　2. 정책분석의 관점에서 본 신제도주의　528
제3절　정책분석과 정책네트워크이론 ··· 530
　　　1. 정책네트워크이론 개관　530
　　　2. 정책분석의 관점에서 본 정책네트워크　535
제4절　정책분석과 숙의적 정책분석 ··· 537
　　　1. 정보사회의 정책이념　537
　　　2. 참여성과 숙의성　537
　　　3. 숙의민주주의　538
　　　4. 정책분석의 관점에서 본 숙의적 정책분석　539
제5절　요약 및 결론 ·· 541

요약 및 결론

제1절　정책분석론의 구성논리 ··· 543
　　　1. 정책학과 정책분석　543
　　　2. 지식정보사회와 정책분석이념　545
　　　3. 지식관료와 정책분석　546
　　　4. 정책분석론 패러다임　547

　　5. 정책분석의 기준　　549

　　6. 정책분석의 과정　　550

제2절　정책분석의 분석방법 ·· 551

　　1. 정책문제의 분석　　552

　　2. 정책목표의 설정　　552

　　3. 정책대안의 분석(I): 대안의 탐색개발　　553

　　4. 정책대안의 분석(II): 대안의 미래예측　　554

　　5. 정책대안의 분석(III): 대안의 비교평가　　555

　　6. 분석결과의 제시: 결과의 분석과 해석　　556

　　7. 정책분석의 최신기법　　557

　　8. 정책분석과 미래예측　　558

　　9. 정책분석과 정책윤리　　561

제3절　에필로그 ·· 562

참고문헌 ·· 565

사항색인 ·· 583

인명색인 ·· 587

제1부

정책분석론: 총론
(Overview)

제1장 정책분석의 패러다임

제2장 정책분석의 기준

제1부에서는 정책분석론 총론에 대해서 학습한다. 먼저 제1장에서는 정책분석의 패러다임에 대해서 검토한 후, 제2장에서 정책분석의 총괄적 기준에 대해서 검토한다. 정책분석의 패러다임에서는 정책학의 본질과 목적, 정책분석의 본질과 목적, 정책분석의 대상 및 범위, 정책분석이념, 정책분석의 패러다임에 대해서 고찰하며, 정책분석의 기준에서는 정책분석의 기준에 대한 선행연구의 검토, 선행연구에 대한 수정보완, 새로운 정책분석 기준에 대한 측정지표의 순서로 고찰한다.

정책이란 정치적 요소와 합리적 요소가 상호 역동적이고 동태적인 과정을 거치면서 만들어진다. 정책이 가지는 이러한 합리성과 정치성의 양면성(*duality*)으로 인해 제1장 정책분석의 패러다임에서는 효율성 분석을 주로 하는 양적분석(*quantitative analysis*)이 민주성 차원을 분석하는 질적분석(*qualitative analysis*)과 병행되어야 한다는 점을 특히 강조하여 다루어진다. 즉, 정책분석은 양적분석과 질적분석을 병행하면서 효율성-민주성-성찰성 차원의 분석을 가급적 엄격하게 견지하려는 노력을 기울여야 한다. 또한, 정책분석이란 보다 나은 정책대안(*policy alternatives*)을 개발·선택하기 위하여 정책목표와 정책수단 그리고 더 나아가 정책결과간의 인과관계를 밝혀내는 것인데, 정책분석의 기준은 이러한 정책분석의 과정에서 준거기준의 역할을 하므로 매우 중요하다. 제2장 정책분석의 기준에서는 Nakamura와 Smallwood, Suchman의 분석기준, 그리고 가장 포괄적으로 사용되는 W. Dunn의 기준에 대해서 검토하고, 최근 현대 정책환경의 변화에 따라 더 추가되거나 강조되어야 할 분석기준이 무엇인지에 대해서 논의한 후, 효율성(생산성)-민주성(참여성)-성찰성(당위성)이라는 세 가지 총체적 분석 차원에 대해서 학습하기로 한다.

제 1 장

정책분석의 패러다임

>>> 학습목표

　제1장에서는 정책분석의 패러다임에 대해서 학습한다. 정책학의 본질과 목적, 정책분석의 본질과 목적, 정책분석의 대상 및 범위, 정책분석이념, 정책분석의 패러다임에 대해서 고찰한다.

　정책이란 정치적 갈등의 요소와 합리적인 의사결정단계가 상호 역동적이고 동태적인 과정을 거치면서 만들어지는 것이다. 정책과정은 가치 있는 자원의 배분을 놓고 이해관계자들이 경쟁하고 타협하는 과정으로서, 본질적으로 가치, 갈등, 권력 등의 요소들이 내재되어 있다. 이처럼 정책은 가치, 갈등, 권력적 요소를 그 배경적 특성으로 하고 있지만, 정책분석이 존재하는 본질적 이유는 이러한 특성적 제약조건을 배경으로, 어떻게 하면 합리적 정책과정에 있어서 권력적 요소를 배제하고 전문성을 제고하며, 과학적이고 체계적인 정책을 도출할 수 있을 것인가 사유하고 탐색하는 데 있다. 즉, 정책분석은 문제의 본질적 쟁점규명, 명확한 목표설정, 체계적인 대안탐색, 과학적인 대안비교 등을 통해 최선의 대안선택을 추구하는 끊임없는 분석과 사유의 과정이며, 이를 통해 궁극적으로 인간존엄성(human dignity)을 지향하고자 하는 데 목적이 있다.

　정책이 가지는 이러한 합리성과 정치성의 양면성(duality)으로 인하여 효율성 분석을 주로 하는 양적분석(quantitative analysis)은 민주성 차원을 분석하는 질적분석(qualitative analysis)과 병행되어야 한다. 정책분석은 양적분석과 질적분석을 병행하면서 효율성-민주성-성찰성 차원의 분석을 가급적 엄격하게 견지하려는 노력을 기울여야 한다. 이것이 이 장에서 논의하는 핵심 테마이다.

1. 정책학의 본질 및 목적

현대국가의 정책은 국제적인 문제든 국내적인 문제든 하나하나의 영향이 막중하며, 인간생활의 모든 부문에 침투하고 있을 정도로 확대되고 다양화되어 있다. 1951년 Lasswell의 정책과학 주장 배경도 1945년 8월 6일 미국대통령에 의해 최종적으로 결정된 일본의 히로시마 원자탄 투하 정책결정에서 비롯된다. 수만 명의 목숨을 앗아간 원자폭탄은 이제 비단 일본뿐만 아니라 인류 전체의 운명을 좌우할 수 있는 단계에 와 있음을 깨닫고, Lasswell은 인간존엄성에 기여할 수 있는 정책학을 주창하게 된다. 즉, 정책학은 최종 목표로서 인간사회의 근본적인 문제 등을 해결하여 인간존엄성을 보다 충분하게 실현하여야 하며(이것을 표현하여 민주주주의 정책학이라고 지칭), 보다 구체적으로 바람직한 정책결정(정책문제의 올바른 파악, 그 문제해결을 위한 최선의 수단선택 등), 바람직한 정책집행, 바람직한 정책평가에 필요한 지식을 제공하는 것을 구체적 목표로 삼아야 한다고 주장하였다. 이를 위해 정책학은 1) 정책과정에 대한 실증적 지식 연구와 2) 정책과정에서 필요한 전문지식에 대한 연구가 필요하다고 보았다.

정책의 출발은 사회에 퍼져 있는 숱한 사회문제들 중 국가적 차원에서 중대하고 시급한 사안들을 명확하게 해결하기 위해 국가가 설정한 정책문제에 대한 탐구로부터 시작하는데, 이러한 정책문제는 구조화가 잘 된 문제와, 어느 정도 된 문제, 잘 안된 문제 등으로 나뉠 수 있다(William N. Dunn, 2008: 103-105). 또한 정책문제의 중요한 특성으로는 정책문제의 상호의존성(*interdependence of policy problems*), 정책문제의 주관성(*subjectivity of policy problems*), 정책문제의 인공성(*artificiality of policy problems*), 정책문제의 역동성(*dynamics of policy problems*)을 들 수 있다(William N. Dunn, 2008: 97-99). 일반적으로 식별된 정책문제는 공공행동(*public action*)을 통해서 성취될 수 있는 한 세트의 실현되지 않은 가치(*value*)나 기회(*opportunity*)의 집합이라고 간주할 수 있다(William N. Dunn, 2008: 99).

정책학은 1) 정책문제의 해결이라는 실천적 목표를 지니고 있기에 문제지향적(*problem-oriented*)이며, 2) 방법론상의 다양성을 지니면서 시간성과 공간성의 맥락성(*contextuality*)을 지니며, 3) 순수과학(*pure science*)과 응용과학(*applied science*)의 논리를 융합하는 연합학문지향성(*interdesciplinary*)이라는 특성을 지닌다. 또한 정책학은 사회문제가 정책문제로 전환되는 과정에 대한 연구인 정책의제설정론과 정책문제의 본질에 대한 분석을 통해 정책목표와 정책대안을 마련하는 과정인 정책분석론과 정책형성론, 그리고 결정된 정책의 집행에 대한 연구인 정책집행론과 이를 평가하는 정책평가론을 연구범위로 삼고 있다.

2. 정책분석론의 본질 및 목적

정책분석론의 목적은 정책분석을 통해 정책형성과정에서의 정책의 합리적 수단 선택 능력을 제고시키는 협의의 목적과 정책의 전 과정에 대한 분석적 능력을 제고함으로써 정책 전반의 정책역량을 높이는 광의의 목적으로 나눌 수 있다. 정책의 전 과정에 대한 분석적 능력이란 대안을 탐색하는 협의의 정책분석뿐만 아니라, 정책과정상 합리적인 의사결정 혹은 민주적인 절차적 타당성을 필요로 하는 정책의제설정, 정책결정, 정책집행과 정책평가의 흐름을 분석적으로 살피는 능력이다.

정책은 합리성과 효율성의 산물이면서, 동시에 정치성과 권력성의 산물이기도 하다. 따라서 정책학은 본래 합리성과 정치성의 양면적인 성격을 띠고 있다. 그런데 오늘날 범사회적으로 집단적 가치보다 개인적 가치가 우선시 되고, 다원화·분권화된 사회구조가 일반적인 시대적 이념하에서 민주성과 절차적 타당성이라는 가치의 중요성이 부각되고 있다. 따라서 정책분석론 역시 합리적인 정책수단에 대한 분석능력 제고라는 본래의 목적에 더하여 정책문제를 합리적으로 해결하기 위한 민주적 가치와 절차적 타당성이라는 측면을 분석하는 비중이 과소평가되어서는 안 될 것이다.

3. 정책분석론의 대상 및 범위

정책분석론의 연구 대상과 범위를 규정하기 위해 정책의제설정, 정책결정, 정책집행 및 평가의 과정을 포함하는 정책과정을 살펴보고, 정책과정 전반에 걸친 비판적 분석능력 제고를 위해 어떤 요소들이 검토되어야 하는지에 대해 구체적으로 검토하고자 한다.

1) 정책형성과정에서의 정책분석: 전통적 의미의 정책분석론 범위

정책형성과정이란 정책이 형성되는 과정, 즉 정책의제설정과정과 정책결정과정을 포함한다. 정책이 형성되는 과정에서 정책의 3대 요소는 정책목표, 정책수단, 정책대상집단이라 할 수 있는데, 정책형성 과정에서 정책문제에 대한 본질적 쟁점을 분석하고, 그에 따른 정책목표, 정책수단, 정책대상집단에 대한 과학적 · 체계적인 분석을 통해 정책결정의 합리성을 제고하는 노력의 과정을 전통적 의미의 정책분석이라고 한다.

　정책목표란 '정책을 통하여 이룩하고자 하는 바람직한 상태(desirable state)'를 말한다. 기본적으로 정책목표는 미래지향적이며 당위적인 성격을 갖고 있다. 정책이 더 나은 미래의 바람직한 상태를 창조하려는 목적으로 수립되었다면 그런 목표를 적극적이고 창조적인 목표라고 할 수 있고, 정책이 정책 문제가 발생하지 않았던 과거의 상황으로 돌아가는 것이라면 소극적이고 치유적인 목표이다. 적극적 정책 목표와 소극적 정책 목표의 대표적인 예로는 경제개발 계획과 같이 새로운 미래를 창조하려는 정책과 환경보호 정책과 같이 환경오염이 없었던 과거로 돌아가려는 정책이 있다.

　정책 목표를 실현하기 위해서 정책 수단이 필요하다. 정책 수단은 다음 단계의 수단에 대한 정책 목표가 되기 때문에 정책의 목표와 수단은 '목표-수단의 계층관계'로 묘사할 수 있다. 예를 들면 환경보호가 목표인 정책에 쓰레기 종량제를 정책수단으로, 쓰레기 종량제라는 정책을 실시하기 위해 '쓰레기봉투 사서 쓰기 홍보 정책'을 다시 하위 정책수단으로 삼을 수 있다.

　바람직한 미래를 지향하더라도 정책 목표는 항상 가치 판단적인 요소를 가지고 있어 정책 결정자의 판단에 오류가 있을 수도 있고 정책 집행 과정에서 정책 비용이 생기거나 혹은 정책대상집단의 반발에 부딪힐 수도 있다. 정책대상집단은 크게 정책수혜집단과 정책비용집단으로 나눌 수 있는데, 전자는 정책으로 인해 편익을 누리게 되는 집단을 의미하고 후자는 정책으로 인해 비용을 부담하게 되는 집단을 의미한다. 예를 들어 국민기초생활보장법으로 정부의 지원을 받는 영세민이 정책수혜집단이라면, 영세민 지원을 위해 세금을 부담하는 일반시민은 정책비용집단인 것이다. 이러한 정책대상집단에 대한 분석은 정책목표 및 정책수단에 대한 분석 못지않게 정책분석론의 주요 대상이 된다. 바람직한 대안을 선택하기 위한 정책분석 과정에서 정책결정에 영향을 미치는 정책대상집단을 분석하지 않을 수 없다. 정책수혜집단과 정책비용집단을 적절히 파악하고 이들을 비교분석함으로써 정책집행결과에 대한 예측가능성을 높일 수 있다.

　이러한 협의의 정책분석론의 범위에는 정책형성 이전단계의 분석이 해당되지만, 정책평가 이후 정책수정이 일어나는 단계에서도 정책형성이 이루어지는 경우가 있는데 이러한 경우도 전통적인 정책분석론 범위에 포함시키는 것이 상례이다. 정책평가 이후 단계의 분석이란 정책 평가 이후에 바람직한 정책 혹은 바람직하지 않은 정책의 성공 요인 및 실패 요인을 분석하여 정책 수정에 반영하는 것이 목적인 분석 과정을 말한다.

〈그림 1-1〉 정책과정에서의 정책분석

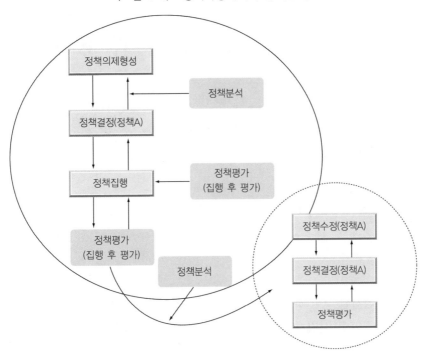

* 자료: 강근복, 2000: 20에서 재구성.

〈그림 1-1〉을 보면 정책 형성 과정 이전의 정책분석과 정책평가 이후의 정책분석이 정책 과정 중에 어떤 위치를 차지하고 있는지 잘 알 수 있다.

2) 정책의 전 과정에서의 정책분석: 광의의 정책분석론 범위

정책이란 전 과정에 걸쳐 과학적·체계적인 분석능력을 요구하고 있는바, 정책의 전반적 과정에 대한 체계적 분석과 비판적 성찰을 정책분석론의 범주로 삼을 수 있다.

J. Kingdon의 표현대로 사회에는 수많은 문제들이 흐른다(*problem stream*). 수많은 사회문제 중 일부는 정부에서 정책적 해결을 위하여 신중한 검토를 하게 되는데 이렇게 검토하기로 결정한 사회문제를 정책문제라고 한다. 정부는 모든 사회 문제를 정책문제로 채택하지 않고 사회문제 중에서 일부를 정책문제로 채택하기로 결정하는데 이러한 활동 (즉, 사회문제를 검토하기로 결정하는 행위)을 정책의제설정1)이라고 부른다. 즉, 사회문제

---

1) 정책 의제 설정: 정책 문제가 되기까지의 4가지 유형
   제1유형: 사회문제 ⇒   정부의제 (동원모형: 정부주도의 새마을 운동)

<그림 1-2> 정책과정에 따른 정책학의 내용

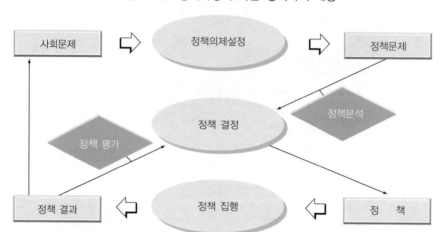

* 자료: 정정길 외, 2005: 18에서 수정.

중 정책의제로 설정된 것이 정책문제이며, 어떤 문제가 정책문제로 거론되면 이를 해결하여 달성할 정책목표를 설정하고 이 목표를 달성할 수 있는 여러 가지 정책수단(대안)을 고안, 검토하여 최선의 정책수단을 채택하게 된다. 이러한 일련의 활동을 정책형성(정책결정)이라고 하며, 이 결과로서 나오는 산출물이 정책이다. 이 때, 보다 바람직한 정책결정을 위하여 수행되는 지적 작업이 정책분석이며, 이는 정책결정에 필요한 지식을 제공한다.

결정된 정책은 보다 구체화되어 현실적으로 실현되어야 하는데 이 정책의 현실 활동을 정책집행이라고 부르며, 이 결과 정책목표가 달성되는 정책효과와 정책집행을 위하여 사용된 사회적 가치인 정책비용 등의 정책결과(정책효과+정책비용)가 다시 정책환경2)으로

제2유형: 사회문제 ⇒ 사회적 쟁점 ⇒   정부의제 (이슈가 크게 부각되면 정부가 나설
                                                          수 있다.)

제3유형: 사회문제 ⇒   공중의제 ⇒ 정부의제 (산불과 같은 재해는 이슈가 아니어도
                                                          의제로 설정된다.)

제4유형: 사회문제 ⇒ 사회적 쟁점 ⇒ 공중의제 ⇒ 정부의제
2) 정책환경과 정치체제의 상호작용

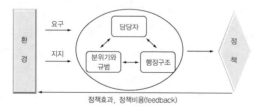

* 정정길 외, 2005: 113에서 재수정.

환류된다.

정책집행과정의 제 측면을 검토하여 보다 바람직한 집행전략을 제공하려는 지적 작업이 정책평가의 일부이며(형성평가), 집행결과 정책효과의 발생여부를 검토하는 것이 또 다른 중요한 정책평가 작업이다(총괄평가). 정책평가는 정책의 종결이나 수정 등을 위한 지식을 제공하여 정책결정에 기여하게 된다.

〈그림 1-2〉에서 사각형은 환경에 존재하거나 정치체제가 환경으로 내보낸 산출물의 표현이고 이들은 그 앞 단계 정책 활동의 산물이자 다음 단계 정책 활동의 투입으로서 역할을 하게 된다. 타원형에는 정책 과정의 핵심적인 정책 활동인 의제설정, 정책결정, 정책집행이 포함되고, 정책분석과 정책평가는 이러한 정책 활동에 지식을 제공하는 지적활동이다.

전통적 의미에서는 정책분석과 정책평가를 엄격히 구분하여 정책결정이 이루어지기 이전의 분석행위를 정책분석으로 정책결정이 이루어진 이후의 집행과정이나 결과에 대한 평가행위를 정책평가로 이해하지만, 정책집행과 정책평가에 있어서도 분석적 노력과 과정이 핵심요소라고 볼 때 정책분석은 오히려 정책 전 과정에 걸쳐 이루어지는 분석적 노력이라고도 이해할 수 있다. 이처럼, 정책 과정 중 정책 형성 이전의 분석 과정과 정책평가 이후의 분석과정뿐만 아니라, 그 외 정책 의제 설정과 정책 집행 과정에 대한 분석노력까지를 포함하는 것이 광의의 정책분석론이다.

W. Dunn(2008)은 한발 더 나아가 매우 통합적인 정책분석의 과정을 제안한다. 즉, 그림에서 보듯이 정책문제를 분석함에 있어 문제를 구조화할 것을 제안하고, 과거지향적 문제와 미래지향적 문제로 분류하는 한편 기대되는 정책결과와 선호되는 정책사이의 차이를 점검하며, 관찰된 정책결과를 평가함으로써 보다 나은 정책성과를 도모하고 더 나은 정책형성에 기여한다는 것이다.

이때, W. Dunn에게 있어서, 핵심변수로서 작용하는 용어들에 대한 정의는 다음과 같다.

① 정책문제(*policy problem*)는 공공행동(*public action*)을 통하여 달성될 가능성이 있는 실현되지 않는 가치이다. 정책문제에 관한 정보는 정책분석에서 핵심적인 역할을 수행한다.
② 기대되는 정책결과(*anticipated policy results*)는 문제를 해결하고자 고안된 정책이 초래할 개연성이 있는 결과를 말하는 것으로 분석가는 현재의 상황에 의해서 '주어진 것'이 아닌 '기대되는 정책결과'에 관심을 가져야만 한다. 이는 미래지향적인 정책지향의 중요성을 강조한 것인데, 이러한 미래예측적인 정보를 생산하기 위해선 창의성, 통찰력, 직관 그리고 통계적인 지식의 종합적 활용이 필요하다.

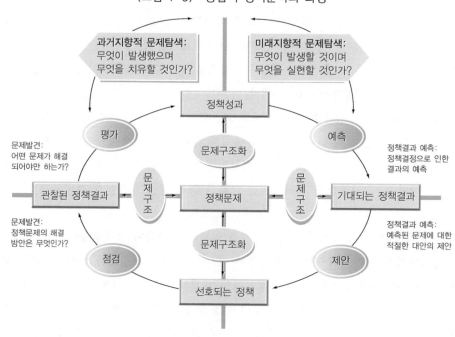

〈그림 1-3〉 통합적 정책분석의 과정

과거지향적 문제탐색:
무엇이 발생했으며
무엇을 치유할 것인가?

미래지향적 문제탐색:
무엇이 발생할 것이며
무엇을 실현할 것인가?

정책성과

평가

예측

문제발견:
어떤 문제가 해결
되어야만 하는가?

정책결과 예측:
정책결정으로 인한
결과의 예측

문제구조화

관찰된 정책결과

문제구조

정책문제

문제구조

기대되는 정책결과

문제발견:
정책문제의 해결
방안은 무엇인가?

정책결과 예측:
예측된 문제에 대한
적절한 대안의 제안

점검

문제구조화

제안

선호되는 정책

* 자료: William N. Dunn, 2008: 4-14에서 수정.

③ 선호되는 정책(*preferred policy*)은 문제에 대한 잠재적 해결방안이다. 선호되는 정책을 채택하기 위해서 기대되는 정책 결과에 관한 정보가 필수적이다.

④ 관찰된 정책결과(*observed policy results*)는 선호된 정책을 집행하여 나타난 과거 또는 현재의 결과이다. 즉 관찰된 정책 결과는 미래예측을 하는 데에 기초 자료로 쓰일 수 있다. 즉, 과거 또는 현재의 관찰된 정책성공 및 정책실패의 결과를 보고 미래예측을 할 수 있게 되는 것이다.

⑤ 정책성과(*policy outcome*)는 관찰된 정책결과가 가치, 목표 또는 목적의 달성에 기여한 정도를 말한다. 정책성과에 관한 정보는 기대된 정책결과를 예측하는 기초를 제공한다 (William N. Dunn, 2008: 4-6).

광의의 정책분석론은, 이상의 내용을 종합해 볼 때, 정책의 결정 이전 단계에서만 행해 지는 분석적 노력이 아니라 정책의 전 과정에 걸쳐서 탐구되는 분석적 노력이라고 할 수 있다. 또한, 정책분석론은 구조화된 문제와 비구조화된 문제, 그리고 과거지향적 문제와 미래지향적 예측을 포괄하는 분석적 행위라고 할 수 있으며, 이러한 관점에서 정책분석방 법은 과거의 정책을 점검한 이후의 평가적 분석과 함께 미래의 정책에 대한 예측을 통한 예측적 분석이 필요하며, 이들은 상호의존적으로 작용하여 보다 품질 높은 정책을 형성하려는 노력에 귀결되어야 한다.

광의의 정책분석론은, 또 다른 관점에서 이해하자면, 정부 내부의 일하는 시스템(방식)에 대한 분석을 통해 정책의 합리성을 제고하고자 하는 정책(품질)관리에 대한 이해를 필요로 하며, 정부 외부고객 및 정책대상집단에 대한 절차적 민주성에 대한 분석을 통해 정책의 민주성을 제고하고자 하는 갈등관리 및 거버넌스 관리에 대한 이해를 필요로 한다. 갈등관리 및 거버넌스에 있어서 거버넌스는 참여와 네트워크가 강조되며 신뢰와 민주성 향상을 꾀하는데, 이를 위해서는 정책의 전 과정에서 이해관계자 및 시민, NGO등의 참여가 필요하다. 거버넌스 모형은 정책 분석은 물론 뒤의 평가단계서도 갈등관리에 대하여 사후적 문제의 원활한 관리와, 정부의 대응성과 책임성 확보, 또한 정책의 정당성과 정책에의 순응을 향상시켜 사회 효용을 증대시키는 등 정책전반에 걸쳐 중요한 의미와 역할을 담당하는 정책학에서의 떠오르는 화두라 할 수 있다(윤종설, 2007: 167-168).

 <<< 정책품질관리제도에 대한 이해

정책품질관리란 정책의 품질(quality)을 제고하려는 정책관리제도이다. 21세기 정부혁신의 화두는 공유(sharing)와 학습(learning)이다. 초 단위로 변하는 지식정보사회에서 정부는 국가 내에 흩어져 있는 정보와 지식 자원들을 유기적으로 엮어내고, 정부 내에 산재해 있는 지능(intelligence)을 향상(upgrade)시키는데 중요한 역할을 해야 한다. 정책품질관리제도는 이러한 기능을 수행하기 위해 정책 의제형성에서부터 정책결정, 정책집행 및 정책평가에 이르는 각 정책단계별로 필수적으로 고려해야 할 기본적인 절차와 기준에 관한 지침을 제시한다. 더불어 정책의 유형과 특성을 고려한 풍부한 매뉴얼을 제공하고 정책 성공 및 실패사례를 다양한 각도에서 분석하여 이에 대한 학습을 통해 지식과 경험을 공유할 수 있도록 체계적으로 노력한다. 정책품질관리로 이루어진 정보는 KMS(지식관리체계)[3]의 일부가되어 정부 내부의 지식으로 축적된다.

학습은 조직 외부환경에서부터 부단히 흘러 들어오는 신호에 명민하게 반응하게 함으로써 조직의 정책결정역량과 위기대응능력을 제고시키기 때문에, 시간, 속도, 불확실성을 내포하는 디지털 시대에 살아남기 위한 정부의 역량 제고에 필수적인 요소이며, 정부의 '일하는 시스템'에 변화를 가져올 촉매제라고 할 수 있다. 따라서 정보와 지식을 공유하려는 태도와 학습에 대한 열정이 조직의 성과 제고에 가장 중요한 요소인 바, 정책품질관리제도는, 인센티브의 도입 및 조직 책임자의 강력한 리더십과 함께, 지식 공유를 대하는 조직 구성원의 태도나 조직의 문화를 변화시킬 수 있다.

---

3) 지식관리체계(KMS)의 필요성:

<<< 갈등관리와 거버넌스

거버넌스란 사회의 자기조향능력(Self-steering Capacity)을 중시한 새로운 정책문제 해결방식이다. 이는 민주성을 지향한다는 점에서 정책이론과 밀접히 연계되어 있으며, 다양한 이익집단의 갈등관리를 중요시 한다. 거버넌스는 중앙정부, 지방정부, 각종 위원회 및 사회단체 등 네트워크 구성을 지향하며, 정부는 방향만 잡고, 나머지는 시장 및 시민사회의 제반 조직들, 즉 민간기업, NGO, 제3섹터, 준정부 등의 조직들과의 유기적인 연결과 조정을 통해 문제를 해결하는 접근방식을 취한다. 거버넌스는 통치요구의 증대에 반해 통치역량은 감소하는 정책환경의 요청에 부응하여 등장하게 된 정부의 새로운 정책관리방식이다. 이는 이전의 정부 관료제 모형에서 정부가 결정하고, 명령하고, 경영까지 도맡아한 수직적 행정방식에서 수평적 행정방식으로의 전환을 의미한다.

민주화 이후의 민주화 시대에는 다양한 집단의 이익분출이 필연적으로 수반되며, 이러한 정치과정에서 필연적으로 발생할 수밖에 없는 정책갈등에 대한 조기포착과 사전관리가 필요하다. 정책집행에 따른 다양한 이해관계의 분석능력을 제고하고, 이해관계자의 참여 및 갈등조정을 통한 거버넌스적 문제해결을 통해 정책과정의 참여성, 민주성, 숙의성4)을 제고해야 한다. 갈등관리에 대한 전문적인 경험과 지식을 체계적으로 축적하여 사전에 국가적 차원의 갈등을 예방하고 조기에 갈등을 수습할 수 있는 정부역량 제고가 필요한 시점이다.

◎ 정부기관들이 무조건 민간 기업들을 그대로 모방하여 실패하는 사례가 많다. 벤치마킹의 이름으로 선진국이나 민간부문의 지식관리 기법과 사례들을 단순히 복제하는 것만으로는 우리나라의 정부조직에 적합한 지식관리 체계를 구축하는 것은 불가능 하다. 그러므로 우리는 수많은 성공사례뿐만 아니라 지식관리에 대한 시행착오들에 대한 연구와, 무엇보다도 정부조직의 특수성 등에 대한 연구를 통하여 지식관리의 본격적 도입 이전에 청사진을 마련해야 한다.

◎ 정부조직의 지식선정 기준
   ① 유의성(조직의 가치와 목적에 부합하는가?)
   ② 창의성(지식제안자가 지식의 1차 생산자이거나, 창의적으로 재생산 하였는가?)
   ③ 지속성(조직내에서 지속적으로 활용될 수 있는 지식인가?)

4) 참여성, 숙의성, 합의성의 개념

◎ 참여성: 정치적 참여성은 완전한 의미의 수평적 구조나 투명한 운영 내지는 대의제를 부정하고 철저히 직접민주주의만을 고집하는 수준으로 확장되는 민주성을 뜻하지는 않는다. 이는 조직구조를 수직화하고 운영과정을 은폐하며 의사결정권을 독점하려는 동기와 유인 요소가 공존한다는 인식하에 이해되는 상대적인 개념이다.

◎ 숙의성: 숙의성은 다수결주의가 다수의 독재로 변화되는 것을 막고 공중의 이성능력을 발현하기 위해 토론과 다양한 의견교환을 통해 오류를 수정하는 과정을 말한다. 이는 경험을 반성적 사고를 통해 재구성하고 토론을 통해 다른 사람과 상호작용을 하면서 어떤 사안을 심의하고 소통하는 것이기도 하다. 따라서 참여과정의 숙의성은 이러한 반성적 사고와 토론,

거버넌스는 라스웰(Lasswell)이 인간의 존엄성을 강조하면서 민주주의 정책학을 주창한 이래 정책학이 계층제적 관료제의 도구로 전락된 것에 대한 반성과 성찰의 결과이다. 기존의 정책학은 다양한 의견 투입이 원활하게 이루어지지 못하고 정책의 효율성만을 추구한 결과 정책불응과 같은 또 다른 비효율성을 양산하고 있었다. 이에 대한 반성으로 대두된 거버넌스는 다양한 이해관계자들의 참여를 제도적으로 보장함으로써 정책의 민주성과 효율성을 동시에 추구한다. 현대사회의 정보화 추세에 따라 이러한 경향은 더욱 가속화되고 있다. 결국 새로운 환경변화에 대한 대응으로 등장한 혁신체제이론과 거버넌스 이론은 기존에 배타적으로 추구되고 있던 효율성과 민주성을 조화하는 대안으로서 새로운 정책학 패러다임의 핵심요소라 할 수 있다.

4. 정책분석론의 최근 경향

1) 정책분석과 전자정부

현대사회는 시간(*time*), 속도(*speed*), 불확실성(*uncertainty*)의 가속적 증가 속에 놓여져 있으며, 이에 따라 정책분석에 있어서 전자정부 및 지식관리의 적극적 활용이 매우 중요하다. 속도의 시대, 불확실성이 증대함에 따라 정책분석의 패러다임 또한 전통적인 관료제 정부에서 초고속의 대용량 네트워크를 통해 많은 양의 정보를 빠르고 정확하게 분석하는 전자정부의 활용은 매우 중요하게 되었다.

과거지향적인 문제해결, 단순한 지적우선순위의 설정과 이해의 방식에서 이제는 미래지향적인 문제탐색, 구체적인 생활현장에서의 문제의 해결과 갈등관리의 접근으로 패러다임이 전환되게 됨에 따라 전자정부가 갖는 온라인 담론기능과 공공영역의 장, 그리고 방대한 분량의 정보를 빠른 속도로 처리할 수 있는 능력, 지식관리와 지식공유의 기능 등은 매우 중요한 가치로 등장하게 되었다.

정책분석에 있어서 전자정부의 활용은 효율성, 민주성, 성찰성의 측면에서 모두 가치를 지닌다. 즉, 전자정부는 빠른 속도의 정확한 의사결정과 지식관리를 통한 학습과 공유를 가능하게 함으로써 정책분석의 효율성을 제고시킬 뿐만 아니라, 정책결정과정의 투명성

대화의 절차가 포함되는 정치참여과정을 의미한다.

◎ 합의성: 합의성은 다수의 합의를 통해 의사를 결정하는 것으로 독단적 결정, 독립성과 반대되는 개념이다. 값싼 민주주의 일수록 합의성만을 강조하는 경향이 있다. 그러나 다수결의 원칙을 따르는 구성원 간의 합의는 충분한 참여(참여성), 진정한 토의(숙의성)를 갖춘 절차적 타당성이 있을 때라야만 진정한 민주적 합의이다.

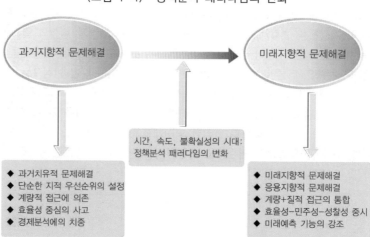

〈그림 1-4〉 정책분석 패러다임의 변화

과거지향적 문제해결

미래지향적 문제해결

시간, 속도, 불확실성의 시대:
정책분석 패러다임의 변화

◆ 과거치유적 문제해결
◆ 단순한 지적 우선순위의 설정
◆ 계량적 접근에 의존
◆ 효율성 중심의 사고
◆ 경제분석에의 치중

◆ 미래지향적 문제해결
◆ 응용지향적 문제해결
◆ 계량+질적 접근의 통합
◆ 효율성-민주성-성찰성 중시
◆ 미래예측 기능의 강조

* 자료: William N. Dunn, 2008: 4-14에서 수정.

및 시민참여 유도를 통한 민주성의 제고, 더 나아가 공공영역의 장에서 이루어지는 정책에 대한 성찰과 담론 형성기능은 신뢰성과 성찰성을 제고시켜주는 역할을 한다. 전자정부의 적절한 활용은 거버넌스의 관점에서도 매우 중요한 가치를 지니는데, 이는 국가(정부), 시장(기업), 시민사회(NGO) 등 다양한 이해관계자들이 참여할 수 있는 공론의 장을 제공해 줌으로써 민주성을 향상시키는 거버넌스 형태의 정책분석을 용이하게 해주는 메커니즘이기 때문이다.

전자정부는 참여성, 숙의성, 합의성등 민주성을 강조하는 거버넌스적 정부조직임에 따라 정부조직에서 정책의 다양한 구조를 이해하고 정책분석에 있어서도 정책의 다차원적 구조를 분석하려는 패러다임의 틀이 필요하다(권기헌, 2008: 542).

2) 정책분석과 미래예측

현대사회의 정책은 복합성과 다양성을 특징으로 하며, 이에 따라 현대의 정책분석은 정책과정의 다양한 구조 및 행위자에 대한 이해를 바탕으로 접근되어야 한다. 특히 현대사회의 정책은 불확실성과 미래지향성을 띠고 있는데, 정책분석은 과거의 선례답습적 문제해결보다는 미래의 창조적 문제해결이라는 관점에서 보다 중요한 의의를 지니게 되며, 정책연구와 정책분석에 있어서도 미래예측의 활용가치는 점점 더 증대하게 될 것이다. 인구문제, 자원문제, 공해문제, 기후문제 등에 있어서 과거에는 볼 수 없었던 비선형적인 문제의 증폭으로 인해 이러한 테마들의 올바른 미래예측이 없이는 국가의 경쟁력과 삶의 질을 논의하기 어려운 단계에 이르게 되었다. 산업의 문제가 공해의 문제로 이어지고, 공해의 문제가 규제의 문제로 이어짐과 동시에, 자원의 문제는 생존의 문제와 직결된다.

미래예측에 있어서도 과거의 단순한 예견(*foresee*)이나 추정(*forecasting*)을 넘어 예측(*foresight*)하는 학문분야가 정교하게 발달하고 있다. 단순한 계량분석을 통한 선형 혹은 비선형 예견을 넘어서서 다양한 분야의 전문가들이 모여 토의하고 숙의함으로써 다양한 단계의 시나리오를 형성하고 이에 따른 정책델파이를 적용하는 기법들이 질적 분석 분야에서 정치(精緻)해지고 있어 향후 정책분석에 있어서도 이러한 미래예측의 최근기법과 경향들을 접목시키려는 노력이 매우 중요한 과제로 등장하고 있다.

5. 정책분석의 과정과 정책분석의 중요성

1) 정책분석의 과정

정책분석은 문제해결을 위한 학문분야로 행태과학과 사회과학, 사회의 전문직업분야(*social professions*), 그리고 논리적 실증주의 분야에서 개발된 이론, 방법 그리고 연구결과에 기초하고 있다(Dunn, 2004: 1). 이러한 정책분석의 과정은 관점과 학자에 따라서 다양하게 정의되고 있다. 강근복 교수(2004)는 정책분석과정에 대해서 정책분석의 단계는 한쪽 방향으로만 전개되는 활동들로 이루어지는 것은 아니라 오히려 반복적·순환적으로 이루어지는 여러 활동들로 구성되어 있다고 보는 것이 정확하다고 설명하고 있다. 그리고 W. Dunn(2004)은 정책분석에 대한 정의를 통해 정책분석과정을 종합적인 탐구과정으로서 정책을 이해하고 개선하는데 도움이 되는 정보를 생산하고 비판적으로 평가하며 전달하고자 메커니즘을 설계하는 것으로 설명하고 있다. 하지만, 학자들은 정책분석과정의 일반적 절차에 대해서는 대개 유사한 접근을 하고 있는데, 먼저 학자들이 제시한 정책분석의 과정들을 정리해보면 다음과 같다.

학자들은 정책분석의 과정으로서 문제를 정의하고 대안을 탐색·개발·평가를 통하여 최적대안을 산출하는 과정을 제시하는데 있어서는 공통점을 지니고 있다. 즉, 이들은 보다 합리적이고 바람직한 정책을 형성하고자 분석한다는 공통의 목표를 가지고 있다. 하지만, 구체적으로 살펴보면 이들의 주장은 조금씩 차이를 보이고 있는데, 먼저 강근복 교수가 제시한 정책분석의 과정은 문제의 순환론적인 해결을 강조하면서 예비분석을 포함시키고 있다. 또한 W. Dunn의 통합적 정책분석의 과정은 문제의 구조화를 통한 문제해결

<표 1-1> 학자들의 주장에 따른 정책분석의 과정

학 자	강근복	노화준	W.Dunn
정책분석 의 과정	문제의 분석과 목표설정 ↓ 대안의 탐색과 개발 ↓ 예비분석 ↓ 대안결과의 예측 ↓ 대안의 비교·평가 ↓ 분석결과의 제시	정책문제의 정의와 목표의 설정 ↓ 대안의 탐색·개발 및 설계 ↓ 효과성 측정수단의 형성 ↓ 효과성 측정수단에 의한 대안의 평가 ↓ 최적대안의 건의	정책문제 ↓ (예측) 기대되는 정책결과 ↓ (제안) 선호되는 정책 ↓ (점검) 관찰된 정책결과 ↓ (평가) 정책성과
특 징	문제의 순환론적 해결	지표와 윤리 영향성 강조	문제의 구조화 과정

을 강조하고 있다. 그러나 W. Dunn의 분석과정은 정책분석기법의 적용이 평가과정에 묵시적으로 전제되는 형식을 취하고 있다.

이러한 정책분석의 과정들을 총체적으로 다음과 같이 요약 정리할 수 있다.

첫째, 문제의 정의는 매우 중요한 과정이므로 독립하여 강조한다. 문제의 본질 및 쟁점 규명은 정책목표의 설정과 정책대안의 탐색에 있어서 가장 중요한 정책분석의 첫 단추이며, 따라서 우리는 정책분석에 있어서 문제의 정의와 쟁점 규명을 가장 첫 번째 독립된 분석단계로 삼고자 한다.

둘째, 문제의 본질적 정의가 끝나면 정책목표의 설정단계가 따른다. 정책목표의 설정은 시대 적합성이 있어야 하고 정도 적정성이 있어야 하며 내적 일관성이 있어야 한다.

셋째, 문제의 정의와 목표의 설정이 있고나면 정책대안의 분석으로 들어간다. 정책대안의 분석의 첫 번째 단계인 정책대안의 분석(Ⅰ)은 정책대안의 탐색개발의 과정이다. 여기에서는 과거 정책목록을 대상으로 한 점진적 탐색개발과 함께 미래 창조적 정책대안을 위한 직관적 탐색개발을 모두 고려한다.

넷째, 정책대안의 분석(Ⅱ)의 과정으로써 정책대안의 미래예측이다. 대안의 광범위한 탐색개발 및 설계가 있고나면, 대안결과에 대한 미래예측이 중요하다. 여기에서는 양적 방법뿐만 아니라 정책델파이, 시나리오기법, 전문가패널 등 다양한 형태의 질적 방법을 사용하여 미래예측을 시행하게 된다.

다섯째, 정책대안의 분석(Ⅲ)의 과정으로서 정책대안의 비교평가이다. 정책대안의 미래예측을 토대로 정책대안을 체계적으로 비교평가하여 최적대안을 도출하는 단계이다.

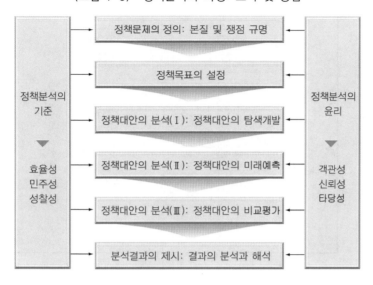
〈그림 1-5〉 정책분석의 과정: 요약 및 종합

여섯째, 분석결과의 제시이다. 여기에서는 결과를 분석하고 해석하여 제시하는 과정을 거친다.

이상에서 제시된 여섯 단계의 정책분석의 과정에 있어서 중요한 것은 양적 분석과 질적 분석을 종합적으로 병행한다는 것이고, 이 모든 과정에서 고려되어야 할 정책분석의 기준은 효율성-민주성-성찰성이라고 하는 정책분석의 세 가지 분석차원이다. 또한 정책분석에 있어서 윤리 및 가치문제는 매우 중요하다고 할 수 있는데, 정책분석의 모든 과정에 있어서 정책분석의 객관성, 신뢰성, 타당성 유지를 위한 정책분석가의 윤리가 전제되어야 할 것이다. 이러한 정책분석의 과정을 종합적으로 그림으로 나타내면 〈그림 1-5〉와 같다.

2) 정책분석의 중요성

정책분석가가 아무리 노력해도 완전한 정책분석이란 있을 수 없다. 어떠한 것이 최선의 분석방법인지를 판별할 수 있는 완벽한 기준이나 방법은 정책의 특성상 맥락적인 상황에 맞추어야만 하는 것이다. 따라서 실질적인 정책분석에서는 여러 가지 제약적인 요소들이 나타날 수밖에 없다. 정책분석이 갖고 있는 제약의 주요 원인은 정책문제의 성격, 정책상황의 불확실성, 그리고 인간능력의 한계성에서 찾을 수 있다(허범, 1988: 94-95). 따라서 합리적인 정책분석가라면 이러한 제약조건을 극복하기 위한 노력을 해야 한다.

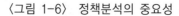

〈그림 1-6〉 정책분석의 중요성

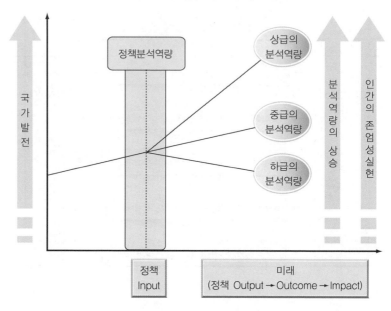

　　정책분석의 역량은 명확한 분석 차원을 제시하고, 이들 사이에 존재하는 가정과 가치의 갈등요소를 비교 평가함으로써 최상의 분석적 결과를 제시할 수 있는지의 여부에 달려 있다. 〈그림 1-6〉에서 보듯이, 국가의 정책분석역량(*policy analysis capacity*)이 올라가면 이는 정책역량(*policy capacity*)의 상승으로 이어져 정책의 결과(*output*) 및 성과(*outcome*) 뿐만 아니라, 미래에 대한 영향(*impact*)에까지 긍정적으로 작용하여 결과적으로 인간의 존엄성 실현 및 국가발전에 크게 기여하게 될 것이다.

　　정책은 국가가 내린 최상위 차원의 지침이자 언명이다. 따라서 정책은 사람들의 일상생활들의 여러 가지 측면에 심각한 영향을 주게 된다. 특히 현대국가에서 있어 정책은 국가행정이 양적으로 팽창하고 질적으로 심화되고 있기에 더욱 그러하다. 따라서 정책의 성공과 실패는 국가발전과 바로 연결되어 있으면서, 동시에 인간의 존엄성 실현이라는 정책의 최상위 가치 실현여부를 결정한다. 결국 21세기 지식정보사회에서 우리 사회 공동체 구성원들이 염원하는 바람직한 미래상을 실현하기 위해서는 정책분석의 역량(*analytic capacity*)을 높여야 하며, 그것은 궁극적으로 정책학의 기본 이념인 인간의 존엄성(*human dignity*)을 실현할 수 있는 가장 강력한 원천적 에너지가 될 것이다.

1. 지식정보사회의 정책분석이념

1) 지식사회의 정책이념

관료제 패러다임은 발전행정과 경제성장이라는 측면에서는 정당성을 얻을 수 있었으나, 분배의 문제, 사회의 비인간화 문제, 그리고 관·민의 권위주의적 관계라는 측면에서는 비판을 면할 수 없었다. 또한 엘리트주의로 인한 각종 특혜는 결과적으로 다수의 국민은 사회 중층구조의 하부에서 발전과정으로부터 소외되는 현상이 발생되었다.

지식사회의 도래는 관료제의 이러한 비판과 함께 민주성과 참여성의 가치가 강조되어 능률성과 효과성 중심의 구조에서 변화하고 있다. 새로운 패러다임 방향성의 핵심은 국민의 의사소통이 자율성을 토대로 활발히 전개될 수 있는 공공영역의 확장을 의미하며, 이를 통해 국민의 주체적 삶이 보장되어야 한다는 시대적인 요청으로 나타나고 있다.

지식사회에서의 국가정책은 폐쇄적 의미의 관료적 합의가 아닌 국민 개개인의 인간존엄성 실현을 최선의 목표로 지향하면서, 인권·정의·형평이라는 이념 아래, 민주성과 참여성을 확대해 나가는 성찰적 노력이어야 한다.

2) 참여를 통한 민주성의 확보

참여(*participation*)는 민주주의의 핵심요소이다. 국민의 참여가 없는 민주주의는 형식적이고 가식적인 민주주의에 불과할 뿐이다. 참여를 통해 정책과 정부기관의 계획은 정당성과 합법성을 가질 수 있고 국민으로 하여금 책임의식을 향상시켜준다.

참여한 뒤에는 숙의가 필요하다. 숙의성이란 다수결주의가 다수의 독재로 변화되는 것을 막고 공중의 이성능력을 발현하기 위해 토론과 다양한 의견교환을 통해 오류를 수정하는 과정으로 민주주의를 이루기 위하여 참여성과 함께 반드시 고려되어야 하는 가치이다. 이는 다른 사람들과의 건설적인 상호작용을 통하여 어떤 사안을 심의하고 소통하는 정책참여 과정이다.

충분한 참여와 숙의 후에는 이를 바탕으로 합의가 필요하다. 합의성은 다수의 합의를

---

5) 이 절의 내용은 저자의 졸저 「행정학」(2009: 704-707), 「전자정부론」(2008: 187-196)의 내용을 토대로 정책분석의 의미를 추가한 것임을 밝힌다.

통해 의사를 결정하는 것으로 독단적 결정과는 상치되는 개념이다. 다수결의 원칙은 합의를 이루는 대표적인 방법으로 그 과정에 있어서 소수를 배제하거나 억압하는 것을 의미하지는 않는다. 진정한 합의를 이루려는 절차적 타당성을 보장하고, 충분한 토론을 통해 합의에 이르는 과정과 노력 그리고 절차가 중요하다.

충분한 참여, 진정한 숙의, 그리고 거기에 따른 합의가 조화롭게 이루어지는 것이 민주주의이다. 천성산 사업이나 부안핵 방폐장 실패는 이러한 3가지 원칙이 조화롭게 이루어지지 못해 실패 혹은 난항을 겪는 경우로 볼 수 있다. 이에 반해 청계천 복원사업, 경주 핵방폐장 유치의 경우 정책 형성과정에 정책이해관계자들의 의사가 충분히 반영되었기에 정책성공사례가 될 수 있었다. 청계천 복원 정책의 경우, 사업을 실시하면 청계천 주변의 상권이 크게 훼손된다는 우려로 주변 상인들이 극한투쟁을 벌이는 등 크게 반대했지만 이명박 시장과 서울시 당국의 적극적인 대화 노력에 힘입어 마침내 합의를 이끌어내는 등 정책성공을 이루어 낼 수 있었다. 또한, 경주 핵방폐장 사업은 비교적 리스크가 큰 사업임에도 시민단체와 경주시가 연합하여 방폐장 사업 유치의 긍정적인 측면에 대한 대대적인 홍보를 하는 등 주민들과의 의사소통을 위한 적극적인 노력 끝에 사업 유치에 성공한 사례이다. 이러한 사례들에서 보듯이 최근 민주주의가 많이 발달한 지식정보사회의 정책환경에서는 정책의 성공이 시민들의 참여와 합의에 의해 크게 좌우된다는 것을 알 수 있다.

21세기 지식사회는 다원화된 이익집단과 복잡한 이해관계를 특정으로 하고 있다. 이는 즉 중앙과 지방, 정부와 국민의 이분법적 사고에 바탕을 둔 Top-down 방식의 단순한 능률성 집행구조에서 탈관료주의·탈권위주의·분권주의·평등주의 원리로 변하게 된 새로운 거버넌스 시대로의 진입을 의미한다. 이러한 기조에 발맞추어 정책이념도 참여성, 숙의성, 합의성에 기초한 민주성을 토대로 효율성을 실현하는 성찰하는 정부의 모습을 보여주어야 할 것이다.

**정책
사례** cases in policy

민주성 확보의 실패로 인한 국책사업 표류: 한탄강 댐 건설 사업

1. 개요

1996년 7월과 1998년 8월, 그리고 1999년 8월의 집중호우로 인해 발생한 세 차례에 걸친 임진강 유역 대홍수로 약 8조원에 달하는 엄청난 재산피해와 128명의 인명피해가 발생하였다. 이에 정부에서는 경기 북부지역의 홍수 예방을 위한 대책의 일환으로 홍수의 원인을 조사하고 치수계획을 모색하였는데, 이렇게 입안된 홍수예방대책의 일환으로 탄생된 것이 한탄강댐 건설 계획(1999년 12월 28일 수립)이었다. 이후 정부는 2001년 7월까지 한탄강 댐에 대한 기본계획안과 환경 영향 평가서 초안을 작성하고 2001년 8월부터 주민의견 수렴 및 설명회를 개최하였지만, 댐 건설을 반대하는 주민들의 방해로 인해 무산되었으며, 바로 이때부터 댐 건설 찬성 측과 반대 측의 갈등이 본격화되기 시작했다.

2001년 11월부터 정부는 댐 건설에 필요한 관련 기관 협의를 시작하였다. 또한 2003년 7월에는 20개월간 수차례 보완과 재검증을 반복한 환경 영향평가에 대한 조건부 합의를 완료하였지만, 사업추진 주체인 국토교통부, 수자원공사와 이해관계자인 NGO, 지역주민들이 서로 대립과 갈등을 일으키자, 참여정부에서는 한탄강댐 건설사업을 24대 사회갈등 현안에 포함시켰다. 또한 2004년 2월 17일부터 8월 27일까지 16차에 걸친 한탄강 댐 갈등조정회의를 대통령 자문기구인 '국가지속가능발전위원회'(이하 '지속위')가 갈등 조정 및 중재자 역할을 맡으면서 화해, 조정 중제에 기반을 둔 '대체적 분쟁해결제도(Alternative Dispute Resolution: ADR)'를 실시하였지만 지속위 차원의 갈등해결 노력은 결국 성과를 거두지 못하고, 결국 2005년 5월 국무조정실로 이관되었다.

국무조정실에서는 약 1년간의 검토과정을 거쳐 2006년 8월 22일 홍수 조절용 댐 건설과 천변 저류지를 함께 건설하는 방안을 발표하였으나 갈등은 더욱 확산되었다. 환경연합과 '한탄강 댐 건설반대공동대책위원회'는 정부가 댐건설을 강행할 경우 '제2의 부안사태'를 맞게 될 것이라고 경고하였고,6) 2006년 10월 13일부터 11월 1일까지 국정감사기간 동안 한탄강댐 건설 예산의 삭감을 요구하는 시위를 전개했다.

결국 우여곡절 끝에 2007년 2월부터 댐 공사를 시작하였으나 이후에도 갈등은 끊이지 않고 계속되었는데, 2008년 6월 27일 철원, 연천, 포천지역 주민 157명이 한탄강 홍수 조절 댐 기본계획 고시 취소를 구하는 소송을 제기했지만 서울행정법원은 원고패소 판결을 내렸다. 이로써 무려 8년여 동안 끌어온 한탄강댐 건설의 당위성에 대하여 최종적인 사법 판단이 내려졌고 오랫동안 이어진 싸움이 끝나게 되었다.

2. 쟁점 및 시사점

정책과정은 정책의제설정, 정책결정, 정책집행, 정책평가, 정책환류 등 5단계로 분류할 수 있다. 한탄강 댐 건설정책의 경우를 이러한 정책과정에 적용해 보면 정책결정과 정책집행 단계에서 정부부처, 지역주민, 시민단체 등 갈등 조정 당사자들 간에 상당한 갈등이 발생하였고, 이렇게 발생한 갈등들이 민주성이라는 기제를 활용하여 해소되지 않고 방치되었음을 알 수 있다. 비록 댐이 아직 최종적으로 완공되지 않아 정책에 대한 평가를 내리기는 어렵지만 국책사업이 정책이 입안된 이후부터 7년의 시간이 지나도록 표류하였음을 생각하여 볼 때 정책의 전 과정에 있어 참여, 숙의, 합의에 기초한 민주성 확보가 얼마나 중요한지 단적으로 보여주는 사례라고 하겠다.

---

6) 실제 2006년 11월 1일 댐건설 반대 대책위는 부안의 핵 폐기장 투쟁을 이끈 경험자를 초청하여 이야기를 들으면서 한탄강 댐 백지화의 전략과 방향을 논의한 바 있다.

3. 한탄강 댐 건설 사업 분쟁 이후

한탄강 댐 건설된 이후에도 하류공원 운영권과 관련해 분쟁이 발생했다. 연천군청은 하류공원 운영권을 민간위탁을 했고, 이에 대해 연천군 주민들은 반대를 하며 갈등이 심화되었다. 연천군청측은 민간위탁을 결정하기 전에 연천군 주민들이 운영의사를 밝혔다면 공개입찰을 공시하지 않았을 것이라고 주장하였다. 반대로 연천군주민 측은 군청 측에 하류공원 운영 의사를 밝혔고, 자격요건을 갖추기 위해 영농 조합을 설립하는 등 준비절차를 밟고 있었다고 주장하고 있다. 하지만 연천군청측에서는 연천군주민 측에서 운영의사를 밝힌 적이 없고 이미 공개입찰을 통해 민간운영위탁업체를 선정했기 때문에 결정을 번복할 수 없다는 입장을 고수하고 있어 분쟁이 심화되고 있다.

자료: 국회환경노동위원회,『노무현정부 환경정책 평가와 정책제안에 관한 연구』
국회환경노동위원회, 2007.

정책
사례 cases in policy

경주 핵방폐장 유치 성공사례

1. 개요

2005년 8월 31일, 경북의 경주, 포항, 영덕, 전북의 군산 4곳이 산업통상자원부에 핵방폐장 부지 유치 신청을 하였다. 산업통상자원부가 이에 따라 9월 1일부터 14일까지 이들 지자체가 적어낸 부지 후보에 대해 적합성 여부에 대한 최종 평가를 실시하였고, 9월 15일 각 지자체에 주민투표를 요구, 11월 2일 각 지자체별로 주민투표를 실시해 경주는 투표인 20만 8,607명 중 70.8%의 투표율에 89.5%의 찬성률을 기록해 84.4%의 군산을 따돌리고 방폐장 유치지역으로 확정됐다. 경주 핵방폐장 사례의 경우, 군수가 독단적인 유치 결정을 내렸던 부안 핵방폐장 설치 사업과는 달리 핵방폐장 유치 신청에 앞서 시민단체 차원에서 시 경제를 살리기 위해 핵방폐장을 유치하자는 운동을 벌인 바 있다. 핵 방폐장 설치 사업의 특성상 경주 내에서도 찬반 대립이 격했으나 시민단체, 시 정부가 나서서 방폐장 유치의 긍정적 효과에 대한 홍보를 적극적으로 펼친 결과 70.8%의 투표율에 89.5%의 찬성률이라는 높은 지지율을 얻어내며 핵방폐장 유치에 성공할 수 있었다.

2. 쟁점 및 시사점

위 사례는 경주시가 주민의 높은 지지율을 얻어 핵방폐장 설치 사업 유치에 성공한 것을 보여주고 있다. 이는 핵방폐장 사업 같은 리스크가 높은 정책이라도 주민, 시민단체, 시 정부 등 이해당사자가 정책 과정에 충분히 참여하고 합의에 이른다면 성공에 이를 수 있다는 것을 보여주었다. 위 사례는 군수의 독단적인 결정에 의지했던 부안

핵방폐장 사례가 극단적인 반대를 불러 일으켜 결국엔 집행 과정에서 큰 비용만을 초래하고 유치에는 실패했던 것과 극명한 대조를 이룬다. 위 사례는 정책형성에 있어서 주민 순응확보를 위한 참여도를 높여 다양한 의견을 수렴하고, 합의에 이르는 과정을 통해 민주성의 가치를 실현하는 것이 매우 중요하다는 점을 시사해 주고 있다.

2. 미래 환경의 변화

1) 산업사회에서 정보사회, 지식사회로의 변화

정보사회의 도래는 그물과도 같은 네트워크의 구축으로 시간과 공간의 개념이 급격히 변화할 것으로 예상된다. 따라서 과거 단순한 행정사무는 컴퓨터와 인터넷 등 정보기술을 기반으로 하는 사무로 변화하고, 이를 통한 네트워크의 구축은 대민행정의 기회를 증대시키며 보다 빠른 행정서비스를 구현하게 될 것이다.

〈그림 1-7〉 정부패러다임의 변화

* 자료: 권기헌(2008: 190)에서 수정.

2) 개방화 · 세계화: 정부간 경쟁

21세기는 개방화와 세계화의 시대라고도 할 수 있다. 이때 개방화란 국가간의 인적 · 물적 · 정보교류가 자유로워진다는 것을 의미하고, 세계화란 개방화의 결과로서 자연히 나타날 수 있는 현상으로 이해될 수 있다(이종수 외. 1996: 713). 인터넷과 E-mail로 세계의 누구와도 간단히 소통할 수 있는 지식정보사회에서 정부의 개방화와 세계화는 국가의 존망을 좌우하는 핵심요인이다.

3) 시민사회의 대두

세계 대공황으로 인한 시장실패와 이를 시정하기 위해 등장한 큰 정부(국가), 그리고 나타난 정부실패는 시민사회를 새로운 세력으로서 요구하고 있다. 특히 최근 급증하고 있는 NGO(*non-governmental organization*)는 정치, 경제, 행정, 환경, 인권 등 점점 그 범위를 넓혀가고 있으며, 21세기에는 하나의 확실한 대안세력으로 자리매김해 나가고 있다.

4) 정부규모의 축소 및 기능 재조정

1980년대 영국을 선두로 하여 진행된 정부규모 감축의 움직임도 세계적인 추세이다. 이는 기존에 공공부문에서 제공되어져야만 한다는 다양한 서비스가 민간부문으로 이양될 경우 더 우수한 질로 제공될 수 있다는 사고에 기초하고 있다. 이에 따라 정부의 효율성 제고를 위해 기존 정부의 업무가 대폭 민간으로 이관되고 있으며, 앞으로도 정부규모의 축소 및 기능 재조정은 계속 쟁점화될 것으로 보인다.7)

3. 지식사회에서의 정부의 역할 변화

지식기반사회는 민간주도의 사회이며, 정부는 이를 뒷받침하는 제도와 기반을 지원해야 한다. 지식기반사회에서 변화되어야할 정부의 역할은 아래와 같이 정리될 수 있다.

1) 고객만족서비스 공급자

현대의 행정은 단순한 능률성의 증가뿐만 아니라 총체적인 효과성(*effectiveness*)을 높일 수 있는 방향으로 가야 한다. 총체적인 효과성이란 정부의 존재목적인 국민의 욕구충족의 극대화를 의미하며, 이는 정부가 고객만족서비스 공급자로서 기능해야 함을 의미한다.

2) 체계적 지식관리자

과거에는 개별 정책별로 정책수립을 위한 지식확보가 이루어졌다면, 지식기반사회에서

---

7) 우리 정부도 국가공무원과 지방공무원을 감축해 나가고 있으며, 최근의 행정안전부의 2009년도 국가공무원 신규채용 인원 발표를 살펴보더라도 인원이 2008년보다 34% 축소되었음을 확인할 수 있다.

는 정책과정에서 얻어지는 지식들의 총체적, 체계적 관리가 필요하다.

〈표 1-2〉 미래 지식사회에서의 정부의 역할 변화

역 할	내 용
고객만족서비스 공급자	투입/산출이라는 능률성 개념에서 탈피하여 궁극적 목적을 국민만족에 두고, 이를 달성하기 위한 대안을 모색
체계적 지식관리자	정책판단의 근거가 되는 자료들을 체계적으로 수집, 분석, 저장하는 등 총체적, 체계적 지식관리 기능이 요청
제도 구축자	지식주체들을 통한 지식축적이 이루어 질 수 있도록 인센티브를 부여하는 제도와 시스템을 마련
혁신 촉진자	기술혁신주체들이 연계하여 창조적 파괴의 혁신활동을 지속적으로 추진할 수 있도록 지원
전략적 조정자	지식의 활용성·실천성을 높이도록 방향을 제시하고 다양한 이해관계를 합리적으로 조정

3) 제도 구축자

과거에는 제도구축에 있어서 규제 지향적의 측면이 강조되었다면, 지식기반사회에서 정부는 국가 내의 지식의 흐름을 원활하게 하고, 이들을 네트워크화하기 위해 유연한 제도를 구축해야 한다.

4) 혁신 촉진자

과거 한국정부의 관료들은 사회의 엘리트로서 국가의 혁신을 촉진하여왔으나, 이제는 정부가 사회의 모든 문제를 해결하려던 권위주의에 입각한 혁신은 제대로 성공을 거두지 못하고 있다. 1980년대 이후 민간의 역량이 강화된 지금 시점에서 미래 정부는 "방향을 잡아주는 정부"가 되어야 하며, 국가사회 전 부문의 혁신을 촉진하는 역할을 수행해야 한다.

5) 전략적 조정자

산업사회에서의 정부는 사회를 이끄는 주도자의 역할을 수행하였다면, 지식기반사회에

서 정부는 민간부문을 지원하는 지원자 혹은 전략적 조정자의 역할을 하여야 한다. 이를
위하여 정부는 민간부문을 선도하지는 않지만, 정부-민간부문 간의 역할 분담 및 조정을
전략적으로 해야 한다.

4. 지식정부와 정책분석

1) 지식정부의 개념

지식정부란 '국가사회시스템의 생산성을 극대화시키고 고객을 만족시키는 공공서비스
를 보다 효율적으로 제공하기 위해 새로운 방식으로 지식이 창출·축적·공유·활용·학
습될 수 있는 정부형태'라고 할 수 있다(권기헌, 1999). 이와 같은 지식정부를 구축하기
위해서는 몇 가지 전제조건이 충족되어야 한다.

첫째, 조직 내부적으로 지식이 제대로 창출될 수 있도록 인센티브 체계가 갖추어야 한다. 불확
실성을 내포하고 있는 지식과 정보를 이용하여 혁신을 이룩하려면 위험이 필연적으로
수반된다. 특히 책임과 복종을 엄격하게 강요하는 관료제적 계층구조 하의 정부에서 일
정부분의 위험을 감수하고 혁신을 이룩하기 위해서는 공무원들에게 이에 상응하는 보상
체계가 먼저 갖추어져야 할 것이다.

둘째, 창출된 지식이 축적되고 활용될 수 있기 위해서는 개인적 차원에서 학습이 일어날 수
있는 조직분위기를 만들어야 한다. 또한 조직적 차원에서는 외부 환경변화에 신축적으
로 적응하면서 학습이 상시적으로 일어날 수 있는 유연한 조직형태가 되어야 한다.

셋째, 이러한 내외부적인 조건을 뒷받침해 줄 수 있는 정보기반 구축이 필수적이다. 학습된
지식의 물리적인 통로로서의 정보네트워크의 구축과, 이를 실질적으로 정책에 활용할
수 있는 정보의 공유와 공동활용은 지식의 창출과 학습에 꼭 필요한 요소일 것이다.

지식정부는 ① 환경변화에 신축적으로 적응하면서 학습이 상시적으로 일어날 수 있는
조직체계, ② 지식의 창출과 학습이 일어날 수 있는 인센티브 체계의 구축, 그리고 ③ 정
책과정에 있어서 정보의 공유와 활용이 잘 이루어질 수 있는 정보기반 구축이 필요하다는
점에서, 지식정부의 개념은 ① 학습조직, ② 기업가적 정부, ③ 전자정부의 논의에 대한
공유점으로 파악할 수 있다(그림 1-8 참조).

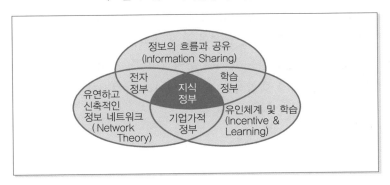

〈그림 1-8〉 지식정부의 개념 틀

* 자료: 권기헌, 2008: 196에서 수정.

2) 지식관료와 정책분석

지식정부를 이룩하기 위해서는 정부의 가장 중요한 구성요소인 공무원들이 먼저 지식으로 무장된 지식관료가 되어야 한다. 즉 변화의 핵심으로서 지식관료가 매우 중요하다.

지식관료란 불확실한 환경을 정확하게 인지하고 필요한 지식을 창조하여 국민을 만족시키는 관료라고 할 수 있다. 지식관료에게는 몇 가지 능력이 요구된다.

첫째, 환경인지능력으로서 불확실성이 높은 환경을 정확하게 인지하여 무엇이 문제인가를 발견하는 능력이 필요하다. 즉 미래사회에서는 주어진 문제에 대해 해결책을 찾는 것만이 능사가 아니라, 불확실성이 높은 환경을 정확하게 인지하여 무엇이 문제인가를 발견하는 것이 중요하다.

둘째, 지식창조능력으로 따라야 할 선행모델이 없는 상황에서 새로운 대응모델을 유연하게 구축해 나가는 능력이 필요하다. 이는 산업의 개념변화에도 맥락을 같이하는데 종래의 소품종-대량생산시대에는 커다란 컨셉(*big concept*)을 창조하는 극소수의 지식창조자만을 필요로 했지만, 지식의 경쟁이 격화되고 다품종-소량생산이나 변종변량생산이 보편화된 시대에는 작은 컨셉(*small concept*)을 창조하는 다양한 지식창조자의 중요성이 크게 증대되는 것이다.

셋째, 고객만족능력으로서 지식을 통해 국민에게 필요한 부가가치를 제공하는 능력이 필요하다. 작은 컨셉(*small concept*)을 추구하는 산업경제적인 패러다임과 마찬가지로 관료사회에서도 국민의 요구가 증대되고 정부간 경쟁이 심화되는 상황에서는 창조되는 지식이 국민을 만족시킬 수 있어야만 유용한 지식으로 될 수 있는 것이며, 관료도 이러한 지식을 생산할 수 있는 지식관료가 필요한 것이다.

지식관료는 불확실한 환경 속에서 문제의 본질을 파악하고, 따라야 할 선행모델이 없는 상황에서 새로운 대응모델을 구축하며, 지식창출을 통해 국민에게 부가가치를 제공하는 관료를 의미한다. 이때, 정책분석은 문제의 본질 파악, 모델의 구축, 대안분석 및 결과제시를 통해 새로운 지식창출을 하는 분석적 노력인 만큼, 정책분석역량은 지식기반사회의 지식관료에게 요구되는 가장 핵심적인 필수능력이라고 하겠다.

**정책
사례** *cases in policy*

'클린턴 재단 환경개선사업' 아시아 첫 계약, 이산화탄소 배출 줄이기 나서

1. 사례개요

서울시가 IT기술을 활용해 '이산화탄소 배출 줄이기'에 나선다. 특히 클린턴재단이 추진하고 있는 전 세계 대도시의 온실가스 감축 운동과 연계해 프로젝트를 추진할 예정이어서 비상한 관심이 쏠리고 있다. 한국하니웰은 5일, 서울시가 발주한 '서울 시청 별관 건물에너지 합리화 사업'을 컨소시엄 파트너인 에너지솔루션즈와 함께 30억원에 수주했다고 발표했다. 이 사업은 C40 도시(기후리더십 그룹) 가운데 서울시가 아시아에서는 처음으로 CCI(Clinton Climate Initiative) 프로그램에 동참해 진행하는 사업이다.

서울시 시청 소유의 10개 별관 건물(서소문별관, 을지로별관, 맑은환경본부, 소방재난본부, 균형발전본부)을 대상으로 진행되는 이번 사업으로, 이들 건물의 에너지 소비량을 약 13% 줄일 수 있을 것으로 기대하고 있다. 하니웰 컨소시엄은 대상 건물들의 에너지 사용 패턴과 소비 행태 등을 분석해 이를 바탕으로 공조설비·기계설비·조명설비·전력설비 등의 자동제어시스템을 업그레이드하고, 보온·단열 필름 및 지열히트펌프 설비 등 환경 친화적인 기술들을 접목시켜 에너지 효율을 최대한 높일 계획이다.

또한, 하니웰은 주어진 에너지를 최대한 활용하고자 BEMS(빌딩 에너지 관리 시스템)를 도입해 다양한 에너지 설비들을 하나의 시스템에서 통합관리함은 물론, 에너지 소비를 정기적으로 측정해 정확한 에너지 데이터를 제공할 예정이다. 하니웰은 클린턴 재단이 설립한 CCI(Clinton Climate Initiative)에 에너지 파트너로 참가해 에너지 사용 및 온실가스 배출을 줄이는 사업을 공동으로 진행해오고 있다. 지난 10여년 간 국내 상업용 빌딩 에너지 사업 전문업체로 자리매김해 왔으며, 빌딩 운영과 신재생에너지 사업에도 힘을 쏟고 있다.

한편, CCI의 이산화탄소 배출 감축 사업은 서울과 런던, 뉴욕 등 전 세계 40개 도시가 참여하고 있는 범세계적인 에너지 기후협약 사업으로, 오는 2009년 5월에는 서울에서 'C40 기후 리더십 그룹 제3차 정상회의'가 열릴 예정이다.

2. 쟁점 및 시사점

WEB2.0의 기술은 친환경과 결합하여 강력한 친환경 생활을 가능하게 하는 도구가 될 것이다.

위 사례는 최근 서울시에서 적용된 에너지 절감 분야에서 신기술과 친환경이 결합된 WEB2.0+ECODIGITALISM의 응용사례를 보여주고 있다. 이는 비록 한 분야의 응용 사례로서 제시된 것이기 하지만, 정부 및 지방자치단체의 생산성을 극대화시키기 위해 새로운 방식으로 지식을 접목시키는 지식정부의 좋은 사례라고 하겠다.

WEB2.0+ECODIGITALISM라는 정보기술을 통해 기술을 통해 친환경 생활을 할 수 있게 되었으며, 또한 신기술의 접목으로 인해 미래지향적으로 정부운영의 효율성을 해당 시민에게 환류시킬 수 있는 좋은 BP(Best Practice)라고 생각된다. 또한 서울시민들에게 모바일로서 그 기술에 대한 접근을 용이하게 하며, 인식의 변화를 촉구하여 디지로그 패러다임에서 친환경적인 디지털 시대를 맞이하는데 있어서도 많은 도움을 줄 수 있으리라 생각된다.

제 3 절   정책분석의 패러다임

1. Lasswell의 정책학 패러다임

H. Lasswell은 정책학의 3대 특성으로서 문제지향성, 맥락지향성, 연합학문성을 주장하였다.

첫째, 정책학은 우리 사회에서 일어나는 중요한 문제의 해결에 직접적으로 기여하고자 하는 문제지향성을 갖는다. 이러한 문제지향성을 강조하는 정책학은 우리 사회의 문제를 탐색·발견·추적하고 정의할 뿐만 아니라 문제의 해결을 위한 목표의 설정, 현상의 파악, 미래의 전망과 여건의 분석, 그리고 문제해결 대안의 개발 등과 문제해결을 목적으로 하는 정책집행과 평가활동에 연구의 초점을 맞춘다. Lasswell이 강조한 문제지향성은 집행적 차원의 문제해결이라기 보다는 우리 사회에 존재하는 근본적 문제해결을 통한 인간의 존엄성 실현에 의미를 두고 있다. 이 특성은 행태주의에 대한 회의에서 나왔다고 할 수 있는데 실증적이고 과학적인 방법론으로 인해 현실적인 문제해결에 둔한히 했던 행태주의와 대비되게 현실의 문제에 보다 적극적으로 관여하고 해결할 방안을 모색하고자 하는 것이 정책학의 주요한 특성으로 이해할 수 있다.

둘째, 정책학은 맥락지향성을 갖는다. 문제지향적인 정책학이 문제 해결에 제대로 기여하기 위해서는 문제를 실제의 공간적·정치적·역사적인 맥락 속에서 놓고 접근하는 맥락지향성을 갖는 것이 필요하다. 체제론적 관점에서 보면 하나의 문제는 독립적으로 불거져 나온 것이 아니라 전체적인 맥락 안에서 살펴보고 문제를 치유해야 한다. 그러므로 사회의 문제를 치유하고 해결하기 위해서는 문제의 단절적 취급은 지양하고 공간적, 정치적, 역사적인 맥락 하에서 문제에 접근하는 것이 필요하다.

셋째, 정책학은 연합 학문성을 강조한다. 문제의 해결을 위해서 다양한 전문지식들을 종합적으로 활용하자는 것이다. 즉, 정책학은 가치판단을 위한 규범적 접근과 사실판단을 위한 실증적 접근을 융합하여 처방적 접근을 시도한다. 그래서 순수과학과 응용과학의 논리를 융합하려고 한다.

H. Lasswell의 정책학 패러다임을 좀 더 구체적으로 정책분석의 연구질문과 연계하여 정리하면 다음과 같다.8)

1) 문제지향성

정책학의 문제지향성이란 정책학이 실질적 문제해결을 우선적으로 지향한다는 것이다. 문제지향성 측면에서의 정책분석을 위한 구체적인 질문은 다음과 같다.

첫째, 특정 정책연구가 정책문제 해결에 기여하는 지식을 창출하고 있는가? 정책학의 본래 목적에 접근하기 위해서는 정책이론은 정책현실을 설명할 수 있고 나아가 정책문제의 해

---

8) 목진휴 외, "한국의 정책연구 지향에 관한 실증분석: Lasswell의 정책 패러다임을 중심으로," 「한국정책학회보」, 제14권 3호, 2005: 134~137을 토대로 정리하였음.

결에 응용될 수 있어야 할 것이다. 이러한 질문과 관련하여 구체적으로 정책연구가 문제해결에 필요한 기반지식을 제공하는 것인가 아니면 구체적이고 실제적인 적용을 위한 지식을 창출하는 것인가? 그리고 이 연구는 피상적 수준의 문제를 취급하고 있는가, 아니면 근본적인 문제까지도 취급하는 것인가에 대한 분석이 필요할 것이다.

둘째, 특정 정책연구가 취급하는 문제영역은 어떠한 것인가? 정책연구가 취급해야 할 정책문제영역은 사회구조만큼이나 다양하다. 하지만 그 중에서도 보다 근본적인 문제를 우선적인 분석영역으로 다루어야 할 것이다.

2) 맥락지향성

맥락지향성은 정책문제를 실제의 상황맥락에 적합하게 정의하고 해결해야 함을 말한다. 맥락지향성 측면에서의 정책분석을 위한 구체적인 질문은 다음과 같다.

첫째, 특정 정책연구는 과거, 현재, 미래를 통합하는 시간적 맥락성을 충분히 고려하고 있는가? 시간적 맥락성은 역사적인 경향을 의미하며, 모든 정책문제는 이러한 통합적 시대의 트렌드 혹은 시대적 상황을 고려하여 분석해야 함을 의미한다.

둘째, 특정 정책연구는 지리적, 장소적 상황을 고려하는 공간적 맥락성을 충분히 고려하고 있는가? 공간적 맥락성은 지리적, 공간적 맥락을 의미하며, 모든 정책문제는 이러한 장소적 맥락을 통합적으로 고려하여 분석해야 함을 의미한다.

셋째, 특정 정책연구는 사회적, 문화적 상황을 고려하는 사회적 맥락성을 충분히 고려하고 있는가? 사회적 맥락성은 사회적, 문화적 경향을 의미하며, 모든 정책문제는 이러한 문화적 맥락을 통합적으로 고려하여 분석해야 함을 의미한다.

3) 연합방법지향성

연합방법지향성은 정책이 해결해야할 근본적인 문제들은 복합적인 성격을 지니기 때문에 정책학은 다양한 학문들 간의 교류와 협력을 필요로 한다는 의미이다. 따라서 정책학연구는 실증주의가 요구하는 방법론상의 분할주의를 극복하고 사회과학 전반의 학제적연구는 물론이고, 순수과학과 응용과학도 융합하는 접근방법을 필요로 한다. 연합방법지향성 측면에서의 정책분석을 위한 구체적인 질문은 다음과 같다.

첫째, 특정 정책연구는 타당하고 신뢰성 있는 연구결과를 얻기 위해 질적 방법론 혹은 양적방법론 등 방법론상 다원적 접근을 취하고 있는가? 정책연구들이 적절한 연구방법을 활용하고 있는가에 대한 것을 분석하는 것이다.

둘째, 특정 정책연구가 취급하는 정책문제 또는 정책의 특성에 비추어 필요한 관련 학문분야의 지식을 적절히 활용하고 있는가? 이는 정책연구들이 얼마나 다양한 그리고 갈등관계에 있는 관점, 지식, 정보들을 활용하고 있는지를 살펴보는 것이다.

2. 정책분석의 새로운 패러다임

현대사회는 디지털 돌풍 속에 살고 있다. 디지털 기술은 시간(*time*), 속도(*speed*), 불확실성(*uncertainty*)이라는 속성을 지니고 있다. 시공의 압축 혁명 속에서 생각의 속도로 움직이는 디지털 신경망 조직을 만들고, 조직 구성원과 최고 책임자의 문제해결역량을 향상(*upgrade*)시키지 않으면 살아남지 못하는 시대에 살고 있다.

디지털과 속도 그리고 변화의 시대에 절실히 요구되는 것은 정책분석과 문제해결 역량이다. 지식정보시대는 Know-what 보다 Know-how를 요구한다. 정책분석에 대한 다양한 이론적 토대와 철학적 인식을 기반으로 정책실패와 정책성공이 교차하는 분기점에 대한 다양한 정책사례들을 분석하고 학습하는 능력이 필요하다.

디지털 시대, 인터넷의 시대에 또한 절실히 요구되는 것은 문제해결 접근방식이다.

Lasswell 시대의 정책학이 문제지향성, 맥락지향성, 연합학문성을 토대로 효율성을 추구하였다면, Beyond-Lasswell 시대의 정책학은 효율성 못지않게 참여성(*participation*), 숙의성(*deliberation*), 합의성(*consensus*)을 토대로 하는 민주성을 강조하고 있다. 즉, 문제지향성, 연합학문성과 함께 민주지향성이 강조되고 있다.

하지만 전자정부 시대의 정책학이 효율성을 무시한다는 뜻은 아니다. 민주성과 효율성을 대칭되는 개념으로 접근하는 것이 아니라, 거버넌스적 해결구조와 참여 민주주의 및 숙의 민주주의에 철학적 기초를 둔 문제해결 방식이 정책집행의 순응확보를 통해 더 큰 효율성을 가져온다는 믿음에 기초하고 있다. 국가 사회적으로 이미 많이 분권화된 디지털 시대정신이나 시대가치가 더 이상 중앙집권이나 일사 분란한 형태의 효율성 위주의 상명하복(*top-down*) 방식의 문제해결 구조나 접근 방식을 용인하지 않기 때문이다. 즉 전자정부시대의 정책이론은 새로운 형태의 문제해결 구조와 갈등관리 방식을 요구하고 있으며, 이러한 시대상황은 Beyond Lasswell적인 패러다임 하에서 기존의 맥락지향성에 더하여 민주지향성을 강조하는 방향으로 나타나고 있다.

제 4 절   논의의 틀

정책이란 정치적 갈등의 요소와 합리적인 의사결정단계가 상호 역동적이고 동태적인 과정을 거치면서 만들어 지는 것이다. 정책과정은 가치 있는 자원의 배분을 놓고 이해관계자들이 경쟁하고 타협하는 과정으로서, 본질적으로 가치, 갈등, 권력 등의 요소들이 내재되어 있다. 이처럼 정책은 가치, 갈등, 권력적 요소를 그 배경적 특성으로 하고 있지만, 정책분석이 존재하는 본질적 이유는 이러한 특성적 제약조건을 배경으로, 어떻게 하면 합리적 정책과정에 있어서 권력적 요소를 배제하고 전문성을 제고하며, 과학적이고 체계적인 정책을 도출할 수 있을 것인가 사유하고 탐색하는데 있다. 즉, 정책분석은 문제의 본질적 쟁점규명, 명확한 목표설정, 체계적인 대안탐색, 과학적인 대안비교 등을 통해 최선의 대안선택을 추구하는 끊임없는 분석과 사유의 과정이며, 이를 통해 궁극적으로 인간존엄성(*human-dignity*)을 지향하고자 하는데 목적이 있다. 이를 H. Lasswell은 민주주의 정책학이라고 불렀고, 허범 교수는 정책분석의 당위성 차원이라고 지칭했다.

사회과학의 범주 안에서 정책이론은 크게 3가지 차원의 정책이념을 내포하고 있는바, 정책분석이 분석해야 할 대상도 이러한 3가지 차원으로 구성된다.

첫째 생산성 차원이다. 생산성은 효과성과 능률성을 의미한다. 목표달성도를 의미하는 효과성과 투입 대 산출비용으로 나타나는 능률성의 개념이다. 효율성이라고도 부를 수 있는 이 차원은 기계적 효율성과는 구별되는 사회적 효율성을 지칭한다. 치안정책의 목표에 있어서 단순한 파출소의 증설이 기계적 효율성 지표가 된다면 범죄율이 감소한 안전한 사회 실현은 사회적 효율성에 해당되는 개념이다.

둘째 민주성 차원이다. 효과적이고 능률적인 정책요소가 실현되면 그 다음 분석의 차원은 민주성이다. 실체적인 소망성 차원의 정책분석이 이루어지고 나면 그 다음 분석의 차원은 절차적 측면에서 민주성의 가치가 실현되었는지를 분석해야 한다. 민주성은 참여성 · 숙의성 · 합의성이라는 요소를 내포하고 있다.

셋째 성찰성 차원이다. 성찰성이란 인권 · 정의 · 형평과 같이 정책이 가질 수 있는 최상급 차원의 메타포이다. H. Lasswell이 지칭한 인간의 존엄성, 허범 교수께서 지칭한 당위성 차원이 여기에 해당된다. 정책구조가 인간의 존엄성이 실현되는 사회를 지향하고 보다 신뢰받고 성숙된 사회를 지향한다면, 우리는 그 사회 속에 구성원 개개인의 인권과 정의가 강물처럼 넘쳐흐르고, 우리 헌법이 보장하는 "자유 민주주의적 시장질서와 평등권"이라는 최고의 가치 속에서 국민 개인의 주체성과 독립성, 신뢰와 등권, 더 나아가 자아실현의 기회가 균등하게 보장된 사회를 꿈꾼다. Maslow가 욕구단계설에서 주장하듯이,

인간은 안전과 생존 욕구를 넘어서 축적과 명예의 단계를 지나 자아완성을 추구한다. 이처럼, 정책도 하위목표, 중간목표, 상위목표를 넘어서 인간의 존엄성 실현이라는 최상위 목표를 추구하고 있다. 정책이 가져야 할 가장 당위적인 목표를 분석하는 차원이 성찰성 차원이다.

정책분석은 정책의 이러한 가치구조, 즉 생산성-민주성-성찰성의 3가지 차원을 좀더 균형잡힌 시각으로 분석해야 한다. 자칫 분석의 어려움이나 계량화의 한계를 들어 생산성 범주에 속한 효과성과 능률성 분석이 편향되게 다루어져서는 안될 것으로 본다. 비용편익분석이나, 비용효과분석, 회기분석이나 계량분석 같은 기법들은 여전히 정책분석의 핵심수단이지만, 그 못지않게 정책의 형이상학적 구조나 절차적인 측면이 중요하게 분석되어야 할 것이다.

정책분석을 연구하는 국내외 학자들도 계량적·실증적 연구방법의 한계를 비판하면서, 철학적·윤리적 측면이 많이 보완되어야 한다는 점을 강조해 왔다(송근원, 1991; 현성수, 2006). Kelman(1983)은 정부정책의 철학적·윤리적 측면에 많은 관심을 가지고서, 정책결정과정의 평가기준으로서 공익정신이 바탕이 되어 좋은 정책(good policy)을 만들어낼 수 있는지와 인간의 존엄성을 증진시키고 사회구성원의 인격형성에 긍정적 영향을 미칠 수 있는지를 제시하였다.

또한 Majone(1988)은 주관적·비과학적·비계량적인 정책분석을 이론의 객관성과 과학이라는 미명하에 거부하는 것을 일종의 학문적 살인이라 비판하며, 민주사회에서 정책분석의 목적은 단순히 효용을 극대화하는 대안을 선택하는 것에만 한정될 수 없다고 하였다. 그리고 민주사회에서 정책분석의 주요 역할은 공공토론(public deliberation)을 통한 상호 학습(mutual learning)에 기여하는 것이라 주장하였다.

Formaini(1990)는 정부가 피상적인 과학적 기법을 사용하여 실제적으로는 비합리적인 공공정책들을 합리화시키는 것에 대해 신랄히 비판하며, 비용편익분석(cost-benefit analysis)이나 위험도평가(risk assessment) 등 과학적 정책분석의 허구성을 분석하였다. 그리고 객관성과 주관성의 어느 한 극단에 치우치는 것은 바람직하지 않지만, 의사결정에 있어 주관성이 큰 작용을 한다는 것도 잊어서는 안된다고 주장하였다.

또한 William Dunn(1994)은 정책분석에 있어서 문제의 구조화 또는 문제정의의 방법과 문제해결의 방법 간 차이점을 지적하고, 문제 구조화 방법의 중요성을 주장하였다. 그리고 포괄적인 문제중심적 정책분석 기준을 제시하면서, 정책분석의 전 과정이 준거틀의 중심부에 위치한 문제구조화의 절차에 의하여 규제를 받는 것으로 보았다.

이처럼 많은 학자들은 합리성 위주의 정책분석에서 보다 가치성을 포함한 형태의 정책분석으로 변화되어야 한다는 점을 지적해 왔다.

정책결정을 바라보는 관점은 크게 합리적 결정(*rational decision*)과 정치적 결정(*political decision*)으로 대별된다. 정책의 합리적 요소는 권력적 요소를 배제하고 전문성을 강조하여 합리적·과학적 분석방법을 통해 합리적인 정책수단을 채택하는 과정으로서 정책의 효율성을 추구한다. 비용편익분석, 비용효과분석, 델파이를 이용한 미래예측이나 각종 통계기법 등의 정책분석기법과, 합리모형, 만족모형, 점증주의, 혼합탐사모형, 최적모형 등과 같은 정책결정의 이론모형이 여기에 속한다. 합리성을 증진시키는 정책품질관리와 국가혁신이론이 강조되는 것은 바로 정책의 이러한 측면 때문이다.

또 한편으로는 정책은 정치적인 요소가 있다. 정치적 결정은 다양한 이해관계를 가진 참여자들의 정치적 게임을 통해 정책수단이 채택되는 과정으로서 정책의 민주성을 추구한다. Allison은 1962년에 일어난 쿠바 미사일 위기를 연구대상으로 분석한 "결정의 본질"(*the essence of decision*)이라는 고전적인 명제에서 3가지 모형을 제시했는데, 이 중 Allison 의 제3모형인 관료정치모형(*bureaucratic politics*)모형이 포함된다. 또한, 엘리트이론, 신엘리트이론, 다원주의 이론, 신다원주의 이론, 하위정부모형, 조합주의, 정책네트워크 모형등도 여기에 속한다. 민주적인 갈등관리와 거버넌스적 문제해결이 강조되는 것은 바로 정책의 양면성 때문이다.

정책의 양면성으로 인하여 효율성 분석을 주로 하는 양적분석(*quantitative of analysis*)은 민주성 차원을 분석하는 질적분석(*qualitative of analysis*)과 병행되어야 한다. 정책분석은 양적분석과 질적분석을 병행하면서 효율성-민주성-성찰성 차원의 분석을 가급적 엄격하게 견지하려는 노력을 기울여야 한다. 정책사례분석이 강조되는 것도 이러한 논지와 맥락을 같이한다. 비용편익분석이나 비용효과분석이 이루어지는 경제적인 정책분석 못지않게, 맥락의 풍요로움 속에서 정책의 민주성이나 당위성 차원에 대한 분석역량을 강화함으로써 정책문제의 본질과 쟁점을 규명하려는 노력이 매우 중요하게 대두되고 있다. 이러한 측면에서 본서에서는 최대한의 정책사례를 소개함과 동시에 정책사례가 지니는 효율성-민주성-성찰성 차원의 쟁점에 대한 분석을 정리하여 제공하고자 한다.

최근 이슈가 되고 있는 국가정책을 자세히 살펴보면 정책은 합리성과 정치성의 조합이라는 것을 쉽게 찾아볼 수 있다. 행정수도이전정책이나 4대강사업 등을 면밀히 검토하면 그 안에는 효과성과 능률성을 향상시키기 위한 일차적 차원과 함께 참여성을 높이고 민주성을 지향하는 이차적 차원이 있음을 알 수 있다. 또한 이러한 정책이 지향하는 바는 궁극적으로 인권, 존엄, 형평 등의 개념과 같은 성찰성과 당위성 차원이다.

행정수도이전 정책을 보면, 예컨대, 행정수도 이전에 포함되어 있는 본질과 쟁점이 있다. 행정수도이전정책이 가져다주는 비용과 효과는 비용편익분석, 비용효과분석을 통해 분석하기도 하지만, 정책의 핵심과 본질, 그리고 정책 안에 담겨있는 정치적 쟁점을 파악하는 것도 정책분석에서 중요한 의미를 지닌다. 계량분석과 함께 본질과 쟁점에 대한 질적 분석의 사용을 적절히 이루는 균형을 통해, 정책분석이 지니는 근본적 차원을 조명하고자 하는 것은 이 책의 중요한 집필동기 중 하나이다.

현대 정책분석의 세 가지 차원은 최근 강조되고 있는 전자정부 이론의 세 가지 차원과도 맥이 닿아 있다. 전자정부는 관료제 모형의 대안으로 제시된 현대적 의미의 정책결정 메커니즘이다. 전자정부는 정부 내에 산재해 있는 지능(intelligence)을 향상(upgrade)시킴으로써 정부 내부의 문제해결능력과 정책결정역량을 제고시킨다. 또한 전자정부는 정보와 지식의 공유와 학습을 강조함으로써 정부 내외의 혁신활동을 지원해 주는 역할을 하므로 효율성과 생산성을 추구한다. 또한 정부 외부와는 다양한 이해관계자들이 참여할 수 있는 공론의 장을 제공해 줌으로써 참여성, 숙의성, 합의성 등 민주성을 강조하는 거버넌스 형태의 정부조직 모형이다.

전자정부의 개념은 1) 효율성 차원, 2) 민주성 차원, 3) 성찰성 차원 등 세 가지 차원으로 구성되어 있다. 먼저, 전자정부 개념의 첫 번째 차원은 정부내부의 효율성(생산성) 제고라는 관점에서 고찰할 수 있다. 이는 정부개혁, 정부혁신, 정부생산성이라는 용어로도 불리는 차원의 이슈들로서 민원인의 편의가 극대화되는 정부, 종이 없는 사무실, 깨끗하고 투명한 정부, 디지털 신경망 지식관리시스템에 의해 정책결정역량이 강화되는 정부의 속성을 갖고 있다(효율성). 하지만, 전자정부의 개념은 단순한 의미에서 정부생산성을 증진시킨다는 차원에서 끝나지 않는다.

전자정부 개념의 두 번째 차원은 정부외부와의 인터페이스 관점에서 정부-국민간의 정부권력의 전통적 관계를 민주적으로 복원시킨다는 점에서 전자 민주주의를 실현하는 정부로 규정지을 수 있다(민주성).

전자정부 개념의 세 번째 차원은 민주성과 밀접한 연관성이 있으면서도 보다 철학적인 지향점을 의미하는 성찰성의 개념과 관련지어 규정할 수 있는데, 이러한 고차원적 의미의 전자정부는 우리 사회에서 수직적, 수평적 의미의 열려 있는 의사소통을 활성화시킴으로써, 진정한 의미의 신뢰 사회와 성숙한 사회를 실현하는 사회공동체 구현수단으로서의 정부(성찰성)라는 의미를 지닌다. 정보사회의 국가 정책이념은 집행차원의 정책관리에서 탈피하여 민주와 참여를 지향하는 가치지향적인 정책품질을 중시하는 것으로 이는 실체적 소망성에 절차적 소망성이 강조된 현대의 정책 패러다임과 같은 맥락으로 이해할 수 있겠다.

이상의 논의에서 살펴본 바와 같이 정책학의 궁극적인 목표인 '인간의 존엄성 실현'을 위해서는 정책이 효율성을 추구하면서 동시에 존엄성의 주체인 국민의 참여와 목소리에

36

〈그림 1-9〉 정책분석의 패러다임 및 논의의 틀

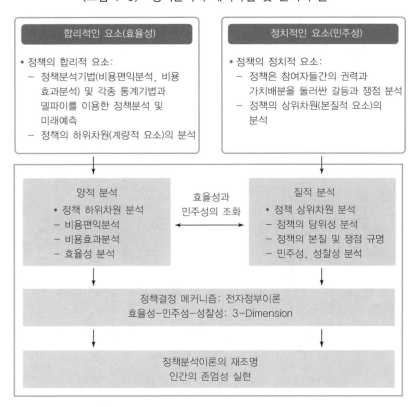

보다 귀 기울이는 민주주의 정책학이 강조되고 있다. 이는 탈 관료모형을 외치며 등장했던 전자정부 및 거버넌스 이론에서 공통적으로 강조하는 측면이다. 효율성과 생산성을 토대로 민주적이고 참여적이며, 궁극적으로 성찰성과 당위성을 지향하는 정책의 다양한 구조를 이해하고, 이러한 관점에서 정책분석도 정책의 다차원적 구조를 분석하려는 노력이 견지되어야 할 것이다. 이상의 논의를 정리하면 〈그림 1-9〉와 같다.

제 2 장

Theories of policy analysis

정책분석의 기준

 >>> **학습목표**

제2장에서는 정책분석의 기준에 대해서 학습한다. 정책분석의 기준에 대한 선행연구, 선행연구에 대한 수정보완, 새로운 정책분석 기준에 대한 측정지표의 순서로 검토한다.

정책분석이란 보다 나은 정책대안(policy alternatives)을 개발·선택하기 위하여 정책목표와 정책수단 그리고 더 나아가 정책결과간의 인과관계를 밝혀내는 것이며, 정책분석의 기준은 이러한 정책분석의 과정에서 안내자 역할을 하는 것이므로 그 중요성은 아무리 강조해도 지나치지 않을 것이다. 분석의 기준은 분석가의 개인적 가치관이나 분석 대상이 된 정책의 특수성에 의해 달라질 수 있겠으나, 일반적으로 Nakamura와 Smallwood, Suchman의 분석기준, 그리고 가장 포괄적으로 W. Dunn의 기준이 통용된다. 하지만, 이러한 기준들 사이의 공통요소는 무엇인지, 그리고 정책 환경의 변화에 따라 더 추가되거나 강조되어야할 분석기준이 무엇인지에 대해서 검토해 보고, 효율성(생산성)-민주성(참여성)-성찰성(당위성)이라는 세 가지 총체적 분석 차원에 대해서 정리해 보기로 한다.

1. 정책분석 기준의 새로운 이해

정책은 다양한 이해관계자들 간의 관계 및 행동양식에 대한 규정을 담고 있어 비교적 단순한 정책의 경우에도 성과나 효과가 양적으로 많을 뿐만 아니라 다양할 수밖에 없다. 따라서 어떤 정책의 성과나 효과를 단일적인 기준에 의해 평가할 수 없으며, 분석의 기준에 대한 논의가 중요성을 띠게 되는 것이다.

정책분석의 기준은 궁극적으로 정책분석과정에서 안내자역할을 담당한다는데 그 의의가 있다. 이때 이러한 기준들은 고정된 것이 아니라 정책 환경의 변화에 따라, 분석가의 가치관에 따라, 대상정책에 따라 변화하는 것이다. 따라서 중요한 것은 그러한 기준들 사이의 공통요소는 무엇이며, 오늘날 강조되는 것은 무엇인지 알아보는 것이라 할 수 있다.

정책분석의 기준에 관해서 다양한 학자들의 견해가 제시된 바 있다. 1967년 Suchman은 그의 『평가연구(*evaluative research*)』라는 저서에서 평가 기준으로서 1) 노력(*effort*), 2) 성취량(*performance*), 3) 성취한 일의 적정성(*adequacy of performance*), 4) 능률성(*efficiency*), 5) 과정(*process*)을 들었으며, 1974년 『미국행정학회보(*public administration review*)』에 게재된 「프로그램 평가에 관한 심포지엄(*symposium on program evaluation*)」에서는 평가기준으로서 1) 능률성, 2) 형평성 3) 대응성 4) 효과성을 정책평가의 기준으로 들고 있다(유훈, 2007).

정책분석을 연구하는 많은 학자들이 정책분석의 계량적·실증적 연구방법의 한계를 보완하기 위해 철학적·윤리적 측면이 필요하다는 점을 강조해 왔다(송근원, 1991; 현성수, 2006). Kelman(1983)은 정부정책의 철학적·윤리적 측면에 많은 관심을 가지고, 정책결정과정의 평가기준으로서 공익정신이 바탕이 되어 좋은 정책(*good policy*)을 만들어 낼 수 있는지와 인간의 존엄성을 증진시키고 사회구성원의 인격형성에 긍정적 영향을 미칠 수 있는지를 제시하였다.

또한 Majone(1988)은 주관적·비과학적·비계량적인 정책분석을 이론의 객관성과 과학이라는 미명하에 거부하는 것을 일종의 학문적 살인이라 비판하며, 민주사회에서 정책분석의 목적은 단순히 효용을 극대화하는 대안을 선택하는 것에만 한정될 수 없다고 하였다. 그리고 민주사회에서 정책분석의 주요 역할은 공공토론(*public deliberation*)을 통한 상호 학습(*mutual learning*)에 기여하는 것이라 주장하였다.

Formaini(1990)는 정부가 피상적인 과학적 기법을 사용하여 실제적으로는 비합리적인 공공정책들을 합리화시키는 것에 대해 신랄히 비판하며, 비용편익분석(*cost-benefit analysis*)이나 위험도평가(*risk assessment*) 등 과학적 정책분석의 허구성을 분석하였다. 그리고 객관성과 주관성의 어느 한 극단에 치우치는 것은 바람직하지 않지만, 정책결정에 있어 주관성이 크게 작용한다는 것도 잊어서는 안된다고 주장하였다.

또한 William Dunn(1994)은 정책분석에 있어서 문제의 구조화 또는 문제정의의 방법과 문제해결의 방법 간 차이점을 지적하고, 문제구조화 방법의 중요성을 주장하였다. 그리고 포괄적인 문제중심적 정책분석 기준을 제시하면서, 정책분석 준거틀의 중심부에 위치한 문제구조화 과정의 종합적 접근의 중요성을 강조하였다.

이처럼 많은 학자들은 합리성 위주의 정책분석에서 보다 가치성을 포함한 형태의 정책분석으로 변화되어야 한다는 점을 강조하였다. 아래에서는 이러한 총론적 배경을 토대로 평가기준의 차원들을 살펴보기로 한다.

2. 정책분석의 새로운 기준: 3차원의 접근

정책과정은 정치적 갈등의 요소와 합리적 분석의 요소가 상호 역동적이고 동태적인 과정으로 거치면서 진행된다. 또한 정책과정은 가치 있는 자원의 배분을 놓고 이해관계자들이 경쟁하고 타협하는 과정으로서, 본질적으로 가치, 갈등, 권력 등의 요소들이 내재되어 있다. 이처럼 정책분석은 정책의 가치, 갈등, 권력적 요소를 그 배경적 특성으로 하고 있는바, 정책분석이 존재하는 본질적 이유 역시 바로 이러한 특성적 배경을 제약조건으로 하되 전문성을 제고하며, 과학적이고 체계적인 정책 도출을 위한 사유와 탐색에 있다고 볼 수 있다. 즉, 정책분석은 정책문제의 본질적인 쟁점에 대한 규명과 명확한 정책 목표의 설정, 체계적이고 과학적인 대안 탐색 및 미래 예측 등을 통해 최적의 대안선택을 추구하는 끊임없는 분석과 사유의 과정이다. 그리고 이를 통해 궁극적으로 인간존엄성(*human dignity*)을 지향하는 데 목적이 있다. 이를 H. Lasswell(1951, 1970)은 민주주의 정책학이라고 불렀고, 허범 교수(1988: 78)는 정책분석의 당위성 차원이라고 지칭했다.

정책이론은 사회과학 범주 안에서 3가지 차원의 정책이념을 내포하고 있으며, 정책분석이 분석해야 할 대상도 이와 같은 3가지 차원으로 구성된다(권기헌, 2008: 231-232).

첫째 차원은 생산성이다. 생산성은 효과성과 능률성을 의미한다. 목표달성도를 의미하는 효과성과 투입 대 산출비용으로 나타나는 능률성의 개념이다. 효율성이라고도 부를 수 있는 이 차원은 기계적 효율성과는 구별되는 사회적 효율성을 지칭한다. 치안정책의 목표에 있어서 단순한 파출소의 증설이 기계적 효율성 지표가 된다면, 범죄율이 감소한 안전한 사회 실현은 사회적 효율성에 해당되는 개념이다.

둘째 차원은 민주성이다. 효과적이고 능률적인 정책요소가 실현되면 그 다음 분석의 차원은 민주성이다. 실체적인 소망성 차원의 정책분석이 이루어지고 나면 그 다음 분석의 차원은 절차적 측면에서 민주성의 가치가 실현되었는지를 분석해야 한다. 이런 의미에서의 민주성은 참여성 · 숙의성 · 합의성이라는 요소를 내포하고 있다.

셋째 차원은 성찰성이다. 성찰성이란 인권 · 정의 · 형평과 같이 정책이 가질 수 있는 최상급 차원의 메타포이다. H. Lasswell(1951, 1970)이 지칭한 인간의 존엄성, 허범 교수 (1988: 78)가 지칭한 당위성 차원이 여기에 해당된다. 정책이념이 인간의 존엄성이 실현되는 사회를 지향하고 보다 신뢰받고 성숙된 사회를 지향한다면, 우리는 그 사회 속에 구성원 개개인의 인권과 정의가 제대로 지켜지고, 우리 헌법이 보장하는 "자유 민주주의적 시장질서와 평등권"이라는 최고의 가치 속에서 국민 개인의 주체성과 독립성, 신뢰와 등권, 더 나아가 자아실현의 기회가 균등하게 보장된 사회를 꿈꾼다. Maslow(1954)가 욕구단계설에서 주장하듯이, 인간은 생리와 안전 욕구를 넘어서 사랑과 명예, 자기존중의 단계를 지나 자아완성을 추구한다. 이처럼, 정책도 하위목표, 중간목표, 상위목표를 넘어서 인간의 존엄성 실현이라는 최상위목표를 추구하고 있다.

Alderfer(1969) 역시도 유사한 관점에서 ERG 동기부여 이론을 발표하여 조직에서의 인간의 욕구를 ① 생존(*existence*: E)욕구, ② 관계(*relatedness*: R)욕구, ③ 성장 (*growth*: G)욕구의 3가지로 설명했는데, 생존욕구는 Maslow의 생리적 욕구 혹은 안전에 대한 욕구와 비교되며, 관계욕구는 Maslow의 사회적 욕구 또는 자기존중과 관련되고, 성장욕구는 Maslow의 자기존중 혹은 자아실현욕구와 유사하다. 이러한 조직욕구의 단계이론은 위에서 설명한 정책이념의 구조이론과 같은 맥락을 지니는 것으로 볼 수 있다. 〈그림 2-1〉은 Maslow(1954)가 제시한 인간의 욕구 5단계이론을 간략화한 도식이며, 그 옆에 Alderfer(1969)가 제시한 조직의 욕구에 관한 ERG 이론과 생산성-민주성-성찰성으로 표현되는 정책의 이념에 관한 3단계 이론을 보여준다.[1)]

---

1) 정책분석기준의 세 차원을 동기부여이론과 비유하여 제시한 것은 하나의 유추(Analogy) 차원으로 해석되어야 한다. 한 인간이 생리 안전적 욕구와 사회적 욕구를 거쳐 자아완성의 길을 밟아가듯이 한 국가도 생산적이고 민주적인 과정을 거쳐 한 국가의 국격으로서의 성찰성을 완성해 나간다는 의미에서 비유적 유추로서 이해할 필요가 있다. 다만, Maslow나 Alderfer의 욕구이론은 분석대상을 개인에 국한하여 개인이 동기화 되는 과정에 초점을 맞춰 연구된 이론임에 반해 정책분석 기준의 3차원은 분석 대상이 개인이 아니라 행정, 정책과 같은 사회적이고 조직적인 행위를 다루고 있기 때문에 엄격한 의미에서 동치는 주의를 요한다. 예컨대, 생리 안전적 단계가 생

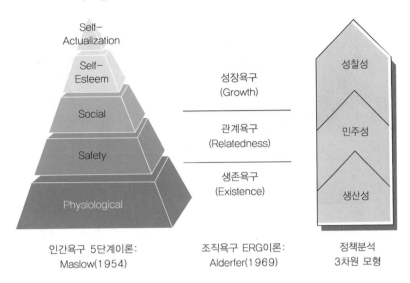

〈그림 2-1〉 인간의 욕구 5단계 이론: Maslow

정책분석은 이와 같은 정책의 생산성-민주성-성찰성의 3가지 차원을 보다 균형적인 시각으로 분석해야 할 것이다. 위에서도 많은 학자들의 주장을 토대로 지적한 바와 같이, 자칫 정책 분석 자체의 어려움이나 계량화의 한계를 들어 생산성 범주에 속한 효과성과 능률성 분석이 편향되게 다루어져서는 안 될 것이다(Kelman, 1983; Majone, 1988; Formaini, 1990; William Dunn, 1994). 기존의 정책분석에서는, 〈그림 2-2〉에서 보듯이, 생산성 측면이 아주 많이 강조되어 이러한 기준을 충족시키는 비용편익기준이나 비용효과기준, 기회비용기준, 파레토 최적기준들이 많이 강조되었다면, 새로운 정책분석에서는 그동안 상대적으로 간과 혹은 과소하게 취급되었던 민주성이나 성찰성 측면의 분석도 함께 강조될 필요가 있을 것이다. 이미 우리는 외관상 효율성 위주의 신속한 정책추진이 뒤에 더 큰 비효율을 가져오는 경우를 너무도 많이 목격하고 있다. 물론 비용편익분석이나 계량분석과 같은 기법들은 여전히 정책분석의 핵심수단이다. 그러나 효율성 분석에 앞서 정책의 당위성 차원이나 절차적인 측면이 우선적으로 고려될 필요가 있다. 이는 H. Lasswell이 강조하였던 근본적 문제해결을 통한 인간존엄성의 실현, 즉 민주주의 정책학의 완성과도 철학적 궤(軌)를 같이하는 대목이다.

산성의 단계와 정확하게 같은 의미는 아니며, 사회적 욕구가 민주성의 단계, 자아실현 욕구가 성찰성의 단계와 동격의 의미로 해석될 수는 없을 것이다. 또한, 동기이론은 욕구충족의 계층성을 언급하면서 하위욕구의 충족을 거친 이후에만 상위욕구로 나아갈 수 있다고 했으나, 한 국가의 진화방향이 꼭 생산성이 이루어지고 민주성이 이루어지는 것은 아니라는 관점에서도 해석의 유연성을 가질 필요가 있을 것이다.

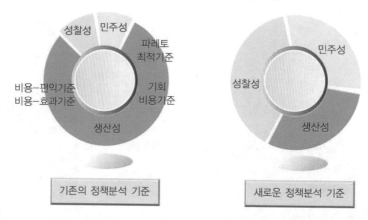

〈그림 2-2〉 정책분석의 새로운 기준

기존의 정책분석 기준

새로운 정책분석 기준

제 2 절 **정책분석의 기준에 대한 선행연구[2)](#)**

1. Dunn의 분석기준

정책분석의 포괄적인 기준은 W. Dunn에 의해 제시되었는데, 이는 가장 널리 인용되는 정책분석의 기준이라고 볼 수 있다. W. Dunn은 정책분석의 기준을 소망성과 실현가능성으로 나누었는데, 소망성은 효과성, 능률성, 형평성, 대응성, 적합성, 적정성을 그 하위요소로 하고, 실현가능성은 정치적·경제적·사회적·행정적·법적·기술적 실현가능성을 하위요소로 두었다. W. Dunn의 분석기준을 소개하면 다음과 같다.

1) 소망성

W. Dunn은 정책의 소망성 분석기준으로 여섯 가지 기준을 들었는데, 그것은 효과성, 능률성, 형평성, 대응성, 적합성, 적정성이다. 여기서 소망성이란 어떤 대안이 채택되어 수행되는 경우 그 결과의 바람직스러움의 정도를 측정하는 기준이다(노화준, 2007:

---

2) 이 장의 내용은 필자의 졸저, 『정책학』(박영사, 2008: 234-270)의 내용을 토대로 정책분석의 관점에서 일부 재정리된 것임을 밝힌다.

251). 그런데 소망성이란 누구의 입장에서 본 소망성이냐 하는 것이 문제가 될 수 있다. 정책분석기준으로서의 소망성은 정책분석가나 정책결정자 개인의 이익 또는 정책결정자가 속하고 있는 집단이나 지역의 이익을 극대화하기 위한 이기적인 기준이 아니라 사회 전체의 이익을 추구하는 윤리적인 기준으로 해석되어야 할 것이다(노화준, 2003: 131).

(1) 효과성(effectiveness)

효과성이란 목표의 달성정도(*goal attainment*)이다. 이는 '특정정책이 집행될 경우 그 정책이 의도했던 목표(성취하기를 바라는 것)를 어느 정도나 달성할 수 있겠는가를 판단하는 기준'이다. 정책의 효과는 정책목표달성의 결과로서 나타나는 것도 있고 부수적으로 나타나는 부수효과도 있다(정정길 외, 2005: 387). 그러나 효과성이라는 기준은 목표의 달성도만을 측정할 뿐이며, 실제 정책목표달성을 위해 치러야 할 정책비용은 고려하지 않는다는 단점을 지니고 있다. 즉, 투입된 비용에 관계없이 성취한 양이 많을수록 더 바람직한 대안이라고 보는 것이다.

(2) 능률성(efficiency)

능률성이란 투입(*input*)에 대한 산출(*output*)의 비율이다. 이는 '의도한 정책목표(주어진 효과성의 수준)를 달성하는 데 얼마나 많은 노력이 투입되겠는가를 판단하는 기준'이다.

〈그림 2-3〉 정책분석의 기준: W. Dunn의 분석기준 내용

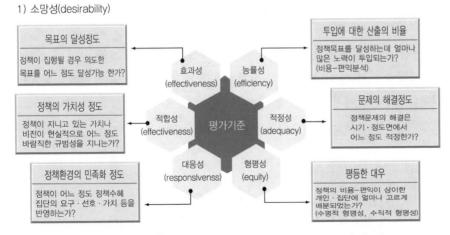

1) 소망성(desirability)

| 목표의 달성정도 | 투입에 대한 산출의 비율 |
| 정책이 집행될 경우 의도한 목표를 어느 정도 달성가능 한가? | 정책목표를 달성하는데 얼마나 많은 노력이 투입되는가? (비용-편익분석) |

효과성 (effectiveness)   능률성 (efficiency)

| 정책의 가치성 정도 | 문제의 해결정도 |
| 정책이 지니고 있는 가치나 비전이 현실적으로 어느 정도 바람직한 규범성을 지니는가? | 정책문제의 해결은 시기·정도면에서 어느 정도 적정한가? |

적합성 (effectiveness)   평가기준   적정성 (adequacy)

| 정책환경의 민족화 정도 | 평등한 대우 |
| 정책이 어느 정도 정책수혜 집단의 요구·선호·가치 등을 반영하는가? | 정책의 비용-편익이 상이한 개인·집단에 얼마나 고르게 배분되었는가? (수평적 형평성, 수직적 형평성) |

대응성 (responsivenss)   형평성 (equity)

2) 실현가능성(feasibility) ⟶ 정치적·경제적·사회적·법적·행정적·기술적 가능성

* 자료: 권기헌, 2008: 234에서 수정.

이 능률성을 측정하는 것으로는 '비용-편익분석'(*cost-benefit analysis*)을 들 수 있다. 이 기준에 의하면 아무리 정책의 목표달성도가 높다고 할지라도 그러한 목표를 달성하는 데 너무 많은 비용이 소요된다면 그러한 정책은 바람직하지 못하다는 것이다. 이러한 능률성의 기준을 정책분석과정에서 적용할 수 있는 좀더 구체적인 기준으로 발전시킨 것이 Pareto 최적 변화의 기준이다.

(3) 형평성(equity)

형평성이란 '특정정책에 따른 비용이나 편익이 상이한 개인·집단에 얼마나 고르게 배분되겠는가를 판단하는 기준'이다. MAcRae와 Wilde는 수평적 형평성(*horizontal equity*; 동등한 자에 대한 동등한 처우(*the equal treatment of equals*))과 수직적 형평성(*vertical equity*; 동일하지 않는 상황에 있는 자에 대해서는 동일하지 않는 처우(*the unequal treatment of people in unequal circumstances*))으로 구분하고 있다. 또다른 기준으로는 사회에 존재하는 최빈층에 대한 효용성을 우선적으로 감안해야 한다는 '롤즈 기준'(Rawls criterion)이 형평성의 기준으로 중요하게 고려될 수 있다.

(4) 대응성(responsiveness)

대응성이란 정책 환경의 요구·선호·가치의 만족화 정도이다. 이는 '특정정책이 정책수혜집단의 요구·선호·가치 등을 어느 정도 반영하고 있는가를 판단하는 기준'이다. 이러한 대응성을 측정하는 것으로는 정책이 시행되기 전에 실시한 시민들의 요구조사결과와 정책 시행 후의 요구조사결과간의 차이를 비교측정하는 방법을 들 수 있다.

(5) 적정성(adequacy)

적정성이란 문제 해결의 적정성을 의미한다. 이는 적시와 적절의 의미를 포함하고 있다. 즉 정책에 있어서 시기(*timing*)의 적정성과 정책 정도(*degree*)의 적정성은 중요한 의미를 갖는다. 따라서 아무리 좋은 정책이라도 정책의 시기를 놓치거나, 처방의 강도가 적정하지 못하면 그 정책은 소망스러운 정책이라고 할 수 없다.

(6) 적합성(appropriateness)

적합성이란 정책에 내포된 가치성의 정도를 말한다. 이는 '특정 정책이 지니고 있는 가치나 비전이 과연 현실적으로 어느 정도로 바람직한 규범성을 지니고 있는가에 대한 판단 기준'이다. 따라서 아무리 좋은 정책이라도 정책이 시행되어야할 시대의 정신과 가치이념에 부합하지 않는다면 그 정책은 소망스러운 정책이라고 할 수 없다.

〈표 2-1〉 정책분석의 기준

기준의 유형	질 문	기 준
효과성	정책이 의도했던 목표(가치있는 결과)를 어느 정도나 달성하였는가?	목표달성도
능률성	가치 있는 결과를 달성하기 위하여 얼마나 많은 비용과 노력이 요구되었는가?	단위가격, 순편익, 비용-편익분석
형평성	비용과 편익은 상이한 집단들 간에 형평성 있게 분배 되었는가?	파레토 기준, 롤즈의 기준
대응성	정책결과는 특정 집단의 욕구나 선호 또는 가치를 만족시키고 있는가?	시민여론조사의 일관성
적정성	정책문제를 어느 정도 해결하였는가?	시간 적정성, 정도 적정성
적합성	정책이 지니고 있는 가치나 비전이 과연 현실적으로 어느 정도로 바람직한 규범성을 지니고 있는가?	시대정신이나 시대적 이념에의 부합정도

* 자료: William N. Dunn, 2008: 458.

2) 실현가능성

정책대안의 실현가능성은 그것이 정책으로 채택되고 그 내용이 충실히 집행될 가능성을 의미하는 것으로 정치적 · 경제적 · 사회적 · 법적 · 행정적 · 기술적 가능성이 있다. 이러한 다양한 실행가능성 기준들 가운데 사회적 실현가능성은 그것이 대안의 정치적 실현가능성에 영향을 미친다는 점에서 정치적 실현가능성의 일부분으로 포함되기도 하며, 경제적 실현가능성은 그것이 정책의 집행능력과 관련되어 있다는 점에서 행정적 실현가능성의 기준에 포함되기도 한다(노화준, 2007: 268).

(1) 정치적 실현가능성

정치적 실현가능성이란 정책대안이 정치 체제에 의해 정책결정 과정에서 정책으로 채택되고 이것이 집행될 가능성을 의미한다. 정치적으로 실현가능한 정책은 반드시 정치적으로 받아들여지거나 또는 최소한 수용불가능한 것이 아니어야 한다. 정치적 실현가능성은 정책의 주요 행위자를 포함한 정책대안에 대한 이해관계 당사자들의 정책이슈에 대한 입장, 이용가능한 자원 그리고 이용가능한 자원의 상대적인 서열 등에 의하여 결정된다(W. Duun, 1981: 206-210).

(2) 경제적 실현가능성

경제적 실현가능성이란 정책대안이 실현되는 데 소요되는 비용을 현재의 재정적 수준 또는 이용 가능한 자원으로 부담할 수 있는 정도를 의미한다. 정치적으로 실행가능한 정책대안이라고 해도, 이를 집행하기 위한 금전적인 지원이 없다면 이 정책대안은 무용지물일 수밖에 없을 것이다.

(3) 사회적 실현가능성

사회적 실현가능성이란 정책대안의 결정과 집행이 사회적으로 인정되고 수용될 가능성을 의미한다. 이명박 정부의 초기 대통령 인수위 시절 영어뿐만 아니라 수학, 사회, 과학 등 일반 과목도 영어로 가르치는 영어몰입 교육 아이디어가 나왔었다. 그러나 이에 대한 반대여론이 높자 영어 과목을 영어로 수업하는 영어 공교육 강화만 추진하는 것으로 마무리됐다. 이처럼 대통령이 집행을 하려던 정책도 사회적 정서(social mood)에 의해 지지받지 못할 경우에는 사회적 실현가능성이 매우 낮게 되는 것이다.

(4) 행정적 실현가능성

행정적 실현가능성이란 정책대안의 집행을 위해 필요한 행정조직, 인력 등의 이용가능성을 의미한다. 아무리 우수한 정책이라 할지라도 이에 뒷받침되는 인력, 조직과 행정적 시스템이 없다면 제대로 실행될 수 없다. 행정적 집행가능성을 평가하기 위한 기준으로 중요한 것은 권위, 기관의 공약, 능력 및 조직의 지원 등이다.

(5) 법적 실현가능성

법적 실현가능성이란 정책대안이 헌법의 기본 이념이나 다른 법률의 내용과 모순되지 않을 가능성을 의미한다. 헌법재판소는 2008년 11월 13일 종합부동산세제에 대한 헌법소원 및 위헌제청사건에 대하여 세대별 합산과세는 위헌결정을, 1주택 장기보유자 등에 대해 예외를 두지 않고 있는 주택분 종합부동산세의 부과규정에 대하여는 헌법불합치결정을 내린 바 있다. 이처럼 정책은 법적 실현가능성을 갖출 때 제대로 실행될 수 있다.

(6) 기술적 실현가능성

기술적 실현가능성이란 정책대안이 현재 이용가능한 기술로서 실현이 가능한 정도를 의미한다. 아무리 좋은 정책대안이라도 기술적인 뒷받침이 불충분하다면 실현가능성은 낮게 되는 것이다. 정부에서 채택하여 수행하고자 하는 과학기술 정책의 경우 그 정책을 성공적으로 수행할 만한 과학기술분야의 관련 전문 인력을 확보할 수 있느냐의 여부도 기술적 실현가능성의 중요한 요소라고 할 수 있다.

2. Suchman의 분석기준

1) 노력평가(evaluation of effort)

노력평가에서는 수행되는 활동의 양과 질에 따라 정책 및 사업의 성패를 판단한다. 노력평가의 전제는 특정한 활동의 수행을 통하여 보다 높은 목적을 달성할 수 있을 것이라는 점이다. 그러므로 그러한 활동의 양과 질이 정책과 사업의 성패를 결정할 수 있는 기준이 될 수 있다는 것이다. 이러한 평가는 다음가 같은 질문에 해답을 제공하기 위해 수행된다.

   (1) 수행한 활동은 무엇인가?
   (2) 그러한 활동은 얼마나 잘 수행되었는가?

2) 성과 및 효과평가(evaluation of performance or effects)

성과평가 혹은 효과평가는 노력평가와는 달리 노력 그 자체를 측정하는 것이 아니라, 노력의 결과를 측정한다. 정부가 수행하는 모든 정책 및 사업의 궁극적인 정당화는 바로 그것이 해결하고자 의도했던 문제를 해소하는 데 있어서의 효과성의 여부에 의해 결정된다는 점에서 성과평가는 중요한 의미를 갖는다. 이러한 평가는 다음과 같은 질문에 해답을 제공하기 위해 수행된다고 한다.

   (1) 즉각적인 목표가 어느 정도나 달성되었는가?
   (2) 어떤 변화가 야기되었는가?
   (3) 그러한 변화는 의도한 것이었는가?

3) 적정성 평가(evaluation of adequacy of performance)

성과의 적정성 평가에서는 정책 및 사업의 성과가 전체문제를 해결한 정도를 측정한다.

〈그림 2-4〉 정책분석의 기준: Suchman의 분석기준

어느 특정 정책이나 사업을 통하여 해결하고자 하는 문제의 전체적인 규모를 파악한다는 것은 그리 쉬운 일이 아니다. 따라서 이러한 적정성 평가는 그만큼 어려운 것이 사실이다.

4) 능률성평가(evaluation of efficiency)

능률성 평가에서는 앞에서 논의한 노력과 성과의 비율을 측정한다. 이러한 능률성 평가는 성과평가의 결과 긍정적인 해답을 얻은 후에 이루어지는 것으로서 동일한 성과를 얻는 데 보다 좋은 방법이 있는지에 대한 해답을 제공할 것을 목적으로 수행된다.

5) 과정평가(evaluation of process)

과정평가란 어떤 정책이나 사업이 어떻게 그리고 왜 어떠한 성과를 나타냈는가 하는 점을 분석한다. 즉 과정평가의 결과로 우리는 정책 및 사업의 성패 원인을 찾아낼 수 있다. Suchman은 이러한 과정평가는 평가연구의 본래의 영역은 아니라고 보고, 앞에서 제시한 네 가지 평가를 통해 정책 및 사업의 성패를 결정할 수 있다고 이야기하면서, 그러나 이러한 성과평가는 특히 어떤 정책 및 사업이 기대된 대로 효과를 나타내지 못했을 때 더욱 평가적 중요성을 지닌다고 주장한다(김명수, 1993: 93-94).

3. Nakamura & Smallwood의 분석기준

1) 목표 달성도

정책 집행의 결과 정책목표가 얼마나 충실히 달성되었는지를 측정하는 것이다. 정책 성과(outcome)와 정책 영향(impact)과 같이 장기적으로 효과가 발생하는 것은 측정하기가 어려우므로 일반적으로 특정한 정책목표 대비 정책 산출물(output)을 측정하는 계량적인 접근방법이 사용된다. 목표 달성도를 평가의 기준으로 삼는 데는 몇 가지 문제점이 있다.

첫째, 효과성만을 강조하여 지나친 비용과 희생을 최소화 시키는데 소홀해질 수 있다는 것이다. 아무리 효과적인 집행이라도 지나친 비용이나 희생이 소모되면 바람직한 정책이 아니다.

둘째, 정책 목표가 없는 정책이 있을 수 있다는 것과, 목표가 명확하지 않을 때 목표달성도를 판단기준으로 삼기 어렵다는 것 등이다.

그러나 목표 달성도에 의한 정책평가는 고전적 기술관료형에 해당하는 집행유형에 대한 적합한 평가기준이다.

2) 능률성

목표달성도와 함께 가장 많이 사용되는 평가 기준이다. Nakamura와 Smallwood뿐만 아니라 Suchman도 능률성에 대해서는 공통적으로 제시하고 있다.

정책이 효과를 극대화하고 비용을 최소화하는지를 평가하는 기준이다. 능률성은 성과를 중시하고 생산과 비용에 대한 정보가 필요하다. 능률성 기준도 평가 측정을 위해 계량적인 지표에 의존한다는 점에 있어서는 정책목표 달성도 기준과 유사하다. 평가의 일차적인 초점이 목적이 아닌 수단에 있으므로 Nakamura와 Smallwood의 집행유형 중 지시적 위임형에 적합한 평가기준이다.

3) 주민만족도

주민만족도는 정책지지집단을 포함한 관련 집단의 만족도를 의미한다. 효과성과 능률성이 계량지표를 주로 사용하는 것인데 대해, 주민 만족도와 대응도는 비계량적인 지표를

〈그림 2-5〉 정책분석의 기준: Nakamura & Smallwood의 분석기준

많이 사용하게 된다. 정책집행에 의하여 이익과 손해를 보는 여러 집단의 만족도를 평가하고자 하며, 계량화된 지표를 사용하는 대신 만족도라는 측면에서 정책의 효과를 평가한다.

정책지지 및 관련 집단의 만족도를 측정하는 평가는 명시적인 정책목표의 달성에 초점을 두는 것이 아니라, 관련 집단 간의 갈등을 조정하고 적응시키는 과정을 통해 발생하는 정책목표의 타협과 수정에 초점을 둔다. 정책의 궁극적인 성공은 정책담당자들이 관련 집단들로부터 정책에 대한 지지를 이끌어내고 이를 계속 유지하는 것이기 때문이다. 이 기준은 타협과 조정을 중시하기 때문에 협상형 집행 유형의 평가기준으로 가장 적합하다.

4) 정책수혜집단에 대한 대응도

대응도는 정책수혜집단 고객 등 정책수혜집단의 만족도를 중시한다. 정책을 직접 전달받는 고객의 요구에 정책이 얼마나 대응적인지를 평가하는 것이다. 이러한 기준은 병원, 교도소, 학교, 사회사업기관과 같은 고객 봉사기관에서 더욱 중요성을 지니는 기준이라고 볼 수 있다(유훈, 2007). 정책수혜집단에 대한 대응도 기준은 고객의 요구를 충족시키기 위한 프로그램의 적응성, 유연성, 편의성에 많은 관심을 두는 재량적 실험가 유형에 적합하다.

5) 기관형성

기관형성은 제도의 안정과 계속성 등 제도의 활성화나 체제유지를 의미한다. 이는 정책이 크게는 국가체제나 정부, 작게는 집행기관의 유지ㆍ발전에 어떠한 도움을 주는지를 성

공적 집행의 기준으로 보는 것을 의미한다. 즉, 정책의 집행이 국민들의 의사, 정책결정자의 의도, 그리고 관련집단들의 주장을 잘 반영하게 되면, 그 정책은 계속적으로 지지를 얻게 되고 그 체제는 성공하게 되므로 이는 정책집행의 종합적 평가를 해주는 지표라고 볼 수 있다(정정길 외, 2005: 592-596).

4. 요약 및 정리

정책분석의 기준에 대한 선행연구들에 검토를 종합적으로 정리하면 다음과 같은 공통 요소로 요약된다(〈그림 2-6〉 참조).

① 효과성과 능률성: 목표의 달성정도, 목표의 달성의 능률성에 대해서 분석해야 한다.
② 형평성과 대응성: 정책비용 및 편익의 배분정도, 정책대상집단의 욕구 충족 정도를 분석해야 한다.
③ 적합성과 적절성: 정책 프로그램이 추구하는 효과가 사회 정책적인 입장에서 바람직한지, 시기적으로 적절한지 등에 대해서 분석해야 한다.
④ 과정: 정책 과정의 민주성, 적법성, 절차적 타당성 정도에 대해 분석해야 한다.

〈그림 2-6〉 정책분석의 기준: 선행연구의 정리

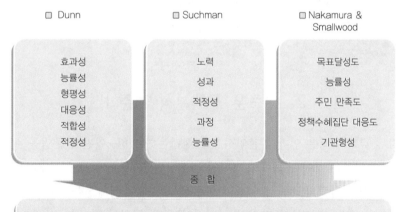

* 자료: 권기헌, 2008: 241에서 수정.

제 3 절 | 새로운 정책분석 기준에 대한 논의

1. 새로운 정책분석 기준 I

W. Dunn은 정책분석의 기준을 소망성과 실현가능성으로 나누고, 소망성은 효과성, 능률성, 형평성, 대응성, 적합성, 적정성으로, 실현가능성은 정치적·경제적·사회적·행정적·법적·기술적 실현가능성으로 제시하였다. 하지만 오늘날에는 사회가 다원화되고 민주주의가 발달함에 따라 절차적 타당성이라는 분석 기준도 더불어 강조되고 있는데, 이러한 항목에 대한 고려가 Dunn의 기준에서는 간과되고 있다. 정책분석은 문제의 본질적 쟁점규명과 명확한 목표설정, 체계적인 대안탐색, 과학적인 대안예측 등을 통해 최적의 대안선택을 추구하는 끊임없는 분석과 사유의 과정이며, 이를 통해 궁극적으로 인간 존엄성을 지향하는 데 목적이 있다(권기헌, 2008: 231). 즉, 정책형성과정에서의 참여성·숙의성·합의성이라고 하는 절차적 소망성의 요소가 실체적 소망성 못지않게 강조되고 있으며, 이러한 부분은 정책분석 기준에 대한 새로운 수정보완을 필요로 하고 있다.

저자는 이에 따라 정책분석의 기준을 새로운 도표로 정리하여 〈그림 2-7〉과 같이 제시하고자 한다. 즉, 정책분석의 기준은 크게 소망성과 실현가능성으로 나누어지며, 실체적 소망성만이 강조되던 W. Dunn의 기존 소망성과 다르게 절차적 소망성까지 확장되어 구성될 필요가 있다는 점을 반영하여 재구성한 것이다.

2. 새로운 정책분석 기준 II

정책학의 궁극적 목적은 인간의 존엄성을 실현하는데 있다. 인간의 존엄을 실현하고 인간의 가치를 고양하는 것이 정책학의 나아갈 지향점인 것이다. 이를 H. Lasswell은 민주주의 정책학이라고 불렀다. 즉, 효율성과 민주성을 토대로 성찰성을 추구하는 학문이 정책학인 것이다. 이는 정책학의 당위성-실현성-능률성 차원이라고 부를 수도 있다(허범, 1988: 78; 강근복, 2000: 34-36). 따라서 규범적이고 당위적인 정책이상을 바라보면서 능률적이고 효과적인 정책을 추구하되 실현가능한 정책수단을 개발하는 것이 정책분석의 존재이유이다.

〈그림 2-7〉 W. Dunn의 정책분석의 기준에 대한 보완

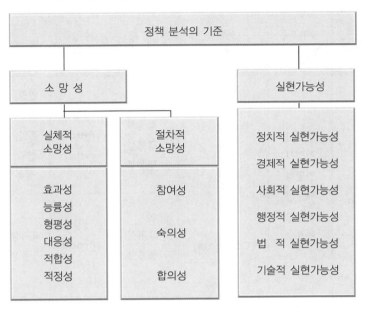

* 자료: 권기헌, 2008: 242.

　정책학이 추구해야 할 차원이 새로워지듯이, 정책의 패러다임 역시 변화하고 있다. 국가 내에서는 사회의 다원화, 민주화가 심화되어가고 있으며, 시대의 맥락은 세계화·정보화라는 큰 물줄기를 따라 흘러가고 있다. 이에 따라 정책에서도 거버넌스(*governance*)적 접근과 국민의 참여를 통한 문제해결이 요구되고 있다. 이러한 정책환경 속에서는 민주성은 효율성(생산성)과 대치되는 것이 아니라, 오히려 거버넌스적 해결구조와 참여 민주주의에 철학적 기초를 둔 문제해결 방식이 정책집행의 순응 확보를 통해 더 큰 효율성(생산성)을 가져온다. 즉, 단순한 형태의 폐쇄적 효율성에 입각한 단선적 사고는 시간적으로 더 빠른 것 같지만 나중에 더 큰 비효율을 초래하게 된다. 거버넌스 시대에는 새로운 문제해결 구조와 갈등관리 방식이 중요하게 다루어져야 하고, 이에 따라 정책분석의 기준에 있어서도 민주적 소망성과 절차적 타당성이 매우 중요한 위치를 차지해야 하는 것이다. 이러한 논리가 기존의 정책분석의 기준을 수정보완하게 된 이유이다. 이러한 맥락에서 위에서 1차적으로 수정 보완된 정책분석 기준을 다시 당위성, 민주성, 효율성(생산성), 실현성으로 나누어 표로 정리하면 〈표 2-2〉와 같다.

　〈표 2-2〉에서 보듯이 당위성은 다시 실체적 당위성과 절차적 당위성으로 나눌 수 있다. 실체적 당위성이란 인간의 존엄·인권·형평 등에 해당되는 가치 기준이

〈표 2-2〉 새로운 정책분석의 기준: 성찰성-민주성-생산성-실현성

학 자	기 준	세부기준 (W.Dunn)	수정 I (본서)	내 용		수정 II (본서)	내 용	비고 (허범)
W.Dunn	소망성	적합성 적정성 형평성 대응성 효과성 능률성	실체적소망성 (Contents)	적합성 적정성 형평성 대응성		성찰성 (Reflexivity)	인권, 정의, 존엄, 신뢰, 성숙	(실체적) 당위성
				효과성 능률성		생산성 (Productivity)	효과성 능률성	능률성
		–	절차적소망성 (Procedurse)	민주성	참여성 숙의성 합의성	민주성 (Democracy)	민주 투명	(절차적) 당위성
	실현 가능성	정치적 경제적 사회적 행정적 법 적 기술적	정치적 경제적 사회적 행정적 법 적 기술적	정치적 경제적 사회적 행정적 법 적 기술적		정치적 경제적 사회적 행정적 법 적 기술적	정치적 경제적 사회적 행정적 법 적 기술적	정치적 경제적 사회적 행정적 법 적 기술적

*자료: 권기헌, 2008: 243.

며, 절차적 당위성이란 정책의 참여·숙의·합의 등에 해당되는 가치 기준이다. W.
Dunn의 소망성 기준 중에서 당위성에 해당되는 기준들을 추출한다면, 적합성·적
정성·형평성·대응성 등을 들 수 있겠다. 민주성은 정책의 절차적 당위성에 해당
되는 개념이며, 효율성(생산성)은 정책의 효과성과 능률성을 의미한다. 마지막으

로, 실현성은 정치적, 경제적, 사회적, 행정적, 법적, 기술적 실현가능성을 의미한다.

이러한 내용은 종합적으로 〈표 2-2〉에 정리되어 있다. 즉, 사회의 다원화와 민주주의의 발달, 시민사회의 성장과 정보기술의 발달 등의 요인들로 인하여 전자정부의 시대에는 W. Dunn이 간과했던 민주적 소망성이 정책분석의 중요한 기준이 되어야 하며, 이러한 내용이 종합적으로 W. Dunn의 도식을 수정보완하여 〈표 2-2〉에 추가되어 있다.

〈표 2-2〉를 종합적으로 설명하자면, 1차적으로 수정된 정책분석의 기준에는 W. Dunn의 정책 분석 기준 중 소망성이 포함하는 가치에 절차적 소망성, 즉 참여성, 숙의성, 합의성으로 구성되는 민주성이 포함된다. 이는 민주성을 절실하게 필요로 하는 현대 행정과 정책 형성의 요구를 반영한 것이다. 2차적, 즉 최종적으로 수정된 정책분석의 기준에는 민주성과 더불어 효과성과 능률성을 의미하는 생산성의 차원과 인간의 존엄과 같은 상위 차원의 철학적 성찰을 요구하는 당위성의 차원이 포함되어 있다.

결론적으로 말하자면 현대 정책분석의 기준으로는 생산성, 실현가능성과 함께 민주성, 성찰성 기준이 정책분석의 중요한 기준으로 적용되어야 할 것이다. 즉, 기존의 정책분석의 기준이 비용-편익 기준, 파레토 최적 기준, 기회비용 기준 등 계량화된 생산성 기준에 너무나 많이 치우쳐 있어서 바람직한 사회, 좋은 사회를 만들기 위한 가치 비판적 관점이 상실되어 있었다면, 새로운 정책분석의 기준으로서의 생산성, 민주성, 성찰성에 대한 균형 있는 강조는 생산성 기준 못지않게 민주성과 성찰성 차원의 기준도 중요하게 다루어져야 할 것임을 의미한다.

한편 정책분석의 기준으로 성찰성이 강조되는 또 다른 이유는 현대 사회의 행정, 즉 오늘날의 사회문제 해결에 있어서는 단순히 효율성에 치우친 기계적인 접근방식에는 한계가 있기 때문이다. 오늘날의 복잡하고 어려운 사회문제를 해결하기 위해서는 인적 자본과 사회적 자본을 효과적으로 사용할 수 있는 인간중심적인 접근 방식이 필요하며 정책의 궁극적인 역할은 이를 통해 긍정적인 정책집행의 순응성 확보 내지는 정책수용성을 이끌어 낼 수 있어야 할 것이다.

예를 들어 지난 태안 기름 유출 사고의 해결과정에서 보여준 우리나라 국민들의 자발적인 참여와 긍정적인 집단행동은 거버넌스에 입각한 사회문제해결이 지니는 가능성을 확인해 주었을 뿐만 아니라, 정책을 제도나 정부의 차원이 아닌 인간중심적인 사고방식에 입각해서 접근하는 것이 얼마나 긍정적인 결과를 가져오는지를 잘 보여준 사례라 할 수 있다. 이렇게 정책분석의 기준으로서 성찰성이 갖는 또 다른 가치는 정책을 제도나 정부의 차원이 아닌 인간중심적인 사고로 바라보게 함으로써 우리 사회의 인적/사회적

자본3)을 축적, 활용할 수 있게 하고, 궁극적으로 긍정적인 집단행동을 이끌어내게 한다는데 있다.

제 4 절   요약 및 결론

  정책학의 궁극적 목적은 인간의 존엄성을 실현하는데 있다. 인간의 존엄을 실현하고 인간의 가치를 고양하는 것이 정책학의 나아갈 지향점인 것이다. 이를 H. Lasswell은 민주주의 정책학이라고 불렀다. 즉, 효율성과 민주성을 토대로 성찰성을 추구하는 학문이 정책학인 것이다. 이는 정책학의 당위성-실현성-능률성 차원이라고 부를 수도 있다(허범, 1988: 78; 강근복, 2000: 34-36). 따라서 규범적이고 당위적인 정책이상을 바라보면서

---

3) Adler & Kwon(2002), Bartlett & Ghoshal(2002)가 분류한 인적/사회적 자본에 대한 개념 범주는 다음과 같다.

〈표 2-3〉 인적/사회적 자본의 개념 비교

〈인적자본〉 인간이 가지고 있는 지식과 행동들의 생산적인 잠재력	〈사회적자본〉 강력하고 신뢰를 통해 구축되어 있는 협력적인 인간관계가 가지고 있는 생산적인 잠재력
* 지능/능력/지식	* 공유된 비전/목표
* 비전/꿈/야망	* 공유된 가치
* 기술적, 사회적 기술	* 신뢰
* 신뢰성/자기존중감	* 상호존중
* 자주성, 기업가정신	* 우정/상호간 지원
* 적응력/유연성	* 멘토 역할
* 학습에 대한 적극성	* 참여/위임
* 창의성	* 연계
* 열정	* 네트워크
* 동기부여/몰입	* 협력
* 인내	* 팀워크
* 윤리성/용기	* 동지애
* 정직성	* 단호한 커뮤니케이션
* 정서적 성숙도	* 윈윈 협상
	* 자발성

* 자료: Adler & Kwon(2002); Bartlett & Ghoshal(2002).

능률적이고 효과적인 정책을 추구하되 실현가능한 정책수단을 개발하는 것이 정책분석의 존재이유이다.

  정책분석의 기준은 학자에 따라 여러 가지가 있지만 대체로 공통되는 보편적 기준을 정리하면 소망성과 실현가능성이다. W. Dunn은 정책분석의 기준을 소망성과 실현가능성으로 나누고, 소망성은 효과성, 능률성, 형평성, 대응성, 적합성, 적정성으로, 실현가능성은 정치적·경제적·사회적·행정적·법적·기술적 실현가능성으로 제시하였다. 하지만 오늘날에는 사회가 다원화되고 민주주의가 발달함에 따라 절차적 타당성이라는 분석 기준도 더불어 강조되고 있는데, 이러한 항목에 대한 고려가 Dunn의 기준에서는 간과되고 있는바, 이 장에서는 이를 보완하여, 효율성-민주성-성찰성을 중심으로 정책분석의 기준을 새롭게 제시하였다. 효율성은 구체적으로 효과성과 능률성으로 나누어지며, 민주성은 절차적 민주성과 실체적 민주성으로 나누어 논의할 수 있으며, 성찰성은 인간의 존엄성에 기여정도와 신뢰받고 성숙한 공동체에의 기여정도로 표현될 수 있다.

제 2 부

정책분석론: 과정
(Process)

제 3 장 정책문제의 분석

제 4 장 정책목표의 설정

제 5 장 정책대안의 분석(Ⅰ)

제 6 장 정책대안의 분석(Ⅱ)

제 7 장 정책대안의 분석(Ⅲ)

제 8 장 분석결과의 제시

제2부에서는 정책분석론의 과정에서 대해서 학습한다. 정책분석의 과정은 정책문제의 분석, 정책목표의 설정, 정책대안의 분석, 분석결과의 제시의 과정을 거친다. 이 중 정책대안의 분석은 세 단계로 구분할 수 있는데, 먼저 정책대안의 분석(I)에서는 정책대안의 탐색개발이 이루어지고, 정책대안의 분석(II)에서는 정책대안의 미래예측이 이루어지며, 마지막으로 정책대안의 분석(III)에서는 정책대안의 비교평가가 이루어진다.

제3장에서는 정책분석의 첫 번째 단계인 정책문제의 분석에 대해서 학습한다. 정책문제의 분석은 실질적인 정책문제가 과연 무엇인가를 파악하기 위해서 문제의 내용, 성격 및 중요성 등 관련된 구성 요소들을 분석하는 체계적인 작업을 말한다.

제4장에서는 정책문제의 분석에 이어 정책목표의 설정에 관해서 학습한다. 문제의 본질과 쟁점을 규명하고 나면 타당한 목표를 설정해야 한다. 여기에서 타당한 목표란 시대와 가치 적합성을 지니고, 시간과 정도의 적정성을 지니며, 목표 구조 사이에 내적 일관성을 지니는 목표를 말한다.

제5장에서는 정책대안의 분석(I)로서 정책대안의 탐색개발에 대해서 학습한다. 최선의 대안을 선택하기 위해서는 우선 정책대안을 광범위하게 탐색·개발해야 하며, 정책대안의 탐색·개발 과정을 거친 후에 이를 토대로 정책설계를 하여야 한다.

제6장에서는 정책대안의 분석(II)로서 정책대안의 미래예측에 대해서 학습한다. 미래예측은 정책분석의 꽃이라고 할 수 있다. 예측이란 가장 어렵기도 하지만 분석의 가장 중요한 부분을 차지하고 있기 때문이다.

제7장에서는 정책대안의 분석(III)으로서 정책대안의 비교평가에 대해서 학습한다. 우리가 정책분석을 하는 가장 근본적인 이유는 정책목표를 달성할 수 있는 가장 바람직한 정책대안(policy alternatives)을 선택하기 위한 것이다. 따라서 문제정의를 통해서 정책목표를 달성하기 위한 다양한 정책대안들을 탐색·개발한 후에는 이들에 대한 미래예측을 토대로 비교·평가하여 최선의 대안을 선택하게 된다.

정책분석의 마지막 단계는 분석결과의 제시: 결과의 분석과 해석이다. 제8장에서는 분석결과 제시의 의의, 전제 및 분석가의 역할 유형에 대해서 검토하며, 분석결과의 제시방법, 활용 증대방안 등에 대해서 학습하기로 한다.

제3장

정책문제의 분석

 >>> **학습목표**

　제3장에서는 정책분석의 첫 번째 단계인 정책문제의 분석에 대해서 학습한다. 정책문제의 분석은 실질적인 정책문제가 과연 무엇인가를 파악하기 위해서 문제의 내용, 성격 및 중요성 등 관련된 구성 요소들을 분석하는 체계적인 작업을 말하는데, 문제의 본질과 쟁점을 규명하려는 노력이야말로, 제3종 오류를 방지하고, 타당한 정책목표와 정책대안 탐색의 가장 중요한 첫 출발점이 되므로, 무엇보다도 중요한 정책분석과정이라 할 수 있을 것이다. 특히 여기에서 문제란 객관적 실체로서 '저기 따로 떨어져 존재'하는 것이 아니라, 인지하는 사람의 마음속에서 이루어지는 주관적 구성물이라는 시각에서 출발하는 것이기에, 문제의 본질과 쟁점은 그만큼 더 중요한 의의를 지닌다.
　또한 이 장에서는 문제의 정의를 위한 분석과정으로서, 예비분석과 본 분석에 대한 분석방법을 학습한다.

제1절　정책문제 정의

1. 개인문제와 사회문제

개인문제와 사회문제는 정책문제의 논의 과정에서 제외되고 있지만, 개인문제는 사회문제의 기본구성단위이고 사회문제는 정책문제의 기본구성단위이기 때문에 개인문제와 사회문제의 속성을 간략히 살펴본 후 정책문제를 살펴보는 것이 바람직 할 것이다.[1]

1) 개인문제

문제란 "사람에게 그에 대한 해결욕구를 유발시키는 불만족스러운 상태"라고 정의 내릴 수 있다. 여기서 불만족스러운 상태란 실제 욕구충족정도가 기대한 욕구충족정도에 미치지 못한 상태를 말한다. 문제의 존재양식에 따라 불만족스러운 상태에 있지만 해결하고자 하는 욕구가 없는 소극적인 존재양식을 지닌 문제와 해결의 욕구를 유발시키는 적극적인 존재양식을 지닌 문제로 나눌 수 있다.

정책문제와 관련하여 보면, 적극적인 존재양식을 지닌 문제는 사회문제화 되고 정부의 해결을 필요로 하여 1차적인 관심의 대상이 된다. 소극적인 존재양식을 지닌 문제는 표명되지 못한 문제를 적극적으로 발견하고 해결을 강조하는 신행정학적 정책이론에서 중시된다.

2) 사회문제

불만족스러운 상태를 야기하는 개인적인 사건이 불특정다수인에게 장시간에 걸쳐 반복적으로 일어나면 개인문제는 사회문제가 된다. 여기서 불특정다수란 어느 누구라도 사건의 당사자가 될지 모른다는 확률부재성과 관련하여 정의되는 개념이다. 불만족스러운 상태의 지속이란 실제 충족된 불특정다수인의 욕구가 기대욕구의 충족정도에 미치지 못한 상태가 시간의 흐름 속에서 계속되는 것을 말한다.

욕구충족의 기대수준과 실제수준 간에 격차가 있다고 해서 무조건 문제가 발생하는 것은 아니다. 기대한 욕구충족 정도에는 미치지 못하지만 기대하는 욕구충족의 정도가 증가하는 만큼 실제 욕구충족도가 따라 준다면 불만족상태에 대해 어느 정도 용인하게 된다. 하지만 실제충족도가 체감하고 욕구의 기대 충족정도가 계속 증가하여 그 격차가 심화된다면 문제가 발생한다. 이때 사회문제 해결이 제대로 이루어지지 않는 경우 극단적으로 혁명과 같은 현상이 나타날 수가 있다.

---

[1] 안해균, 『정책학원론』, 다산출판사, 1997: 166-173을 참조하여 정리하였음.

2. 정책문제 정의의 관점[2]

정책분석가가 인지해야 하는 문제가 무엇인가를 정의하고, 문제의 원인, 결과 이들 간의 인과관계를 파악하는 일련의 정책문제의 파악과정을 거쳐 그 내용을 분석하는 것을 정책문제의 정의라고 한다. 이러한 정책문제의 정의과정은 고도의 정치적 성격을 띠고 있다. 즉, 정책문제의 정의과정은 서로 다른 관심과 이해관계를 가진 집단들 간의 조직 내외적인 역학관계에 영향을 받는 것이다. 따라서 정책문제에 대한 정의를 내리기 위해서는 정책문제의 실체에 대한 분석을 함과 동시에 정책문제에 대한 이해관계자, 정책결정자의 가치, 기대, 관심 및 그들의 조직내외에서의 역학관계 등을 검토하지 않으면 안된다(노화준, 1989: 34). 정책문제를 제대로 파악하고 그 본질 및 쟁점을 제대로 정의하여 제3종 오류(*wrong problem's problem*)[3]를 방지하는 것이 정책분석의 첫 단계인 정책문제 정의의 궁극적 의의이다.[4]

정책문제를 정의하는 데 있어서는 여러 가지 관점이 존재하기에 다양한 논란이 제기된다. 그러나 일반적으로 두 가지 차원에서 이야기가 되고 있는데, 먼저 정책문제의 실체를 어떻게 보느냐와 문제를 어떻게 정의할 것이냐에 대한 논란으로서 객관성과 주관성의 관점에 대한 논의이고, 또 다른 하나는 정책문제의 정의에 있어서 문제의 원인규명 즉, 인과성을 포함시킬 것인가 말 것인가 하는 논란이 그것이다(노시평 외, 2006: 150).

먼저 정책문제의 객관성과 주관성에 대한 논쟁에서는 정책문제를 객관적 실체로 보고 정책문제에 대한 정의는 주어진 문제를 정확히 이해하고 그 특성을 밝히는 것이라고 보는 입장인 객관적(실체론적) 관점과 정책문제란 관찰 가능한 실체가 아니라 인식하는 사람의 마음속에서 구성되는 이른바 '분석적 축조물'이라고 바라보는 주관적(구성론적) 관점으로

---

2) 제1절의 내용은 저자의 졸저, 『정책학』(2008: 182-190)에서 다루었던 원론적 내용을 정책분석에 맞게 좀 더 상론하고 심화시킬 것임을 밝힌다.
3) 제3종 오류: 정책문제를 잘못 인지하여 정책문제가 해결되지 않은 상태로 남게 되는 오류를 말한다.
4) 제3종 오류의 방지뿐만 아니라, 타당한 정책목표의 설정, 정책대안의 개괄적 파악과 범위 한정, 정책목표와 정책수단들 사이의 우선순위 설정 등을 위해서도 정책문제에 대한 분석이 필요하다.
   1) 타당한 정책목표의 설정: 문제시되는 상황의 어떤 부분을 해결하는 것이 바람직한지에 대한 치밀한 분석이 필요하다.
   2) 정책대안의 개괄적 파악과 범위 한정: 문제의 정의를 통해 문제 자체에 내포되어 있는 해결책의 개괄적 파악과 범위 설정이 필요하다.
   3) 정책목표와 정책수단들 사이의 우선순위 설정: 문제가 어떻게 정의되느냐에 따라 서로 갈등관계에 있거나 경쟁관계에 있는 여러 정책목표와 정책수단 간의 우선순위 설정이 필요하다.

나뉜다(권기헌, 2007a: 2007b).

정책문제의 인과성에 대한 논쟁을 살펴보면, 먼저 문제정의에 있어서 인과적 개념으로 문제의 원인규명을 포함시킬 경우, 해결방안을 모색하는 과정에서 해결방안을 암시함으로써 행동반경을 제한할 수 있기 때문에, 인과적 개념이 개재되어서는 안 된다는 주장이 있는 반면에, 정책문제를 정확하게 이해하고 진단하기 위해서는 문제의 인과적 분석이 불가피하다는 주장(노화준, 1989: 43-50)이 있다. 이러한 인과성 및 정책문제의 주관성·객관성에 대한 문제를 좀더 구체적으로 살펴보면 다음과 같다.

1) 실체론적 관점

실체론적 관점은, 문제는 문제의 객관적인 실체를 가지고 있기 때문에, 그 실체를 규명하는 것이 문제분석의 핵심이라고 본다. 따라서 이러한 관점에서는 문제시되는 상황을 '있는 그대로' 정확히 묘사하기만 한다면 문제 분석은 끝나게 된다(강근복, 2002: 55). 예를 들어, 노조의 파업강행을 단순히 경험적으로만 파악한다면 파업강행 ⇒ 수출물량 달성의 실패 ⇒ 기업타격 ⇒ 국가신인도 하락이라는 순환적 인과 파악이 가능해진다. 따라서 실체론적 관점에서는 노조가 왜 파업을 강행하는지에 대한 내면적인 가치분석을 간과하고 외연적인 객관적 실체로만 원인을 규명할 가능성이 크다는 문제점을 지니게 된다.

2) 구성론적 관점

구성론적 관점에서는 문제의 주관성을 강조하기에 문제 그 자체는 관찰가능한 객관적인 실체가 아니라, 문제를 인식하는 사람의 마음속에 있는 '분석적 축조물'이라고 본다(Wildavsky, 1980: 1-3; 강근복, 2002: 56). 즉 정책문제는 실체가 있는 현실에서 주어진 것이 아니라, 분석가의 사고의 투사에 의해서 형성된다는 것이다(노시평 외, 2006: 152). 정책문제의 주관성을 강조하는 입장에서도 두 가지의 견해가 있다. 가치갈등적 접근과 사회적 주장형성 활동으로서의 사회문제가 그것이다.

(1) 가치갈등적 접근방법

가치갈등적 접근방법에서는 사회문제란 사회를 구성하고 있는 구성원들에 의하여 축조된 정의이며, 이들 축조물들(constructions)은 가치판단의 표현이고, 따라서 사회문제로서의 조건에 대한 정의는 사회구성원들에 의하여 이루어진 성취물이며, 가치판단이 사람들로 하여금 어떤 조건들을 사회문제들로 정의하도록 이끌어 나간다고 본다.

또 이러한 입장에서는 정책문제가 정책분석가의 사고의 투사에 의하여 형성된다는 입장을 취한다. 정책결정자도 문제가 되고 있는 상황을 다루는데 있어서는, 먼저 그것을 나타내거나 어떤 개념(모형)을 발전시킨다. 이러한 개념이나 모형을 정책프레임(policy frame)이라고도 한다. 정책문제의 식별 및 정의와 관련된 이러한 주장의 가장 중요한 점은 정책문제가 그 자체로서 객관적인 실체가 아니라 현실에 어떤 준거의 틀을 적용함으로써 생성된 산출물이라고 본다.

이러한 견해에 따르면 문제에 대한 정의는 정책 행위자, 즉 정책결정자, 정책관리자, 정책분석가 등이 그들이 변화시키고자 하는 현실과 대결하기 위한 하나의 틀이라는 것이고, 이러한 준거틀이 있음으로써 문제에 대한 해결방안은 감각을 갖게 되는 것이다.5)

가치갈등적 접근방법에서는 사회문제란 사회 내에 있는 상당수의 자격을 갖춘 관찰자들의 주목을 끌고, 그들에게 어떤 형태의 집합적 행동(collective action)이 사회에 의하여 재조정(readjustment)되거나 치유되어야 할 것으로 인지되는 사회적 상태나 조건이라는 것이다(Spector and Kitsuse, 1987: 14). 예를 들어, 쌀가격을 안정시키기 위해 정부가 할 수 있는 일은 무엇인가? 대기오염을 줄이기 위해 정부가 할 수 있는 일은 무엇인가? 라는 형태로 문제를 파악하는 것이다. 따라서 이러한 접근 방법에서는 정책문제를 정부의 관여 기회로 보며, 문제의 정의는 그러한 문제를 해결하기 위한 방안에 대해 아이디어를 모색·개발·검토하는 과정으로 본다. 따라서 가치갈등적 접근방법에서 사회문제는 주관적인 상태(subjective state)이며, 사회문제를 정의하기 위해서는 집단의 집합적 심리(collective mindiv 혹은 집합적 조건(collective condition)에 대한 분석이 요구된다고 보는 것이다. 그러나 그러한 심리나 조건에 대한 해결방안의 발견가능성이 없는 문제는 문제가 아니라고 볼 수 있다는 한계가 존재한다.

(2) 사회적 주장형성 활동으로서의 사회문제

사회적 주장형성 활동으로서의 사회문제에서는 정책문제를 하나의 사회설계의 기회로 본다(노화준, 1989: 51). 객관적·실체적 접근방법과 가치갈등적 접근방법은 사회문제에 대한 정의를 어떤 행태로든지 조건들과 결부시키고 있는데, 이 입장은 조건보다는 형성적

---

5) 우리가 흔히 볼 수 있는 범죄, 공해, 인플레이션 등에 대한 정부의 통계자료에 대해 정책결정자나 이해관련집단 당사자들이 서로 다르게 해석하는 것은 위와 같이 서로 다른 준거틀을 가지고 문제를 정의하기 때문에 나타나는 결과라고 할 수 있다. W. Dunn은 정책문제의 중요한 특성으로 정책문제의 주관성, 인공성, 동태성, 상호의존성 등을 들고 있는데, 주관성이나 인공성은 정책문제의 정의가 정책분석가나 정책결정자 또는 이해관계 당사자들이 가지고 있는 준거틀이나 대안적 개념들(alternative concepts)에 따라 주관적으로 구축하는 인공적 현실이라는 점을 지적하는 것이다.

활동이라는 과정(*process*)의 개념에 더 큰 비중을 두고 있다. 이 입장에서는 '사회문제를 어떤 조건들'로 규정하는 경우, 그러한 조건들을 규정하는 데 방법론 및 개념적 난관에 봉착하기 때문에, 오히려 사회문제란 어떤 조건들이 존재한다는 전제하에 그러한 조건에 대해 문제라고 정의해 나가는 활동을 의미한다고 본다. 이렇게 본다면, 사회문제란 어떤 추정되고 있는 조건에 대한 불만이나 주장을 만들어 나가는 개인이나 집단의 활동으로 정의될 수 있는데, 정책문제가 주관적·인공적으로 축조된다고 보는 점에서는 앞의 견해와 동일하나, 그와 같이 창출하고자 하는 사회를 실현하는 데 장애가 되는 원인을 규명하고 이를 정책문제로 형성해 나가는 데 초점을 둔다는 점에서 차이가 있다.

3) 종합적 관점

정책문제를 정의함에 있어서 앞서 이야기한 객관론적 관점과 주관론적 관점을 둘다 취하는 입장이 있는데 절충적 관점이다.

절충적 관점에서는 개인이나 집단의 주장은 그들 자신이 옳다고 믿는 가치나 규범, 또는 이익에 기초하고 있으며, 이러한 것들을 유지하고 보호하기 위해서 어떤 사회적 조건이나 상태를 유지하거나 변화시켜나가야 한다는 것이다. 이러한 사회적 조건이나 상태에 대한 객관적인 기술과 이에 대한 가치판단이 없이는 어떤 주장이나 요구를 형성하거나 펼쳐나가기 어려우며, 따라서 사회문제의 식별과 정의에 있어서 조건에 대한 객관적인 기술 및 이에 대한 가치 판단적 요소와 주장형성 활동적 요소가 동시에 요구된다. 이러한 요소들이 조화를 이룰 때 사회문제정의의 설득력과 호소력은 더욱 높아질 수 있다고 보고 있다.

3. 정책문제의 특성

정책문제의 특성은6) 또한 다양하게 논의되고 있지만, 여기에서는 Dunn이 정의한 특

---

6) 노화준 교수(2003: 59)는 정책문제의 일반적 성격을 다음과 같이 파악하고 있다.
   첫째, 정책문제들은 정의하기가 쉽지 않다.
   둘째, 순수하게 기술적인 문제(technical problem)이거나 또는 순수하게 정치적인 문제인 경우는 드물다.
   셋째, 그들의 해답은 일반적으로 그것을 적용해 보기 전에는 올바른 것으로 판명될 수 없다.
   넷째, 정책문제에 대한 해결방안들이 의도한 결과들을 성취할 수 있다는 보장은 없다.
   다섯째, 문제에 대한 해답이 최선이면서 동시에 가장 비용이 적게 소요되는 경우는 드물다.

성을 중심으로 설명하기로 한다. Dunn(1991)은 정책문제의 정치성, 공공성, 상호의존성이라는 복합적 특성으로 인해, 문제의 체제를 통하여 정책문제를 파악하여야 함을 강조하고 있다. 즉, 정책문제는 기계론적인 실체(*technical substance*)가 아니기 때문에 목적론적 체계(*purposeful system*) 속에서 파악하여야 한다는 것이다.

1) 주관성(subjectivity)과 인공성(artificiality)

정책문제는 주관성(*subjectivity*)과 인공성(*artificiality*)을 띠고 있다. 정책에서 다루는 정책행위자나 정책대상집단의 행태는 주관적이고, 따라서 인위성을 띨 수밖에 없다. 또한 정책문제라는 것은 객관적인 현상 그 자체라기보다는 현상에 대한 판단과 해석이 더 중요하다고 할 수 있다. 즉, 정책문제는 정책 현상과 환경에 대해 작용하는 사고의 산물이라 하겠다.

2) 가치판단의 함축성(significance)

정책문제는 문제 정의 속에 가치판단이 함축되어 있다. 즉, 문제시되는 상황을 정부에서 해결을 목적으로 공식적인 채택을 취할 때 이미 그 채택과정에서 당해 문제를 해결하는 것이 바람직할 것이라는 가치판단이 이루어진 결과라고 볼 수 있다(강근복, 2002: 59). 따라서 정책문제는 당위론적 가치관의 입장에서 정의하는 것이(혹은 그러한 방향으로의 당위론적 함의를 최대한 이끌어내는 것이) 중요하다. 그렇게 할 때 우리 사회의 미래지향적 발전 및 인간 존엄성의 실현가능성은 더욱 커지게 될 것이다.

정책
사례   *cases in policy*

인간다운 생활을 보장하기 위한 권리로서 사회복지급여수급권 보장

1. 사례개요

사회복지급여수급권은 사회복지관련법에 의해 인정되는 각종 사회복지 서비스를 받을 권리를 말한다. 이는 공권으로서, 금전적 급여를 통한 최저한도의 생활보장과 자립

여섯째, 해답의 적절성은 공공재(public goods)라는 성격으로 인해 측정하기 어려운 경우가 많다.
일곱째, 해결방안의 공정성을 객관적으로 추정하기는 매우 어렵다.

을 목적으로 하는 생활보호, 비금전적 급여를 통한 재활, 생활의 안정과 복지의 증진을 목적으로 하는 사회복지서비스에 대한 급여청구권을 말한다. 이 사회복지급여수급권은 국민의 생존권을 구체적으로 보장하기 위해 법적 권리로 인정되었다. 즉, 자연적, 생래적 권리인 인간다운 생활을 보장하기 위한 권리의 하나로서 사회복지급여수급권은 결국 인간존엄성의 실현을 위해 반드시 전제되어야 하는 권리로서 침해배제청구권으로서의 구체적 권리의 측면과 헌법소원을 통한 입법부작위위헌확인 소송까지 행사하는 등 재판규범으로서의 측면을 가진다.

  * 자료: 이중엽, 2007.

2. 쟁점 및 시사점

  인간다운 생활을 보장받는 것은 인간의 존엄성 실현을 위해 반드시 전제되어야 하는 권리라고 할 수 있다. 이러한 맥락에서 보장된 사회복지급여수급권은 오늘날 국민의 사회복지의식이 향상되어 가고 있고, 복지욕구 또한 다양해짐에 따라 그 내용과 형식은 점차 복잡해지고 체계화될 것으로 예상된다. 이러한 사회복지급여수급권이 구체적이고 실질적인 권리로서 확고한 지위를 차지하기 위해서는, 사회복지급여수급권에 대한 법적 권리성을 뒷받침할 적극적이고 긍정적인 이론구성이 필요함과 동시에 적극적인 해석이 필요하다(윤찬영, 2004).

3) 연계성(interdependency) 및 복잡성(complexity)

  정책문제들은 동일한 사건으로 인해 발생하는 경우가 많으며, 다른 문제와 관련됨이 없이 홀로 존재하지는 않는다. 어떤 문제든지 발생 원인이나 해결 방안, 해결의 영향 등이 다른 문제들과 상호 연관성을 갖고 있다. 따라서 어느 특정 문제의 해결은 다른 문제를 악화시키거나 새로운 문제를 야기시킬 수도 있고 또는 다른 정책문제의 해결에 도움을 줄 수도 있다. 어떤 문제 하나만을 따로 떼어놓고 해결하기보다는 오히려 상호 관련된 문제들 몇 가지를 동시에 해결하는 것이 훨씬 쉽고 바람직한 경우도 많다. 그러므로 특정 문제를 분석하거나 이를 해결하고자 할 때는 체제론적인 관점에서 다른 문제들과의 연관성을 파악하는 것이 필요하다(강근복, 2000: 60).

  또한, 우리가 분석 대상으로 삼게 되는 문제들은 대개 단순한 문제라기보다는 복잡한 문제인 경우가 많다. 복잡한 체제란 단순하지 않은 방식으로 상호작용하는 많은 부분들로 구성된 것으로 그러한 체제에서 전체는 단순한 부분의 합 이상의 것이다. 그러므로 체제를 구성하는 각 부분들의 특성과 부분들 간의 상호작용 법칙이 알려져 있다고 하더라도 전체의 특성을 추론하는 것은 그리 간단하지 않은 경우가 많아 주의깊은 접근을 요한다 하겠다.

4) 역동성(dynamics) 및 가변성(changeability)

정책문제는 역동성과 가변성을 띠고 있다. 정책문제에 대한 정의가 다양한 것처럼 정책문제에 대한 많은 해결방안이 존재한다. 그리고 시간이 흐름에 따라 주위 조건이 변하고, 이를 인식하는 사람들의 현실에 대한 해석과 판단 또한 변하게 되며, 바람직한 상태를 결정하는 당위적인 가치에 대한 판단 또한 변하게 된다.

5) 차별적 이해성(differential interest)

정책문제는 차별적 이해성을 갖고 있다. 이는 어떠한 특정 문제로 인해 이익을 받게 되는 정책수혜집단이 있는가 하면, 반대로 규제나 피해를 입게 되는 정책비용집단이 있다는 것을 의미한다.

6) 정치성(political implication)

정책문제는 정치성을 띠고 있다. 이는 정책문제에 대한 정의가 합리적 성격을 갖는 분석적 과정이면서 동시에 정치적 게임과 협상 혹은 타협의 산물임을 의미한다.

4. 정책문제의 유형

정책문제는 상호의존성을 지니고 있다. 어떤 특정 한 분야의 정책문제가 흔히 다른 분야의 정책문제에 영향을 상호 끼치게 되는 것이다. 현실적으로 정책문제는 하나의 독립된 실체로 나타나는 것이 아니라, 사회의 서로 다른 이해관련자들 간의 불만과 갈등에서 발생하는 복잡한 문제들로 구성된 전체체계의 한 부분이므로 그들간에는 상호의존적 영향을 주고 받을 수밖에 없다. 하지만, 정책문제는 주로 문제구조의 복잡성과 비예측성에 따라 정형화 된 문제(*well-structured problem*), 준정형화 된 문제(*moderately- structured problem*), 그리고 비정형화 된 문제(*ill-structured problem*)로 분류될 수 있으며, 이러한 유형분류는 정책문제를 정의하는 데 있어서 많은 도움을 준다(W. Dunn, 1998).

1) 정형화된 문제와 정형화되지 못한 문제

(1) 정형화된 문제

정책결정자가 한 사람 또는 소수이며, 문제해결을 위한 대안이 한정적이다. 문제해결을 위한 수단과 방법이 정책결정자 혹은 의사결정자의 선호에 따라 제시되어 있으며 정책의 목표와 일치한다. 또한 각 대안의 결과도 명확하게 알 수 있으며, 예측이 가능하다. 이러한 유형의 정책문제는 사전에 정책결정에 필요한 일정한 규칙과 절차를 대비할 수 있는 것으로, 결과를 프로그램화 시켜 각 상황에 맞추어 해결할 수 있는 문제를 뜻한다. 실제로 많은 공공조직에서의 하위계층의 내·외부 문제일수록 이 같은 정형화된 문제가 큰 비중을 차지한다.

(2) 준(準)정형화된 문제

정형화된 문제와 구분될 수 있는 점이라면 각대안의 결과가 확실하지 않거나 허용 가능한 위험부담의 범위 내에서도 예측이 불분명한 불확실성이 높은 문제를 말한다. 이러한 유형의 정책문제는 정책모의실험이나 게임모형을 통한 프로그램화가 그 해결방법이 될 수 있다.

(3) 비(非)정형화된 문제

정책결정자가 다수이고 정책수단의 효용 및 가치는 불확실하거나 그것들을 일관적으로 일치시키는 것이 매우 어려운 경우이다. 따라서 앞의 두 유형과는 달리 목표들 간의 갈등이 필연적일 수밖에 없다. 또한 정책대안이나 그 결과를 알 수 없거나 예측 불가능하기 때문에 위험부담도 매우 높은 것이 특징이다.

〈표 3-1〉 정책문제의 유형

요소＼유형	정형화	준정형화	비정형화
정책결정자	하나 혹은 소수	하나 혹은 소수	다수
대안의 수	한정	한정	무한정
효용 및 가치	일치	일치	갈등
대안의 결과	확실	불확실	알 수 없음
확률	계산가능	계산불가	계산불가

* 자료: William N. Dunn, 1998.

2) 정책문제 유형의 구조화 단계

문제의 구조화는 ① 문제의 감지(*problem sensing*), ② 문제의 탐색(*problem search*), ③ 문제의 정의(*problem definition*), ④ 문제의 구체화(*problem specification*) 등 4개의 독립적인 단계를 갖는 과정으로 볼 수 있다.[7]

문제구조화는 다음과 같은 단계를 거친다.

첫째, 문제의 감지이다. 문제의 감지를 통하여 문제상황을 인식하거나 문제상황이 존재한다고 느껴야 한다. 여기에서 문제상황(*problem situation*)이란 일단 경험하게 되면 불만족, 불편함, 또는 무엇인지 틀렸다는 인식을 불러일으키는 외부적 조건의 상황 또는 집합을 말한다.

둘째, 문제의 탐색이다. 정책분석가는 문제상황으로부터 문제의 탐색에 관여하게 되고, 이 단계에서의 목표는 하나의 문제발견이 아니라, 복수의 정책이해관계자들의 많은 문제표현들(*problem presentations*)을 발견하는 것이다. 정책분석가들은 보통 정책결정과정 전체를 통하여 동적이며, 사회적으로 구성되고 배분된 서로 대립되는 문제형성들의 네트워크에 직면하게 된다. 결과적으로 분석가들은 메타문제(*meta-problem*: 문제들의 근본문제)에 직면하게 된다. 여기에서 중심적 과제는 메타문제, 즉 모든 1차적 문제들의 집합으로 정의될 수 있는 하나의 2차적 문제를 구조화하는 것이다. 이러한 두 가지 수준이 명백하게 구분되지 않으면 분석가는 구성요소와 집합을 혼동함으로써 틀린 문제를 형성할 위험에 봉착하게 된다.

셋째, 문제의 정의이다. 세 번째는 문제정의의 단계로서 메타문제로부터 실질적 문제(*substantive problem*)로 이동하며, 정책분석가는 문제를 가장 기본적이고 일반적인 용어로 정의하려고 시도한다. 예를 들어 정책분석가는 문제가 경제적, 사회적, 또는 정치적인 문제인지를 결정하여야 한다.

마지막으로 문제의 구체화이다. 문제의 구체화 단계에는 실질적 문제를 보다 상세하고 구체적인 공식적 문제(*formal problem*)로 구성한다. 실질적 문제를 공식적인 문제로 옮기는 과정에서 실질적 문제의 공식적, 수학적 표현(모형)으로 발전하게 된다. 이 단계에서 어려움이 나타날 수 있는데, 이는 구조화가 잘 안된 실질적 문제와 그 문제의 공식적 표현 사이의 관계가 미약할 수도 있기 때문이다.

---

7) 오석홍 외, 『정책분석의 주요이론』, 법문사, 2000: 401~403에서 정리하였음.

5. 바람직한 정책문제의 정의

바람직한 정책문제에 대한 정의는 다음과 같은 세 가지 관점에서 규범성과 당위성을 지녀야 바람직하다 할 수 있다(허범, 1982: 275-291).

1) 인간의 존엄성 실현

정책학은 정책문제를 해결함으로써 사회의 바람직한 상태를 실현하고자 하며, 궁극적으로는 인간의 가치 고양과 인간의 존엄 실현을 실현코자 하는 학문이다. 그러므로 정책문제의 쟁점과 본질을 규명하는 과정에서부터 정책학이 인간의 존엄성을 실현한다는 가치구조는 명확해야 한다. 이를 위해 정책분석에서는 근본적 문제를 우선적으로 다루어야 하며, 정책윤리와 정책토론이 강조되는 것이다.

정책 사례 *cases in policy*

인간 존엄성의 실현이라는 당위적 가치 실현 위한 복지정책 필요

1. 사례개요

1) 노인부양에 대한 인식전환 필요

한국보건사회연구원 조사에 의하면 '부모를 모시는 이유'로 '애정' 때문이라는 답은 9.3%에 그쳤다. 의무감(37%)과 부모의 경제력 부족(10%) 때문이라는 응답이 더 많았다. 한국노인복지학회 임춘식 회장은 "자녀들이 집안에서 노부모를 모시는 것을 '효'라는 관점에서 볼 것이 아니라, 인권의 관점에서 복지해야 한다"고 말한다. 이제 노부모에 대한 학대·이유·방임은 단순히 윤리적인 문제가 아니라, 강제력 있는 법춘차원에서 규정해야 한다는 것이다.

복지관 관계자에 의하면, 중증 치매와 중풍 등으로 시설에 입소한 노인들은 세상을 떠나기까지, 보통 10년 이상 이 시설 저 시설을 전전하기 쉽다. 시간이 갈수록 더 쇠약해지는 노인들의 수발을 가정에서 버텨내기 어렵기 때문이다. 가정에서 수발하기 어려운 중증의 질환이 있는 노인을 요양기관에 보내는 것은 합리적인 방안이 될 수 있지만 그 마음가짐이 중요하다.

이 복지관의 김수정 사회복지사는 "지난 추석 연휴 단 3일 간의 휴관으로 입소 노인분들을 가정으로 모시게 했더니, 어르신들이 돌아올 때 양말부터 속옷까지 집에 보내드렸던 모습 그대로 온 경우가 있어 안타까웠다"며, "병약한 어르신들에게 조금 더 애정어린 관심을 보여주었으면 한다"고 말했다.

2) 노인복지, 실질적 혜택 필요

불로장수는 예나 지금이나 변함없는 인간의 근본적인 욕망의 하나다. 그러나 노인 인구의 초고속 증가는 장수를 축복이 아니라, 고통이 되게 한다. 노인들에게 양질의 삶을 보장할 수 있는 정책이 마련되지 않는 한, 장수는 오히려 인류의 멍에가 될 수 있다는 게 전문가들의 견해다. 사회, 문화적 갈등과 부양에 대한 도덕 윤리의 붕괴, 현대판 고려장을 상기시키는 노인 격리 장치의 출현 등이 속속 나타나기 때문이다.

우리나라는 2004년 기준 65세 이상 노인이 전체 인구의 8.7%로 '고령화 사회'에 접어들었다. 2019년에는 '고령사회'(65세 이상 노인 비율 14% 이상), 2026년에는 '초 고령사회'(65세 이상 노인 비율 20% 이상)에 이를 것으로 예측된다. 하지만, 노인복지 예산은 2004년 현재 전체 예산의 0.4%로서, 일본의 15%에 비해 30분의 1에도 미치지 못하는 실정이다.

* 자료: 주간한국, 2005. 9. 26.

2. 쟁점 및 시사점

정책이 추구하는 근본 목표가 인간의 존엄성과 가치를 실현하고 고양하는 것에 있다는 점을 감안한다면, 노인복지와 관련된 문제는 매우 당위적인 가치를 내포하고 있으며, 따라서 매우 심각한 검토를 토대로 정책문제 정의가 이루어져야 할 것이다. 그럼에도 불구하고, 위 사례에서 제시된 바와 같이 현재 우리의 현실은 미흡하다고 볼 수 있다. 또한, 정책에 대한 문제정의와 그에 따른 대안들이 나오고 있지만, 아직은 이렇다 할 성과를 보이거나, 비전을 제시하지 못하는 실정이다. 노인복지 문제를 어떻게 볼 것인가 하는 것과 관련하여 다양한 문제정의와 해결대안들이 도출될 것이지만, 노인복지와 관련된 문제들이 정책이 추구하는 최상위 가치인 인간의 존엄성 실현과 직접적으로 연결되어 있다는 점에서, 보다 근본적인 문제정의와 대안마련이 필요할 것으로 본다.

2) 근본적 문제의 추구

정책문제의 해결을 통해 인간의 존엄성을 실현하기 위해 정책분석에서는 근본적 문제를 우선적으로 다루어야 한다. 근본적 문제에 대한 정의는 시대와 장소에 따라 변할 수 있으나, 근본적인 문제의 탐색과 해결에 집중할 것을 정책학은 강조한다. 특히 정책분석에서 정책문제의 당위성(성찰성)을 분석하고, 정책이 지니는 인권·정의·형평이라는 민주적 요소를 최대한 이끌어내는 것이 민주주의 정책학의 실현을 위해 매우 중요하다.

3) 사회 · 경제적 약자에 대한 우선 배려

정책문제는 사회 · 경제적 약자를 우선적으로 고려한 상태에서 사회 전체 입장에서 문제를 정의하는 것이 바람직하다(Lindblom, 1968). J. Rawls 역시 정의론(1971)에서 1) 절차적 기회의 균등, 2) 사회적 약자에 대한 우선적 고려라는 본질적 명제를 제시한 바 있다. 정책학은 공익의 실현을 위해 노력하는 성찰적 학문이며, 공익이라는 가치실현을 위해서는 영리에 기반한 경영학적 접근보다는 사회적 형평성에 대한 고민과 성찰이 요구되는 것이다.

정책
사례 *cases in policy*

종부세 대상 27만 8천명
시민 "철저 시행을" … 전문가 "집값 잡힐 것"

1. 사례개요

정부는 31일 과천청사에서 종합부동산세 대상을 기준시가 6억원 이상으로 확대하고, 1가구 2주택 소유자에게 양도세를 중과하는 내용을 뼈대로 하는 '부동산제도 개혁방안'을 발표했다. 이에 따라 올해 4만여 명에 불과했던 종부세 대상자는 주택 16만명, 비사업용 토지 11만명, 사업용 토지 8천명 등 모두 27만 8천명으로 늘어나게 됐다.

정부의 이번 대책은 △서민주거 안정 △부동산 거래 투명화 △주택시장 안정 △토지시장 안정에 초점을 맞춘 것이다. 이번 대책 가운데 일부는 이달부터 곧바로 시행하고, 대부분은 국회입법과정을 거쳐 내년부터 시행할 예정이다.

정부의 부동산 종합대책 발표를 지켜본 시민들은 이번에야말로 부동산 투기가 근절되기를 기대하면서 무엇보다도 차질 없이 법제화해 실행하는 일이 중요하다고 입을 모았다. 부동산 전문가들은 집값이 안정될 것으로 보았으며, 시민단체들은 기대에 못 미친다는 반응을 보였다.

전문가들은 대체로 이번 대책이 부동산 가격 안정에 긍정적 효과를 끼칠 것이라고 내다봤다. LG경제연구원 O상무는 "부동산 가격이 떨어져 소비나 건설경기에 악영향을 줄 수도 있지만, 공급 증가에 따른 보완효과가 있기 때문에 경기에 심한 변동은 없을 것"이라며, "정책의 일관성을 유지하고 부동자금에 대한 물꼬를 터주는 게 중요하다"고 말했다. 알이멤버스 K대표는 "지난 2003년 10 · 29 대책이 나온 뒤 강남권 집값이 4~5개월 동안 5~10% 정도 떨어진 점에 비춰보면 이번 대책으로 6개월~1년 정도 하락세가 유지되고 하락폭도 10% 안팎이 될 것으로 예상된다"고 말했다.

* 자료: 한겨레, 2005. 8. 31.

2. 쟁점 및 시사점

위의 사례는 2005년 8.31 정책의 일환으로 시행된 종합 부동산세 개편과 그 평가를 다룬 것이다. 이 정책은 이전까지는 오랫동안 개정되지 않았던 과거의 성장동력 위주의 정책이 금융위기와 그 후폭풍을 극복 할 수 있는 단계를 넘기자 기존의 과세체계에서 불합리한 점이 속출하게 된 바를 정책적으로 시정하기 위해 개발되었다. 정부대책의 초점이 시장안정화와 서민을 정책수혜자로 대상했지만, 반대로 고소득층에게 상대적으로 불합리할 수도 있는 정책이라는 점에서 사회전체의 입장에서 문제를 다뤄져야만 한다는 중요성을 가진다. 사회최빈층에 대한 우선 배려는 아니지만 수혜층의 폭을 극대화하기 위해 서민들에게 초점을 맞춘 점, 계층적 구분을 통해 이전의 불합리했던 세제를 개편한 것으로 볼 수 있다. 하지만 급진적인 정책변동, 정책대상의 배려에 벗어난 일부 계층에 치명적으로 작용할지도 모른다는 점 등은 문제점으로 지적될 수 있다.

**정책
사례** ..... *cases in policy*

최저임금인상 사례

1. 개요

최저임금제도는 1988년 1월 도입된 제도로, 현재까지 11번의 개정이 이루어졌다. 최저임금제도의 목적은 저임금 근로자를 보호하여, 근로자의 생활안정과 노동력의 질적 향상을 높임으로써 경제의 건전한 발전에 기여하고자 한다. 최저임금 상승 추이를 보면, 물가상승을 고려하여 매년 4-8% 사이에서 인상되었다. 하지만 2018년에는 16.4%가 증가하여 전년도(7.3%) 대비 2배 이상 증가한 것을 확인할 수 있다.

〈그림 3-1〉 연도별 최저임금 현황 및 상승율

일부 사업장에서는 최저임금 인상으로 경영난을 겪고, 고용을 줄이고 있다. 노동연구원에 따르면, 최저임금을 10% 인상했을 때 고용감소는 1% 수준으로 발생한다. 그 중 특히 여성과 청소년의 고용감소가 크다는 연구결과도 제시되었다. 근로자를 보호하고 생활안정을 위한 제도이지만, 제대로 순기능을 못 하고 있는 것이다.

이와 함께, 최저임금인상 반대 시위도 발생하고 있다. 2018년 7월 대구에서는 자영업자들의 최저임금인상 반대 시위가 열렸다. 그리고 2018년 8월 소상공인 생존권 연대가 결성되어 광화문 광장에서는 '최저임금제도 개선 촉구 국민대회'를 열렸는바, 당분간 근로자와 소상공인 측간의 갈등을 지속될 전망이다.

2. 쟁점 및 시사점

최저임금제도는 근로자들의 생계를 유지하기 위해 필요한 제도로, 궁극적으로 모든 사람들이 인간다운 삶을 영위 할 수 있도록 하는 인간의 존엄성을 지키는 제도라고 할 수 있다. 그러나 제도의 목적 면에서는 이와 같은 성찰성을 띠고 있지만 실제 운용과정에서는 아쉬운 부분이 있다.

최저임금 인상 시 근로자들은 최저임금을 보장받고 그 이상의 임금을 받으므로 경제적으로 보장을 받을 수 있다. 하지만 사업장을 운영하는 소상공인의 경우 지불되는 비용이 늘어나고, 이는 이익의 감소로 이어진다. 이러다보니 최저임금을 결정할 때 제도적으로 근로자와 소상공인의 의견을 각각 제시하고 논의하도록 한다. 하지만 최저임금 인상안을 제시할 때마다 근로자와 소상공인 측은 대립하고 있으며, 갈등이 심화됨에 따라 서로를 배려하지 않고 있다. 2008년 소상공인 측은 최저임금 최초 인상안을 0%로 제시하였다. 이는 물가 상승률을 고려하지 않고 본인들의 의견만 고집한 것이다. 근로자 측도 2018년 금융위기에도 전년도 대비 28.7%의 최저임금 최초 인상안을 제시하였으며, 2016년부터는 50% 이상의 인상안을 제시하고 있다. 그 결과 근로자와 소상공인들의 소통 장치로서 설립된 협의제도는 작동하지 못하고 있다. 그렇기 때문에 최저임금인상이 발표될 때마다 소상공인 측의 반대시위가 일어나고 있고, 일부 근로자들이 해고되는 일들이 발생하고 있다. 특히 해고되는 근로자들 중에서는 아르바이트생 등 저임금 근로자 등이 다수라는 문제점이 지적되고 있다.

자료: 최저임금위원회(www.minimumwage.go.kr)

4) 편견의 배제

정책문제의 정의는 선입관이나 편견을 배제한 상태에서 이루어져야 한다. 정책문제 정의는 주관적으로 이루어질 수밖에 없으나 이것은 문제정의가 전혀 객관성을 유지할 필요가 없다는 의미는 아니다. 인지된 이상상태와 객관적 현실상태 간의 차이를 문제라 할 때 적어도 객관적 현실상태의 인지에 있어서는 객관성의 유지가 요구된다. 그리하여 좀더 현실에 가깝게 상황판단을 해야 한다는 것이다. 그러기 위해서는 분석가나 특정집단의 선입관 및 편견을 배제하여 객관성을 유지할 수 있도록 하여야 한다(노시평 외, 2001: 159).

정책문제 분석의 요체는 정책문제의 원인, 결과 그리고 이들 사이의 인과관계를 탐색하는 것이다. 이를 위해서 정책문제 분석의 과정은 다음 네 가지 단계를 거치게 된다(곽효문, 1998: 105).

첫째, 문제의 여러 측면을 개략적으로 탐색하는 것이다.
둘째, 문제의 결과로서 문제의 범위와 크기, 강도를 통해서 문제의 심각성을 탐색하고, 피해계층이나 집단을 탐색하는 것이다.
셋째, 문제발생의 원인을 탐색하고 문제의 원인과 결과 사이의 인과구조를 탐색한다.
넷째, 문제가 미래에 어떻게 진행될 것인지도 탐색하여야 한다.

정책문제의 탐색을 위해서 문제의 내용을 분석하고 재정리하는 등의 과학적 작업을 흔히 정책문제의 분석이라고 한다. 이러한 분석은 문제의 올바른 탐색을 위해서 필요한 모든 방법을 동원하게 된다. 문제의 정확한 탐색을 위해서 여러 영역으로 광범위하게 시야를 돌려야 하고 문제의 결과를 탐색하기 위해서도 여러 가지 분야에 미치는 중요한 피해를 간과하지 않아야 한다. 또 문제가 변천해온 과정을 과거까지 거슬러서 탐색해야 하며 이러한 역사적 분석이 있어야만 현재의 상황을 정확히 이해하게 되고 미래의 예측도 가능하게 된다. 문제의 분석을 통하여 문제의 내용이 정확히 탐색되면 이를 근거로 하여 '무엇이 문제인가'를 규정하는 문제정의가 있게 된다.

1. 예비분석

예비분석에서는 문제의 여과를 위해 먼저 분석의 여건을 살펴보고, 문제의 특성을 검토한다. 정책문제를 분석하는 데는 많은 시간과 노력과 비용이 소모된다. 따라서 정밀한 분석이 필요한 문제와 그럴 필요가 없는 문제를 분류하여 중요한 문제에 대해서만 체계적으로 분석하는 것이 바람직하다(노시평, 2006).

예비분석에서 이루어지는 정책문제 여과의 기준은 다음과 같다(노시평, 2006; 강근복, 2002: 67-73; Dunn, 1981: 103; Hogwood & Gunn, 1984: 91-99).

첫째, 분석활동의 실행가능성을 살펴본다. 즉, 분석을 위한 시간, 비용, 자원이 충분한가의 여부를 점검한다. 분석을 위한 시간($time$)과 자원($resource$)이 부족하거나 분석에 따르는 비용($cost$)이 큰 문제는 분석활용의 실행가능성이 낮으므로 예비분석단계에서 여과하는게 좋다.

둘째, 분석결과의 활용가능성을 살펴본다. 즉, 정치적으로 민감하고 가치함축성이 높으며 관련집단의 신념 및 강한 선입견은 분석의 걸림돌로 작용한다. 또한 이러한 문제는 분석결과의 활용가능성이 애초부터 낮을 것이다. 따라서 이러한 문제는 예비분석단계에서 여과할 필요가 있다.

셋째, 문제의 유형을 살펴본다. 즉, 정책문제의 복잡성이 높고 불확실성이 클수록 본분석(정밀분석)할 가치가 크며, 따라서 예비분석단계에서 여과하지 않는다. 또한 정책문제가 중대할수록 본분석(정밀분석)할 가치가 크다. 중대한 문제란 피해의 범위가 크며 피해의 강도가 크고 다른 정책문제와 관련성이 큰 문제라고 할 수 있다.

넷째, 문제의 특성을 살펴본다. 즉, 정책문제 자체가 모순되며(불일치의 정도가 높고), 미래에 또 다시 바뀔 가능성(변화가능성)이 큰 문제일수록 본분석(정밀분석)할 가치가 적으며, 따라서 예비분석단계에서 여과할 필요가 있다.

예비분석에서 사용되는 문제의 여과방법으로는 요소별 점검법, 나뭇가지 모양 분석법, 우선순위 행렬표 등의 방법이 있다.

1) 요소별 점검법

요소별 점검법은 1) 단순한 요소별 점검법, 2) 충족도 점수를 계산한 요소별 점검법, 3) 기준의 상대적 중요도와 충족도 점수를 복합적으로 합산한 방법으로 나뉜다.

(1) 단순한 요소별 점검법

단순한 요소별 점검법은 세로변에 문제여과의 기준을, 가로변에 검토대상 문제를 두고 점검하는 가장 단순한 방법이다. 기준적합은 O, 기준부적합은 X로 표기하여 합계에서 O의 개수가 X의 개수보다 많은지 적은지에 따라 분석필요여부를 결정하는 방법이다. 예컨대, 〈표 3-2〉에서 보면 정책문제 A는 적합한 개수가 6개로 다른 B, C에 비해 상대적으로 적합성이 높아 예비분석을 통과하여 본분석(정밀분석)할 필요가 높은 문제가 된다.[8]

---

8) 이때 적합하다는 의미는 상황에 맞게 주의하여 해석되어야 한다. 정책문제 A의 경우를 예를 들어서 해석해보면 다음과 같다.

첫째, 정책문제 A의 경우 분석활동의 실행가능성은 모두 적합하게 나왔는데, 이는 분석자원

제 2 부   정책분석론: 과정

<표 3-2> 단순한 요소별 점검법

여과 기준	정책 문제		
	A	B	C
1. 분석활동의 실행가능성			
분석자원	O	X	X
분석시간	O	O	X
분석비용	O	X	X
2. 분석결과의 활용가능성			
정치 민감성	X	X	X
가치 함축성	X	O	O
관련집단의 신념과 선입견	X	O	O
3. 문제의 유형			
복잡성	O	X	X
불확실성	O	X	X
중요성	O	X	X
4. 문제의 특성			
불일치의 정도	X	X	X
미래변화 가능성	X	O	X
합 계	11-5=6	11-7=4	11-9=2

* 자료: Hogwood & Gunn, 1984: 100; 강근복, 2002: 69에서 수정.

단순한 요소별 점검법은 지나치게 단순하여 각 기준의 비중을 고려하지 않는 단점이 있다. 하지만, 이러한 방법만으로도 체계적으로 정책문제의 중요성을 판단하는 데 많은 도

과 분석시간은 양호하며 분석에 따르는 비용은 적다는 것을 의미한다.

둘째, 분석결과의 활용가능성은 모두 부적합하게 나왔는데, 이는 정치적 민감성이 높고 가치함축성이 크며 관련집단의 신념과 선입견이 높아 분석결과의 활용가능성을 저해한다는 것을 의미한다.

셋째, 문제의 유형은 모두 적합하게 나왔는데, 이는 정책문제의 복잡성, 불확실성, 중요성이 높아 본분석의 가치가 높다는 것을 의미한다.

넷째, 문제의 특성은 모두 부적합하게 나왔는데, 이는 정책문제의 불일치성이나 미래 가변성이 매우 높아 본분석의 가치가 낮다는 것을 의미한다.

이처럼 문제의 여과기준이 되는 항목은 단순히 개별적으로만 판단할 수는 없는 문제이므로 종합적인 고려를 할 필요가 있는 것이다.

움을 줄 수 있다. 가중치를 줄 경우 자칫 자의적 판단이 개입할 수 있고, 객관적인 계량화의 척도가 곤란하다는 점에서 단순한 요소별 점검법은 많이 사용되는 방법이다.

(2) 충족도 점수를 계산한 요소별 점검법

충족도 점수를 계산한 요소별 점검법은 세로변에 문제여과의 기준을, 가로변에 검토대상 문제를 두고 점검하는 방법은 단순법과 같으나, 각 문제별 충족도 점수를 계산한다는 점에서 차이가 난다. 즉, 이 방법은 각 문제별로 충족도 점수를 1-10으로 계산하여, 총점이 높은 순으로 문제분석 필요성을 판단하는 방법이다. 하지만, 이 방법은 여과기준간 중요도(가중치) 구별이 없어, 기준간 중요도를 고려하지 않는 약점이 있다.

〈표 3-3〉 충족도 점수를 계산한 요소별 점검법

여과 기준	정책 문제		
	A	B	C
1. 분석활동의 실행가능성			
분석자원	7	5	4
분석시간	8	7	8
분석비용	9	8	5
2. 분석 결과의 활용가능성			
정치 민감성	6	2	3
가치 함축성	5	6	7
관련집단의 신념과 선입견	4	8	6
3. 문제의 유형			
복잡성	7	3	4
불확실성	4	5	3
중요성	7	4	2
4. 문제의 특성			
불일치의 정도	8	7	2
미래변화 가능성	7	5	6
합 계	72	60	50

*자료: Hogwood & Gunn, 1984: 100; 강근복, 2002: 70에서 수정.

(3) 기준의 상대적 중요도와 충족도 점수를 복합적으로 고려하는 요소별 점검법

복합적 요소점검법은 가장 복합적인 요소별 점검법으로서, 세로변에 문제여과의 기준을, 가로변에 검토대상 문제를 두고 점검한다는 점에서는 위의 두 방법과 동일하나, 여과기준의 상대적 중요도와 충족도 점수 두 가지를 모두 고려하여, 복합적으로 합산한다는 점에서 가장 치밀하게 접근하는 방법이다. 다만, 가중치를 줄 경우 자칫 자의적 판단이 개입할 수 있고, 객관적인 계량화의 척도가 곤란하다는 약점이 있다. 경우에 따라서는 이 3가지 방법을 모두 적용하여 비교해 보는 것도 좋은 접근법이다.9)

〈표 3-4〉 기준의 상대적 중요도와 충족도 점수를 복합적으로 합산하는 요소별 점검법

여과 기준	정책 문제		
	A	B	C
1. 분석활동의 실행가능성			
분석자원	7*6=42	5*6=30	4*6=24
분석시간	8*9=72	7*9=63	8*9=72
분석비용	9*4=36	8*4=32	5*4=20
2. 분석 결과의 활용가능성			
정치 민감성	6*8=48	2*8=16	3*8=24
가치 함축성	5*9=45	6*9=54	7*9=63
관련집단의 신념과 선입견	4*7=28	8*7=56	6*7=42
3. 문제의 유형			
복잡성	7*6=42	3*6=18	4*6=24
불확실성	4*7=28	5*7=35	3*7=21
중요성	7*9=63	4*9=36	2*9=18
4. 문제의 특성			
불일치의 정도	8*5=40	7*5=35	2*5=10
미래변화 가능성	7*7=49	5*7=35	6*7=42
합 계	493	410	360

* 자료: Hogwood & Gunn, 1984: 100; 강근복, 2002: 70에서 수정.

---

9) 요소별 점검법에서 제시된 자료가 정태적인데 반해 시계열 분석을 접목시켜 교차영향분석과 같이 방향-강도-시차를 고려하여 동태적인 예비분석을 해 보는 것도 좋은 시도가 될 수 있다. 객관적 충족도와 주관적 가중치가 주어진 상수와 강도, 방향을 포함하는 것이라면 시차를 포함시켜 각 여과기준이 더 좋은 점수임에도 불구하고 일정 항목이나 시점에 편중되어 있는 것을 파악함으로써 일정 시점에서 차선의 정책이라 하더라도 결과적으로 최선의 정책이 될 수 있는 부분을 찾아낼 수 있을 것이다.

2) 나뭇가지 모양 분석법

나뭇가지 모양 분석법은 문제 여과의 기준들을 중요도에 따라서 우선순위를 결정할 수 있다는 것을 전제로 한다. 〈그림 3-2〉에서 보는 바와 같이, 중요한 것을 판단되는 문제여과 기준들을 순차적으로 적용시켜 기준에 부합되지 못하면 정밀 분석의 대상에서 제외시키고, 기준에 부합되면 계속 여과과정을 거치게 하여 문제의 정밀분석 여부를 판단하는 방법이다. 나뭇가지 모양 분석법은 문제 여과의 기준들을 중요도에 따라 우선순위를 정할 수 있다는 전제하에, 중요도가 높다고 여겨지는 몇 개의 기준을 순차적으로 적용시켜보아 기준에 어긋나는 문제는 체계적인 분석이 불필요한 것으로, 기준에 부합되면 체계적인 분석이 필요한 문제로 결정하는 방법이다(〈그림 3-2〉 참조). 적합여부를 "예"와 "아니오"로만 결정하는 단순한 분석법이지만, 문제 여과 기준을 중요도에 따라 여과하는 효과적인 분석법이라고 할 수 있다.

〈그림 3-2〉 나뭇가지 모양 분석법

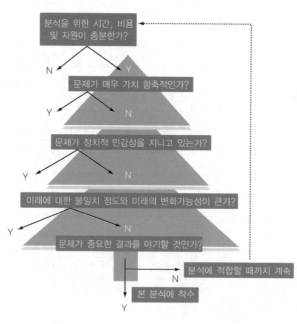

* 자료: 강근복, 2002: 72에서 수정.

3) 우선순위 행렬표(요소별 점검법 + 나뭇가지모양 분석법)

우선순위 행렬표 분석법은 요소별 점검법과 나뭇가지 모양 분석법을 혼용한 방법인데,

우선 나뭇가지 모양의 분석틀을 만들어 여과를 진행하다가, 정책문제가 문제 여과기준에서 걸러진다 하더라도 곧바로 정밀분석의 대상에서 제외시키는 것이 아니라, 다른 기준에 대한 합치 여부를 다시 한번 검토할 수 있도록 하고, 최종적으로 요소별 점검법에 의한 분석필요성 여부를 판단하는 방법이다.

4) 기존 관련 정책에 대한 분석: 벤치마킹

정책문제가 분류와 여과의 과정을 거쳐 체계적인 분석이 필요할 만큼의 가치가 있다고 판단된 경우, 과거 시행된 관련 정책이 있었는지 여부를 알아보는 것이 필요하다. 만일 관련된 기존의 정책이 있었다면 과거에 이루어진 문제분석과 정의의 내용을 검토하고, 그 원인을 분석하여 당시 모색된 해결방안에 대한 비판적인 분석을 해본다. 기존의 관련 정

〈그림 3-3〉 우선순위 행렬표 분석법

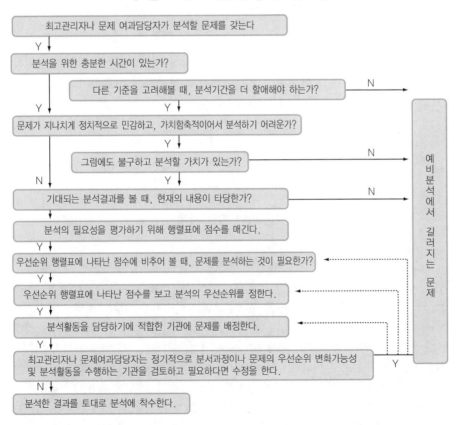

* 자료: 강근복, 2002: 73에서 수정.

책을 분석해 봄으로써, 현재의 해당 정책문제의 특성을 좀 더 잘 파악할 수 있다.

5) 정책문제의 구성요소 분석: 구성요소 분석

정책문제는 문제 자체가 여러 가지 요소들의 복합체이고 여러 가지 측면에서 다양한 방식으로 정의될 수 있다. 따라서 정책문제의 분석에 있어서는, 먼저 정책문제의 여러 가지 측면들에 대해 개략적으로 파악해보는 것이 필요하다. 이러한 문제의 구성요소들 중에서 어떤 것을 문제의 핵심요소로 보는가는 사람마다 관점이 다르게 나타나는데, 예를 들어 근로자의 폭력시위 문제를 인식함에 있어서 어떤 사람들은 근로자들의 열악한 근로조건과 같은 원인적 측면을 문제의 핵심으로 인식할 것이고, 반면에 다른 사람들은 폭력시위에 따른 질서 파괴와 사회불안 등과 같은 결과적 측면을 문제의 핵심으로 인식하기도 한다. 이처럼 사람들의 관점에 따라서 정책문제의 핵심을 달리 인식하는 경향이 있기 때문에, 정책문제의 분석에 있어서는 먼저 정책문제의 여러 가지 구성요소들에 대해 개괄적인 분석을 해 볼 필요가 있는 것이다(강근복, 2002: 73-74). 이때 문제의 핵심적 요소를 문제의 원인이나 결과적 측면에서 찾을 것인지, 문제 그 자체에서 찾을 것인지는 사람에 따라 다르게 나타난다(Hogwood & Gunn, 1984). 따라서 위에서 4)와 5)에서 논의한 구성요소 분석이나 벤치마킹은 정책문제의 본분석에서도 정밀하게 이루어지나 예비분석의 개괄적 분석 단계에서도 실행할 필요가 있는 것이다.

정책 ....
사례 *cases in policy*

아시아나 파업 사례

1. 사례개요

아시아나항공 조종사 노조가 단체협약 갱신을 위한 단체교섭 결렬을 이유로 6일 오전 1시부터 24시간 시한부 파업에 돌입했다. 아시아나 조종사 노조는 이날 오전 1시부터 이튿날 오전 1시까지 인천공항과 김포공항에서 출발하는 비행은 전면 거부하기로 했다. 그러나 어려운 경기 여건을 고려하지 않고 승객을 볼모로 파업을 강행하는 것에 대한 비난 여론이 비등한데다, 노조 내에서도 파업 회의론이 적지않아 파업이 얼마나 지속될지는 미지수다. 그러나 7일에도 파업할 경우 운항편수가 20~30% 이상 급감하는 등 파행이 불가피해 파업 장기화에 따른 운항 차질과 예약 취소 등 '항공대란'이 우려된다. 대한항공 조종사 노조는 공항 활주로 등 지상에서 항공기가 저속 주행하는 이른바 '준법투쟁'을 사흘째 계속하고 있다. 서울지방항공청 관계자는 "조종사가 항공

운항을 방해할 목적으로 관제탑 지시에 불응하거나 규정을 위반할 경우 행정처분으로 처벌받는다"고 경고했다.

　* 자료: 연합뉴스, 2005. 7. 6.

　2. 쟁점 및 시사점

　위 사례는 비록 민간기업의 파업이지만, 항공회사의 공공성을 고려할 때 중요한 정책문제로 다루어질 수 있다. 이 문제의 해결을 위해 원인적 측면과 결과적 측면으로 나누어 분석을 해본다면, 원인적 측면은 조종사들의 권리 향상 요구로 요약되고, 그로 인한 결과적 측면은 물류대란과 경제적 손실, 승객들의 피해가 될 수 있다. 쟁점이 될 부분은 원인적 측면의 해결에 초점을 두고 문제정의를 할 것인가, 아니면 결과적 측면을 중시하여 문제정의를 할 것인가에 따라 해결대안이 달라지게 된다는 점이다. 이는 또한 정책문제를 분석할 때 문제를 구성하고 있는 요소들을 분석한 후에, 본 분석을 통해 더욱 정확한 분석을 해나가는 것이 효과적이라는 점을 시사해주고 있다.

정책 사례 .... *cases in policy*

쌍용차 파업부터 협상결렬까지

　1. 사례개요

　법정관리 신청과 정리해고, 공장점거 파업으로 이어진 쌍용자동차 사태가 30일부터 진행된 노사간 마라톤 대화가 2일 결렬됐다. 쌍용차 노조는 지난 5월 21일 오전 평택 공장에서 긴급 조합원 결의대회를 열고 오후부터 무기한 총파업에 들어갔다. 노조는 이미 4월 8일 회사 측이 직원 2천 646명을 구조조정하는 내용의 경영정상화 방안을 발표한 직후인 4월 13일과 14일 쟁의행위 찬반투표를 통해 파업을 예고한 상태였다.

　쌍용자동차의 이유일, 박영태 공동법정관리인은 2일 "쌍용차의 회생과 생존을 위해 노조의 현실성 없는 무리한 요구를 절대 수용할 수 없다"며 협상 결렬을 공식 선언했다. 이유일 관리인은 이날 오전 10시 공장 앞에서 진행한 기자회견에서 "노조의 전향적인 인식 변화 없이 추가 대화는 의미가 없다"며 "앞으로 회사 갱생 기회가 상실되는 상황이 전개된다면 이는 '총 고용 보장, 구조조정 철회'라는 명분만 내세워 사태를 파국으로 몰고 온 노조에게 있다는 점을 명확히 밝힌다"고 말했다. 이 관리인은 "노조의 폭력과 점거파업에 대해 엄정한 법 집행이 이루어져야 한다"며 "청산을 전제로 한 회생계획안 신청 외에 어떤 대안도 없다"라고 밝혔다.

파업으로 인한 생산 중단이 7월을 넘기면 노사 모두 벼랑으로 추락한다는 위기의식이 확산되면서 물밑 접촉을 통해 이견을 좁힌 뒤 재개된 30일 당사자 대화에서 노사는 30일 오전 9시 10분부터 나흘간 밤을 새워가며 협상을 벌였지만 정리해고자 974명의 처리 방안을 놓고 이견을 좁히지 못한 채 결렬되고 말았다.

* 자료: 연합뉴스, 2009. 8. 2.

2. 쟁점 및 시사점

쌍용자동차 파업사태는 파업의 규모와 격렬함, 노사정의 협력이라는 공적부문과 관련된 네트워크, 사회에 미치는 파장 등을 고려할 때 단순한 민간기업의 파업이지만 정책사례로 다루어 볼 수 있다. 이 문제의 해결을 위해 원인적 측면과 결과적 측면으로 나누어 분석을 해본다면, 원인적 측면은 사측의 대규모 구조조정에 대한 쌍용차 노조원들의 고용보장으로 요약되고, 그로 인한 결과적 측면은 쌍용차의 경제적 손실과 2만여 명에 달하는 협력업체 직원들의 일자리 위기, 100만여 명에 이르는 쌍용차 소유자들의 피해, 평택이라는 지역사회의 분열과 반목으로까지 나타났다는 점이다. 쟁점이될 부분은 근로자들의 생계유지와 같은 원인적 측면의 해결에 초점을 두고 문제정의를할 것인가, 아니면 사회적 피해, 질서파괴 등의 결과적 측면을 중시하여 문제정의를할 것인가에 따라 해결대안이 달라지게 된다는 점이다. 이 사례 역시 정책문제을 분석할 때 문제를 구성하고 있는 요소들을 분석한 후에, 본 분석을 통해 더욱 정확한 분석을 해나가는 것이 보다 효과적이라는 점을 시사해주고 있다.

2. 본 분석

예비분석 단계에서 체계적인 정밀분석 단계로 여과, 분류된 정책문제들에 대해서 개괄적인 분석을 한 후, 본격적인 분석에 들어가게 된다. 정책문제의 본 분석에서는 예비분석을 통한 정책문제 분류와 여과가 개괄적으로 이루어진 이후에, 정책결정자와 문제 관련 집단이 추구하는 가치, 문제의 원인과 결과, 문제관련 집단과 문제의 변화 가능성 등을 분석한다. 본 분석은 정책수단의 탐색이나 정책대안의 결과예측을 위해서 가장 핵심적인 도구로서의 역할을 하게 된다. 정책문제의 인과구조를 탐색하는 것은 정책수단과 정책목표의 구조, 즉 정책의 구조를 구성하기 위해서 필수적이며, 정책문제의 원인을 탐색하는 것은 정책수단의 합리적 결정을 위해서, 그리고 정책문제의 결과를 탐색하는 것은 정책목표의 바람직한 설정을 위해서 필수적인 작업이라고 할 수 있는 것이다(곽효문, 1998: 106).

1) 문제시되는 상황의 배경

우선 문제시되는 상황의 과거, 현재의 상태와 조건들을 분석하는데, 이러한 분석은 문제에 대한 포괄적 이해와 앞으로의 상황에 대한 예측을 가능하게 하며, 문제해결 행동 시기를 판단하는 데 도움을 준다. 이러한 선형적 예측과는 달리, 불분명한 미래의 조건이나 환경의 변화가 기존의 선형적인 추세에 어떠한 영향을 끼치고, 그것이 어떻게 변할지에 대한 미래예측 역시 필요하다.

2) 정책문제의 원인 분석

정책문제를 정확히 이해하기 위해서는 문제의 원인을 규명하는 것이 필요하다(노화준, 1997: 48). 정책문제의 분석을 통해 문제의 기본적인 상황과 사건 간의 개념 정립이 우선적으로 이루어져야 한다. 객관적인 문제 사실이 주관적 구성에 의해 판단이 된다. 사실을 잘못 판단하는 1종 오류와 잘못된 사실을 참으로 판단하는 2종 오류부터 명확히 구분지어야 한다. 전자와 후자가 한 쪽이 감소하더라도 다른 한 쪽이 증가할 수밖에 없지만, 그 전체적 오류의 총량을 줄이는 것이 정책의 실행에 있어 대상 집단에 대한 정책 오류를 줄이기 위한 기본적인 과제라 할 수 있다. 가장 중요한 정책수단은 문제시되는 상황을 발생시킨 원인을 파악하여 이것을 제거하는 것이기 때문이다(정정길, 1988: 437). 따라서 문제에 대한 정확한 이해와 진단을 하기 위해 문제의 원인을 분석하는 것은 매우 중요한 일이며, 정책문제의 정의를 위한 문제 분석단계에서는 정책문제의 원인을 분석해야 한다.

문제의 원인을 밝힌 후에는 그 원인이 통제(조작) 가능한 것인지를 판단하고, 그러한 원인과 결과와의 인과구조를 파악한다. 만일 통제가능한 원인이라면 정책수단의 탐색단계에서 그 원인을 제거·통제·조작하는 방법을 고려해야 할 것이고, 역으로 통제 불가능한 원인이라면 원인 자체에 대해서는 손대지 않고 문제의 심각성을 완화·감소하는 방법을 고려하게 된다. 예를 들어 주가하락의 원인이 근본적으로 미국의 서브프라임모기지 사태로 인한 세계경제의 총체적 위기라면 원인 제거노력보다 한국이 취할 수 있는 연기금투입 등의 방법을 통해 주가폭락을 지연시키는 목표설정을 할 수 있다.

3) 정책문제의 결과적 측면과 심각성 파악

문제의 원인에 대한 분석이 끝난 후에는, 결과적 측면에 대한 파악이 이루어진다. 결과분석에서는 결과적 측면을 파악하면서, 동시에 그 결과의 중요성과 심각성도 함께 분석해야 하는데, 피해집단 규모가 크고, 정책문제 파급범위가 넓으며, 피해의 심각성이 깊을수록, 더욱 중요하고 심각한 문제로 파악할 수 있다. 즉, 정책문제의 심각성 분석은 정책문제로 인하여 피해를 보는 집단이 어느 정도인지, 정책문제의 파급범위가 얼마나 큰지, 그리고 정책문제로 인한 피해의 강도와 피해의 영역은 어떠한지를 분석하는 것이라 할 수 있다. 이 중 정책문제의 심각성을 좌우하는 가장 중요한 요인은 정책문제가 가져오는 피해의 강도이다. 이 요인은 두 가지 서로 다른 요소로 분해될 수 있다. 첫째, 정책문제로부터 발생되는 피해의 강약에 관한 것이고 둘째로는, 피해영역의 중요성에 관한 것이다. 정책문제로부터 발생되는 피해의 강약은 가치파괴의 정도를 의미하고, 피해영역의 중요성은 파괴되는 가치의 중요성을 의미한다고 볼 수 있다. 그런데 이렇게 파괴되는 가치의 중요성 판단은 극히 주관적인 것이며 이를 탐색하는 자의 가치관에 따라 달라질 수 있다(곽효문, 1998: 107). 예를 들어, 교통문제를 든다면, 교통문제가 발생하는 원인은 유동인구 증가, 차량의 증가, 도로 폭의 협소 등으로 파악할 수 있고, 이로 인해 나타나는 결과가 시간 낭비, 물류비용 증가, 자원 낭비 등이라고 할 수 있다.

4) 정책문제 관련집단 파악

정책문제에는 그 문제와 관련된 다양한 이해관계자나 집단들이 있다. 따라서 정책문제와 관련된 집단의 분석에 있어서, 그 정책문제로 인해서 혜택을 입는 집단과 반대로 피해를 입는 집단에 대한 분석이 이루어져야 하며, 어떤 정책문제를 채택하고 해결하려고 할때 정책이해 관련당사자들을 정확히 파악하고, 이들에 대해 분석을 하는 것이 중요하다. 이는 정책대안을 마련하고, 정책과정 관리 전략 수립을 위해서도 필요하다. 다양한 이해관계가 교차하는 만큼 정책문제가 어떻게 다루어지는가에 매우 민감하게 반응하게 될 것이고, 정책과정에서 이들의 행동들이 매우 큰 영향을 미치게 되기 때문이다. 정책집행의 성공을 위해서는 정책대상집단을 우호적, 적대적, 중간적 그룹으로 나누고, 적대적 집단은 고정시키고 중간적 집단을 최대한 우호적 집단으로 전환시키는 홍보노력을 강화해야 할 것이다. 예를 들어 주가폭락의 정책문제에서 주로 피해를 본 집단이 단선적 시각의 성향이 강한 개미투자자들과 같은 특정 집단인지 아닌지를 살펴볼 필요가 있는 것이다.

5) 정책결정자 및 문제해결 요구집단이 추구하는 가치의 분석

정책문제는 현재 또는 미래 상태에 대한 인식과 바람직하다고 여겨지는 상태에 대한 주관적인 가치판단에 입각하여 정의되므로, 이러한 주관성으로 인해 문제해결 요구집단과 정책결정자의 바람직한 상태의 인식기준에 대한 분석이 필요하게 된다. 즉, 정책문제와 관련된 사람들이 정책문제와 관련하여 바람직하다고 생각하는 가치가 무엇인지에 관해 파악해야 한다. 비록 이에 대한 분석은 결코 쉬운일은 아니지만 이러한 기준가치에 대한 분석을 통해 정책대상집단들이 어느 정도 공통된 가치를 가지는가를 파악하여 정책문제를 분석하고 정의하는 것은, 정책과정상 갈등과 마찰을 줄일 수 있는 방법이기도 하다.

6) 정책문제의 변화 가능성과 새로운 문제 발생의 예측

문제는 시간이 지남에 따라 변화한다. 지금 중요시되는 정책문제가 앞으로 점점 더 심각해질 것인지, 아니면 시간이 지남에 따라 저절로 해결될 것인지에 대하여, 즉 문제가 어떻게 변화할 것인지를 예측하여야 한다. 그리고 현재 상황의 변화가 새로운 문제를 야기시킬 가능성에 대해서도 예측할 필요가 있다. 기존 정책문제의 변화와 새로운 문제의 등장을 예측하기 위해서는 질적 예측 방법과 통계적 또는 계량적 예측 방법 등을 활용할수 있다(강근복, 2000: 76).

정책
사례   *cases in policy*

자전거도로 10년간 3,114㎞ 조성 … 2012년까지 교통 분담률 5%로

1. 사례개요

이명박 정부의 임기가 끝나는 2012년까지 자전거의 국내 교통수단 분담률을 5%로 끌어올리는 사업이 추진된다. 이를 위해 서울과 같은 대도시의 경우 간선도로의 중앙분리대에 튜브식 자전거 급행도로를 만들어 출퇴근용으로 활용하는 방안이 추진된다. 또 올해 상반기 중에 '자전거의 날'이 지정되고, 프랑스의 '투르 드 프랑스'를 본뜬 '투르 드 코리아' 코스를 만들어 국내외 자전거 대회를 유치한다. 청와대 관계자는 8일 "정부가 지난 6일 '녹색 뉴딜 사업'의 일환으로 내놓은 자전거 활성화 사업을 범 정부차원에서 '녹색 성공 프로젝트'로 육성한다는 방침"이라며 이 같은 방안을 밝혔다. 정부는 우선 향후 10년간 총 3,114㎞의 자전거 도로를 만드는 '전국 자전거 도로 네트워크' 사업과, 4대강 정비사업과 연계한 1,297㎞ 길이의 '강변 자전거 도로 벨트' 구축사업을 추진키로 했다. 정부는 이 같은 방안을 통해 현재 1.2% 수준인 자전거 교통수단 분담률을 오는 2012년까지 5%, 2017년엔 10%까지 올린다는 방침이다. 자전거 교통수단 분담률은 일본이 14%, 네덜란드는 27%에 달한다. 정부는 이 사업을 위해 향후 10년간 총 1조 2,456억원을 쓸 예정이다.
* 자료: 경향신문, 2009. 1. 8.

2. 쟁점 및 시사점

위 사례는 정부가 자전거 도로 건설을 추진하여 자전거의 국내 교통수단 분담률을

5%로 끌어올린다는 정책에 관한 것이다. 이 사례를 정책문제의 본 분석 과정에 따라 분석해 보면 다음과 같다.

1) 문제시되는 상황의 배경

유엔환경회의 기후변화협약에 따른 온실가스 감축목표를 규정한 의정서인 교토의정서가 2012년에 만료가 된다. 교토의정서에서는 의무감축대상국가가 아니었던 우리나라는 2013년부터 의무감축대상국가가 될 가능성이 높다. 하지만, 우리나라의 탄소배출량은 2009년 현재 세계 9위이고 계속 증가하는 추세에 있다. 또한, 세계 탄소배출권시장이 계속 커져가는 상황에서 이를 경제성장의 하나의 원동력으로 삼을 필요가 있다. 이를 위해서 우리나라는 탄소배출량을 감소시킬 필요성이 커지고 있다.

2) 정책문제의 원인 분석

탄소배출량이 증가하고 있는 이유 중 하나는 우리나라에서 운행되는 자동차량이 계속 증가하고 있다. 이로 인해 국가전체 탄소배출량의 20%를 교통부문이 차지하고 있다.

3) 정책문제의 결과적 측면과 심각성 파악

자동차량이 많기 때문에 차량속도가 저하되고 교통혼잡비용이 증가하는 등의 사회경제적 비용이 상승되었다. 또한 탄소배출량이 증가하여 환경오염의 원인이 되었고 탄소배출권확보에도 부담이 되고 있다.

4) 정책문제 관련 집단 파악

우호적 집단은 자전거 관련 산업과 기존 자전거 이용자가 있다. 중간적 집단에는 일반시민이 있다. 적대적 집단은 자동차회사, 대중교통회사, 자가운전자 등이 있다. 적대적 집단은 고정시키고 중간적 집단을 우호적 집단으로 전환시키는 것이 필요하다.

5) 정책결정자 및 문제해결 요구집단이 추구하는 가치의 분석

정책결정자가 추구하는 가치는 신 경제성장 동력으로서의 정책수단에 중점을 두고 있는데 비해, 문제해결 요구집단 혹은 환경단체가 추구하는 가치는 환경개선에 의한 삶의 질의 향상에 중점이 있는 경우가 많다. 따라서 각 기준 가치의 분석을 통해 어느 정도 공통된 가치를 파악하여 정책과정상 갈등과 마찰을 줄일 필요가 있다고 하겠다.

　바람직한 정책문제의 정의는 1) 인간의 존엄성 실현, 2) 근본적 문제의 추구, 3) 사회 경제적 약자에 대한 우선 배려라는 세 가지 관점에서 규범성과 당위성을 지녀야 할 것이다. 정책학은 국가의 창조적 미래에 대한 최상위 차원의 언명 혹은 기획을 다루는 학문이다. 따라서 정책분석의 첫 출발이라고 할 수 있는 정책문제 역시 우리 사회의 본질적 문제를 탐색하고 해결하려는 노력을 통해 인간의 존엄성을 실현하되, 그 과정에서는 최대한 사회 경제적 약자에 대한 우선 배려 원칙을 고려하여야 할 것이다.

　정책문제는 여러 가지 요소들의 복합체이고, 문제를 바라보는 사람들마다 주관적 가치 판단에 입각하여 다양하게 정의될 수 있는 문제이기 때문에 정책문제 분석에 있어서는 여러 가지 구성요소에 대한 개괄적 예비분석이 필요하고, 예비분석에서 여과된 문제를 토대로 다양한 요소들에 대한 본 분석이 필요하다. 문제를 편협하게 바라보는 시각에서 탈피하고, 다양한 시각에서 문제에 접근하여 배경, 원인, 결과, 심각성에 대하여 정확히 분석하고, 정책문제 관련집단을 파악하고 요구집단이 추구하는 가치의 분석이 필요하다고 할 것이다.

Theories of policy analysis

제 4 장

정책목표의 설정

>>> 학습목표

제4장에서는 정책문제의 분석에 이어 정책목표의 설정에 관해서 학습한다. 문제의 본질과 쟁점을 규명하고 나면 타당한 목표를 설정해야 한다. 여기에서 타당한 목표란 시대와 가치 적합성을 지니고, 시간과 정도의 적정성을 지니며, 목표 구조 사이에 내적 일관성을 지니는 목표를 말한다. 정책의 최상위 가치는 인간의 존엄성 실현이다. 이를 위해 정부는 타당하고 규범적 가치를 지닌 정책목표를 설정하게 된다. 이러한 목표는 정책결정의 지침, 정책집행의 기준, 정책평가의 근거가 된다는 점에서 매우 중요한 의의를 지닌다. 이 장에서는 정책목표의 의미, 의의와 기능, 정책문제와 정책목표의 관계, 바람직한 정책목표의 요건, 정책목표들 간의 우선순위 관계 등에 대해서 학습하기로 한다.

제1절 정책목표 설정의 의미

1. 정책목표 설정의 중요성

정책목표는 정책을 통하여 달성하고자 하는 바람직한 상태로 정책의 존재이유이다. 바람직한 정책의 결정을 위하여 바람직한 정책목표를 결정하는 것은 매우 중요하다.

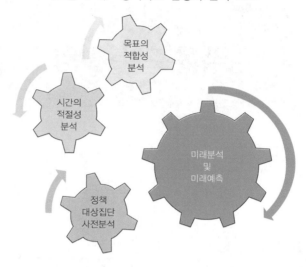

〈그림 4-1〉 정책목표 설정의 분석 요소

2. 정책목표 설정을 위한 분석

문제 분석이 이루어지고 나면 목표 설정을 위한 분석이 전개된다. 이때에는 타당한 정책문제의 정립에 이어 올바른(right) 정책목표를 설정하는 것이 중요하다. 그릇된(wrong) 목표의 설정은 가장 치명적인 3종 오류를 초래하기 때문이다[1](권기헌, 2007a; 2007b). 바람직한 목표는 내용의 적합성, 시간(수준)의 적절성, 목표구조상의 내적 일관성이 필요하며, 이를 위해서는 목표에 포함될 미래의 변화에 대한 분석과 예측이 필요하다. W. Dunn 역시 현재 추구하는 사회적 가치는 미래에 변화될 가능성이 있기 때문에, 기존의 사회적 규범에 의해 미래의 사회적 규범 상태를 정의한다는 것은 어렵다고 전제하고, 정

---

1) 오류의 종류: 1종 오류, 2종 오류, 3종 오류가 있다.

1종 오류(알파에러)	2종 오류(베타에러)	3종 오류(메타에러)
옳은 귀무가설을 기각하는 오류	틀린 귀무가설을 인용하는 오류	정책문제의 잘못된 설정
틀린 대립가설을 채택하는 오류	옳은 대립가설을 기각하는 오류	정책목표의 잘못된 설정
틀린 대안을 채택하는 오류	옳은 대안을 채택하지 않은 오류	정책가설의 잘못된 설정
정책효과가 없는데 있다고 판단하는 오류	정책효과가 있는데 없다고 판단하는 오류	정책효과가 없는데 있다고 판단하는 오류

*자료, 박봉기, 2004에서 수정인용.

책분석가들은 미래의 변화에 주목하여 정책목표를 설정할 필요가 있다고 강조함으로써 정책목표 설정시 미래변화에 대한 분석 및 예측의 필요성을 강조하였다(W. Dunn, 1981: 144).

제 2 절 정책목표의 의의와 원천

1. 정책목표의 의의

1) 의 미

정책목표는 정책(활동)을 통하여 달성하고자 하는 바람직한 상태(정책이 추구하는 바람직한 미래상)를 말한다. 바꾸어 말하면 이것은 정책이 추구하는 미래상이며 희망하는 결과이다. 정책목표는 정책개발을 필요로 하는 이유와 직결되며 대부분 문제점의 해소나 보다 나은 상태로의 개선에 목적을 둔다(김신복, 1998; 유훈 외, 1983). 따라서 정책목표는 현실에 대한 불만이나 치유에 대한 욕구에서 도출되며 미래의 바람직한 상태에 대한 가치 창조적 성격을 띠고 있다.

2) 특 징

① 미래지향성: 정책목표는 시간적으로 보아 미래에 실현하고자 하는 바람직한 상태를 설정한다.
② 변동성: 정책목표는 바람직한 방향으로의 변화 또는 행동화를 지향한다.
③ 가치성: 정책목표는 가치에 대한 주관적 판단이 포함되어 있다. 주관적인 성격 때문에 누구의 가치관이 정책 목표 설정에 반영되어야 하느냐 하는 문제가 대두되게 된다.
④ 규범성: 정책목표는 바람직한 상태에 대한 가치 판단이다.

2. 정책목표의 종류

정책목표는 다양한 유형으로 분류할 수 있다(채경석. 2005: 180-182).

1) 공식적 목표와 실질적 목표

공식적 목표(*formal goals, official goals*)란 정책을 통하여 공식적으로 표방된 목표이며, 조직의 직제와 정관 및 책임자가 공표의 형식으로 이를 나타낸다. 실질적 목표(*real goals, operative goals*)란 공식적 목표와 상관없이 정책을 통하여 실제로 추구하는 목표이다. 공식적 목표와 실질적 목표는 일치할 수도 있고 일치하지 않을 수도 있지만, 일반적으로 양자의 목표가 일치할수록 정책의 정당성의 확보가 쉬워진다.

2) 상위목표와 하위목표

상위목표(*super-goal*)란 정책을 통해서 달성하고자 하는 기본가치이며, 상위목표를 달성하기 위한 수단적 관계에 있는 것이 하위목표(*sub-goal*)이다. 따라서 상위목표와 하위목표 간에는 목표의 계층제(*hierachy*)가 이루어진다.

3) 무형목표와 유형목표

무형목표(*intangible goal*)는 내용이 추상적이어서 구체성이 없는 것을 말하며, 유형목표(*tangible goal*)는 그 내용이 구체적이며 계량화가 가능한 목표를 말한다. 이러한 구분은 상위목표와 하위목표의 구별과 유사하다. 그것은 상위목표일수록 추상적이고 관념적이기 때문에 무형목표일 가능성이 많고, 하위목표일수록 구체적이고 실제적이기 때문에 유형목표일 가능성이 많기 때문이다.

4) 치유적 목표와 창조적 목표

치유적 목표는 문제발생 이전에 존재했던 문제를 원상회복시키기 위하여 설정한 목표이며, 창조적 목표는 과거에 경험해 보지 못한 새로운 상태의 목표를 뜻한다. 즉, 창조적 목표는 문제가 발생하기 이전에 새롭게 미래지향적으로 설정하는 적극적 형태의 목표이고, 치유적 목표는 이미 발생한 문제에 대해 문제를 해결하거나 해결이 불가능한 경우 이를 완화시키는 소극적 형태의 목표를 의미한다(남기범, 2009: 272).

3. 정책목표의 역할

1) 바람직한 상태로의 변화

정책목표가 달성된다는 것은 바람직한 상태로의 변화를 뜻한다. 정책목표의 구체적 내용에 따라 환경의 개선, 물가 안정, 사회적 평등의 실현 등이 실현된다.

2) 정책과정의 지침

(1) 정책형성 과정

정책목표는 최선의 대안을 선택하는 판단기준이 된다. 다른 조건이 같다면 목표 달성도가 큰 대안일수록 좋은 정책대안이라고 볼 수 있다.

(2) 정책집행 과정

정책목표는 정책집행과 관련된 결정과 집행을 구속하는 행동지침이 된다. 정책목표가 행정에 있어 얼마나 강한 구속력과 강제력을 갖느냐는 국가의 정치·행정체계의 성격에 따라 달라지겠지만 일반적으로 정책목표는 공권력을 바탕으로 세부적인 의사결정과 행위에 지속적이고 광범위한 영향을 미치는 지침이 된다(곽효문, 1998).

(3) 정책평가 과정

정책목표는 정책집행의 결과와 성과를 평가하는 준거가 된다. 정책의 효과성을 측정하는 척도가 곧 목표 달성도이므로 정책목표는 성공적인 집행여부를 판단하는 기준이 된다. 정책목표는 이외에도 다음과 같은 기능을 수행한다(채경석, 2005: 178).

첫째, 정부의 미래상과 방향을 제시한다. 정책 목표는 정부가 달성하고자 하는 미래의 상태를 밝힘으로써 정부의 운영과 활동방향 및 지침을 제시하여 줄 뿐만 아니라, 정부가 나아가야 할 바람직한 방향을 제시해준다.
둘째, 정부 존재 이유의 제공이다. 정책 목표는 사회 구성원들에게 정부 존재의 이유와 활동 및 임무를 정당화시켜주는 기능을 수행한다. 따라서 정부는 처음부터 정당성을 인정받을 수 있는 정책목표를 설정하여야 한다.

셋째, 정책목표는 구성원들로 하여금 미래지향의 행동과 사고방식을 불러일으키는 작용을 한다. 정책목표가 이와 같이 미래지향성을 가지고 있다는 것은 관리의 기능 중에서 특히 정책기획(*policy planning*)과 밀접한 관련이 있다는 것을 의미한다.

4. 정책목표의 원천

정책목표 및 정책대안을 설정하는 체계적인 방법 가운데 하나는 그것들의 '원천'(sources)을 고려하는 것이다. W. Dunn(1981)은 정책목표, 정책목적, 정책대안의 원천을 여섯 가지로 분류한다(류지성, 2007, 222-230에서 재인용).

① 권위(*authority*): 전문가집단의 지식적 권위가 정책목표의 원천으로 작용한다.
② 통찰력(*insight*): 정책분석가들의 '직관'이나 '주관적 판단'에 의해 문제의 본질이 확인되고 정책목표가 더욱 더 뚜렷해지기도 한다.
③ 혁신적 분석전략(*innovative methods of analysis*): 혁신적 분석방법이나 전략에 의해 문제의 쟁점이 확인되고 정책목표가 더욱 더 뚜렷해지기도 한다. 또한 이러한 방법은 정책목표 우선순위 설정에 도움을 준다.
④ 과학적 이론(*scientific theory*): 자연과학과 사회과학 분야에 축적된 지식이나 이론이 정책목표의 원천으로 작용한다.
⑤ 동기(*motivation*): 정책대상집단의 신념(*beliefs*), 가치(*values*), 욕구(*needs*) 등이 정책목표의 원천으로 작용한다.
⑥ 유사사례(*parallel case*): 다른 나라나 사회의 유사한 정책문제에 대한 경험에 대한 벤치마킹이 정책목표의 원천으로 작용한다.

정책목표의 설정 및 명확화

1. 정책문제와 정책목표

1) 정책문제의 정의는 목표설정의 전제

정책목표는 정책문제의 해결을 통해 얻고자 하는 결과이기에 해결해야 할 정책문제를 정의하는 것은 이미 개괄적으로 정책목표를 설정하는 것과 같다. 그러므로 정책문제의 정의는 바람직한 정책목표를 설정하기 위한 전제라고 할 수 있다(권기헌, 2008: 190).

2) 정책문제와 정책목표의 관계

정책문제의 심각성, 피해 집단의 광범위성, 문제의 해결가능성 등 정책문제의 구성요소의 정의에 따라 정책목표의 종류 즉, 목표달성의 효과, 정책효과의 수혜집단, 목표의 달성 가능성이 결정된다(최봉기, 2004). 따라서 정책목표의 설정은 문제의 파악과 문제에 대한 정의를 근거로 하여 정책적 해결의 방향과 수준을 결정하는 것이므로 바람직한 정책목표를 설정하기 위해서는 정책문제에 대한 정의가 정확하고 분명하게 규정되어야 한다(권기헌, 2008: 190).

2. 바람직한 정책목표의 요건

바람직한 정책목표는 내용의 적합성과 수준의 적절성 그리고 목표 구조상의 내적 일관성을 확보해야 한다(권기헌, 2008: 191; 노시평 외, 2006: 172-173).

1) 목표내용의 적합성(appropriateness)

정책목표의 내용은 적합하여야 한다. 즉, 정책목표는 시대적 상황의 가치와 이념에 가장 적합한 목표여야 한다.

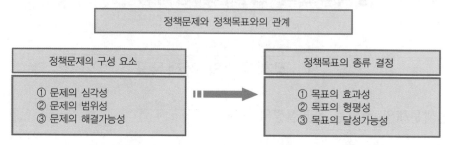

〈그림 4-2〉 정책문제와 정책목표와의 관계

* 자료: 최봉기, 2004에서 수정; 권기헌(2008: 190)에서 재인용.

2) 목표수준의 적절성(adequacy)

정책목표의 수준은 달성하고자 하는 수준보다 높거나 낮지 않은, 적절한 수준(*degree*)을 설정하여야 한다. 또한 정책에 있어서 적시(*timing*)란 중요한 것이기에 목표의 시간에 있어서도 적절성(*adequacy*)도 고려되어야 한다. 따라서 목표수준을 설정할 시에는 목표수준과 목표시간의 적절성이 고려되어야 한다.

3) 목표연계의 일관성(consistency)

정책목표들 사이에는 내적 일관성이 견지되어야 한다. 종적 위계에 따라 하위목표는 상위목표의 수단이 되는 연쇄관계가 정책의 내용면에서도 유지되어야 하며, 횡적으로도 다른 목표들과 상충되지 않도록 전체적인 정책방향에 비추어 내적 일관성이 유지되어야 한다.

4) 정책목표의 구체성

정책목표는 구체적이고 실제적이어야 한다. 정책목표가 지나치게 추상적이거나 애매모호하게 되면 정책대안의 탐색이나 정책의 집행, 평가에서 적절한 기준이 될 수 없으며 혼란을 야기시킬 수 있다. 따라서 정책목표는 가능한 한 측정가능한 단위로 제시하는 것이 바람직하다.

5) 정책목표의 실현성

정책목표는 실현가능한 것이라야 한다. 실현가능성이 없는 목표는 결국 실패로 끝날 뿐만 아니라 자원의 낭비마저 초래하게 된다. 이러한 실현가능성에는 기술적 실현가능성, 사회적 실현가능성, 경제적 실현가능성, 정치적 실현가능성, 행정적 실현가능성 등이 포함된다.

3. 정책목표들의 우선순위 결정

하나의 정책은 구체적인 수준에서 보면 거의 언제나 몇 개의 목표를 지니고 있다. 이러한 여러 가지 목표를 한 개의 목표로 추상화 시킬 수는 있지만 의미 있는 구체적인 목표로서 역할을 하지는 못한다. 그러므로 추상적인 수준에서 막연하게 표현된 정책목표는 반드시 구체화되어야 한다. 이 구체화 과정에서 상호모순·대립상태에 있는 구체적 정책목표들이 등장하게 되는데, 이들 간의 우선순위를 결정하지 않으면 정책목표의 결정은 의미가 없게 된다. 즉 정책목표를 바람직스럽게 결정한다는 것은 정책목표들 간의 우선순위를 바람직스럽게 결정한다는 것과 동일한 의미이다.

1) 정책목표들의 관계

정책문제의 여러 가지 구성요소와 마찬가지로 여러 가지 정책목표들은 서로 모순·충돌 관계에 있거나 경우에 따라서는 보완관계에 있다. 이들을 유형화하면 다음 네 가지의 것으로 나눌 수 있다(정정길 외, 2005: 332-334).

(1) 상·하 관계

하나의 정책문제가 다른 정책문제의 상위에 있는 경우에 두 정책문제는 상·하 관계에 있다. 마찬가지로 하나의 정책목표가 다른 목표의 상위목표인 경우 두 정책목표는 상·하 관계에 있다.

(2) 보완관계

동위수준에 있는 정책문제들은 보통의 경우에는 보완관계에 있다. 여러 가지 하위문제들이 동일한 상위문제를 서로 보완적으로 심각하게 하거나 악화시키는 것이다. 마찬가지로 정책목표의 경우에도 동일한 상위목표의 달성을 위해서 몇 가지 하위목표들이 서로 보완관계에 있는 경우가 있다.

(3) 모순·충돌관계

하나의 정책문제를 해결하면 다른 문제가 더욱 악화되거나, 하나의 정책문제를 달성하면 다른 정책목표의 달성이 더욱 어려워질 때 정책문제 또는 정책목표는 서로 모순·충돌관계에 있는 것이다.

(4) 경쟁관계

정책목표나 문제들은 이용될 자원의 획득을 위해서 경쟁관계에 있는 경우가 대부분이다. 정책문제의 해결을 위해서나 정책목표의 달성을 위해서는 사회적 자원이 소모되어야 하는데, 사회적 자원은 전제적으로 보아 한정되어 있으므로 해결될 정책문제들이나 달성될 정책목표들은 보다 많은 자원을 사용하기 위해서 서로 경쟁관계에 있다.

2) 우선순위 결정과 달성수준 결정

정책목표가 상·하 관계에 있을 때 여러 목표 중에서 어느 목표를 얼마만큼 달성할 것인가를 결정하는 것은 비교적 간단하다. 하위목표가 상위목표의 정책수단이므로 하위목표만 고려하면 되기 때문이다. 그러나 정책목표들이 동위수준에 있으면서 보완관계에 있을 때나, 모순·충돌 관계에 있으면서 목표달성을 위해서 사용될 자원을 둘러싸고 경쟁관계에 있을 때에는, 어느 목표를 얼마만큼의 수준으로 달성하도록 하여야 할 것이냐를 결정하는 것이 아주 어렵다. 즉, 상호보완적, 모순적 관계에 있는 제 목표들 중에서 중점적으로 목표의 우선순위를 결정하고 또 각 목표의 달성수준을 결정하는 것이 목표 우선순위 결정의 핵심이 된다.

3) 정책목표의 갈등조정

여러 가지 목표를 동시에 추구하려면 아래와 같은 요인 때문에 갈등이 존재할 수밖에 없다. 첫째, 정책 목표를 추구하는 데 필요한 자원이 한정되어 있거나, 둘째, 정책목표가 산출 확대와 더불어 공평한 배분을 동시에 추구하는 경우, 셋째, 정책목표가 지향하는 성취 수준이 높을 경우 갈등이 존재할 수밖에 없다. 이러한 정책목표의 갈등 원인을 해소하고 이를 조정하는 방법에는 아래와 같은 방법들이 제기되고 있다(김정헌, 2007: 137-138).

(1) 다원적 목표의 통합

정책목표를 설정할 때 정책목표들 간의 갈등을 가져오지 않도록 다원적 목표를 통합하는 것을 말한다. 여기에는 하나의 목표를 제시하는 방법과 하나의 목표를 극대화하되 다른 목표들을 제약조건으로 구성하는 방법 등이 있다.

(2) 갈등완화전략

정책목표들 간의 갈등조정방법으로서 갈등완화전략에는 크게 부분최적화전략(sub-$optimization$)과 만족화 전략($satisficing$)이 있다. 부분최적화전략이란 어떤 정책 목표 달성에 관련된 변수를 전부 동시에 고려할 수 없을 경우, 몇 개의 단계 및 부분으로 나누어 해결책을 차례로 연결시켜 나감으로써 결국 처음 의도한 목표에 가까운 성과를 확보하려는 방법이다. 만족화 전략은 각각의 목표별로 만족할 만한 하한선을 미리 설정하여 그것을 초과하는 대안 중에서 가능한 한 여러 목표를 충족시키는 대안을 선택하는 전략을 말한다.

(3) 집단의사결정에 의한 조정

전문가들의 협의에 의해 집단적으로 의사를 결정하는 것으로 위원회나 전문가패널을 통해서 결정하는 것이다. 하지만 대면토의에서 생기는 부작용을 해소하기 위해 단계적으로 전문가들의 의견을 종합하여 환류시키는 질적인 합의형성 방법인 정책 델파이($policy$ $delphi$) 기법이 많이 활용되고 있다.

정책
사례   *cases in policy*

탈원전 정책 사례

1. 개요

1986년 4월 26일 우크라이나의 체르노빌 원자력발전소에서 작동 중이던 원자로의 원전기술의 오작동으로 인해 원자로가 폭발하면서 수소폭발이 일어났다. 이로 인해 7,000여명이 사망했고, 70만여 명이 피폭과 관련된 치료를 받았다. 이후, 체르노빌은 현재까지도 사람들이 출입이 금지되었다.

이후 2011년 3월 11일에 일본 도호쿠 지방 앞바다에 9.0 강도의 대지진과 해일이 일어나자, 후쿠시마에 있는 원전 폭발사고가 있었다. 이로 인해 15,880명이 사망했고, 실종자가 2,694명이 발생했다. 후쿠시마는 폐쇄되었고 후쿠시마 인근에 대한 농수산물 유출에 대한 세계적 우려와 함께 원자력 발전소의 위험에 대한 불안감이 커지게 된 계기가 되었다.

후쿠시마의 사례를 보고 독일은 친원전 정책에서 탈원전 정책으로 정책 노선을 변경하였다. 한국 역시 2017년 문재인 정부가 출범하면서 탈원전 정책으로 건설 중이던 신고리 5 · 6호기에 대한 건설을 일시적으로 중단하였다. 하지만 이후 시민 배심원들로 구성된 공론화위원회를 통해 신고리 5,6호기가 건설되는 방향으로 의견을 모아 재가동되었다.

하지만 여전히 문재인 정부는 탈원전 정책을 고수하고 있으며, 국무회의에서 '에너지 전환 로드맵'을 의결했다. 에너지 전환 로드맵에는 신고리 5 · 6호기를 제외한 기존에 확정되었던 신규 원전 건설계획을 전면 백지화하고, 2022년까지 운영하려 했던 월성 원전 1호기를 포함한 모든 노후화 원전에 대해 운영 연장없이 폐쇄 조치하는 내용을 담고 있어, 탈원전 정책을 찬성하는 측과 반대하는 측간의 분쟁은 심화되고 있다.

2. 쟁점 및 시사점

위에서 우리는 1986년 체르노빌 원전사고, 2011년 후쿠시마 원전사고 등을 보고 원자력 발전소의 위험성을 고찰하였으며, 이에 문재인 정부는 국민의 안전을 위해 탈원전 정책을 추진하고 있다. 하지만, 탈원전정책의 목적은 좋지만, 여전히 많은 측면에서 문제가 제기되고 있는 실정이다.

생산성 측면에서 문제가 제기된다. 우리나라의 전체 발전량에서 원자력은 30% 이상 (2018년 기준 39.0%)을 차지하고 있다. 여기서 원자력을 사용하지 않고 석탄 · 석유 · LNG 등의 에너지를 추가로 사용한다면, 해외 수입에 의존할 수밖에 없다. 비용적인 측면에서도 문제이지만 국가의 에너지 안보도 중요한 측면 중 하나이다. 에너지 독립성을 확보하지 못한다면 외교활동에서도 큰 국가적 약점이 된다. 또한 국민들에게는 전기요금 상승으로 경제적 부담이 커질 수도 있다.

또한 민주성 측면에서도 문제가 된다. 물론 문재인 정부는 대통령 선거에 출마했을 때 탈원전을 공약으로 내세웠다. 하지만 정책수립에도 절차가 있기 때문에 탈원전 정책의 정책화 과정이 필요하다. 또한 '신고리 5 · 6호기 공론화 위원회'를 통한 공론화 방식은 탈원전에 대한 국민들의 생각을 확인할 수 있었다. 하지만 숙의와 합의의 과정을 거친 공론화 위원회의 권고를 신고리 5 · 6호기에만 적용한 것으로 보인다. 신고리 5 · 6호기를 다시 건설하고 있지만, 에너지 정책 측면에서는 여전히 에너지 전환 로드맵을 발표하면서 탈원전 정책이 고수되고 있음을 보여주고 있다.

국민들의 안전을 위한 탈원전 정책도 중요하다. 하지만 국민경제 안정과 민주성확보도 중요한 정책가치이다. 따라서 향후 탈원전 정책을 구체화하기 위해서는 연관된 정책목표 혹은 정책가치들이 상충되는 일이 없도록 근본부터 재조명되어야 하며 이를 통해 정책의 우선순위를 정할 필요가 있을 것이다.

자료: 신고리 5 · 6호기 공론화위원회. (2017). 「신고리 5 · 6호기 공론화 시민참여형 조사 보고서」.

4. 정책목표 설정의 이상적 방법과 한계

1) 이상적 방법의 내용

정책목표의 우선순위나 달성수준을 바람직하게 결정하기 위해서 고려해야 할 요소는 크게 네 가지로 나눌 수 있다(정정길 외, 2005: 335).

첫째, 정책목표 달성이나 정책문제의 해결로써 얻게 되는 효과(effectiveness)
둘째, 정책목표 달성이나 정책문제 해결을 위한 비용(cost)
셋째, 정책효과와 정책비용의 배분(equity)
넷째, 정책목표의 달성가능성이나 정책문제의 해결가능성(feasibility)

정책목표의 우선순위와 각 목표의 달성수준을 결정하는 이상적인 방법은 위에서 본 네 가지 요소를 고려하여 다음과 같이 목표를 설정하는 것이다. 첫째, 정책문제 중에서 해결 불가능한 것, 즉 정책목표에서 달성불가능 한 것은 제외시킨다. 둘째, 실현가능한 정책 목표 중에서 능률성과 공평성 및 다른 기준들을 고려하여 여러 가지 목표들의 달성수준을 결정한다.

2) 이상적 방법의 한계와 차선책

전술한 방법은 이상적이기는 하지만 여러 가지 어려움에 부딪힌다. 목표들의 달성에서 얻게 되는 효과나 비용의 측정·비교가 어렵고, 목표 선택의 기준 간에 모순·충돌이 있는 경우에 어느 기준을 우선 적용해야 하는지를 판단하기가 어려운 점 등이다. 특히 여러 가지 정책목표들이 서로 이질적인 정책효과를 산출하고 있는 경우에 어느 효과가 더욱 중요한지의 판단이 어렵고 이에 따라 어느 목표를 우선해야 할지의 판단이 어렵다.

이러한 어려움을 극복하는 하나의 방법이 목표를 제약조건으로 하는 것이다. 이질적인 목표들을 각각 어떤 수준으로 하는 것이 최선인지를 판단하는 것이 아니라 몇 개의 목표를 제약조건으로 하여 다른 목표들을 극대화시키는 방법이다(정정길 외, 2005: 336). 그러나 이 방법 역시 제약조건으로 취급하는 정책목표의 달성수준을 어느 수준으로 결정할 것인가가 어려운 문제로 남는다. 객관적인 기준을 찾기 어렵기 때문이다(노시평 외, 2006: 176). 따라서 결국 이 문제는 질적/가치적 판단으로서 정치적 결정과 상호 협의의 문제로 남게 되며, 이를 해결하는 과정에서 도움을 주는 기법으로는 브레인스토밍과 정책 델파이가 많이 활용된다.

5. 정책목표의 명확화

1) 의   의

정책목표가 정책과정에서 판단의 기준, 행동의 지침으로서의 기능을 제대로 수행하기 위해서는 가능한 한 명확하게 설정되어야 한다. 이때 정책목표의 명확화는 그 정책이 해결하고자 하는 문제의 정의 및 문제의 본질과 관련되어 있다. 정책목표의 명확화를 위해서는 정책문제의 올바른 파악이 선행되어야 하는데 일반적으로 다음과 같은 절차를 따른다(정정길 외, 2005).

첫째, 정책목표를 바람직스럽게 결정하려면 정책문제의 올바른 파악이 있어야 한다.
둘째, 정책문제의 핵심이 무엇인지를 규정하는 정책문제정의가 있어야 한다.
셋째, 정의된 정책문제를 해결하여 얻게 될 효과와 이를 위해 희생되는 비용 및 문제의
　　　해결가능성을 검토하여야 한다.
넷째, 정책목표의 우선순위와 달성수준을 결정해야 한다.

2) 필요성

(1) 정책형성 단계

정책목표가 구체적·조작적인 형태로 표현될수록 더 쉽게 정책수단을 찾을 수 있고, 또한 목표를 구체화시켜 감에 따라 목표들 사이에 목표-수단의 연쇄 관계가 형성된다.

(2) 정책집행 단계

정책목표가 분명하지 못하면 집행담당자가 방향감을 잃게 되어 정책의 표류 현상이 발생하게 된다.

(3) 정책평가 단계

정책목표가 구체적일수록 목표의 달성도를 평가하기 쉽다. 정책목표의 구체화는 현실적으로 정책집행단계에 가서야 비로소 가능해지는 경우가 많다. 하지만 정책집행과정상에서 구체적으로 결정되는 목표는 일반대중의 이익보다는 이익집단이나 특수집단의 이익을 반영하는 경향이 있으므로 가능한 많은 사람이 참여하고 많은 사람의 관심을 받는 정책형성과정에서 정책목표가 구체화되는 것이 바람직하다고 하겠다(정정길 외, 2005).

3) 정책목표의 명확화의 한계

이상적으로는 정책목표가 분명한 것이 바람직하나 현실적으로는 분명히 하기가 어려운 경우가 많다. 그 이유는 여러 가지가 있으나 몇 가지만 들어보면 다음과 같다(정정길 외, 2003: 340-341).

첫째, 정책목표의 명확화는 정책집행 단계에 가서야 비로소 가능해지는 경우가 많다. 즉, 정책 결정 단계에서는 막연하고 추상적인 목표를 결정하고 집행단계에 가서 명확하고 구체적 인 목표가 결정될 수 있다는 것이다. 정책결정과 집행은 서로 끊임없이 영향을 미치므로, 목표를 먼저 결정하고 다음에 수단을 결정하는 것이 아니라, 먼저 목표의 개략적 테두리를 결정하고 다음으로 수단도 개략적으로 결정한다. 이어서 정책수단결정에서 얻게 된 정보를 이용하여 정책목표를 수정·보완하여 좀더 구체적인 목표를 결정하고 이를 근거로 정책수단도 다시 구체적이고 명확하게 결정하게 된다.

둘째, 정책목표가 구체화되고 명확하게 결정될수록 수정·변경의 필요성이 커진다. 즉 명확하 고 구체적인 목표는 결정 후에 수정·변경의 필요성이 커지는 것이다.

셋째, 목표가 구체화되고 명확하게 될수록 정치적 지지의 획득이 어려워지고 정치적 반대가 강화될 가능성도 커질 수 있다. 바꾸어 말하면 정치적 반대를 감소시키고 보다 많은 정치적 지지를 얻기 위해서는 애매모호하고 추상적인 목표를 세워야 하는 것이다. 이는 대부분의 정책문제에서는 이해관계나 입장을 달리하는 여러 집단들이 관련되어 있을뿐더러, 하나의 정책문제에 대하여 서로 이해관계나 입장이 다른 여러 정부부서들이 관련되어 있기 때문이다(노화준, 2003: 95-96).

제 4 절 │ 정책목표 설정의 절차

정책목표 설정의 절차는 일반적으로 다음과 같다(류지성, 2007: 222-230).

1) 현재 상태의 파악

'공식적인 목표'(*state goals*)와 '실질적 목표'(*real goals*)의 차이를 분석하고, 기존의 정책대안으로 성취시킬 수 있는 미래의 결과를 예측할 필요가 있다.

2) 바람직한 미래 상태의 정의

'파악된 현재 상태'를 통해 성취시키고자 하는 미래 상태를 정의하는 단계이며, '현재 상태'와 '바람직한 상태'의 차이를 인식하여 정책목표의 수준을 정하게 된다.

3) 제약 요인의 탐색

바람직한 상태를 성취하는 데 걸림돌이 되는 제약 요인을 탐색한다. 제약 요인은 크게 정부기관의 내적인 제약 요인과 환경적 제약 요인으로 구분한다.

4) 정책우선순위의 설정

정책목표들 간의 우선순위를 결정한다는 것은 그렇게 쉬운 것이 아니다. 정책목표가 상하관계인 경우에는 하위목표를 먼저 달성하고 상위목표로 가면된다는 점에서 쉬울 수도 있으나, 정책목표간 상호 경쟁하는 경우에는 우선순위를 결정한다는 것이 쉽지 않다. Hogwood와 Gunn은 1) 목표들 간의 정해진 내재적 기준(*internal criteria*), 2) 수요 (*demand*), 3) 필요(*needs*), 4) 사회경제적 순편익(*net benefit*) 등을 들었으며, 정정길 (2005)은 1) 정책목표의 달성이나 정책문제의 해결로 얻데 되는 효과, 2) 정책목표달성 이나 정책문제 해결을 위한 비용, 3) 정책효과와 정책비용의 배분, 4) 정책목표의 달성가 능성을 들고 있다. 또한 Langbein(1980: 14-29)은 정책목표의 평가기준을 경제성장(효율성), 분배적 형평성, 시민들의 선호의 세 개의 차원으로 나누어 접근하기도 하였다.

5) 정책의 '성공'에 대한 판단 기준 설정

정책에 대한 '성공'은 정책집행 결과가 의도한 최소한의 수준을 만족시켰을 때, 목표가 성취되었다고 한다. 하지만 정책의 '성공'을 바라보는 관점은 다양할 수 있다. '성공'에 대한 다양한 관점이 존재할 수 있다는 사실을 감안하고, 계량화가 어려울 수도 있지만 최대한 특정화시켜서(*specify*), 정책의 '성공'에 대한 판단 기준을 설정하는 것은 매우 중요하다. 경우에 따라서는 구체적 서술도 필요하고, 다양한 기준을 제시할 수도 있다.

6) 정책 실패에 대한 대비 전략의 수립

정책이 결정된 후, 집행되는 과정은 '모니터링'(*monitoring*)되고 그 과정에서 실패의 경우에는 다음 정책형성과정에서 '환류'(feedback)되지만, 정책 실패에 대비한 최소한의 시나리오와 전략은 미리 수립해 두는 것이 필요하다. 정책이란 한번 성공 혹은 실패하고 종결되는 정태적 과정이 아니라 하나의 유기체처럼 상호 동태적이라는 점에서 끊임없는 수정 보완을 통해 보다 바람직한 정책형성을 위한 전략마련이 모색되어야 한다(류지성, 2007: 222-230).

제 5 절 정책목표의 변동

정책목표는 수많은 이해관계자들이 복잡하게 연루되어 있는 복합적이고 동태적인 특성을 지니고 있다. 그렇기 때문에 정책목표 역시 다른 목표들과 같이 시간의 경과, 여건의 변화, 기술의 발전 등에 따라 수정·변동하게 된다.

1. 변동요인

변동요인으로는 환경적 요인과 정책 자체의 요인, 그리고 정책담당기관의 내부 요인 등이 있다. 환경적 요인으로는 정치상황의 변화, 경제여건의 변화, 과학기술의 변화, 사회문화적 변동이 있고, 정책 자체의 요인으로는 문제의 자동해결, 문제의 부분해결, 문제해결 가능성의 소멸 등이 존재한다. 또한 정책담당기관의 내부요인에는 자원의 부족, 조직의 개편, 인력(리더십)의 변동 등이 있다. 이를 좀 더 구체적으로 살펴보면 다음과 같다(박성복 외, 2005: 262-264).

1) 정책결정 주체의 변경

정책목표는 정책결정 주체에 변화가 일어날 때 변동을 일으킬 수 있다. 예컨대 대통령이 새로 선출되거나, 장관이나 고위 정책결정자가 경질될 때 기존의 정책 방향과는 다른 새로운 정책 방향을 제시하는 수가 많다.

2) 관료조직 연합의 변동

정책의 목표는 그를 둘러싼 세력들 간의 협상과 타협의 산물로 볼 수 있다. 따라서 이들 이해관계자들 간의 연합구조(*coalition*)가 달라지게 되면 정책의 목표도 변동될 수 있다. 그리고 관료조직 내의 정책담당 부처 간의 세력 연합에 변동이 일어나면 그에 따라 정책목표도 변동될 수 있다.

3) 정책목표 자체의 성격

정책목표의 변동은 또한 정책목표 자체의 성격에서 연유하기도 한다. 정책목표의 설정에는 수많은 세력이 참여하게 된다. 따라서 정책결정자는 이러한 이해의 대립을 완화시키기 위해서 가급적 목표를 추상적이고 애매모호하게 수립하려 한다. 이렇게 설정된 목표는 그 적용 과정에서 많은 변동을 일으킬 수 있는 요인이 되는 것이다.

4) 기술적 조건의 변화

정책목표 설정 당시에는 예측하지 못하였던 새로운 과학기술이 발명되었을 때 정책목표는 변동될 수 있다.

5) 기타 환경적 요인

정책목표의 변동은 정치·경제·사회적 상황의 변화에 의해서도 일어날 수 있다. 새로운 정치제도의 개혁이나 정치이념의 추구, 경제적 여건의 급작스런 변화, 새로운 사회적 상황의 출현 등은 기존의 정책목표에 변동을 초래하는 주요 요인이다. 그리고 사회내의 특정 세력이 정책목표에 직접적으로 개입하여 변동을 초래할 수도 있다.

2. 변동유형

변동유형에는 첫 번째로 상위목표를 버리고 하위목표를 채택하는 목표의 전환(대체), 두 번째로는 목표 달성이 불가능한 경우 새로운 목표를 찾아 정책목표를 삼는 목표의 승계가 있으며, 마지막으로 목표의 범위나 수를 덧붙이거나 축소하는 목표의 다원화, 확대,

축소의 유형이 존재한다(최봉기, 2004). 이를 좀더 구체적으로 살펴보면 다음과 같다(박성복 외, 2005: 264-265).

1) 정책목표의 왜곡(distortion)

정책목표의 비중 변동은 정책 목표들 간에 중요성의 비중이 변하는 경우를 말한다. 이러한 비중 변동의 현상이 일어나는 원인으로는 정책 관련 집단 사이의 세력 변동, 이익집단이나 대중매체 등의 환경적 요인 등을 들 수 있다.

2) 정책목표의 승계(succession)

정책목표의 승계는 어떤 목표가 동일한 유현의 다른 목표로 대치되는 상태의 목표 변동을 의미한다. 이것은 당초 계획했던 정책 목표가 완전히 달성되었거나 또는 달성될 가능성이 전혀 없을 경우에 일어나게 된다.

3) 정책목표의 확대 및 축소

정책목표의 추가란 이미 설정된 목표에 새로운 목표를 더하는 경우를 말하며, 정책목표의 확대란 이미 설정된 목표의 범위를 넓히는 경우를 말한다. 그리고 목표의 축소란 동종 또는 이종의 목표의 수나 범위가 줄어드는 경우를 의미한다.

4) 정책 목표의 대체(displacement)

정책목표의 대체는 당초의 정책 목표가 다른 목표로 바뀌는 현상을 의미한다. 즉 이미 설정된 정책목표가 다른 목표에 의하여 대체되거나 종속화되는 것을 의미한다.

1. 정책목표 간의 모순 인식의 중요성

하나의 정책을 수립할 때에는 해당 정책의 명분과 취지를 내세우면서 가치를 표명하게 마련이다. 특히 가치를 많이 내세울수록 정책의 타당성과 실현가능성이 높을 것으로 예상하며 각 가치들이 해석하기 좋은 의미의 개념으로 상용화되어 있으면 모순을 인식하기 어려운 것이다. 자유와 평등, 능률성과 효율성, 민주주의와 시장경제, 성장과 분배, 제도와 이념의 추구 등은 전체적으로 볼 때 전혀 모순성이 드러나지 않아 보이며, 그렇기 때문에 문제가 커질 수 있는 가치들의 짝이다.

경제사회에서는 '비용의 최소화'와 '이익의 극대화'라는 모순된 목표가 공존한다. 그러나 이처럼 모순성이 드러나는 경우는 문제가 크지 않다. 누구나 이 문제의 모순을 잘 알기 때문이다. 위험한 상황은 바로 모순이 명백히 드러나지 않은 경우이다. 예컨대, 사회보험인 산재보상 민원서류를 기한 내에 처리를 하여야 하는 공무원은 고객인 민원인을 대상으로 신속성과 공정성이라는 고객 서비스 가치 간에 늘 고민하게 되며 특히 외부고객만족도 조사를 받게 되면 더욱 외부에 신경쓰기 마련이다. 그러나 신속성과 공정성이라는 가치는 상호 모순적이라고 할 수 있다. 경영평가지표로 민원처리평균요소일수에 비중을 두어 신속성을 강조하게 되면, 조사해야 할 사항들을 간과하게 되고, 그 만큼 산재승인율이 높아지고, 산재승인율이 높아지면 보험재정이 증가하게 되어 사회보험재정 관리가 적자가 되는 산재보험보상업무의 공정성이 훼손되는 것이다.

2. 안정 정책 vs. 개발 정책

노무현 정권에서는 강남권 아파트 가격 안정화 정책을 중심으로 부동산 가격 안정화에 힘을 실었으나, 그와 동시에 국토균형개발이라는 정책목표를 제시하면서 수도 이전 정책을 집권 초기부터 강조했다. 하지만, 이는 사실상 안정정책과 개발정책의 병행추진이라는 정책목표설정의 모순의 결과를 초래했다.

---

2) 양정호, "정책목표의 모순적 절충의 인과지도", 한국행정학회 2008년도 하계학술대회 발표 논문집(1), 2008. 6: 577-600를 토대로 정리하였음.

우리나라는 국토가 좁고 인구가 많아 국토 이용 밀도가 높다. 따라서 부동산은 개발이라는 말만 나오면 지가상승 → 투기심리 → 수익기대의 과정을 거쳐 땅값이 솟는 것이다. 이미 형성된 지가 상승 기대 하에서 전국적으로 국토를 개발한다는 정책이 나오면서 기름에 물을 붓는 형식으로 전국의 지가는 전체적으로 공중에 붕 떠 있는 형태가 되어 버린 것이다. 김동환(2007) 역시 지방 개발의 부메랑 효과라고 하면서 부동산 정책이 기대했던 효과를 거두지 못하는 중요한 이유로 노무현 정부에서 집중적으로 추진했던 지방균형발전 사업을 들고 있다. 이처럼, 정책추진에 있어서는 정책목표설정의 모순을 간파하고 이에 따른 대책을 마련하는 것이 매우 중요하다고 할 수 있다.

정책
사례 *cases in policy*

정책목표와 정책문제
– 이명박 정부의 저탄소 녹색성장 –

1. 사례개요

이명박 정부는 향후 60년간 동안 현재의 에너지 소비구조를 바꾸어 높은 에너지 효율을 보이는 저탄소 녹색성장이라는 분명하고도 확실한 정책목표를 제시하였다. 이 정책목표는 향후 60년 동안 이룰 것이라는 장기목표하에 미래지향적인 목표를 제시하고 있으며, 현재의 높은 탄소 발생 에너지 소비구조를 개선하는 동시에 환경과 경제 둘 모두를 잡아야 한다는 가치관이 내포되어 있다.

〈그림 4-3〉 정책목표-녹색성장

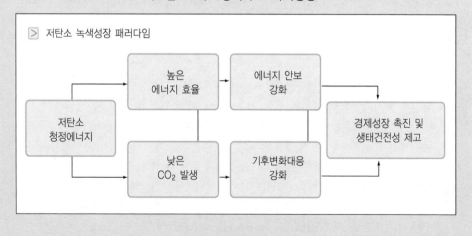

정책문제

세계는 지금 기후변화로 상징되는 '환경' 위기와 고유가로 대표되는 '자원' 위기에 동시에 직면해 있다. 특히 기후변화 문제는 연이은 기상재해를 유발하는 것은 물론 생태계 질서를 근본적으로 뒤흔들며 인류의 생존을 위협하고 있다.

지금과 같이 '에너지 다소비 체제'가 지속될 경우 지구촌이 치러야 할 기후변화에 따른 경제적 손실이 매년 세계 GDP의 5~20%에 달할 것이란 전망이 나올 정도다(2006, 스턴 보고서: Stern Review). 여기에 신흥 개발도상국의 경제개발과 세계인구의 지속적인 증가는 에너지·자원 부족 현상을 부추기고 이에 따른 가격상승을 가속화하고 있다.

정부는 기회가 있을 때마다 '경제만큼은 반드시 살려 내겠다'고 공언해 왔다. 이제 세계는 환경문제에 대한 고려 없이는 경제발전도 생각할 수 없는 메커니즘으로 운영되고 있다. 이런 상황 속에서 제시된 개념이 바로 '녹색성장'이다

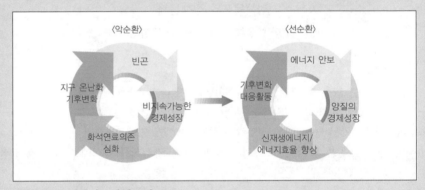

* 자료: 대한민국정책포털

녹색성장의 핵심은 경제성장을 추구하되 자원이용과 환경오염을 최소화하고, 이를다시 경제성장의 동력으로 활용하는 '선순환구조'에 있다.

2. 쟁점 및 시사점

정부가 이 같은 녹색성장의 정책목표를 설정하게 된 계기는 지구 전체에 대한 에너지 고갈의 위기와 환경오염으로 인한 기후변화에 따른 인류가 겪게 될 생존 위협적인 부분을 인식했기 때문이다. 이같은 정책을 통해 효과적으로 에너지를 절약하고 국가적으로는 양질의 경제성장을, 범세계적으로는 기후변화에 효과적으로 대응하려고 한 것이다. 이는 악순환구조를 선순환구조로 돌리면 충분히 문제의 해결을 할 수 있다는 가능성을 전제에 두고 그 시기도 60년이라는 긴 기간 동안 달성할 것을 목표로 잡아 목표의 달성가능성도 충분히 염두에 둔 정책이라고 볼 수 있다.

* 자료: 대한민국정책포털(http://green.korea.kr).

정책목표의 설정은 정책문제를 해결하는 데 있어서 미래의 바람직한 상태나 방향을 설정해 주는 하나의 창조적 행위라고 할 수 있다. 인간의 존엄성을 실현해주는 바람직한 정책목표가 되기 위해서는 시대 적합성과 가치 적합성을 가져야 하며, 시간 적절성과 정도의 적절성과 함께 목표 연계의 내적 일관성을 가져야 한다. 또한 정책목표의 구체성과 실현가능성도 아울러 충족시켜야 할 것이다.

정책목표의 설정은 정책을 통하여 달성하고자 하는 바람직한 상태를 말하며, 따라서 정책목표의 설정은 미래지향성, 변동성, 가치성, 규범성을 가져야 한다. 또한, 정책목표의 설정은 정책을 바람직한 상태로 변화시켜주고 정책과정의 지침이 되며, 정부의 정당성을 강화시켜 주는 역할을 하기 때문에 내용의 적합성, 수준의 적절성, 연계의 일관성을 가져야 한다. 특히 정책목표는 미래의 바람직한 사회상에 대한 표현이므로 미래사회의 변화에 대한 분석이 필요하며, 이에 따라 바람직한 정책목표 설정을 위해서는 과학적 미래예측이 필요하다고 할 수 있다. 한편, 이상적인 정책목표 설정에는 크게 네 가지 요소를 고려해야 하는데, 1) 정책목표 달성이나 정책문제의 해결로써 얻게 되는 효과, 2) 정책목표 달성이나 정책문제 해결을 위한 비용, 3) 정책효과와 정책비용의 배분, 4) 정책목표의 달성가능성이나 정책문제의 해결가능성이 그것이다. 그러나 이러한 이상적인 정책목표 설정에는 한계가 있기 때문에 차선책이 사용되기도 한다.

정책목표의 바람직한 설정을 위해서는 목표들 사이에 목표-수단의 인과관계를 정립할 필요가 있으며, 1) 현재 상태의 파악, 2) 바람직한 미래 상태의 정의, 3) 제약 요인의 탐색, 4) 정책우선순위의 설정, 5) 정책의 '성공'에 대한 판단 기준 설정, 6) 정책 실패에 대한 대비 전략의 수립이 필요하다. 정책이란 하나의 살아있는 유기체 혹은 다이나믹 시스템처럼 동태적 과정으로 파악되어야 하기에 단순한 실패와 성공에 대한 기준보다는 다양한 관점에서의 접근이 필요하며 보다 바람직한 정책형성과 설계를 위한 끊임없는 수정 보완과 분석 노력이 필요하다고 할 것이다.

제 5 장

정책대안의 분석(I): 정책대안의 탐색개발

 >>> 학습목표

정책분석은 구체적으로 정책문제의 분석, 정책목표의 설정, 정책대안의 분석, 분석 결과의 제시의 과정을 거친다. 이 중에서 정책대안의 분석은 세 단계로 구분할 수 있는데, 먼저 정책대안의 분석(I)에서는 정책대안의 탐색개발이 이루어지고, 정책대안의 분석(II)에서는 정책대안의 미래예측이 이루어지며, 정책대안의 분석(III)에서는 정책대안의 비교평가가 이루어진다.

정책결정, 집행, 평가, 환류의 모든 단계가 문제없이 진행된다 하더라도, 채택된 정책수단보다 더 나은 정책수단이나 정책대안이 있었다면, 그 정책은 성공적이라 할 수 없을 것이라는 점에서 대안의 창조적 탐색과 개발은 매우 중요한 단계이다. 즉, 최선의 대안을 선택하기 위해서는 우선 정책대안을 광범위하게 탐색·개발해야 하며, 정책대안의 탐색·개발 과정을 거친 후에 이를 토대로 정책설계를 하여야 한다.

제5장에서는 정책대안 분석의 의의, 정책대안의 탐색·개발방법(이론적 모형 vs. 주관적 방법), 정책대안의 설계, 정책설계에 영향을 미치는 요인 등에 대해서 학습하기로 한다.

1. 정책대안의 탐색개발의 의의

1) 광범위한 정책대안 식별의 중요성

정책대안(*policy alternatives*)은 정책결정자가 그것을 사용함으로써 원하는 목표를 달성할 수 있을 것이라고 믿는 수단이나 방법이다. 다시 말해 정책결정자들이 정책문제의 해결과 정책목표의 달성을 위하여 채택 가능한 정책수단(*policy means or instruments*)의 다양한 조합으로 볼 수 있는 것이다(정정길 외, 2005: 106).

정책대안의 탐색 및 개발에 있어서는 최대한 정책대안들을 광범위하게 탐색하고 개발하는 것이 중요하다. 정책학에서 근본적 문제 혹은 대안의 탐색은 매우 중요한 의미를 지니는데, 이를 위해서는 최대한 창의적인 대안들을 탐색할 필요가 있는 것이다. 대안을 창출하는 것은 도전적인 작업이다. 따라서 분석가들에겐 모든 가능한 대안들을 고려하고 그것들 가운데에 선택이 이루어질 수 있도록 대안창출에 대한 끊임없는 도전이 필요하다. 예상치 못했던 대안이 새로운 과학기술과 접목되어 비용절감과 국가 경쟁력 제고로 이어지는 정책성과를 실현할 수도 있다. 그러므로 정책분석가들은 성공적인 정책대안을 마련하기 위해서 가능한 한 더 많은 대안들을 찾기 위한 창조적 탐색 노력을 기울여야 한다(노화준, 2003: 99).

정책수단을 선택하기 위해서는 우선 중요한 대안들을 찾아내고 개발하여 비교·평가의 대상에서 제외되지 않도록 분명히 확인(*explicit identification*)해 두어야 한다. MacRae와 Wilde는 광범위한 대안 탐색이 나중에 추진 될 대안의 정치적 실현가능성을 증대시키기 위한 협상(*compromise*)과 타협(*negotiation*)을 위해 필요하다는 것을 지적하고 있다. 실제에서 정책대안의 개발이나 탐색은 여러 가지 요인에 의하여 제약을 받고 있다. 이것은 정책결정자나 정책결정자를 도와주는 참모들의 능력이 부족하여 광범위한 정책대안을 구성하지 못하는 경우가 많기 때문이다. 또한 조직이나 강력한 집단의 이해관계와 충돌하거나 정치체제의 이념에 반하는 정책대안들은 고려 대상에서 처음부터 제외되게 된다. 그리하여 비교·평가에서 실제로 고려되는 정책대안은 소수에 불과한 경우가 많다. 정책대안이 광범위하게 탐색되지 못하는 원인 중 정책결정자의 능력부족으로 인한 것은 노력을

---

[1] 제1절의 내용은 저자의 졸저, 「정책학」(2008: 191-205)에서 다루었던 원론적 내용을 정책분석에 맞게 좀더 상론하고 심화시킨 것임을 밝힌다.

통해 보완될 수 있는 것이므로 정책학이나 정책분석에서 중시하는 부분이다(D. Macrae and J. Wilde, Policy Analisis for public decisions, N. Scituate: Duxdury, 1979: 97).

2) 창조적 탐색을 위한 가치 비판적 발전관의 중요성

정책대안의 탐색·개발은 이미 시행되었거나 현재 시행되고 있는 기존의 대안 혹은 정책목록(*policy program repertory*) 중에서 새롭게 대안과 아이디어를 발견하는 탐색활동을 포함한다. 따라서 정책대안의 탐색과 개발의 핵심은 '탐색'이라고 할 수 있으며, 여기서 '탐색'은 가치 비판적 발전관을 전제로한 '창조적 탐색'이 되어야 한다.

가치 비판적 발전관은 다음과 같은 창조적 사고를 통해 갖춰질 수 있다. ⅰ) 낙관적 관점: 세상의 모든 것은 그것이 무엇인가에 상관없이 과거나 현재보다 더 바람직한 것이 있을 수 있다는 관점, ⅱ) 인간의 이성에 대한 믿음: 과거, 현재의 것보다 더 바람직한 것은 인간의 이성을 통하여 찾아낼 수 있고, 이를 이상 모형으로 설계하여 실현할 수 있다는 믿음, ⅲ) 비판적 진단 자세: 바람직한 이상 모형에 입각하여 과거 상황과 현재 상황을 비교 평가함으로써 기존의 것의 모순과 결함을 발견할 수 있다는 자세, ⅳ) 창조적 처방 능력: 과거와 현재의 것이 이상 모형으로 향상 또는 발전하는 것을 방해하는 장애요소를 제거하는 등 실천 방안을 강구하는 능력 등과 같은 창조적 사고를 통해 가치 비판적 발전관은 갖춰질 수 있다(허범, 1995).

2. 정책대안의 원천

정책대안들의 획득과정에서 반드시 필요한 것은 근원적(*baseline*) 대안이며, 이는 현재 상태(*status quo*)를 유지하는 대안(*non-action alternative*)을 의미한다. 보통 정책대안들은 새롭게 개발되기 보다는 이러한 근원적 대안으로부터 정책문제와 관련이 있는 경험자들로부터 부가적인 대안들이 나오는 경우가 많다. 그리고 이러한 근원적 대안을 바탕으로 더욱 좋은 대안들이 나올 수 있게 된다는 점에서 근원적 대안을 통해 새로운 대안을 발견하는 것은 중요하다. 근원적 정책대안의 원천(*source*)은 크게 네 가지 범주에서 창의력, 경험(벤치마킹), 이론(지식) 그리고 정책대상집단(이해관계자) 등으로 구분하여 볼 수 있다.

1) 창의력

대안개발에서 핵심적인 역할을 하게 되는 아이디어가 도출될 수 있는 가장 중요한 원천은 창의력(creativity)이다. 창의력은 정책문제를 새로운 시각에서 보고, 그 문제를 해결하기 위하여 그 전에 없었던 새롭고 독특한 관점이나 방법을 제시하는 능력이다. 21세기에 접어들면서 국정관리의 중요한 방향이 '국가 경쟁력 제고'에 초점이 맞춰지면서 창의력에 기반한 미래예측은 날로 중요해지고 있다. 정책대안 개발과정에서 창의력 증진을 위해서는 브레인스토밍방법, 정책델파이기법, 전문가패널, 시네틱스(synetics)[2]의 활용 등이 필요하다.

2) 경험(벤치마킹)

정책대안개발에서 중요한 또 하나의 원천은 경험과 벤치마킹이다. 즉, 다른 국가, 지역, 또는 조직들이 유사한 문제에 대하여 어떠한 방법으로 대처하였는지에 대한 경험(experience)을 탐색하고 그들의 실제 경험을 벤치마킹하는 것이다. 유사한 문제에 대한 다른 지역 및 조직들의 과거의 경험은 정책대안을 개발하는 데 필수적이다. 하지만 유사한 문제에 대해서 다른 국가, 지역, 조직들이 어떻게 대처했는지를 무조건 모방적으로 동형화(isomorphism)해서는 안 된다. 아무리 유사한 문제이더라도 나라, 지역, 조직에 따라 문화적, 사회적, 경제적 배경이 다르기 때문이며, 이로 인해 정책학에서는 맥락성 고려를 중요하게 여긴다.

---

2) 어떤 문제에 대한 가능한 하나의 해답은 과거에 그와 유사한 문제가 어떻게 해결되었는가를 검토함으로서 발견될 수 있는데, 이러한 접근방법을 유추, 은유, 또는 직유라 부르며, 문제해결을 위하여 이러한 유추법(analogies)을 사용하는 것이 창조공학 또는 시네틱스(synetics)의 기초이다. 시네틱스 과정은 문제 해결자에게 문제에 대한 새로운 관점들(perspectives)을 제공하고 가능한 해결방안을 제공하려는 것으로서, 개인들을 문제기술(problem stating)과 문제해결(problem solving) 그룹에 함께 참여시켜서 문제해결방안의 발견 기회를 높이려는 노력이다. 이러한 시네틱스 과정은 개인적 유추, 직접적 유추, 상징적 유추 및 가상적 유추 등 네 가지 유추법을 사용한다(노화준, 2003: 105-106). 개인적 유추의 예로는 KTX의 문제점을 진단하기 위해 개인적으로 KTX를 타보는 것을 들 수 있으며, 직접적 유추의 예로는 서울시 대중버스 노선의 문제점 진단을 위해 서울시 지하철 노선과 직접 비교하면서 분석하는 것을 들 수 있다. 상징적 유추의 예로는 공무원의 사기 측정을 위해 출퇴근율이나 이직률 등 상징적 대용물을 통해 분석해 보는 방법을 들 수 있으며, 가상적 유추의 예로는 북핵 공격에 대비한 을지연습이나 도상훈련 등을 들 수 있다.

(1) 과거의 정책

과거 또는 현존의 정책은 현실적으로 고려하는 정책대안은 가장 중요한 원천이 된다. 과거에 성공했던 정책들은 기억장치 속에 보관하게 되는데 이렇게 보관된 것이 정책목록 (*program repertory*)이다. 이러한 정책목록의 장점은 1) 여러 가지 결과를 미리 짐작하고 예측 가능하게 하며, 2) 정책대안의 채택 및 집행과정 등에서 등장한 정치적 세력의 활동 등을 쉽게 예측할 수 있고, 3) 정책과정에서 필요한 활동 및 자원 등을 예측하고 계획이 가능하다는 점이다. 반면 단점으로는 과거에 채택되었던 정책으로부터 나오는 결과 (정책의 추진과정, 관련 정치세력, 정책의 집행 및 평가의 문제점)이기 때문에 상황이 다르면 다른 결과를 초래할 수 있는데, 정책결정자가 과거의 경험을 과신하는 경향이 있다는 점이다(이연주, 2008: 340-341 정정길 외, 2005).

(2) 타 정부의 정책

다른 정부의 정책 역시 정책대안의 출처가 된다. 정책을 추진했을 때 나타날 결과의 예측, 정치적 세력의 분석, 자원 계획 등의 사전 검토 등이 쉬워지는 장점이 있는 반면, 과거나 현재의 정책목록을 이용하는 경우의 단점과 같이 상황적 맥락과 특수성을 충분히 고려하지 않고 다른 정부의 경험을 과신하는 경향이 있다는 점을 주의를 기울여야 한다(정정길 외, 2005).

3) 이론(지식)

정책대안의 원천으로 정책문제와 관련된 분야의 이론(*theory*)과 지식(*knowledge*)이 있다. 과학과 기술의 발전에 대한 지식은 문제 해결에 대한 여러 가지 접근가능성의 범위를 넓혀 주고 다양화시켜 주며, 이론에 기반한 정책대안 탐구는 어려운 문제에 직면했을 때 유연하게 대처하는데 도움을 준다.

4) 정책대상집단(이해관계자)

정책대안은 해당 정책에 관련된 이해관계자 즉 정책대상집단을 고려하는 과정에서 개발될 수 있다. 즉, 정책문제에 의해 영향받을 것으로 예상되는 정책대상집단들을 모두 나열하고, 이 정책대상집단(*policy target gruup*)들을 위한 해결방안들을 모색하는 과정에서 창안될 수 있다. 이 방법은 전 국민들이 영향을 받는 정책에는 그리 큰 도움이 되지 않을 수도 있으나, 어떤 집단에만 특히 큰 영향을 마침으로써 특별히 고려하여야 할 필요성이 있는 경우, 즉 어떤 특별한 이해관계 대상집단이 존재하는 경우에는 매우 효과적인 방법이다. 관련되는 정책문제를 정의하고, 그에 대한 해결대안들을 모색하는 과정 속에 그 문제에 이해관계를 가진 개인이나 집단들의 대표자들에게 자문을 구하거나, 또는 이익집단들이 정책결정기관에 접근할 수 있는 제도적 장치를 마련하여 그들로 하여금 의견을 개진할 통로와 기회를 마련하여 준다면 문제해결에 효과적인 여러 대안들이 자연스럽게 제안될 수도 있는 것이다(노화준, 2003: 100-102). 하지만 다양한 정책이해관계 집단의 과도한 참여가 정책 어그러짐(*policy slippage*)으로 귀결되는 것은 피해야 할 것이다.

제 2 절 정책대안의 탐색개발 방법

정책대안을 탐색하고 개발하는 방법은 크게 두 가지로 나누어 설명될 수 있다. 하나는 점증주의적 접근에 의한 대안의 탐색이고, 다른 하나는 창조적 대안탐색이다. 창조적 대안탐색에는 과학적 이론 및 모형을 이용하는 방법과 주관적 판단을 이용하는 방법이 있다.

1. 점증주의적 대안탐색

1) 의의

점증주의는 가장 전통적인 대안탐색의 접근방법인데, 이는 이미 알려진 대안들을 중심으로 점진적으로 대안들을 탐색하는 방법이다. 이에 대표적인 학자로는 Charles E. Lindblom을 들 수 있다.

점증주의적 대안탐색의 원천으로는 1) 정부가 과거에 시행하였던 정책(시간), 2) 다른 정부의 정책(공간) 등을 들 수 있다(강근복, 2002: 102-107).

점증주의적 대안탐색은 이미 시행된 정책들 중 성공한 정책들을 통해 대안을 탐색한다는 점에서 대안의 실패에 대한 위험성을 줄일 수 있다는 장점이 있다. 또한 기존의 정책을 활용하기 때문에 대안을 탐색하는데 있어 시간, 비용을 절약할 수 있다는 장점이 있다. 그러나 점증주의적 대안탐색은 알려진 대안들을 중심으로 대안들을 탐색하기 때문에 보수적이고 변화를 쉽게 이끌어내지 못한다는 한계가 있다. 특히 오늘날과 같이 변화가 빠르고 불확실한 정책환경하에서는 점증주의적 대안탐색이 당면한 문제를 효율적으로 처리하지 못하며 개혁이나 혁신적인 결정에는 부적합하다는 비판이 있다.

2) 점증주의적 대안탐색 사례

　그렇다면 점증주의적 대안탐색 방법에 의해 실행하고 있는 우리나라의 정책은 무엇이 있는지 사례를 통해 살펴보도록 하자.

정책
사례 *cases in policy*

서울시 '희망플러스 통장' 역수출

1. 사례개요

　어릴 때 앓은 소아마비로 다리가 불편한 박경수(50 · 은평구 갈현2동) 씨는 3월 서울시의 '희망플러스 통장'에 가입해 매달 10만원씩 저축하고 있다. 기초생활수급자인 박씨는 사회복지관에서 자활 사업에 참여하고 있다. 독거노인에게 밑반찬을 배달하고 복지관에서 운영하는 택배 서비스를 담당하는 것이 업무다.

　이렇게 해서 버는 돈이 한 달에 65만~70만원. 기초생활수급자에게 지원되는 110만원의 급여를 합하면 월 평균 소득은 180만 원 정도다. 이 돈으로 허리가 아파 일을 거의 못 하는 부인, 다섯 자녀와 함께 생활하기에 빠듯하다. 게다가 임대주택의 월세로 한 달에 30만원을 내야 한다. 그래서 올 초까지만 해도 저축은 생각지도 못했다. 그러나 박씨는 "희망플러스 통장 얘기를 듣고는 꿈을 갖게 됐다"며 "3년간 열심히 저축해 꼭 전셋집으로 옮기고 싶다"고 말했다.

　서울시의 희망플러스 통장 사업이 1년 5개월째 접어들었다. 이 사업은 국민기초생활보장수급자 등 저소득층이 매월 5만~20만원씩 3년간 저축하면 서울시와 후원기관이 같은 액수만큼 지원하는 것이다.

　서울시는 올 3월 1,000가구를 추가로 선발한 데 이어 올해 말까지 희망플러스 통장 가입 가구를 모두 1만 가구로 늘릴 계획이다. 서울시 김인철 복지정책과장은 "문의가 끊임없이 들어올 정도로 반응이 뜨겁다"고 말했다.

　이 사업은 미국에서 운용 중인 개인발달계좌(IDA) 프로그램을 벤치마킹한 것이다. IDA는 저소득층의 개인 저축에 대해 세 배까지 지원해 준다. 현재 40여 개 주에서 3만여 개의 계좌가 있다.

　희망플러스 통장은 IDA에 비해 다양한 교육 프로그램이 접목돼 있다는 점이 특징이다. 사업을 주관하는 서울복지재단은 통장 가입자를 대상으로 금융 전문가와의 일대일

상담을 통한 재무 설계는 물론 가계 부채 관리, 보험, 개인 위험 관리, 주택 정책 관련 강의를 마련해 놓고 있다.

이 사업이 자리를 잡아 가자 IDA 사업을 제안한 미국 워싱턴대(미주리주)의 마이클 시라든 교수팀에서 최근 공동 연구를 제안해 왔다. 통장 가입자를 대상으로 심층 인터뷰 등 집중 조사를 한 뒤 연말에 국제 세미나를 개최해 연구 결과를 발표하자는 내용이었다. 희망플러스 통장을 외국에 알리는 계기가 되는 것이다. 공동 연구 협약을 위해 6일 출국한 이성규 복지재단 대표는 "한국 상황에 걸맞게 변화된 희망플러스 통장에 대한 국제적 관심이 높다"고 말했다.

 * 자료: 중앙일보, 2009. 5. 7.

2. 쟁점 및 시사점

희망플러스 통장제도는 미국의 제도를 우리나라의 상황에 맞게 선택적 모방에 의해 대안을 탐색한 점증주의적 대안탐색으로 시작을 하였다. 그러나 다른 나라의 정책을 단순히 모방만 하지 않고 금융전문가와의 전문적인 재무 설계 서비스를 제공하는 등 기존의 제도를 더욱더 발전시켰다.

이는 단순히 외국의 선례를 답습한 수준이 아닌 정책학적으로 정책공동체의 아이디어를 채택했던 점에서 서울시의 정책혁신을 높이 살만하다. 외국에서 역으로 우리의 희망플러스통장을 벤치마킹하려 한다는 시점에서 정책이 잘 정착할 수 있도록 정부 차원에서의 전폭적 지원이 필요하다고 하겠다.

복지정책은 예산안에 따라서 크게 좌지우지되기 때문에 정치적 합의의 중요성도 부각된다. 국민의 관심도가 높아질 수 있는 정책이기에 정권변화에 따라 정책이 흔들리지 않도록 정부관계자-국회-시민사회가 거버넌스적 협력을 하여 정책의 활성화에도 주의를 기울일 필요가 있을 것이다.

2. 창조적 대안탐색

지식정보사회와 같이 복잡한 변화가 늘 존재하는 시대에는 정책문제들도 발상의 전환이나 어떤 획기적인 변화를 요구하는 것들이 많다. 이러한 정책문제들을 해결하기 위해서는 새로운 대안의 창조적 탐색이 요청되며, 우리는 가능한 많은 창조적 대안들을 찾으려고 노력해야 한다. 정책학이 미래의 가치를 더욱 중시하고 미래는 도전과 창의를 요구한다고 볼 때 창조적 대안탐색의 중요성은 매우 크다고 할 수 있다.

창조적 대안탐색의 핵심은 창의적인 기법들을 어떻게 활용하여 미래전략에 대한 귀중한 정보를 이끌어낼 수 있는가에 달려 있다고 해도 과언이 아닐 정도로 전문가 판단 기법들이 창조적 대안탐색의 방법에서 차지하는 비중은 크다고 할 수 있다.

창조적 대안탐색은 과학적인 이론과 지식 또는 계량적 모형을 통해 이루어질 수 있고, 전문가들의 주관적 판단에 의해 이루어지게 된다. 주관적 판단의 경우는 브레인스토밍이나 정책델파이를 통해 이루어지는 경우가 많다. 다시 말해서 조직의 성공에 핵심이 되는 새롭고 흥미로운 지식의 융합을 키우는 상호작용의 과정이라고 할 수 있다.

1) 과학적 이론 및 모형에 의한 대안탐색

과학적 이론이나 모형으로부터 정책대안을 탐색할 수 있는 이유는 이론이나 모형이 정책목표와 정책수단 간의 인과관계를 파악하는 데 도움을 주기 때문이다(정정길 외, 2005: 354). 즉, 과학적 이론이나 지식은 정책목표와 정책수단 간의 인과관계를 파악하게 해주고, 이들은 인과관계의 구성에 필요한 모형을 창출하는 데 기초를 제공해준다.

2) 주관적 판단에 의한 대안탐색

(1) 의의

과학적 이론이나 모형을 이용하여 정책대안을 탐색하는 것이 가장 바람직하지만 많은 경우 우리 상황에 적합한 이론의 부재, 전문지식의 부족, 상황정보의 부족 등으로 어려움에 부딪치는 경우가 종종 있으며, 어떤 경우에는 외국의 정책이나 과거의 정책사례가 없는 경우도 많다. 이런 경우에는 주관적 판단에 의한 발상과 정책전문가들의 브레인스토밍 및 전문가패널, 시나리오기법, 정책델파이를 통해 정책대안을 탐색하는 것이 바람직하다.

정책대안탐색에서 창의력은 매우 중요한 요소이다. Y. Dror는 대안탐색과정에서 창의력이야말로 새롭고 더 좋은 대안을 고안하는 데 있어서 가장 핵심적인 방법이며, 합리적 기법은 창의력에 대한 보조물에 지나지 않는다고 주장했다.

하지만 대안탐색에 있어서 창의력의 무한한 장점과 이를 발휘하도록 고취되어야 한다는 원칙에는 모두 동의하나, 문제는 현실적으로 어떻게 하면 창의력을 발휘하도록 자극을 주고 동기를 부여할 수 있을까 하는 문제가 더 어려운 과제라고 할 수 있다.

정책대안을 탐색하는 방법 중 개인 또는 집단의 판단력, 직관력, 통찰력을 기초로 하는 가장 대표적인 방법은 브레인스토밍(*brainstorming*)과 정책델파이(*policy delphi*) 등이 있다.

(2) 유형

㈎ 브레인스토밍(brainstorming)

브레인스토밍(*brainstorming*)은 즉흥적이고 자유롭게 아이디어를 창안하는 활동으로서, 가능한 한 많은 아이디어를 얻기 위해 활용되는 방법이다. 즉, 여러 사람들이 머리에 떠오르는 대로 아이디어를 제시하게 하는 것이다. 따라서 관련 분야의 전문가들뿐 아니라, 상상력이 풍부하고 선입견에 구애받지 않는 독창적인 사람 그리고 당해 문제나 정책에 의해 직접적인 영향을 받는 관련자들로 구성하며, 4-12인 정도의 규모가 좋은 아이디어를 얻기 위해 효과적이다.

브레인스토밍에서 유의해야 할 사항은, 한 사람의 아이디어가 다른 사람의 아이디어 창출을 격발하도록 고안된 공식적인 그룹 토의과정 기법으로서 긍정적인 격려(*encouragement*)는 장려하면서, 비판(*critique*)은 최소화하도록 해야 한다는 것이다. 따라서 일반적으로 모임은 두 단계로 구조화하는 게 좋은데, 이를 위해서는 우선 아무런 제약 없이 아이디어를 산출하고, 아이디어에 대한 비판과 평가는 최소화하는 첫 번째 단계와 아무런 제약 없이 아이디어를 평가하는 두 번째 단계로 구성하게 된다. 이러한 브레인스토밍은 미래예측의 초기단계에 다양한 정책대안들의 원천을 탐색하거나 정책대안들이 어떠한 결과를 초래할 것인지에 대한 시나리오를 구성하는데 있어 매우 유용하게 사용될 수 있다. 브레인스토밍의 창시자인 A. Osborn은 참된 브레인스토밍 세션은 판단유예원칙(*deferment of judgement principle*)을 따르는 것이라는 점을 강조한다(강근복, 2002: 112-113; 정정길 외, 2005: 337). 그 외에도 Osborn은 자유주의 원칙, 다다익선 원칙, 결합개선 원칙을 제시하기도 하였다.

㈏ 전문가패널(expert panel)

전문가 패널은 분석하고자 하는 분야에 전문가들을 섭외하여 그들의 토론 중에 얻은 생각이나 지식을 통해서 미래를 예측하는 것이다. 이때 전문가는 보통 15-20인으로 구성되고, 활동기간은 3-18개월 간 유지되며, 패널들 각자는 자신이 연구한 보고서를 제시한다(Michael Keenan, 2004: 1-2). 전문가 패널은 전문가들의 의견에 기초하여 미래의 가능성에 대한 창의적 탐구를 하는 기법으로서, 이 역시 하나의 독립된 미래예측 기법이라기보다는 브레인스토밍, 정책델파이, 혹은 시나리오 기법에서 병행적으로 활용되는 미래예측기법이다(권기헌, 2008b: 214-216).

전문가 패널과 유사한 형태로 이루어지는 대면적 토론에는 소수의 인원에서 다수의 인원이 참여할 수 있는 다양한 방법이 있다. 이러한 대면적 토론은 대개 일회용 조직의 차원에서 호칭되는 것들이지만, 이들은 미래예측의 전문가 패널의 활동의 과정에서 다양한 형태로 활용될 수 있다. 이들은 세미나(*seminar*), 심포지엄(*symposium*), 포럼(*forum*), 분임토의(*group discussion*) 등 다양한 형태로 불린다.

① 세미나(*seminar*): 세미나(*seminar*)는 어떤 주요 주제에 관한 논의 내지 토론이 이루어지는 공식적인 모임으로서 전문가 회의라고도 한다. 사실 패널(*panel*), 심포지엄(*symposium*), 포럼(*forum*), 분임토의(*group discussion*) 등 나머지 유형들은 세미나의 특수한 형태로 볼 수 있다.

② 심포지엄(*symposium*): 심포지엄(*symposium*)은 토론 주제에 관하여 복수(2~5)의 전문가들이 각각 서로 다른 측면에서 전문적인 의견을 발표하고 청중들의 질문을 중심으로 질의응답식으로 토론하는 방법이다.

③ 포럼(*forum*): 포럼(*forum*)은 보통 강의라든지 영화 상영이 있은 뒤 또는 패널, 심포지엄 등에 이어서 이루어지며 특정 주제에 관하여 청중들에게 새로운 자료와 견해를 제공하여 주제에 대한 관심을 높이고 필요한 정보를 제공하여 문제를 명확하게 하여 그들 자신의 의견을 표명하도록 촉진하는 방법이다.

④ 분임토의(*group discussion*): 분임토의(*group discussion*)는 사람들을 소속과 배경이 고루 섞인 10명 내외의 소집단으로 나누어 동일한 문제를 토론하고 그에 대한 해결 방안을 작성하게 하는 방법이다. 이는 분임집단별로 작성한 문제해결 방안을 발표하고 토론하여 하나의 합리적인 문제해결 방안을 모색하는 방법으로 소집단서 1차적인 토론이 이루어지게 되므로 시간을 절약할 수 있어 합리적인 대안을 개발하고 모색하는 데 유용하다(강근복, 2002: 110-112).

(다) 시나리오기법(scenario planning)

시나리오기법은 전문가패널, 정책델파이와 함께 세계적으로 인정되는 완전한 미래예측(*fully-fledged foresight*)의 3대기법이다. 시나리오를 창출하는 가장 일반적인 방식은 전문가 패널을 통해서 하는 것이며, 전문가패널, 시나리오기법, 정책델파이는 대규모 미래예측 프로젝트라면 대부분 함께 진행되는 미래예측의 핵심 방법론이다.

현재 이러한 시나리오 기법이 유용하게 활용되는 분야는 바로 안보·국방정책 분야이다. 전쟁 발발 가능성의 예측과 전쟁시 적국의 예상 전략을 토대로 효과적인 대응전략을 도출해 낼 수 있는지 여부는 국가의 존망과 직접적으로 연결되는 것이기 때문이다. 따라서 시나리오 기법을 활용한 작전계획의 수립과 위 게임과 같은 시뮬레이션 기법은 군사적 관점에서 필수적으로 활용되는 미래예측 기법이다. 그러나 시나리오 기법은 군사정책에만 쓰일 뿐 아니라 일반 정부 정책에도 적용할 수 있으며 이용될 수 있다.

시나리오는 현재에서 미래시점까지의 경로를 서술하는 이야기(*narration*), 이미지

(image), 또는 지도(map)를 의미하는 것이다. 시나리오는 '무언가 미래에 결정을 하기 위해서 미래에 나타날 여러 가지 상황들이 어떻게 펼쳐질지를 알게 해주는 도구'(Peter Schwartz, 1991)로 정의되거나, '단순한 예측(forecast)이 아니라 하나의 가능한 미래에 대한 비전을 명확하게 하는 도구'(michael porter)로 정의된다. 즉, 시나리오는 단순한 '예측'(forecast)이 아니라, 미래의 '불확실성'을 적극적으로 해소하여 원하는 미래상(future vision)을 명확히 하고 체계적인 계획 수립에 결정적인 도움을 주기 때문에 미래 예측(future foresight) 과정에서 가장 많이 사용되는 기법이다.

'좋은' 시나리오는, ① 그럴듯해야 하고(인과관계와 결정들을 확연하게 보여주는 이성적 수단), ② 내부적으로 일관되어야 하며(대안으로 제시된 시나리오들도 비교대상이 될 수 있는 비슷한 주제를 다루어야 함), ③ 결정과정에 영향을 미칠 정도로 미래를 실제적으로 만든다는 흥미와 재미를 유발해야 한다(박영숙 외, 2007: 256-257). 시나리오 기법을 통해 전문가들은 필요로 되는 대안적 미래(alternative futures)를 보다 더 잘 이해하고, 이를 통해 비선형적 전략(nonlinear strategy)과 정책도구(policy drivers)들을 더 잘 개발할 수 있다. 시나리오의 특징으로는 1) 좋은 시나리오는 다수의 견해를 통해 다양한 논리를 개발할 수 있어야 하며, 2) 정량적 변화를 분석하며, 3) 미래의 발생가능성을 서술하는 객관성을 지니며, 4) 추상적 수준의 견해를 압축적으로 표현하며, 5) 가까운 장래 상황에 대한 의미를 포함하여 정책결정에 중요한 요인분석을 제공해 주는 것이어야 한다.

시나리오 기법은 1) 무엇이 미래의 영향요인인가? 2) 무엇이 불확실한가? 3) 무엇이 피할 수 없는 상황인가? 등의 질문들을 다음의 각 단계에 적용함으로서 이루어지게 되는데, 공식적인 연구절차를 설명하기에 앞서 시나리오 연구에서 밟아야 할 간략한 프로세스를 보면 다음과 같다.

첫째, 미래의 초점이 되는 이슈를 확인한다.
둘째, 미래의 환경 하에서 핵심적인 요인이나 트렌드를 확인한다.
셋째, 미래의 핵심적인 요인이나 트렌드를 설정한다.
넷째, 시나리오 논리를 선택한다.
다섯째, 시나리오 유형을 추출한다.
여섯째, 목표들의 검토를 통해서 방향이나 지침을 선정한다.
일곱째, 정책적 함의를 도출한다.

마지막으로, 시나리오 기법이 현대적 정책연구에 주는 의의를 정리하면 다음과 같다.

첫째, 시나리오 기법은 정책과정에 더 넓은 범위의 지식을 활용할 수 있게 해 준다. 시나리오 연구는 전문가의 참여를 통해 객관적 기술예측의 효율성을 제고하는 한편, 시민의 참여를 통해 민주적인 정책결정방식을 활성화시키는 데 기여하였다.

둘째, 시나리오 기법은 정책토론의 활성화에 많은 도움을 준다. 시나리오 연구는 정책전문가가 이미 믿고 있는 것을 많은 전문가와 이해관계자들이 참여하여 광범위한 토론에 기초한 정책결정방식을 취할 수 있도록 하는데 기여하였다.

셋째, 시나리오 기법은 정책집행의 수용성을 확보하는 데 많은 도움을 준다. 정책결정이 자동적으로 정책행동으로 옮겨지지는 않는다. 시나리오 연구를 통한 미래예측과 정책분석은 전문가와 이해관계자들의 광범위한 참여와 토론을 가능케 해 줌으로써 정책집행의 수용성을 확보하는 데 기여하였다.

넷째, 시나리오 기법은 정책평가 및 환류의 과정에서 보다 많은 양의 정보를 제공하는 데 도움을 주었다. 시나리오 연구는 고객과 스폰서에게 이전에 그들에게 부족했던 많은 양의 정보를 제공하는 기회를 제공해 줌으로써 보다 원활한 정책 환류와 정책학습이 실현될 수 있도록 하는 데 기여하였다.

⒠ 정책델파이(policy delphi)

일반적인 델파이는 단순한 미래 예측, 특히 미래의 사건 변화에 대한 전문가들 간의 합의 도출을 위해 개발된 것인데 비해, 정책델파이는 정책 문제의 잠재적인 해결 방안을 둘러싸고 다양하게 제기되는 의견들을 노출시키고 종합함으로써 바람직한 대안의 개발을 위해 델파이 방법을 응용한 것이다(강근복, 2002: 115).

일반적인 델파이 방법은 설문지를 이용하거나 컴퓨터를 이용할 수 있는데, 정책델파이도 이러한 방법을 모두 활용할 수 있다. 정책델파이의 일반적 절차를 살펴보면 〈그림

〈그림 5-1〉 정책델파이 순서도

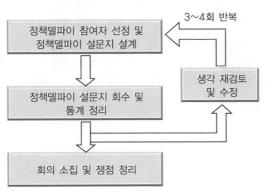

* 자료: 권기헌, 2008: 199에서 수정.

5-1〉과 같다.

3) 창조적 대안탐색 사례

정책
사례   *cases in policy*

서울시, 매립쓰레기서 '청정연료' 수소 만든다.
- 창조적 대안탐색 -

1. 사례개요

서울시가 매립쓰레기에서 발생하는 메탄가스를 이용해 세계 최초로 청정연료 수소를 생산하는 건설사업을 시행한다. 서울시는 상암동 월드컵공원(옛 난지쓰레기매립장)에서 발생하는 메탄가스를 수소 에너지로 전환하는 수소생산설비를 10월 착공, 내년 11월부터 운영할 계획이라고 30일 밝혔다.

수소에너지는 자동차 연료로 사용되는 과정에서 오염물질이 발생하지 않는 친환경에너지로 평가받고 있으며 매립가스를 이용한 수소생산설비는 서울시에서 처음 시도하는 것이다.

수소생산설비는 마포구 상암동 노을공원과 하늘공원 사이에 건립되며 총사업비 75억 3,800만원이 투입된다. 시는 공사기간을 단축하기 위해 국내에서 생산되지 않는 고압 압축기·저장용기·충전설비 등은 이달 중 주문하고, 건축·배관 등 기반설비는 다음달 착공하기로 했다. 서울시는 2007년 '서울 친환경에너지선언'에서 2020년까지 신재생에너지 이용률을 10% 수준으로 확대하겠다고 밝힌 바 있다.

* 자료: 포커스신문사, 2009. 8. 31.

2. 쟁점 및 시사점

위에서 제시된 서울시의 환경정책사례는 21세기에 더욱더 중요하게 부각될 과학기술을 이용한 창조적 대안탐색 사례로 볼 수 있다. 매탄가스는 지구온난화를 일으키는 주요 요인으로 지구환경에 치명적 문제를 야기하고 있는 상황이다. 이러한 상황 속에서 서울시는 창의적인 과학기술을 이용하여 메탄가스를 수소에너지로 변화시키는 정책을 추진한 것이다. 미래에 석유가 고갈되면 메탄가스에서 변환된 수소에너지는 대체에너지로서 자동차의 연료로도 중요하게 사용될 것을 예상하면, 서울시는 '적군을 아군으로 만드는' 발상의 전환에 성공한 것이라 볼 수 있다.

국방부 '북한 붕괴 시나리오' 검토
- 시나리오기법을 통한 미래예측 -

1. 사례개요

북한 체제 붕괴시 어떻게 대응하느냐 하는 문제가 미국 국방부의 주요 국방정책 시나리오에 포함된 것으로 나타났다. 이는 북한의 정권 붕괴(regime collapse)를 미 국방부가 아프가니스탄 전쟁이나 이라크 전후 처리 문제 수준의 당면과제로 설정하고 있음을 드러냈다는 점에서 비상한 관심을 끈다.

9일 외신에 따르면 미 국방부는 버락 오바마 행정부 들어 처음으로 내년 초 의회에 제출하는 '국방정책 4개년 보고서(QDR)' 준비과정에서 북한 붕괴와 북핵 도발 대치상황 등을 11개 주요 안보위협 시나리오 중 하나로 검토하고 있다.

이에 따르면 미 국방부는 미셸 플러노이 정책담당 차관의 지휘로 미국이 조만간 직면할 대외위협을 11가지 시나리오로 가정해 이를 5개 이슈팀이 나눠 보고서를 작성하고 있다. 제1이슈팀은 미국 주도로 이뤄지는 국가재건작전 시나리오 네 가지를 검토하고 있는데 이 중 하나가 북한의 정권붕괴 상황을 가정한 시나리오 작업으로 나타났다. 나머지는 아프가니스탄과 이라크에서 미국의 작전, 파키스탄의 핵 위협 등에 대한 시나리오 작업이다.

제2이슈팀은 중국과 대만, 러시아와 발트해 연안국 간의 갈등 문제와 더불어 핵무장을 하게 될 이란을 다루고 있다. 제3이슈팀은 미국 본토방위, 민간지원, 사이버 공격, 재난관리 문제를, 제4이슈팀은 전세계적인 미국의 군사배치 조정 문제를, 제5이슈팀은 국방부 내부업무 효율성 제고 문제를 각각 검토하고 있다.

이와 함께 로버트 게이츠 국방장관은 이들 5개 이슈팀이 마련할 정책에 미비점이 있을 것에 대비, 민간인들을 참여시킨 별도의 '레드 팀'을 구성해 정책대안을 마련하고 있는데 여기에도 역시 '북한의 핵 도발에 따른 미국과 북한의 대치상황'이 '7개의 치명적 시나리오' 가운데 하나로 포함된 것으로 드러났다. 나머지 6개 '치명적 시나리오'는 중국의 대만 침략으로 촉발되는 세계전쟁, 과격 이슬람 세력이 옛 소련의 핵무기를 확보해 미 본토 위협, 미국과 세계경제를 마비시키려는 에너지 시설 파괴, 해상 화물선 공격, 글로벌 전염병 창궐, 파키스탄 내전에 따른 인도 등 서남아시아 핵전쟁, 미국의 이라크 철수 등이다.

오바마 행정부 출범 이후 처음으로 검토되고 있는 이번 '국방정책 4개년 보고서'는 이러한 시나리오분석을 토대로 재래식 전쟁과 사이버 테러, 극단주의자들의 테러 등이 혼합된 '하이브리드 전쟁(hybrid war)'에 효과적으로 대응할 수 있는 안보전략 구축에 초점을 맞출 것으로 알려졌다.

* 자료: 서울경제, 2009. 9. 9.

2. 쟁점 및 시사점

창조적 대안에서의 시나리오 기법은 미래에 발생 가능한 잠재변수들을 전략적으로 포지셔닝(positioning)하는 기법으로서 과학적, 전문적 미래예측의 핵심기법으로 등장하고 있다. 위 사례는 창조적 탐색 유형 중 시나리오 기법을 사용하여 미국의 안보전략을 구축하는 것에 대한 기사이다. 이는 시나리오 기법이 실제적으로 군사전략에 어떻게 이용되고 있는지를 보여주는 것으로서, 미국 국방부가 시나리오 기법을 통해 미래의 미국 국방 상황이 어떻게 될 것인지를 다각도적인 측면에서 예측하는지를 보여주는 것이다. 미국은 시나리오 기법을 통해 미국의 국방의 미래를 여러 방면으로 예측하고, 이에 따른 이를 통해 어떻게 국방전략을 세워나가야 할지를 모색한 뒤 미래의 안보방향과 전략을 짜고 있다는 점에서 시나리오 기법을 아주 잘 활용하고 있다는 점을 알 수 있다.

3. 대안개발과정에서 주의할 점

대안개발에 있어서 염두에 두어야 할 가장 중요한 사항은 평가되어야 할 대안의 집합에 좋은 아이디어가 포함되어 있지 않는다면, 대안개발에 아무리 많은 시간을 투자해도 그것은 모두 시간낭비에 불과할 수밖에 없다는 것이다. 아무리 많은 아이디어가 있다고 해도 정말 중요하고 좋은 아이디어 하나보다 못할 때가 있기 때문이다. 그리고 이것은 대안개발에 있어서 무조건 적인 양보다는 질 높은 대안이 중요하다는 것을 의미한다. 그렇다면 좋은 대안을 산출할 가능성을 높일 수 있는 방법에 대해 살펴보면 다음과 같다.

첫째, 대안개발은 최대한 광범위한 탐색을 원칙으로 한다. 대안을 개발하는 초기단계에서 가능한 모든 대안들의 리스트를 작성하여, 최적의 대안이 검토 대상 대안집합에 포함되지 않는 잘못을 범하지 않도록 한다. 그 후 본격적인 분석을 시작하기 전의 검토 과정에서 열등한 대안들은 폐기하고, 유사한 대안들은 함께 통합해 나가는 과정을 거치도록 한다.

둘째, 대안개발과정에서 과거의 경험에 너무 지나치게 의존하지 말아야 한다. 현존 정책 모형들에 의존하게 될 경우 대안의 적절성을 고려하기 보다는 보다 익숙한 대안을 채택할 가능성이 높아지기 때문이다. 또한, 우리의 시야를 좁게 하여 새로운 대안 탐색의 가능성을 놓치게 할 수 있기 때문이다.

셋째, 대안개발과정에서 새로운 아이디어가 제시될 때 그것을 비판하지 말아야 한다. 그 이유는 아이디어에 대한 비판이 유용한 아이디어를 제안할 사람들의 용기를 저하시키고 그에 따라 결과적으로 좋은 아이디어들이 발견될 가능성이 낮아지기 때문이다(노화준, 2003: 108).

제 3 절　정책대안의 설계

1. 정책대안 설계의 의의

정책을 만들기 위해서는 정책설계가 필요하다. 정책설계는 정책에 대한 청사진으로서 정책을 집행해 나가는 데 대한 지침을 의미하므로 매우 중요한 의의를 지닌다.

정책이 대상으로 삼는 사회적 문제는 겉으로 보기에 하나의 문제인 것 같지만, 실제로는 여러 개의 문제들로 이루어진 문제의 집합으로 구성되어 있는 경우가 대부분이다. 따라서 이러한 다수의 복합적인 문제들로 구성되어 있는 문제들을 재구성하여 정책을 설계하기 위해서는 다음과 같은 두 단계의 과정을 밟게 된다.

첫째, 문제의 집합(set)에 포함되어 있는 개개의 문제들의 원인을 진단하여 규명하고, 문제들의 원인들 간의 상호 인과관계를 밝힌다.

둘째, 이를 토대로 개개 문제에 대한 정책해결수단과 방법들을 식별하고, 이들 각 해결수단과 방법들 간의 적절한 조합과 인과적 연계를 설정한다.

이처럼 정책수단들의 선택된 조합이 최적의 효과를 낼 수 있도록 설계하여, 정책대안이 목표로 하는 궁극적 사회가치를 효율적으로 실현하도록 하는 것이 정책대안의 설계라고 할 수 있다(노화준, 2003: 116-119).

2. 정책대안 설계의 일반적 절차

정책대안의 개발과 설계는 반복적인 과정이며 이러한 과정을 거치는 동안 원래의 아이디어는 정교하게 다듬어지고 더욱 풍부해진다. 또한, 쓸모없는 아이디어는 버려지고, 새로운 아이디어는 추가된다. 정책대안 설계의 일반적 절차는 다음과 같다.

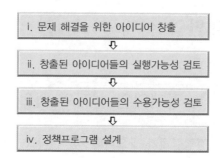

i. 문제 해결을 위한 아이디어 창출

⇩

ii. 창출된 아이디어들의 실행가능성 검토

⇩

iii. 창출된 아이디어들의 수용가능성 검토

⇩

iv. 정책프로그램 설계

정책아이디어 창출단계에서 창출된 아이디어들은 그 실행가능성 여부가 실행가능성에 대한 검토단계에서 검토된다. 여기서 실행가능성 검토는 정치적 실행가능성, 경제적 실행가능성, 사회적 실행가능성, 행정적 실행가능성, 법적 실행가능성, 기술적 실행가능성 등 여러 가지 차원에서 이루어져야 한다.

실행가능성에 대한 검토단계를 거친 아이디어들은 수용가능성 여부를 거치게 된다. 만약 수용가능한 아이디어가 충분히 확보되지 못하였다고 판단되는 경우에는 아이디어를 창출하는 단계로 돌아가 추가적인 아이디어를 창출하는 노력을 하게 된다.

두 가지 검토과정을 거치고 나면, 정책설계 단계에 이르게 되고, 실행가능하고 수용 가능한 아이디어들만 남게 된다. 정책설계는 이 가운데서 달성하고자 하는 하위목표들 사이의 수평적 연계망(*horizontal network*)을 설정하고, 한 세트를 구성하는 아이디어들 간

〈그림 5-2〉 정책대안의 개발과 설계 과정

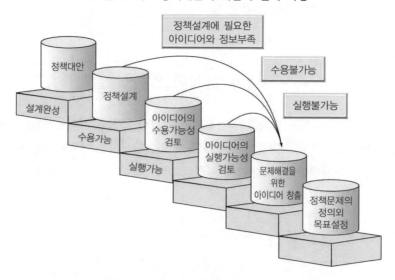

* 자료: 노화준, 2003: 118에서 수정.

의 계층제적 순서(*vertical hierarchy*)를 설정하는 것이다.

마지막으로 정책설계 과정에서도 확보된 아이디어들이 필요한 만큼 충분히 확보되지 못하였거나 적절하지 못하다고 판단되면, 새로운 아이디어를 창출하는 노력을 계속하여야 하며 새롭게 창출된 아이디어들에 대해서도 실행가능성과 수용가능성을 검토하여야 한다.

정책대안의 탐색, 개발과 설계는 〈그림 5-2〉와 같이 이러한 네 단계에 걸쳐서 이루어지고 있는 반복과정이라고 할 수 있다.

3. 정책대안설계표 작성

정책대안은 일련의 활동으로 구성되어 있으며, 이 활동들은 상위목표를 실현하는 데 필요한 정책수단들이다. 인간 존엄성 실현이라는 궁극적인 목표를 이루기 위한 하위목표들 상호 간에 수평적인 인과관계(*horizontal causality*)가 성립되고, 하위목표와 하위목표들 계층 간에도 수직적인 인과관계(*vertical causality*)가 성립한다. 이러한 인과관계를 화살표로 연결시킴으로써 정책수단 상호간을 인과관계로 연결시켜 정책대안설계표를 작성한다. 이 작성과정에서는 하나의 하위목표를 달성하기 위하여 둘 또는 그 이상의 활동 또는 정책수단들이 동원될 수 있기 때문에, 복수의 활동들이 하나의 하위목표에 화살표로 연결될 수도 있다.

정책대안의 설계는 선택된 조합을 통해 최적의 합성효과가 가능하도록 여러 정책대안을 연결시켜 보는 단계이다. 예를 들면, '월세 기준 200만 원 이상의 소득에 대해 0.3퍼센트의 세율로 분리과세하고 세원의 파악은 주민등록표를 이용한다.' 는 '월세 기준 200만 원 이상의 소득에 대해 0.3퍼센트의 세율로 분리과세 한다', '세원의 파악은 주민등록표를 이용한다'는 두 가지 내용을 연결시킨 것으로서 이와 같이 이 두 가지 대안이 연결되어 하나의 정책대안이 작성된 것이다.

4. 정책설계에 영향을 미치는 요인

정책설계에 영향을 미치는 요인들을 유형별로 구분해 보면 다음과 같다. 즉, 정책이 추구하는 목적과 관련된 요인, 정책목적과 활동수단들 간의 인과관계에 대한 지식, 정책문제의 성격, 정책에 대하여 이해관계를 가지고 있는 집단들의 성격, 정책설계의 정치적 환경 등이다.

1) 정책이 추구하는 목적과 관련된 요인

정책설계는 정책을 추구하는 목적의 성격에 따라 크게 달라질 수 있다. 만일 정책이 추구하는 목적의 우선순위가 높은 경우에는 이것을 달성하기 위한 투입자원의 양은 증대되고 규제활동은 강력한 것이 되며, 제공되는 유인 제도는 좀더 강력한 성격을 띤 것이 될 것이다. 또한, 정책이 추구하는 목적에 대한 합의가 강하고 지지가 높을수록 정책에 투입되는 자원의 양은 증대되고 보다 강력한 유인제공에 대한 지지도가 높아지며, 규제활동 강화에 대한 저항은 감소될 것이다.

국민들의 과학기술개발에 대한 지지도가 높아짐에 따라 정부예산이 연구개발투자를 위해 증가하고 기업의 연구개발투자에 대한 조세 감면율이 높아지게 된 것은 그 좋은 예이다. 또한, 국민들의 환경보호의 필요성에 대한 인식이 높아지면서 기업들의 공해물질 배출에 대한 규제가 강화된 것 역시 좋은 예이다.

2) 정책목적과 활동수단들 간의 인과관계에 대한 지식

정책목적과 정책수단들 간의 인과관계에 대한 지식에 의해 정책설계에 있어서 활동수단의 선택은 크게 좌우된다. 즉, 정부가 인적, 물적 및 지식과 같은 자원들을 얼마나 투입할 수 있는가와 다양한 규제 방법 및 유인 시스템들이 정책목적을 달성하는 데 얼마나 효율적인가 하는 것이 널리 알려져 있을수록 정책 활동수단의 선택과 이들 수단들의 적절한 배합의 선택은 용이해지게 된다.

3) 정책문제의 성격

정책문제가 갑작스럽거나 돌발적으로 출현하게 되고 또한 급속하게 악화되는 양상을 나타내게 되면 정부의 정책에 대한 자원의 투입, 규제의 정도, 유인 시스템 등은 종전과는 다른 혁신적인 성격을 띠는 경향을 보이게 된다.

4) 정책과 이해관계를 가지고 있는 집단들의 성격

정책과 관련하여 이해관계를 갖는 집단들이 조직화되지 못하고 있다면 정책설계 과정

<그림 5-3> 정책설계에 영향을 미치는 요인

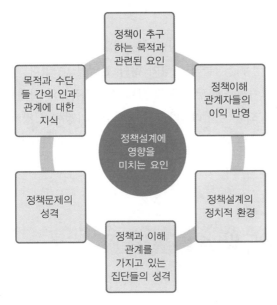

* 자료: 권기헌, 2008: 205에서 수정.

에서 참여는 제한되고 정책설계에 그들의 이익을 반영시키기는 어려워진다. 반면 정책과 이해관계를 가진 집단들이 잘 조직화되어 있고 각 집단에 속한 사람들이 동적이라면, 이 해관계 집단들에 의하여 투입된 요구가 정책설계에 그대로 반영될 확률이 높아지게 될 것 이다. 이처럼 정책설계에는 정책대상집단의 조직화, 동질성, 응집력, 재정력의 정도 등은 상당한 영향을 미치게 된다.

5) 정책설계의 정치적 환경

정책설계의 위치와 성격에는 정책설계가 이루어지는 정치적 환경이 중요한 영향을 미 치게 된다. 예를 들어, 국회의 기능이 미약하고 정치적 힘이 행정부쪽에 실려 있는 경우에 는 정책설계는 주로 행정부의 관료집단에 의해서 이루어지게 될 것이다. 이에 비해 정치 적 힘이 여러 정치집단에 분산되어 있는 경우에는 정책설계의 과정이 정치적 협상에 의하 여 지배되며, 정책설계의 내용 또한 목적과 수단 간의 인과관계에 관한 지식보다 정치적 협상에 의하여 결정되는 경향을 띠게 될 것이다.

6) 정책이해관계 당사자들의 이익 반영

정책아이디어 창출 및 정책설계 과정에서는 제3자적 입장의 정책수단들보다는 정책이해관계당사자나 관련 정부조직들의 입장이 많이 반영될 수 있다. 즉, 문제해결의 결과에 따라 영향을 받는 정책이해관계 당사자 및 관련 정부조직들의 이해관계가 반영된 해결 방안들이 다수 제안되게 되는 것이다. 따라서 정책설계과정에서 정책이해관계 당사자들과 정책에 관련된 정부조직은 매우 중요한 영향을 미치게 된다(노화준, 2003: 112-114).

제 4 절   요약 및 결론

정책분석은 정책문제분석과 정책대안분석을 의미한다. 정책을 분석함에 있어서는 정책문제의 본질 및 쟁점을 규명한 후 정책목표를 설정하게 되며, 정책문제와 정책목표가 설정되고 나면 정책대안분석에 들어가게 되는데, 그 첫 번째 단계가 정책대안의 탐색, 개발, 설계이다.

정책대안의 탐색, 개발을 바람직하게 하기 위해서는 광범위한 대안의 탐색과 식별이 필요한데, 이를 위해서는 가치비판적 발전관에 기초한 창조적 탐색이 중요하다. 정책대안의 원천은 창의력, 경험(벤치마킹), 관련문제의 이론 및 정책대상집단(이해관계당사자)이라고 할 수 있으며, 정책대안의 탐색개발 방법에는 점증주의적 대안탐색과 창조적 대안탐색이 있다. 창조적 대안탐색의 유형에는 브레인스토밍, 전문가패널, 시나리오 기법, 정책델파이 등이 있으며, 각각의 특성을 살려서 상호보완적으로 활용하는 정책이 필요하다. 브레인스토밍은 미래예측의 초기단계에서 자유분방한 아이디어 제시를 통해 다양한 정책대안의 원천을 탐색하고, 정책대안이 가져올 결과의 예측 및 시나리오 구성에 많은 도움을 준다. 정책델파이가 분야별 학자 혹은 전문가의 식견 있는(educated) 의견을 중시한다면, 전문가패널은 좁은 의미의 전문가뿐만 아니라, 시민단체와 정부 등 다양한 분야의 경험에 기초한 전문가 의견과 토론을 중시한다.

정책대안의 설계에 있어서는 아이디어 창출, 실행가능성 검토, 수용가능성 검토, 정책프로그래밍 설계라는 일반적 절차를 잘 기억해 둘 필요가 있으며, 정책설계에 영향을 미치는 요인들에 대해서도 심층적으로 검토하여 창조적 정책설계를 하는 것이 중요하다.

제 6 장

정책대안의 분석(II): 정책대안의 미래예측

>>> 학습목표

　정책분석은 구체적으로 정책문제의 분석, 정책목표의 설정, 정책대안의 분석, 분석결과의 제시의 과정을 거친다. 이 중에서 정책대안의 분석은 세 단계로 구분할 수 있는데, 먼저 정책대안의 분석(I)에서는 정책대안의 탐색개발이 이루어지고, 정책대안의 분석(II)에서는 정책대안의 미래예측, 정책대안의 분석(III)에서는 정책대안의 비교평가가 이루어지는데, 이 장에서는 정책대안 분석의 두 번째 단계인 정책대안의 미래예측에 대해 학습한다.

　미래예측은 정책분석의 꽃이라고 할 수 있다. 예측이란 가장 어렵기도 하지만 분석의 가장 중요한 부분을 차지하고 있기 때문이다. 정책결정자에게 있어서 미래의 변화에 대해서 예측하는 것은 과학적 정책결정의 가장 중요한 기초가 된다.

　제6장에서는 정책대안의 미래예측과 정책대안의 미래예측방법에 대해서 공부하는데, 구체적으로 미래예측의 의미, 미래의 종류, 미래예측의 목적, 미래예측의 접근방법, 미래예측기법, 미래예측사례 등에 대해서 학습하기로 한다.

1. 미래예측의 의미

미래의 불확실성을 예측한다는 것은 매우 어려운 작업이다. 인간의 인지능력이란 한계가 있기 마련이며, 이론모형이나 자료측정 등에도 한계가 존재하기 때문이다.

정책대안의 미래예측(*future foresight*)은 효과적인 정책을 수립하고 집행하는 데 중요한 과정이다. 즉, 정책대안의 비교·평가는 정책대안의 미래예측에 따라 크게 뒤바뀔 수 있기 때문에 정확하고 신뢰성 있는 정책대안의 미래예측이 이루어져야 한다.

2. 미래와 예측

1) 미래의 종류

정책대안의 미래예측에서 그 대상이 되는 미래는 세 가지 형태로 구분할 수 있다.

첫째, 미래에 나타날 가능성이 조금이라도 있는 모든 미래형태인 잠재적 미래(*potential future*)이다.[2]

둘째, 미래에 인과법칙에 의해 가장 나타날 개연성이 높은 개연적 미래(*plausible future*)이다.

셋째, 미래에 규범적으로 일어나야만 된다고 생각되는 규범적 미래(*normative future*)이다 (Dunn, 1981: 194-195).

(1) 잠재적 미래(potential future)

잠재적 미래는 발생가능한 모든 미래의 상태를 의미한다. 가능한 미래(*possible future*)라고도 한다. "15년 후에는 남북한이 통일될 것이다"라든지, "30년 후에 중국의 1인당 GNP가 OECD국가 중 가장 높은 나라가 될 것이다"라는 것은 모두 잠재적 미래에 해당한다.

---

1) 제1절의 내용은 저자의 졸저, 「정책학」(2008: 206-228)에서 다루었던 원론적 내용을 정책분석에 맞게 좀더 상론하고 심화시킨 것임을 밝힌다.

2) 강근복(2002)에서는 가능한 미래(possible future)라고 되어 있으며, 노화준(2004)에는 잠재적 미래(potential future)라고 되어 있다. 대안적 미래(alternative future)라고 말하기도 한다.

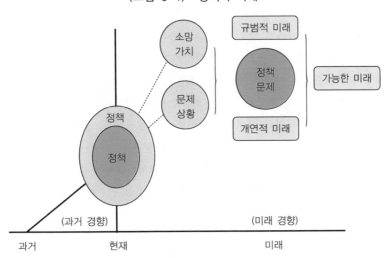

〈그림 6-1〉 정책과 미래

소망
가치

문제
상황

정책

정책

규범적 미래

정책
문제

가능한 미래

개연적 미래

(과거 경향)

(미래 경향)

과거   현재   미래

* 자료: 허범, 1995: 125.

(2) 개연적 미래(plausible future)

개연적 미래는 개입하지 않으면 그대로 발생하게 될 가능성이 가장 확률적으로 높은 미래를 의미한다. 예컨대, "2020년에는 우리나라가 초고령화 사회로 전환될 것이다"라는 것은 개연적 미래에 해당한다.

(3) 규범적 미래(normative future)

규범적 미래는 바람직한 이상적 미래를 의미한다. 새로운 미래라는 의미에서 '또 다른 미래'(another future)라고 부르기도 한다. 예를 들어, "2015년에는 우리나라 경제규모가 세계 7위 안에 들어 갈 것이다"라는 것은 규범적 미래라고 할 수 있다. 규범적 미래는 실현되기를 희망하는 미래이기 때문에 예측의 대상이라기 보다는 창조 및 설계의 대상이 된다.

2) 미래예측의 목적

정책대안의 결과를 미래예측하는 이유는 정보의 제공, 정책의 통제, 미래의 예견이라는 세 가지로 구분할 수 있다.

첫째, 정보의 제공은 예측의 가장 중요한 목적이다. 이는 정책결정자에게 정책과 그 결과로 나타날 미래변화에 관한 정보를 제공하는 것을 말한다. 정책분석에 있어서 미래예측 활동은 잠재적 미래, 개연적 미래 또는 규범적 미래에 대한 예측에 국한되지 않고, 이들 각 미래에 대한 일반 국민들과 이해관계 당사자들의 태도와 선호들(*preferences*)을 분석하고 평가함으로써, 정책이 나아가야 할 행동노선과 정책의 실행가능성을 판단할 수 있는 중요한 정보를 제공하게 된다(노화준, 2004: 175).

둘째, 정책의 통제는 정책대안의 미래예측을 통해 과거정책과 그 결과를 이해함으로써 보다 원활한 통제가 가능해짐을 의미한다. 즉 미래에 실행될 정책뿐만 아니라 과거에 시행되었던 정책과 그 정책으로 인한 결과를 살펴봄으로써, 정책이 결과에 준 영향에 대해 예측할 수 있게 되고, 이를 통해 정책이 효과적으로 성공하기 위해서 어떻게 해야 하는지에 대해서 알 수 있는 것이다.

셋째, 미래의 예견으로 과거와 현재의 가치를 기초로 하여 바람직한 미래의 가치 및 선호를 예견함을 의미한다. 즉 단순히 현재 우리가 선호하는 것에 의해서가 아닌 우리가 미래에 선호하게 될 것을 예견함으로써, 가치의 변화를 예견할 뿐 아니라 현재와 미래의 가치에 대한 적극적인 변화까지도 예측하게 됨으로써 미래를 창조하고 설계하는 것이 가능해지는 것이다.

3. 미래예측과 불확실성

1) 불확실성의 원인

불확실성(*uncertainty*)이란 정책대안에 대한 예측의 불가능성이라고 할 수 있는데, 이러한 불확실성의 원인은 다음과 같다(노시평, 2006: 211; 강근복, 2002: 127).

첫째, 정책문제의 원인이 무엇인지 불명확한 경우이다.
둘째, 바람직한 정책목표의 설정이 어려운 경우이다.
셋째, 정책대안들에 대한 탐색이 어려워 어떠한 정책대안들이 있는지 알기 어려운 경우이다.
넷째, 정책대안의 결과에 대한 정확한 미래예측이 어려운 경우이다.
다섯째, 정책대안들의 비교 및 평가를 위한 바람직한 기준의 선정이 어려운 경우이다.

이상의 것 중에서 두 번째와 다섯 번째는 바람직한 가치(*values*)에 대하여 확실히 알 수 없는 것을 의미한다. 그러나 일반적으로는 무엇이 바람직한 것인지 무엇이 옳고 그른

지를 잘 모르는 경우는 불확실성에 포함시키지 않고 사실(*fact*)에 대해서 잘 모르는 것을 불확실성이라고 보기 때문에 위에서 제시한 것 중에서 첫 번째, 세 번째, 네 번째의 것이 불확실성의 주된 논의의 대상이 된다(정정길외, 2005: 374).

2) 불확실성과 모형

불확실성의 원인에 대해서 여러 가지로 접근할 수 있으나, 위에서 제시된 일반적인 원천을 좀더 분석적으로 탐구해 볼 필요가 있다(정정길외, 2005: 374-377).

첫째, 정책결정에서의 불확실성을 발생시키는 1차적 원인은 문제 상황에 대한 모형의 불확실성과 모형 속에 포함된 변수의 자료에 대한 부족 혹은 부정확성을 들 수 있다.

둘째, 이러한 모형의 불확실성과 자료의 부정확성을 발생시킨 원인은 또 두 가지로 나눌 수가 있는데 모형의 대상이 되는 문제 상황의 특성과 모형을 작성, 이용하는 사람의 특성에서 오는 한계를 들 수 있다. 먼저, 문제 상황의 특성으로는 정책문제의 복잡성(*complexity*)과 모순성(*conflict*)과 변화가능성(*changibility*)을 들 수 있다. 정책문제의 원인이 다수이고 복잡하게 얽혀 있는 경우 혹은 정책이해관계자들 사이의 상황이 복잡하게 얽혀 있는 경우 정책문제는 복잡하게 되며, 정책문제 상호간에 모순·충돌 혹은 불일치의 정도가 높게 된다. 또한 정책문제가 시간적 흐름에 매우 민감하여 수시로 변할 가능성이 클 경우에도 문제 상황은 복잡해진다. 이처럼 문제 상황이 복잡해지면 정책문제 발생의 원인들 간의 관계에 대한 모형의 작성이 극히 어렵게 되고, 이에 따라 변수들 간의 인과관계의 구성에 대해서 방향을 잡지 못할 가능성이 높다. 변수들 간의 관계가 상호관계인지 인과관계인지, 선형인지 비선형인지, 상호 영향을 미치는 다중상관관계 속에서 어떤 원인을 모형에 포함시켜야 하는지에 대해서 매우 혼란스럽게 되며, 이는 고스란히 모형의 불확실성이 발생하는 원천으로 작용한다. 또한, 모형을 작성하고 이용하는 사람의 지식·시간·경비가 모형의 정확성과 자료의 정확성을 크게 좌우하는데, 모형을 분석하는 사람의 지식이나 시간 혹은 경비가 부족하면 정확한 자료수집이 어려워지고 모형의 내용에 대한 치밀한 작성을 하기 어려워진다(정정길 외, 2005: 374-377).

3) 예측의 한계

예측에 대한 환상에 빠지기보다는, 예측은, 위에서도 논의한 바와 같이, 본질적으로 정확성의 한계를 보일 수밖에 없다는 점을 이해하고 사용할 필요가 있다(남궁근 외, 2008: 168-170).

(1) 예측의 정확성(forecast accuracy)

복잡한 모형(수백 개의 변수들을 포함하는 모형)에 기초한 복잡한 예측방법은 물론이고, 단 하나의 변수의 추세연장에 기초한 비교적 간단한 예측방법이라 하더라도 예측의 정확성은 본질적으로 제한되어 있다. 예를 들면, 관리예산처(Office of Management and Budget)는 1983년까지의 5년간의 연방예산적자를 연평균 580억 달러로 적게 추산했었다. 이와 유사한 예측오차는 Chase Econometrics, Wharton Economic Forecasting Associates,

〈그림 6-2〉 정책대안의 개발과 설계 과정

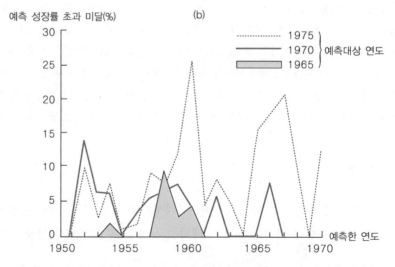

* 자료: Dunn, 1994: 193-194; 남궁근 외, 2008: 193-194에서 재인용.

Data Resources, Inc. 등 대규모의 계량경제학에 기반한 예측회사들의 예측에서도 잘 나타나고 있다. 이를테면 1971~1983년 기간 동안에 GNP의 실제변화율로서의 평균예측오차는 약 50%였다(남궁근 외, 2008: 169).

(2) 복잡한 모형(complex model)

경제나 에너지 자원체제에 대한 복잡한 이론모형에 기초한 예측의 정확성이 단순한 추세연장모형에 기초한 투사나 식견 있는 전문가 판단에 기초한 추측보다 그리 높지 않았다. 이는 복잡한 미래상황하에서는 오히려 간단한 모형이 기술적으로 복잡한 모형에 비해 비교우위를 갖는다는 점을 시사하는데, 복잡한 모형을 개발한 사람들과 그것을 이용하는 사람들은 복잡한 모형을 과신하거나 이를 기계적으로 적용하려는 경향이 있기 때문에 더욱 그러하다.

(3) 맥락(context)

모형의 가정과 결과, 그리고 이에 기초한 정확성은 상황의 맥락에 민감한데, 특히 기관적, 역사적 맥락에 따라 정확성은 달라진다.

> 첫째, 기관적 맥락에 따라 예측의 정확성은 달라지는데, 정부, 기업, 비영리 연구기관의 유인체계에 따라 예측의 정확성은 중요한 차이를 보인다. 〈그림 6-2〉(a)에서 보듯이, 예측의 정확성은 기업체나 정부기관보다 비영리 연구기관에서 더 높은 경향이 있다.
> 둘째, 역사적 맥락에 따라 예측의 정확성은 달라지는데, 현대에 가까울수록 복잡성이 상대적으로 크기 때문에 예측의 정확성은 낮아진다. 〈그림 6-2〉(b)에서 보듯이, 1965년과 비교해서 1975년의 예측오차가 확연히 증가하고 있다(남궁근 외, 2008: 169-171).

4) 불확실성의 대처

불확실성에 대한 대처는 적극적 방법과 소극적 방법으로 나눠진다(정정길 외, 2005: 320).

(1) 적극적 방법

불확실한 것을 적극적으로 극복하거나 해소시키는 방법은 크게 두 가지로 나눠진다. 첫 번째 방법은 이론이나 모형을 통해 정책대안과 결과의 관계를 명확하게 정립하여 이것이 현실에 적용될 때 개입되는 모든 변수에 대한 자료나 정보를 획득한 다음, 이를 반영하여 정책대안이 가져올 결과를 예측하는 방법으로 가장 이상적인 불확실성 극복방안이라 할 수 있다.

두 번째 방법은 불확실성이 생기는 상황자체를 통제하는 것으로서, 가령 A 조직과 B 조직이 시장에서 내년도 시장전략을 놓고 어떤 전략적 조치가 나올지 몰라 불확실성이 생긴 경우, 직접 협상이나 타협을 통해 상황 자체를 통제하는 것이다.

(2) 소극적 방법

불확실성이 주어진 것으로 보고 소극적으로 대처하는 방법도 있다. 보수적(conservative) 접근법, 중복성(redundancy)의 확보, 민감도(sensitivity) 분석 등이 이에 해당한다. 보수적 접근법은 최악의 상황을 가정하고 가장 보수적으로 접근함으로써 불확실성에 대처하는 방법이며, 중복성 확보는 가외적 조치를 중복적으로 더 확보(reserve)해 놓음으로써 불확실성에 대처하는 방법이다.

민감도 분석(sensitivity analysis)은 수행하는 상황에 따라 분기점 분석과 악조건 가중분석으로 나눠진다(노화준, 1989: 217; 강근복, 2002: 128-129).

분기점 분석(break-even)은 먼저 최선 및 차선으로 예상되는 대안을 대상으로 하여, 이 대안들이 동등한 결과를 산출하기 위해서는 불확실한 요소들에 대해서 어떠한 가정들을 해야 하는지를 파악하고 분석함으로써, 두 대안의 분기점에 대해 분석해 보는 방법이다.

악조건 가중분석(a fortiori analysis)은 예비분석이나 지금까지의 분석결과로 보아서 가장 우수하다고 판단되는 정책대안에 대해서는 최악의 상태를 가정하고, 나머지 정책대안에서는 최선의 상태가 발생하리라 가정하여 대안들을 평가해 보는 방법이다(노화준, 1989: 217).

제 2 절 | 정책대안의 미래예측 방법

1. 미래예측의 접근방법

미래예측의 방법을 경향치의 투사(trend extrapolation), 이론적 가정(theoretical assumptions), 전문가 판단(subjective judgement) 등 세 가지로 접근할 수도 있다(Dunn,

1981: 141; 강근복, 2002: 129). 하지만, 크게 보면 경향치의 투사나 시계열 분석은 이론적 예측방법에 포함시킬 수 있을 것이다. 회귀분석의 방법을 이론적 가정에 포함시키면서 경향치의 투사(시계열 분석)를 따로 독립시키는 것은 어색하기 때문이다. 이에 따라, 본서에서는 미래예측의 방법을 이론적 모형에 의한 방법과 전문가 판단에 의한 방법으로 나누고, 이론적 모형에 의한 방법을 시계열 분석과 횡단면 분석으로 나누기로 한다.

미래예측의 기초가 되는 근거는 이론적 모형, 전문가 판단이라는 두 가지 이외에 주관적 방법 대 객관적 방법, 연장적 방법 대 인과적 방법, 선형적 방법 대 분류적 방법이라는 6가지로 분류될 수 있다.

1) 주관적 방법 대 객관적 방법

주관적 방법은 "질적 연구"로서 전문가의 경험적 통찰력에 토대를 두어 분석하는 방법을 의미한다. 이때 사용되는 자료는 객관적 데이터뿐만 아니라 전문가의 의견이나 판단 등 주관적 자료를 모두 사용한다.

반면 객관적 방법은 "양적 연구"로서 실제 관측 데이터를 사용하여 구체화된 사회 현상을 분석하는 방법이다. 이는 과학의 3대 요소인 경험성(*observable*), 객관성(*objective*), 재생가능성(*reporducible*)에 핵심적으로 기여하는 방법으로서, 동일한 데이터와 동일한 분석방법을 사용한다면 다른 분석가에 의한 분석 역시 동일한 결과를 얻을 수 있다는 과학적 방법의 전제하에서 진행된다.

2) 연장적 방법 대 인과적 방법

연장적 방법은 과거의 현상을 분석하여 경향이나 공통점 등을 도출, 이를 통해 미래의 현상을 예측하는 방법을 의미한다. 하지만 연장적 방법은 과거의 사건과 예측된 미래의 사건의 인과성을 고려하지 않는다.

반면 인과적 방법은 과거의 현상을 분석하여 경향이나 공통점 등을 도출, 이를 통해 미래의 현상을 예측하되 어느 정도의 인과성을 고려하는 방법이다. 즉 과거 사건의 추세뿐만 아니라 미래에 발생가능한 여러 가지 변수를 고려하여 과거와 미래의 이론적 인과모형을 형성한 후 이를 토대로 미래를 예측하는 방법을 의미한다.

〈그림 6-3〉 연장적 방법과 인과적 방법

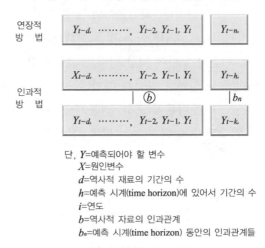

연장적 방법

$$Y_{t-d}, \cdots\cdots, Y_{t-2}, Y_{t-1}, Y_t \qquad Y_{t-n},$$

인과적 방법

$$X_{t-d}, \cdots\cdots, Y_{t-2}, Y_{t-1}, Y_t \qquad Y_{t-h},$$
$$| \; ⓑ \qquad\qquad |b_n$$
$$Y_{t-d}, \cdots\cdots, Y_{t-2}, Y_{t-1}, Y_t \qquad Y_{t-k},$$

단, Y=예측되어야 할 변수
X=원인변수
d=역사적 재료의 기간의 수
h=예측 시계(time horizon)에 있어서 기간의 수
i=연도
b=역사적 자료의 인과관계
b_n=예측 시계(time horizon) 동안의 인과관계들

* 자료: 노화준, 2003: 177.

3) 선형적 방법과 비선형적 방법

객관적이고 인과적 방법은 다시 선형적 방법과 비선형적 방법으로 나누어 볼 수 있다.

선형적 방법은 "함수식 X→Y 즉, 사건 X가 발생하면 이에 따라 Y도 변화한다"라는 선형적인 인과관계에 기초를 두고 있다. 이는 과거의 추세 혹은 경향을 바탕으로 이것의 선형적 연장선상에서 미래를 예측하는 방법이다.

반면 비선형적 방법은 함수식, X와 Y간에 비선형적 관계를 고려한다. 로짓모형, 프로빗모형과 같은 선택함수의 모형이나 허들함수와 같은 비선형적 모형을 도입하여 최우도 추정법(*maximum likelihood estimator: MLE*)을 통해 추정한다.

미래예측의 기초가 되는 6가지 방법의 범위를 비교해 보면 다음과 같다.

〈그림 6-4〉 예측방법의 분류

* 자료: 노화준, 2003: 177에서 수정.

2. 미래예측의 기법

　정책분석을 위해서는 정책대안에 대한 탐색과 개발, 대안 간의 비교와 평가의 과정이 전개되며, 대안간의 비교와 평가를 위해서는 다양한 미래예측 기법이 존재한다. 이하에서는 대표적으로 이론적 예측과 전문가 판단에 대하여 살펴본다.

1) 이론적 예측(theoretical assumption)

　이론적 예측은 모형을 토대로 논리적 결론을 도출하는 연역적 방법과, 실측 데이터를 이용하여 사회현상을 추정하는 귀납적 방법으로 나뉜다. 이하에서는 연역적 방법으로서의 이론모형과 귀납적 방법으로서의 회귀분석과 시뮬레이션에 대하여 살펴본다.

(1) 이론모형(theoretical model)

　정책분석에서 이론모형에 의한 미래예측은 기존의 이론이나 지식을 통해 논리적인 모형을 도출하고, 이를 토대로 검증하는 방법을 의미한다. 이는 정책수단과 정책결과 사이에 존재하는 과학적 인과관계를 밝히는데 유용하게 사용된다. 이러한 방법은 사회현상을 이론모형에 대입함으로써 정책대안의 탐색과 미래예측을 용이하게 할 수 있다는 장점을 가진다.

(2) 회귀분석(regression analysis)

　회귀분석은 독립변수와 종속변수들 간의 관계의 형태에 대하여 요약된 측정치를 제공하기 때문에 모형의 설계 및 활용에 유용하다. 정책분석가는 회귀분석을 통해 변수 간의 인과관계를 확인할 수 있으며, 회귀분석은 어떤 독립변수가 종속변수의 원인인가를 정확하게 밝히게 한다는 점, 즉 원인변수와 결과변수를 구체화하게 한다는 점에서 큰 장점을 가지고 있다. 미래에 대한 예측성의 확보 또한 회귀분석의 장점이다. 회귀분석은 과거의 데이터를 통해 회귀함수를 추정하게 되고 이를 통해 모집단을 유추하는 방법을 제시해 준다. 회귀분석을 평균적인 상황 속에서 기대되는 가치를 예측함으로써, 개별적 상황에 의한 불확실성은 회귀분석을 통해 극복될 수 있게 된다(이재억, 2003: 89). 하지만 회귀분석에서는 적절한 모형 선택이 중요하다. 회귀분석에서는 특정 자료가 일정한 모형을 따른다는 가정 하에 모수에 대한 유추를 하게 되는데, 적절한 모형을 선택하지 못하는 경우 가정이 성립하지 않으므로, 유추 자체의 의미가 사라진다. 또한 설명력을 높일 수 있는 독립변수가 선택되어야 한다.

⑺ 횡단면 분석(cross-sectional analysis)

분석의 단위가 시간이 아닌 행태인 분석을 횡단면 분석(*cross-sectional analysis*)이라고 한다. 즉 단년도 혹은 하나의 사건을 하나의 시점에서의 분석을 말한다. 횡단면 분석의 대표적인 기법은 선형적 분석인 OLS, GLS가 있으며, 비선형적 분석인 Poisson Model, Logit, Probit, Tobit 모형 등이 있다. 이러한 횡단면 분석은 한 시점에서의 현상을 다각적으로 분석하는 데 용이하지만, 시간의 흐름에 따른 사회현상의 변화양상이나 추세를 분석하는 데에는 한계가 있다.

⑻ 시계열 분석(time-series analysis)

시계열 분석(*time-series analysis*)은 시간을 분석단위로 하여 과거부터 특정 시점까지의 변화를 분석함으로써 미래를 예측하는 방법이다. 시계열 분석에는 〈그림 6-5〉와 같이 장기적으로 평탄하게 변화하는 지속적 경향, 1년 혹은 그보다 짧은 기간에서 주기적으로 변동이 반복되어 나타나는 계절적 변동, 비교적 장시간을 주기로 변동이 반복되는 주기적 파동, 불규칙적인 변동으로 인하여 시계열상의 예측이 불가능한 불규칙적 진동이 있다.

시계열 분석으로서 미래예측에 많이 사용되는 기법은 추세연장적 접근(*extrapolative approach*)과 경향추정(*trend extrapolation*)을 들 수 있다.

〈그림 6-5〉 시계열 분석의 다양한 형태

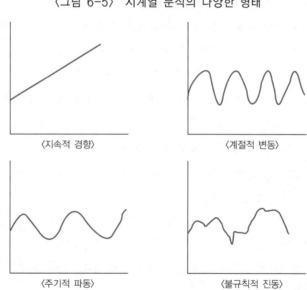

〈지속적 경향〉   〈계절적 변동〉

〈주기적 파동〉   〈불규칙적 진동〉

① 추세연장적 접근(extrapolative approach)

추세연장적 접근(*extrapolative approach*)은 기존의 자료나 추정을 전제로 미래에 발생할 상황을 예측해보고자 하는 것이다. 미래예측 방법의 기본형으로서 가장 많이 활용되고 있는 추세연장적 접근은 현재와 과거의 자료에 근거하여 미래사회의 변화될 모습을 추세연장적으로 투사(*projection*)하는 방법이다. 추세연장적 접근은 과거에 발생한 일들은 특별한 사건에 의해서 방해받지 않는 한 미래에 재연될 것이라는 전제하에 접근하는 방식으로 시계열자료에 의존한다. 즉, 추세연장적 접근은 과거에 관찰된 데이터의 패턴이 미래에도 일어날 것이라는 지속성, 규칙성 그리고 자료의 타당성과 신뢰성의 세 가지 가설에 기초하고 있다(노동조, 2005: 109-110). 첫 번째와 두 번째의 지속성과 규칙성의 가설은 사회적 현상에서도 물리학에서 이야기하는 관성(*inertia*)이 존재한다는 것이다. 예를 들어 인구변화라는 현상에 관성이 존재한다는 말은 인구가 과거와 비슷한 모습으로 미래에도 변화할 것이라는 것을 의미한다(안문석, 1993: 58). 세 번째의 가정은 조사방법론에서 말하는 측정의 신뢰성 및 타당성의 조건이다. 이러한 세 가지 가정이 충족될 수 있어야 추세연장적 방법을 통하여 동태적인 사회변화를 이해하고, 미래의 일정 시점에서 발생할 가능성이 가장 높은 미래 상태를 예측할 수 있다(남궁근, 1993: 170). 추세연장은 한 상황에서 얻은 경험을 다른 상황에서 일어날 정책 대안의 결과들을 예측하기 위한 기초자료로서 활용할 수 있도록 해준다.

② 경향추정(trend extrapolation)

경향(*trend*)이란 어떤 이슈가 어느 시점에 도달하여 사회에 정착된 하나의 기본 흐름으로 자리잡은 것을 의미한다. 추세연장적 접근과 기본적으로 다르지 않으나, 추세가 하나의 경향으로 자리잡은 경우를 분석한다는 점에서 약간의 구별을 할 수 있을 뿐이다. 따라서 경향추정은 현재의 중요한 문제를 포착하고, 그 문제의 역사적 경로(*trajectory*)를 통해 미래의 상황을 추정하고, 그 상황에 대한 의미를 해석하는 것이다. 경향추정은 기존자료를 기반으로 S곡선에 투영해 미래를 추정해보는 것으로서 가장 광범위하게 사용되는 미래예측기법 중 하나이다. 경향 추정은 인구 규모나 식량 생산량, 에너지 소비량, 기술개발 등의 투사에 주로 이용된다. 이 기법은 예측기간이 길어질수록 급격히 예측력이 떨어진다. 왜냐하면 장기화될수록 새로운 영향 요소들이 추가되거나, 다양한 요인들이 복합적으로 작용할 가능성이 커지기 때문이다. 또한 변화가 불연속적일 때는 예측이 빗나가기 쉽다(배규한, 2000: 45). 경향추정을 위한 시계열 분석으로는 다양한 통계기법들이 있다.

(3) 시뮬레이션(simulation)

시뮬레이션(*simulation*)은 정책대안의 미래예측으로서 두 가지 의미를 갖는다.

첫째, 미래에 발생할 불확실성의 근거가 되는 변수에 대하여 미세하게 조금씩 아래 위로 변화시킴으로써 그로 인해 발생하는 결과를 토대로 분석하는 기법으로 민감도 분석(*sensitivity analysis*)이라고도 한다. 시뮬레이션은 미래예측 시스템의 역동성을 고려해야 할 때, 그리고 사건, 상태, 중재(*interventions*)에 관한 다양한 정책 대안들을 모색할 때, 또는 가정이 변화할 수 있다는 점을 고려해야 할 때 매우 도움이 되는 통계기법이다. 시뮬레이션은 많은 변수를 다루는 것이 가능하다. 또한, 시뮬레이션은 그래프, 차트 등의 세부적인 그래픽 형식을 제공할 수 있다.

둘째, 정책대안의 실현으로 인해 어떠한 변화가 일어나는지를 알아보기 위해, 정책대안의 실현으로 인해 어떠한 변화가 일어나는지를 실제로 그 정책대안을 실행하지 않고도 알아내는 방법으로, 실제체제를 모방한 고안물을 활용하는 방법이다(*role play*). 우주비행을 위해 우주에서와 같은 중력과 공간을 구성하고 미리 연습하도록 하는 것이나 모의국회를 열어 정책질의 및 토론을 가상하여 미리 연습하는 것도 시뮬레이션 개념에 속한다. 역할연기(*role play*)기법은 모의실험이라고도 한다. 모의실험은 실제 실험이 불가능하거나 복잡성으로 인해 정밀 분석이 어려운 경우 실제체계와 유사한 모형의 구축을 통해 구성요소들 간의 역동적인 변화를 추정하는 방법이다(정재호, 2006: 123).

2) 전문가 판단(expert judgement)

이론적 예측이 정량적 접근에 기초한 예측방법이라면, 전문가 판단은 정성적 접근에 기초한 예측방법이며, 전문가 판단에 기초한 정성적 예측은 창의적 예측(*creative foresight*)이라고도 한다. 전문가 판단에 기초한 창의적 예측기법은 해당 분야 전문가의 지식이나 내적 통찰력을 기초로 지적 판단을 통해 종합적 결론을 도출하는 접근방법이다. 전문가 판단에 의한 미래예측방법으로는 브레인스토밍, 전문가패널, 시나리오기법, 미래예측델파이, 교차영향분석, 실현가능성 분석, 통찰적 예측 등이 있다.[3]

(1) 브레인스토밍(brainstorming)

브레인스토밍(*brainstorming*)이란 미래의 특정 상황에 연관되는 모든 이들이 참여하

---

3) 이 절에서 소개하는 미래예측의 연구방법은 저자가 「미래예측학」(법문사, 2007: 133-141)에서 소개한 바 있는 미래예측이론의 개관을 수정 보완한 것이다.

여 자유로운 분위기에서 자율적으로 의견을 표시하여 이를 통해 미래를 예측하는 방법이다. 브레인 스토밍은 다양한 사람들의 의견을 통하여 보다 창의적이고 다양한 미래를 예측할 수 있다는 장점이 있다.

정책사례 *cases in policy*

브레인스토밍: 교통개선을 위한 브레인 스토밍

1. 사례개요

경기도는 2007년 교통 개선의 새로운 아이디어 개발과 정책반영을 목적으로 교통국 직원들(이한준 경기도 정책특별보좌관, 손의영 서울시립대 교수, 김강수 한국개발연구원, 김기성 경기도버스운송사업조합이사장, 임효식 경기도택시운송사업조합을 비롯 관계공무원 등 10여 명이 참석)을 대상으로 브레인스토밍을 개최하였다. 이를 통해 다음과 같은 16건의 대중교통 개선방안 아이디어가 도출되었다.

- ▶ 버스 하차단말기 개선
- ▶ 버스 운전자 친절도 제고 방안
- ▶ 버스차량 외부 고급화 방안(버스창문 선팅)
- ▶ 버스차량 내 안내문 설치 표준화 방안
- ▶ 시외버스 정류소별 승객 알림 서비스
- ▶ 광역버스 운영체계 계선
- ▶ 수원역 앞 교통 혼잡 개선
- ▶ 이용이 즐거운 테마버스 운행
- ▶ 시내버스 휴대폰 무료충전기 설치
- ▶ 버스노선 정보제공 다양화
- ▶ BIS/BMS 확대 등 버스정보 제공 강화
- ▶ 시내버스 노선번호 개선 방안
- ▶ 버스정보 휴대폰 안내 및 마을버스 노선 확대

또한 이에 더해 시행방안으로 다수 동시 태그(tag)시 오차(error) 방지를 위한 시스템 개발과 기기 설치에 따른 비용 문제 검토, 친절 버스기사에 대한 도지사 표창 정례화, 테마버스 운행 등 16건의 아이디어 시행방안 등에 대한 다양한 의견도 제시되었다.

2. 쟁점 및 시사점

브레인스토밍은 집단의 지혜를 빌어 미래의 비전을 묘사하거나 설명하려는 노력의 일환이라고 할 수 있다. 위의 사례는 교통 개선을 위해 창의적 아이디어를 개발하고 이를 통한 정책을 수립하기 위해 미래예측 기법 중 하나인 브레인스토밍을 이용했다는 내용이다. 이를 위해 경기도는 브레인스토밍을 통해 제시된 사항들을 면밀히 검토해 즉시 시행가능한 사안은 2008년 업무계획 및 예산에 반영 시행하고 시행이 어렵거나 장기 검토가 필요한 제한들도 지속 관리 보완해 나가기로 계획하였다.

(2) 전문가 패널(expert panel)

전문가 패널(*expert panel*)은 12~15명의 해당분야 전문가들의 토론을 통하여 미래를 예측하는 기법이다.

**정책
사례** *cases in policy*

전문가패널: 인터넷 미래에 대한 전문가패널

1. 사례개요

경제개발협력기구(OECD) 장관회의 전문가 패널 회의에서 전 세계 인터넷 전문가들이 한 자리에 모여 다가올 인터넷 미래에 대한 토론이 이루어졌다. 전문가패널의 주요 토론 내용을 살펴보면 다음과 같다.

▸ 데이비드 헨든 영국 기업규제개혁부 실장

가상세계의 문제들을 해결하는 방법으로서 실제 세계에 일어날 수 있는 문제를 예방할 수 있으며, 이미 인터넷은 새로운 사람들과 의견을 주고 받을 수 있는 등 다양한 역할을 하고 있다. 이를 위해 정부가 전통적인 방식으로 규제해서는 안되며, 민간업체와 개인, 정부 등 모든 주체가 협약을 통해 새로운 방식의 감독 상황이 가능할 것이다.

▸ 데보라 에스트린 임베디드네트워크센싱센터 소장

휴대폰에 축적된 개인 데이터를 바탕으로 개인 맞춤 모니터링 환경이 올 것이다. 즉 위치추적 서비스나 블루투스 등으로 일상적 생활을 실시간으로 확인할 수 있다는 것이다. 개인정보 유출 가능성 등 악영향을 극복할 수 있다면 센서 시스템을 이용해서 건강이나 공공복지 서비스, 자원소비 등 물리적 세상의 모니터링을 통해 개인의 혜택이 실현될 수 있을 것이다.

▸ 알렉스 튀르크 프랑스 국가정보자유위원회 위원장

정보기술은 정당하고 적절하게 사용해야 하는데, 신기술이 생겨날 때마다 마구잡이로 사용될 수 있다. 사용자가 스스로 자제해야 하는 부분이 있고 정부의 적절한 규제도 필요하다.

▶ 레오나드 칼리 AT&T수석부사장

인터넷 미래를 예측하기 어려운 상황에서 너무 제약적인 규정을 만들게 되면 인터넷 발전 자체를 저해할 수 있다. 상황에 따라 변할 수 있는 유연성이 있어야 한다.

2. 쟁점 및 시사점

전문가 패널이란 해당 분야의 전문가의 견해를 통해 미래를 예측하는 기법이라 할 수 있다. 위의 사례는 이러한 전문가 패널의 사례로 10년 후 인터넷의 미래에 대한 전문가의 긍정적 견해와 부정적 견해를 도출하는 것을 내용으로 하고 있다. 이를 통해 앞으로 바람직한 인터넷 미래를 실현하기 위해 발생 가능한 미래의 형태를 추측하고 이에 따른 정부 정책의 결정에 도움을 줄 수 있는 가능성을 지니고 있다.

(3) 시나리오 기법(scenarios)

시나리오 기법(*scenarios*)은 다양한 환경에서 발생가능한 미래의 여러 사건을 가정하여 각각의 상황에 대응할 수 있는 여러 가지 방안을 모색하는 탐색적(*exploratory*) 방법이다. 이는 다양한 상황을 예측함으로써 미래의 '불확실성'(*uncertainty*)을 해소하고 각 상황에 맞는 체계적인 계획의 수립에 결정적인 도움을 주기 때문에 미래예측 과정에서 가장 많이 사용되는 기법이다.

시나리오의 유형에는 두 가지가 있다. 첫째 탐구적 시나리오(*extrapolative scenario*)로 현재의 시점에서 출발하여 현재시점부터 발생하게 되는 미래의 중요한 변수들의 조건을 묘사하는 형태이다. 이는 현재로부터 시작하여 "만약 …한다면"의 질문형태를 띠게 되며, 현재에서 미래의 목표를 탐구하는, 즉 외부로 가는 시나리오 형태(*outward bounding*)를 띠게 된다. 둘째, 규범적 시나리오(*normative scenario*)로 둘째, 미래의 규범적 상황을 설정하고 역산하여 이를 달성하기 위한 몇 가지 상황을 설정하는 형태이다. 이는 미래의 어떤 시점에서 시작하여 '어떻게'의 질문형태를 띠게 되며, 미래에서 현재로 가는 우선순위를 정하는 즉, 내부로 가는 시나리오 형태(*inward bounding*)를 띠게 된다. 제일 유용한 시나리오들은 시간의 흐름에 따라 주요한 변수를 풍부하게 하며, 서술은 변수를 형성하는 중요한 사건들과 발전들을 설명한다.

시나리오들이 정책분석에 사용될 때 정책들이 발전과정을 빗나갈 수 있기 때문에 발전과정의 본질이 오히려 더 중요할 수 있다. 정책연구에서 시나리오들의 그룹은 다양한 초기 가정과 다양한 발전조건들의 결과를 묘사하는데 쓰인다. 예를 들면 교통정책의 연구는 출산율, 인구, 이민, 경제상황과 에너지의 다양한 형태적 가능성과 비용에 대한 가정들이

다른 몇 가지의 시나리오 구성을 필요로 한다. 몇 개의 시나리오 구성이 준비되면 보통 각각의 시나리오는 같거나 비슷한 범위 내에서 다루어지지만 각각 내포하고 있는 발전과 범위의 실제 가치는 다르게 되는 것이다.

시나리오의 유용성은 외부환경에 의한 불확실성과 도전들 앞에서 미래상황에 접근하는 전략적 도구로 활용될 수 있다는 점이다. 시나리오는 미래의 다양한 경로에 대한 신중한 분석과 함께 긍정적이고 부정적인 잠재적 미래의 가능성들을 예측하게 도와주는 것이다 (박영숙외, 2007: 258-259).

'좋은' 시나리오의 요건은 다음과 같다.

첫째, 인과관계와 정책결정들을 확연하게 보여주는 합리적 도구이어야 한다.
둘째, 대안으로 제시된 시나리오들 간에 일관된 비교준거를 제시해 주는 일관된 스토리여야 한다.
셋째, 정책결정과정에 영향을 미칠 정도로 미래를 실재적으로 만드는 흥미와 재미를 유발할 수 있어야 한다(박영숙 외, 2007: 256).

시나리오 기법은 무엇이 미래의 영향요인인가? 무엇이 불확실한가? 무엇이 피할 수 없는 상황인가? 등의 질문들을 다음의 각 단계에 적용함으로서 이루어지게 된다.

첫째, 먼저 미래의 초점이 되는 이슈를 확인한다.
둘째, 미래의 환경 하에서 핵심적인 요인이나 트렌드를 확인한다.
셋째, 그 요인이나 트렌드를 설정한다.
넷째, 시나리오 논리를 선택한다.
다섯째, 시나리오 유형을 추출한다.
여섯째, 목표들의 검토를 통해서 방향이나 지침을 선정한다.
일곱째, 정책적 함의를 도출한다.

정책 사례 *cases in policy*

시나리오: 앞서가는 에너지 전략에 대한 시나리오

1. 사례개요

글로벌비즈니스네트워크(Global Business Network, GBN)는 『앞서가는 에너지 전략 (Energy Strategy for the Road Ahead)』이라는 보고서를 발표하였는데, 이 GBN

보고서는 다가올 2020년까지의 에너지 시장을 전망함에 있어 이를 '같은 길(The Same Road)' '머나먼 길(The Long Road)' '파괴된 길(The Broken Road)' '빠른 길(The Short Road)'이라는 네 가지 시나리오로 나누고 각각에 대해 다시 전반부(2010년까지), 중반부(2011년~2015년), 후반부(2016년~2020년)로 세분화해 전망하고 있다. 이 시나리오는 다음과 같다.

● 시나리오 1 The Same Road: 현재 상태라면 2015년 이후 에너지 수급 '평형'
첫 번째 '같은 길' 시나리오에서는 글로벌 에너지 가격이 일정한 범위 안에서 유동적으로 움직이며, 가격이 인상되더라도 예측 가능한 방향으로 상승하는 경우를 가정했다. 에너지 가격이 그리 높지 않은 수준이기 때문에 정부가 전략적인 에너지 경영을 위해 지원하는 보조금은 미미하며, 기후변화에 대처하는 정책 또한 부족한 상태다. 이 시나리오에서는 석유와 천연가스 가격이 요동치더라도 세계경제에 불경기를 가져올 정도는 아니다. 기업들의 에너지 경영은 부서별로 분산돼 이뤄지고 있으며, 몇몇 국가나 기업들은 에너지 효율을 높이는 기술을 개발하는데 성공하기도 한다.

● 시나리오 2 The Long Road: 대량생산 및 중국발 환경오염으로 에너지 위기 확산
두 번째 '머나먼 길'에 대한 시나리오는 이보다 부정적인 상황을 가정했다. 에너지 가격이 갑작스런 충격을 받아 급등하거나 에너지 공급에 차질이 빚어지는 경우로, 에너지 가격이 급변한 후 전략적인 에너지 경영을 고민하는 기업들은 뒤쳐질 수밖에 없다. 세계 각 경제권이 치열한 경쟁 관계에 돌입하게 되면 과도한 대량생산을 불러올 수 있으며, 이는 경기침체와 인플레이션, 불경기를 차례로 거친 이후에야 회복 기미를 보이게 된다. 석탄은 미국이나 중국 내에서는 사용 가능한 보유분이 남아있을 수 있다. 하지만 이 두 나라 간에 원만한 합의가 이뤄지지 않는다면 정치적인 이유로 에너지 수출금지 사태가 발생할 수 있다.

● 시나리오 3 The Broken Road: 변수 발생시 세계적 혼란 … 2016년 이후는 늦어
세 번째 '파괴된 길'을 따라가는 시나리오는 공포스러운 결과를 가져온다. 상대적으로 안정적인 움직임을 보이던 에너지 가격이 기후변화와 같은 갑작스런 변수로 충격을 받을 경우다.

2010년 이전까지도 세계 지도자들은 에너지 인프라를 구축하는데 필요한 자본 투자나 에너지 효율성, 기후변화 등에 대해 별다른 위기감을 느끼지 못한다. 그보다는 이라크 전쟁이나 테러의 위협을 더 시급한 문제로 받아들이기 때문이다. 에너지 경영은 현상유지 수준에 머물러 있고 투자도 거의 이뤄지지 않게 된다. 하지만 불행히도 여러 가지 악재들이 한꺼번에 터지면서 이러한 부주의는 가격 실패로 이어진다.

2010년대에 들어서면 에너지와 관련된 대부분의 산업들이 위기를 맞게 되는데, 미국은 가파른 경제 후퇴를 보이면서 마치 90년대 일본의 경제불황과 같은 시기를 겪을 수 있다. 세계경기가 1%만 하락해도 중국과 인도, 유럽의 경제는 급속도로 나빠진다. 이상기온과 폭풍, 가뭄 등으로 매년 수십만의 사람들이 목숨을 잃고, 기후변화에 따른

농산물 작황 실패 역시 미국을 포함한 세계 곳곳을 혼란에 빠뜨린다.

● 시나리오 4 The Fast Road: 창조적 에너지 정책이 국가간 정치적 충돌 방지

마지막 시나리오인 '빠른 길'은 출발 시점부터 혁신적인 변화에 도전하는 방법이다. 세계경제의 효율성이 높아지고 환경 문제에 대한 합의가 도출되면서 미국의 에너지 환경은 혁신 단계로 이동하게 된다. 에너지 가격은 꾸준히 상승하지만 이를 대신할 대체에너지들이 속속 개발되며, 대체에너지에 대한 투자도 충분히 이뤄진다.

2010년 이전에 미국경제의 중심축은 효율이 높고 탄소배출이 적고 높은 수준의 기술을 필요로 하는 산업으로 이동하게 된다. 2008년 미국 대선에 등장한 젊은 유권자들의 지지를 받으며 연방정부는 기후변화와 에너지 수입, 외교정책 등을 조화롭게 해결해 나간다. 대부분의 기업들이 매우 강력하고 잘 짜여진 에너지 경영 프로그램을 구축하게 된다.

국제유가는 계속해서 출렁거리지만 미국의 장기적인 에너지 안보와 생산성에 대한 기대를 바탕으로 제한된 범위 안에서 움직인다. 미국기업들은 지구온난화와 이산화탄소 문제에 대해 논쟁을 벌이고 연방정부와 주정부는 감세 정책, 인센티브, 기술개발 지원, 제도적인 뒷받침 등을 통해 에너지 경영을 지지하게 된다. 자동차나 주택, 빌딩에 대한 고효율 기준과 온실가스 저감 노력에 대한 조세 보상, 재생가능한 에너지에 대한 장려금 제도 등도 도입될 것이다. 미국기업들은 이러한 정책적 수혜를 받게 되며 청정기술이나 태양에너지, 청정 제조업 분야에서 시장을 지배하게 된다.

2. 쟁점 및 시사점

시나리오기법은 현재의 데이터를 바탕으로 앞으로 10년 후, 20년 후에 나타날 미래의 모습을 가정하고 그 과정에서 예상되는 각종 위험과 기회를 찾아보는 중요한 미래 예측방법이다. 시나리오 플래닝은 단순히 미래를 가정해 보는데서 끝나지 않고 각 시나리오에 대한 전략적인 대안을 도출해 내는데 목적이 있다. '시나리오 플래닝'(Scenario Planning)이라는 기법을 통해 미래 현상을 예측하는 GBN의 보고서는 미국의 미래 에너지 경영을 위한 제언에 초점을 두고 있지만, 전형적 에너지 부족 국가로서 안정적으로 에너지를 확보해야 하는 우리나라에도 정책적으로 시사하는 바가 크다고 할 것이다.

이들 각 시나리오는 과정과 결과에 차이가 있지만, 한 가지 분명한 점은 미래에는 에너지와 관련된 리스크가 산업계와 사회 전반에 매우 심각한 충격을 줄 것이라는 점이다. 기업가 국가들은 이러한 리스크를 최소화하는 방향으로 전략적인 에너지 경영 플랜을 세워야 하며, 개개인들이 행동에 옮겨야 한다. 시나리오에 따라 생각하고 계획하는 일은 너무나 비현실적으로 받아들여질 수 있다. 하지만 우리는 여러 불확실성에도 불구하고 미래에 대해 정밀하게 탐색하고 대응함으로써 다가올 미래를 보다 더 바람직한 미래로 만들 수 있게 될 것이다.

(4) 미래예측 델파이(delphi)

미래예측 델파이는 전문가의 경험적 지식을 통한 문제해결 및 미래예측을 위한 기법으로 전문가들이 몇 차례에 걸쳐 합의에 이르는 과정을 추적하는 것이다.

㈎ 고전적 델파이(classical delphi)

고전적 델파이(*classical delphi*)는 미래사건에 대하여 전문가들의 의견을 체계적으로 종합하는 직관적 예측 방법이다. 이는 반복되는 라운드(*round*)를 통해 상이한 의견을 가졌던 전문가들간의 합의를 도출하는 과정으로 4번의 라운드를 걸쳐 이 과정이 수행된다.

고전적 델파이는 대면접촉을 하지 않고 익명성을 강조하는 기법이므로 대면적 회의에서 나타나는 부작용을 최소화 할 수 있다. 하지만 전문가를 추출한다는 점에서 참여자의 능력문제와 표본추출의 문제, 설문지를 통한 소통이라는 점에서 설문지의 설계 및 응답의 신뢰성에 각별한 주의를 요한다.

〈그림 6-6〉 고전적 델파이의 과정과 효과

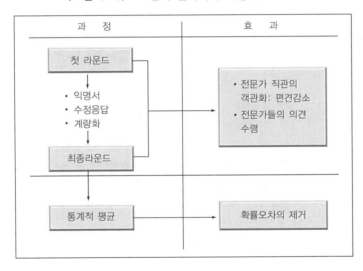

* 자료: 권기헌 2008: 220.

<고적적 델파이의 응용 형태>

고전적 델파이는 4라운드에 걸친 델파이 과정을 거친다. 그러나 델파이의 이용이 증가하면서 고전적인 델파이는 여러 가지 형태로 변형되어 실시되어 왔다. 대표적인 예를 들어 보면 다음과 같다(Martino, 1993).

1. 라운드 횟수

고전적인 델파이는 4라운드에 걸쳐 수행된다. 어떤 경우에는 5라운드 이상 실시되는 경우도 있다. 그러나 델파이 실행에는 4라운드면 충분하다는 것이 여러 연구에서 입증되고 있다. 고전적인 4라운드 델파이가 축소 실시되는 경우도 있는데, 만약 총괄수행자가 제3라운드에서 요구하는 전문가의 반대의견을 원치 않는 경우에 제4라운드를 생략할 수 있을 것이다. 그리고 제1라운드에서 미리 확정된 미래예측 대상주제를 제공할 수 있다면 역시 생략할 수 있다. 이처럼 라운드를 생략해도 델파이는 여전히 대면회의 방식에 비해 많은 장점을 지닌다. 즉 제2라운드 델파이가 한 사람의 전문가나 대면 회의 방식에 의존하는 것보다는 합리적인 결과를 제공할 수 있다.

2. 복수시점 예측

고전적인 델파이에서는 각 전문가가 한 주제에 대한 실현시기를 응답한다. 경우에 따라서는 50%의 실현 확률 하에서 실현시기를 표시한다. 그러나 델파이의 다른 응용에서는 전문가에게 3가지의 실현시기를 요구하기도 한다. 이 때 각 시기에 대해서 "실현가능성이 거의 없음", "실현가능성이 높음"이라든가 또는 각각에 대해 "10%~", "50%~", "90%~" 등의 확률을 부여하기도 한다. 이처럼 실현시기에 대해 복수응답을 요구하는 경우, 실현시기에 대한 통계적 대표값은 "50%~"의 확률로 응답된 표본에서 중위수(median)를 취하고, 패널의 의견수렴 정도는 "10%~"의 표본의 중위수와 "90%~"의 표본의 중위수를 이용하여 구한다. 이는 한 예에 불과하며, 실제에 있어서 총괄수행자는 예측시기에 대해 여러 가지 형태로 설문을 설계할 수 있다.

3. 실시간(on-line) 델파이

델파이는 설문서 대신 컴퓨터를 이용하여 수행할 수 있다. 패널 전문가는 중앙 컴퓨터와 연결하여 각 주제와 이에 대한 미래예측 결과를 추적할 수 있도록 하고, 최근의 결과에 대한 검토 및 수정의 기회를 갖는다. 이러한 실시간 또는 on-line 델파이는 패널의 전문가가 스스로 원하는 회수만큼 수정과 검토의견을 짧은 시간에 제시할 수 있다는 점에서 매우 유용하고, 전문가 개개인이 수시로 델파이에 참여하게 됨으로써 단시간 내에 결과에 대한 안정성에 도달할 수 있다.

4. 선택적 익명성

델파이는 대면 상황 하에서 활용될 수 있다. 의견은 실명으로 발표되고 토론되나, 예측은 익명이 보장되도록 비밀투표를 통해 이루어지는 것이다. 이러한 과정을 몇 차례 반복하여 실시할 수 있다. 비밀투표는 컴퓨터를 이용할 수 있을 것이다.

(나) 정책델파이(policy delphi)

고전적 델파이는 미래의 사건에 대한 전문가들 간의 합의를 도출하기 위해 개발된 것인데 반해, 정책델파이(*policy delphi*)는 미래의 사건에 대한 잠재적 해결방안을 도출하기 위해 이에 잠재되어 있는 여러 문제를 노출시키고 종합함으로써 창의적이고 바람직한 대안의 개발을 위해 고전적 델파이 기법을 응용한 것이다.

정책델파이는 고전적 델파이와 구별되는 몇 가지 점이 있는데, 첫째 구체적인 정책문제에 대하여 미래예측을 실시한다는 점, 둘째 다양한 참여자를 허용한다는 점, 셋째 대립되는 문제 혹은 정책대안이 표면화된 이후 공개적 토론을 허용하여 선택적 익명성을 추구한다는 점, 넷째 대립되는 의견이나 갈등을 부각시켜 창의적인 대안의 개발을 추구한다는 점 등이다.

이를 표로 정리하면 다음과 같다.

〈표 6-1〉 고전적 델파이와 정책델파이의 차이

구 분	고전적 델파이	정책델파이
적 용	일반문제에 대한 예측	정책문제에 대한 예측
응 답 자	단일 영역의 분야 전문가를 응답자로 선정	정책전문가와 이해관계자 등 다양한 전문가 선정
익 명 성	철저한 격리성과 익명성 보장	선택적 익명성 (중간에 상호교차 토론 허용)
통계처리	의견의 대표값, 평균치(중위값) 중시	의견차이나 갈등을 부각시키는 양극화된 통계처리
합 의	합의 도출	구조화된 갈등유도 (극단적·대립된 견해도 존중, 이를 유도)
토 론	없음	컴퓨터를 통한 회의 가능

* 자료: 권기헌, 2008: 225.

(5) 교차영향분석(cross impact analysis)

교차영향분석(*cross impact analysis*)은 조건확률이론에 근거하여 여러 사건을 대상으로 하여 하나의 사건이 선행되었을 때, 다른 사건들의 발생이 일어날 확률을 구하는 방법이다. 이를 위하여 "연결방향", "연결강도", "연결시차"로 구분하여 분석한다.

첫째, 선행되는 A사건이 후에 다른 사건 B를 발생시킬 때, A가 B의 발생을 촉진시키느냐 혹은 억제시키느냐를 분석하기 위한 것이 "연결방향"이다.
둘째, A가 B의 발생에 영향을 미치는 정도를 확률로 분석한 것이 "연결강도"이다.

셋째, A의 발생 이후 B의 발생이 있기까지의 기간이 "연결시차"이다.

교차영향분석을 통하여 하나의 매트릭스($matrix$)로 나타내면 연결방향을 통해 각 사건의 발생시기 순서를 예측할 수 있으며, 연결강도를 통해 각 사건이 서로에게 미치는 영향력의 크기를 예측할 수 있으며, 마지막으로 연결시차를 통해 다음 사건의 발생시기를 예측할 수 있다.

교차영향분석은 다양한 사건의 상호의존관계를 파악할 수 있다는 점, 미래의 사건발생에 대한 구체적이고 체계적인 정보를 제공해줄 수 있다는 점 등에서 유용하다.

〈표 6-2〉는 세 가지 사건, E1, E2, E3 간의 상호작용 관계를 보여주는 것으로, 사건들의 발생시기를 미래예측하고 난 후, 영향의 방향, 강도 및 시차라는 요소를 함께 고려해서 작성한 것이다(강근복, 2002: 145-146; Dunn, 1994: 250-251).

〈표 6-2〉 교차영향 행렬표

사 건	사건의 발생(P=1.0)		
	E1	E2	E3
E1		촉진	촉진
		0.2	0.5
		즉시	5년
E2	감소		촉진
	-0.3		0.3
	3년		5년
E3	감소	감소	
	-0.5	-0.1	
	6년	8년	

영향력의 방향

영향력의 강도

영향력의 시차

* 자료: 강근복, 2002: 146

정책
사례 *cases in policy*

교차영향분석: U-Eco City개발과 미래유망기술의 R&D 전략수립

1. 사례개요

손영석, 김억(2008)은 교차영향분석을 활용하여 "U-Eco City개발과 미래유망기술의 R&D 전략수립"에 관한 연구를 수행한 바 있다. U-Eco City 관련기술은 인간중심의 창의적인 도시 개념으로 도시디자인, 정보통신기술, 유비쿼터스기술, 환경기술 등을 융복합하여 도시공간에 구현하는 사업이다. 이에 따라 연구개발비, 연구인력 및 연구시설 등 한정된 자원을 선택과 집중의 원칙에 따라 효율적이고 전략적으로 기술개발에 투자할 수 있는 방안을 모색할 필요가 제기되고 있으며, 이 연구는 이러한 동향에 부응하는 논문이라고 할 수 있다.

교차영향분석은 미래 사건들 사이의 영향관계를 설명하려는 시도로서 개발되었다 (Brauers, J. and M. Weber, 1988: 31-47). 사건 A가 사건 B에 영향을 미친다고 하면 사건B의 초기 방생가능성은 사건A의 발생에 따라 변하게 되며 이처럼 초기 발생가능성이 사건들 간의 영향관계에 따라 수정될 수 있다는 것이 교차영향분석의 기본개념이다. 일반적으로 교차영향분석에서 이러한 영향관계는 전문가들의 판단에 따라 결정되며 초기 확률과 조건부 확률이 필요해 진다. 위 본 연구에서는 변수들 사이 추세들 사이에 어떤 상호작용이 일어나는가를 식별해 내는데 이용하고 또한 변수나 추세들 사이의 종속적이고 독립적인지를 확인할 때 교차영향분석을 사용하였다. 교차영향척도는 -2, -1, 0, 1, 2 등 다섯 단계로 구분하였다.

1) 트렌드 추적
급격히 변화하는 환경 속에서 장기적인 연구개발에 초점을 두고 변화를 예측하기 위해 시나리오 작업의 시각구조는 활동영역에서 전개되는 상황에 영향을 끼칠 수 있는 추동요소를 도출하기 위해 과학기술부 10대 트렌드와 과학기술정보통신부의 미래한국 시나리오 2030, 정보통신정책 연구원 메가트렌드 20, 산업연구원 2020 메가트렌드 그리고 유엔미래포럼, 미국국가정보위원회의 미래 트렌드 자료를 통해 핵심동인을 도출했다.

2) 추세들 사이의 상호작용에 대한 교차영향분석
도출된 추세들 사이 서로 어떤 상호작용이 일어나는가를 식별해 내고 핵심변수와 추세들을 분명히 확인하기 위해 학계 및 전문가그룹, 업체들을 대상으로 20명에게 설문조사를 시행 추세동인 간의 상호교차분석(Cross impact analysis)을 실시하여 〈표 6-3〉과 같은 교차영향분석표 결과를 얻게 되었다. 이러한 설문조사를 기초로 초기 발생가능성의 평균값을 계산하여 개별 사건들의 중요성을 평가할 수 있었는데, 결과적으로 환경 안전분야와 과학기술분야의 거시동인이 가장 강력한 추동추세로 나타났으며, 사회 문화분야와 기술분야가 가장 의존적인 추세로 확인되었다.

유비쿼터스 도시에 영향을 미치는 시스템을 전체적으로 조망하기 위해 인과고리 도표를 그려 가장 지배적인 추동추세들은 도표의 윗부분에 위치하고 가장 종속적인 추세들은 도표 아랫부분에 위치해 있다. 화살표는 추세들 사이의 의존관계는 〈그림 6-7〉로 나타났다. U-City의 목표와 전략을 세우기 위한 14개 항목의 의존관계를 보면 질병, 자연재해 및 안전사고와 차세대 IT기술, 접속사회로의 전환 추동 추세가 인과 고리 도표 상에서 가장 강력한 추동추세로 분석되었다. 미래도시의 목표와 비전은 질병, 재해, 안전사고의 증가에 따라 환경적으로 쾌적하고 안전한 도시를 구현하기위한 차세대 IT기술의 활용과 도시 커뮤니티를 활성화시키기 위한 대안으로 접속사회로의 전환에 대한 전략이 필요함을 이 연구는 지적하고 있다.

〈표 6-3〉 핵심변수 분야별 리스트

메가트렌드 분야	거시동인
환경 안전 건강	① 에너지자원 및 천연자원 문제 심화
	② 지구온난화 및 오염
	③ 질병, 자연재해 및 안전사고 증가
과학 기술	④ 기술의 융복합화
	⑤ 차세대 IT 기술
	⑥ 에너지 기술의 새로운 물결
	⑦ 가상현실
사회 문화	⑧ 인구구조의 변화(고령화, 저출산)
	⑨ 계층의 양극화
	⑩ 접속사회로의 전환
	⑪ 노동시장 구조
	⑫ 캐리어의 복잡화
경 제	⑬ FTA 등 경제의 통합화
	⑭ 웰빙 감성중심의 소비패턴

〈그림 6-7〉 인과고리 다이어그램

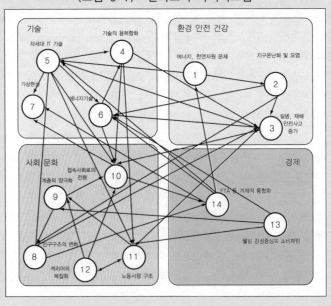

제 2 부 정책분석론: 과정

〈표 6-4〉 추세간의 교차영향분석표

변 수	T1	T2	T3	T4	T5	T6	T7	T8	T9	T10	T11	T12	T13	T14	합계
① 에너지자원 및 천연자원 문제 심화		-1	-2	-2	-1	1	-2	1	-2	-2	1	-2	1	2	20
② 지구온난화 및 요염	2		-1	-2	-2	-1	-2	2	-1	-2	1	-2	1	1	20
③ 질병, 자연재해 및 안전사고 증가	2	2		2	-1	-1	-1	2	1	1	2	-2	1	-2	20
④ 기술의 융복합화	1	1	1		2	2	1	-2	1	2	1	1	1	1	22
⑤ 차세대 IT 기술	2	1	2	2		2	1	2	-1	2	1	1	1	2	20
⑥ 에너지 기술의 새로운 물결	2	2	1	2	2		-2	2	-2	1	-2	1	12		22
⑦ 가상현실	-1	-1	-2	1	2	1		0	0	2	-1	-1	-2	2	16
⑧ 인구구조의 변화(고령화, 저출산)	-1	1	-2	-2	-2	-2	-1		2	-2	1	1	1	1	19
⑨ 계층의 양극화	1	0	-1	1	-1	1	-2	1		1	2	2	2	2	17
⑩ 접속사회로의 전환	-2	-2	2	2	1	2	1	1	2		1	2	1	2	20
⑪ 노동시장 구조	1	0	1	2	1	2	0	2	1	2		2	2	1	17
⑫ 캐리어의 복잡화	-2	-2	-1	1	1	0	0	1	1	1	2		1	1	14
⑬ FTA 등 경제의 통합화	-1	0	-1	-1	-1	0	0	1	-1	0	-1	01		-1	8
⑭ 웰빙 감성중심의 소비패턴	-2	-2	-1	1	2	2	2	2	-1	2	1	1	-2		20
합 계	19	14	18	20	19	16	14	18	16	20	16	19	18	19	

2. 쟁점 및 시사점

교차영향분석은 '다른 사건이 일어났느냐 일어나지 않았느냐'에 기초하여 미래의 어떤 사건이 일어날 확률에 대해서 식견 있는 판단을 이끌어내는 기법이다. 즉 한가지의 사건이 아닌 여러 가지의 사건을 놓고, 한 가지 사건이 일어날 확률을 구하고, 그 사건이 선행되었을 경우 나머지 사건이 일어날 확률을 구하는 방법을 말하며, 이는 조건확률이론에 근거를 둔다.

위 연구는 미래도시 U-Eco City에 영향을 미치는 추동요인들을 추출한 뒤, 이들간의 인과관계를 교차영향분석을 활용하여 분석하고 있으며, 이에 따른 미래유망기술의 R&D 전략수립을 제안하고 있다는 점에서 매우 정책적으로 시사하는 바가 큰 정책연구라고 할 수 있다.

(6) 통찰적 예측(Genius forecasting)

통찰적 예측이란 한 분야의 전문가인 개인의 통찰을 통해 미래의 모습을 예측하여 설명하는 것이다. 예를 들어, 앨빈 토플러의 1980년에 출판된 대표작 「제3의 물결」(the third waves)은 고도 정보사회에 대한 시나리오로 돌출되는 사회현상을 예리하게 분석하고 예측한 바 있는데, 이러한 것이 통찰적 예측의 좋은 예이다. 여기에서는 특히 사회변동의 근본적 저류(底流)가 되는 사회변혁의 추동력(momentum)을 날카롭게 지적한 바 있으며, 이는 통찰적 예측이 지니는 강점이라고 할 수 있다.

(7) 실현성 예측(feasibility forecasting)

통찰적 예측은 한 분야의 전문가인 개인의 통찰적 예지에 의존하는 방법인데 반해 실현성 예측은 정책대안의 채택과 집행에 있어서 지지 혹은 반대를 통해 발생할 수 있는 영향을 예측하는데 도움을 주는 미래예측 방법이다. 실현성 예측에서 중요하게 고려되는 요소는 이슈에 대한 입장, 가용한 자원, 자원의 상대적 서열 등이다(남궁근 외, 2008: 240-241).

실현성 예측은 정치적 갈등이 존재하거나 권력, 기타 자원의 배분이 동등하지 않은 조건에서 정책대안의 예상되는 결과를 예측하는데 적합하게 이용될 수 있다.

(8) 미래예측 기법의 특수사례: 환경영향평가, 교통영향평가, 규제영향평가

정책분석의 실제 사례는 해당 부처가 정책대안을 검토하는 단계에서 많이 발견되고 있는데, 그 중에서도 최근 많은 관심을 받고 있는 미래예측 및 정책분석의 특수한 사례로서 환경영향평가, 교통영향평가 및 규제영향평가를 들 수 있다. 정확한 의미의 정책평가란 사업이나 정책이 종결된 이후 실시되는 것인데, 환경영향평가, 교통영향평가 및 규제영향평가는 집행 이전에 사전적으로 수행된다는 점에서 엄밀히는 정책평가가 아니라 정책분석에 해당되며, 환경 및 교통 그리고 규제에 대한 영향을 사업추진 이전에 예측하는 미래예측의 특수한 사례에 속한다(정정길 외, 2005: 381-385).

① 환경영향평가

환경영향평가는 정책이나 사업이 환경에 미치는 영향을 사전에 예측하는 활동이다. 예를 들면, 새만금 간척지 개발사업과 같은 공사를 추진할 때에 건설과정 및 건설 후 운영과정을 통해 나타날 수 있는 환경에 대한 경향을 공사추진 이전에 미리 예측하는 것이다. 즉, 환경영향 평가는 사업의 시행으로 인하여 자연환경, 생활환경 및 사회·경제 환경에 미치는 해로운 영향을 예측·분석하고 이에 대한 대안을 강구하기 위한 활동이다.

② 교통환경평가

교통환경영향평가는 사업이 교통에 미치는 영향을 사업 실시 이전에 예측하는 활동이다. 이는 사업이나 정책의 시행으로 인하여 발생할 교통장애 등 교통상의 각종 문제점과 그 효과를 예측·분석하고 이에 대한 대책을 강구하기 위한 것이다.

교통영향평가 역시 환경영향평가에서와 마찬가지로 실질적으로는 사업주가 아니라 전문적인 외부 평가기관이 평가서를 작성한다. 이때 주된 평가 및 예측항목은 교통환경 조사 분석, 사업지 및 주변지역의 장래 교통수요, 사업시행에 의한 문제점 및 개선방안, 개선안의 시행계획 등이다.

③ 규제영향평가

규제영향평가는 규제로 인하여 국민의 일상생활과 사회, 경제, 행정 등에 미치는 제반 영향을 객관적이고 과학적인 방법을 사용하여 미리 예측, 분석함으로써 규제의 타당성을 판단하는 기준을 제시하는 제도이다.

규제영향평가는 불필요한 행정규제를 폐지하고 비효율적인 행정규제의 신설을 억제함으로써 사회·경제활동의 자율과 창의를 촉진하여 국민의 삶의 질을 높이고 국가경쟁력의 지속적인 향상을 도모하는 데에 그 목적을 두고 있는데, 이러한 목적을 달성하기 위해 규제영향평가에서는 불합리하고 비현실적인 규제의 신설 혹은 강화여부, 규제목적의 실현가능성, 규제 외 대체수단의 존재 및 기존규제와의 중복여부, 규제의 시행에 따라 규제를 받는 집단 및 국민이 부담하여야 할 비용과 편익 경쟁 제한적 요소의 포함여부, 규제내용의 객관성 및 명료성, 규제의 신설 또는 강화에 따른 행정기구, 인력 및 예산의 소요, 관련 민원사무의 구비서류 및 처리 절차 등의 적정여부 등이다(정정길 외, 2005: 381-385).

제3절　요약 및 결론

미래란 개연적 미래, 규범적 미래, 잠재적 미래로 나눌 수 있으며, 이러한 미래를 예측하는 것은 정보의 제공, 정책의 통제, 미래의 예견을 목적으로 한다. 이때 불확실성의 원천은 1) 정책문제의 원인, 2) 정책목표의 설정, 3) 정책대안의 범위, 4) 대안결과의 예측, 5) 대안평가의 비교에서 온다.

미래예측을 통해 불확실성을 해소하는 방법에는 적극적 방법과 소극적 방법이 있다. 적극적 방법은 1) 이론 모형을 이용하여 과학적으로 미래예측을 하거나, 2) 불확실성이 생기는 상황자체를 통제하는 방법이 있다. 소극적 방법은 1) 최악의 상황을 가정하는 보수적 접근법, 2) 가외적 조치를 중복적으로 확보하는 중복성 확보, 3) 민감도 분석이 있으며, 민감도 분석에는 1) 분기점 분석과 2) 악조건 가중분석이 있다.

미래예측의 방법에는 주관적, 객관적, 연장적, 인과적, 선형적, 비선형적 방법이 있다.

미래예측의 기법은 이론적 예측과 전문가 판단으로 분류될 수 있는데, 이론적 예측에는 이론모형을 이용한 연역적 방법과 회귀분석, 시뮬레이션을 이용한 귀납적 방법이 있다. 전문가 판단은 전문가의 지식이나 내적 통찰력을 기초로 지적 판단을 통해 종합적 결론을 도출하는 접근방법인데, 이러한 전문가 판단에 기초한 창의적 미래예측 기법으로는 브레인스토밍, 전문가패널, 시나리오기법, 미래예측델파이, 교차영향분석, 실현가능성 분석, 통찰적 예측 등이 있다.

제 7 장

정책대안의 분석(Ⅲ): 정책대안의 비교평가

 >>> 학습목표

　정책분석의 단계는 구체적으로 정책문제의 분석, 정책목표의 설정, 정책대안의 분석, 분석결과의 제시의 과정을 거친다. 이 중 정책대안의 분석은 세 단계로 구분할 수 있는데, 먼저 정책대안의 분석(I)에서는 정책대안의 탐색개발이 이루어지고, 정책대안의 분석(II)에서는 정책대안의 미래예측이 이루어지며, 마지막으로 정책대안의 분석(III)에서는 정책대안의 비교평가가 이루어지는데, 제7장에서는 정책대안의 비교평가에 대해서 학습하기로 한다.

　우리가 정책분석을 하는 가장 근본적인 이유는 정책목표를 달성할 수 있는 가장 바람직한 정책대안(policy alternatives)을 선택하기 위한 것이다. 따라서 문제정의를 통해서 정책목표를 달성하기 위한 다양한 정책대안들을 탐색·개발한 후에는 이들에 대한 미래예측을 토대로 비교·평가하여 최선의 대안을 선택하게 된다.

　제7장에서는 정책대안 분석의 마지막 단계로서 정책대안의 분석(III): 정책대안의 비교평가를 다룬다. 여기에서는 최선의 정책대안을 판단할 수 있게 하는 정책대안의 비교평가 기준(criteria)에 대해 학습한다. 먼저, 정책분석의 기준에 관한 선행 연구들을 검토하면서, 최근 정책환경의 변화에 맞추어 강조되거나 새롭게 추가되어야 할 새로운 기준들을 논의하기로 한다. 특히 총체적인 정책분석 기준인 성찰성(당위성)-민주성(참여성)-생산성(효율성) 및 실현가능성에 대해서 중점적으로 살펴보기로 한다.

정책대안들 간의 우선순위를 나타내주는 기준(*criteria*)을 정책대안의 평가기준이라고
한다. 평가기준들은 각 정책대안이 미래에 가져올 것으로 예측된 정책결과들의 바람직스
러움의 정도를 판단하는 데 사용되는 평가를 위한 기준(*evaluative standard*)이기 때문
에, 가치와 철학이 정책분석 과정에 도입되는 단계라는 관점에서 매우 중요한 의미를 지
닌다(노화준, 2003: 126).

1. 평가기준의 의미

평가기준들은 정책결정의 지침으로서 사용된다. 평가기준들은 어떤 정책결정자(개인 또는
집단)에 의하여 주어진 정책결정상황 하에서 적절하다고 판단된 모든 특성과 목표, 그리고
규칙들이 될 수 있다. 평가기준들은 각 대안들이 가져올 결과들을 비교하는 데 도움을 준다.
Quade는 "평가기준이란 정책대안들이 가져올 것으로 예측된 정보들을 사용하여 각 대
안들을 선호(*preference*)의 순으로 서열을 부여하는 데 사용될 수 있는 기준"으로 정의하
고 있다(노화준, 2003: 127). 즉, 최선의 정책대안을 식별해내기 위해 무엇이 최선인가에
대한 답을 준다는 점에서 정책대안의 평가기준은 정책분석에 있어서 매우 중요하므로 정
책분석 전에 선결되어야만 하는 중요 개념이다.

2. 평가기준의 요건

정책대안들을 측정하기 위하여 사용하는 평가기준에는 여러 가지 형태를 띤 것들이 있
을 수 있으나, 그들이 공통적으로 갖추어야 할 기본적인 요건들이 있는데 이들은 명료성,
일관성 및 보편성 등이다.

1) 명료성

정책대안의 평가기준들은 명료해야 하는데, 이를 위해서는 용어 자체가 명료해야 하며,
용어들을 측정하는 계량적인 절차까지도 명료하게 제시하는 것이 바람직하다. 만일 노인

평생교육시스템 정책대안 분석시 해당 평가기준이 '노인의 행복', '노인의 권익향상'과 같이 애매모호한 기준을 제시한다면 평가자들에게 있어서 기준에 대한 이질적인 해석의 우려가 생김에 따라 대안평가에 있어 여러 가지 어려움이 있을 것이다. 분명히 정책대안의 평가기준들을 분명하게 하기 위해서는 기준 자체의 뜻을 구체화 하고, 더 나아가 '노인의 권익향상'의 경우 어떤 경로를 거쳐서(예컨대, 교육에 따른 Human Capital 향상 → 일자리 구하기의 용이함 → 소득형성 → 권익향상) 얼마나 만족을 느끼는지에 대한 계량적인 값을 부여할 수 있을 정도로 자세하게 분석되어야 할 것이다. 이렇게 분석된 기준들은 그 이후 고급계량분석에도 이용될 수 있을 것이다(노화준, 2006: 123).

2) 일관성

명료성의 기본요건을 충족시키고 있다고 할지라도 일관성이 없다면 정책대안 분석시 해석상의 어려움에 직면하게 된다(노화준, 2006: 124). '시민의 참여정도'라는 분석기준의 경우 참여정도라는 용어를 '행정업무수행과정에서 직접적으로 민주행정의 이념을 실현하고자 하는 행위의 빈도'라고 정의하고 논의를 진행해 나가는 경우 일관성의 문제에 부딪히게 된다. 참여의 정도에 따른 일관성에 대한 통일이 이루어지지 않았기 때문이다. 즉, 참여의 정도에 따라 행정기관에 큰 영향을 줄 수도 있고, 그렇지 못할 경우도 있기 때문에 정책분석의 용도에 따라 어디 경계까지 참여의 범위로 삼을지 일관적인 기준이 필요하다.

3) 보편성

광범위한 정책대안들을 비교평가하기 위해서는 보편성을 갖는 게 바람직하다(노화준, 2003: 129-130). 특정 정책문제의 해결방안들을 비교평가하는 데는 분야별로 특수한 평가기준이 적용될 수 있으나 광범위한 정책대안들을 비교평가하기 위해서는 보편적으로 적용될 수 있는 평가기준이 요망된다(Rawls, 1971: 20-21).

4) 배타성과 종합성

평가기준은 기준 간 상호 독립적 여부를 측정하는 배타성과 기준들이 모여 하나의 전체를 구성하는 종합성(*mutually exclusive & totally comprehensive*)을 지녀야 한다.

1. 정책분석의 차원 및 측정지표

　정책분석은 "정책현상을 나누어서 살펴보는 노력"이다. 정책이라는 복합적 가치의 구성물을 분할하고 종합하는 체계적 작업을 통해 정책판단의 근거를 질적으로 향상시키는 노력이다. 우리가 정책을 분석한다고 할 때에는 정책이 합리적 요소와 정치적 요소를 포함하고 있으므로 정책에 담긴 비용-편익, 비용-효과의 양적(quantitative) 측면뿐만 아니라, 민주적 가치, 인권적 가치, 형평적 가치 등 민주성과 성찰성 측면의 질적(qualitative) 측면을 모두 분석하는 것이 바람직하다. 즉, 정책에 담긴 예상비용과 예상편익(효과)에 관한 분석뿐 아니라, 정책형성 과정에서 나타나는 민주적 가치와 절차적 측면, 그리고 정책이 가져올 정치적, 경제적, 사회적, 문화적 영향에 대해서도 종합적으로 판단하고 분석하는 노력이 필요하다.

　하지만, 정책이 시행되기 이전에 미리 정책에 담긴 민주적 가치와 성찰적 가치에 대해 예측하는 것이 쉽지 않으므로 정책형성 이전에 정책의 효율성-민주성-성찰성 차원을 분석하는 일이 쉽지 않을 수도 있다. 하지만 정책분석에 있어 민주적 가치와 성찰적 가치를 경제적 가치 못지않게 중요하게 다루고, 이들을 분해하여 강조하려는 일련의 체계적 노력을 통해 정책에 담긴 복합적 차원(dimension)이 보다 분명해 지고, 정책판단의 근거는 질적으로 향상될 수 있을 것으로 판단된다. 이러한 관점에서 아래에서는 제2장 정책분석의 기준에서 제시한 바 있는 정책분석의 세 가지 차원인 생산성(효율성)-민주성(참여성)-성찰성(당위성)차원의 하위요소에 대한 측정지표에 대해서 설명하고자 한다. 그리고 구체적인 정책사례를 통해 이러한 정책분석의 차원들이 어떻게 분석될 수 있는지에 대해 살펴보고자 한다.

1) 성찰성(당위성)

(1) 성찰성(당위성)의 개념

　성찰성(당위성)은 정책의 민주적 가치가 꽃핀 개념이다. 이는 정책의 최상위 가치에 대한 분석기준으로서, 이 개념에는 정책이 인간의 존엄성에 대한 실현 여부에 기여하는 정

---

[1] 제2절의 내용은 저자의 졸저, 「정책학」(2008: 244-268)에서 다루었던 원론적 내용을 인용한 것이다. 다만, 정책분석에 맞게 좀더 상론하고 심화시킨 것임을 밝힌다.

도에 대한 판단과 우리 사회를 좀더 신뢰받고 성숙된 공동체로 구현하는 데 기여하는 정도에 대한 판단을 포함한다.

인간은 인격적·육체적으로 존엄성을 가진 존재로서 수단이나 도구와 같은 비인격적인 존재가 아니다. 그러므로 인간을 존엄성을 가진 존재로서 인정하고 이에 기여하는 정책이 필요하며, 이는 Lasswell이 정책학을 제창하게 된 근본이유이기도 하다. 인간의 기본적 권리(인권, 정의, 존엄)를 보장받을 때 인간의 존엄성은 확보될 수 있으므로 인간의 근원적 권리를 보호하고 장려하는 정책대안이 바람직하다고 볼 수 있다.

성찰성(당위성)　정책결정이 이루어질 때에는 어떤 의미로든 당위성이 포함되어 있다. 그것은 사회에 해악을 끼칠 의도로 정책결정이 이루어지는 경우는 없을 것이기 때문이다. 그러나 정책에 따라서, 의도하던 의도하지 않았던, 그 정책에 내포된 성찰성(당위성) 가치의 정도는 분명히 차이가 나게 되므로 우리는 이러한 정책의 상위 차원의 가치에 대해 좀더 명확하게 분석함으로써 비로소 정책판단의 질적인 근거를 향상시킬 수 있을 것으로 생각한다. 정책에 따라서는 사회문화 정책과 같이 국민의 삶의 질이나 신뢰 제고에 직접적인 영향을 미치는 정책도 있을 수 있고, 경제산업 정책과 같이 국가의 경제적 경쟁력 제고를 통해 궁극적으로 국민의 삶의 질에 영향을 미치는 정책도 있을 것이다. 부안 핵 방폐장 정책처럼 핵 산업의 평화적 이용과 국가 에너지 정책을 위해 필요한 정책이면서도, 미래에 행여 초래될 수 있는 핵 폐기물의 안전적 관리 및 국민 건강에의 폐악에 대해 좀더 심사숙고해야 마땅할 정책도 있을 것이다. 이런 측면에서 정책의 성찰성(당위성) 측면의 판단 근거는 직접, 간접, 저해 등으로 나누어서 분석해 볼 수 있을 것이다.

성찰성이 높은 정책사례　성찰성이 높은 정책사례로서 인천광역시의 다문화정책을 들 수 있다. 국내 외국인 체류자가 100만 명을 넘어서면서 우리나라도 이제 다문화사회로 접어들고 있다. 다문화의 양태도 단순히 성이나 인종을 넘어서 가치관, 종교, 나이, 정치적 성향, 문화적 기반에 이르기까지 다양하게 나타나고 있다. 이에 인천시는 2008년 2월 '인천시 거주 외국인 지원조례'를 제정한데 이어 행정부시장을 위원장으로 경찰, 교육청, 민간단체 등 분야별 전문가들로 구성된 외국인 지원 자문위원회를 발족시키는 등 다양한 적응 프로그램을 마련하는 계획을 추진중이다. 교육과 관련하여서는 인천 외국인 카페를 설치하여 운영하고 있으며, 인천에 거주한 외국인을 대상으로 하는 다양한 강좌가 개설되어있다. 이와 함께, 인천 영어 페스티벌(Incheon English Festival)을 인천 가천의과대학교에서 개설하는 한편 외국인 근로자 한국어교실도 운영하고 다문화교육 중심학교도 운영하고 있다. 이외에도 문화적 측면에서 외국인 인천체험 프로그램이라든지 외국인 커뮤니티와 함께 하는 열린 만남, 이주노동자 체육대회 및 문화축제, 외국인 근로자 문화체험 등 다양한 축제와 체험행사 등을 실시하고 있다. 보건이나 복지부분에서도 외국인을 배려하여 무료 건강검진과 다양한 지원센터 그리고 상담소 운영을 통해 사회적 소수계층에 대해 지원하고 있다(자료: 이종열 외, 2008에서 재구성). 다문화 정책은 사회적으로 소외당하거나 차별받는 소수집단을 존중하고 그들의 고유한 문화를 인정해주고 차이를 수용하는 정책이다. 바람직한 정책이란 비용과 편익을 고려하여 단순히 계량적으로 결과를 분석하는 것을 넘어 인간의 존엄성에 기초하여 바람직한 결과를 실현하는 당위적인 정책이라는 점을 고려할 때 인천광역시의 다문화정책사례는 우리 사회의 신뢰성과 성숙성을 한층 더 고양시키는 사례라고 하겠다.

(2) 성찰성(당위성) 차원의 구성요소

정책의 성찰성이란 정책의 내용이 궁극적으로 인간의 실체적 존재가치를 존중하는 방향으로 이루어져야 함을 의미한다. 또한 이를 통해서 우리 사회의 신뢰 구축과 사회 공동체의 실현을 이룩하고자 하는 가치 함축적인 의미라 할 수 있다. 따라서 성찰성(당위성) 차원 세부 측정지표는 인간의 존엄성(인권, 정의, 존엄) 실현, 신뢰받고 성숙한 공동체 실현을 포함하는 것으로 이해할 수 있다.

인간의 존엄성과 신뢰받고 성숙한 공동체에 기여한 정도가 어느 정도 인지는 양적으로 계량화하기가 쉽지 않기 때문에 정책이나 프로그램이 그 정도를 파악하기 어려우나, 다음과 같은 기준으로 질적인 판단을 해볼 수 있을 것이다.

(가) 인간의 존엄성(인권, 정의, 존엄) 실현
특정 정책이 인간의 존엄성에 기여한 정도는 좀더 세분하여 아래와 같이 구분할 수 있을 것이다.
① 직접: 직접적으로 아주 중요한 정책
② 간접: 간접적으로 관련 있는 정책
③ 저해: 저해할 잠재적 가능성을 가진 정책

(나) 신뢰받고 성숙한 공동체 실현
특정 정책이 신뢰받고 성숙한 공동체 실현에 기여한 정도는 좀더 세분하여 아래와 같이 구분할 수 있을 것이다.
① 직접: 직접적으로 아주 중요한 정책
② 간접: 간접적으로 관련 있는 정책
③ 저해: 저해할 잠재적 가능성을 가진 정책

(다) 성찰성이 낮은 정책과 성찰성이 높은 정책
모든 정책은 사회 구성원들과 사회 전체의 질적 향상을 위해 이루어지는 것이기에, 어떤 의미로든 당위성이 포함되어 있다고 할 수 있다. 그러나 정책에 따라서는 그 정책에 내재되어 있는 성찰성(당위성) 가치의 정도는 차이가 있게 되는데, 이러한 성찰성(당위성) 정도는 인간의 존엄성 실현과 바람직한 공동체 실현에 있어서 그 정책이 어느 정도 직접적으로 혹은 간접적으로 영향을 미치느냐에 따라 결정된다.

㈜ 성찰성(당위성) 차원의 측정지표

정책의 최상위 가치를 표현하는 성찰성(당위성) 차원은 매우 추상적이기 때문에 어떤 한두 가지의 하위 측정지표로 대표될 수 있는 것은 아니다. 정책의 성격에 따라 어떤 정책의 경우에는 인간의 존엄성에 대한 평가가 더 적절하며, 어떤 정책의 경우에는 신뢰받고 성숙한 공동체에 대한 평가가 더 적절한 경우도 있다. 정책의 성찰성 차원을 평가하는데 필요한 세부측정기준으로는 적합성, 적정성, 형평성, 대응성 등이 있다.[2]

가) 적합성(appropriateness)

적합성이란 정책에 내포된 가치성의 정도이다. 이는 '특정 정책이 지니고 있는 가치나 비전이 과연 현재의 시대상황에 얼마나 부합하는 가에 대한 판단기준'이다. 따라서 좋은 정책은 헌법이념과 시대정신에 부합하는 바람직한 가치성을 지니는 정책이어야 한다. 정책의 가치나 비전이 헌법이념이나 시대정신에 부합하는 바람직한 규범성을 지니는가를 판단하는 정책의 적합성 여부는 정책의 최상위 가치인 성찰성의 가장 중요한 판단기준이라고 할 수 있다.

나) 적정성(adequacy)

적정성이란 문제해결의 적정성을 의미하며 여기에서는 적시와 적절의 의미를 포함하고 있다. 즉 정책에 있어서 시기(timing)의 적정성과 정도(degree)의 적정성은 중요한 의미를 갖는다. 정책에서는 타이밍(timing)이 결정적으로 중요하다. 특히 경제정책의 경우 타이밍을 조금만 놓치면 국가 재정, 국민 후생에 직접적인 타격을 입히기 때문에 적정한 시기에 확실한 처방을 해야 한다. 2007년 미국에서 서브프라임 사태가 일어났을 때, 2007년 초를 기점으로 모기지 업체가 파산할 때부터 금융 위기의 조짐이 조금씩 보였으나 실제 금리 인하조치는 불안이 충분히 확산된 시기인 2007년 9월에 이루어짐으로써 정책개입

---

2) 성찰성이란 정책의 최상위 가치로서 추상적 당위성을 띠므로 이는 본질적으로 질적 판단을 요하며, 양적으로 측정하기란 쉽지 않다. 또한 인간의 존엄성과 신뢰 혹은 성숙을 양적으로 측정하는 지표를 개발하기란 쉽지 않다. 따라서 적합성, 적정성, 형평성, 대응성 등의 지표는 W. Dunn이 제시한 소망성의 지표들 중에 인간의 존엄성과 신뢰성을 측정할 수 있는 가장 유사한 지표를 뽑은 것으로서 참고적 기준이지, 이들을 측정하면 성찰성 차원이 측정되는 것은 아니라는 점을 유의할 필요가 있다.

의 효과는 반감되고야 말았다. 이처럼 타이밍이 결여된 정책은 '뒷북정책'이라는 오명을 얻게 될 것이다. 좋은 정책은 정책의 타이밍을 놓쳐서는 안 되며, 처방의 정도면에 있어서도 적정해야 한다.

정책
사례 *cases in policy*

식약청의 계속되는 뒷북행정

1. 사례개요

식품의약품안전청은 2005년 1월부터 7월13일까지 국내 수입돼 유통 중인 33개 수입업소의 중국산 장어 가공품 60건에 대해 긴급 수거검사에 들어갔다. 검사결과, 부적합 판정을 받은 25개 수입업소의 제품 48건, 202톤에 대해 회수 압류 조치를 내렸다. 그러나 식약청이 긴급조사를 들어갈 당시에는 이미 문제가 된 중국산 장어가 유통단계에 있었으며 미처 수거하지 못한 제품들은 그대로 소비되었고, 이러한 장어는 300여 톤에 이를 것으로 추정된다. 식약청은 예산의 부족과 단속 인원 부족이 그 원인이라 했으나, 이번 긴급 조사가 식약청의 자체 조사가 아닌 한 시민의 제보에 의한 언론 보도가 먼저 이루어지고 식약청이 부랴부랴 조사에 나선 것으로 여론의 비난이 높아지고 있다. 또한 2005년 초, 기생충 알 김치파동 사건 때 문제시된 중국산 김치 중 일부가 폐기되지 않고 묵은지로 둔갑해 시중 유통이 되고 난 후 그것이 언론 보도가 이루어지고 난 뒤에야 수거에 들어간 일이 있었는데도 불구하고 또다시 이러한 일이 발생하여 식약청에 대한 국민의 신뢰가 땅에 떨어지고 있다.

* 자료: 연합뉴스, 2006. 4. 6.

2. 쟁점 및 시사점

정책의 적정성이란 문제해결의 적정성을 의미하며, 이는 적시와 적절의 의미를 포함한다. 좋은 정책이란 시기와 정도의 적정성을 모두 갖추어야 하는 것이다. 이것은 나아가 정책의 최상위 차원인 성찰성이라는 기준의 세부적 측정지표가 될 수 있다. 그런데 이 사례에서 나오는 식약청의 식품문제에 대한 대처는 시기와 정도의 적정성을 모두 갖추지 못한 사례라고 할 수 있다. 나라의 식품안전에 대한 정책을 책임지고 수행해야 하는 식약청이 방송사가 시민의 제보를 받고 보도를 내보낸 후에야 긴급 조사에 나서는 것은 시기의 적정성을 완전히 상실한 것으로 보아도 과언이 아니다. 흔히 이러한 적시성을 갖추지 못하는 행정이나 사업의 추진을 '뒷북 행정'이라고 표현하는데 이 사례의 경우가 바로 뒷북 행정의 전형적 모습이라 할 것이다.

또한 기생충 알 김치를 적발하였으면 완전히 폐기되어야 마땅한데도 불구하고 일부가 폐기되지 않고 묵은지로 유통된 것은 정도의 적정성이 제대로 지켜지지 않았다는 것을 의미한다. 결국 포괄적인 적정성의 기준에 위배되는 사례인 것이다. 이 사례의 경우에서, 식품의 안전은 국민의 생명 안전과 직결되는 문제이다. 성찰성이 인간의 존엄성이라는 가치를 표현하는 것으로 볼 때, 생명권은 그 가장 근본이 되는 것으로 이것이 온전히 보장되지 않을 때 다른 가치의 실현은 의미가 없을 수 있다. 따라서 위 사례에서 나오는 식약청의 부적정한 대처는 적정성의 차원을 넘어서 정책의 성찰성이라는 측면에서 보아도 비판받아 마땅한 경우로 생각된다.

다) 형평성(equity)

형평성은 사회 내의 여러 집단 사이에 효과와 비용을 배분하는 것과 관련된 것으로, 사회적 정의와 밀접하게 관련되어 있다. 예를 들어 소득, 교육기회, 공공서비스 등을 재분배하려는 정책이 효과적이고 능률적이라도 비용과 편익이 불공평하게 배분된다면 저항을 유발할 가능성이 높다. 이러한 성격의 정책대안의 비교·평가 기준으로서 논의되는 형평성은 "정책효과와 정책비용의 배분이 사회정의로서 배분적 정의에 합치되는 정도"로 정의할 수 있다. 따라서 배분적 정의를 나타내는 형평성은 정책의 최상위 가치인 인권·존엄·정의를 나타내는 성찰성 지표의 측정기준이 된다.

이러한 형평성은 그 의미를 수평적 형평성(*horizontal equity*)과 수직적 형평성(*vertical equity*)으로 구별할 수 있다.

① 수평적 형평성(horizontal equity)

수평적 형평성은 "동등한 여건에 있는 사람을 동등하게 취급"하는 것을 의미한다. 이를테면 일정 연령 이상에 도달한 사람에게 똑같이 한 표의 투표권을 부여하는 것, 노동시장에서 동일한 일에 대해 동일한 임금을 지불하는 것, 교육에서 모든 어린이들에게 동일한 교육을 시키는 것 등을 그 예로 들 수 있다.

② 수직적 형평성(vertical equity)

수직적 형평성은 "동등하지 않은 여건에 있는 사람들을 동등하지 않게 취급"하는 것을 의미한다. 이러한 수직적 형평성에 대한 해석은 사람들은 그들이 투입한 노력이나 능력 또는 필요 등에 의해 서로 다른 취급이나 보상을 받아야 한다는 것이다. 이러한 수직적 형평성의 논리로 인해 사유재산권의 보장이나 성과주의제도의 정당성이 생기게 되는 것이다.

◆ 공평성(equality):

　공평은 둘 또는 그 이상의 개인·집단 또는 지역들이 동등하게 취급받는 것을 의미하며, 공평성은 형평성과 가장 밀접하게 관련된 개념이다. 이러한 공평은 '포괄적 공평'과 '제한적 공평', 그리고 '어떤 부분에 속하는 개인들 간의 공평'과 '블록간의 공평'으로 그 의미를 구별할 수 있다. 만약 공공서비스를 제공하는 경우 형평성은 공공서비스에 대한 수요의 차이를 고려하여 공공서비스를 차등적으로 배분하는 의미를 띠며, 공평성 개념으로 보면 배분의 대상이 되는 공공서비스의 수요차이를 무시하고 공공서비스를 배분하는 경우를 의미할 것이다.

◆ 제한적 공평 vs 포괄적 공평

　제한적 공평이란 특정 자격조건을 가진 사람들 가운데에서의 평등을 의미하며 그리고 포괄적 평등은 그 카테고리의 범위를 넓혀서 보다 넓은 범위에 속하는 사람들이 모두 동등하게 취급받아야 한다고 하는 원칙을 의미한다.

◆ 개인적 공평 vs 블록간 공평

　개인적 공평은 개인들이 속한 집단을 몇 개의 상호 배타적인 하위집단들로 나눌 때, 이들 하위집단들 간의 분류가 아닌, 각각의 하위집단 내에 속한 개인들이 자신이 속한 하위집단 내의 다른 사람들과 일 대 일의 동등한 취급을 받는 것을 의미한다. 블록 간 공평은 하위집단들이 서로 동등한 취급을 받는 것을 의미한다. 개인에게 초점을 두는 것이 아니라 하위집단들 간의 공평에 초점이 주어지게 된다.

◆ John Rawls의 정의론:

　형평성의 원칙과 밀접히 관련된 내용으로 John Rawls가 제시한 정의의 원칙을 들 수 있다. 이는 어떤 가치를 배정할 때 가장 불리한 여건에 처해 있는 사람들(the least advantaged)에게 가장 큰 혜택이 갈 수 있도록 배정해야 한다는 정의의 원칙을 말한다.

　J. Rawls는 정의의 제1원리(기본적 자유의 평등원리)와 정의의 제2원리(차등 조정의 원리)로 나누고, 차등 조정의 원리는 다시 차등의 원리(difference principle)와 기회균등의 원리(opportunity principle)로 나누었다.

　기본적 자유의 평등원리는 모든 사람은 다른 사람의 자유와 상충되지 않는 한도 내에서 최대한의 기본적 자유를 누릴 수 있는 평등한 권리를 의미한다.

차등 조정의 원리 중 차등의 원리(difference principle)는 사회적·경제적 불평등은 가장 불리한 입장에 있는 사람에게 최대한 이익이 되도록 조정되어야 한다는 원리이며, 기회균등의 원리(opportunity principle)는 사회적·경제적 불평등은 기회균등이 모든 사람들에게 공정하게 개방된 조건하에서만 존재할 수 있다는 원리이다.

<계량적 형평성 계측 이론 소개>

◆ Coulter의 비형평성 측정기법

정부서비스 배분의 형평성을 측정하기 위한 분석기법으로 널리 쓰이는 기법이 바로 Coulter의 비형평성 측정기법이다. Coulter는 형평성 계측을 위한 도구로 다음과 같은 수식을 제시하였다.

$$I = \frac{100\sqrt{\sum_{i=1}^{k}(\frac{X_i}{S} - E_i)^2}}{\sqrt{1 + (\sum_{i=1}^{k}E_i^2) - 2\min E_i}}$$

I는 비형평성의 정도를 나타내는 계수이다. 하위첨자 i는 정부서비스를 제공받는 수 개의 하위지역을 의미한다. 예를 들어 경기도에서 부동산 감세 혜택을 주는 경우 i는 혜택을 받는 경기도 내의 시 개수를 의미한다. X_i는 특정지역 i에 전달된 서비스 양을 의미하고, S는 i가 속한 전체 공공서비스 제공지역에 제공된 서비스의 양, 즉 X_i의 총 합을 의미한다. 그러므로 $\frac{X_i}{S}$는 전체 정부서비스 제공지역에 공급된 서비스의 총량 중 특정지역에 전달된 서비스의 양을 비율로서 표시한 값이다.

E_i는 형평성의 기준에 비추어 볼 때 특정지역 i에 전달되어야 할 소망스러운 정부서비스의 총량, 즉 그 지역의 비율적 서비스 수요량을 의미한다. 이 때 그 지역의 비율적 서비스 수요량(E_i)은 해당지역(i)에 얼마만큼의 서비스 수요량이 발생하는가에 관한 연구자의 판단에 의하여 구체화될 수 있다. 비형평성 계수(I)의 분자식은 실제로 제공된 서비스 공급량($\frac{X_i}{S}$)과 제공될 필요가 있는 서비스 수요량(E_i)의 차이를 제곱하여 합을 구하고 제곱근을 취한 후 백분율로 표시한 것이다. 만일 지역 간 완전한 형평성이 달성된다면 비형평성 계수(I)의 값은 0이 된다. 비형평성계수(I)의 분모식은 분자식이 취할 수 있는 이론적 최대값을 의미한다(Coulter, 1980). Coulter(1980)는 비형평성 계수(I)를 평가함에 있어서 아래의 표와 같은 형평성 평가기준을 제시하였다.

I(Coulter의 비형평성 계수)	형평성 판단기준
0	완전히 형평적임
1-10	거의 형평적임
11-20	약간 비형평적임
21-30	비형평적임
31-50	매우 비형평적임
50이상	극도로 비형평함

* 자료: 문상호, 김윤수(2006), "노인요양시설서비스의 효율성과 형평성에 관한 연구",
『정책분석평가학회보』; 7-8.

라) 대응성(responsiveness)

대응성이란 정책집단의 요구·선호·가치의 만족화 정도이다. 이는 '특정 정책이 어느 정도나 정책수혜집단의 요구·선호·가치 등을 반영하고 있는가를 판단하는 기준'이다. 대응성의 기준은 정책분석가가 비록 다른 모든 기준(효과성, 능률성, 형평성, 적합성, 적정성)을 모두 충족시켰다고 할지라도 그 정책으로부터 편익을 받기로 예정된 집단의 실제 필요에 대응하지 못할 경우가 있기 때문에 중요하다. 이번에 이슈가 된 신종플루 예방책으로 지역기관을 통한 예방접종이 시행되었지만, 실질적으로 백신을 신뢰하지 않는 집단(영, 유아, 일부 학생층)으로 부터는 백신의 효능에 대한 의심과 부작용으로 인하여 그 의료서비스가 대응적이지 못하다는 평가를 받았다. 정책이 시행되기 전에 실시한 시민들의 요구 조사결과와 정책 시행 후의 조사결과 간의 차이에 대한 비교측정 방법을 통해 대응성을 측정할 수 있다. 정책이 시민의 요구·선호·가치에 민감하게 반응하는 경우 정책의 대응성과 신뢰성은 제고되며, 궁극적으로 정책의 최상위 가치인 성찰성에 기여하게 되는 것이다.

정책
사례 *cases in policy*

유공자, 보훈정책 만족도 5% 불과

1. 사례개요

6·25 및 월남전 참전 유공자 중 국가의 보훈정책에 만족하고 있는 사람이 10명 중 1명도 안 되는 것으로 나타났다. 국회 정무위원회 소속 이석현(민주당) 의원은 18일 국가보훈처가 보훈교육연구원에 의뢰해 지난 1월 21일부터 7월 31일까지 6개월 동안

국가 유공자들을 대상으로 실시한 '참전유공자 생활 실태 및 복지수요 조사'를 분석한 결과 이같이 드러났다고 밝혔다. 조사 결과에 따르면 6·25참전 유공자의 60.2%가 불만족스럽다고 응답한 반면 만족한다는 응답자는 5.6%에 그쳤다. 또 월남전 참전자 역시 정부 보훈정책에 '만족' 또는 '매우 만족'한다는 응답이 5.5%에 불과한 것으로 조사됐다. 아울러 '고엽제 수당에 대한 만족도' 조사에서도 만족한다는 응답이 9.4%에 그쳐 정부의 정책에 문제를 제기하는 유공자들이 많은 것으로 밝혀졌다.

이 의원은 "우리가 누리고 있는 경제성장과 민주주의라는 소중한 성과는 참전 유공자들의 피와 땀이 바탕이 됐기 때문에 가능했다"며, "다양한 복지시책 도입 및 맞춤형 복지방안 마련 등을 통해 참전 유공자들의 정책만족도를 제고해야 한다"고 주장했다.

* 자료: 뉴시스, 2009. 10. 18.

2. 쟁점 및 시사점

정책의 대응성이란 대상집단의 정책효과 체감도와 관련이 있다. 흔히 기업에서 상품이나 서비스에 대한 고객의 만족도를 조사하여 경영활동에 반영하듯이, 정책에서도 대상집단이 되는 국민들을 대상으로 만족도를 조사하는 활동을 한다. 즉, 대응성이란 정책집단의 요구, 선호, 가치의 만족화 정도로서 '특정 정책이 어느 정도나 정책 수혜집단의 요구, 선호, 가치 등을 반영하고 있는가를 판단하는 기준'이다. 그런데 사례로 제시된 보훈정책의 경우 이러한 대응성을 불만족하는 정책사례라 할 수 있다. 정책에 불만족하는 응답자가 압도적이었으며 만족한다는 경우는 5% 정도에 불과하여 그야말로 절대 다수가 불만족하고 있다는 의미로 해석된다. 보훈정책의 경우에는 대상집단이 불만족의 의사를 표현하고 있으므로 조속한 개선이 필요하다. 특히 국가와 모든 국민들을 위해 목숨을 걸고 전쟁터에 나아간 유공자들을 위한 보훈정책의 성격상 정책에 대한 만족도가 다른 정책에 비해 높아야 하는 것이 당연한데도 불구하고 이렇게 낮게 조사된 것은 큰 문제가 아닐 수 없다. 국가 차원에서 이러한 점을 바르게 시정하여 유공자들을 최대한 만족시킬 수 있도록 개선되어야 할 것이다.

2) 민주성(참여성)

(1) 민주성(참여성)의 개념

과거 산업사회는 수직적인 하향적(*top-down*)방식과 효율성이 지배하는 사회였으나 현대 지식사회에서는 거버넌스(*governance*)의 네트워크방식과 민주성이 강조되는 사회이며, 사회의 담론과 의사소통의 활성화를 강조하는 "숙의민주주의"의 중요성이 증대되고 있다. 민주성은 절차적 민주성(절차적 적법성과 절차적 타당성)과 실체적 민주성(참여, 숙

의, 합의)으로 구성된다.3)

(2) 민주성(참여성)차원의 구성요소

㈎ 절차적 민주성

절차적 민주성은 절차적 적법성, 즉 정책형성 과정에서 합법, 위법의 정도를 판단하는 최소한의 적법성과 절차적 타당성, 즉 형식적 절차를 어기지는 않았지만 절차적으로 타당성을 지니고 있는지의 여부를 판단하는 것으로 구성된다.

① 절차적 적법성

절차적 적법성이란 절차적 적법성은 가장 최소한의 민주성을 측정하는 기준으로서 실체적 민주성을 실현하는 과정에서 절차가 적법했는가를 판단하는 기준이다.

② 절차적 타당성

절차적 타당성이란 절차가 실체적 민주성을 실현하는 과정에서 타당성이 있는지 여부를 판단하는 기준이다. 즉, 타당성이란 길이를 잴 때 자를 사용하고, 무게를 잴 때 저울을 사용하는 것처럼 정책과정에서도 목적에 적합한 수단을 사용하여 민주성을 함양하도록 노력하는 것이다.

> **정책사례**　　절차적 타당성을 통해 민주성을 함양하도록 노력한 사례로는 이동전화 번호이동성 정책 사례를 들 수 있다. 번호이동성 정책이 도입될 당시 과학기술정보통신부는 이를 순차적으로 도입하는 방안이 적절한지 검토하고 있었고, 과학기술정보통신부의 정보통신정책연구원이 2003년 1월 21일부터 이틀간 전화로 실시한 '순차적 도입

---

3) 정책형성과정에서 어떤 정책이 절차적으로 적법하고 타당하며, 참여·숙의·합의의 정도는 충분했는지 여부에 대한 판단은 분석이라기보다는 평가의 의미에 가까운 경우도 많다. 따라서 이런 의미의 분석은 정책이 만들어져 있는 정책에 대한 소위 '행태주의적 정책분석'에 해당될 것이다. 하지만, 꼭 그런 것도 아니다. 예컨대, 시화호의 정책형성 과정에서 환경부의 환경영향평가에 대한 권고를 6개월씩이나 무시한 결정행태라든지, 부안 핵 방폐장 부지 선정과정에서 주민의 의사를 절차적으로 타당하게 조사하지 않은 결정행태와 같은 것은 정책형성과정에서도 얼마든지 사전에 분석 판단가능한 요소이다. 또한 전자주민카드 정책의 경우에도 이를 단순한 행정입법 사항으로만 볼 것인지, 국민의 의사를 반영하는 의견조사 내지는 예비조사를 통해 정책의 절차적 타당성까지 확보할 것인지에 대해서는 정책이 결정되기 이전에 정책담당자가 분석적 과정에서 내려야 할 민주성 판단의 요소이다. 의약분업 정책의 경우처럼 정책이 몰고 올 파장을 예측하기 어려운 경우에는 과천이나 분당과 같은 독립적 지역에서 일부 예비실험(pilot study)의 형태로 시행함으로써 좀더 타당한 의견 수렴을 통한 정책결정이 이루어질 수 있었을 것이다.

방안 설문 조사'에서 79%의 응답자가 번호이동성의 순차적 도입에 찬성하고 있다는 설문조사 결과를 제시하였다. 그런데 실제로 정통부에서 실시한 설문조사 내용을 보면 ① 순차적 도입방안을 선호하느냐, ② 도입하지 않는 방안을 선호하느냐의 두 가지 선택 사항 밖에 없어 번호이동성에 대한 소비자의 여론을 타당하게 측정하였다고 볼 수 없다. 만약 순차적 도입에 대한 소비자의 여론을 측정하려 했다면, ① 번호이동성 정책이 순차적인 것을 선호하느냐, ② 순차적이지 않고 전면적으로 도입하는 것을 선호하느냐를 묻는 것이 좀더 타당한 접근이었을 것으로 판단된다.

(나) 실체적 민주성

실체적 민주성에는 참여, 숙의, 합의의 정도가 있다. 여기에서 '실체적'이 의미하는 것은 이들이 정책의 민주성을 평가하는 데 있어 주요 실체적 내용을 말한다.

① 참여의 정도

정책에 있어 참여의 정도라는 것은 정책이 이루어지는 데에 정책대상집단 즉 피해 집단과 수혜 집단, 시민단체, 기타 여러 단체와 언론 등의 적절한 참여가 조화되어 올바른 정책이 이루어졌는가를 확인하는 것이다. 정책의 참여성에 대한 측정은 과연 어떤 식으로 참여를 유도하였고, 이익 집단들의 구성이 올바른지 그리고 참여의 정도는 충분하였는지를 분석하는 것이다. 참여의 정도를 측정할 때에는 참여자의 다양성 역시 중요한 요소이며, 정책을 결정하고 집행하는 해당부처 및 관계부처 관료들은 자신들이 수행한 정책에 대하여 책임성(accountability)을 최종적으로 갖는 중요한 행위자이기 때문에 당연히 포함이 된다.

정책사례 부안 핵 방폐장 설치 사업이 부적절한 참여 정도의 사례로 꼽힐 수 있다. 이 사업은 부안 군수의 독단적인 결정이 가장 큰 정책실패의 원인이었다고 할 수 있다. 2003년 7월 11일 당시 부안군수는 열악한 경제 사정으로 핵 방폐장 설치를 원했던 위도 주민만의 90% 찬성을 명목삼아 전체 부안군 주민의 의견 수렴과 대화·토론의 장이 부족한 상태에서 '구렁이 담 넘기식'의 유치선정을 발표하였다. 부안군수의 이러한 처사는 부안 주민들의 강력한 반발에 부딪히는 것이 당연했는데 특히 부안군수가 위도 출신이었기 때문이다. 위도 출신의 군수가 부안군 전체의 이익과 의견을 반영하기보다 위도만의 이익을 옹호하는 듯 보이자 부안군 주민들이 분개한 것이다. 결국 부안 주민 투표로 부안에는 핵 방폐장이 설치되지 못하였고 주민의 순응이 없이 결정된 정책은 집행 과정에서 오히려 더 큰 비용을 초래한다는 사실을 다시금 인식시켜 주었다. 이런 정책실패에서 학습해야 할 점은 정책형성에 있어서 주민순응 확보를 위한 참여도를 높이고, 다양한 의견을 수렴하는 협의와 숙의 그리고 이를 통해 합의에 이르는 민주성의 가치가 매우 중요하다는 점일 것이다.

② 숙의의 정도

숙의의 정도는 충분한 토론을 거쳐 여러 집단의 의견이 타협 또는 수정되는 과정을 통해 정책이 결정되는 것을 의미한다. 정책대안에 대한 토론과 논의의 과정에서 서로에게 지나친 정책 비용이 생기지 않도록 최대한 서로의 입장을 고려하는 것이 필요하다. 정책 과정이 자유로운 분위기의 토론을 통해 이루어지지 않는다면 민주성의 부재로 인한 또 다른 비효율이 생기므로 이는 민주성의 측면뿐 아니라 효율성의 측면에서도 중요하다. 또한 민주성의 실체 중 숙의성의 정도가 가장 중요한 기준이라고 할 수 있을 만큼 이 기준은 중요한데, 이를 하버마스는 숙의민주주의(*deliberative democracy*)라는 용어로 강조한 바 있다.

정책사례 숙의의 정도가 부적절한 사례로는 최근 국제중학교 설립과 관련하여 제기된 논란을 들 수 있다. 국제중학교 설립과정에 있었던 공청회에 대한 비판이 그것인데, 국제중학교 설립에 반대하는 교사나 시민단체 등은 참여가 배제되어 형식적인 숙의의 형태로서 진행되었다는 것이다. 이러한 형식적인 반쪽짜리 공청회는 진정한 숙의가 아니었기에 이 절차를 거치고도 계속해서 국제중 설립 찬반 논란이 거세게 일었다. 결국 우여곡절 끝에 국제중 설립이 허가되었으나 아직도 국회와 교육계 등 여러 곳에서 논란이 계속되고 있다. 국제중 설립의 추진 단계에서 제대로 각계 각층의 의견을 모으고 실질적인 공청회와 논의 등 진정한 숙의 민주주의가 이루어졌다면 이러한 논란은 많이 줄어들었을 것이다.

③ 합의의 정도

합의의 정도는 다수결의 원칙으로도 일컬어진다. 이는 참여한 모든 단체나 개인은 비록 처음에는 반대의견을 냈다 하더라도 충분한 이해와 토의의 과정을 거쳤다면 전체의 의견에 동의해야 한다는 것을 의미하기도 한다. 그러나 민주적 참여의 과정에서 충분한 숙의가 이루어지지 않았다거나, 불합리한 절차적 민주성의 문제로 인해 전체 의견에 동의하지 않을 경우에는 합의의 정도가 낮게 나타날 것이다.

3) 실현가능성

(1) 실현가능성의 개념

정책대안의 실현가능성은 정책의 채택가능성(*acceptability*)과 집행가능성(*implementability*)을 모두 포함한다(Krone, 1980: 32).

정책분석의 예비분석에서 실현가능성을 검토하여 실현가능성이 낮은 대안의 경우, 그 대안에 대하여 처음부터 효율성 차원의 분석을 하지 않겠다는 태도는 잘못된 것이다. 그보다는 오히려 당위성(성찰성) 판단 후에 좋지 않은 대안을 버리고, 훌륭한 대안을 중심으로 실현가능성을 정확히 검토하여, 실현가능성이 낮다면 이를 제약하는 요인들을 극복·제거하도록 노력해야 하며, 이들 중 효율성 판단을 하는 것이 좋다(정정길 외, 2005: 403).

(2) 실현가능성 차원의 구성요소

정책대안의 실현가능성에는 정치적·경제적·사회적·행정적·법적·기술적 가능성이 있다.

(가) 정치적 실현가능성

정치적 실현가능성이란 정책대안이 실제 정책결정과정에서 정책으로 채택되고, 집행될 가능성의 정도를 의미한다. 즉, 정책대안이 정치적 측면에서 관련 집단이나 일반 국민들로부터 지지를 받아 채택될 가능성의 정도를 의미한다. 이러한 정치적 실현가능성이 그 정책대안의 정책채택 여부를 결정하는 가장 중요한 요건이 되는 이유는 다른 실현가능성들을 좌우할 수 있기 때문이다. 정치적으로 수용이 불가능할 경우 정책분석가는 해당정책대안이 왜 현재조건 내에서 받아들여지지 못하며, 어떠한 조건을 변화시키면 정책으로 채택될 수는 있는지에 대해, 그리고 변화시켜야만 한다면 어떠한 조치를 취해야 할 것인지 고민해보아야 할 것이다(노화준, 2006: 128).

(나) 경제적 실현가능성

경제적 실현가능성이란 정책대안의 집행을 위해서 필요한 재원 및 예산의 확보가 가능한지의 여부를 의미한다. 이를 테면 어떤 정책대안의 집행에 소요되는 비용이 200억인데 예산의 확보가 100억 원 밖에 없을 경우, 이 정책대안은 경제적으로 실현불가능한 대안이 되는 것이다. 국가 예산은 경직성 경비가 상당부문을 차지하므로 정부가 새로운 정책을 실시하는 데 소요되는 재원을 확보하는 것이 쉬운 일이 아니다. 그러므로 정책대안들의 실현가능성을 검토하기 위해서는 재정상의 제약을 고려하는 것이 중요하다.

만일 정책대안이 당장 실현이 가능하다고 해서 재정적으로 얼마나 들지의 문제도 중요하지만 누가 이 비용을 부담해야 할 것인지가 또한 문제가 된다. 특히 비용이 많이 드는 국가기간사업의 경우 정부의 예산범위 내에서 감당할 수 있는지의 여부와, 누가 부담하는지의 여부는 정책의 실현가능성에 큰 영향을 미친다. 특히 국민의 세원으로 정책을 실시하는 경우 실시하는 데에 따른 기회비용(타 정책을 실시함에 따라 발생하는 편익을 포함한 비용)이 발생하기 때문에 신중한 검토가 필요하다.

정책 사례 *cases in policy*

교통안전교육 테마공원 예산부족에 지연

1. 사례개요

2008년 6월에 부산 북구청은 53억 4천 900만 원을 투입해 구포2동 구포근린공원 내 1만 6천 668㎡의 부지에 지상 3층 규모, 연면적 580.21㎡의 전시관과 3천 440㎡의 야외 교육장, 산책로 등을 조성하는 테마공원 사업에 착공했다. 지난달 21일 건축 부분은 준공검사를 끝냈고, 현재 토목분야 80%, 조경분야는 20%의 공정률을 보이고 있다. 부산, 경남의 어린이들에게 교통사고를 예방하기 위한 선진 교통문화를 교육할 목적으로 추진된 이 교통안전교육 테마공원 건설 사업은 원래 2009년 11월 말경 완공될 예정이었으나 예산의 부족으로 지연되고 있다. 필요한 예산에 대해 구청과 경찰은 책임 공방을 벌이고 있으나 부족한 예산을 마련할 방안이 뚜렷하지 않아 실제 완공 또한 불투명해진 상태이다. 경찰청은 필요한 예산을 정부에 요청했으나 심의 단계에서 삭감되거나 다른 지역에 배분되어 지원해줄 예산이 없다는 입장을 밝히고 있다.

* 자료: 부산일보, 2009. 11. 7.

2. 쟁점 및 시사점

경제적 실현가능성은 정책대안의 집행을 위해서 필요한 재원 및 예산의 확보가 가능한지의 여부를 의미한다. 정책은 당연히 예산의 뒷받침이 있어야 실행에 옮겨질 수 있는데, 이 사례의 경우에는 책정된 예산보다 더욱 많은 예산이 필요해지면서 정책이 진행 도중 지연되고 있다. 즉, 경제적 실현가능성이 부족했음에도 정책을 무리하게 추진한 결과 사업의 추진이 지연되고 있는 것이다. 이것에 대해 북구청은 예상하지 못한 지가 상승이 주원인이라 해명하였으나, 정책이나 대규모 사업의 추진에 있어서 최대한 변수를 예측하고 타당성 및 실현가능성의 검토를 마치고 정책을 추진하는 것이 당연한데도 예상하지 못했다는 변명은 궁색하다고 할 수 있다. 결국 경제적 실현가능성을 고려하지 않고 정책을 추진하게 되면 사업의 지연은 물론이고 부족한 예산을 메우기 위해 다른 정책이나 사업에까지 영향을 미치게 되는 파급 효과가 생겨나게 된다. 따라서 이 사례는 경제적 실현가능성을 정책형성 초기에 잘 고려하고 미래예측을 면밀히 하여 추진과정상에 나타날 수 있는 변수를 반영하여 추진할 필요가 있다는 것을 반증하는 정책사례라고 하겠다.

(다) 사회적 실현가능성

사회적 실현가능성이란 정책대안의 결정과 집행이 사회적으로 인정되고 수용될 가능성을 의미한다. 더 나아가 사회 구성원들이 새로운 정책을 수용하는 의사결정과 더불어 동시에 쉽게 받아들일 수 있는 경향을 띠는지에 대하여 탐구한다. 즉, 수용의사 결정여부라는 것은 정책관련자들이 어떤 정책대안을 잘 받아들일 수 있을지, 어떤 정책대안이 가장 호감이 있는지 검토하는 것이다(노화준, 2006: 129). 사회적 실현가능성은 많은 경우 어느 사회의 사회규범과 사회문화적 전통에 의해 크게 영향을 받는다. 이를 테면 우리나라에서 호주제 폐지와 같은 정책은 남녀평등의 실현이라는 면에서 강력히 주장되어 왔으나, 그동안 우리 사회를 지배해 온 오랜 사회문화적 전통과 유교 규범에 따른 사회적 저항에 의해 그 대안의 사회적 실현가능성은 저지되어 왔다.

사회적 실현가능성을 탐구하는 사람은 문제에 대하여 무엇을 믿으며, 대상집단이 원하는 것이나 필요한 것은 무엇인가? 그들의 기본입장은 무엇이며, 협상 가능점은 무엇인가? 과거의 합의나 연합 때문에 어떠한 정치적인 의무들이 지워져 있는가? 등에 대하여 고민하여야 한다. 정책분석가는 정책대안에 대하여 다양한 집단에게 인정되고 수용될지 고민해보아야 하며, 반대하는 집단에 대하여는 어느 정도 선에서 양보를 해야 하여, 보상에 대한 자원은 얼마나 보유하고 있어야 되는지에 대해서 분석하여야 한다. 또한 대안의 생존을 위하여 사회적으로 인정되는 동안 어떤 노력, 보상, 대책을 마련해야 하는지에 대해서도 분석해두어야 한다(노화준, 2006: 129).

(라) 행정적 실현가능성

행정적 실현가능성이란 정책대안의 집행을 위하여 필요한 행정 집행조직 및 행정 집행인력의 이용가능성을 의미한다. 정책이 결정된다고 해도 기존에 실행하려던 대기상태의 정책이나 새롭게 탄생하는 정책들이 각종 분야에 걸쳐 산재되어 있다. 따라서 필연적으로 실행되려는 정책간에 자연스럽게 우선순위가 형성되게 될 것이다. 정책의 실현을 위해서는 상위 우선순위로 올라가야 함은 자명하여 상위로 랭크되기 위해서는 조직의 권위가 있어야 한다(노화준, 2006: 133). 행정조직에서는 정책의 필요성을 지속적으로 강조하고,

상황에 맞는 소요(needs)를 찾아내어 집행의 당위성을 부여하고자 노력해야 한다.

정책이 의도한 성과를 실현하기 위해서는 세부 프로그램의 기획과 자원의 동원·배분을 직접 담당하는 적절한 집행조직과 집행인력이 구비되어야 한다. 그러나 이에 대한 고려가 없이 정책대안을 선택하게 되면 아무리 바람직한 대안이라 할지라도 상징적인 정책으로 그칠 가능성이 크다. 따라서 행정 집행조직과 관련해서는 집행조직의 구조, 집행조직의 리더십, 집행조직의 업무수행능력이 고려되어야 하며, 행정 집행인력과 관련해서 집행을 담당할 유능한 인력의 확보가 고려되어야 한다.

㈜ 법적 실현가능성

법적 실현가능성이란 정책대안이나 정책의 내용이 다른 법률의 내용과 모순되지 않아 법적 제약을 받지 않을 가능성을 의미한다. 법률은 정책의 한 형태인 경우가 많다. 이때 법적 실현가능성은 다른 법률의 내용과 모순 또는 충돌되지 않아야 한다는 점을 의미한다. 단, 정책분석가는 정책대안을 마련하면서 관련 법적 제한에 대하여 충분히 알아보고, 시대에 뒤쳐진 구법이나, 합법성의 이념을 너무 강조한 법 조항의 경우 올바른 정책 시행을 막는 요소가 될 수 있으므로 법 개정을 사전적으로 검토하는 것이 필요하다.

정책 사례 ········· cases in policy

'국가유공자 교원시험 10%가산점' 헌법 불합치
"수혜 가족범위 급증, 일반인 공무담임권 지나치게 제한"

1. 사례개요

2006년 헌법재판소는 국가, 지방공무원 7, 9급 시험 및 교원임용시험에 응시한 국가유공자의 가족에게 10%의 가산점을 주도록 한 국가유공자 예우 및 지원에 관한 법률조항에 대하여 헌법 불합치 결정을 내렸다. 헌법재판소는 2001년 같은 사안에 대해 합헌 판결을 내렸으나 광주 민주화 운동 등 유공자 인정 범위가 넓어져 유공자의 수가 폭넓게 증가하고 공무원 시험의 경쟁이 날로 심해지는 현실을 감안하여 헌법불합치 판결을 내린 것이다.

또한 재판부는 "공무원 시험 경쟁이 날로 치열해지는 점을 볼 때 이 조항 때문에 빚어지는 차별은 심각한 반면 매 시험마다 높은 가산점을 부여해야 할 필요성은 긴요하지 않아 보인다"며, "유공자 가족의 생활 안정을 위해서라면 국가 재정을 늘려 보상금 급여 등을 충실히 하는 방법을 채택해야 할 것이다"고 덧붙였다. 국회가 헌재 판결에 명시된 기한까지 대체 법안을 마련하지 않으면 그 다음날부터 법안을 효력을 상실하게 된다.

* 자료: 연합뉴스, 2006. 2. 23.

2. 쟁점 및 시사점

법률은 정책의 한 형태인 경우가 많은데, 이 사례의 경우에는 보훈 정책이 국가유공자 예우 및 지원에 관한 법률이라는 형태로 표현된 것으로 볼 수 있다. 그런데 이렇게 정책이 법률로 표현된 경우에 상위 개념인 헌법에 합치되어야 하는 것은 당연하다. 이렇게 정책이 다른 법률이나 헌법과 모순되거나 충돌되지 않아야 하는 것을 정책의 법적 실현가능성이라 정의한다. 다른 법률과 모순될 경우 법률의 조정이 필요하지만 이 사례에서처럼 헌법에 위배된다고 헌법재판소에서 판결할 경우 해당 법률은 효력을 상실하고 위헌판결의 경우에는 즉시 폐기된다. 즉 이 사례의 법률로 표현된 보훈정책은 법적 실현 가능성이 부족했다고 볼 수 있으며, 헌법재판소의 판결로 1년의 유예기간을 가지고 폐기될 위기에 처했다는 것이 그것을 잘 보여주고 있다. 현실에서 이렇게 법적 실현가능성이 부족한데도 그것이 잘 검토되지 않고 입안되어 추진되다가 헌재의 판결에 의해 효력을 상실하고 폐기되는 정책은 이것뿐만이 아니다. 정책이 이러한 식으로 자주 제동이 걸리고 폐기되는 것이 반복된다면 국민과 일선 공무원들이 혼란을 겪는 것은 당연하므로 정책의 법적 실현가능성을 면밀히 검토하여 계획하고 추진할 필요가 있을 것이다.

(바) 기술적 실현가능성

기술적 실현가능성은 현재의 기술수준으로 제안된 정책대안을 실행할 수 있느냐 하는 것을 의미한다. 즉, 기술적 실현가능성은 정부에서 채택하여 수행하고자 하는 정책과 관련된 분야의 전반적인 과학기술 발전 수준이 충분히 발전되어서 정책이 채택되는 경우 조직 내에 그 정책을 성공적으로 수행할 만한 관련 과학기술분야의 전문 인력이 확보될 수 있는지의 여부를 말한다.

(3) 실현가능성 차원의 평가 방법: 정책집단 분석방법

정책집단 분석방법은 정책대안의 실현가능성을 평가하기 위한 방법이다(Dunn. 1981: 206-210). 이 방법은 정책결정과 집행을 둘러싼 정치적 갈등이 전개되고, 관련 집단 사이에 정치적 권력과 경제적 자원이 불균등하게 배분된 상황에서, 정책대안의 채택과 집행을 위한 노력이 어떠한 결과를 가져올 것인지를 예측하는 데 적합하다. 정책집단 분석방법은 관련 정책집단들의 1) 정책대안에 대한 입장, 2) 가용 자원, 3) 자원의 상대적 영향력에 대해 주관적 추정을 하고, 이들을 모두 곱한 값을 토대로 종합적으로 비교하여 정책대안의 실현가능성을 예측한다.

(가) 정책대안에 대한 입장

정책분석가는 먼저 특정 정책대안에 관심을 갖고 있는 집단을 확인한다. 그리고 이들이 하나 또는 여러 개의 대안들에 대해 지지 또는 반대 혹은 무관심한 입장을 취하는지에 대한 확률을 추정한다.

관련 집단이 취하게 될 입장을 추정한 후에 그것을 부호로 표시한다. 이를 테면 전적으로 지지할 경우에는 +1, 전적으로 반대할 경우에는 -1, 무관심한 입장일 경우에는 0으로 표시한다. 여기서 이러한 추정 값은 각 관련 집단이 지지(0에서 +1 사이) 또는 반대(0에서 -1 사이)하는 입장에서 당해 문제에 얼마만큼 관심을 가지는지를 나타낸다.

(나) 가용자원

정책분석가는 관련 정책집단들이 각 입장을 추구하기 위해 이용가능한 가용자원들을 추정한다. 가용자원에는 각 집단의 신망도, 합법성, 예산, 참모, 통신망, 정보접근성 등이 포함된다. 가용자원의 척도는 소수 또는 분수로 나타내고 0부터 1까지의 값을 갖는다.

(다) 자원의 상대적 영향력

정책분석가는 각 정책관련자들이 자원에 갖고 있는 영향력을 기준으로 상대적 서열을 정한다. 정책관련자의 자원의 상대적 서열은 각 정책관련자에게 가용한 정치적 자원과 조직적 자원의 크기에 관한 정보를 제공하며, 각 집단의 자원 규모에 대한 상대적 서열은 0에서 1까지의 수치를 써서 추정치를 나타낸다.

> ◗ 총 실현가능성 지수 = 정책 대안에 대한 입장(+, -) * 가용 자원 *
> 자원의 상대적 영향력

(라) 한계 및 보완

정책집단분석방법의 한계로는 주관적 판단을 뒷받침하는 가정이나 논증을 표면화시킬 수 있는 체계적인 방법을 제시하지 못한다는 점이다. 이런 한계를 해결하기 위한 최선의 방법은 정책델파이의 절차를 병행하는 것이다. 또한, 정책관련자들의 입장이 독립적이고 동시에 일어난다는 가정의 비현실성을 들 수 있다. 즉, 이 방법은 시간이 경과함에 따라 담합이 이루어질 수 있고, 종종 한 정책관련자의 입장이 다른 사람의 입장의 변화에 따라 결정될 수 있다는 사실을 고려하고 있지 못하고 있기 때문이다. 하지만, 시간이 경과함에 따라 변하는 입장의 상호의존성을 파악하기 위해서는 교차영향분석을 병행하여 활용한다면 좋은 접근법이 될 수 있을 것이다.

4) 생산성(효율성)

(1) 생산성(효율성)의 개념

효율성 차원에서 정책대안을 비교·평가하는 기준으로는 종래에 많이 논의되어온 효과성과 능률성이 대표적이다(정정길, 1988: 476-482; Dunn, 1981: 232-239). 이에 따라, 정책대안의 비교평가는 당위성(성찰성, 민주성)과 실현가능성 기준을 충족한 정책대안들을 뽑아낸 뒤 그 중에서 가장 효율성을 가진 것을 선택하게 된다.

생산성(효율성)은 효과성과 능률성으로 구성된다. 효과성은 목표달성도를 의미하며 능률성은 비용-산출의 비율을 의미한다. 정책산출의 종류는 그 성질에 따라 산출(*output*), 성과(*outcome*), 영향(*impact*)으로 나눌 수 있다. 산출(*output*)이란 정책의 1차적 산출물이며 계량적인 수치로 나타내기 쉽고 정책수단과 직접적으로 연관되어 있다. 정책의 2차적 산물로 성과(*outcome*)를 들 수 있는데, 이는 산출(*output*)보다 좀 더 추상적이고 질적인 개념이이다. 영향(*impact*)은 정책의 산출 중 가장 추상적이면서 상위의 목표나 비전 같은 궁극적인 결과를 말하며, 정책이 미치는 영향범위가 가장 광범위한 기준이다.

(2) 생산성(효율성)의 구성요소

㈎ 효과성(effectiveness)

효과성은 비용과 효과를 낳는 정책결과 중 비용의 측면을 배제하고 효과적 측면만을 측정하는 것이며, 목표달성의 정도(*degree of goal achievement*)를 의미한다(정정길 외, 2005: 387). 이는 정책대안의 설정단계에서 정책이 어느 정도의 효과를 얻을 수 있을지 예측하거나, 정책집행 이후 단계에서 정책집행 결과로 나타난 효과의 정도를 측정하여 정책의 성공과 실패 여부를 규정짓는 기준으로서 매우 중요하다고 할 수 있다.

효과성을 측정할 때에는 두 가지 측정치를 이용할 수 있는데, 첫째는 각각의 고유한 단위 기준으로 달성된 목표를 표시하는 방법이며, 둘째는 공통된 척도를 가지고 효과를 측정하는 방법인데, 가장 일반적으로 쓰이는 것은 화폐가치로 환산된 측정치를 가지고 효과를 표시하는 것이다(강근복, 2002: 167).

정책대안의 비교·평가기준으로 효과성을 사용하는 것은 정책목표를 극대화로 달성시킬 수 있는 정책대안을 선택하는 데 큰 장점이 있는 반면, 정책비용, 즉 목표를 달성하기 위하여 희생하여야 할 비용을 고려하지 않는 단점이 있다. 또한 효과성은 목표달성의 양에 의하여 정책대안을 평가하는 기준이다(노화준, 2003: 142-143).

목표달성이 극히 중요한 정책대안의 경우, 정책비용을 아무리 많이 들더라도 목표달성의 극대화를 도모하여야 할 경우가 있을 수 있다. 이러한 정책대안의 경우 효과성이 가장 중요한 정책대안의 비교·평가기준이 될 수 있다(정정길 외, 2005: 389). 대표적으로 국민에 대한 사회복지 정책이 좋은 예가 될 수 있다. 사회복지 정책의 경우에는 일반적으로 정책의 시행에 있어 큰 비용이 소모되지만 세계적인 추세와 국민경제의 전반적인 향상과 더불어 고령화, 빈부 격차의 확대 등에 비추어 볼 때에 반드시 필요한 정책이며, 그 효과성 역시 인간의 존엄성 실현이라는 정책의 궁극적인 목표의 달성 측면에서 확실하다고 볼 수 있다.

정책
사례 *cases in policy*

출산장려 조례 예산만 낭비

1. 사례개요

저출산 고령화 사회에 대한 대책이 큰 사회적 이슈가 되고 있는 최근, 천안시는 2005년부터 출산을 장려하기 위해 출산축하금을 지급해오고 있다. 또한 이것을 더욱 확대하여 현행 셋째 자녀 이상부터 지급하는 출생축하금을 2010년부터 둘째 자녀(둘째 30만원, 셋째 50만원) 이상으로 확대하고, 50만원의 양육수당 지원 등을 신설하는 '천안시 출산장려금 지원 등에 관한 개정 조례안'을 입법예고한 상태이다. 그러나 이러한 일회성 축하금 형식의 출산장려금이 재정에 큰 부담을 주고 있으며, 입법예고에 따라 시행될 경우 천안시의 전체 아동복지예산 중 50%가 출산장려금 지급에 소요될 것으로 예상된다. 또한 이러한 천안시의 정책은 내년도 지방선거를 앞두고 선심성 조례 개정이라는 지적에 대해 천안지역 시민사회단체인 '복지세상을 열어가는 시민모임'이 천안시의 출산장려를 위한 축하금 지원이 출산장려 효과 없이 예산만 소비한다며 비판에 나섰다. 출산장려금을 지급한 2005년에 비해 2009년 조사된 천안시의 출생률은 1.25%에서 1.11%로 오히려 낮아진 것으로 나타나 논란이 일고 있다. 복지관련 시민단체는 이 점을 지적하며 예산이 출산장려금과 같은 일회성 지급에 쓰여지기보다는 보육과 교육환경의 점진적 개선에 쓰여야 한다고 주장하고 있다.

* 자료: 충청일보, 2009. 11. 15.

2. 쟁점 및 시사점

효과성은 목표달성의 정도를 의미한다. 비용과 효과를 낳는 정책결과 중 비용의 측면을 배제하고 효과적 측면만을 측정하는 것이다. 이러한 효과를 더욱 세분하여 보면, 투입으로 인한 산출과 그 산출로 인한 효과로 구분하여 볼 수 있다. 이 사례의 경우에서 투입은 아동복지예산을 바탕으로 한 출산장려금의 지급이며, 산출은 장려금을 받은 산모의 숫자, 효과는 출산율의 변동이라고 할 수 있다. 정책의 비교평가에서 다른 비교평가 기준인 성찰성, 민주성, 실현가능성을 충족한 정책대안 중 가장 효율성(생산성)이 높은 대안이 선택되게 된다. 여기에서 생산성이란 효과성과 능률성으로 구성되는데 이 사례의 경우에는 그러한 효과성의 기준이 제대로 파악되지 않고 정책이 추진되어 결국 목표 달성에 실패하고 선심성 정책이라는 비난을 받게 된 것이라고 할 수 있다.

(나) 능률성

효과성이 정책목표의 달성도에 초점을 둔 기준이라면, 능률성은 정책목표 달성과 함께 투입된 비용을 고려하는 기준이다. 즉, 능률성은 정책을 집행하는 데 투입되어야 할 비용과 이러한 정책의 집행으로 산출될 산출량의 비율로서 정의된다(노화준, 2003: 143).

능률성은 자원의 최적 배분을 도모하는 능률성 개념을 이론적으로 뒷받침하는 기준으로서, 투입(*input*) 대 산출(*output*)의 비율이다. 흔히 파레토 최적(Pareto Optimum)과 칼도-힉스(Kaldor-Hicks) 기준이 논의되고 있다(정정길 외, 2005: 395).

<<< **파레토 최적과 칼도-힉스 기준**

어떤 정책을 집행한 결과 누구에게도 손실을 끼치지 않으면서 동시에 어떤 한 사람이라도 더 좋은 상태로 만들 때 이러한 변화를 경제적 능률성을 향상시키는 변화라고 부르고, 이러한 변화를 Pareto 이동(Pareto Movement)이라고 하며, Pareto 최적변화라고 부른다. 또 어느 한 사람에게도 손실을 끼치지 않고는 다른 사람들을 더 좋게 만들 수 없는 경우 이런 상황을 경제적으로 최적효율의 상황이라 하고, Pareto 최적상황(Pareto-optimal)이라 부른다.

그런데 이 파레토 최적의 판단기준은 두 가지 제약점을 지니고 있다. 첫째는 만일 어떤 정책의 집행으로 일부의 사람들에게는 효용의 증가를 가져오고, 또 다른 사람들에게는 효용의 감소를 가져오는 경우가 있을 수 있는데, 이러한 경우에는 어떤 기준에 의해 판단하느냐 하는 것이고, 또 다른 하나는 파레토 최적의 기준이 형평성에 대해서는 어떠한 기준을 제시해 줄 수 없다는 점이다.

파레토 평가기준의 첫 번째 약점을 보완하려는 것이 Kaldor-Hicks 기준이다. 이 기준에 의하면 어떠한 변화가 사회 전체적으로 손실보다 이득을 많이 가져올 경우 바람직한 것으로 본다. 이것은 총량적인 편익증가를 판단기준으로 하는 평가방법이라고 수 있다(노화준, 2003: 148; 정정길 외, 2005: 395).

(3) 생산성(능률성) 차원의 평가방법

비용-편익분석과 비용-효과분석이 능률적인 대안을 선택하기 위해 가장 많이 활용되는 방법이다.

㈎ 비용-편익분석

비용-편익분석(*cost-benefit analysis*)은 정책대안의 능률성과 정책대안의 비교·평가를 위한 기본논리를 제공해 준다. 이 때문에 정책대안의 분석에 가장 많이 활용되고 있는 기법 중의 하나이다. 이는 각 대안의 실행에 필요한 비용과 대안이 가져오게 될 편익을 체계적으로 비교·평가하고, 이를 통해 어떠한 정책대안이 희소자원을 가장 효율적으로 사용하게 될 것인가를 찾아내는 분석기법이다.

학자들마다 비용-편익분석의 절차에 대해서는 다르게 접근하는 면이 있다. 그러나 대체로 최적의 정책대안을 선택하는 절차를 다음과 같은 공통단계를 통해서 갖게 된다(강근복, 2002: 169; 정정길 외, 2005: 927).

첫째, 정책대안의 식별과 분류단계로, 먼저 이 단계에서는 설정된 목표를 달성하기 위한 모든 대안들을 식별하는 것이다.

둘째, 각 대안들의 편익과 비용의 추정단계로, 이 단계에서는 사업기간과 할인율을 결정하여 각 대안들의 각 연도별 편익과 비용을 현재가치로 환산하여 총비용과 총편익을 추정하는 것이다.

셋째, 대안 비교기준의 설정단계로서, 대안의 비교·평가를 위한 기준을 결정한다.

넷째, 결정된 비교기준에 의해서 대안을 비교한다. 기준을 선정하는 방식에는 순현재가치 (NPV: net present value), 편익비용비(*benefit cost ratio*), 내부수익률(IRR: internal rate of return) 등이 있다.

다섯째, 최적대안의 선택으로, 이 단계에서는 민감도 분석을 시행하고 최선의 대안을 선택하는 단계이다.

비용-편익 분석 단계에서는 순현재가치(NPV)의 계산이 중요하다. 예를 들어 오늘의 1000만원과 10년 후의 1,000만원의 가치는 서로 다르다. 그런데 이것을 단순히 그냥 합하여 편익의 총액 또는 비용의 총액으로 삼을 경우, 이렇게 대안들을 단순합산에 기초를 두고 비교한 결과는 왜곡될 수 있기 때문이다.

1년 후에 들어올 1,000만원을 현재가치로 환산하면 다음과 같다.

$$\text{현재가치}(\text{PV}) = \frac{1년\ 후의\ 1{,}000만원}{1+r}$$

$$\text{PV} = \frac{F}{(1+r)^t}$$

PV: 현재가치, F: 미래 기간 t에서의 금전 가치, r: 매 기간 할인율, t: 기간

이러한 원리를 확대하면 순현재가치는 다음과 같다.

$$\text{순현재가치}(\text{NPV}) = \sum_{t=0}^{t=T} \frac{B_t}{(1+r)^t} - \sum_{t=0}^{t=T} \frac{C_t}{(1+r)^t}$$

위 함수식에서 r은 할인율($discount\ rate$)로서 미래의 가치에 대한 현재가치의 교환비율을 의미한다. 적용하는 할인율에 따라 각 대안의 B/C비율 또는 순현재가치가 크게 좌우되므로, 적정한 할인율을 결정하는 것은 매우 중요하다. 정부에서 시행하는 공공사업의 경우 사회적 할인율은 시장의 이자율뿐만 아니라, 자본의 기회비용 및 장기적인 편익 등 사회의 여러 요인을 함께 고려하여 결정한다.

(나) 비용-효과분석(cost-effectiveness analysis)

비용-효과분석의 기본논리는 비용-편익분석과 동일하지만, 대안을 선택함에 있어 다음과 같은 두 가지 기준에 의한다.

첫째, 최소비용($least$-$cost\ criterion$) 기준이다. 일정 수준의 효과를 정해 놓은 다음 이 수준에 도달하는 몇 개의 대안들의 비용을 비교하여, 이 중에서 가장 최소비용의 대안을 선택하는 것이다.

둘째, 최대효과($maximum$-$effectiveness\ criterion$) 기준이다. 일정 수준의 비용을 정해 놓은 다음에, 이러한 범주의 비용이 드는 몇 개의 대안들의 효과를 비교하여, 이 중에서 가장 최대효과의 대안을 선택하는 것이다.

비용효과분석에서는 시장가격으로 가치를 측정할 수 없는 공공재나 준 공공재를 다룰 수 있는 장점이 있으며, 특히 효과를 화폐가치로 측정하지 않기 때문에 비교적 적용이 용

이하다. 그러나 총효과가 총비용을 초과하는지의 여부에 대해서는 비용과 효과가 서로 다른 단위로 측정되기 때문에 직접적인 증거를 제시할 수 없는 단점이 있다(노시평, 2006: 235-236).

(4) 효과성(능률성) 평가기준의 제약

사회정의라는 관점에서 볼 때 능률성의 평가기준은 몇 가지 제약점을 가지고 있다. 첫째, 분석가들은 전형적으로 사람들의 효용을 그들이 어떤 편익에 대하여 그들의 지불하고자 하는 의사를 추론하여 추정하지만, 분석적인 의미에서 볼 때, 돈을 적게 갖는 사람들은 돈을 많이 가진 사람들만큼 정치적인 영향력을 가지지 못한다. 둘째, 이해관계가 걸려 있는 사항의 값어치에 대하여 그것을 방어하려고 하는 사람이 없다면, 그래서 누구도 지불하고자 하는 의사를 적극적으로 보이지 않는다면, 비록 정의라는 관점에서는 매우 비중을 높게 두어야 함에도 불구하고, 능률성의 평가 기준은 그들에 대한 값어치를 매우 낮게 평가하게 될 것이다(노화준, 2006: 146).

2. 정책대안의 비교평가: 종합판정표의 활용

지금까지 우리는 현대사회의 변화된 정책환경에서 현실 적합한 새로운 정책분석의 기준들에 대해서 살펴보았다. 이러한 평가기준들에 의한 분석 이후에는 종합적으로 여러 정책대안들 중에서 정책을 결정해야 하는 과정이 필요하게 된다. 이때 다양한 기준에 의해 정책대안들을 비교·평가하여 대안들 간의 우선순위를 정하기 위해 '정책대안 종합판정표'를 작성하는 것이 필요하다(허범, 1995: 11-12). 앞서 논의한 생산성-민주성-성찰성-실현성 차원의 정책대안 평가기준들을 종합적으로 요약·정리하여, 정책대안의 비교·평가를 위한 종합판정표를 작성하면 〈표 7-1〉과 같다.

정책대안 종합판정표는 횡측에 대안을 나열하고 종축에 대안의 비교·평가에 적용할 여러 가지 기준과 척도를 가급적 포괄적으로 나열한다. 평가척도는 평가 기준에 따라 내용이 달라지는 자연척도로 해석되어야 한다.

정책대안 종합판정표는 정책대안을 종합적으로 비교·평가하는 하나의 판정표 모델로서 활용될 수 있다. 정책대안 종합판정표의 완성을 위해서는 정책대안의 평가영역 또는 평가차원별로 다원기준과 자연척도에 따라서 수집된 평가값을 부여해야 한다. 따라서 이 작업은 상당한 인력과 시간을 요구하며, 전문적인 기술이 필요하다. 그러므로 종합판정표의 작성은 전문가집단, 엘리트들이 주도하게 되며, 이들이 전체적인 흐름을 설정하고 정

<표 7-1> 정책대안 종합판정표

평가내역			대안 척도	대안1	대안2	대안3	...
평가차원	평가항목(기준)						
당위성	성찰성	① 인권, 정의, 존엄					
		② 신뢰, 성숙한 공동체에의 기여					
	민주성	절차적 민주성 ① 절차적 적법성					
		② 절차적 타당성					
		실체적 민주성 ① 참여의 정도					
		② 숙의의 정도					
		③ 합의의 정도					
실현성		① 정치적 실현성					
		② 경제적 실현성					
		③ 사회적 실현성					
		④ 행정적 실현성					
		⑤ 법적 실현성					
		⑥ 기술적 실현성					
생산성		① 효과성					
		② 능률성					
종합평가							

* 자료: 권기헌, 2008: 270.

책결정에 영향력을 행사하는 엘리트모형이 주류를 이루게 된다. 그러나 정책대안의 결정이 전문가, 엘리트 집단에 의해서만 이루어지는 것은 바람직하지 못하다. 정책대안 종합판정표가 완성되면, 이것을 가지고 여러 가지 필요한 토론과 검토를 진행해야 한다(강근복, 2002: 32). 즉, 정책대안의 최종적인 선정은 정책결정과정에 참여하는 사람들 사이의 종합판정에 대한 합의의 형태로 이루어져야 한다. 이때, 정책과정에 참여하는 사람들로는 전문가 집단뿐만이 아니라 정책에 관련된 집단과 정책에 찬성과 반대 의견을 갖고 있는 일반 대중이 될 수 있다. 이러한 정책관련자들의 참여와 대화를 통한 조정을 강조하는 입장은 정책분석유형 중 민중모형의 이념이 반영된 것이다. 이때의 정책분석은 과학적 합리성 못지않게 정책을 둘러싼 규범과 가치의 갈등을 중요하게 생각하고, 관련 집단의 합의를 통한 해결을 강조한다.

이처럼 정책대안 종합판정표에는 과학적 합리성과 정책관련자들의 참여, 그들 간의 토론과 합의를 중시하는 정책분석의 성찰성, 민주성, 효율성, 실현성 차원이 모두 반영되는 것이 바람직하며, 정책분석 유형의 관점에서도 엘리트모형(객관적 기술자 모형)을 넘어서 민중모형(쟁점창도자 및 토론옹호자 모형)이 필요하다.

제 3 절   정책대안의 비교평가: 정책사례의 적용(서울시 뉴타운 정책)

제3절에서는 이상에서 논의한 성찰성-민주성-실현가능성-효율성 차원의 정책대안 평가기준을 구체적으로 서울시 뉴타운 사업정책사례에 적용하고자 한다. 이러한 사례적용을 통해서 정책분석기준의 활용에 대한 이해를 높여 현대사회의 변화하는 정책 패러다임 속에서 올바른 정책문제 해결의 기틀을 마련할 수 있을 것이다.

1. 사례개요

1) 뉴타운 사업의 배경

서울시는 1990년부터 강남과 강북의 격차를 심각한 도시문제로 인식하고 강남위주의 정책에서 지역균형발전정책으로 정책방향을 선회하였다. 이 시기에 시행된 균형발전정책으로는 강북 건축규제 완화, 도시 구조의 다핵화 추진, 도시기반시설의 강북 우선확충, 강북 교육환경개선, 주거 및 생활환경 개선, 강북지역 이미지 개선, 도심공동화 방지 및 활성화 등이 있다. 그러나 이들 정책은 제도와 조직, 예산이 뒷받침되지 못하여 실효성에 한계가 있었으며 지역 격차는 오히려 확대, 심화되어 왔다.

2002년 6월 지방선거에서 이러한 지역 격차를 줄이기 위한 균형발전 방안이 후보자들

<표 7-2> 뉴타운 사업의 등장 배경

등장 배경	내 용
강남·북 지역 격차의 불균형 심화	서울시의 공간적·물리적 특성 편중은 부동산 재산가치의 격차를 더욱 확대시킴으로서 한강을 축으로 한 서울의 불균형이 국내의 정치, 경제, 사회적 문제로 증폭되는 원인을 제공, 이에 따라 서울시는 이를 해결하고 서울시 전체의 지역 균형 발전을 도모하기 위해 2002년 10월 23일 「뉴타운 개발 계획」과 「균형발전촉진 지구사업」을 중심으로 하는 「지역균형발전추진계획」을 발표
주거 생활공간에 대한 사회적 욕구	서울시는 강남 수요의 유린과 강북지역의 낙후된 도시기반시설의 정비를 통해 투기재로서의 왜곡된 주거생활 공간으로 초래된 강남·북 불균형 현상을 극복하기 위한 대책으로 강북을 중심으로 한 노후시가지정비계획, 즉 「서울시 뉴타운」을 추진
기존 재개발 사업방식의 한계	주택재개발의 문제점을 개선하기 위해 서울시는 인구 생활권 전체를 대상으로 지역을 계획하고 양호한 도시기반시설을 확충할 수 있는 「동일 생활권을 대상으로 한 개발」을 준비
당위성을 상실한 지구 지정 실태	재개발 방식으로의 뉴타운 사업 지구 지정 기준을 보면 호수일도가 60호/ha 이상, 면적이 10,000㎡ 이상인 지역으로서 노후, 불량 건축물의 수가 건축물 총수의 2/3이상이고 주택 정도율이 30% 이하인 지역과 과소 필지가 50% 이상인 곳, 상습 침수 지역, 재해 위험지역 등 신속히 사업 시행이 필요한 지역으로 선정

* 자료: 서울특별시, 「뉴타운 사업의 성장과 이해」, 2006: 6.

의 주요 공약으로 등장했다. 이명박 전 서울시장은 이 선거에서 시장으로 당선된 후 2002년 10월에 뉴타운 개발사업을 추진하겠다고 발표했다. 뉴타운 사업은 강남 주택가격 상승과 강북의 '상대적 낙후' 문제를 해결하기 위한 정책으로 강력히 추진되었다. 뉴타운 사업의 등장 배경을 간략히 정리하자면 <표 7-2>와 같다.

2) 뉴타운 사업의 진행과 현황

서울시 뉴타운 사업은 2002년에 처음으로 3곳의 시범뉴타운이 지정된 후 2003년에 2차로 12개소를 추가 지정하였고, 2005년도에 11개소를 지정하여 현재 개발계획수립 중에 있다. 이러한 1, 2, 3차 뉴타운 계획은 현재 지역의 여건과 주민 여론 등에 따라 각 사업별로 진행 현황이 다르게 나타나고 있다. 현재 서울에서는 시범사업 및 2, 3차 사업을 통해 모두 22곳이 재정비 촉진지구로 지정돼 있다. 또 이들과는 별개로 서울시가 2003년부터 자체 조례로 추진해왔던 이른바 '조례 뉴타운' 13곳이 있다. 이들을 포함하면 서울에만 총 35곳의 뉴타운 사업이 진행되고 있는 셈이다. 22개 뉴타운(재정비 촉진지구)은 대부분 아파트 중심으로 재개발되며, 일부는 업무·상업지구 중심으로 조성된다.

현재 뉴타운 사업은 3차 뉴타운 사업까지 지정이 되어 개발계획을 수립중이거나 시행중으로 4차 뉴타운 사업이 계획되었으나 2007년 1월 서울시가 예정된 제 4차 뉴타운 지구 지정을 유보하였다. 서울시는 "뉴타운을 추가로 지정하면 부동산 경기가 과열 될 우려가 있어서 4차 뉴타운 지정을 유보하기로 했다"고 그 이유를 밝힌 바 있다. 하지만 이미 지정 절차가 완료된 1, 2, 3차 뉴타운 25개 지구는 계획대로 사업이 진행된다고 설명하였다. 그러나 이와 같이 4차 뉴타운이 유보되고 새로운 뉴타운 사업지구 지정이 예정되지 않는 상태에서도 신규 뉴타운 사업은 계속되어 거론되고 있는 실정이다.

지난 18대 총선에서도 서울 지역에서 출마한 국회의원 후보들은 여야를 막론하고 뉴타운 사업 지정을 주요 공약으로 내세웠으며 선거를 전후로 지역의 부동산 시세가 과열되는 양상도 보여왔다. 그리고 그 부작용과 후폭풍이 총선이 끝나고도 한동안 언론 보도의 대상이 되기도 하였다. 그러나 18대 총선이 끝나고 지금까지 서울시에서 공식적으로 뉴타운 사업을 신규로 진행하고 있지 않아 3차에 걸친 뉴타운 사업만이 진행되고 있는 상태이다. 따라서 현재 진행되거나 계획이 수립된 뉴타운 지구를 서울시 지도상으로 표현해 보자면 다음과 같다.

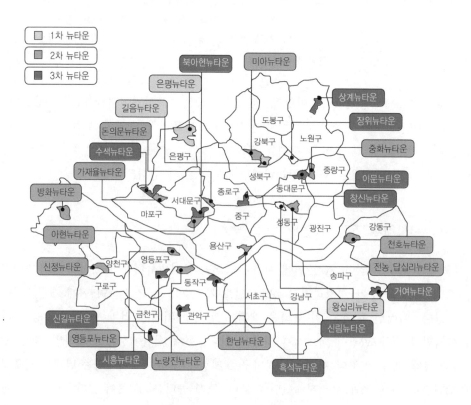

2. 정책쟁점

뉴타운 사업의 주요 목표는 배경에서 살펴보았듯이 서울시 안에서의 지역 간 균형발전을 가장 큰 상위목표로 하고 있으며, 이를 통해 고질적인 강남과 강북 간의 격차를 줄이고자 하고 있다. 기존 낙후지역의 열악한 기반시설 및 공공부문의 투자 기피로 인하여 민간부분의 투자조차도 기피하는 악순환의 고리를 끊음으로써 낙후지역에 새로운 발전의 비전을 가질 수 있도록 하는 것이다.

그런데 이러한 뉴타운 정책이 완전무결한 사업이라고 할 수는 없으며 모든 정책과 사업이 그렇듯이 논란의 여지가 있다. 뉴타운의 개발이 완료된 후 기존의 주민들이 새롭게 개발된 지역에서의 삶을 누릴 수 있을 것인가의 문제가 남아 있는 것이다. 낙후 지역에 거주하던 주민들은 서울 외곽의 더욱 열악한 지역으로 이주하고 뉴타운이 개발된 지역에는 중산층 이상의 계층이 거주하게 된다면 뉴타운 사업의 지역의 삶의 질 향상이라는 성과는 빛이 바랠 수밖에 없기 때문이다.

뉴타운 정책에 대한 쟁점 사항들은 다음과 같다. 첫째, 낙후지역에 대한 투자와 개발을 통하여 어떤 효과를 기대할 수 있는가? 둘째, 사업추진 과정에서 합리적이고 민주적인 과정을 거쳤는가? 셋째, 뉴타운의 개발이 완료된 후 기존의 주민들이 새롭게 개발된 지역에서의 삶을 누릴 수 있을 것인가 하는 점이다. 아래에서는 이를 생산성, 민주성, 성찰성, 실현성의 기준에서 분석하였다.

3. 정책분석

1) 생산성

뉴타운 사업이 아직 완전히 완료된 것이 아니기 때문에 확정적인 결과를 말할 수는 없으나, 서울시에서 발간한 자료에서는 사업의 사회경제적 기대효과를 수치로 환산하여 설명하고 있다. 먼저 주거환경의 개선에 있어서 '서울시 지역균형발전을 위한 도시 관리방안'에서 조사한 지역격차의 현황을 살펴보면 재정력 지수가 최고인 강남구가 197.4인 반면 강북구는 32.4로 6배, 1인당 도로면적은 서초구가 강북구의 2.46배, 문화시설수도 강남구가 강북구에 비해 2배 이상 차이가 나는 실정이다. 그러나 뉴타운 사업이 완료되는 2012년 경에는 그 차이가 대폭 감소하여 강북지역이 강남지역 대비 실질 주택보급률에서는 96%, 30년 이상 주택비율은 87%, 도로율은 101%, 1인당 공원면적은 96%에 달할 것으로 예상된다.

또한 뉴타운 사업의 추진은 고용증진과 경기부양 효과 등을 통해 우리 경제의 활성화에 기여할 것으로 예상된다. 2012년까지 총 25개소에 걸쳐 뉴타운 사업이 완료된다면 민간부문을 합해 총 25조 4,730억원의 사업비가 투입될 것으로 예상되며, 이에 따라 고용유발 효과는 65만명, 생산유발 효과는 52조 2,700억원, 부가가치유발 효과는 21조 4,700억원으로 조사되었다. 따라서 뉴타운 사업은 정책기준 중 생산성의 측면을 상당히 충족시키고 있으며 서울시의 예상대로 추진된다면 서울시뿐만 아니라 국가적으로도 사회적, 경제적 기대효과가 매우 큰 사업으로 평가될 수 있다.

2) 민주성

뉴타운 사업은 기본적으로 이명박 전 서울시장의 시장선거 공약에서부터 출발하였다. 서울시의 균형발전을 위한 각 후보자 간의 공약 중 뉴타운 사업이 선택된 것이다. 절차적 민주성이라는 측면에서, 기본적으로는 유권자인 서울 시민이 선거를 통해 이명박 서울 시장을 선택함으로써 공약이었던 뉴타운 사업을 지지한 것으로 볼 수 있다. 이러한 시장선거의 과정과 뉴타운 사업의 추진 과정에서 특별히 합법성의 문제가 거론되지 않은 것을 보면 뉴타운 사업은 절차적 민주성을 충족시키고 있다고 추론된다.

참여와 합의, 숙의성의 실체적 민주성의 측면에서는, 뉴타운 사업의 진행과 관련하여 각 사업별로 열린 주민 공청회와 지역 주민들의 의견 수렴을 들 수 있다. 그런데 이 점에 있어서 초기의 뉴타운 사업의 추진은 지역 주민들의 지지와 유치 경쟁 속에서 추진되었으나, 2009년에 들어서는 약간 상황이 달라진 것으로 보인다. 서울시 주거환경개선정책자문위원회가 뉴타운 정책의 개선방안 모색을 위해 마련한 공청회가 해당지역 주민들의 반발로 무산되는 등 뉴타운 사업을 반대하는 목소리가 높아지고 있는 것이다. 사업 초기의 환경과는 차이가 있는 현재의 상황에서 실체적 민주성의 측면에서 이러한 갈등을 조화롭게 해결하고 주민들의 다양한 의견을 수렴하는 갈등조정의 절차가 시급하다고 생각된다.

3) 성찰성

뉴타운 사업의 궁극적인 목표는 지역균형 발전과 지역의 삶의 질 향상이다. 즉, 뉴타운 사업의 목표는 삶의 질 향상이라는 포괄적인 측면에서 인간의 존엄성과 관련된 큰 의미의 성찰성을 추구하는 것이라 할 수 있다. 사업이 만약 목표대로, 계획대로 잘 추진된다면 성찰성을 달성하는 긍정적인 정책의 모습이라고 할 수도 있을 것이다. 그런데 성찰성의 세부적

항목 중 형평성의 측면에서 현재의 뉴타운 사업이 그것을 충족시키고 있는가에 대해서는 논란의 여지가 있다. 초기 시범 뉴타운 지구 중 하나인 은평 뉴타운의 경우 은평 뉴타운 분양가인 1,523만원은 은평구 아파트의 평균시세인 770만원보다 97.7% 높게 형성됐고, 강북구 전체인 907만원보다는 67.9%, 전국 평균 697만원보다는 118.5% 높은 분양가를 기록하여 대체적으로 고분양가라는 지적을 받고 있다. 이러한 분양가라면 기존의 지역 주민들 중 분양가를 감당할 수 있는 계층만이 새롭게 개발된 뉴타운 지역에 계속 거주하게 될 것이며, 그 외의 주민들은 집값이 싼 서울의 다른 지역 또는 외곽 지역으로 이주해야 할 것이다. 그리고 남은 뉴타운 지역의 아파트들에는 중산층 이상의 계층이 거주하게 될 것으로 예상된다. 즉, 뉴타운 사업으로 향상된 삶의 질이라는 정책의 성과가 특정 소득계층 이상에게만 분배되고 사업을 지지했던 지역주민들에게는 공평하게 분배되지 않게 되는 것이다.

신뢰받는 공동체의 형성과 관련된 성찰성의 측면에서 이러한 현상은 긍정적이지 못한 결과를 초래할 것이라 생각된다. 민주성 부분에서 언급했던 주민들의 반발도 이것과 밀접한 관련이 있다. 뉴타운 사업의 성과가 지역 주민들의 희망과는 다르게 분배될 것이 예상되자 반발이 거세지고 있는 것이다. 정책의 성찰성을 달성하기 위해서는 이러한 점을 잘 반영하여 적합하고 지속가능한 뉴타운 사업이 되어야 한다고 생각된다.

4) 실현가능성

서울시 뉴타운 사업은 계획 중이거나 논의 중인 사안이 아닌 현재 진행되고 있는 사업으로 사업 자체에 대해 실현 가능성을 따지는 것은 의미가 없을지도 모른다. 그러나 현재 진행이 확정되어 추진되는 1, 2, 3차 뉴타운에 이어서 사업을 확대하는 것에 대해서는 실현가능성의 기준에서 바라볼 필요가 있을 것이다. 뉴타운 사업의 현황에서 살펴보았듯이 현재 4차 뉴타운은 2007년 오세훈 시장의 발표로 무기한 연기되었다. 실현가능성 중 정치적 실현가능성의 측면에서 보자면, 정책대안이 정치적 측면에서 관련 집단이나 일반 국민들로부터 지지를 받아 채택될 가능성의 정도에서 4차 뉴타운의 실현가능성이 문제시되고 있는 것이다. 현재 진행되고 있는 뉴타운이 중단될 가능성은 희박하지만 서울시 내에서 뉴타운 사업이 더욱 확대되는 것은 불투명한 것이다. 지난 총선에서 서울시의 국회의원 후보자들은 앞 다투어 뉴타운의 지역 내 유치를 공약으로 내걸었으나 그 후폭풍은 거세었다. 선심성 공약의 남발이라는 비난과 함께 사업의 실현가능성에 대해 지역주민들과 언론의 의문 제기가 이어진 것이다. 서울시 뉴타운 사업의 현재가 아닌 미래를 바라볼 때, 이러한 정책의 실현가능성의 문제는 더 심도 있게 논의될 필요가 있을 것으로 생각된다.

5) 요약 및 정리

이상에서 논의한 서울시의 뉴타운 정책에 대한 분석을 종합적으로 요약 정리하면 다음과 같다.

〈표 7-3〉 서울시 뉴타운 정책에 대한 종합적 분석표

생산성	효과성	목표 달성도	*서울시 안에서의 지역 간 균형 발전 기대 *강남과 강북의 격차를 줄이고자 함
	능률성	산출대비 비용이 적은 정책	*2012년까지 총25조 4,730억 원의 사업비가 투입될 것으로 예상
		비용대비 산출이 높은 정책	*고용유발 효과는 65만 명, 생산유발 효과는52조 2,700억원, 부가가치유발효과는 21조 4,700억원 예상
민주성	절차적 민주성	절차적 적법성	*유권자인 서울 시민이 선거를 통해 이명박 서울 시장을 선택, 공약이었던 뉴타운 사업을 지지한 것으로 볼 수 있음
		절차적 타당성	
	실체적 민주성	참여의 정도	*초기 각 사업별로 열린 주민 공청회와 지역 주민들의 의견 수렴
		숙의 정도	*2009년 정책의 개선방안 모색을 위해 마련한 공청회가 해당 지역 주민들의 반발로 무산 *반대 목소리가 높아짐
		합의의 정도	*사업 초기의 환경과는 차이가 있는 현재의 상황에서갈등을 조화롭게 해결하고 주민들의 다양한 의견을 수렴하는 갈등조정의 절차시급
성찰성	인간의 존엄성 실현 (적합성·적정성 형평성·대응성)	직접	*지역균형 발전과 지역의 삶의 질 향상
		간접	*고분양가로 인해 특정 소득계층 이상에게만 분배 *사업을 지지했던 지역주민들에게는 공평하게 분배되지 못함
		저해	*고분양가로 인해 기존 주민들이 열악한 외곽으로의 이주되는 현상 초래 *사업지역 주민들의 삶의 질 향상이라는 목적을 달성하지 못함
	신뢰받고 성숙한 공동체 실현 (적합성·적정성 형평성·대응성)	직접	*지역 간의 균형 발전 달성
		간접	*정책의 성과가 사업을 지지했던 지역주민들에게는 공평하게 분배되지 않는 경우 저항 초래
		직접	*주민들의 반발로 인한 국가적 갈등 우려

4. 전체내용에 대한 요약

서울시 뉴타운 정책

1. 개요

이명박 전 서울시장이 2002년 6월 지방선거에서 시장으로 당선된 후 강남 주택가격 상승과 강북의 '상대적 낙후' 문제를 해결하기 위한 뉴타운 개발사업 정책을 추진하였다. 강북과 강남의 지역격차를 줄이는 서울시 안에서의 지역 간 균형발전을 목표로 초기의 뉴타운 사업은 지역 주민들의 지지와 유치 경쟁 속에서 추진되었으나, 2009년에 들어서 뉴타운 사업을 반대하는 목소리가 높아지고 있다.

2. 쟁점

뉴타운 정책에 대한 쟁점 사항들은 다음과 같다. 첫째, 낙후지역에 대한 투자와 개발을 통하여 어떤 효과를 기대할 수 있는가? 둘째, 사업추진 과정에서 합리적이고 민주적인 과정을 거쳤는가? 셋째, 뉴타운의 개발이 완료된 후 기존의 주민들이 새롭게 개발된 지역에서의 삶을 누릴 수 있을 것인가 하는 점이다.

3. 분석

① 생산성: 서울시가 발간한 자료에 따르면 2012년까지 뉴타운 사업이 완료된다면 민간부문을 합해 총 25조 4,730억 원의 사업비가 투입될 것으로 예상되며, 이에 따라 고용유발 효과는 65만명, 생산유발 효과는 52조 2,700억 원, 부가가치유발 효과는 21조 4,700억 원으로 조사되었다. 또한 강북지역이 강남지역 대비 실질 주택보급률에서는 96%, 30년 이상 주택비율은 87%, 도로율은 101%, 1인당 공원면적은 96%에 달할 것으로 예상되어 초기의 정책 목표인 서울시의 지역균형발전을 달성할 수 있을 것이라고 예상된다.

② 민주성: 시민의 선거를 통해 이명박 시장이 선출됨으로써 이는 뉴타운 사업공약에 대한 지지로 받아들일 수 있다. 또한 초기에 뉴타운 사업의 진행과 관련하여 각 사업별로 열린 주민 공청회와 지역 주민들의 의견 수렴했다는 점에서 참여와 합의, 숙의성의 실체적 민주성의 측면에서 평가받을 수 있다. 그러나 2009년에 들어서 초기의 환경과는 차이가 있는 현재의 상황에서 주민들의 의견을 수렴하고 갈등을 조화롭게 해결해야 할 것이다.

③ 성찰성: 뉴타운 사업의 궁극적인 목표는 지역균형발전을 통한 지역주민들의 삶의 질 향상이지만 초기와는 달리 고분양가로 인해 정책의 성과가 특정 소득계층 이상에게만 분배되고 사업을 지지했던 지역주민들에게는 공평하게 분배되지 않고 있다. 신뢰받는 공동체의 형성과 관련된 성찰성의 측면에서 이러한 현상은 긍정적이지 못한 결과를

초래할 것이라 생각된다.

　4) 실현가능성 측면:　현재 진행이 확정되어 추진 중인 1, 2, 3차 뉴타운 사업이 중단될 가능성은 희박하지만, 지난 총선에서 선심성 공약의 남발이라는 비난과 함께 사업의 실현가능성에 대해 지역주민들과 언론의 의문 제기가 이어져 서울시 내에서 뉴타운 사업이 더욱 확대되는 것은 불투명한 바, 서울시 뉴타운 사업의 현재가 아닌 미래를 바라볼 때, 향후 정책의 실현가능성의 문제는 더 심도 있게 논의될 필요가 있을 것으로 생각된다.

제4절　요약 및 결론

　정책분석은 문제의 정의(본질 및 쟁점규명) 단계를 거쳐 정책목표의 설정이 이루어지고 나면, 정책대안의 분석(I)인 정책대안의 탐색 개발 설계와 정책대안의 분석(II)인 정책대안의 미래예측의 단계를 거쳐 마지막으로 정책대안의 분석(III)인 정책대안의 비교평가의 단계에 이르게 된다. 즉, 정책분석은 문제의 본질적 쟁점규명, 명확한 목표설정, 체계적인 대안탐색, 과학적인 미래예측 등을 통해 최적의 대안선택을 추구하는 끊임없는 분석과 사유의 가정이며, 이를 통해 궁극적으로 인간존엄성(human dignity)을 지향하는 학문이다.

　이 장에서 다룬 정책대안의 비교평가에서는 정책대안의 비교평가 기준이 중요한 문제로 등장한다. 정책대안의 비교평가 기준이란 정책대안들이 가져올 것으로 예측된 정보들을 사용하여 각 대안들을 선호 순으로 서열을 부여하는 데 사용될 수 있는 기준을 의미한다. 이러한 기준들을 어떻게 설정하느냐, 어떻게 정의하느냐에 따라서 같은 정책대안 일지라도 다르게 비교평가될 수 있으므로 정책대안의 비교평가에서 어떤 기준을 사용하는지는 매우 중요한 의미를 지닌다. 이러한 것은 경제분석과 다른 점인데, 정책분석의 핵심은 경제분석과는 달리 효율성 분석뿐만 아니라 가치성과 당위성에 대한 분석에 있으며, 이를 통해 궁극적으로 인간의 존엄성 증진 및 사회구성원의 인격형성에 기여하고자 하는 목적 지향성을 지니기 때문에 단순한 효과성이나 능률성 분석을 넘어 민주성과 성찰성에 대한 분석이 중요하다고 하겠다.

　정책대안의 비교평가 기준으로는 당위성(실체적 민주성(성찰성)과 절차적 민주성(민주성)), 실현가능성, 생산성(효율성)을 들 수 있다. 이러한 평가기준들을 기본적으로 명료성, 일관성 및 보편성을 만족해야 한다. 명료성을 만족하지 않을시 같은 기준을 가지고도 서로 다른 시각을 가진 사람들끼리 해석이 달라질 수 있기 때문이고, 명료성을 만족했다 하더라도 일관성이 없을시 기준을 적용하여 정책대안을 평가한 경우 그 결과에 대한 해석상의 어려움에 직면하게 된다. 또한 보편성을 만족해야 하는데 물론 특정한 정책문제의 해결방안들을 비교평가하는 데에는 분야별로 특수한 평가기준들이 적용될 수 있으나 광범위한 정책대안들을 비교평가하기 위해서는 보편적으로 적용될 수 있는 평가기준이 요망되기 때문이다(노화준, 2003: 130). 이러한 평가기준에 대해서 요약해보면서 아래와 같다.

첫째, 성찰성이란 당위성의 실체적 개념으로서 개인차원의 인간의 존엄성 구현과 공동체차원의 신뢰받고 성숙한 공동체 구현이라는 의미를 포괄한다. 성찰성은 하버마스가 '자유' '인권' '정의'를 향한 "미완의 프로젝트"에서 강조한 것처럼 우리 사회가 끊임없이 추구해야 할 철학적 지향점이라고 할 수 있다. 성찰성의 측정지표로는 적합성, 적정성, 형평성, 대응성이 존재한다. 성찰성이 높은 정책의 예로서 최소한의 인간다울 권리를 보장해주는 사회보장제도 등이 가장 대표적이다.

둘째, 민주성이란 당위성의 제도적 개념으로서 참여성, 숙의성, 합의성이라는 하위요소를 지닌다. 또한 민주성은 절차적 적법성과 절차적 타당성을 의미하는 절차적 민주성과 참여, 숙의 합의의 정도로 표현되는 실체적 민주성으로 구성된다. 현대사회에 들어서는 각 주체들 간의 의사소통없이 사회를 발전시켜나갈 수 없기 때문에 사람들간의 의사소통을 기초로 한 민주성의 중요성은 더욱 커졌다고 볼 수 있다.

셋째, 실현가능성이란 정책의 채택가능성과 집행가능성을 포함하는 개념으로서 정치적, 경제적, 사회적, 행정적, 법적, 기술적 실현가능성이라는 하위요소를 지닌다. 정책대안의 비교평가시에 정책대안의 실현가능성이 없다고 판단되면 정책으로 판단될 수 없기에 기타다른 후속작업들은 할 필요가 없다고 여기기 쉽다. 하지만 실현가능성에 약간의 문제가 있다하더라도 다른 평가에서 훌륭한 대안임이 밝혀지면 이를 실현하기 위해 다른 방법을 강구할 수 있을 것이기 때문에 실현가능성만을 따져보고 적합하지 않다고 해서 정책분석을 중지하는 과오를 범하지 말아야 할 것이다.

넷째, 생산성이란 효율성과 유사한 개념인데, 목표달성도를 의미하는 효과성과 비용-편익의 비율로서 표시되는 능률성을 포함하는 개념이다. 생산성의 판단시에는 산출(output), 성과(outcome), 영향(impact) 등의 산출의 종류를 명확히 함으로써 개념의 혼란에서 오는 불필요한 논란을 없애야 한다. 또한 정책분석이 가치가 함축되는 과정임을 가정했을 때 너무 가시적인 산출(output)위주의 정책분석에 빠지지 않도록 해야 한다. 생산성 차원의 평가방법으로는 가장 많이 활용되는 것으로 비용-편익분석과 비용-효과분석이다.

정책대안의 비교평가 기준의 적용으로는 당위성(성찰성, 민주성)을 먼저 적용하여 우리 사회에 적합한 당위적인 정책인가의 여부를 판단한 후, 실현가능성 여부를 판단하며, 당위적이고 실현가능한 정책대안의 집합체 중에서 가장 효율성이 높은 정책대안을 선택하는 순서를 거치게 된다. 이러한 요소들을 종합적으로 정리한 표를 종합판정표라고 하는데, 이는 정책분석의 선택기준을 명확히 하여 최적대안을 선택하는 데 큰 도움을 준다. 이때 이 정책대안 종합판정표에는 과학적 합리성을 반영하는 효율성과 실현성뿐만 아니라, 정책관련자들의 참여, 그들 간의 토론과 합의를 중시하는 민주성과 성찰성 차원이 모두 반영되는 것이 바람직하며, 정책분석 유형의 관점에서도 단순한 객관적 기술자유형의 엘리트모형을 넘어서 다양한 행위자들 간의 토론이 이루어지는 민중모형이 필요하다.

정책대안 비교평가는 분석에 앞서 설정한 정책대안의 종합판정표에 따라 정책대안들을 면밀히 분석해봄으로써 최적대안을 선택하는 과정을 의미한다. 이렇게 도출된 최적대안을 정책으로 시행할 시 비교평가 이전보다 시행오차를 크게 줄일 수 있으며, 이로 인해 불필요한 정책비용을 감소시키고 정책성공에 큰 밑거름이 될 수 있을 것이다. 이러한 정책대안 비교평가에 따른 최적 정책대안의 선택과 시행은 정책의 수단적 목적인 민주적 문제해결과 궁극적 목적인 인간의 존엄성 실현에 크게 기여하게 될 것이다.

제 8 장

Theories of policy analysis

분석결과의 제시: 결과의 분석과 해석

 >>> **학습목표**

정책분석의 마지막 단계는 분석결과의 제시: 결과의 분석과 해석이다. 정책분석은 구체적으로 정책문제의 분석, 정책목표의 설정, 정책대안의 분석, 분석결과의 제시의 과정을 거친다. 이 중에서 분석결과의 제시는 정책분석의 최종 마무리 단계에 해당된다.

분석결과의 제시 단계에서는 정책분석 과정을 통해 도출된 연구결과를 정리하여 분석 의뢰자 및 관심 있는 사람들에게 알리는 데 의의가 있다. 이때 정책분석가는 연구의 정당성과 제시된 결과 및 결론의 타당성을 분석 의뢰자가 스스로 판단할 수 있도록 객관적이고 분명하게 분석 결과를 제시할 수 있어야 한다.

제8장에서는 분석결과 제시의 의의, 전제 및 분석가의 역할 유형에 대해서 검토하며, 분석결과의 제시방법, 활용 증대방안 등에 대해서 학습한다.

제1절 분석결과 제시의 의의

분석결과의 제시는 정책분석을 매듭짓는 마지막 단계이다. 이는 연구결과를 정리하여 필요한 사람들에 의해 활용될 수 있도록 전파, 보급하는 것을 의미한다. 그러나 아직까지 많은 학자들이 분석 결과의 제시 단계를 정책분석의 과정에 포함시키지 않는 것처럼 분석결과의 제시에 대한 논의는 부족한 상태이다.

분석결과를 제시하는 목적은 기본적으로 해결하고자 하는 정책문제와 정책대안에 대한 분석결과를 분석의뢰자에게 제시하여 최종적으로는 정책결정자가 정책문제를 정확히 이해하고, 정책문제의 해결을 위한 바람직한 대안의 선택을 돕고자 하는 것이다.

이러한 분석결과의 제시에 있어서는 분석을 통해 발견된 내용과 발견된 내용을 뒷받침하는 근거를 함께 제시할 수 있어야 한다. 구체적인 분석의 진행과정과 문제분석의 내용, 그리고 가능한 대안 중에서 어떤 특정의 대안을 바람직한 대안으로 제시하게 된 근거와 자료들을 제시하면서, 왜 제시된 대안이 관심 있게 고려된 다른 대안들보다 우수하고 강력한 대안이 되었는가를 상세히 밝혀줄 수 있어야 한다는 것이다(최창현 외, 2003: 165). 이는 제시된 분석결과가 이해 관계자들 간의 토론시 토론의 자료로 활용됨으로써 정책관련 집단의 토론을 촉진시키고, 정책결정의 질을 향상시키는데 기여할 수 있기 때문이다.

또한 분석결과의 제시는 정책분석의 모든 과정에서 전개되는 정책분석가와 분석의뢰자 사이의 의사소통 중 가장 중요한 단계라고 할 수 있다. 따라서 정책보고서를 작성할 경우에도 중요하게 고려할 요소는 보고서를 '누가 읽을 것인가' 하는 점이다(김경동 외, 1998: 599). 또한 이때 분석결과의 제시는 원칙적으로 분석을 의뢰한 사람이나 단체를 대상으로 하지만 반드시 그들로만 한정시킬 필요는 없으며 정책관련자 모두를 제출의 대상으로 이해하는 것이 바람직하다.

이렇듯 분석결과의 제시가 중요한 의미를 가지고 있음에도, 분석가들의 인식의 부족과 분석 의뢰자의 소극적인 활용으로 활용저해의 경향이 나타나고 있는데, 이에 대한 인식의 전환과 적극적인 활용을 위한 분석결과의 제시가 필요하다고 할 수 있다.

제 2 절 분석결과 제시의 기본전제

분석결과를 제시하는 목적은 정책분석 과정을 통해서 도출된 결과를 정책결정자와 이해관계자가 많은 정보를 명확히 파악할 수 있도록 하는 데 있다. 그 과정에서 정책분석가는 연구의 정당성과 제시된 결과 및 결론의 타당성을 그들 스스로가 판단할 수 있도록 객관적이고 분명하게 제시할 수 있어야 한다(남궁근, 1998: 490). 따라서 정책분석가는 분석결과의 제시과정뿐만 아니라, 분석활동을 수행하는 전 과정에서 다음과 같은 기본 전제를 견지하여야 한다.

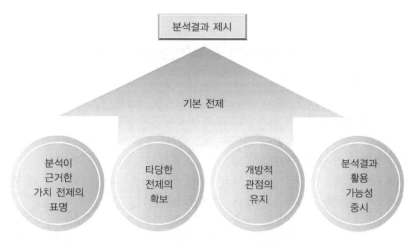

〈그림 8-1〉 분석결과 제시의 기본전제

분석결과 제시

기본 전제

분석이
근거한
가치 전제의
표명

타당한
전제의
확보

개방적
관점의
유지

분석결과
활용
가능성
중시

1. 분석이 근거한 가치전제의 표명

정책분석이나 연구는 가능한 한 객관적이고 과학적인 토대 위에서 이루어지는 것이 바람직하다. 하지만 실제에 있어서 정책분석은 정책 선택을 위한 추론과정이기에 가치 판단이나 주관적인 접근을 완벽히 배제하기 어려운 것이 사실이다. 이에 더하여, 분석 결과 제시가 자료에 대한 해석을 포함하는 경우 단순 예측에 그쳐야 하는지 혹은 더 나은 정책 대안의 제시까지를 포함하는지의 판단, 그리고 그것을 주창하는 경우에는 가치에 대한 판단을 필연적으로 포함하게 된다. 이러한 가치판단은 주관적인 것이므로 이에 대한 근거를 제시하지 않으면 분석결과뿐 아니라 분석과정 전체에 대해 신뢰할 만한 평가를 받지 못할 수 있다. 때문에 정책분석가는 분석을 수행하는 과정에서 개재되었던 가치관과 가정 및 판단 근거를 명확하게 제시하여야 한다(강근복, 2002: 180-181).

특히, 분석 결과를 토대로 정책적 시사점을 도출하는 작업은 주관성이 개입되기 쉽다. 그러나 학자들이 정책적 시사점을 제시하는 경우엔 상당 부분 그 자신의 주장이 내포되어 있음에도 불구하고 흔히 일반인들은 그것까지도 과학적으로 도출된 결과인 것처럼 혼동을 하는 경우가 많다. 따라서 분석결과를 토대로 정책제언을 할 때 정책분석가는 객관적인 발견 사실과 규범적인 주장을 명확히 구분해야 한다. 또한 정책제언에 개인적인 또는 사회 정치적인 가치판단이 포함되어 있다면 그것을 솔직히 공개해야 한다. 즉, 정책분석가는 주관적 가치판단과 객관적 연구결과를 구분하여 명확히 제시하여야 한다(김신복, 1989: 219).

한국 조세재정정책의 기회 평등화 효과 분석

1. 사례개요

김우철, 이우진(2009)은 한국 조세재정정책의 기회 평등화 효과에 관한 연구를 수행한 바 있다. 여기에서는 로머의 '기회의 평등에 대한 이론'을 중심으로 우리나라에서 소득 평등을 위한 기회가 얼마나 불평등한지, 그리고 우리나라에서 조세재정정책은 이러한 기회불평등을 얼마나 완화하고 있는지에 대해서 분석하였다.

이 연구는 먼저, 부모의 학력과 부모의 직업을 환경변수로 고려하여 2001년부터 2005년까지 노동패널자료에 나타난 35세 이상 55세 미만의 남성 가구를 실증분석 대상으로 잡는다. 또한, 로머의 일반이론을 이용하여 기회 평등을 측정할 수 있는 구체적 모형을 만든 뒤, 기회의 불평등을 해소하기 위한 벤치마크 세율과 현재의 한계세율을 도출하였다. 이 연구결과에 따르면, 한국의 경우 기회평등화 세율이 높아서 기회 불평등이 심하며, 한국에서 관측된 한계세율은 시간에 따라 증가하여, 기회 불평등이 심화되고 있음을 보여주고 있다.

〈표 8-1〉 선진국들과의 비교: 환경=부모학력, 소득=표준소득

국 가	t^{Obs}	t^{EOp}	t^{Bench}	υ	ε
스페인(1991)	0.376	0.605	0.080	0.748	0.973
이탈리아(1993)	0.232	0.819	0.156	0.160	0.920
미국(1991)	0.243	0.647	0.182	0.200	0.955
영국(1991)	NA	NA	NA	NA	NA
벨기에(1992)	0.531	0.535	0.316	0.999	0.999
네덜란드(1995)	0.533	0.474	0.253	overtax1	1.007
서독(1994)	0.364	0	0.225	overtax2	1.028
스웨덴(1991)	0.524	0	0.203	overtax2	1.046
덴마크(1993)	0.440	0	0.225	overtax2	1.035
노르웨이(1995)	0.393	0	0.258	overtax2	1.030
한국(2004/05)	0.206	0.728	0.077	0.282	0.938

* 자료: 김우철, 이우진(2009), "한국 조세재정정책의 기회 평등화 효과에 관한 연구: 소득획득에 대한 기회를 중심으로", 재정포럼 154권, 한국조세연구원.

2. 쟁점 및 시사점

정책분석은 정책 선택을 위한 추론과정이기에 가치 판단이나 주관적인 접근을 완벽히 배제하기 어려운 것이 사실이다. 가치판단은 주관적인 것이므로 이에 대한 근거를 제시하지 않으면 정책분석 결과뿐만 아니라 분석과정 전체에 대해 신뢰할 만한 평가를 받지 못할 수 있다. 따라서 정책분석가는 분석을 수행하는 과정에서 개제되었던 가치관과 가정 및 판단 근거를 명확하게 제시하여야 한다(강근복, 2002: 180-181).

위 연구는 논문에서 본 연구의 지침이 된 것은 로머의 기회의 평등에 대한 이론임을 명시하여, '정책분석이 평등의 가치가 전제되었음'을 명시적으로 밝히고 있어 연구가 진행되는 가정 및 판단 근거를 명확하게 하고 있다고 볼 수 있다. 또한, 바람직한 조세정책의 설계는 환경의 차이로 발생한 불평등을 얼마나 완화시키는가에 중점을 둘 필요가 있다고 하였다.

2. 타당성 전제의 확보

정책분석가는 가치간의 갈등(*conflict of value*)이 있을 때, 어렵더라도 어느 한쪽에 치중하지 않아야 하나, 정책대상 및 환경에 따른 정책분석시에는 가치의 우선순위에 차이가 생기기 마련이다. 때문에 분석결과를 제시할 때에는 가치 실현 및 문제 해결을 위해서 어느 가치가 더 중요한가, 또는 더 시급한가, 또는 더 효율적인가 등을 규명해 줄 수 있는 타당성 전제를 제시하여야 한다. 여기서 타당성 전제란 어느 것이 다른 것보다 더 우월하다는 것을 밝혀주는 객관적 전제이다. 이러한 타당성은 개인차를 극복하여 동의기반을 확보해야 한다. 왜냐하면 정책분석가 개인의 견해가 분석을 지배한다면 그 분석의 결과는 정책결정자나 이해관계자에게 아무런 의미나 이익을 가져다 줄 수 없게 된다(김광웅, 1982: 138). 따라서 분석가는 이해 당사자들이 제시된 대안에 대해 반대 주장을 할 수 있다는 것을 예측하여 그들이 수용할 수 있는 타당성 있는 분석결과를 제시할 수 있어야 한다(Mood, 1983: 284). 이에 더하여, 타당성 전제가 확보되었다 하더라도 지나치게 일방적이고 생색을 내는 표현이나 너무 교훈적인 표현양식은 피하는 것이 바람직하다(Quade, 1989: 328).

부산 첫 여성전용화장실, 쌈지공원 없애고 설치?

1. 사례개요

부산 북구청이 올해 야심적으로 추진하고 있는 여성전용화장실 사업이 멀쩡한 쌈지공원을 없애고 들어설 예정이어서 인근 주민들의 반발을 사고 있다. 14일 북구청에 따르면 부산 북구 구포시장 맞은편 구포배수장 앞 130㎡의 부지에 예산 3억 2천 700여만 원을 들여 전국에서 처음으로 여성전용화장실을 짓기로 하고 최근 공사를 시작했다. 하지만 인근 주민들은 여성전용화장실의 필요성과 입지에 의문을 제기하고 있다. 구포시장 상인 이모(45, 여) 씨는 "여성전용화장실이 들어설 곳과 불과 10여m 떨어진 곳에 남자 4칸, 여자 8칸의 공중화장실이 있고 이용객들이 많지 않은 상황에서 왜 수억원을 들여 화장실을 만드는지 모르겠다"며, "기존 화장실의 개보수만으로 충분할 것"이라고 지적했다. 매일 구포시장 정류소에서 출근하는 회사원 송모(32) 씨는 "버스정류소 옆에 쌈지공원이 있어 쉼터와 녹지공간의 역할을 해왔는데 갑작스레 여성전용화장실 공사를 한다고 해 놀랐다"며, "가뜩이나 도심 녹지공간이 없는데 쌈지공원을 없애고 화장실을 만드는 것은 치적을 위한 중복투자의 전형"이라고 말했다. 북구청은 2002년부터 여성전용화장실 부지를 비롯, 화명동 등 4곳에 4억여 원의 예산으로 쌈지공원을 조성했지만 이번 화장실 공사로 1곳이 제 기능을 못하게 됐다. 또한 북구청은 여성전용화장실 부지가 국가 소유의 하천부지여서 일체의 건축 행위가 어려운데도 용도폐지 등의 절차를 거치지 않고 공사를 추진해 '행정편의주의'라는 지적도 받고 있다. 북구청 관계자는 "구포시장 장날엔 주로 여성들의 화장실 이용이 많고 기존 화장실이 좁고 협소해 인근 부지를 물색하다 쌈지공원 인근을 화장실 부지로 정했다"며, "쌈지공원의 식재를 재활용할 계획이고 전국 최초의 여성전용화장실이 완공되면 북구의 랜드마크가 될 것"이라고 말했다. 북구청은 애초 지난 6월말 여성전용화장실을 완공할 계획이었으나 행정절차 등의 미숙으로 11개월 만에 착공해 내년 초 완공할 예정이다.

* 자료: 연합뉴스, 2008. 11. 14.

2. 쟁점 및 시사점

정책분석가는 분석결과를 제시할 때 가치 실현 및 문제 해결을 위해서 어느 가치가 더 중요한가, 또는 더 시급한가, 또는 더 효율적인가 등을 규명해 줄 수 있는 타당성 전제를 제시하여야 한다. 여기서 타당성 전제란 어느 것이 다른 것보다 더 우월하다는 것을 밝혀주는 객관적 전제로서 타당성은 개인차를 극복하여 동의기반을 확보해야 한다. 따라서 분석가는 이해 당사자들이 제시된 대안에 대해 반대 주장을 할 수 있다는 것을 예측하여 그들이 수용할 수 있는 타당성 있는 분석결과를 제시할 수 있어야 한다.

위의 제시된 사례에서는 여성전용화장실 사업에 대한 실효성에 대한 문제를 제기하고 있다. 부산 북구청은 여성화장실이 부족하다는 판단 아래 쌈지공원 일부 지역에 여성전용화장실을 설치하겠다는 계획을 세웠다. 그러나 이미 주민들에게 좋은 반응을 얻고 있는 쌈지공원의 일부를 점거하면서까지 여성전용화장실을 만들어야 하는 것인지에 대해 주민들의 반발이 있는 상황이다. 또한 현재 이용되고 있는 공중화장실이 새로 설치되는 여성전용화장실에서 그리 멀지 않은 거리에 있음에도 추가적으로 화장실을 설치한다는 점에서도 주민들의 동의를 얻지 못하고 있는 상황이다. 이러한 북구청의 사업을 진행하는 과정에서 주민들이 추진하는 사업을 반대할 수도 있다는 점을 고려해 객관적으로 여성전용화장실 설치 사업의 타당성 여부를 먼저 분석해 보았다면, 전시행정이나 행정편의주의와 같은 부정적인 비난을 받지 않아도 되었을 것이다. 따라서 위의 사례는 타당성 전제가 확보되지 않았을 때의 부정적인 결과를 보여주고 있다고 볼 수 있다.

3. 개방적 관점의 유지

정책분석가는 분석결과를 제시할 때 개방적인 사고(open-mindedness)를 갖는 것이 중요하다. 즉, 정책분석가는 결과를 제시함에 있어 중립성과 객관성을 유지하지 않으면 안 된다는 것이다. 담당자는 자신의 가치관 및 선호에 부합되지 않더라도 분석결과 속에 포함시키고 객관적인 비교 분석 자료를 제공함으로써 정책결정자에게 합리적인 선택의 기회를 부여해야 한다(김신복, 1989: 222).

정책분석가는 제출된 분석결과의 일부가 거절되거나 또는 분석결과를 채택하되 달리 사용될 수 있다는 것도 예상하여야 한다. 정책결정자가 문제에 대해 갖고 있는 자신의 판단과 상황의 변화에 따라 분석결과가 수정된 형태로 받아들여질 가능성도 있으며 수용이 거부될 가능성도 있다. 따라서 정책분석가는 분석결과를 자신의 관점에 입각하여 일방적으로 제출하는 오류를 범해서는 안 된다. 이에 더하여 단일의 분석결과를 제시할 것인가 또는 복수의 분석결과를 제시할 것인가 역시 담당자로 하여금 갈등을 느끼게 한다. 이론상 바람직한 것은 전제나 주요 변인들에 대한 가정을 달리할 경우에 예상되는 결과들을 개방적으로 복수로 제시해야 하며 경우에 따라 민감도분석(sensitivity analysis)에 따른 결과 제시까지 시도할 필요가 있다. 다만 복수로 제시하게 되면, 정책결정자의 자의적인 선택의 결과에 대한 윤리적 책임을 정책분석가가 갖는 상황이 발생할 수 있다(김신복, 1989: 213).

개방적 관점은 자료의 수집과 활용에서도 견지되어야 한다. 분석가들은 자신의 전공영역과 경험의 내용만을 깊이 있게 취급하고 지식과 능력이 부족한 영역은 소홀히 취급할 가능성이 있다. 동시에 자신에게 유리하거나 특정의 정책관련 집단이 선호하는 정보만을 습득 활용하여 정책을 제안할 수도 있다. 그러나 성의 있게 가능한 모든 자료를 활용하여 분석을 수행함을 보이는 것은 다수의 이해관계자와 정책결정자로부터 분석결과의 신뢰성을 확보할 수 있는 중요한 방법이 된다(강근복, 2002: 183). 뿐만 아니라, 정책결정자의 합리적 의사결정을 위해서는 다양한 자료의 수집과 활용이 필수적으로 요구된다. 때문에 정책분석가는 개방적 관점에서 자료를 수집 및 활용하고 이에 따른 정책 결과를 제시할 수 있어야 한다.

정책 사례 *cases in policy*

콩 수매제도의 효율성 분석

1. 사례개요

김명환, 김혜영(2005)은 〈콩 수매제도의 효율성 분석〉에서 현 콩 수매제도의 효율성을 여러 분석 기법을 통해 분석하고, 그에 따라 다양한 대안을 제시하였다. 또한 대안 제시에 그치지 않고 대안에 따른 결과를 시나리오로 작성하여, 미래의 모습까지 예측하고 있다.

아래의 자료는 농촌경제 제28권 제2호(2005 여름) 〈콩 수매제도의 효율성 분석〉 김명환, 김혜영에서 발췌한 것으로 현 콩 수매제도의 효율성을 여러 분석 기법을 통해 분석하고, 그에 따라 다양한 대안을 제시하였다. 또한 대안 제시에 그치지 않고 대안에 따른 결과를 시나리오로 작성하여, 미래의 모습까지 예측하고 있다.

1) 효율성 측면: 시나리오 1 〉 Baseline 〉 시나리오 3
2) 형평성 측면: 시나리오 1은 논콩과 밭콩 농가 간의 형평성 저해한다.
   시나리오 3도 농간의 형평성을 저해한다.
3) 결론: 형평성에 위배되지 않고, 효율성 측면에서도 차선책인 baseline이 가장 합리적인 제도라고 볼 수 있다. 그러나 기존의 제도를 폐지하는 것은 또 다른 정책 선택의 기준인 정책의 예측가능성과 신뢰성을 저해하는 것이므로 완화장치가 필요하다.
*자료: 김명환·김혜영, 2005.

2. 쟁점 및 시사점

개방적 사고란 분석결과를 제시할 때 중립성과 객관성을 유지해야 한다는 것을 의미한다. 제출된 분석결과가 채택, 거부, 수정채택 이 될 수 있다는 점을 인지해야 하며 이에 따라 복수의 정책대안을 우선순위와 함께 제시하여 실질적인 정책 결정을 돕고 정책결정과 관련된 책임의 한계를 명확히 할 수 있어야 한다.

이러한 관점에서 본다면 〈콩 수매제도의 효율성 분석〉은 현 콩 수매제도를 여러 분석 기법을 통해 분석하고, 그에 따른 결과와 정책 선택 기준에 따른 우선순위를 매겨 정책결정자가 정책을 결정하는 데 있어서 큰 도움을 주고 있다. 또한 여러 정책의 선택 기준을 제시함으로써 객관적인 분석 결과를 확인하고 정책결정자가 참고할 수 있게 해놓았다. 마지막으로 정책 시나리오를 제시함으로써 분석결과의 제기 후에 나타날 수 있는 가능성을 고려하고 있음을 확인할 수 있다.

따라서 〈콩 수매제도의 효율성 분석〉은 분석결과 제시의 기본 전제 중 하나인 개방적 사고를 잘 따르고 있으며, 그로 인해 고객들의 신뢰성 확보가 가능해진 사례라고 할 수 있다.

4. 분석결과의 활용가능성 중시

정책분석이라는 학문은 '기초' 학문이라기보다는 오히려 '응용' 학문이라는 특성을 가지고 있다. 유능한 관찰자, 해설가 및 비평가가 되기 위하여 분석가들은 기초 정책연구에서 제공되는 지식과 많은 기법들을 반드시 획득하여야 한다. 그러나 정책분석의 임무는 '기초적' 성격보다는 '응용적' 성격을 더욱 많이 지니고 있고, 이는 정책분석가들에게 특별한 책임성을 부과하고 있다. 때문에 정책분석가는 정책 분석결과를 제시함에 있어 항상 그 결과의 활용가능성을 견지하고 있어야 한다.[1]

---

1) 여기에서의 '기초' 및 '응용'이라는 용어는 단지 편의상 사용된 것이다. 과학에 대한 이러한 두 가지 정향이 실제에 있어서는 중복되고 있다는 점이 널리 공인되고 있다. 실제로 일어나는 문제들이나 갈등 상호간에 대한 '응용'연구에 그 기원을 두고 '기초'사회과학에서의 아주 중요한 이론적, 방법론적 및 본질적 발전이 이루어지고 있다는 결론을 지원하는 증거는 풍부하다.

〈그림 8-2〉 정책연구 분야의 두 종류: 기초연구와 응용연구

특 성	기 초	응 용
문제의 원천 전형적 방법 연구의 형태 일차적 목표 의사소통 수단 유인의 원천	선행연구 검토 이론적 모형화 원자료의 수집 이론의 개선 논문 또는 저서 대학의 학과	사회문제 및 쟁점 정책적 논증의 개발 기존 자료의 종합 및 평가 실제 현실의 개선 정책 메모 또는 정책분석보고서 정부부처 및 시민집단

* 자료: William N. Dunn, 2005: 606에서 수정.

정책
사례　cases in policy

잘못 관리된 제재소

1. 사례개요

사회과학연구자들이 지식의 숲으로 들어가, 양질의 튼튼한 나무를 넘어뜨린 다음 서로에게 그들이 한 일의 결과를 보여주었다. 매우 모험적이면서 열심히 하려는 벌목 노동자들이 강으로 통나무 몇 개를 끌고가서는 하류로 떠내려 보냈다. 강 하류의 한 지점에서 실무자들은 건축회사의 인력을 배치하고 있었다. 그들은 물결을 따라 떠내려 오는 통나무를 찾아 몇 개의 임시건물을 간신히 지었다. 하지만 그들의 일에 적절히 사용될 다양한 크기와 형태의 재목이 크게 모자랐다.

문제는 누군가가 그 통나무들을 쓸모 있는 형태의 내목으로 만들 제재소를 짓는 것을 잊었던 것이다. 건축회사가 계속 한쪽에서 일을 하고 있는 동안 다른 쪽 끝에서는 계속 통나무가 쌓였다. 벌목할 동에 대하여 정부와 연구재단의 지원이 있었다. 또한 건축회사에 대한 지원도 있었다. 그러나 제재소를 계획하고 운영하기 위한 지원은 거의 없었다.

2. 쟁점 및 시사점

정책분석은 질이 중요하다. 그러나 우수한 정책 분석의 결과가 활용되는 것은 아니다. 정책 분석활동과 정책 결정자들에 의한 활용 사이에는 큰 격차가 있다. 따라서 정책분석가는 분석결과의 활용가능성을 항상 견지하고, 분석결과를 제시하여야 한다(W. Dunn, 2005: 549).

미래성장을 견인할 수 있는 국가존망기술의 발굴

1. 사례개요

한국과학기술기획평가원(2009)에서는 "미래성장을 위한 14대 국가존망기술"이라는 연구에서, 미래 성장동력 발굴을 위한 국가 간 경쟁이 치열한 지금, 어떤 산업에 투자를 해야 하는지에 대한 정책우선순위에 대해 제시하고 있다. 국가적 자원이 한정되어 있기 때문에, 선택을 통한 투자가 이루어져야 하는 현실에서 어떤 산업분야에 투자를 집중하여 미래 성장동력을 발굴할 수 있는지를 알아본 것이다.

이 연구는 "5-10년 후를 위해 국가연구개발 투자비용의 30%를 투입한다면 어디에 투입할 것인가?"에 대한 물음을 시작으로 해서, 이러한 기술을 국가존망기술로 명명하고 있다. 국가존망기술은 "21세기 새로운 패러다임 시대의 주력산업을 개척, 견인할 수 있을 것으로 예상되어 정부의 공격적 R&D투자가 필요한 기술"로 정의되었다.

구 분	국가 존망기술명	핵심산업	기술수	비 고
지식 (knowledge) ↓ 지식 대운하 (IT 특보)	차세대 메모리 반도체 기술	반도체/ 전자부품	3	현재성장
	IT 나노소지 기술			
	차세대 디스플레이 기술			
	차세대 네트워크 기술 (퍼베이시브 무선 네트워크 포함)	통신기기	1(1)	
	가상현실 기술	지식· 서비스	2	미래성장 주도산업
	융합형 콘텐츠 생산 기술			
지속가능 성장 (Sustainable Growth) ↓ 녹색성장 (녹색성장위원회)	고효율 저공해 차량 기술 (연료전지 자동차 포함)	자동차		현재성장 주도산업
	지능형 생산 시스템 기술	기계·정밀기기	1	
	차세대 고효율 연료전지 기술	에너지·환경	3	
	태양관 발전 기술			
	수소에너지 생산/저장 기술			
생명과 건강 (Lite & Health) ↓ 복된 한국인 (국가과학기술위원회)	재생의료 기술	BT/HT	3	미래성장 주도산업
	암질환 진단 및 치료 기술			
	뇌질환 예방/치료 기술			
합 계	14(2)			

* 자료: 한국과학기술기획평가원, 2009.

```
┌─────────────────────────────────────────────────────────────────────┐
│              [1단계]  국가 존망기술 후보POOL 마련                        │
│  ○ 국·내외 주요 과학기술정책, 미래유망기술, 녹색기술 등에 대한 조사·분석을 바탕 │
│    으로 후보 POOL 마련                                                   │
└─────────────────────────────────────────────────────────────────────┘
```

⇩

```
┌─────────────────────────────────────────────────────────────────────┐
│        [2단계]  핵심산업군 도출 및 후보기술과의 연관성(빈도) 분석           │
│  ○ 핵심산업군 도출                                                       │
│   * GDP에 기여도, 수출기여도 등 객관적 산업·무역 통계자료 활용하여 현재 성장  │
│     을 주도하고 있는 산업 도출                                            │
│   * 미래 전망 및 글로벌 트렌드 분석 등을 통해 미래 성장을 주도할 잠재력이 높은 │
│     산업 도출                                                            │
│  ○ 후보기술과 핵심산업과의 연관성(빈도) 분석                               │
└─────────────────────────────────────────────────────────────────────┘
```

⇩

```
┌─────────────────────────────────────────────────────────────────────┐
│                  [3단계]  국가 존망기술 선정                             │
│  ○ 매력도 평가: 핵심산업에 대한 성장기여도 분석 및 시장성 평가             │
│   * 핵심산업 시장규모 전망치를 바탕으로 후보기술의 시장기여도 및 시장 규모 평가 │
│     실시                                                                │
│    ※ 객관적 자료를 활용하되, 전문가 의견수렴 병행하고, 매력이 없는(5점 만점에 │
│      3.35 미만) 후보기술에 대한 이후 평가 중지                             │
│  ○ 적합성 평가: 기술 우위성, 모방 난이도, 기술 기반성 등에 상대적 평가 실시   │
│    ※ 기술(산업)별로 2-3인의 전문가 인터뷰 실시                            │
│  ○ 종합 평가 및 국가 존망기술 선정                                       │
└─────────────────────────────────────────────────────────────────────┘
```

2. 쟁점 및 시사점

"분석결과의 활용가능성 중시"는 모든 분석가의 기본적인 욕구이자 자질이라고 할 수 있다. 정책분석은 순수기초 학문이라기보다는 현실적합성이 높은 응용학문이기 때문에, 정책관련 제안이나 논문에는 의도하지 않더라도 논문이나 분석의 결과가 어떻게 활용되면 좋을 지에 관한 생각이 내재되어 있다고 할 수 있다. 위에서 제시된 연구논문도 어떤 직면한 정책문제에 대한 해답으로서 제시된 논문은 아니지만, 제한된 자원을 투입한다면 어떤 산업기술에 투자하는 것이 가장 적절한지에 대한 정책우선순위 연구를 통해, 실제 이와 같은 방향으로 정부의 R&D지원이나 투자가 이루어져야 한다는 분석결과의 활용가능성을 중시한 연구라고 볼 수 있다.

제 3 절 정책분석가의 역할유형과 분석결과의 제시방법

1. 정책분석가의 역할유형

1) 정책분석가의 유형과 역할 인식

정책분석가 스스로가 자신의 역할에 대하여 어떠한 역할 인식을 갖고 있는지, 그리고 정책체계 내에서 어떠한 위치에 있는지에 따라서 그들의 역할 범위는 달라지고 아울러서 분석결과의 제시 또한 다양한 형태로 나타날 수 있다(송근원, 1989: 606-611).

〈표 8-2〉 정책분석가의 유형과 역할인식

정책분석가의 유형	역할 인식	관심의 초점
객관적 기술자 모형	객관적 정보 제공자	경제성
고객 옹호자 모형	분석 의뢰자에 대한 봉사자	분석 의뢰자의 이익
쟁점 창도자 모형	정책창도자	바람직한 가치 추구
정책토론 옹호자 모형	정책토론의 촉진자	정책토론의 자료개발

* 자료: 송근원, 1989: 611.

2) 정책분석가의 유형분석

(1) 객관적 기술자 모형

객관적 기술자 모형은 정책분석가를 합리적인 존재로 상정하며 가치 중립적 입장을 띠고 있는 기술자로 본다. 이 모형에서는 분석가의 주요 관심이 가장 경제적으로 능률적인 프로그램을 만드는데 있고, 정책목표 자체보다는 문제해결 방법에 초점을 둔다. 이 모형의 정책분석가에 의하여 산출되는 정보는 가치판단이 개입된 것이거나 처방적이기 보다는 객관적이고 기술적인 정보들이다. 따라서 이모형에서의 정책분석가들은 자신이 분석한 정책대안에 대한 선호도를 제시하지 않으며 단지 객관적인 정보만을 제공함으로써 바람직한 대안의 선택과 같은 가치판단의 문제는 결정권자에게 남겨놓는다(송근원, 1989: 603-604). 객관적 기술자의 예로 고도의 기술적인 정책 분야에서 연구하는 학자, 연구기관에 종사하는 정책 전문가 등을 들 수 있다(김규일, 1995: 599).

제 8 장 분석결과의 제시　　　　　　　　　　223

서울 시정개발연구원의 「서울시 관광호텔 객실수요 예측」 연구

1. 사례개요

● 서울의 호텔 및 여관의 객실수요 예측을 위한 모델구성 절차

1) 특급호텔 외국인 일일 객실수요

연간 총객실수요=(총외래객수*서울방문율*특급호텔이용률*서울체재일수)/(객실당
숙박인원)

일일 객실수요=연간 총객실수요/365

2) 일반호텔 외국인 일일객실수요

연간 총객실수요=(총외래객수*서울방문율*일반호텔이용률*서울체재일수)/(객실당
숙박인원)일일 객실수요=연간 총객실수요/365

● 예측결과

2) 등급별 호텔공급수요 예측

연 도	특급호텔			일반호텔			총부족 객실
	객실수 요예측	기존 객실수	부족 객실	객실수 요예측	기존 객실수	부족 객실	
2001	15406	13,865	▽1,541	7,782	8,865	△1,083	▽458
2002	16,554	15,131	▽1,423	8,075	8,865	△790	▽633
2003	17,246	16,037	▽1,209	8,226	8,865	△639	▽570
2004	17,903	16,737	▽1,166	8,294	8,865	△571	▽595
2005	18,655	16,861	▽1,794	8,372	8,865	△493	▽1,301
2006	19,691	16,861	▽2,830	8,564	8,865	△301	▽2,529
2007	20,496	16,861	▽3,635	8,733	8,865	△132	▽3,503
2008	21,281	16,861	▽4,420	8,922	8,865	△57	▽4,477
2009	22,084	16,861	▽5,223	9,090	8,865	△225	▽5,448
2010	22,979	16,861	▽6,118	9,186	8,865	△321	▽6,439
2011	23,981	16,861	▽7,120	9,529	8,865	△664	▽7,784
2012	24,744	16,861	▽7,853	9,809	8,865	△944	▽8,827
2013	25,571	16,861	▽8,666	10,094	8,865	▽1,229	▽9,895
2014	26,308	16,861	▽9,447	10,378	8,865	▽1,513	▽10,960
2015	27,068	16,861	▽10,207	10,656	8,865	▽1,791	▽11,778
2016	28,121	16,861	▽11,260	11,013	8,865	▽2,148	▽13,406
2017	28,836	16,861	▽11,975	11,279	8,865	▽2,143	▽14,388
2018	29,539	16,861	▽12,678	11,542	8,865	▽2,677	▽15,365
2019	30,244	16,861	▽13,383	11,806	8,865	▽2,941	▽16,324
2020	30,962	16,861	▽14,101	12,073	8,865	▽3,208	▽17,309

* 위의 층부족객실은 호텔의 객실을 100% 활용하였을 경우의 예측이고, 일반적으로 80%를 활용한다고 가정하면,

2001년	2005년	2010년	2015년	2020년
▽5,004	▽6,446	▽11,584	▽17,143	▽22,454

● 정책대안
1) 비즈니스 호텔 신축 필요
2) 일반호텔의 비즈니스 호텔화 유도
3) 여관(World Inn포함)의 글로벌화를 위한 정책적 배려
4) 호텔과 여관의 네트워크화
5) 관광호텔 건축특례지역 고시의 신중고려
6) 대체숙박시설 활성화
7) 호텔관련법의 규정완화
8) 중앙정부의 관광정책고려
9) 서울시의 숙박정책의 원칙 제시

2. 쟁점 및 시사점
본 사례에서는 일정 모델의 설정을 통해 향후 서울시의 객실수요를 예측하고, 그에 따른 객실 과부족 사태를 추정한 후, 그에 따른 정책대안을 제시하고 있다. 이는 정책분석가가 중립적이고 객관적인 입장에서 자신이 분석한 정책대안에 대한 선호도를 제시하지 않았으며, 단지 과부족 사태의 예측과 대안만을 중립적으로 나열하고 있으므로, 객관적 기술자 모형에 해당된다고 하겠다.
* 자료: 서울시정개발연구원 월드컵지원연구단, 「서울시 관광호텔 객실수요 예측」, 2000, 서울시정개발연구원.

(2) 고객 옹호자 모형

고객 옹호자 모형은 정책분석가를 정책결정자에 대한 봉사자로 본다. 이때 능동적인 정책분석가는 분석의뢰자의 이익이라는 관점에서 문제의 제시, 목표의 설정, 대안의 평가, 정책결정에 뒤따르는 반응의 처리전략, 정책 집행 상황 및 그 결과에 대한 평가 등을 수행한다. 이 모형에 속하는 정책분석가는 정책이 결정되고 난 이후에 정책을 정당화시키는 역할을 담당하기도 하며, 이들이 사용하는 가치중립적인 과학은 정책결정자의 의사결정을 정당화하기 위하여 사용될 수 있다(강근복, 2000: 186). 고객 옹호자의 예로 정책정보를 산출하여 정책 결정자에게 제공하고 자문하는 위치에 있는 정책 담당관, 자문위원 등을 들 수 있다(김규일, 1995: 600).

2010년부터 "영어회화 전문강사 초등교에 배치"
교사증 소지자 한해 4,000명 규모

1. 사례개요

영어 공교육을 강화하기 위해 이르면 2010년부터 '영어회화 전문강사'가 초등학교에 배치될 전망이다. 전문강사 자격은 교사자격증 소지자로 한정될 것으로 보인다. 교육부는 20일 국립국제교육원 대강당에서 '영어회화 전문강사 제도 도입방안' 공청회를 열고 이 같은 내용의 정책연구 결과를 발표했다. 당초 대통령직 인수위원회는 실용영어 수업을 위해 계약직 '영어 전담교사'를 별도로 선발하려 했지만, 교육 현장의 반발과 공무원 정원 증가 등 어려움으로 계획을 대폭 수정했다.

정책연구를 담당한 조석훈 청주교대 교수는 주제발표에서 초등 3~6학년 영어 수업 시간이 주당 1시간씩 늘어나는 것을 전제로 최대 4,000명의 영어회화 전문강사가 필요하다고 예측했다. 강사 배치 시기는 2010년, 2011년 2가지 안이 제시됐다. 2010년부터 할 경우 2009년 하반기에, 2011년부터 할 경우 2010년 하반기에 강사 채용과 연수가 이뤄진다. 우수 강사를 선발하기 위한 자격조건을 1) 초·중등교사 자격증 소지자로 한정하는 방안, 2) 교사 자격과 무관하게 영어 능통자 중에서 뽑는 방안, 3) 원칙적으로 초중등 교사 자격증 소지자 중에서 영어 능통자를 선발하는 방안 3가지가 제시됐다. 우수 인력을 확보하기 위해서는 영어회화 전문강사 신분을 시간강사가 아닌 전임강사로 임용하고, 보수도 근무조건과 성과 등을 고려해 초임 교사 수준으로 할 것을 조 교수는 제안했다. 교육부는 공청회에서 나온 의견을 토대로 다음달 말까지 최종안을 확정, 발표할 계획이다.

* 자료: 세계일보, 2008. 11. 21.

2. 쟁점 및 시사점

고객 옹호자 모형에서 능동적인 정책분석가는 분석의뢰자의 이익이라는 관점에서 문제의 제시, 목표의 설정, 대안의 평가, 정책결정에 뒤따르는 반응의 처리 전략, 정책집행 상황 및 그 결과에 대한 평가 등을 수행한다.

위 사례에서 정책분석가는 대통령직 인수위원회에서 계획 중인 영어회화 전문강사 제도 도입과 관련하여 강사의 배치 시기, 자격요건, 우수 인력 확보 등에 대한 방안을 제시하고 있다. 정책정보를 산출하여 정책결정자에게 제공하고 자문하는 정책결정자에 대한 봉사자로서 역할을 담당하고 있는 것이다.

(3) 쟁점 창도자 모형

쟁점 창도자 모형은 정책분석가를 가치를 추구하는 규범적 존재로 본다. 이 모형에서는, 정책분석가가 목표달성을 위해 바람직한 수단을 강구할 뿐만 아니라, 목표선택에도 관심을 가진다고 상정한다. 이때 기준이 되는 것은 자기 자신의 가치관이다. 따라서 이 모형의 정책분석가는 정책결정자에 대한 봉사자이기 보다는 자기 자신의 신념에 대한 봉사자이다. 이 모형에서 정책분석가가 추구하는 가치는 사회적 형평, 사회적 효과성, 인간의 존엄성 등과 같은 사회적, 윤리적 원리들일 수도 있고, 체제 유지나 안정 또는 변화와 관련된 정치적, 경제적 이념들일 수도 있다. 이러한 가치들 중 어떤 것에 근거를 두고, 정책분석가는 적어도 목표의 결정에 관해 자기 자신의 목소리를 가지고 싶어 한다. 즉, 이 모형에서의 정책분석가는 스스로 가치관에 따라 문제를 제시하고 목표를 설정하며 대안을 평가한다(송근원, 1989: 605). 쟁점 창도자 모형의 예로 신념 및 이상을 가지고 있는 사회 운동가, 정치활동가 등을 들 수 있다(김규일, 1995: 600).

정책사례 *cases in policy*

한국개발연구원(KDI),
"외환위기 이후 소득분배구조 변화와 재분배정책 효과 분석"

1. 사례개요

한국개발연구원(KDI)은 16일 '외환위기 이후 소득분배구조 변화와 재분배정책 효과 분석'을 통해 외환위기 이후 빈곤층 및 상류층 비율이 각각 늘어 소득분포의 양극화가 심화됐으며 상대적 빈곤층도 확대되었으며, 최저생계비 지원 등의 소득 재분배 정책은 수혜대상인 저소득층의 근로의욕을 감소시킬 가능성이 크므로 근로의욕 고취를 전제로 한 재분배정책을 추진해야 한다는 정책 쟁점을 제시하였다.

KDI는 근로소득이 가구소득의 불평등 정도를 결정하는 가장 중요한 요인이므로 저소득층의 소득 향상을 위해서는 취업이 가장 효과적이지만 외환위기 이후 소득분배 구조가 악화되고 최근 노동수요가 양극화돼 단기간에 소득분배 구조가 개선되기는 어렵다며 정부차원의 재분배정책이 필요하다고 지적했다.

다만 재분배정책이 노동공급을 감소시킬 가능성이 있으므로 근로의욕 고취를 전제로 한 소득재분배 정책이 필요하다고 설명했다.

KDI는 이 결과 재분배정책 예산이 예상보다 많이 소요될 수 있고 보다 근본적으로는 인력자원의 비효율적인 배분을 초래할 수 있다며 시혜차원이 아닌 근로복지 차원에서 재분배정책을 시행해야 한다고 강조했다. 근로 복지는 '복지에서 근로로 전환'(welfare-to-work), '직업능력개발'(job training), '부의 소득세'(negative income tax) 등 다양한 방식을 취할 수 있다고 덧붙였다.

* 자료: 머니투데이, 2003. 2. 16.

2. 쟁점 및 시사점

쟁점 창도자 모형에서 정책분석가는 목표달성을 위해 바람직한 수단을 강구할 뿐만 아니라, 목표선택에도 관심을 가지는데 이때 기준이 되는 것은 자기 자신의 가치관이다. 정책분석가가 추구하는 가치는 사회적 형평, 인간의 존엄성 등과 같은 사회적, 윤리적 원리들일 수도 있고 정치적, 경제적 이념들일 수도 있다. 이 모형에서의 정책분석가는 스스로의 가치관에 따라 문제를 제시하고 목표를 설정하며 대안을 평가하는 것이다.

위의 제시된 사례에서 정책분석가는 소득재분배를 위해 형평성뿐만 아니라 효율성 측면까지 고려해서 소득불평등에 대한 문제의 해결을 위해 형평성과 효율성의 가치가 동시에 충족될 수 있도록 하기 위한 근로 복지적 소득재분배 정책을 시행해야 한다고 정책쟁점을 주장하고 있는바, 이는 정책분석가의 쟁점 창도자 모형에 해당한다고 볼 수 있다.

(4) 정책토론 옹호자 모형

정책토론 옹호자 모형은 정책분석가를 바람직한 가치를 추구하는 규범적 존재로 파악하며 주장적 입장에서 분석결과를 제시하는 한편, 이성과 증거를 토대로 하여 이루어지는 합리적 정책토론 과정을 거쳐 정책을 결정하는 것이 더욱 바람직하다고 생각한다. 이 모형에서는 민주화된 사회에서 이루어지는 많은 정책이 상이한 가치관과 동기 이해관계자의 토론과정을 거쳐서 형성된다는 것을 기본 관점으로 갖는다. 따라서 특정 문제에 대한 분석은 다양한 동기를 가진 여러 집단에 의해서 수행될 수 있고, 그에 따라서 상이한 분석결과가 제시될 수 있다는 것을 전제로 한다. 따라서 정책분석가는 정책 참여자들의 상이한 주장이 펼쳐지는 정책토론 과정에서 정책 참여자의 주장을 지원하고 이러한 주장이 정책결정 과정에 직접 또는 간접적으로 반영될 수 있도록 지원하는 것을 자신의 역할이라고 인식한다. 그러므로 정책분석가는 가치 중립적인 입장보다는 가치 판단적인 입장에서 분석결과를 제시하지만 자신의 주장을 강하게 내세우기 보다는 합리적 정책토론을 촉진시키기 위한 분석적 자료를 제공하는 데에 초점을 둔다(강근복, 2000: 187-188). 정책토론 옹호자의 예로는 전문가적 지식 및 민주화 신념을 가진 정책전문가 등을 들 수 있다(김규일, 1995: 600).

정책분석가를 이상 네 가지 모형으로 분류하고 그 성향을 살펴보았으나 이것은 단순히 정책분석가의 유형별 특성을 극대화하기 위한 구분일 뿐이다. 사실 정책분석가는 그가 처해 있는 위치와 자신이 표방하는 가치와 관심에 따라 일정한 유형으로 분류할 수는 있지만 누구나 네 가지의 성향을 복합적으로 가지고 있다고 하겠다.

  정책분석가의 역할 유형에 있어 조금 더 세부적으로 짚고 넘어가야 할 것이 있다. 정책분석가로서 참여하는 집단의 대상에 대해서도 언급이 있어야 한다. 예를 들어 기존의 전문가, 정책분석의 당사자를 넘어서 정책분석의 참여가 다양해지는 현 상황에 맞추어 시민, NGO 등 다양한 단체가 각 역할 유형에 어떻게 나타나고 있는지 연계시킬 필요가 있는 것이다. 또한 정책분석가의 역할 유형에 있어 전문가의 지원이 중요한 만큼 실질적으로 지원이 이루어질 수 있는 제도적 장치와 전략에 대한 마련이 필요하며, 결과의 왜곡에 대한 조치의 사전 강구, 참여 시민의 정보부족, 전문적 지식의 결여에 대한 해결책 등이 보다 깊이 있게 강구되어야 할 것이다(강근복, 2007: 221-242).

정책토론 옹호자 모형 사례

1. 사례개요
'서울시 지하철노선 개편방안' 정책토론회

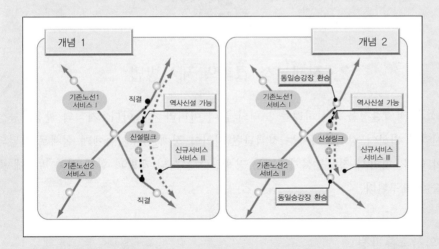

서울시정개발연구원은 「서울시 지하철노선 개편방안」이라는 주제로 정책토론회를 개최하였다. 이번 토론회에서는 현재의 독립노선("1노선 1서비스") 개념에서 탈피하여 지하철망을 개편(Network Reshuffling)함으로써 지하철의 간선중추기능을 강화하고,

서비스를 개선하는 방안에 대해 논의가 이루어졌다.

이번 토론회에서 주제 발표자는 서울시 지하철의 문제점 및 앞으로의 발전방향으로 단거리 링크 건설과 기존 노선을 활용한 서비스 다양화(Network Reshuffling)라는 대안을 제시하고 이에 대한 분석결과를 통해 그 기대효과 및 전제 조건을 언급한 자료를 통해 발표를 하고 이어 서울시 지하철노선의 개편방안에 대한 토론이 진행되었다.

* 자료: 연합뉴스, 2005. 7. 21.

2. 쟁점 및 시사점

정책토론 옹호자 모형에서는 민주화된 사회에서 이루어지는 많은 정책이 상이한 가치관과 동기 이해관계자의 토론과정을 거쳐서 형성된다는 것을 기본 관점으로 갖는다. 따라서 특정 문제에 대한 분석은 다양한 동기를 가진 여러 집단에 의해서 수행될 수 있고, 그에 따라서 상이한 분석결과가 제시될 수 있다는 것을 전제로 한다. 이에 정책분석가는 정책토론 과정에서 정책 참여자의 주장을 지원하고 이러한 주장이 정책결정과정에 직접 또는 간접적으로 반영될 수 있도록 지원하는 것을 자신의 역할이라고 인식하며 자신의 주장을 강하게 내세우기 보다는 합리적 정책토론을 촉진시키기 위한 분석적 자료를 제공하는 데에 초점을 둔다.

사례로 언급된 정책토론회에서는 '서울시 지하철노선 개편방안'에 대한 발표 주제를 통해 현재 서울시 지하철노선의 문제점, 그 해결책으로서의 대안 제시, 대안을 통한 기대효과 분석 등의 자료를 제공함으로써 정책토론회 참여자들 간의 토론이 원활히 이뤄질 수 있도록 하였는바, 정책토론 옹호자 모형에 적합한 사례라고 하겠다.

2. 정책분석 결과의 제시방법

정책분석은 정책결정을 개선하려는 노력의 끝이 아니라 시작이다. 지식의 활용가능성을 촉진시키기 위하여 정책분석가는 정책관련 지식이 정책 실무자들에게 실제로 전달되도록 해야 한다. 따라서 정책분석가에게는 정책관련 문서의 개발과 함께 정책 발표에 필요한 기술이 요구된다.

1) 정책의사소통과정

정책분석은 정책결정과정의 다양한 단계에 처한 이해관련자로부터 정보나 자문 요청이 있을 경우에 시작된다. 이러한 요청에 대한 응답으로 정책분석가는 정책문제, 정책미래, 정책행위, 정책결과, 정책성과 등에 관한 정보를 창출하고 비판적으로 평가한다. 그러한

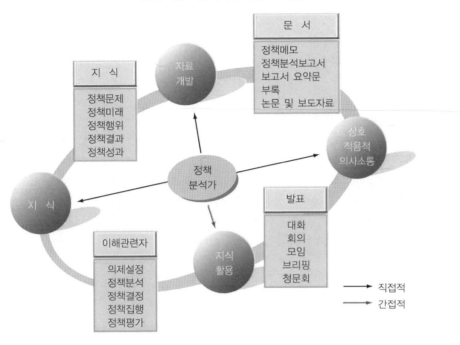

〈그림 8-3〉 정책의사소통의 과정

＊자료: William N. Dunn, 2005: 551에서 수정.

정보를 전달하기 위해서 분석가들은 또한 정책메모, 정책분석보고서, 보고서 요약문, 질적 계량적 정보를 담고 있는 부록, 뉴스 보도자료 등과 같은 다양한 유형의 정책관련 문서를 개발한다. 다음 단계에서 이들 문서의 내용은 대화, 회의, 모임, 브리핑, 청문회 등 다양한 유형의 구두발표를 통하여 전달된다. 정책관련 문서를 개발하고 구두발표를 하는 목적은 지식활용의 가능성을 향상시키는데 있다(William N. Dunn, 2005: 550).

2) 정책분석보고서의 작성

정책분석을 수행하는 데 적합한 지식과 기술은 정책관련 문서를 개발하는 데 필요한 지식과 기술과는 상당한 차이가 있다. 정책관련 문서, 즉 유용한 지식을 전달하는 문서를 개발하기 위해서는 정보의 종합, 조직화, 변역, 단순화, 표시, 요약할 수 있는 지식과 기술을 필요로 한다(William N. Dunn, 2005: 550). 이러한 기술에 따라 동일한 정책분석에 기초하여 적절한 문서를 작성하는 방법은 여러 가지이며, 이에 대한 선택은 정책분석가의 판단에 의존하게 된다. 이때 가장 대표적인 분석결과의 제시 방법으로는 정책분석보고서의 작성이 있다.

(가) 정책분석보고서의 구성

정책분석보고서는 다음과 같은 의문사항에 대한 해답을 제공하여야 한다.

* 문제가 어떤 다른 방식으로 정의될 수 있는가?
* 문제의 범위와 심각성은 어느 정도인가?
* 문제는 앞으로 어떻게 변할 것인가?
* 문제를 해결하기 위하여 어떠한 목표가 추구되어야 할 것인가?
* 목표를 달성하는 데 성공한 정도를 어떻게 측정할 수 있는가?
* 문제를 해결하기 위하여 현재 어떠한 활동들이 진행되고 있는가?
* 주어진 목표 또는 세부목표 하에서 어떤 정책대안이 선호되는가?

* 자료: William N. Dunn, 2005: 557-572에서 수정.

① 도입부분

분석결과를 분석 의뢰자에게 공식적으로 제출한다는 내용이 담겨진다. 언제, 누구에게, 어떤 내용을 제출한다는 것을 밝혀 주는 부분으로 누구의 지원으로, 누구에 의하여 수행되었다는 내용이 포함된다. 도입 부분에 포함되는 요약문은 분석결과를 쉽고 빠른 시간 내에 이해할 수 있도록 한다. 따라서 분석결과를 중심으로 독자들이 쉽게 이해할 수 있는 형태로 작성하는 것이 바람직하다.

② 본문

분석이 이루어진 모든 과정과 그 결과를 상세히 설명해 주는 부분이다. 본문에서는 분석 목적과 전제, 분석 대상, 유사한 분석 사례를 설명하는 서론 부분과 분석 방법, 분석 과정 및 분석의 결과, 결론으로 구분하여 서술하게 되는데 필요한 경우에는 분석결과에 입각한 정책적 제안까지도 포함된다.

③ 기타 부수적 부분

부수적 부분에는 참고 문헌과 부록, 연구자의 인적 사항에 대한 기술이 포함된다(강근복, 2000: 190).

(나) 정책분석보고서 작성시 유의사항

정책분석가가 아무리 방법론적으로 훌륭한 기법을 가지고 정책분석을 수행했다 하더라도 설명력과 설득력이 부족한 보고서가 작성된다면 분석결과는 잘 활용되지 않을 것이다. 따라서 정책분석보고서를 작성할 때는 다음과 같은 유의사항을 견지해야 한다.

① 체계적인 목차의 구성

보고서작성 과정에서 가장 중요한 부분이 목차의 선정이다. 목차는 서술방향에 대한 안내자 역할을 하기 때문에 내용의 서술방향이나 흐름이 변질되는 것을 방지하여 일관성을 유지할 수 있게 해준다. 보고서작성시 목차의 구성시기로 분석의 전후에 대해서는 논의가 있으나, 결론적으로 이는 분석가의 판단에 의존할 수밖에 없으며, 분석가에게 편리하고 유리한 방법이 최선의 방법이라고 할 수 있다. 그러나 이때에도 분석의 질과 분석 의뢰자에 대한 고려가 수반되어야 한다.

② 간결성의 유지

분석과정 중에 나타난 모든 내용들을 보고서에 수용하게 되면 체계가 산만하고 요점도 흐려진다. 따라서 중요하고 비중이 높은 내용들이 선택되어 보고서에 포함되어야 한다. 또한 간결성을 유지하기 위해서는 짧은 문장과 능동적이고 적극적인 언어를 선택하여 사용하는 것이 중요하다. 평범하고 친근한 사례를 사용하는 것도 분석결과를 간결하고 이해하기 쉽게 전달하는 데 도움이 될 수 있다. 특히 전달하고자 하는 것에 대한 분석가의 명확한 사고는 보고서 간결성 유지의 필수요소이다.

③ 전문적인 용어의 배제

원칙적으로 보고서의 작성은 전문용어나 특수한 용어를 사용하지 않고 누구나 쉽게 이해할 수 있도록 간단, 명료하게 작성하는 것이 바람직하다. 이해하기 어려운 전문적인 용어로 이루어지는 보고서의 경우에 많은 사람들이 읽는 것을 쉽게 포기할 수 있다. 따라서 전문적 용어로 나타난 분석결과들은 평이한 용어로 전환시켜 표현하고, 이것이 어려운 경우에는 일반인들이 이해가 용이한 형태로 전문용어를 명확히 정의한 후 사용하여야 한다. 물론 전문기술자를 대상으로 하거나 일반적인 용어로 대체하기 힘든 용어가 사용되는 경우가 있다. 하지만 이때에도 분석대상과 관련한 많은 사람들이 전문기술자가 아니라는 점을 인식하여, 이들이 이해할 수 있는 용어를 사용하여 작성하는 것이 필요하다(강근복, 2000: 193).

④ 도표와 그래프의 적절한 사용

보고서를 간결하고 쉽게 이해할 수 있도록 하기 위해서는 도표와 그래프를 활용하여 보

<그림 8-4> 적절한 그래프와 도표의 활용

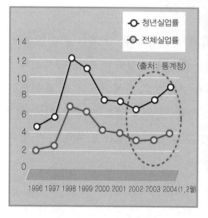

* 자료: William N. Dunn, 2005: 551.

고서를 작성하는 것이 효과적이다. 특히 도표에 포함되어 있는 자료의 의미를 개략적으로
지시해 주는 표제어의 선택과 사용은 정보의 전달을 용이하게 할 수 있으므로 매우 중요
한 의미를 갖는다. 그러나 도표와 그래프가 자료의 해석을 위한 대용물이 될 수 없음을
항상 유념해야 한다.

⑤ 감정적 표현의 배제
정책분석가는 자신의 편견에 의하여 분석결과가 왜곡되지 않도록 전문가적인 책임의식
을 가져야만 한다. 자신의 생각이 개입된 감정적인 표현을 통해 분석결과를 제시하기 보
다는 객관적인 입장에서 분석결과를 제시할 수 있어야 한다. 감정의 힘을 빌리지 않는 분
석결과의 제시가 더 큰 영향을 미칠 수 있으며, 정치적인 영향에서 자유로울 수 있기 때문
이다.

⑥ 신중한 편집과 정확한 교정
분석 의뢰자에게 공식적으로 제출하기 위하여 작성된 보고서는 작성자 이외의 사람들
에 의하여 확인과 보완이 이루어지는 편집과 교정 과정이 이어져야 한다. 이는 분석결과
의 질과 상관없이 보고서에 대한 신뢰성을 떨어뜨릴 위험을 줄일 수 있다는 점에서 더욱
필요하다.

제 4 절　분석결과 활용의 제약요인

분석 과정을 통해 좋은 결과가 창출되었어도 분석결과가 활용되지 않거나, 활용 수준이 매우 미약하다면 분석활동의 가치는 상실되고 결과적으로는 추후의 분석활동을 제약하기 마련이다. 분석결과를 올바로 활용함으로써 정책분석 본래의 목적을 달성할 수 있어야 할 뿐만 아니라 분석결과를 잘못 활용하는 데서 파생하는 분석결과의 질에 대한 그릇된 평가를 배제할 수 있어야 한다.

1. 분석결과의 적실성 결여

적실성이란 분석결과가 이용자의 정보 요구를 어느 정도 충족시켜 주고 있는가와 관련된 개념으로(김명수, 1993: 200), 적실성이 높은 결과일수록 활용될 가능성이 높고, 그렇지 못한 결과일수록 활용도는 낮아지게 된다. 그러나 현실적으로 분석결과를 활용하고자 하는 잠재적 이용자는 매우 많으며, 이들은 각각 상이한 정보요구를 갖고 있다. 다양한 잠재적 이용자들의 요구를 모두 충족시킬 수 있는 정보를 산출하는 것은 매우 어려운 일이다. 또한 분석가의 편견이 있을 경우 문제 해결을 위한 관련 집단의 다양한 의견이 합리적으로 반영되어 있다고 보기 어렵다.

2. 분석결과의 적시성 결여

분석결과는 분석 의뢰자가 정보를 필요로 하는 시기에 제공될 수 있어야 한다. 즉, 분석을 통해서 질 높은 분석결과가 산출되었다고 하더라도 분석결과가 적절한 시기에 제공되지 못하여 활용될 수 없다면 의미가 없다. 따라서 적절한 시기에 분석결과를 제출하는 것은 분석결과에 대한 높은 평가뿐만 아니라 결과적으로는 결정될 정책의 성패를 결정짓는 핵심적인 요인이라고 할 수 있다.

3. 비효과적인 의사전달

분석 의뢰자와 분석가 사이의 의사전달이 잘 이루어지지 않음으로써 나타나는 문제점이 있다. 두 집단 간의 관심의 차이 및 서로 다른 언어를 사용하고 있다는 것 등에서 그 이유를 찾을 수 있다.

4. 이용자의 분석결과 외면

결정권자가 분석결과에 대하여 아무런 관심이 없거나 결정 과정에 활용하겠다는 의지가 없으면 분석가의 책임감과 열의를 떨어뜨려 결과적으로는 질 높은 정보의 생산을 저해할 수 있다. 분석가에 대한 불신으로 정책결정자들은 분석결과를 신뢰하기 보다는 자신의 결정이나 통찰력에 의존하는 경향을 보일 수 있다. 한편 사회적 쟁점으로 부각된 문제에 대한 분석결과가 관련 집단들에 의해 제시된 대안과 다르게 나타나는 경우, 관련 집단으로부터 받게 될 공격에 대한 두려움으로 분석결과의 활용을 꺼려하는 경우가 발생할 수 있다(강근복, 2000: 195-203).

정책분석보고서의 작성에 있어서도 정책분석 흐름의 변화에 따라 참여의 확대가 이루어지고 있다. 정책분석에서 전문가가 아닌 시민단체, 정책대상집단이 참여했을 시에 보고서의 내용은 시민단체와 정책대상집단이 함께 토론한 내용을 충실히 반영하되 작성은 정책분석의 지원팀이 담당해야 할 것이다. 보고서에는 분석의 목적, 정의된 문제와 권고하기로 한 최종안 등은 물론 분석과정과 참여자 등에 대해서도 서술되어야 한다. 정책결정자에게 제출될 참여정책분석의 최종보고서는 전문가의 검토를 거쳐 사실과 다른 오류를 시정할 수 있는 오류를 시정할 수 있는 기회를 갖는다. 이 경우에 전문가들은 사실에 대한 오류만을 지적할 수 있을 뿐 참여시민들의 결론에는 영향을 미치지 않도록 한다. 보고서는 특별히 예외적인 경우를 제외하고 일반대중과 언론에도 공표한다(강근복, 2007: 221-242).

제5절 | 요약 및 결론

제8장에서는 정책분석 결과의 제시에 관한 중요성, 정책분석가의 역할, 정책분석결과의 제시방법 등에 대해 알아보았다. 정책분석 결과 제시는 연구결과를 정리해 필요한 사람들이 결과를 활용할 수 있도록 전파, 보급하는 것인데 정책결정자가 정책문제를 정확히 이해하고 정책문제의 해결을 위한 바람직한 대안의 선택을 도움으로써 정책결정의 질을 향상시킬 수 있다는 것에 의의가 있다. 그러나 정책분석 결과의 제시가 중요한 의미를 가지고 있음에도 불구하고 이에 대한 논의는 부족한 실정이기 때문에 이에 대한 인식의 전환이 필요하다.

이러한 정책분석의 제시를 위해 정책분석가들은 다양한 역할유형(객관적 기술자 모형, 고객 옹호자 모형, 쟁점 창도자 모형, 정책토론 옹호자 모형)을 통해 자신들의 역할에 대한 인식을 하며, 구두보고, 정책보고서 작성 등의 다양한 방법을 이용하게 된다. 보고서 방법을 활용하는 경우 정책분석가들은 체계적이며 간결하고 명료하게 보고서를 작성하여 분석 결과를 효과적으로 전달하도록 해야 한다. 또한 분석결과를 제시할 때에는 4가지의 기본전제(분석이 근거한 가치전제의 표명, 타당성 전제의 확보, 개방적 관점의 유지, 분석결과의 활용가능성 중시)를 분석의 단계에서부터 고려하여 정책결정자에게 결과에 대한 신뢰성을 확보할 수 있어야 한다. 신뢰성은 정책분석결과를 이용하는 정책결정자나 사용자의 눈에 비친 분석에 대한 신뢰성을 말한다. 올바른 분석방법이 적용되고 정확한 자료가 이용되어 분석이 이루어졌다고 믿으면 분석자의 분석결과도 믿게 되므로 이는 분석의 타당성의 기초가 된다.

정책분석가들은 정책보고서의 작성, 구두보고 등의 다양한 방법을 이용해서 분석결과를 제시하게 된다. 특히 보고서의 작성은 얼마나 효과적으로 분석가가 그들의 고객들에게 의사전달을 하느냐 하는 것과 관련되어 있다. 만일 보고서의 작성이 늦어진다면 아무리 좋은 분석이라고 할지라도 무용지물이 될 것이고, 만일 그 내용이 이해하기 어렵다면 애써 작성한 보고서가 별로 활용되지 못할 것이다. 단순하고 정확하며 잘 문서화된(well documented) 공정한 보고서가 분석결과의 의사전달을 효과적으로 하는데 바람직한 기본요건이다(서울대학교행정대학원, 2002). 이때 정책분석가들은 단순하고, 정확하며, 잘 문서화된 보고서를 통해 분석결과를 효과적으로 전달하도록 하는 것이 중요하다.

아무리 훌륭한 분석결과가 나왔다 해도 그것이 관련자들에게 널리 활용되지 않으면 아무 소용이 없다. 실제 여러 가지 제약요인으로 인하여 분석결과의 활용을 제약하기도 한다. 이러한 제약요인으로는 적실성과 적시성, 비효과적인 의사전달, 이용자의 분석결과 외면 등을 들 수 있다.

첫째, 적실성은 정책분석의 결과가 정책결정자나 사용자가 필요로 하는 것에 대한 것이면 활용될 가능성이 크게 되는 사용자 요구의 적실성을 의미하며, 적시성은 필요한 시간 내에 분석결과가 제공되어야 한다는 시간의 적시성을 의미한다.

둘째, 비효과적인 의사전달은 분석결과를 제시하는 과정에서 전문용어의 지나친 사용이나 필요 이상의 장황한 기술 등 때문에 정책분석가의 분석결과 제시의 의도가 제대로 정책결정자나 사용자에게 전해지지 않는 것을 의미한다(서울대학교 행정대학원, 2002).

셋째, 이용자의 분석결과 외면은 분석결과가 이용자의 이해관계에 부정적인 결과를 초래하거나 정책목표에 따른 잘못된 정책수단 설정되는 등과 같은 상황에서 이용자가 의도적으로 분석결과를 외면하는 것을 의미한다(정정길 외, 2005: 826). 따라서 정책분석가는 위의 제약요인들을 극복하여 분석결과의 활용을 증대시키기 위한 노력을 해야 한다.

정책분석은 바람직한 정책결정을 위한 정보의 창출과 분석이다. 정책분석의 결과는 정책문제 해결을 위해 앞으로 취해야 할 정책목표와 방향을 설정하고, 이를 개선하기 위한 바람직한 최선의 대안에 대한 정보를 담고 있다. 정책결정자들은 이 분석결과를 토대로 문제 해결을 위해서는 어떤 행동을 취하는 것이 바람직한가에 대한 결론을 내리기도 한다. 그러므로 정책분석가는 정책분석의 결과 제시가 하는 역할의 중요성에 대해 새삼 인식해야 할 것이며, 분석결과가 다양한 정책문제 해결에 기여할 수 있도록 분석결과의 활용방안을 증대시키는 노력을 해야 할 것이다.

제 3 부

정책분석론: 기법
(Methodology)

제 9 장   정책분석의 최신기법

제10장   정책분석과 미래예측

제3부에서는 정책분석론 기법에 대해서 학습한다. 먼저 제9장에서는 정책분석의 최신 기법에 대해서 검토한 후, 제10장에서 정책분석과 미래예측에 대해서 검토한다.

제9장 정책분석의 최신기법에서는 양적자료분석과 질적자료분석으로 나누어 접근한다. 양적분석으로는 회귀분석(신뢰도분석, 타당도분석), 요인분석, 구조방정식모형, Binary-data 분석을 위한 Logit/Probit 모형, Censored-data 분석을 위한 Tobit/Heckerman Selection 모형, Count-data 분석을 위한 Poisson 모형, DEA와 Post-DEA, Coulter 모형, 메타회귀분석, 성향점수매칭 이중차이분석, 위계선형모형: 다층모형 등을 학습하고, 질적분석으로는 정책델파이기법, 시나리오기법, Q-방법론, AHP분석, 민감도분석, 근거이론분석(Grounded Theory Approach; Atla/Ti), 사회네트워크분석(Social Network Analysis; SNA), 시스템 다이내믹스(System Dynamics) 등을 학습하기로 한다.

제10장에서는 정책분석과 미래예측에서는 미래예측의 개념 및 요소, 핵심명제 및 개념유형, 중요성 및 촉진동인들을 중심으로 미래예측의 패러다임에 대해서 살펴본 후, 미래예측의 방법론에 대해서 검토한다. 미래예측기법으로 사용되는 모든 방법들은 복잡한 수학적 모형, 계량적 기법이나 컴퓨터 시뮬레이션 등을 통해 이루어지기도 하지만, 실질적인 미래예측에 있어서는 전문가 패널, 시나리오 작성, 정책 델파이 등 전문가들의 주관적 판단이나 창의적 예측이 매우 중요한 자료로 사용되므로, 양적인 분석과 질적인 접근을 모두 활용하는 미래예측의 종합적 접근이 필요한바, 이 장에서는 이러한 양적 방법론과 질적 방법론을 총체적으로 학습하기로 한다.

제 9 장

정책분석의 최신기법

 >>> **학습목표**

제9장에서는 정책분석의 최신기법에 대해 살펴보며, 양적자료분석과 질적자료분석으로 나누어 접근하기로 한다.

정책분석의 핵심은 인과관계(causal relationship)의 규명이며, 인과관계의 규명은 "왜 이런 현상이 발생했을까? 그 근본원인은 무엇일까?"와 같은 과학적 탐구(scientific inquiry)로부터 출발한다.

정책에 있어서 인과관계를 규명하려는 과학적 탐구는 정책의 성공(실패)인자에 대한 근본규명이 핵심인데, 이를 위해서는 연구방법의 다각화가 필요하다. 정책의 성공과 실패(인자)를 규명하려는 정책분석의 탐구법은 크게 양적분석과 질적분석으로 나뉘며, 이 둘은 상호보완적 관계에서 통합적으로 진리규명에 도움을 준다.

이 장에서는 정책분석의 최신기법이라는 관점에서 양적분석으로는 회귀분석(신뢰도분석, 타당도분석), 요인분석, 구조방정식모형, Binary-data 분석을 위한 Logit/Probit 모형, Censored-data 분석을 위한 Tobit/Heckman Selection 모형, Count-data 분석을 위한 Poisson 모형, DEA와 Post-DEA, Coulter 모형, 메타회귀분석, 성향점수매칭 이중차이분석, 위계선형모형: 다층모형 등을 다루고, 질적분석으로는 정책델파이기법, 시나리오기법, Q-방법론, AHP분석, 민감도분석, 근거이론분석(Grounded Theory Approach; Atla/Ti), 사회네트워크분석(Social Network Analysis; SNA), 시스템다이내믹스(System Dynamics) 등을 학습하기로 한다.

1. 과학적 탐구(Scientific Inquiry)

정책분석의 핵심은 인과관계(*causal relationship*)의 규명이며, 인과관계의 규명은 "왜 이런 현상이 발생했을까? 그 근본원인은 무엇일까?"와 같은 과학적 탐구(*scientific inquiry*)로부터 출발한다. 아니 사실 이것은 정책분석을 넘어 모든 학문과 진리 탐구의 기본 정신이기도 하다.

뉴톤에게 있어서 과학적 탐구는 "왜 사과가 땅으로 떨어지는 것일까?"에 대한 근본 의문이었고, 다윈에게 있어서 과학적 탐구는 "왜 같은 종(*species*)에서 출발한 생명체가 다양한 형태로 발달하는 것일까?"에 대한 근본 의문이었다. 그런가 하면 사회과학에서도 맑스에게 있어서 과학적 탐구는 "왜 빈부의 격차가 발생하는 것일까?"라고 하는 문제에 대한 근본 고민으로부터 출발한 것이었으며, 라스웰에게 있어서 과학적 탐구는 "인간의 존엄성을 실현하는 정책학의 패러다임이란 어떤 것이어야 하는가?"에 대한 근본적 고민과 성찰이었다. 이처럼 모든 진리의 발견에 있어서 핵심 방법론이 되는 과학적 탐구는 역시 정책분석에 있어서도 상대적 진리를 규명하려는 연구자의 진지한 학문과 성찰의 정신으로 작동한다.

2. 인과관계의 규명

과학적 탐구의 핵심은 인과관계의 규명이다. 연구자가 설명하고자 하는 연구주제, 즉 종속변수에 영향을 미치는 핵심인자에 대한 인과관계의 과학적 규명이 핵심이다. "왜 사과는 공중으로 부양하지 않고 땅으로 떨어지는 것일까? 거기에는 혹시 지구인력이라는 것이 작용하여 물질의 운동방향과 속도에 영향을 미치는 것은 아닐까? 그렇다면 그 핵심 법칙은 무엇일까?" 이러한 물질의 운동방향과 속도에 대한 인과관계의 규명이 뉴톤에게 있어서는 핵심과제였을 것이다.

"왜 생명체의 종(*species*)들이 하나의 지고한 힘과 원리에 의한 창조로서 탄생되었다면 왜 그들은 동일한 모습으로 존재하지 않고 다양한 형태의 모습과 특성으로 나타나는 것일까? 거기에는 혹시 다양한 풍토와 조건에 적응하여 생존하려는 생명 본원의 의지와 힘에 의해 다양한 형태로 '진화'하려는 동력이 작동하는 것은 아닐까?" "왜 상품의 생산으로부터 발생하는 부(富)의 대부분은 자본가에게 돌아가고 노동자는 극히 일부만 돌려받는 것일까? 그리고 이러한 부의 격차는 사회계층별로 세습되는 경향을 보이는 것인가? 그렇다면 사회의 구조적 형평이나 정의를 보정하기 위한 정치적 혹은 사회적 동력(mechanism)은 어떤 원리로 작동되어야 하는가?" "정책은 모두 인간의 존엄성을 실현시키는 것일까? 바람직한 정책과 바람직하지 못한 정책의 구별기준은 무엇이 되어야 할까? 단순한 실증주의적 접근이 인간의 존엄성을 실현하는 민주주의 정책학을 완성시킬 수 있을까? 그렇지 못하다면 인간의 존엄성을 실현시키는 정책학의 종합적 패러다임은 무엇일까?" 아마도 이러한 인과관계 규명에 대한 과학적 논리의 탐구가 다원, 맑스 혹은 라스웰에게 있어서 학문적 논리 탐구의 핵심이었을 것이다.

3. 과학적 탐구로서의 정책분석

그렇다면 우리에게 있어서도 사회과학 혹은 정책에 있어서 인과관계를 규명하려는 과학적 탐구의 정신이 핵심이 되어야 한다. 왜 이러한 정책은 성공(실패)한 것일까? 그 근본적 성공인자(실패인자)는 무엇일까? 그리고 거기에서 배울 수 있는 학습방안은 무엇일까? 이러한 본질적 질문에 있어서의 인과관계 규명에 대한 탐구정신이 정책분석의 핵심이 되어야 한다.

정책의 성공과 실패(인자)를 규명하려는 정책분석의 탐구법은 크게 양적분석과 질적분석으로 나뉘며, 이 둘은 상호보완적 관계에서 통합적으로 진리규명에 도움을 준다. 질적분석으로서의 사례연구에 대한 다양한 논의와 탐구는 앞의 장에서 다루었으므로 여기에서는 정책분석의 최신기법이라는 관점에서 다양한 형태의 분석기법에 대해서 학습하기로 한다.

독립변수에 포함된 관측치들(observations)의 운동 방향이나 강도가 종속변수의 관측치들(observations)의 운동 방향이나 강도면에서 체계적(systematic)으로 연계되어 있는가? 그것이 과연 통계학적으로 유의미하다는 확신을 우리는 얼마나 가질 수 있는 것인가? 이러한 문제의식들이 분석기법을 공부함에 있어서 지녀야 하는 과학적 탐구의 기본 논리이다.

아래에서는 먼저 양적분석으로서 회귀분석(신뢰도분석, 타당도분석), 요인분석, 구조방정식모형, Binary-data 분석을 위한 Logit/Probit 모형, Censored-data 분석을 위한 Tobit/Heckman Selection 모형, Count-data 분석을 위한 Poisson 모형, DEA와 Post-DEA, Coulter 모형, 메타회귀분석, 성향점수매칭 이중차이분석, 위계선형모형:

다층모형 등을 다루고, 질적분석으로서 정책델파이기법, 시나리오기법, Q-방법론, AHP 분석, 민감도분석, 근거이론분석(*grounded theory approach: Atla/Ti*), 사회네트워크분석(*social network analysis: SNA*), 시스템 다이내믹스(*system dynamics*) 등을 학습하기로 한다.

제 2 절 | 양적자료분석

1. 기초통계분석

1) 회귀분석

회귀분석은 독립변수가 종속변수에 미치는 영향력의 크기를 파악하고, 이를 이용해서 독립변수의 일정한 값에 대응하는 종속변수 값을 예측하는 모형을 산출하는 방법이다(이훈영, 2008: 417). 이러한 회귀분석에는 하나의 종속변수와 하나의 독립변수 간의 관계를 분석하는 단순회귀분석(*simple regression analysis*)과 하나의 종속변수와 두개 이상의 독립변수들 간의 관계를 분석하는 다중회귀분석(*multiple regression analysis*)이 있다.

회귀모형은 5가지 가정을 전제로 한다.

첫째, 독립변수와 종속변수 간에 선형관계가 있는지 산점도(*scatter plot*)를 통하여 확인하여야 한다.
둘째, 오차항은 정규분포(*normal distribution*)에 따라야 한다.
셋째, 오차항의 분산은 독립변수가 변하더라도 동일한 분산(*homoskedasticity*)을 유지하여야 한다. 이 가정이 무시될 경우, 최소자승법에 의한 추정치는 효율적인 추정치가 되지 못한다.
넷째, 시계열자료의 경우 오차항들 간에는 상관관계가 없어야 한다. 이 가정이 성립되지 못할 때 자기상관(*auto correlation*) 혹은 계열상관(*serial correlation*)의 문제가 발생한다.
다섯째, 독립변수들 간의 상관관계가 없어야 한다. 이 가정이 무시될 경우, 독립변수들 간의 1차 함수관계인 다중공선성(*multicollinearity*)의 문제가 발생한다(김렬・성도경・이환범・이수창, 2008: 180).

실증분석에서는 종속변수에 여러 개의 독립변수가 영향을 미치는 것이 일반적이다. 따라서 이와 같은 경우에 단순회귀모형을 설정한다면 모형의 설정이 정확하지 않게 되고, 종속변수를 설명하는데 중요한 독립변수들이 누락되기 때문에(누락변수로부터오는 오류: Left-out Variable Bias), 두 개 이상의 독립변수가 존재할 경우에는 다중회귀분석을 사용해야 한다(나영·박상규, 2009: 148).

독립변수가 여러 개인 다중회귀모형의 회귀식은 다음과 같이 나타낼 수 있다.

$$Y = \alpha + \beta_1 X_1 + \beta_2 X_2 + ... + \beta_i X_i + \epsilon$$

Y : 종속변수

α : 회귀식의 절편

$\beta_1 \sim \beta_i$: 각 설명변수의 계수

X_i : i번째 독립변수에 대한 관측치

ϵ : 오차항

회귀분석은 변수들 간의 선형관계를 추정하는 데 유용한 기법으로 독립변수와 종속변수 간의 관계의 형태와 크기를 정확히 추정하는 통계방법이라 할 수 있다.

회귀분석은 독립변수와 종속변수들 간의 관계의 형태에 대하여 요약된 측정치를 제공하기 때문에 모형의 설계 및 활용에 유용하다. 정책분석가는 회귀분석을 통해 변수 간의 인과관계를 확인할 수 있으며,[1] 회귀분석은 어떤 독립변수가 종속변수의 원인인가를 정확하게 밝히게 한다는 점, 즉 원인변수와 결과변수를 구체화하게 한다는 점에서 큰 장점을 가지고 있다. 하지만 회귀분석에서는 적절한 모형 선택이 중요하다. 회귀분석에서는 특정자료가 일정한 모형을 따른다는 가정 하에 모수에 대한 유추를 하게 되는데, 적절한 모형을 선택하지 못하는 경우 가정이 성립하지 않으므로, 유추자체의 의미가 사라진다. 또한 이론적으로 설명력을 높일 수 있는 독립변수가 선택되어야 한다.

회귀분석은 횡단면 분석과 시계열 분석으로 나눌 수 있으며, 선형 분석과 비선형 분석으로 나눌 수 있다.

---

1) 회귀분석이 그 자체적으로 인과관계를 증명하지는 못한다. 하지만 1) 시간선행, 2) 상관관계, 3) 변수통제의 조건들, 즉 1) 시간적 선행성, 2) 이론적 타당성, 3) 제3국의 변수통제에 따른 하위상관관계의 배제 등의 노력들이 함께 진행될 경우 회귀분석은 인과관계 검증의 매우 강력한 수단이 되기도 한다.

⑺ 횡단면 분석(cross-sectional analysis)

분석단위가 시간이 아닌 형태의 분석을 횡단면 분석(*cross-sectional analysis*)이라고
한다. 횡단면 분석도 종속변수의 형태가 선형으로 나타나는 형태에 대한 분석(최소자승법
(OLS) 모형)과 비선형으로 나타나는 형태에 대한 분석(Logit 모형, Probit 모형, Tobit 모
형, Heckerman Selection 모형, Poisson 모형 등)이 있다.

⑻ 시계열 분석(time series analysis)

분석단위가 시간의 형태로 나타나는 분석을 시계열 분석(*time-series analysis*)이라고
한다. 시계열 분석은 과거로부터 현재에 이르는 변화를 분석함으로써 미래를 예측하는 방
법인데, 이때 시간을 독립변수로 둔다.

시계열 분석으로서 미래예측에 많이 사용되는 기법은 추세연장적접근(*extrapolative
approaches*)과 경향추정(*trend extrapolation*)을 들 수 있다.

① 추세연장적접근(extrapolative approaches)

추세연장적접근(*extrapolative approaches*)은 기존의 자료나 추정을 전제로 미래에 발
생할 상황을 예측해보고자 하는 것이다. 미래예측 방법의 기본형으로서 가장 많이 활용되
고 있는 추세연장적 접근은 현재와 과거의 자료에 근거하여 미래사회의 변화될 모습을 추
세연장적으로 투사(*projection*)하는 방법이다. 추세연장적 접근은 과거에 발생한 일들은
특별한 사건에 의해서 방해받지 않는 한 미래에 재연될 것이라는 전제하에 접근하는 방식
으로 시계열자료에 의존한다. 즉, 추세연장적 접근은 과거에 관찰된 데이터의 패턴이 미
래에도 일어날 것이라는 지속성, 규칙성 그리고 자료의 타당성/신뢰성이라는 세 가지 전
제에 기초하고 있다(노동조, 2005: 109-110).

② 경향추정(trend extrapolation)

경향(*trend*)이란 어떤 이슈가 어느 시점에 도달하여 사회에 정착된 하나의 기본 흐름
으로 자리잡은 것을 의미한다. 추세연장적접근과 기본적으로 다르지 않으나, 추세가 하
나의 경향으로 자리잡은 경우를 분석한다는 점에서 다소 차이가 있다. 따라서 경향추정
은 현재의 중요한 문제를 포착하고, 그 문제의 역사적 경로(*trajectory*)를 통해 미래의
상황을 추정하고, 그 상황에 대한 의미를 해석하는 것이다. 경향추정은 기존자료를 기반
으로 투사하여 미래의 경향을 추정해보는 것으로서 가장 광범위하게 사용되는 미래예측
기법 중 하나이다. 경향추정을 위한 시계열 분석으로서 다양한 통계기법들이 있다.

여성의 출산율과 경제활동참가율에 대한 회귀분석

1. 사례개요

최근 출산율 저하가 사회적 이슈로 대두되면서 출산율 저하와 고령화 사회가 중요한 정책문제로 등장하고 있다. 일반적으로 여성의 경제활동참가가 출산을 저해한다고 알려져 있다. 과연 여성의 사회경제활동참가와 출산율 간에는 어떤 상관관계가 존재하는 것일까?

1) 횡단면 분석

2001년 국가별 횡단면 분석을 살펴보면 출산율과 여성경제활동 참가율 간에는 양의 상관관계가 존재하고 있음을 알 수 있다. 출산율이 높은 나라일수록 오히려 여성의 경제활동 참가율이 높은 현상을 보여줌으로써 일반적 예상과는 빗나가는 결과를 보여주고 있다.

〈그림 9-1〉 출산율과 경제활동 참가율: 횡단면 분석

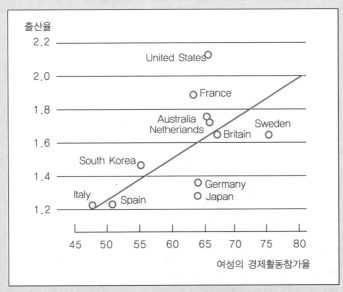

* 자료: 일본국제지원정책처(Japan's Ministry of Internal Affairs and Communications).
  Ahn and Mira, 2002: 15, Fig. 4, 5를 재구성.
  http://blog.naver.com/puttyclay?Redirect=Log&logNo=40023779864

제 9 장 정책분석의 최신기법 247

2) 시계열 분석[2)]

그래프의 화살표가 1970년과 1995년간의 시계열 분석 결과이다. 알려진 사실과 같이 시계열적으로 볼 때 여성의 경제활동참가율이 낮은 나라(A), 중간 수준인 나라(B), 높은 나라(C) 모두 경제활동참가율 상승과 함께 출산율이 떨어진 것을 확인할 수 있다. 또 한편 재미있는 현상은 1970년에 여성의 경제활동참가율이 높은 나라일수록(아마도 선진국이었을 것으로 추정된다), 출산율이 더 큰 폭으로 떨어져서, 1970년과 1995년 시계열 사이에는 역순이 존재한다는 것을 확인할 수 있다.

〈그림 9-2〉 출산율과 경제활동참가율: 시계열 분석

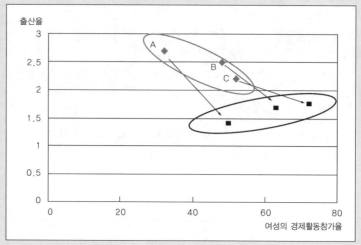

* 자료: Ahn and Mira, 2002: 15, Fig. 4, 5를 재구성.
  http://blog.naver.com/puttyclay?Redirect=Log&logNo=40023779864

2. 쟁점 및 시사점

출산율이 높은 나라일수록 여성의 경제활동참가율은 낮아진다고 보는 것이 일반적인 예측이다. 그런데, 왜 위에서 제시된 횡단면 분석결과는 일견 모순된 결과를 보여주는 것일까? 이것은 시계열적으로 볼 때 경제활동참가율 상승과 함께 출산율이 다 떨어졌지만, A국은 출산율이 매우 크게 하락했는데 비해서, C국은 출산율이 상대적으로 조금 떨어진데 그쳤다. 그 결과 1995년 시점에서 횡단면적으로 볼 때 양의 상관관계가 나타난 것이다.

위 사례에서 알 수 있듯이 횡단면 분석과 시계열 분석은 현상을 이해하고 판단을 내리는 데 있어서 상호 보완적인 관계를 갖는다. 따라서 정책분석을 실행함에 있어서 어느 한쪽만을 고려하는 경우에는 그릇된 판단을 내릴 수 있으므로, 종합적인 검토와 판단이 요구된다고 하겠다.

---

2) 그래프 상에서 파란색 타원은 1970년의 횡단면 상태이며, 검은색 타원은 1995년의 횡단면 상태를 나타낸다.

2) 신뢰도 및 타당도 분석

정책분석에 있어 회귀모형을 사용하는 경우 활용되는 자료는 크게 정량데이터($hard$ $data$)와 인식데이터($perception$ $data$)로 나누어진다.

정책행위는 행위자들의 주관적 인식 혹은 간주간적 상호작용에 의해 좌우되는 경우가 많아서 인식에 토대를 둔 설문지 기법을 활용하는 경우가 많은데, 이 경우 인식이란 응답자의 주관성이 많이 개입되는 등 응답문항간 변량($variathion$)이 매우 클 수 있으므로 설문자료의 신뢰도와 타당도에 많은 주의를 기울여야 한다.

신뢰도($reliability$)는 동일한 개념에 대해서 반복적으로 측정했을 때 나타나는 측정값들의 분산을 의미하며 측정의 정확성, 예측성, 일관성 등의 개념이 포함되어 있다(강병서·김계수, 2007: 318). 이러한 신뢰도분석은 2가지 가정을 전제로 한다. 첫째, 계량화할 수 있는 데이터를 사용해야 한다. 신뢰도 분석에 사용될 수 있는 자료는 서열 혹은 등간 척도일 수도 있으나, 분석을 하기 위해서는 반드시 숫자로 코딩될 수 있어야 한다. 둘째, 관측치는 상호간 독립적이어야 하며 측정 문항간의 오차는 서로 상관관계가 없어야한다(김렬·성도경·이환범·이수창, 2008: 134).

신뢰도 측정방법으로는 여러 가지가 있으나 많이 사용되는 개념으로는 해당 문항을가지고 구성할 수 있는 모든 집단 간의 반분신뢰도($split$-$half$ $reliability$)[3]를 구한 후이것의 평균값을 산출한 크론바 알파계수($chronbach's$ $alpha$ $coefficient$)[4]가 있다. 계수는 0~1의 값을 갖는데 값이 높을수록 신뢰도가 높은 것이다. 일반적으로 0.7 이상이면 바람직한 것으로 보고, 0.8~0.9의 값이면 신뢰도가 매우 높은 것으로 볼 수 있다.

신뢰도는 비체계적 오류와 관련되었기 때문에 신뢰도를 높인다는 것은 무작위오차의발생가능성을 최대한으로 통제하여 오차분산을 극소화시키면 된다. 구체적으로 설문지설계방법에서 신뢰도를 개선하기 위한 방법으로는 5가지가 있다. 첫째, 측정도구의 신뢰성이 낮다고 생각되면 측정항목수를 늘리거나 측정도구(문항)의 모호성을 제거해야 한다.둘째, 척도점의 크기를 늘리는 것이다. 셋째, 사전에 신뢰도가 검증된 표준화된 측정도구

---

3) 하나의 검사 도구(문항)를 반으로 나누고, 나누어진 두 부분을 독립된 검사로 생각하여 그 사이의 상관계수로 신뢰도를 측정하는 방법이 반분신뢰도이다. 하나의 검사를 두 부분으로 나눌 때에는 문항분석을 통해 가장 동등한 문항을 양쪽으로 분배하는 것이 원칙이다. 그러나 문항통계치를 구하는 복잡성을 피하기 위해 일반적으로 앞부분과 뒷부분으로 나누는 전후반분법, 홀수문항과 짝수문항으로 나누는 기우반분법, 난수표를 이용하여 두 부분으로 문항을 배정하는 방법, 그리고 각 문항의 내용이나 난이도 등을 주관적으로 판단하여 두 부분으로 나누는 방법 등이 사용된다.

4) 크론바하 알파계수＝{항목 개수÷(항목 개수 - 1)}×{1 - (항목변량들의 합÷전체측정 변량)}

를 이용하는 것이 바람직하다. 넷째, 비체계적 오류를 줄이기 위해 측정자의 태도와 측정 방식의 일관성이 항상 유지되도록 해야 한다. 다섯째, 설문지 개발을 완료하기 전에 반드시 예비조사를 실시하여 신뢰성이 낮은 문항들을 제거하는 것이다.

통계를 사용하는 연구에서 변인의 측정은 매우 중요하다. 변인을 제대로 측정하지 못한 다면, 다른 조건이 충족되었다 하더라도 그 연구는 가치가 없기 때문이다. 변인이 제대로 측정되었는지 알기 위해 연구자는 측정의 신뢰도를 분석해야 한다(최현철, 2007: 453).

한편, 타당도(validity)라는 용어는 경험적 척도가 연구대상 개념에 대한 실질적 의미를 충분히 반영하는 정도를 의미한다. 개념의 실질적 의미를 적절하게 측정하는 데 있어 성공을 판단해 주는 기준이 몇 가지 있다(Earl R. Babbie, 2007).[5]

첫째로, 액면타당도(face validity)가 있다. 예를 들어, 노동자들의 사기를 측정하기 위해 노동조합에 접수된 고충사례 수를 세어서 측정할 수 있다. 이때 고충의 숫자가 사기와 어느 정도 연관되어 있다는 점에는 동의할 수 있지만, 이는 피상적인(superficial) 측면에서 문자 그대로 '액면적' 타당성만을 의미한다고 볼 수 있다.

둘째로, 개념타당도(conceptual validity)가 있다. 예를 들어, 통계청의 경우 가족, 가구, 고용상태 같은 개념들에 대해 조작적 정의를 하고 있고, 이를 사용하는 연구들은 개념적 타당성을 확보하고 있는 것으로 받아들여지고 있다.

셋째로, 기준타당도(criteria validity)가 있다. 예를 들어, 대학입학시험의 타당성은 대학에 들어와서 학생들이 어느 정도 성공적으로 학업을 수행할지 예견하는 능력에 달려 있다. 이런 의미로 운전면허 필기시험의 타당성은 시험에서 받은 점수와 이후 운전을 얼마나 잘하는가의 관계에 의해 결정된다. 이 경우 대학에서의 학업적 성공이나 운전능력은 기준타당도에서 말하는 기준들이 된다.

넷째로, 구성타당도(construct validity)가 있다. 예를 들어, 결혼만족도의 원인과 결과를 연구할 경우, 결혼만족도 척도를 개발하는 동시에 결혼만족도가 다른 독립변수들과 맺는 관계에 대해 일종의 이론적 예측을 구성하는 경우를 생각해 볼 수 있다. 이때 개발된 척도가 연구모형의 이론예측이 잘 부합하게 된다면 구성타당도가 높은 것으로 볼 수 있다.

마지막으로, 내용타당도(content validity)가 있다. 예를 들어, 수학능력 측정시험에는 더하기뿐만 아니라, 빼기, 곱하기, 나누기 등이 포함되어야 한다. 만약 편견을 측정하고 있다면 측정 장치가 인종 및 민족집단에 대한 편견, 소수종파에 대한 편견, 여성과 노인에 대

---

5) 타당도(validity)는 측정하려는 개념을 정확하게 반영하는 측정을 기술하는 용어이다. 예를 들어 지적능력을 측정하는 데 있어서는 지능지수가 도서관에서 보낸 시간에 비해 더 타당한 측정일 것이다. 비록 측정의 절대적인 타당도는 결코 밝혀질 수 없지만 액면타당도, 기준타당도, 내용타당도, 구성타당도, 내적타당도 및 외적타당도 등에 기초해서 상대적인 타당도에는 합의할 수 있다(Earl R. Babbie, 2007)

한 편견 등을 모두 포함하는 지 여부를 확인하여 내용적으로 타당도가 높아야 할 것이다.

내용타당도는 실제 추론에만 의존할 뿐 그것을 평가할 수 있는 정밀한 방법이나 절차를 제시해 주지 못하므로 적용에 한계가 있다. 또한 기준타당도의 경우에도 사회과학의 경우 관련 기준 변수가 존재하지 않는 경우가 많기 때문에 실제적 적용은 극히 한정적일 수밖에 없다. 그러나 이들에 비해 개념타당도는 측정값보다는 측정하고자 하는 속성에 주안점을 두고 있기 때문에 이론적 개념의 측정에 있어서 핵심이 되며 타당성을 대표하는 개념으로 사회과학의 연구에 일반적으로 사용되고 있다. 이 경우 측정도구의 타당성 검증은 요인분석의 사용적합성을 통해 가능한데, 요인분석의 사용적합성은 Bartlett의 단위행렬 검증과 KMO(Kaiser-Meyer-Olkin) 표본적합도 검증으로 파악할 수 있다. KMO(Kaiser-Meyer-Olkin)의 경우 검증하고자 하는 측정도구들 간의 표본적합도의 정도를 나타내는 수치로 보통 0.90 이상이면 매우 좋은 편이고, 0.50 미만이면 받아들일 수 없는 것으로 판정한다.

│ 분석기법 활용사례

인터넷 커뮤니티가 청소년의 지식형성에 미치는 영향요인 분석
- 회귀분석, 신뢰도 검증, 타당도 검증, 요인분석의 활용 -

1. 개요 및 자료
성균관대 국정관리대학원 서인석(2009)은 "인터넷 커뮤니티가 청소년의 지식형성에 미치는 영향"이라는 연구에서 청소년 지식발달에 영향을 미치는 요인들을 선정하여 영향모형을 설정하고 회귀분석을 통해 설정한 모형을 검증하였다. 즉, 선행연구 검토를 통해 선정한 영향요인들, 즉 독립변수들과 종속변수인 지식발달과의 관계를 확인하여 지식발달에 영향을 미치는 요인들을 분석하였으며, 이 과정에서 신뢰도 검증, 타당도 검증, 요인분석을 거쳐 회귀분석을 실행하였다.

2. 방법 및 절차
본 연구는 회귀분석을 시행하기 위해 SPSS 12.0프로그램을 통해 신뢰도 검증과 타당도 검증을 거친 후 요인분석을 실시하고 회귀분석을 통해 지식발달에 미치는 영향요인들의 모형을 도출하였다. 분석절차는 우선 데이터를 SPSS 12.0에서 코딩한 후 데이터 불러오기를 실시한다. 신뢰도 검증은 분석에서 척도화 분석 → 신뢰도 분석을 선택하여 시행하고 분석에서 데이터 축소 → 요인분석을 선택하여 타당도 검증과 요인분석을 시행한다. 회귀분석은 분석에서 → 회귀분석 → 선형을 선택하여 시행한다.

〈코딩 예제〉

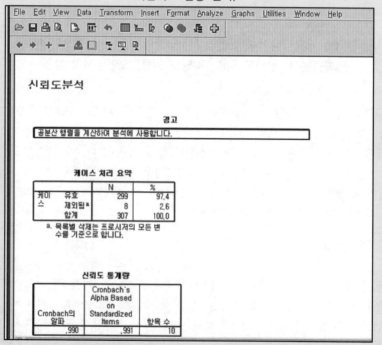

3. 분석결과 및 함의

〈신뢰도 검증 결과〉

신뢰도분석

경고

공분산 행렬을 계산하여 분석에 사용합니다.

케이스 처리 요약

		N	%
케이스	유효	299	97.4
	제외됨 a	8	2.6
	합계	307	100.0

a. 목록별 삭제는 프로시저의 모든 변
수를 기준으로 합니다.

신뢰도 통계량

Cronbach의 알파	Cronbach's Alpha Based on Standardized Items	항목 수
.990	.991	10

일반적으로 cronbach's alpha 계수가 0.7 이상이면 바람직한 것으로 보고, 0.8~0.9의 값이면 신뢰도가 매우 높은 것으로 보는 기준에서 본 연구의 신뢰도는 0.99으로 매우 높은 것으로 검증되었다고 볼 수 있다.

〈타당도 검증 결과〉

KMO와 Bartlett의 검정

표준형성 적절성의 Kaiser-Meyer-Olkin 측도.		.974
Bartlett의 구형성 검정	근사 카이제곱	35920.302
	자유도	780
	유의확률	.000

또한 타당도 검증 결과는 위에서 설명한 바와 같이 요인분석의 사용적합성을 파악하는 기준인 KMO 표본적합도 검증으로 파악하였다. 이는 측정도구들 간의 표본적합도의 정도를 나타내는 수치로서 보통 0.90 이상이면 매우 좋은 편이라는 기준에서 0.974로 매우 높은 타당도를 나타낸다고 볼 수 있다.

〈요인분석 결과〉

SPSS Viewer 화면

공통성

	초기	추출
커뮤니티 가입 및 활동하는 이유1:필요한 정보획득	1.000	.938
커뮤니티 가입 및 활동하는 이유2:신속한 정보획득	1.000	.929
커뮤니티 가입 및 활동하는 이유3:동호인 접촉	1.000	.932
커뮤니티 가입 및 활동하는 이유4:본인의 정보/지식 전달	1.000	.939
커뮤니티 가입 및 활동하는 이유5:모르는 내용을 질문하기 위해서	1.000	.946
커뮤니티 가입 및 활동하는 이유6:새로 얻은 정보 과시	1.000	.931
커뮤니티 활동1: 게시판에 정보 올림	1.000	.904
커뮤니티 활동2: 게시판에 올라온 정보 읽음	1.000	.887
커뮤니티 활동3: 게시판에 질문 올림	1.000	.924
커뮤니티 활동4: 회원과 채팅, 메신저 함	1.000	.951
커뮤니티 활동5: 오프라인 미팅 참석	1.000	.954
커뮤니티 활동6: 하루라도 커뮤니티 방문안하면 불안	1.000	.945
커뮤니티 활동에 따른 긍정적 변화1: 삶이 즐거워짐	1.000	.884
커뮤니티 활동에 따른 긍정적 변화2: 스트레스 해소	1.000	.905
커뮤니티 활동에 따른 긍정적 변화3: 자신감 얻음	1.000	.922

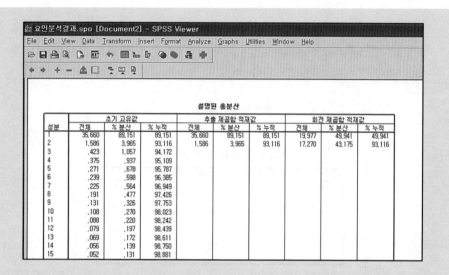

요인분석에서 공통성은 추출된 요인들에 의해서 설명되는 변수의 분산을 나타내는 것으로 일반적으로 0.5 이상이면 변수의 분산이 추출된 요인들에 의하여 어느 정도 설명된 것으로 판단할 수 있다. 분석결과 모든 변수의 공통성이 0.5 이상으로 나타나 추출된 요인들의 설명력을 뒷받침하고 있었다. 또한, 설명된 총분산은 추출된 요인들이 가지고 있는 분산을 어느 정도 설명하는지 나타내는데 고유값은 1 이상인 요인 2개가 추출되었으며, 추출된 2개의 요인들이 전체 입력변수들이 가지는 총분산을 93% 정도 설명하고 있었다.

〈회귀분석 결과〉

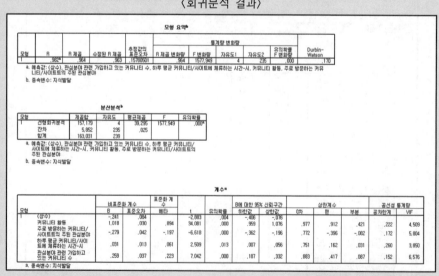

회귀분석 결과 R^2이 0.964이므로 회귀선이 96.4%로 설명력이 매우 높은 것으로 볼 수 있다. 분산분석 결과표를 통해서 유의수준 0.05에서 유의확률이 0.000이므로 본 회귀모형은 통계적으로 유의하며, 계수의 측정된 도표를 통해서 4개의 독립변수들이 통계적으로 유의함을 확인할 수 있다. 즉, 본 연구를 통해 지식발달에 영향을 미치는 요인으로 커뮤니티 활동과 주 방문 커뮤니티/주 관심분야, 하루 평균 커뮤니티에 체류하는 시간, 그리고 관심분야 가입 커뮤니티 수를 확인할 수 있었다.

2. 요인분석

요인분석은 정량데이터의 경우에 변수들의 축약을 위해 사용되기도 하지만, 많은 경우 인식데이터들에 포함된 공통요인을 추출하기 위해서 사용되는 분석기법이다. 요인분석에는 관찰자료에 포함된 공통요인을 귀납적으로 탐색하는 탐색적 요인분석(이론이 정립되기 전)과 이론에 근거를 둔 요인(잠재변수)의 특성을 잘 나타내 주는 하위 변수(관측변수 혹은 측정변수)들 간의 공통요인을 확인함으로써 연역적으로 이론을 검증하는 확인적 요인분석(이론검증)이 있다.

요인분석(*factor analysis*)은 여러 변수들 사이의 상관관계를 기초로 하여 정보의 손실을 최소화하면서 변수의 개수보다 적은 수의 요인으로 자료 변동을 설명하는 다변량 기법이다(강병서·김계수, 2007: 332). 다시 말해 상관관계가 높은 변수들이 가지고 있는 공통성을 중심으로 하나의 동질적인 요인으로 묶어주는 분석방법이다. 따라서 요인분석을 이용하면 여러 개의 변수 형태로 주어진 많은 정보를 몇 개의 핵심적인 요인으로 축약하여 나타냄으로써 정보에 대한 이해와 추가분석을 용이하게 할 수 있다(이훈영, 2008: 337).

이러한 요인분석은 5가지 가정을 전제로 한다.

첫째, 요인분석을 하기 위한 최소한의 표본의 크기는 50개 이상이 되어야 한다. 일반적으로 (검정하고자 하는 변수의 수) X(4~5배) 정도가 요인분석을 하기에 적당하다.

둘째, 결측치(*missing value*)와 이상치(*outlier*)에 대한 사전 점검을 해야 한다.

셋째, 변수의 상관행렬이 요인분석의 가능성을 가지고 있는지 확인하여야 한다. 요인분석이 가능하기 위해서는 변수의 절반 이상이 상관계수 0.3을 초과해야 한다.

넷째, 변수들이 선형관계를 가지고 있는지 혹은 지나친 다중공선성의 문제를 야기하지 않는지를 확인하여야 한다.

다섯째, 변수들은 등간 또는 비율 척도로 구성되어야 한다(김렬·성도경·이환범·이수창, 2008: 146).

일반적으로 요인분석은 이를 이용하는 연구자의 목적에 따라 탐색적(*exploratory*) 요인분석과 확인적(*confirmatory*) 요인분석으로 구분할 수 있다. 탐색적 요인분석은 원래의 변수들 간에 내재하는 인과관계를 분석하는 데 그 목적이 있다. 이에 반해 확인적 요인분석은 공통요인의 수나 요인 간의 관계 등 모형에 관한 구체적인 가정들을 실제자료로부터 지지(부정)하거나 적합도(*goodness-of-fit*)의 정도를 분석함으로써 이론을 검증하는 데 목적을 두고 있다(나영·박상규, 2009: 225).

분석기법 활용사례

회귀분석과 요인분석을 이용한 투자 우선순위 예측

1. 사례개요

권기헌 외(2005)에서는 미래 과학기술을 위한 대형 연구시설 및 장비구축에 관한 정책연구에서 대형 첨단 장비구축의 정책우선순위 도출을 위해 미래예측을 실시하였으며, 이를 위해 회귀분석과 요인분석을 실행하였다. 첨단 장비구축의 평가기준을 도출하기 위해 먼저 요인분석을 실시하였는데, 요인분석 적용결과, 2개의 요인(요인1: 과학기술차원; 요인2: 국가정책차원)이 도출되었다(Varimax 회전방식). 이러한 요인분석 결과를 기초로 18개 첨단 장비에 대한 요인값(factor score)을 도출하였으며, 요인분석으로 도출된 과학기술차원(요인1)과 국가정책차원(요인2)을 독립변수로 하고, 도입필요성을 종속변수로 하여 회귀분석을 실시하였다. 그 결과, 회귀분석의 가중치(w_1=과학기술차원표준화계수, w_2=국가정책차원표준화계수)를 산출할 수 있었다.

○ $Yi = w_1 X_1 + w_2 X_2$ .... 방정식 ①
  X_1 = 과학기술차원
  X_2 = 국가정책차원
  w_1 = 과학기술차원 가중치
  w_2 = 국가정책차원 가중치
  $w_1 + w_2 = 1$
  w_1 = 과학기술차원 표준화계수 = 0.6265
  w_2 = 국가정책차원 표준화계수 = 0.3735

2. 가중치를 적용한 투자 우선순위 예측

위에서 도출된 가중치를 적용하여 전체 우선순위를 예측한 결과, 차세대 자기공명장치(NMR), 질량분석가속기(AMS), 자기공명영상시스템(MRI), 고분해능 질량분석기, 전자현미경 등은 상위 우선순위로 평가된 반면, 가속기 기반 중성자 연구설비, 냉중성자

연구시설, 초전도 가속관 시험 제작 시설, 고에너지실험자료센터, 중성미자검출설비 등은 하위 우선순위로 평가되었다. 이는 다른 형태의 가중치 분석에서도 동일한 결과를 보여주었는데, 이는 통계분석의 결과가 일관된다는 것을 의미한다(통계학적인 용어로 Robust함).

〈표 9-1〉 전체우선순위: 가중치 적용

첨단장비	가중평균	순 위
차세대 자기공명장치(NMR)	4.014	1
질량분석가속기(AMS)	3.974	2
자기공명영상시스템(MRI)	3.908	3
고분해능 질량분석기(Mass Spectrometer)	3.860	4
전자현미경	3.830	5
제4세대 방사광 가속기	3.684	6
고자기장 연구장비	3.605	7
양성자가속기	3.346	8
극초단 광양자빔(Ultra-Short Optical Pulse Laser)	3.289	9
대전력저장공급시설	3.232	10
초전도특성평가시설	3.212	11
중대형 이온빔 가속기	3.135	12
핵융합로재료시험시설	3.100	13
가속기 기반 중성자 연구설비(Spallation Neutron Source)	3.069	14
냉중성자연구시설	2.855	15
초전도 가속관 시험/제작 시설	2.774	16
고에너지실험자료센터(대용량 자료시스템 포함)	2.764	17
중성미자검출설비	2.636	18

* 자료: 권기헌 외, 『미래 과학기술을 위한 대형 연구시설 및 장비구축에 관한 정책연구』, 과학기술부, 2005.

3. 쟁점 및 시사점

위의 사례는 과학기술 정책연구에서 정책분석을 위해 요인분석과 회귀분석을 실시한 통계분석결과를 설명하고 있다. 또한 다양한 형태의 회귀함수식에도 불구하여 통계분석은 일관된 결과를 보여주고 있다는 점을 설명하고 있다. 이러한 요인분석과 회귀분석 결과는 정책분석의 신뢰성과 객관성을 제고하는데 많은 기여를 하게 될 것이라는 점에서 회귀분석이 정책분석에서 갖는 의미를 잘 보여주고 있는 사례라고 하겠다.

3. 구조방정식(SEM: Structural Equation Model): 경로분석

1) 개념 및 특성

(1) 개념

구조방정식 모형은 사회학 혹은 심리학에서 개발된 측정이론에 기초한 확인적 요인분석과 계량경제학에서 개발된 연립방정식 모형에 기초한 다중회귀분석 또는 경로분석 등이 결합된 방법론이라고 할 수 있다(배병렬, 2007: 15). 구조방정식 모형은 사전적인 성격을 갖는데, 이는 연구모델에 포함되는 잠재변수와 관측변수 간의 관계, 잠재변수와 잠재변수 간의 관계 및 방향 등을 연구자가 사전에 가설로 수립한 모델을 기초로 분석하는 것을 뜻한다. 그러므로 구조방정식 모형은 연구자가 이론을 기초로 사전에 모델을 수립하고 관찰된 변수들(observed variables) 간의 관계를 분석하여 잠재변수들(latent variables) 간의 관계를 설명하기 위한 분석방법이다.

잠재변수란 가설적 개념들이며 비관측변수(unobserved variables)라고도 한다. 그리고 이러한 잠재변수를 측정하기 위한 지표(indicator)가 관찰된 변수 즉, 관측변수이다. 각각의 잠재변수를 측정하기 위한 관측변수를 개발하고, 그 다음 잠재변수들 간의 관계를 기존의 이론을 토대로 가설화하는 것이다. 잠재변수들 간의 관계와 같은 인과관계는 전통적으로 상관분석, 회귀분석 및 경로분석 등을 통해 이루어졌으나, 이들 분석방법만으로는 인과관계를 분석하는 데 한계가 있어 등장하게 된 것이 구조방정식 모형이다.

사회과학의 연구에서 회귀분석을 포함한 다변량 분석을 사용하는 용도는 예측과 설명을 위해서이다. 주로 예측을 목적으로 하는 다변량 분석 사용의 경우, 예측의 정확성을 높이기 위해 많은 개념과 변수들을 사용하게 되지만 중요한 개념과 개념 간의 관계를 간명하게 설명하는 간명성의 원칙(principle of parsimony) 또한 동시에 중요하다. 일반적으로 사회과학의 연구는 현상에 대한 정확한 예측에 관심을 갖는 경우와 설명을 통해 이론의 정립을 목적으로 하는 경우로 나뉘며, 이와 같이 목적이 다른 경우 분석기법과 논리가 다를 수 있다. 이러한 의미에서 구조방정식 모형은 변수들 간의 설명을 통해 이론을 정립하려는 목적에 부합되도록 설계되었으며, 직접 관찰될 수 없는 추상적인 개념인 잠재변수들 간의 관계 및 구조를 간명성의 원칙하에 규명하게 해주는 통계기법이라 하겠다.

(2) 특성

구조방정식 모형을 이용한 분석은 이론모형을 검증하고 개발하는데 목적이 있을 경우 매우 적합한 방법으로 알려져 있다. 사회현상을 연구하는 이유는 사회현상을 보다 나은 방향으로 이끌기 위한 정책의 목표달성을 위해서인데, 이를 위해서는 변수들 간의 인과적 설명과 예측이 반드시 필요하며, 이때 구조방정식 모형은 모형을 구성하고 있는 개념 간의 복잡한 관계를 효율적으로 처리하게 해 준다. 또한 구조방정식 모형은 측정모형을 분석하여 측정하고자 의도한 개념이 어느 정도 잘 측정되었는지를 평가하고 동시에 구조모형을 분석하여 개념 사이의 인과관계를 분석할 수 있다.

또한 구조방정식 모형은 모형을 구성하는 모수($parameter$)의 추정치와 적합도를 제시할 수 있고, 변수들 사이의 총효과를 분해하여 직접효과와 간접효과를 제시하여 변수 간의 관계를 완전하게 파악할 수 있으며, 이를 통해 변수들 간의 복잡한 인과관계를 효과적으로 추론할 수 있다. 또한 연구모형을 검증하고 그 모형의 적합성 향상을 위한 방향으로 수치와 절차 등 구체적인 제시가 이루어지므로 이론모형을 개발하는 데 적합한 방법이다.

구조방정식 모형은 다른 분석방법과 다음과 같은 차이점을 갖고 있다.

(가) 다중 및 상호종속관계 동시 추정
다중 및 상호종속관계를 동시에 추정할 수 있다. 즉, 일련의 종속변수에 대한 개별적인 관계를 동시에 분석할 수 있다.

(나) 통계적 추정의 개선
구조방정식 모형은 응답에 의해서만이 아닌 문항의도와 해석에 따른 오차의 크기를 고려하여 보다 정확한 구조계수를 파악한다.

(다) 효과의 분해
구조방정식 모형은 잠재변수의 직접효과와 간접효과의 크기를 파악할 수 있다. 회귀분석이나 경로분석에 의해서도 간접효과를 추정할 수는 있으나, 이는 변수에 측정오차가 없다는 조건하에서만 의미가 있다. 구조방정식에서는 관측변수들을 측정하여 효과의 크기에 대한 분해를 통해 변수의 직접효과 및 간접효과를 보다 정확하게 파악하게 된다.

(라) 측정도구의 신뢰성 파악
구조방정식 모형에서는 확인적 요인분석을 통해 측정하고자 하는 의도한 개념이 잘 측정되었는가를 평가할 수 있으며, 모델을 구성하는 특정 모수의 추정치(요인적재량)를 얻을 수 있고, 모델의 전반적인 적합도를 평가하여 척도의 신뢰도 및 타당도를 파악할 수 있다.

(마) 인과관계의 추론

인과관계(*casual relationship*)는 원인(*cause*)과 결과(*effect*)의 관계가 성립되는 것을 의미하며, 사회과학의 연구에서는 이러한 관계를 자료를 통해 확률적으로 추론할 수 있는데, 구조방정식 모형은 이를 가능하게 해준다.

(바) 측정과 이론구축

구조방정식 모형은 측정의 질을 평가하고 구성 개념들 간의 인과관계를 동시에 분석할 수 있다. 즉, 측정과 이론구축을 동시에 할 수 있어 연구자들에게 현상을 보다 정확하게 파악할 수 있는 틀을 제공한다고 할 수 있다.

2) 방법 및 절차

구조방정식 모형은 컴퓨터 패키지 프로그램의 사용을 통해 편리하게 분석될 수 있다. 프로그램은 현재 약 15가지가 있으며, 이들 중에서 주로 LISREL과 EQS, AMOS 등이 많이 이용되고 있다. 분석단계를 개괄적으로 살펴보면 모델을 구축하고 경로도를 작성한다. 그리고 자료수집과 점검을 거쳐 모델을 설정하고 모델을 식별하며 추정한다. 이어서 모델의 적합도를 평가하고 해석하는 과정을 거쳐 수정하고 교차타당성 분석을 통해 최종 모델을 결정하게 된다.

(1) 분석모형의 작성

직접 측정할 수 없는 잠재변수를 동그라미로 그리고 이를 측정하기 위한 관측변수를 사각형으로 그린다. 이들을 연결하는 화살표를 그리면 잠재변수들 간의 관계를 파악하기 위한 구조방정식 모형이 되는 것이다. 즉, 연구자는 이론적 근거를 바탕으로 잠재변수와 관측변수를 설정하여 동그라미와 사각형으로 표기하고, 이들 간의 관계를 가설화하여 화살표로 연결하여 표시한다.

(2) 분석모형의 식별

구조방정식 모형의 설정 후 모형의 모수(*parameter*)들이 과연 추정될 수 있는지의 여부가 결정되어야 한다. 즉, 모수의 추정가능성에 관한 검토를 모형의 식별이라고 한다. 구조방정식의 모수가 추정될 수 있으면 식별되는(*identified*) 것이며, 그렇지 못하면 과소식별(*under-identified*), 모수의 추정치가 두 개 이상 있으면 과대식별(*over-identified*)

되는 것이다. 모형의 식별은 정보의 수6)와 추정되어야 할 모수(*parameter*)의 수7)에 의해서 결정되며 현실적으로 프로그램을 수차례 실시하면서 확인하여야 한다. 식별된 모델을 통계적으로 검증하기 위해서 자유도가 사용되는데, 이는 정보의 수에서 추정해야 할 모수(*parameter*)의 수를 뺀 나머지 숫자를 뜻한다. 자유도가 클수록 만족시켜야 할 제약이 많은 것을 의미하여 적절한 적합도 지수를 얻기 어려움을 의미한다.

(3) 패러미터값과 모형의 적합도

각 측정변수와 구조방정식에 대하여 선형회귀방정식에서의 R^2값과 같은 다중상관 계수의 제곱값이 제공된다. 잠재적 외생변수가 잠재적 내생변수에 미치는 영향력의 크기가 직접효과, 간접효과, 총효과로 구분하여 출력되며, 표준화된 효과계수가 경로계수로 사용된다. 모형 전체의 적합도를 측정하는 지수에는 X^2값, 적합도지수, 잔차제곱의 평균 등이 있다. X^2값은 모형과 실제자료와의 차이의 정도를 나타내는 것으로 모형을 자료에 적용시킬 때 모형이 실제자료에 얼마나 맞지 않는가의 정도를 나타내는 지표라고 할 수 있다. 적합도 지수는 분석모형이 자료의 공변량을 얼마나 설명하는 지를 나타낸다.

모형의 적합도를 확인하기 위해 일반적으로 사용하는 적합도 지수들은 X^2, GFI, AGFI, RMR, RMSEA를 사용한다. 구조방정식을 활용한 선행연구들에서 사용하는 각 적합도 지수의 수용성과 해석기준은 〈표 9-2〉와 같다.

〈표 9-2〉 적합도 지수의 수용성과 해석기준

적합도지수	수 용 성	해석기준
X^2	X^2 통계표 임계치	X^2값과 임계치 비교
GFI		0.9 이상
AGFI	0~1	0.9 이상
RMR	0~1	0.05 이하 양호함
RMSEA		0.08 이하 양호함

---

6) 정보의 수는 공분산행렬상에서 관측변수들의 분산 및 공분산 값들의 수이며, 관측변수의 수를 p로 나타낼 때 1/2〔p(p+1)〕이다. 이에 따라 관측변수의 수가 3개면 정보의 수는 6개, 4개이면 10개, 5개이면 15개가 된다(이학식·임지훈, 2008).
7) 모수의 수는 관측변수들의 수와 오차항의 수를 합한 값이며, 관측변수의 수를 p로 나타낼 때 2p이다. 이에 따라 관측변수의 수가 3개면 모수의 수는 6개, 4개이면 8개, 5개이면 10개가 된다.

3) 활용분야 및 한계

구조방정식모형은 잠재변수 상호간의 영향과 관찰변수에 미치는 잠재변수의 영향을 평가할 수 있다는 점에서 이론모형을 분석하고 연구하는 데 적합하다고 할 수 있다. 사회현상에 대한 대안적 설명(*alternative explanations*) 중 좀더 적절한 설명이 어떠한 것인지 검증할 수 있는 분석방법이라고 할 수 있다. 주로 심리학, 사회학 및 정치학, 그리고 조직이론 등의 검증에 많이 사용되어 왔으나, 정책분석에서도 정책 효과를 위한 과정 규명 혹은 정책수립 단계에서 활용하기 위한 이론형성을 위해 매우 중요하게 사용될 수 있다.

그러나 일반적 통계치의 통계적 유의도 검증에는 부적합하다고 할 수 있다. 모형의 식별에 있어서 부정확한 개념화와 자료의 부족, 측정의 오류, 이론 자체의 잘못으로 인하여 원하는 모형이 나오지 않는 경우가 많으므로 개념화와 요인분석이라는 측정이론과 다중회귀분석에 대한 충분한 이해가 수반한 상태에서 복잡한 가설에 대한 결정적인 검증이 필요한 연구의 최종단계에서 사용되어야 한다.

분석기법 활용사례

구조방정식모형을 활용한 방과후 보육프로그램의 영향요인 분석
- 서울시 자치구 지역아동센터 이용효과를 중심으로 -

1. 개요 및 자료

성균관대학교 국정관리대학원 하민지(2009)는 구조방정식모형을 활용하여 방과후 보육프로그램의 소득증대 효과 및 영향요인 분석을 실행하였다. 이 논문은 최근 사회적, 경제적 변화로 인해 그 필요성이 증대된 방과후 보육프로그의 소득증대효과와 그에 미치는 영향요인간의 관계를 밝히고자 구조방정식의 논리모형을 사용한 것이다. 분석자료는 서울시 자치구별 지역아동센터 이용자들을 대상으로 실시한 설문조사자료를 이용하였다.

2. 방법 및 절차

본 연구에서는 방과후 보육프로그램의 소득증대효과와 영향요인간의 구조적 관계를 파악하기 위해 우선 SPSS패키지를 통하여 자료를 입력하여 신뢰도 분석과 타당도 분석을 거쳐 확인적 요인분석을 실시하였다. 그 다음으로 AMOS 7.0패키지를 이용하여 잠재변수(사각형)와 관측변수(원형)와 관계(화살표)를 설정하여 SPSS패키지로 작성한 Data파일을 토대로 AMOS 7.0프로그램을 실행하였다. 〈예제〉에서 보는 것처럼, 측정모형의 적합도를 검증하고 잠재변수들의 인과모형의 적합도를 검증하여 최종 인과관계

모형을 구축하였다.

〈분석절차의 예제〉

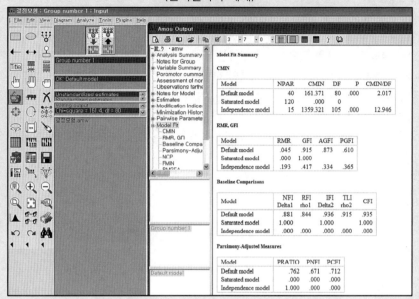

3. 분석결과 및 함의

〈분석결과〉

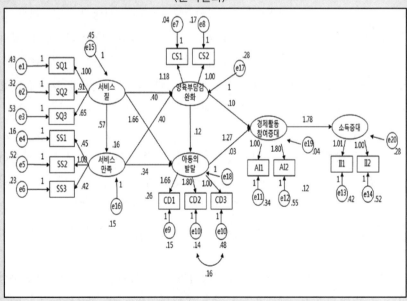

분석결과 방과후 보육프로그램의 서비스 질과 서비스 만족 요인이 소득증대효과로 이어지는 과정에서 양육부담감 완화와 아동발달이 경제활동 참여증대에 영향을 미치는 과정을 확인하였다. 특히, 서비스 요인과 효과들 간의 인과관계를 밝힘으로써 방과후 보육프로그램 효과에 관한 연구들에서 기반하고 있는 다양한 이론들, 즉, 보육프로그램의 구성요소가 양육자의 양육부담감 완화에 영향을 미친다는 이론과 아동의 발달에 있어서 보육프로그램의 필요성을 주장하는 이론, 여성의 경제활동 참여증대가 실제 가계소득증대로 이어짐을 주장하는 이론이 하나의 구조적 모형으로 연결될 수 있음을 확인하였다. 이처럼 구조방정식 모형을 이용한 분석은 단순 회귀분석과 경로분석만을 통해서는 확인하기 어려운 전체의 인과적 구조 및 과정을 파악하여 구체적인 정책효과 실현을 위한 전략 마련에 중요한 이론 및 정책적 시사점을 제공할 수 있다는 점에서 큰 의의를 지닌다.

4. Binary-data 분석을 위한 기법

1) Logit 모형

이항(Binary) Logit 모형의 개발은 가장 근본적인 인간 행위인 인간 선택 행위에 대한 탐구로부터 시작된다. 대부분의 선택 확률모형의 첫 서술은 이항(Binary) Logit/Probit 모형으로부터 시작된다. Train(2003)은 이항선택모형에 대한 설명의 도입부에서, Maddala(1983)는 질적 종속변수(*qualitative dependent variables*)를 처리하는 모형의 서론에서, Liao(1994)는 Logit/Probit 모형의 해석을 기술하는 시작부에서 다루고 있는데, 이는 이항(Binary) Logit 모형이 가장 기본적인 모형이라는 점을 잘 보여주고 있다.

이항(Binary) Logit 모형은 가장 단순한 형태의 확률모형이다. 종속변수가 이항(Binary)인 경우에 사용되며, 이항변수끼리는 통계학적으로 배반사건(*mutually exclusive event*)이고 확률적 선택 하에 놓인 경우에 사용할 수 있다. 즉, 하나의 사건 A가 발생하는 경우와 그렇지 않은 경우의 두 가지 선택의 범주가 있을 때 사용된다. 이항 사건의 형태는 사회과학 분야에서 다양하게 적용할 수 있다. 예를 들어 주택 소유 여부, 자가용 출퇴근 여부, 핸드폰 사용여부 등 두 가지 선택 항목 중 하나를 선택해야 하는 다양한 경우를 다룰 수 있게 된다.

Logit 모형은 이항변수를 종속변수로 설정하여 다른 독립변수들의 영향을 추정하는 분석모형이다. 독립변수가 연속형 변수일 경우 독립변수의 값이 한 단위 증가 할수록 종속변수의 범주가 0대신 1에 속할 log-승산치(*log odds*)는 β의 기호가 +일 경우 β만큼 증가하고 승산치($odds$)는 exp(β)만큼 증가한다.[8] β의 기호가 -일 경우는 β만큼 감소하고 승산치($odds$)는 exp(β)만큼 감소한다.

Logit 모형에서 독립변수와 종속변수의 관계는 S자의 비선형($nonlinear$)을 보인다. 독립변수의 수준이 높으면 성공할 확률은 증가한다. 독립변수가 하나인 Logit 모형을 나타내면 다음과 같다.

$$E(Y) = \frac{\exp(\beta_0 + \beta_1 X)}{1 + \exp(\beta_1 X)} = \pi$$

여기서 E(Y)는 특별한 의미를 갖는다. 즉, Y가 1의 값을 취할 확률 즉, 어떤 사건이 발생할 확률 π를 의미한다. E(Y)는 X가 커짐에 따라(작아짐에 따라) 확률 E(Y)의 증가율(감소율)이 낮아지는 S자형태의 비선형($nonlinear$)관계를 가정한다. 로지스틱 함수는 회귀계수 β에 대하여 비선형이기 때문에, 선형화하기 위해서 자연로그를 취하는 로짓변환($logit\ transformation$)을 사용한다. π의 로짓변환이란 $\ln(\pi/1-\pi)$를 의미한다. 독립변수가 두개인 경우에 선형 Logit 모형은 다음과 같다.

$$\ln\left(\frac{\pi}{1-\pi}\right) = \beta_0 + \beta_1 X_1 + \beta_2 X_2$$

예컨대, β_1의 해석은 다른 독립변수(X_2)의 수준을 일정하게 통제하였을 때, 해당 독립변수(X_1)를 한 단위 증가하였을 때, $\exp(\beta_1)$ 만큼 평균적으로 증가하게 된다는 의미이다. 만약 $\beta_1 = 2.0$이라면 독립변수를 한 단위 증가하면 어떤 사건이 발생할 확률이 발생하지 않을 확률보다 $\exp(2.0)$, 즉 $e^{2.0}(19.95)$ 만큼 평균적으로 높아진다는 것을 의미한다.

Logit 모형은 단지 2개의 값만을 가지는 종속변수와 독립변수들 사이의 인과관계를 분석하는 비선형 회귀모형을 말한다. 이 분석기법은 일반회귀분석과 마찬가지로 종속변수와 독립변수 간의 인과관계를 설명하고 예측하는데 사용된다. 그러나 회귀계수의 추정방법에 있어서 일반회귀분석은 잔차의 제곱 합을 최소화하지만, Logit 모형은 사건발생가능성(log-우도(尤度); log-likelihood)을 최대화($maximum\ likelihood$)하는 방법을 사용한다(김호정 외, 2004: 470-471; 강성철 외, 2007: 282-283).

---

8) exp는 지수함수로서 X가 한 단위 증가할 때 e^β만큼 증가하는 함수관계를 나타낸다. 이때 e는 자연지수(혹은 Euler상수)로서 2.718의 값을 지닌다.

Logit 모형을 활용한 지방공공 서비스의 민간위탁결정요인에 관한 연구

1. 개요 및 자료

강성철 · 김도엽(2007)은 Logit 모형을 활용하여 지방공공 서비스의 민간위탁결정요인에 관한 연구를 수행하였다. 본 연구의 목적은 지난 2000년부터 2002년까지 지방정부의 사무 및 시설 가운데 민간부문으로 위탁하기로 결정한 사항에 영향을 미친 요인들을 분석 · 검증하는 것이다.

본 연구는 지방공공서비스의 민간위탁 결정요인을 분석하기 위하여 전국의 232개 기초자치단체를 대상으로 지난 2000년부터 2002년까지 사무 및 시설 가운데 민간부문으로 위탁하기로 결정한 사항을 자료로 활용하였다. 종속변수로 사용된 민간위탁 건수는 행정안전부 자치제도과 (2003)의 「내부자료」를 이용하였으며, 종속변수에 영향을 미치는 결정요인들은 통계청(2002)의 「시 · 군 · 구 주요통계지표」, 각 광역자치단체(각 년도)의 「통계연보」, 그리고 중앙선거관리위원회(1998, 2002)의 제2 · 3회 전국동시지방선거 「당선인 현황」을 근거로 수정 · 보완하여 활용하였다.

2. 방법 및 절차

본 연구는 지방공공서비스의 민간위탁 채택여부를 종속변수로 선정하였다. 이러한 종속변수의 측정은 지방공공서비스의 민간위탁 건수를 범주형 변수로 조작화하여 사용하였다. 즉 본 연구의 분석기간 동안 지방정부가 공급하는 공공서비스 가운데 1건이라도 민간부문으로 위탁하기로 결정한 경우에는 민간위탁 채택(1)으로 처리한 반면에 민간위탁 건수가 없는 경우에는 민간위탁 미 채택(0)으로 처리하여 분석하였다.

3. 분석결과 및 함의

분석결과 연도에 관계없이, 9개의 독립변수 가운데 유의수준 $p < .05$ 이하에서 전년도 위탁실적, 인구증가율, 인구밀도 등이 종속변수에 유의미한 영향을 미치고 있는 것으로 나타났다. 또한 유의수준을 $p < .10$ 이하로 확대하면, 공무원 규모도 민간위탁에 유의미한 영향요인으로 분석되었다. 이에 반하여 선행연구에서 영향요인으로 분석된 1인당 지방세부담액, 재정자립도, 저소득자 규모, 자치단체장의 재임기간, 도시권 입지 여부 등은 통계적으로 유의미하지 않은 변수로 나타났다.

2) Probit 모형

Probit 모형은 Logit 모형과 함께 가장 폭넓게 사용되는 확률모형이다. 이항(Binary) Probit 모형 역시 종속변수가 이항(Binary)인 경우에 사용할 수 있으며, 그 기본적인 가

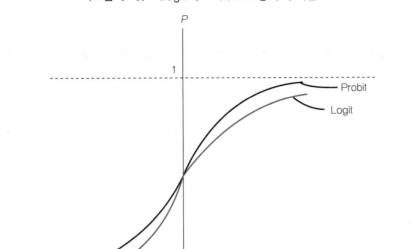

〈그림 9-3〉 Logit과 Probit 모형의 누적분포

정과 논의 전개는 Binary Logit Model의 경우와 대부분 일치한다. Aldrich & Nelson (1984)에서는 편미분(*partial derivatives*)을 통한 두 모형의 비교를 통해 차이점을 설명하고 있으며, Liao(1994)에서는 분포함수의 모양의 작은 차이에서 비롯되는 상이점을 설명하고 있으나, 일반적으로는 이러한 차이들을 무시하고 연구자의 선택에 따라 자유롭게 사용되기도 한다.

두 모형의 가장 큰 차이는 이들의 연계함수(*link function*)가 다르다는 것이다. 이항(Binary) Logit 모형은 오차항 ε의 분포가 로짓분포를 따르고 연계함수는 누적로짓분포의 역함수이지만, 이항(Binary) Probit 모형의 경우에는 ε가 정규분포를 따르고 연계함수는 누적정규분포의 역함수를 취한다.

〈그림 9-3〉은 Logit 모형과 Probit 모형을 비교한 것인데, 그림에서 볼 수 있듯이 두 모델은 매우 유사하나 누적 분포 형태상에 근소한 차이가 있다. 즉 Logit 모형의 꼬리쪽이 보다 더 평평하므로 Probit 모형의 정규분포곡선이 Logit 모형보다 더 빨리 0과 1의 경계선에 접근한다. 따라서 이들 두 모형 사이의 선택은 수학적 간편성이나 통계프로그램의 이용가능성에 관한 문제라 할 수 있으며, 대체로 양 모형의 검정결과는 비슷하므로 상호보완적으로 사용되기도 한다(이은국, 1994).

Probit 모형을 활용하여 수자원 예산심의에 관한 정책결정을 분석한 연구

1. 개요 및 자료

서인석 외(2009a)는 Probit 모형을 활용하여 수자원 예산심의에 관한 정책결정을 분석하였으며, 이를 위해 국회 상임위원회 의사록을 분석하였다. 특히 선행연구에서 검토된 국회의원의 행태요인들을 중심으로 국회 2009년도 예산안 중 4대강 사업과 관련된 수자원 개발 및 유지에 대한 국토해양위원회 심사 의사록을 코딩하여 이를 Probit 모형의 자료로써 사용하였다.

2. 방법 및 절차

본 연구는 Maximum Likelihood에 기반한 Probit Estimator 분석을 사용하였는데, STATA SE 10.0 version 패키지를 사용하였으며, 구체적으로 이 프로그램안에서 사용한 메뉴는 Statistics → Binary Outcomes → Probit Regression이다.

〈코딩의 예제〉

	A	B	C	D	E	F	G	H
1	연대성	타협성	전문성	당파성	형식성	권위성	대표성	의사결정
2	2	0	4	0	1	0	0	1
3	3	0	4	0	0	0	0	0
4	2	0	4	0	1	2	0	1
5	3	2	8	1	2	1	2	1
29	0	2	3	0	0	0	0	1
30	0	1	3	0	2	2	0	1
31	0	1	1	0	0	0	0	1

본 연구에서 시행된 분석절차를 간략히 소개하면 다음과 같다.

먼저, 분석자료의 코딩은 수집된 자료의 의미 단위인 구, 절, 단어, 문장 등의 수사(rhetoric)를 하나의 의미 단위로 묶는 개방코딩(open coding)을 사용하여 이런 방식을 통해 같은 속성을 지니게 하나의 코딩집단(family)으로 군집화하였다.

둘째, 행태요인의 분석을 시도하고자 질의를 시작하는 국회의원을 한 개인을 하나의 개별 자료값(N)으로 간주하여 자료화하였다. 즉, 한 국회의원과 정부인사의 담화의 코딩을 각각 수치화하여 해당 국회의원의 질의가 끝났을 때 의사결정이 이루어진 경우는 1, 그렇지 않은 경우는 0으로 이항분포자료에 대한 Probit 회귀분석을 시도하였다.

총 질의를 한 국회의원은 30명이었고, 이에 총 분석자료수(N) 30개를 기준으로 해
당행태요인의 영향력을 검증하였다. 마지막으로, 한 개인의 의사를 자료로 사용하고
있기 때문에 개인적 특성의 영향을 고려하여야 한다. 따라서 이들의 인적특성(성별,
학력, 연령, 여·야)의 영향력을 추가 검증하였다.

3. 분석결과 및 함의

〈STATA 통계패키지의 분석결과〉

```
Probit regression                              Number of obs    =          30
                                               LR chi2(7)       =       21.82
                                               Prob > chi2      =      0.0027
Log likelihood = -5.3879281                    Pseudo R2        =      0.6694

        var9       Coef.    Std. Err.      z     P>|z|     [95% Conf. Interval]

        var1   -2.687841    1.237992    -2.17    0.030     -5.11426    -.2614215
        var2    8.104566    4.080724     1.99    0.047     .1064937    16.10264
        var3    4.050379    1.722325     2.35    0.019     .6746846    7.426074
        var4   -4.499558    2.299348    -1.96    0.050    -9.006197    .0070812
        var5   -1.490605    1.394861    -1.07    0.285    -4.224481    1.243272
        var6    .1134872    .7408124     0.15    0.878    -1.338478    1.565453
        var7    2.495254    1.446673     1.72    0.085    -.3401739    5.330682
       _cons   -7.631388    3.391067    -2.25    0.024    -14.27776    -.9850184

Note: 1 failure and 10 successes completely determined.
```

Probit 회귀분석을 실시한 결과 대표성(var7), 당파성(var4), 전문성(var3), 타협성
(var2), 연대성(var1)이 각각 유의미한 요인으로 확인되었다. 양의 영향요인은 대표성,
전문성, 타협성으로 확인되었으며, 음의 영향요인은 당파성, 연대성이 확인되었다. 타
협성의 경우 8.1%의 영향력을 나타내어 가장 큰 영향력을 나타내고 있었으며, 다음으
로 전문성은 4.05%의 영향력을 나타내었고, 대표성의 경우는 2.49% 가장 약한 양의
관계를 갖는 행태요인으로 확인되었다. 이들 모두는 의사결정에 촉진하는 데 영향을
미치는 행태요인으로 확인되었다. 반면, 당파성은 4.49%의 음의 영향력을 보였고, 연
대성은 2.68%의 음의 영향력을 나타내는 것으로 검증되었고, 기본 상수는 -7.63%였
다. 이때의 log-우도값(Log likelihood)은 -5.387이었으며, R^2는 0.6694로 높은
설명력을 나타내었다.

이러한 분석결과는 국회의원들의 의사결정에 가장 큰 영향력을 미치는 변수가 타협
성임을 의미하며, 또한 전문성 역시 기여하는 것으로 확인되었다. 부(-)의 영향력을
나타낸 당파성과 연대성은 통계결과 의사결정을 방해하는 요소로 확인되었다.

5. Censored-data 분석을 위한 기법[9]

1) Tobit 모형

Tobit 모형[10]은 종속변수가 취하는 값의 범위에 제약이 가해져서 종속변수의 일부가 절단(censored) 또는 단절된(trunctated) 경우에 활용된다. 이와 같은 모형을 '제한된 종속변수모형'(limited dependent variable model)이라고 한다. 또한 'Censored 모형' 혹은 'Truncated 모형'이라고도 부른다. Tobit 모형에서는 절단된 종속변수(censored dependent variable)를 고려한다. 즉, 일반적 회귀분석과 달리 종속변수들이 1 이상이거나 0의 한쪽 값을 갖는 관측치들이 많을 경우에 주로 사용된다. 예를 들어, 사교육비 지출의 영향요인을 분석할 경우 분석에 활용하는 사교육비 조사 자료는 사교육 지출액이 '0'보다 작거나 같은 경우 즉, 비정기적인 지출로 자료조사 기간에 측정이 되지 않았거나 사교육 지출액이 전혀 없는 경우가 자료에 포함된다. 종속변수로 활용되는 사교육 지출액이 '0'부터 시작해서 양의 값을 가지는 절단된 혹은 단절된 분포(censored/truncated distribution)를 취하기 때문에 일반적인 최소자승법(OLS)을 활용하는 다중회귀모형은 추정계수값에 편의(bias)를 가져온다(이종구·김태진·권기헌, 2009a: 201). 즉, 종속변수의 정보가 절단된 혹은 단절된 양상을 띠는 회귀모형의 경우에는 최소자승법(OLS)이 아닌 최우추정법 혹은 최우도법(maximum likelihood estimation method: MLE)이 그 대안이 된다. 이러한 최우추정법은 여러 면에서 OLS에 의한 추정량보다 우월한 이론적인 속성을 지니고 있다(나영·박상규, 2009: 270-271).[11]

종속변수의 값이 절단되는 경우의 회귀분석에 대한 단초를 제공한 것이 Tobin이므로 Amemiya(1984)는 이와 관련된 계량모형을 5가지 유형의 Tobit 모형으로 구분하기도 한다.[12]

---

9) Tobit 모형과 Heckerman Selection 모형에 대한 설명은 이종구·김태진·권기헌(2009a: 189-221)의 논문을 토대로 재구성되었음.

10) Tobin(1958)은 종속변수인 지출금액이 음이 될 수 없다는 점에 착안하여 이를 고려한 회귀 모형을 설계하였다. 당시 Tobin은 자신의 모형을 제한된(limited) 종속변수 모형이라고 칭했다. 이후 Goldberger(1964)가 Probit 모형과 유사성을 이유로 'Tobin's Probit' 즉, Tobit model이라 지칭하였고 현재까지 통용되고 있다.

11) 다만, 일반적으로 오차항(또는 종속변수)이 정규분포를 따르고 표본의 크기가 크다면, 모수를 추정하기 위한 OLS에 의한 추정량은 MLE에 의한 추정량과 거의 같게 된다.

12) Amemiya(1984:30)는 경험적 연구들을 종합하여 Tobit model의 5가지 유형을 우도함수의 특징과 종속변수의 성격에 따라 다음의 2가지 표를 통해 정리하고 있다. 표 1은 종속변수가 정규분포를 따른다고 할 때 해당 변수의 밀도, 확률, 조합을 의미하는 p를 통해 구분된다. 표 2

Tobit 모형은 가구의 사교육비 지출을 하나의 함수로 가정하여 사교육비 지출 여부와 사교육 지출액에 영향을 미치는 변수를 동일한 것으로 간주하여 단일한 방법으로 동시에 추정하는 방법이다. 사교육비에 대한 지출 함수를 Tobit 모형의 형태로 표현하면 다음과 같다.

$$y_i^* = \alpha + \beta x_i + \varepsilon_i \quad \varepsilon_i \sim (0, \sigma^2) \qquad i = 1, 2, \cdots, n \qquad (1)$$
$$y_i = \max(0, y_i^*)$$

식(1)에서 y_i와 y_i^*는 각각 관측된 사교육 지출액과 잠재적인 사교육 지출액이다. x_i는 사교육 지출액에 영향을 미칠 수 있는 요인들로 행정구역, 가구소득, 학생의 성별, 부모의 학력, 부모의 연령, 부모의 경제활동 형태, '방과 후 학교' 지출액, 인터넷·TV 학습비가 해당한다. ε_i는 오차항(혹은 잔차항)은 평균이 '0'이며 분산이 σ^2인 정규분포를 따른다. α는 절편이며 β는 x_i의 모수추정치를 나타낸다. 실제로 관측되는 사교육 지출액인 y_i는 다음과 같이 주어진다.

$$y_i = 0 \qquad \text{if} \quad y_i^* \leq 0 \qquad\qquad (2)$$
$$y_i = y_i^* \qquad \text{if} \quad y_i^* > 0$$

Tobit 모형은 일반적인 최우추정법과 달리 전체 표본을 중도 절단되지 않은 자료와 중도 절단된 자료에 대한 함수를 구성한 후 이를 결합하여 우도 함수를 구한다. 중도 절단되지 않은 자료에 대한 함수는 식(3)인 표준정규확률밀도함수(pdf)이며 중도 절단된 자료에 대한 함수는 식(4)의 표준정규누적분포함수(cdf)이다.

는 종속변수의 성격에 따라 구분되는데 B는 이항(binary)임을 C는 절삭(censored)되었음을 의미한다. 본 연구에서 사용하는 Tobit 모형은 Type-1에 해당하며 Heckman selection(2-step)는 Type-3에 해당한다. 보다 자세한 내용은 Amemiya(1984; 1985)를 참고하기 바람.

표 1. 우도함수의 특징에 따른 구분

Type		
	1	$p(y_1 < 0) \cdot p(y_1)$
	2	$p(y_1 < 0) \cdot p(y_1 > 0, y_2)$
	3	$p(y_1 < 0) \cdot p(y_1, y_2)$
	4	$p(y_1 < 0) \cdot p(y_1 > 0, y_2)$
	5	$p(y_1 < 0) \cdot p(y_1 > 0, y_2)$

표 2. 종속변수의 특성에 따른 구분

구분		y_1	y_2	y_3
Type	1	C		
	2	B	C	
	3	C	C	
	4	C	C	C
	5	B	C	C

$$(2\Pi\sigma^2)^{-\frac{1}{2}}\exp[\frac{-(y-x\beta)^2}{2\sigma^2}] = (\frac{1}{\sigma})\phi[\frac{(y-x\beta)}{\sigma}], y > 0 \qquad (3)$$

$$P(y = 0|x) = P(y^* < 0|x) = P(\epsilon < -x\beta|x) \qquad (4)$$
$$= P(\frac{u}{\sigma} < \frac{-x\beta}{\sigma}|x) = \Phi(\frac{-x\beta}{\sigma}) = 1 - \Phi(\frac{x\beta}{\sigma})$$

식(3)과 식(4)를 결합하여 우도함수를 구한 후 자연로그를 취하여 i가구의 사교육 지출액에 대한 우도함수를 구하면 식(5)와 같다. β13)와 σ의 최우추정값은 모든 가구에 대하여 식(5) 로그우도함수값을 합한 함수값을 극대화시킴으로써 도출된다. Tobit 모형의 로그우도함수는 모수들에 대해 오목하므로 초기 값에 상관없이 반복해서 연산을 수행하면 최우추정량에 수렴하게 된다.

$$L(\beta, \sigma) = \ln\Phi\frac{1}{\sigma}[1 - \Phi(x_i\frac{\beta}{\sigma})] + \ln\phi(\frac{y_i - x_i\beta}{\sigma}) \qquad (5)$$

■ 분석기법 활용사례

Tobit 모형을 활용하여 사교육비 지출패턴과 경감정책의 효과를 분석한 연구

1. 개요 및 자료

이종구 외(2009)는 Tobit 모형을 활용하여 사교육비 경감대책의 일환으로 실시되는 프로그램 일부를 선별하여 그 효과를 분석하고 이들의 한계 및 개선점을 모색하고자 하였다.

사교육비 지출액은 0의 값을 포함하는 경우가 많아 절단된 혹은 단절된 분포(censored/ truncated distribution)를 지니므로 Tobit 모형에 의한 분석이 필요하게 된다. 이러한 분석은 사교육비 지출에 영향을 미치는 변수들의 유의성을 검증함으로써 사교육에 대한 교육정책의 방향과 특성을 도출해 볼 수 있는 토대가 된다.

실증분석을 위한 자료는 통계청의 「2008 사교육비실태조사」를 활용하였다. 2008년도 조사를 통해 총표본 66,999개의 자료가 확보되었으며, 이 중 일반계 고등학교에 재학중인 학생들에 관한 자료인 18,141개를 추출하여 분석에 활용하였다.

---

13) Tobit 모형에서는 추정된 계수값(β)은 OLS를 통해 추정되는 계수값과 다르다. OLS 모형은 추정계수값이 독립변수의 변화가 종속변수의 변화에 미치는 한계 효과를 의미한다. Tobit 모형에서 특정 독립변수의 값이 변화하는 것은 종속변수 평균값의 변화와 그 값이 관찰될 확률의 변화라는 두 가지 의미를 갖는다. 따라서 한계효과는 종수변수의 변화량과 그 값이 관찰될 확률을 곱하여 결정된다(Green, 2003: 765-767).

2. 방법 및 절차

본 연구는 종속변수인 사교육비가 검열분포(censored distribution)를 이룬다는 점을 감안하여 검열분포에 의한 편의를 감소시키기 위해 Tobit Model을 통한 실증분석을 시도하였다. 이를 위해 STATA SE 10.0 version 패키지를 사용하였으며, 구체적으로 이 프로그램에서 사용한 메뉴는 Statistics → Linear models and related → Censored regression → Tobit regression이다.

본 연구에서 시행된 분석절차를 간략히 소개하면 다음과 같다.

첫째, 사교육비 실태조사 자료 중 사교육의 문제를 설명할 수 있는 변수들을 추출하였다. 설명적 지위에 따라 독립변수는 인구학적 변수, 사회경제학적 변수, 그리고 경감정책변수의 3가지 유형으로 구분하였으며, 종속변수는 사교육비 지출액으로 설정하였다.

둘째, 실증분석을 위해 특정 변수 내에서 기준변수를 설정하고 나머지는 0, 1로 처리하였으며, 사교육 지출액은 실지출액인 점을 감안하여 실증분석을 위해 실지출액의 자연로그값을 취한뒤 STATA 10.0 프로그램을 활용하여 Tobit 분석을 실시하였다.

변수의 설정에 대한 예시를 들면 다음과 같다.

〈표 9-3〉 Tobit 분석을 위한 변수의 설정(일부 예시)

구 분	변수명	변수기술	
독립 변수	행정구역 (Administr ative District)	Add2	광역시일 경우 1, 아니면 0
		Add3	중소도시일 경우 1, 아니면 0
		Add4	읍면지역일 경우 1, 아니면 0
		기준변수	서울
		·	
		·	
		·	
종속 변수	사교육 지출액 (Private Education Exp)	ln_Peep	실지출액의 자연로그값

3. 분석결과 및 함의

〈표 9-4〉 Tobit model 추정 결과(일부 예시)

Coeff. / Var	Tobit model				
	통합	서울	광역시	중소도시	읍면지역
Add2	−2.074***	−	−	−	−
Add3	−2.228***	−	−	−	−
Add4	−4.807***	−	−	−	−
Stgen	−0.575***	−0.620***	−0.160	−0.446**	−1.398***
⋮					
σ	6.818***	6.459***	7.097***	7.030***	6.154***

주 : '***'는 1%수준에서 '**'는 5%수준에서 '*'는 10%수준에서 유의함.

Tobit 모형 분석을 실시한 결과 먼저 σ의 값을 통해 사교육비 지출액이 '0'보다 작거나 같은 경우를 감안하기 위해 Tobit 모형을 채택한 것이 타당한가를 보여준다. 그 결과 1% 수준에서 유의한 것으로 나타나 Tobit 모형의 채택이 타당한 것으로 확인되었다.

독립변수 중 행정구역(Add)에 대한 요인에 대해 살펴보면 행정구역 요인은 모두 1% 수준에서 유의하며, 광역시나 중소도시 그리고 읍면지역에 비해 서울의 사교육비 지출이 많은 것으로 나타났다. 이는 서울에서 읍면지역으로 갈수록 사교육 관련 인프라가 상대적으로 열악하여 제공되는 사교육의 콘텐츠도 제한되어 교육선택의 기회가 적어지는 것을 의미함과 동시에 전반적인 소득 수준이 읍면지역으로 갈수록 낮아져 사교육에 대한 구매역량도 상대적으로 부족하다는 것을 의미한다. 즉, 이러한 열악한 지역은 교육의 수요라는 측면과 공급이라는 측면 모두가 교육정책에서 고려되어야 하며, 교육의 형평성이라는 측면이 정책적으로 더 고려될 필요가 있음을 시사하고 있다.

2) Heckman Selection 모형

Heckman Selection 모형은 표본추출편의모형(*sample selection bias model*)의 하나로 실제 조사에서 획득되지 않은 많은 이론상의 자료를 분석하는 방법이다(Berk, 1983: 387). 이론상의 자료이지만 실제 사회조사에서 획득되지 않은 자료들과 실제 사회조사 자료가 다른 분포를 갖게 될 경우 편의(*bias*)가 없는 추정치를 추론하는 데 심각한 영향을 준다. 예컨대, 사교육 지출액에 영향을 주는 요인을 분석할 때 사교육비를 지출한 표본만을 추출하여 회귀분석을 할 경우 이런 문제가 발생할 소지가 크다. 그러므로 확보된 전체 표본에서 사교육비를 지출하지 않은 가구의 값들이 갖는 분포에 대한 고려가 반영되어야 한다. 표본추출의 편의(*bias*)를 해소하기 위해 활용되는 Heckman Selection 모형 (2-step)은 독립변수가 사교육비의 지출 여부와 사교육 지출액에 영향을 미치는 과정이 상이하다고 가정하고, 각각의 경우에 적합한 분석 모형을 적용하여 2단계로 나누어 추정하는 방법이다. 즉, 하나의 잠재변수가 두 가지 의미를 가질 때 이를 분리하는 과정을 거치면 편의(*bias*)없는 추정계수값을 얻을 수 있다(이종구·김태진·권기헌, 2009a: 203).

종속변수의 0의 수치를 포함하여 불편향적(*unbiased*) 분석을 시도한다는 점에서는 Tobit 모형과 유사하지만, Tobit 모형은 독립변수들이 0과 1의 의도에 영향을 미치는 것과 그 구체적인 수치를 동등하게 가정하고 있다.[14] 이러한 가정을 해소하여 보다 불편 향적(*unbiased*) 결과를 얻고자 하는 것이 Heckman Selection 모형(2-step)이다. 이러한 모델의 수식은 다음과 같이 표현될 수 있다.

$$w_i^* = \beta_1 x_{1i} + u_i \quad u_i \sim (0, \sigma^2) \tag{6}$$

$$y_i^* = \beta_2 x_{2i} + \nu_i \quad \nu_i \sim (0, \sigma^2) \tag{7}$$

$$y_i^* = y_i^* \qquad \text{if} \quad w_i^* > 0$$

$$y_i^* = 0 \qquad \text{if} \quad w_i^* \leq 0$$

$$Cov(u_i, \nu_i) = \rho \sigma_{(u)} \sigma_{(v)} \tag{8}$$

여기에서 y_i^*는 w_i^*의 값이 양인 경우에만 관측되며 '0'인 경우에는 관측되지 않는다. 식(8)은 식(6)과 식(7)의 오차항들이 독립적이지 않고 상관되어 있으며 이변량정규분포성을 갖고 있다는 것을 의미한다. $w_i^* = 1$인 경우 즉, 표본의 조건부 기대치는 식(9)와 같이 표현된다.

$$y_i = x_{2i} \beta_2 + \sigma_{u,v} \lambda(x_{1i} \beta_1) + \varepsilon_1 \tag{9}$$

$$E(\varepsilon_i y_i > 0) = 0$$

Heckman Selection 모형(2-step)은 식(9)를 활용하여 β_2를 추정하는 과정으로 다음과 같다. 우선 식(6)은 w_i^*가 '1' 또는 '0'을 결정짓는 이항 모형이다. 이항선택모형의

---

14) Cragg(1971: 836)은 Tobit 모형이, 예컨대 사교육비 지출의 예제를 들어 설명한다면, 관찰자의 사교육비 지출 여부에 미치는 영향과 양의 지출액에 미치는 영향이 동일하다는 가정에 근거하고 있어 Heckman Selection 모형에 비해 다소 제약적이라고 지적한 바 있다.

추정에는 Probit 최우추정법(Maximum Likelihood Estimator)이 활용되며 이를 통해 식(6)의 β_1을 추정한다. 다음으로 Probit 최우추정량 $\hat{\beta}_1$을 사용하여 $\lambda(x_i\hat{\beta}_1)$를 구한 후 λ_i를 식(9)에 대입하면 식(10)과 같이 유도된다. $y_i > 0$인 자료만을 사용하여 최소자승법으로 $\hat{\beta}_2$를 추정한다. 이때의 $\hat{\beta}_2$는 일치추정량(consistent estimator)이 된다.

$$y_i = x_{2i}\beta_2 + \sigma_{u,v}\lambda_i + \varepsilon_1^* \qquad\qquad (10)$$
$$\varepsilon_i^* = \varepsilon_i + \sigma_{u,v}[\lambda(x_{1i}\beta_1 - \lambda_1]$$

요컨대, Heckman Selection 모형(2-step)은 1단계에서 최우추정법(Maximum Likelihood Estimator)을 활용한 Probit 모형을 통해 보정변인(λ)을 구하고, 이를 2단계의 OLS 회귀식에 포함시켜 편의없는(unbiased) 추정치를 구하는 방법이다(이종구·김태진·권기헌, 2009a: 204).

분석기법 활용사례

Heckman Selection 모형을 활용하여 사교육비 지출패턴과 경감정책의 효과 분석

1. 개요 및 자료

이종구 외(2009)는 Heckman Selection 모형을 활용하여 사교육비 경감대책의 일환으로 실시되는 프로그램 일부를 선별하여 그 효과를 분석하고 이들의 한계 및 개선점을 모색하고자 하였다. 특히 Heckman Selection 모형(2-step)을 통해 사교육비 지출액이 갖는 의미가 복합적임을 감안하여 지출액의 의미를 분해하여 살펴보고자 하였는데, Heckman Selection 모형(2-step)은 독립변수가 사교육비 지출 여부와 사교육비 지출액에 영향을 미치는 과정이 상이하다고 가정하고, 각각의 경우에 적합한 분석 모형을 적용하여 2단계로 나누어 추정하는 방법이다. 이는 종속변수의 0의 수치를 포함하여 불편향적(unbiased) 분석을 시도한다는 점에서는 Tobit 모형과 유사하지만, Tobit 모형은 독립변수들이 0과 1의 의도에 영향을 미치는 것과 지출액에 미치는 영향을 동등하게 가정하는데 비해 Heckman Selection 모형은 이를 둘로 분리하여 실행한다는 점에서 Tobit 모형보다 더 현실성 높은 추정으로 평가되고 있다.

실증분석의 자료로는 통계청의 「2008 사교육비실태조사」를 활용하였다. 2008년도 조사를 통해 총표본 66,999개의 자료가 확보되었으며, 이 중 일반계 고등학교에 재학 중인 학생들에 관한 자료인 18,141개를 추출하여 분석에 활용하였다.

2. 방법 및 절차

종속변수인 사교육비가 기존 연구가 검열분포(censored distribution)를 이룰 경우 사교육 지출액이 갖는 의미가 복합적이기 때문에 이러한 사교육비 지출액의 의미를 분해하여 살펴보기 위해 본 연구는 Heckman selection model(2-step)을 통한 실증분석을 시도하였다. 이를 위해 STATA SE 10.0 version 패키지를 사용하였으며, 구체적으로 이 프로그램에서 사용한 메뉴는 Statistics → Sample selection models → Heckman selection model(two-step) 이다.

본 연구에서 시행된 분석절차를 간략히 소개하면 다음과 같다.

첫째, 사교육비 실태조사 자료 중 사교육의 문제를 설명할 수 있는 변수들을 추출하였다. 설명적 지위에 따라 독립변수는 인구학적 변수, 사회경제학적 변수, 그리고 경감정책변수의 3가지 유형으로 구분하였으며, 종속변수는 사교육비 지출액으로 설정하였다.

둘째, 실증분석을 위해 특정 변수 내에서 기준변수를 설정하고 나머지는 0, 1로 처리하였으며, 사교육 지출액은 실지출액인 점을 감안하여 실증분석을 위해 실지출액의 자연로그값을 취하였다.

셋째, 독립변수가 사교육의 지출여부와 사교육 지출액에 영향을 미치는 과정이 상이하다고 가정하고 있다. 따라서 1단계 Probit 모형을 통해 사교육비 지출여부를 결정하는 변인을 추정하며, 2단계 OLS 모형을 통해 사교육 지출액의 크기에 대한 변인들의 영향력을 추정한다.

〈표 9-5〉 Heckman Selection 모형 분석을 위한 변수의 설정(일부 예시)

구 분	변 수 명		변 수 기 술	
독립변수	부모의 연령	부의 연령 (Father Age)	Fage2	40대일 경우 1, 아니면 0
			Fage3	50대일 경우 1, 아니면 0
			기준변수	20~30대일 경우
		모의연령 (Mother Age)	Mage2	40대일 경우 1, 아니면 0
			Mage3	50대일 경우 1, 아니면 0
			기준변수	20~30대일 경우
	부모의 학력	부의 학력 (Father Educational Background)	Fedu2	고졸이면 1, 아니면 0
			Fedu3	대졸이면 1, 아니면 0
			Fedu4	대학원 이상이면 1, 아니면 0
			기준변수	고졸 미만
		모의 학력 (Mother Educational Background)	Medu2	고졸이면 1, 아니면 0
			Medu3	대졸이면 1, 아니면 0
			Medu4	대학원 이상이면 1, 아니면 0
			기준변수	고졸 미만

		. . .		
종속변수	사교육 지출액 (Private Education Exp)		In_Peep	실지출액의 자연로그값

3. 분석결과 및 함의

Heckman Selection 모형의 추정결과는 〈표 9-6〉과 같다.

〈표 9-6〉 Heckman Selection 모형(2-step) 추정 결과(일부 예시)

Heckman selection model(2 step)									
step	1st Probit					2nd OLS				
Coeff. Var	통합	서울	광역시	중소도시	읍면지역	통합	서울	광역시	중소도시	읍면지역
Fedu2	0.098**	0.109	0.285	−0.190	0.186	0.112**	−0.065	0.164*	0.139	0.095
Fedu3	0.228***	0.288***	0.501	−0.244	0.216	0.272***	0.012	0.316***	0.357***	0.239**
Fedu4	0.279***	0.378***	0.606*	−0.258	0.250	0.242***	0.019	0.306**	0.307***	0.084
Medu2	0.091**	0.061	0.156	−0.187	0.011	0.127***	0.017	0.017	0.221***	0.152*
Medu3	0.213***	0.122	0.391*	−0.119	0.228	0.201***	0.103	0.133	0.256***	0.251**
Medu4	0.262***	0.273**	0.107	−0.136	0.407	0.105	0.047	−0.200	0.176	0.507**
			. . .							
λ_λ	−	−	−	−	−	0.401***	−0.490***	2.005**	−1.296*	0.440***

1단계의 분석결과는 사교육비 지출여부를 결정하는 변인에 대한 추정이며, 2단계의 분석결과는 사교육 지출액의 크기에 대한 변인들의 영향력을 추정한 것이다.

Heckman selection model을 활용하여 사교육비 지출함수를 추정하는 것이 바람직한가를 보여주는 λ (inverse mills ratio)는 1% 수준에서 유의한 것으로 나타나 해당 계량모형의 선택이 바람직했음을 보여준다. '부모의 학력(Fedu, Medu)'은 1단계와 2단계에서 모든 더미변수가 1%와 5% 수준으로 유의하게 나타났으며, 학력은 사교육 지출 확률과 사교육 지출액의 크기에 비례하는 양상을 보였다. 특히 2단계에서는 특정 수준 이상의 학력에서 추정계수의 증가폭이 감소하여 역 U자형의 분포를 보이는 현상이 Tobit 모형과 동일하게 관찰되었다. 사교육비 행정구열별로 살펴보면 사교육비 지출 확률은 서울의 경우에만 아버지의 학력과 유의한 비례관계가 관찰되었다. 또한, 사교육 지출액의 크기는 광역시와 중소도시에서 아버지의 학력과 유의한 비례관계를 보였으며, 어머니의 경우는 대학원 졸인 경우를 제외하고는 사교육비 지출 규모와 양의 관계를 보였다.

6. Count-data 분석을 위한 기법: Poisson모형

1) 개념

Poisson분포는 프랑스의 수학자 Siméon D. Poisson(1781-1840)의 이름을 딴 분포로서, 시간, 거리 또는 공간상에서 무작위로 드물게 발생하는 사건의 수를 묘사하는 데 사용되고 있다. 예를 들어 Poisson의 논문에서 제시되었던 여자와 어린아이의 자살자 수에 관한 분포, 고속도로에서 단위 거리당 사고 발생 건수의 분포, 은행창구에 단위시간당 도착하는 고객의 수에 관한 분포 등에 Poisson분포를 이용하고 있다. 이상과 같은 유형의 문제에서 확률변수가 다음의 조건을 만족할 때 우리는 그 확률변수가 Poisson분포를 따른다고 할 수 있다.

포아송 분포(*poisson distribution*)는 특정 시간, 특정 면적을 전제로 하여, 특정 사상이 발생했던 평균을 근거로 특정 사상에 대한 발생횟수에 대한 확률을 나타내주는 분포이다. 예를 들면 1시간 동안 지나가는 특정 행인의 수, 기계가 한 달 동안 고장나는 수 등인데, 이러한 사상에 대한 확률을 조사할 때에 흔히 포아송 분포를 사용하게 된다.

포아송 분포는 X를 단위시간 내에서 발생할 사건횟수 또는 단위면적 안에서 발견할 수 있는 평균값이라고 정의하고, 이들이 발생하는 것이 독립적이라고 가정하면 X가 k값을 가질 확률은 다음과 같은 포아송 분포를 갖는다.

$$P(X=k) = \frac{e^{-\lambda}(\lambda)^k}{k}, k = 0, 1, 2, \cdots$$

λ = 단위시간 또는 단위면적에 발생할 평균값
e = 자연지수(2.718)

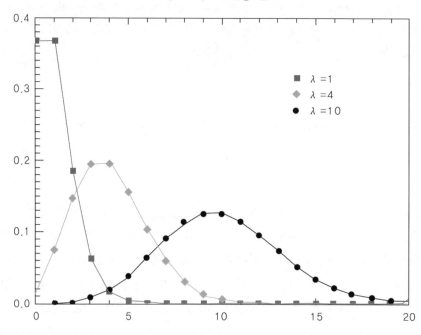

〈그림 9-4〉 포아송 분포

2) 정책분석에의 활용

포아송 분포를 회귀모형과 결합하여 연구하는 경우도 현실 정책문제의 분석에 있어서 유용성을 많이 띠게 된다. 예컨대, 세계 각국의 국제기구 가입 수에 미치는 영향요인에 관한 연구를 할 때, 후진국의 많은 나라의 경우 국제기구 가입 평균값은 5개 이하인 경우도 많이 관찰된다. 이럴 경우 정규분포를 가정하는 최소자승법(OLS)에 의한 추정은 비효율적(*inefficient estimator*)이 되고, 이는 잘못된 가설검증을 유도하게 되므로 문제가 있으며, 이에 따라 포아송 분포를 활용한 최우추정법(*maximum likelihood estimator*)을 활용하여 추정하는 것이 바람직하다.

▌분석기법 **활용사례**

Poisson 모형을 활용하여 국제기구의 가입정도를 예측한 연구

1. 개요 및 자료

권기헌(1994)은 Poisson 모형을 활용하여 국제기구의 가입에 대한 영향요인을 분석

제 3 부   정책분석론: 기법

하였으며, 이를 위해 Poisson 회귀모형의 체계적 함수는 Hurdle 모형으로, 확률적 함수는 Poisson 함수모형으로 구분한 뒤, 이를 결합하는 확률분포모형을 토대로 최우추정법(Maximum Likelihood Estimator)을 적용하였다.

2. 방법 및 절차

본 연구는 국제기구 가입에 대한 연구모형이 최소자승법(OLS)에 기초할 경우 비현실적인 가정을 담게되어 편의(bias)를 발생한다는 데 착안하여 Poisson 확률모형에 기초한 최우추정법(Maximum Likelihood Estimator)을 제안하였다. 즉, 최소자승법의 체계적 함수는 선형모형이며, 확률적 함수는 정규분포인데, 국제기구에 가입하는 많은 후진국의 경우 평균값이 5이하인 관측치가 많아 확률적 함수는 Poisson 분포를 띠게 되어 통계추정량의 문제가 발생하게 된다. 또한, 체계적 함수도 선형모형에 기초하는 경우 관측치의 상한선이 절단된(censored) 자료의 특성을 반영시키지 못해 편의(bias)가 발생하게 된다.

이에 반해, 이 연구는 체계적 함수는 선형모형 대신 Hurdle 모형으로, 확률적 함수는 정규분포모형 대신 Poisson 함수모형으로 변환하여 이를 확률분포모형을 새롭게 구성한 후 최우추정법(Maximum Likelihood Estimator)을 실행하였다.

먼저 종속변수의 관측치 Yi는 다음과 같음 Poisson 확률분포를 따른다.

$$Y_i \rightarrow f_{Poisson}(y_i|\lambda_i) = \frac{e^{-\lambda_i}\lambda_i^{y_i}}{y_i!} \tag{1}$$

이때 독립변수의 값에 따라 움직이는 체계적인 함수형태인 Hurdle 모형은 다음과 같은 형태를 띤다.

$$\lambda_i = \gamma[1 - \exp(-\exp(x\beta))] \tag{2}$$

식(2)에서 정의된 λ_i를 식(1)에 대입하여 전체의 함수식을 우도(Likelihood)로 표현하면 식(3)과 같으며, 이를 최우추정법(Maximum Likelihood Estimator)을 실행하기 편리한 log-우도값(Log likelihood)으로 표현하면 식(4)와 같다.

$$L(\beta|y) = \Pi\frac{e^{-\lambda}\lambda^{y_i}}{y_i!} = \Pi\frac{\exp[-\gamma(1-\exp(-\exp(x\beta)))][\gamma(1-\exp(-\exp(x\beta)))]}{y_i!} \tag{3}$$

$$\ln L(\beta|y) = \sum[y_i\ln[\gamma(1-\exp(-\exp(x\beta)))] - [\gamma(1-\exp(-\exp(x\beta)))]] \tag{4}$$

3. 분석결과 및 함의

Poisson 모형을 활용하여 국제기구의 가입정도를 분석한 결과 최소자승법에 의한 추정에 비해 예측력이 더 높은 결과를 입증해 주었으며, 이는 향후 국제기구의 가입 및 탈퇴에 관한 연구에 보다 정확한 모형을 제안하였다는 점에서 큰 의의를 지닌다. 또한 연구결과는 1980년대 대규모 선진국들이 국제기구에 탈퇴하고 있는 경향을 확인해 주었는데, 이는 국제협력의 확대를 위해 새로운 국제협력의 패러다임이 필요하다는 점을 강력히 시사해주고 있다.

7. 생산성/효율성 분석을 위한 기법: DEA분석

DEA(*data envelopment analysis*)는 선형계획법을 분석단위(*decision making unit: DMU*)의 투입/산출에 적용한 방법으로서, 최선의 DMU들을 선별해내어 최선의 DMU들로부터 프런티어를 구성하고, 각 DMU들이 이러한 프론티어로부터 떨어져 있는 거리(*distance function*)를 계산하는 방식으로 상대적 효율성을 측정하는 기법이다. DEA 모형에 의한 효율성 측정의 기본적인 논리는 Farrell(1957)의 연구에서 효율성 변경(*efficiency frontier*)을 제시함으로써 시작되었다.

DEA 모형은 근본적으로 다음의 4가지를 가정하고 있는데. 첫째, 볼록성(*convexity*),[15] 둘째, 비효율성(*inefficiency*),[16] 셋째, 방사무한성(*ray unboundness*),[17] 넷째, 최소보외성(*minimum extrapolation*)[18]을 가정하고 있다(박만희, 2008: 53-53).

DEA는 크게 두 가지 형태로 존재하는데, 첫째, 규모수익불변(Charnes, Cooper and Rhodes, 1978; CCR)은 단일 투입 대비 산출모형의 기술적 효율성을 측정하는 기법의 하나로서 가상투입에 가상의 산출을 대입하는 방식으로서 다수의 투입 및 산출모형에 적용하기 쉬운 수학적 프로그래밍의 최적 방법을 통해 이뤄졌다. 그러나 규모수익불변이라는 가정 하에서 모형이 도출되기 때문에 규모의 효율성과 순수 기술적 효율성을 구분하지 못한다. 이러한 단점을 보완하기 위하여 규모수익불변이라는 가정을 완화하여 볼록성 필요조건을 추가한 것이 규모수익가변(*variable returns to scale; VRS*) 모형이다.

---

15) 볼록성: 임의의 생산점이 생산가능 집합에 속하면서 그들은 모두 볼록결합을 이룬다.

16) 비효율성: 산출은 동일하나 투입요소를 보다 많이 사용한 점들, 혹은 투입요소는 동일하나 산출량이 보다 작은 점들을 말하며, 이들은 모두 생산가능 집합 내에 속한다.

17) 방사무한성: 주어진 생산점이 생산가능 집합 내에 속하면 그것을 임의의 k배 한 점도 생산가능 집합에 속한다.

18) 고려되는 생산가능 집합은 위의 세 가지 특성을 모두 만족하는 집합들의 교집합이다.

1) 장 점

DEA 모형의 장점은 다음과 같다.

첫째, 복수의 투입과 산출이 가능하며, 개별 산출 또는 투입에 가중치를 적용할 필요가 없다.
둘째, 투입요소와 산출요소가 다양하여 하나의 효율성 지수로 표현하기 힘든 경우에 유용하게
　　　사용될 수 있다(박만희, 2008: 83).
셋째, 통제할 수 있는 투입이 포함된다면, 효율성을 개선하기 위한 관리전략을 개발할 수 있다
　　　(남기범, 1995: 50-51). 즉 효율적인 DMU의 개별적인 관찰에 초점으로 두기 때문에
　　　개선 가능성에 대한 유용한 정보를 제공할 수 있다.
넷째, 지리적 위치나 경쟁 환경의 심화 정도 등 외생변수를 고려하거나 조정 가능하다.
다섯째, 특히 공공부문의 효율성 측정 등과 같이 투입 및 산출요소의 가격을 파악하기 어려운
　　　경우에 계량화하기 어렵다는 문제를 해결할 수 있다.

2) 한 계

DEA 모형의 한계는 다음과 같다.

첫째, DEA모형은 그 타당성을 검증할만한 유의성 검증수단이 없기 때문에 DEA분석설정은
　　　선험적이고 임의적인 성격을 지닌다고 할 수 있다. 따라서 DMU의 선정과 투입 및 산출
　　　요소의 선정에 신중을 기해야 한다(류영아, 2005: 49).
둘째, DEA는 상대적 효율성을 결정할 뿐이기 때문에 DEA는 비효율성을 야기하는 원인을 규
　　　명하지 못한다. 단지 비효율성이 존재하는지 여부만 판별할 수 있을 뿐이다.
셋째, DMU의 수는 충분한 자유도를 가질 만큼 커야 한다. 지나치게 적은 수의 DMU를 대상
　　　으로 할 경우 효율적인 DMU의 수가 투입변수와 산출변수 수의 3배 이상이 될 것을 권
　　　장하고 있다(곽영진, 1993a: 78; 김권위, 2003: 61).

▌ **분석기법 활용사례**

DEA기법을 활용하여 전국 246개 지방자치단체 의료서비스의 상대적 효율성 분석

1. 개요 및 자료
진영찬(2009)은 DEA를 활용하여 전국 246개 지방자치단체 의료서비스의 상대적

효율성을 분석하였으며, 이를 위해 CCR, BCC모형을 통해 전국 246개 지방자치단체의 의료서비스의 상대적 효율성을 평가하여 효율성을 향상시키기 위해 참조해야 할 준거집단을 제시하였다. 특히 선행연구에서 검토된 변수를 중심으로 의료서비스 투입과 산출에 관련된 변수를 선정하였으며, 분석자료는 건강보험통계연보 및 한국도시연감자료를 사용하였다.

2. 방법 및 절차

본 연구는 246개의 시·군·구 지방자치단체의 자료를 분석하여 의료서비스 이용의 상대적 효율성을 측정하였다. Holger Scheel(2000)이 개발한 DEA 전용프로그램인 Efficiency Measurement System(EMS)은 처리할 수 있는 DMU 수, 투입변수의 수, 산출변수의 수에 제한이 없어서 대규모 DEA모형의 계산을 수행하는데 매우 적합한 소프트웨어라고 할 수 있는데, 이 연구는 EMS 프로그램을 사용하여 분석하였다. 구체적으로 이 프로그램안에서 사용한 메뉴는 File → Load data → Run model이다.

〈코딩의 예제〉

DMU	man{I}	facility{I}	equip{I}	claim{O}	treat{O}	visit{O}	expen{O}	day{O}	medic{O}
2	311.2	137.7	144	12253	15491	664770	24868	13	19671
3	152.3	65.1	25	9929	13098	667620	23212	10.3	17602
4	58.2	34.8	24	8269	10967	642130	21387	8.7	16126
5	36.8	25.3	17	8675	11507	626550	22809	8.8	17196
6	33.2	17.2	18	9037	11821	635490	21075	9.3	16112
7	22.7	12.3	13	8049	10493	646510	20450	8.1	15688
8	58.9	21.2	26	10329	13776	664510	21637	10.1	16222
9	29.1	14.7	20	9545	12441	687080	20608	9.7	15811
10	30.8	22	16	10064	13134	671830	21556	10.4	16518
11	42.8	15.8	18	9011	11875	678280	24090	9	18280
12	21.9	9.2	15	8382	10949	658670	19964	8.5	15285
13	34.9	17.0	20.0	8587	11315	668280	20872	8.6	15840
14	69.2	26.2	42.0	9697	12690	688370	21262	10.1	16248
15	27.5	10.8	14.0	7503	9714	657240	19604	7.7	15141
16	23.5	14.2	26.0	9476	12423	650330	21722	9.4	16568
17	51.2	12.3	34.0	13910	17937	665940	21525	13.7	16692

EXCEL 코딩주의사항
1) 투입-산출 자료를 입력하는 워크시트는 'Data'라는 이름으로 설정해야 한다.
2) 투입변수 옆에는 {I}, 산출변수 옆에는 {O}라는 내용을 함께 입력해야 EMS에서 투

입 변수와 산출변수를 인식할 수 있다.

EMS 실행

1) EMS를 클릭하여 실행시킨다.
2) EMS 초기화면에서 가장 왼쪽 〈File〉 메뉴의 〈Load data〉를 선택하면 대화상자가 나온다.
3) 〈DEA〉에서 〈Run model〉은 DEA를 실행시킨다.
4) DEA 분석 결과, DMU, Scores, Benchmarks를 살펴보면 된다.

3. 분석결과 및 함의

DEA 분석기법을 통하여 CCR, BCC 모형을 비교 분석한 결과 행정계층별 효율성 점수대를 살펴보면 '시' 효율성 점수가 높고, '구'의 효율성 점수가 낮다. 즉, 구의 효율성 점수 평균값이 시와 군보다 높게 나왔는바, 전국 95개 구의 효율성 향상 노력이 필요하다고 볼 수 있다. 특히 군의 효율성이 감소하는 이유는 노인인구증가 및 건강보험의 보장성(보장항목)이 확대되면서 건강보험의 지급확대로 인한 것으로 해석된다. 이처럼 DEA기법은 분석단위들간의 투입 및 산출에 비한 비교를 통해 상대적 효율성을 계산해 주고, 이에 따른 정책처방을 가능케 한다는 점에서 정책분석에서 유용하게 활용되는 기법이라고 할 수 있다.

8. Post-DEA분석

DEA분석은 분석단위의 투입 대비 산출에서 나타나는 상대적 효율성을 제시하는데 그친다. 따라서 분석단위의 상대적 순위가 아니라 최우수 성과 및 최하위 성과에 대한 근본 원인을 파악하고 벤치마킹 대상과 벤치마킹 영역을 제시하기 위해서는 보다 심층적인 분석이 요구되는데, 이를 총칭하여 Post-DEA 분석이라고 부른다. 따라서 Post-DEA라고 하여 특정한 분석기법이 정해져 있는 것은 아니며, DEA 분석결과를 통해서 효율성 평가에 영향을 미치는 주요 요인들을 심층면접이나 심층설문을 통해 심층탐색하거나 현실적으로 벤치마킹 가능한 분석단위를 제공함으로써 정책대안이나 실행전략을 좀더 구체적으로 제시해주는 일련의 연구접근방법을 총칭하는 개념으로 이해할 수 있다. Post-DEA 분석으로 일반적으로 사용되는 접근방법들은 다음과 같다.

1) AP모형

DEA모형에서 상대적 효율성 점수의 최대값을 1.00으로 본다면, 이것의 발전된 모형인 AP모형에서는 무한대로 계산할 수 있어서 좀더 적실성 높은 측정이 가능하며, 분석단위간 구체적인 우선 순위화가 가능하다. 진영찬(2009)은 지방정부의 효율성 평가에 관한 연구에서 Post-DEA로 AP모형을 활용하여 지방자치단체의 상대적 효율성 및 우선순위를 제시한 바 있다.

2) Tier분석

Tier분석은 DEA모형으로 분석하는 것을 반복하여 비효율적으로 판명된 분석단위(DMU)가 어떤 분석단위(DMU)를 벤치마킹하는 것이 현실성 있는지를 알려주는 역할을 한다. 즉, 평가결과 효율적인 분석단위(DMU)들을 제외한 나머지 비효율적인 분석단위(DMU)에 대해 다시 DEA를 통한 효율적 평가를 반복적으로 실행하는 것으로 남은 비효율적 분석단위(DMU)들이 충분히 적게 남을 때까지 DEA를 반복해서 계층화한다. 류영아(2006)는 지방정부의 효율성 평가에 관한 연구에서 Tier분석을 통해 비효율적이라고 판명된 기초자치단체가 자신보다 효율적이면서 자신과 효율적 격차가 크지 않은 기초자치단체를 벤치마킹 대상으로 삼고 점차적으로 효율성을 높여 나가는 방안을 제시하였다. 이는 투입과 산출의 규모가 비슷하면서도 업무의 패턴이 비슷한 기초자치단체를 일차적인 벤치마킹 대상으로 하여 향후 정책방향에 있어서 효율성 향상 노력을 유도한다는 데 그 의의를 두고 있다.

3) SERVQUAL을 활용한 심층설문

DEA분석을 실시하고 그 결과의 원인을 심층적으로 분석하기 위해 DEA분석에서 사용한 투입 대비 산출의 비율이라는 변수 이외의 어떠한 변수들이 효율성에 영향을 미치는지에 관한 추후 심층 설문조사를 통해 분석할 수 있다. 문신용·윤기찬(2004: 201-224)은 사회복지서비스 생산성에 관한 통합적 분석에서 DEA분석결과를 바탕으로 Post-DEA분석으로 SERVQUAL 기법을 적용하여 서비스 질에 대한 평가를 실시하였으며, 최종적으로 DEA와 Post-DEA분석으로 SERVQUAL 기법을 이용한 측정결과를 통합적 분석매트릭스로 제시하였다.

AP모형/Tier분석을 활용하여 제주특별자치도의 벤치마킹 대상을 분석한 연구

1. 개요 및 자료

진영찬(2009)은 DEA를 활용하여 전국 246개 지방자치단체 의료서비스의 상대적 효율성을 분석한 후, Post-DEA로 AP모형을 활용하여 지방자치단체간 상대적 효율성 점수의 구체화된 우선순위를 적실성있게 제시하고 있다. 이어 Tier 분석을 통해 제주특별자치도의 경우 어떤 지방자치단체를 벤치마킹하는 것이 현실적으로 바람직한지를 분석하였다.

2. 방법 및 절차

AP모형/Tier분석의 과정은 기본적으로 DEA 프로그램 실행 안에서 이루어진다. 즉, 진영찬(2009)의 경우 전술한 DEA분석을 통해 각 지방자치단체의 효율성 점수를 도출하였고, 이의 구체적인 우선 순위화를 위해 AP 모형을 실행하였다. 또한 DEA 기본모형의 변형모형인 Tier분석으로 벤치마킹할 구체적인 대상을 도출하였다. Tier 분석은 DEA 모형으로 분석하는 것을 반복하여 비효율적으로 판명된 지방자치단체가 어떤 지방자치단체를 벤치마킹하는 것이 현실성을 지니는지를 알려주는 역할을 한다. 이러한 AP모형/Tier분석은 기본적으로 앞에서 설명한 DEA분석의 실행프로그램의 확장옵션을 통해 분석이 가능하다. 즉, 이 논문은 AP모형/Tier분석 역시 DEA 전용프로그램인 Efficiency Measurement System(EMS)을 활용하였으며, 구체적으로 프로그램 실행 메뉴는 File → Load data → Run model이다.

AP모형을 위한 EMS 실행과정

1) EMS를 클릭하여 실행시킨다.

2) EMS 초기화면에서 가장 왼쪽 〈File〉 메뉴의 〈Load data〉를 선택하면 대화상 자가 나온다.

3) 〈DEA〉에서 〈Run model〉은 DEA를 실행시킨다.

4) 〈Superefficiency〉는 초효율성 값을 구하는 것인데, 이것을 클릭하면 AP모 형까지 구할 수 있다. AP모형은 변형된 DEA 모형(Post-DEA)으로, 전체 분 석단위(DMU)의 순위화를 가능하게 해준다.

Tier 분석을 통한 벤치마킹 대상 선정과정
1) Tier 분석의 경우는 DEA 기본모형에서 제시된 산출값을 관찰한다.
2) 효율적으로 평가된 분석단위(DMU)를 제외하고 비효율적인 분석단위(DMU)
   만을 대상으로 반복시행한다.
3) 분석대상의 초점이 되는 분석단위의 효율성 점수가 1에 수렴할 때까지 반복
   시행한다.
※ 예시: 아래 그림은 제주시에 적절한 단계별 벤치마킹 대상을 보여주고 있다.

〈그림 9-5〉 Tier 분석을 통한 단계적 벤치마킹 대상 설정

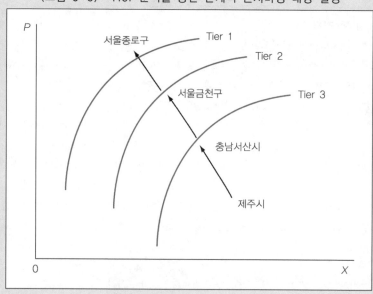

1) Tier 분석 1은 DEA 기본모형으로 평가한 결과를 나타내는 것으로, 2007년
   자료의 경우 40개의 지방자치단체 의료서비스가 효율적 것으로 평가되었고
   206개의 지방자치단체가 비효율적으로 평가되었다.
2) Tier 분석 2는 206개의 비효율적인 지방자치단체들을 대상으로 다시 한 번
   DEA 모형으로 평가한 것인데, 그 결과 69개의 지방자치단체 의료서비스가
   효율적으로 평가되었고 137개의 지방자치단체가 비효율적으로 평가되었다.
3) Tier 분석 3은 137개의 비효율적인 지방자치단체를 대상으로 또다시 반복하여
   평가하는 것인데, 그 결과 50개의 지방자치단체 의료서비스가 효율적 것으로
   평가되었고 87개의 지방자치단체가 비효율적인 것으로 나타났다.

3. 분석결과 및 함의

〈표 9-7〉 2007년 Tier 분석 결과

구분	분석단체	Tier 1	Tier 2	Tier 3
	시간적 관점	장기	중기	단기
	효율성 점수	0.76	0.85	0.94
	적합한 벤치마킹 대상	서울 종로구	서울 금천구	충남 서산시
투입	인구 1,000명당 보건인력 수	2.82	2.04	3.05
	인구 1,000명당 의료시설 수	1.95	2.36	3.10
	인구 1,000명당 장비 수	2.36	1.1	2.03
산출	청구건수	2.27	2.57	2.03
	내원일수	2.25	2.57	3.20
	총 진료비	2.40	2.68	3.19
	건당 요양급여비용	3.05	3.12	3.20
	건당 내원(요양)일수	2.59	2.77	3.18
	내원일당 요양급여 비용	3.04	3.05	3.14

위의 〈표 9-7〉은 Tier분석결과를 보여주고 있다. 2007년 제주시의 경우는 Tier 분석 1에서는 가중치가 가장 높은 서울 종로구를 벤치마킹하여야 한다. 이는 장기적인 벤치마킹 대상이다. Tier 분석 2의 경우, 제주시는 가중치가 가장 높은 서울시 금천구를 벤치마킹하여야 한다. 이것은 중기적인 벤치마킹이다. Tier분석 3의 경우, 제주시는 가중치가 높은 충남 서산시가 벤치 마킹되어야 한다. 즉, 제주시는 1차적으로 충남 서산시를 벤치마킹하고, 2차적으로 서울시 금천구, 3차적으로 서울시 종로구를 벤치마 킹해야 하는 결과를 보여주고 있다.

단기적 관점(Tier 3)에서 볼 때, 제주시의 효율성 점수는 0.94점으로, 0.06점의 점수 향상이 있어야 효율적인 지방자치단체가 될 수 있다. 제주시가 의료서비스 측면에서 효율적인 지방자치단체가 되려면, 인구 1,000명당 보건인력 수는 305%, 인구 1,000명당 의료시설 수는 310% 증가되어야 한다. 산출변수 중에서는 청구건수를 203%, 내원일수를 320% 증가시켜야 한다.

장기적 관점(Tier 1)에서 볼 때, 제주시의 효율성 점수는 0.76점으로, 0.24점의 점수 향상이 있어야 효율적인 지방자치단체가 될 수 있다. 제주시가 의료서비스 측면에서 효율적인 지방자치단체가 되려면, 인구 1,000명당 보건인력 수는 282%, 인구 1,000명당 의료시설 수는 195% 증가되어야 한다. 산출변수 중에서는 청구건수를 227%, 내원일수를 225% 증가시켜야 한다.

이처럼 Tier분석은 현시점에서 유사한 효율성을 지닌 분석단위를 제시해 줌으로써 현실성과 적실성 높은 벤치마킹을 가능하게 해 준다는 점에서 유용한 정책분석의 도구가 될 수 있다 하겠다.

9. Coulter 모형: 형평성 측정을 위한 분석모형

1) 개념 및 특성

정책분석의 경우 대부분 효율성 측정에 그치는 경우가 많아 형평성 분석이 매우 중요한 과제로 등장하는데, 이런 관점에서 Coulter 모형은 형평성 측정을 위한 매우 중요한 분석도구이다. 정책서비스 제공의 형평성 측정에 있어 가장 중요한 부분은 합리적인 측정도구를 개발하고 선정하는 것이다. 형평성 수준은 역으로 비형평성 정도를 통해서 파악할 수 있는데, 대표적으로 Coulter(1980)가 제시하고 있는 비형평성계수(*coefficient of inequity*)를 들 수 있다.

Coulter 모형은 인구수, 지역별 재정자립도, 면적, 인구증가율 등을 규범적 분배기준으로 하여 형평성을 측정할 수 있는데, 이 형평성 지표는 분산모형의 한 가지 유형으로 비형성에 가중치를 두기 위하여 분자의 각항을 제곱하였다가 다시 제곱근을 취하는 방식으로 구성된다(윤광재 외, 2009: 127). 구체적으로 Coulter 모형은 정책서비스 배분체제의 각 단계별로 서비스배분 수준을 측정해 볼 수 있으며, 서비스배분의 형평성은 이와 같은 각 단계의 서비스배분 수준과 그 형평성 기준에 따라 측정해 볼 수 있다. 통상적으로 이러한 형평성 수준은 비형평성의 정도를 측정하여 나타내고 있다(김인, 1986).

비형평성을 측정하는 방법은 여러 가지가 있을 수 있다. 가장 간단한 방법이 평균수익지수나 평균비용지수에 대한 평균편차를 측정해 보는 것이다. Coulter(1980)는 Aristole의 배분적 정의관[19]에 근거하여 분석대상 지역 간 형평성을 측정하는 지표로 서비스배분의 비형평성(*inequity*)을 측정하는 모형을 제안했다. 이러한 모형을 통하여 지역 내에서 서비스가 비형평하게 배분되고 있는 정도를 나타내는 비형평성 지수와 동시에 이러한 배분체제에 있어서 각 지역의 비형평성 지수를 측정해 볼 수 있다. 이러한 직접적 측정방법은 한 지역의 주민이 그들이 분배받아야 하는 형평성 기준보다 더 많이 또는 더 적게 서비스 양을 경험한 정도를 직접 측정할 수 있게 한다.

---

[19] Aristotle(B.C.350)는 한 국가 내의 시민을 부유층, 빈곤층, 중산층의 3계층으로 분명하게 구분할 수 있다고 전제하고, 명예의 분배(Distribution of Honors), 물질재화의 분배(Distribution of Material Goods), 그리고 정치체제 내의 할당 몫을 가진 자들에 배당될 수 있는 분배(Distribution of Political Powers)로부터 배분적 정의를 찾을 수 있다고 한다(김선경, 1997; 진영찬, 2010: 64).

Coulter 모형은 분석대상 간 형평성을 측정하기 위한 지표로 비형평성계수를 제시하고 있으며, 이 계수를 통해 분석대상의 서비스배분에 대한 비형평성을 판단한다. Coulter의 비형평성계수를 산출하기 위한 식은 다음과 같다.

$$I = \frac{100 \sqrt{\sum_{i=1}^{k} (\frac{X_i}{S} - E_i)^2}}{\sqrt{1 + (\sum_{i=1}^{k} E_i^2) - 2MinE_i}}$$

I = 비형평계수

i = 관할구역 내 특정 지역 혹은 하위단위

k = 선정된 조사지역 총수

S = 전체 지역에 제공된 서비스 총량으로 Xi들을 모두 합한 값

X_i = i지역에 제공된 특정 서비스의 수준 혹은 양

E_i = i지역의 형평성 기대값

2) Coulter 지수의 산정방법

Coulter지수의 계산과정을 살펴보기 위해 구체적인 예제를 검토하면 다음과 같다.

전국 16개 광역지자체들간의 의료서비스 형평성을 검증하기 위해 이하와 같은 자료가 있다고 하고(진영찬, 2010: 48-50), 이를 시설수에 한정하여 비형평성 계수의 계산과정을 살펴보자.

이때 우리의 관심은 시설수의 비형평성계수에 있으므로 X는 시설수를 의미하게 되며, E는 총인구분에 해당지역의 인구수로 인구비율로서 표현할 수 있으며, S는 시설수를 합한 총합을 의미한다. 아울러, 상위에 언급된 수식을 변환하면 아래와 같이 표현될 수 있다.

$$I = \frac{100 \sqrt{\sum_{i \geq 1}^{k} (\frac{X_i}{S} - E_i)^2}}{\sqrt{1 + (\sum_{i \geq 1}^{k} E_i^2) - 2MinE_i}} = \frac{\sqrt{\sum_{i \geq 1}^{k} [(\frac{X_i}{S})^2 + (E_i)^2 - 2(\frac{X_i}{S})(E_i)]}}{\sqrt{1 + (\sum_{i \geq 1}^{k} E^2) - 2Min(E_i)}} \times 100$$

X=시설수, E=인구비율(예: 서울/전체인구), S=시설수 총합

각 수식에 위의 값들을 적용하여 수식을 구성할 때, 분자는 아래와 같이 표현된다.

[자료 값 예제]

	종사자수	시설수	장비	청구건수	내원일수	요양급여비용	건당요양급여	건당내원일수	내원일당 요양급여	총인구
서울	41,851	19,646	676	9.60	12.5	216.2	22482	1.3	17175	10,235,068
부산	12,125	5,768	355	9.9	13	224.6	22557	1.34	16814	3,395,773
대구	8,928	4,101	300	8.8	11	199.5	22578	1.28	17564	2,362,465
인천	7,072	3,466	203	8.2	11	182.9	22091	1.31	16817	2,641,759
광주	5,419	2,247	176	8.9	12	208.6	23377	1.3	17862	1,325,205
대전	5,486	2,527	149	10	13	234.4	23013	1.3	17620	1,442,696
울산	2,846	1,470	101	8.6	12	187.4	21572	1.32	16282	1,147,661
경기	29,612	14,990	863	7.9	10	174.4	21872	1.28	16968	11,272,865
강원	4,514	2,136	176	8	10	183.2	22879	1.28	17809	1,389,823
충북	4,261	2,257	145	9.5	12	215.8	22510	1.29	17316	1,409,659
충남	5,694	3,009	166	9.8	13	211.6	21544	1.32	16217	1,860,321
전북	6,279	3,194	222	10.2	14	234.7	22960	1.34	17112	1,630,110
전남	5,707	2,944	216	8.8	12	182.7	20688	1.34	15337	1,685,636
경북	6,760	3,861	204	7.4	10	154.7	20759	1.3	15924	2,443,663
경남	8,280	4,332	352	7.6	10	167.1	21726	1.31	16505	3,054,094
제주	1,552	855	40	9.7	13	200.4	20553	1.3	15744	522,876
합계	156386	76803		8.93	11.70					47819674

$$\sqrt{\sum_1^{16}[(\frac{시설수}{시설수\,총합})^2+(인구비율)^2-2(\frac{시설수}{시설수총합}\times인구비율)]}$$

또한, 분모의 경우는 아래와 같이 표현될 수 있다.

$$\sqrt{1+(\sum_1^{16}(인구비율)^2-2Min(인구비율)}$$

따라서 Coulter 모형을 위 사례에 적용하면 아래와 같이 최종 표현된다.

제 3 부 정책분석론: 기법

$$비평형평지수(I) = \frac{\sqrt{\sum_1^{16}\left[\left(\dfrac{시설수}{시설수\ 총합}\right)^2 + (인구비율)^2 - 2\left(\dfrac{시설수}{시설수총합} \times 인구비율\right)\right]}}{\sqrt{1 + \left(\sum_1^{16}(인구비율)^2 - 2Min(인구비율)\right)}} \times 100$$

즉, 수식변환에 따라서 분자와 분모를 각각 구한 후 분자/분모*100을 해주게 되면 Coulter의 비형평성지수가 생성된다. 이를 엑셀에 구현하면 아래 표와 같이 나타나게 된다.

K 총인구	L X/S	M (X/S)^2	N E	O (E)^2	P 2*X/S*E	Q (X/S)^2+(E)^2-2(X/S)*(E)	R
10,235,068	0.255797	0.065432	0.214035	0.045811	0.109499	0.001744	
3,395,773	0.075101	0.00564	0.071012	0.005043	0.010666	0.000017	
2,362,465	0.053396	0.002851	0.049404	0.002441	0.005276	0.000016	
2,641,759	0.045128	0.002037	0.055244	0.003052	0.004986	0.000102	
1,325,205	0.029257	0.000856	0.027713	0.000768	0.001622	0.000002	
1,442,696	0.032902	0.001083	0.030170	0.000910	0.001985	0.000007	
1,147,661	0.01914	0.000366	0.024000	0.000576	0.000919	0.000024	
11,272,865	0.195175	0.038093	0.235737	0.055572	0.092020	0.001645	
1,389,823	0.027811	0.000773	0.029064	0.000845	0.001617	0.000002	
1,409,659	0.029387	0.000864	0.029479	0.000869	0.001733	0.000000	
1,860,321	0.039178	0.001535	0.038903	0.001513	0.003048	0.000000	
1,630,110	0.041587	0.001729	0.034089	0.001162	0.002835	0.000056	
1,685,636	0.038332	0.001469	0.035250	0.001243	0.002702	0.000009	
2,443,663	0.050271	0.002527	0.051102	0.002611	0.005138	0.000001	
3,054,094	0.056404	0.003181	0.063867	0.004079	0.007205	0.000056	
522,876	0.011132	0.000124	0.010934	0.000120	0.000243	0.000000	
47819674	1		1	0.126614		0.003682	Q셀의 전체총합
					SQUARE ROOT(분자)	0.060677	Q셀의 전체총합의 루트값
					1+Sum(E^2)-2Min(E)		최종 비형평성지수(I)
						1.104745	5.772870649
					SQUARE ROOT(분모)	1.051069	
					X		시설수
					E		인구비율
					S		시설수총합

엑셀의 L란에 위치한 수식 X/S는 시설수를 시설수 총합으로 나눈 값이며, M란에 위치한 수식 X/S^2는 이를 제곱한 것이다. N란에 위치한 수식 E는 인구비율을 뜻하며, O란에 위치한 수식 E^2은 인구비율의 제곱을 의미한다. P란에 위치한 수식 2*X/S*E는 시설수를 시설수 총합으로 나눈 것의 2배의 값에 인구비율을 곱한 것이며, Q란에 위치한 수식 (X/S)^2+(E)^2-2(X/S)*(E)는 시설수를 시설수총합으로 나눈 값을 제곱하고, 인구비율을 제곱한 값을 더한 후, 시설수를 시설수 총합으로 나눈값에 인구비율을 곱하고 이에 2를 곱한 수를 빼준 것으로서, 이는 Coulter 수식에서 루트를 씌우기전 분자를 표현한 것이다.

한편, 분모의 경우는 Q란의 21번셀에 표현된 수식으로서 1에 각 지역 인구비율의 제곱 값 총합을 더한 후, 인구비율의 최소값에 2배한 것을 뺀 것으로서, 이는 루트를 씌우기전 분모를 표현한 것이다.

총체적으로 Q란의 19번 셀은 분자에 루트를 씌운 값이며, Q란의 23번 셀은 분모에 루트를 씌운 값이다. 따라서 Q란의 19번 셀을 Q란의 23번 셀로 나눈 후 분자에 100을 곱한 값이 최종 비형평성지수(I)가 되는 셈인데, 이는 R란의 22번 셀에 나타난 값으로서 5.772이다. 이는 〈표 9-8〉을 기준으로 해석할 수 있듯이, 거의 형평(*virtual equity*)을 의미한다.

한편, Coulter의 비형평계수(I)는 언제나 양의 값을 가지며, 계수값이 클수록 서비스 배분의 비형평성이 크다는 것을 의미한다. I 값의 최소값은 0으로 완전한 형평을 의미하며, 최대값은 100으로 완전한 비형평을 의미한다. 그러나 50 이상인 값은 극히 예외적인 경우이며, 이론적으로만 가능한 경우이다.

〈표 9-8〉 Coulter의 비형평 계수표

비형평성 계수(I)	형평성 평가 기준
0	완전 형평(perfect equity)
1-10	거의 형평(virtual equity)
11-20	약간 불형평inor inequity)
21-30	상당한 불형평(serious inequity)
31-50	극심한 불형평(severe inequity)
50 이상	극도의 불형평(extreme inequity)

* 자료: Coulter(1980); 진영찬(2009); 윤광재·김윤수(2008).

분석기법 **활용사례**

Coulter 모형을 활용한 노인요양시설서비스의 효율성과 형평성에 관한 연구

1. 개요 및 자료
문상호·김윤수(2006)는 Coulter 모형을 활용하여 노인요양시설서비스의 효율성과 형평성에 관한 연구를 수행하였다. 본 연구의 목적은 시·군·구 노인요양시설서버스의 형평성과 효율성 간의 상관관계를 분석하고자 하였으며, 형평성을 측정하기 위해 Coulter 모형의 비형평성계수를 산출하였다. 분석자료는 「노인복지시설현황 2006」과 「한국도시연감 2005」에 수록된 통계자료를 이용하였다.

2. 방법 및 절차
본 연구는 투입·산출변수에 대한 비형평성 계수를 실증적으로 계측한 후 그 계측치를 사용하여 서비스의 형평성을 측정하고자 하였다. 분석을 위해 전국 196개 시·군·구 기초자치단체의 노인요양시설 운용자료(시설수, 종사자수, 시설 가동률, 시설 시비스율)를 활용하였다. 분석을 위한 변수와 측정지표는 다음과 같다.

구 분	변 수	측정지표
투입 변수	노인요양시설 종사자수	해당 기초자치단체 내 노인요양시설 근무직원 총원
	노인요양시설수	해당 기초자치단체 내 노인요양시설 총수
산출 변수	노인요양시설 가동률	해당 기초자치단체 내 노인요양시설 수용 현인원/노인요양시설 수용가능 총원
	노인 일인당 시설서비스율	해당 기초자치단체 내 서비스 대상노인 총인구
형평성 기준	서비스 대상 시군구 기초자치단체 내 노인인구수	해당 기초자치단체 내 서비스대상노인 총인구

3. 분석결과 및 함의

Coulter의 비형평계수법을 통한 전국노인요양시설시비스 형평성 분석결과는 다음과 같다.

〈표 9-9〉 Coulter 모형을 통한 전국노인요양시설시비스 형평성 분석결과

구 분	변 수	비형평계수	평가결과
투입 변수	노인요양시설의 종사자수	6.161	거의 형평(virtual equity)
	노인요양시설수	5.891	거의 형평(virtual equity)
산출 변수	노인요양시설의 가동률	4.458	거의 형평(virtual equity)
	노인 일인당 시설서비스율	8.412	거의 형평(virtual equity)

이 연구는 전국 노인요양시설의 형평성을 분석해 본 결과 투입변수와 산출변수의 Coulter 비형평성 계수는 4-9사이로 분석됨에 따라 '거의 형평적'(virtual equity)이라는 결론을 내리고 있다. 하지만 좀더 구체적으로 들어가 변수간의 형평성 정도를 분석해 보면 노인 일인당 시설서비스율은 노인요양시설 종사자수, 요양시설수, 가동률에

비해 보다 심한 지역적 비형평성을 나타내고 있음이 발견되었으며, 이에 따라 향후 형평성을 높이기 위한 정책적 방안이 강구될 필요가 있다는 점이 확인되었다. 이처럼 DEA모형이 정책서비스의 효율성을 측정하는데 비해 Coulter모형은 정책서비스의 형평성을 측정해 주게 되며, 이러한 형평성 측정결과는 향후 전국 지자체 혹은 공공기관의 정책서비스의 형평성을 제고하는 정책함의를 도출하는 데 있어 매우 유용하게 활용될 수 있다.

10. 메타회귀분석

메타분석의 개념을 설명함에 있어 Glass(1976)는 제1차 분석과 제2차 분석, 그리고 메타분석의 3가지로 구분하고 있다. 제1차 분석이란 연구에서 얻은 원자료(*raw data*)들을 분석하는 것을 말하며, 제2차 분석은 제1차 분석에서 제기되었던 연구질문을 보다 나은 통계적 방법을 사용하여 해답을 얻으려 하거나 기존의 자료들을 가지고 새로운 연구질문에 해답을 구하려는 목적으로 흔히 이용된다. 그리고 메타분석이란 '분석들의 분석'을 의미하는데, 이것은 낱낱의 연구 결과들을 통합할 목적으로 많은 수의 개별적 연구나 결과들을 통계적 방법을 사용하여 분석하는 것을 말한다.

최근들어 메타분석을 이용하여 연구하는 학자들은 종래의 효과크기의 분석에서 초점을 바꾸어 각 연구들에서 발견된 '평균적 효과'를 추정하고 효과의 변량을 설명하는 모형을 구축하는 방향으로 메타분석을 사용하고 있는데, 이를 메타회귀분석이라고 할 수 있다.

메타회귀분석은 경제학에서 경험적인 연구를 조사하는 데 사용하는 특별한 메타분석의 형태로서(Jarrell and Stanley, 1990; Stanley and Jarrell, 1998), 메타회귀분석에서 독립변수가 그 연구들에서 사용된 방법과 설계, 데이터의 특성들을 포함하여 효과의 결정에 영향을 미친다는 가정하에 개별의 연구들을 통합하여 메타적으로 도출된 종합평균적 추정효과를 의미한다.

그러므로 메타회귀분석은 보고된 결과들에 영향을 미치는 방법들, 설계 그리고 데이터의 특별한 선택에 대한 범위를 확인해 줌과 동시에 종합적으로 통합된 메타결과를 도출하여 연구방향의 잠재적 유용성을 평가하고 새로운 연구의 지평을 열어준다는 데 의의가 있다(T. D. Stanley, 2001).

메타회귀분석을 활용한 지식관리 성과의 결정요인에 관한 연구

1. 개요 및 자료

성균관대학교 국정관리대학원 김일태(2009)는 메타회귀분석을 통해 지식관리의 이론적 논의와 다수의 실증연구에서 확인된 요인이 일치하는지 살펴보고, 이론과 실증연구에서 확인된 요인들이 조직성과에 미치는 영향력을 추정해보았다.

개별 연구에서 사용된 독립변수들을 특징에 따라 재범주화하여 독립변수로 활용하였고, 개별 연구들이 갖는 고유한 속성들에 따라 연구의 결과가 달라질 수 있다는 가정하에 이들을 독립변수로 활용하였다. 종속변수로는 개별 연구에서 분석결과로 제시된 지식관리의 성과에 대한 독립변수들의 회귀계수를 활용하였다. 이를 토대로 개별논문들을 코딩하였고, 회귀분석의 자료로써 사용하였다.

2. 방법 및 절차

본 연구는 메타회귀분석을 사용하였으며, STATA SE 10 version 패키지를 사용하였다.

〈코딩의 예제〉

	B	C	D	E	N	R	V	Z	AC	AF	AG	AI	AK	AN
1	분석범주	발행연도	분석대상	분석방법	지식관리활동	전략	프로세스	문화/사람	기술	구조	업무성과	내부성과	고객성과	조직성과
2	0	0	1	1	0.4905	0	0	0	0	0	1	0	0	0.981
3	0	0	1	1	0.4905	0	0	0	0	0	0	1	0	0.981
4	1	1	1	0	0.459	0.2705	0.227	0.223	0	0	1	0	0	1.45
5	1	1	1	0	0.62	0.2495	0.347	0.255	0	0	0	1	0	1.721
6	0	1	1	1	0.26	0	0	0	0	0	1	0	0	0.26
7	0	2	1	0	0.1695	0	0	0.233	0.056	0.307	1	0	0	1.274
8	0	2	1	0	0.1695	0	0	0.233	0.056	0.307	0	1	0	1.274
9	0	2	1	0	0.1695	0	0	0.233	0.056	0.307	0	0	1	1.274
10	1	2	1	0	0	0.532	0	0	0.711	0	0	1	0	1.243
⋮														
131	1	10	1	1	0.92	0.1702	0.0736	0.2294	0.1702	0	0	1	0	1.5634
132	1	10	1	1	0.715	0	0.1358	0.1144	0	0	1	0	0	0.9652
133	1	9	0	1	0	0	0.996	0.203	0	0	1	0	0	1.199
134	1	9	0	0	0	0	0.3556	0	0	0	1	0	0	0.7164
135	1	8	0	0	0.126	0	0.14933	0.253	0	0	0	1	0	0.827
136	1	8	0	0	0	0	0.16967	0.142	0	0	0	1	0	0.651

본 연구에서 시행된 분석절차를 간략히 소개하면 다음과 같다.

첫째, 연구들이 상위범주(지식순환 싸이클)를 연구하였으면 0, 하위범주(세부요소)를 연구하였으면 1로 코딩하였다.

둘째, 연구가 발행된 연도를 1999년을 기준으로 1999년 연구물은 0, 2000년 연구물은 1, 2001년 연구물은 2, 2002년 연구물은 3, 2003년 연구물은 4,

2004년 연구물은 5, 2005년 연구물은 6, 2006년 연구물은 7, 2007년 연구물은 8, 2008년 연구물은 9, 2009년 연구물은 10으로 코딩하였다.

셋째, 공공부문을 대상으로 한 연구는 0, 민간부문을 대상으로 한 연구는 1로 코딩하였다.

넷째, 회귀분석을 사용한 연구는 0, 구조방정식을 사용한 연구는 1로 코딩하였다.

다섯째, 개별 연구에서 사용된 독립변수들을 특징에 따라 재범주화하여 6가지(지식관리활동, 전략, 프로세스, 문화/사람, 기술, 구조)로 범주화하였고 이들을 독립변수로 활용하였고, 개별 연구에서 분석결과로 제시된 지식관리의 성과에 대한 독립변수들의 회귀계수를 코딩하였다.

3. 분석결과 및 함의

〈STATA 통계패키지의 분석결과〉

Source	SS	df	MS			
Model	32.6519169	6	5.44198616	Number of obs =		135
Residual	17.847122	128	.13943064	F(6, 128) =		39.03
				Prob > F =		0.0000
				R-squared =		0.6466
Total	50.4990389	134	.376858499	Adj R-squared =		0.6300
				Root MSE =		.3734

V40	Coef.	Std. Err.	t	P>|t|	[95% Conf. Interval]	
V14	1.488155	.1366691	10.89	0.000	1.217732	1.758579
V18	.9369607	.1769807	5.29	0.000	.5867742	1.287147
V22	1.058677	.1657021	6.39	0.000	.7308073	1.386547
V26	1.256449	.2031311	6.19	0.000	.8545195	1.658379
V29	.7600506	.1768567	4.30	0.000	.4101093	1.109992
V32	.8367042	.2662242	3.14	0.002	.3099341	1.363474
_cons	.1209974	.0688922	1.76	0.081	-.0153177	.2573125

메타회귀분석을 실시한 결과 재범주화 된 6개의 독립변수들이 지식관리 성과에 미치는 영향요인들을 살펴보면, 유의수준 0.1% 하에서 지식관리활동(V14), 전략(V18), 프로세스(V22), 문화/사람(V26), 기술(V29)에 대한 회귀계수가 유의미하게 나타났고, 유의수준 1%하에서는 구조(V32)에 대한 회귀계수가 유의미하게 나타났다. 종속변수에 대한 설명력(R^2)은 64.7%이고, 그 중에서 지식관리활동이 가장 중요한 요인으로 나타났다.

조직의 성과를 업무성과, 내부성과, 고객(시민)성과로 나누어서 살펴보았을때 이들에 영향을 미치는 요인들은 달리 나타난다는 점도 확인되었는데, 그 중에서도 지식관리활동은 공통요인으로서 가장 중요하다는 것으로 나타났다. 즉, 업무성과에 미치는 영향요인으로는 지식관리활동과 프로세스가 도출되었고, 내부성과에 미치는 영향요인으로는 문화/사람과 지식관리활동이 도출되었으며, 고객(시민)성과에 미치는 영향요인으로는 지식관리활동, 기술, 조직구조가 도출되었는바, 지식관리활동이 업무성과·내부성과·조직성과에 공통적으로 영향을 미치고 있음을 발견할 수 있었다.

11. 성향점수매칭 이중차이(PSM-DID: Propensity Score Matching-Difference in difference) 모형

성향점수매칭 이중차이(*PSM-DID*)모형은 선택편의를 줄이기 위해 실험집단과 유사한 특성을 지닌 사람을 정교하게 선정(*matching*)하여 비교집단을 구성하는 성향점수매칭 (*propensity score matching: PSM*)과 정책의 도입 이전과 이후의 실험집단과 통제집단을 비교함으로써 성과를 도출하는 이중차이모형(*difference-in-difference: DID*)의 결합 모형이다(이대웅·권기헌·문상호, 2015: 39).

성향점수매칭은 실험집단과 통제변수를 활용하여 유사한 특성을 가진 비교집단을 구성한다는 점에서 선택편의(*selection bias*)와 내생성(*endogeneity*)의 문제를 줄인다는 장점이 있으나, 분석대상의 관찰되지 않은 특성(*unobserved characteristics*)이 두 집단 간 동질적이지 못한 경우에 발생하는 편의 때문에 실제 정책효과보다 높게 추정할 수 있다. 또한 이중차이 모형만 사용한다면 두 집단 간에 종속변수에 영향을 미칠 수 있는 다른 특성들이 비동질적일 때 발생하는 편의가 발생 할 수 있다는 단점이 존재한다. 이처럼 하나의 모형만 사용할 경우 정확하게 정책의 효과를 분석하기 어려워 질 수 있으나, 두 모형을 함께 적용할 경우 각 모형이 가지고 있는 단점을 서로 보완할 수 있다(한수정, 2015: 88-90).

이와 같이 성향점수매칭 이중차이 모형은 두 가지의 분석모형 즉, 성향점수매칭과 이중차이모형을 결합한 모형이므로 장점이 있는 바, 아래에서는 그 개념과 특성을 살펴보고, 두 가지 모형을 분석함에 있어서는 분석방법의 순서가 정해져 있기 때문에 이를 함께 설명하고자 한다.

1) 개념 및 특성

(1) 성향점수매칭

성향점수매칭은 무작위 표본추출이 어려운 사회과학 연구에서 활용 가능한 비실험적 (*non-experimental*) 방법 중 하나로, 실험집단에 가장 적합한 비교집단을 찾아 구성하는 방법이다. 즉, 분석대상 중에 속성이 유사한 개체끼리 짝을 맞춰줌으로써, 무작위 선택 (*random selection*)으로 표본을 뽑아낸 것과 근접하게 표본을 추출하는 것이다 (Rosenbaun & Rubin, 1983: 42; 이대웅·권기헌·문상호, 2015: 40). 이러한 성향점수매칭이 이루어지기 위해서는 두 가지의 전제조건이 필요하다.

첫째, 조건부 독립성이다. 이는 관측 가능한 설명(독립)변수를 통제하면 정책 프로그램

참여는 정책의 잠재적 결과(정책성과)와 독립임을 의미한다. 즉, 관측되지 않은 설명(독립)변수는 정책 프로그램 참여자에게 영향을 미치지 않고 관측할 수 있는 설명변수가 개인의 성과와 관련된 모든 차이를 통제할 수 있다는 것이다. 예를 들어, 기초연금제도의 정책효과를 분석하는 경우 무작위 추출로 수급집단이 이루어지지 못했더라도, 수급집단을 선정하는 기준($\fallingdotseq x$)이 정책수급의 결과(y_0, y_1)와 관련이 없으면 선택편의의 문제가 해결 될 수 있다. d가 기초연금의 수급여부를 나타낼 때 조건부 독립의 가정을 수식으로 표현하면 다음 식(1)과 같다. 이러한 조건부 독립이 성립되지 않으면 선택편의(*selection bias*)가 발생하게 되어 적합한 성향점수매칭이 이루어지기 어렵다.

$$(y_0, y_1) \perp d | x \qquad\qquad (1)$$

둘째, 수급집단과 비수급집단의 정책수급확률 분포에 공통의 영역이 존재해야 한다. 이는 중첩(*overlap*)이라고도 하며, 중첩되지 않은 부분은 탈락하게 된다. 이는 수급집단과 비수급집단에 동일한 설명(독립)변수를 갖는 개체들이 존재해야 된다는 것으로 수급집단과 비수급집단의 관측 가능한 변수들의 분포에 있어 유사한 성향점수의 개체들끼리 이웃하도록 중첩되어 매칭이 이루어져야 함을 의미한다. 이를 수식으로 표현하면 다음 식(2)과 같다.

$$0 \langle \ \mathrm{pr}(d=1|x) \ \langle \ 1 \qquad\qquad (2)$$

(2) 이중차이모형

이중차이모형은 정책의 도입 이전과 이후의 정책성과의 차이를 실험집단과 비교집단의 구성을 통해 도출함으로써 정책의 효과를 추정한다. 즉, 정책수급집단의 정책도입 전후 성과(*outcome*)차이에서 비수급집단의 전후 성과 차이를 제함으로써 순수한 정책의 효과를 산출하는 것이다(석재은, 2010: 77). 예를 들어, 기초연금이 고령자의 소득에 미치는 영향을 분석할 경우 '기초연금의 수급'을 '처리(*treatment*)'로 취하고, 기초 연금 도입 이전 시기(t=0)에서 기초연금 도입 이후 시기(t=1)로 이동할 때 발생하는 수급집단과 비수급집단의 성과변수의 차이를 산출하는 것이다. 이러한 이중차이모형의 논리를 정리하면 다음 〈표 9-10〉과 같다

〈표 9-10〉 이중차이모형

	t=0 (정책 도입 이전)	t=1 (정책 도입 이후)	Difference(정책효과)
실험집단 (Treatment group)	$Y_{t1}^{'}$ (비수급)	Y_{t1} (수급)	$\triangle Y_1 = Y_{t1} - Y_{t1}^{'}$
비교집단 (Comparison group)	$Y_{t0}^{'}$ (비수급)	Y_{t0} (비수급)	$\triangle Y_0 = Y_{t0} - Y_{t0}^{'}$
Difference(정책효과)			$\triangle\triangle Y_0 = Y_1 - Y_0$

* 자료: 이대웅 외(2015) 수정

이처럼 이중차이모형은 이질적인 개인을 비교할 때 발생할 수 있는 내생성 문제를 줄일 수 있고 비교적 단순하다는 장점을 가지고 있기 때문에 널리 사용되고 있는 분석모형이다 (Bertrand et al., 2004: 250).

2) 분석방법 및 절차

성향점수매칭 이중차이모형의 분석은 성향점수매칭이 선행되고, 이후에 이중차이분석을 실시해야 한다. 먼저, 성향점수매칭에 의한 비교집단의 추정은 4단계를 통해 이루어진다. 추정과정을 그림으로 나타내면 다음 〈그림 9-6〉과 같다.

〈그림 9-6〉 성향점수 매칭의 단계

* 자료: Caliendo & Kopeining(2005: 2), 강소랑 외(2013: 69), 이대웅 외(2015: 40)

1단계에서는 정책수급집단과 유사한 비수급집단을 만들기 위해 성향점수(*propensity score*)[20]를 추정하게 된다. 성향점수란 수급집단 선정의 기준이 되는 설명(독립)변수에 대해 추정된 정책수급의 예측확률로 수급자와 비수급자 모든 표본에 대해 도출된다. 성향점수는 앞서 설명했듯이 관측되지 않은 설명변수는 정책수급집단에게 영향을 미치지 않는다는 조건부 독립성의 가정이 충족되어야 한다.

2단계에서는 매칭방법(*matching algorithm*)을 선택해야하며, 가장 널리 알려진 방법으로는 Nearest Neighbor Matching, Caliper Matching, Kernel Matching, Local Linear Matching 등이 있다. 그러나 어느 매칭법이 더 우위에 있다고 할 수 없으며, 4가지의 매칭방법은 서로 다른 장점과 단점을 가지고 있다(Becker & Ichino, 2002: 361-362).

다음으로 3단계에서는 정책수급집단과 비수급집단의 성향점수에서 공통의 영역을 확인하여 그밖에 있는 관측치를 제거하고, 4단계에서는 정책수급집단과 비수급집단 간에 성향점수와 통제변수가 균형적으로 분포되어 있는지를 확인함으로써 매칭의 질을 평가한다(한수정, 2015: 83-86). 이처럼 성향점수매칭의 단계를 통해 정책수급집단으로 실험집단이 구성되고, 비수급집단 중 실험집단과 유사한 표본들로 비교집단이 구성된다.

성향점수매칭을 통해 구성된 실험집단과 비교집단에 대해 정책도입의 전과 후에 나타난 성과차이를 도출함으로써 정책의 효과를 산출해내는 것이 바로 성향점수매칭 이중차이분석이다. 그러나 단순 이중차이분석에서 추정된 두 집단의 차이 값은 종속변수의 시간에 따른 변화(*time-varying*)를 통제하지 못해 정책의 순수한 효과로 보기 어렵다(Kaushal, Gao, and Waldfogel, 2007: 370). 이에 이중차이 회귀분석을 실시하여 정책수급여부 외에 개체가 가지고 있는 다른 특성들을 통제하고, 순수한 정책의 효과를 나타내는 이중차이 추정량(β_3)을 구하는 과정을 식으로 나타내면 다음과 같다(이정화 외, 2014: 424).

$$Y_{(i,t)} = a + \beta_i Treat + \beta_2 Period + \beta_3 (Treat \times Period) + \beta_4 Control + \epsilon \qquad (3)$$

---

20) 성향점수는 정책수급여부를 종속변수로 하고, 정책수급에 영향을 미치는 변수들을 독립변수로 하는 회귀분석을 시행하여 분석대상이 정책을 수급받을 확률 즉, 분석대상이 실험집단에 속할 확률을 의미한다(이대웅 외, 2015: 40).

근로장려세제 효과 분석
– 경제활동참여, 근로시간 및 개인별 빈곤을 중심으로–21)

1. 개요 및 자료

홍민철·문상호·이명석(2016)은 성향점수매칭 이중차이모형(PSM–DID)을 활용하여 근로장려세제 효과 분석에 관한 연구를 수행하였다. 특히 근로장려세제의 정책효과를 분석함에 있어 기존의 연구에서 누락되었던 집단구분과 관련된 변수들(부양자녀 및 노령가구원, 가구원 수의 추가)을 추가하여 선행연구의 한계를 보완하고자 하였다.

본 연구는 근로장려세제의 시행 전후로 하여 한국복지패널의 제3차 자료(2007년)와 제7차 자료(2012년), 노동패널의 제11차 자료(2007년)와 제15차 자료(2011), 재정패널의 경우 종속변수의 통일을 위해 제2차 자료(2008년)와 제5차 자료(2011년)를 조사에 활용하였다. 또한 성향점수 매칭을 실시한 결과 복지패널 407명, 노동패널 100명, 재정패널 115명이 최종적인 표본으로 선정되었다.

2. 방법 및 절차

본 연구에서는 성향점수매칭 이중차이분석(PSM–DID)을 시행한 후 이중차이분석을 확장하여 삼중차이분석(DDD)도 수행하였으나, 본서에서는 성향점수 매칭 이중차이모형의 분석 절차와 그 결과를 중점적으로 설명하고자 한다.

본 연구에서 수행된 분석의 절차를 간략하게 소개하면 다음과 같다.

첫째, 근로장려금의 수급여부를 나타내는 이항 변수를 종속변수로 하고 근로장려금 수급에 영향을 미치는 다른 특성변수들(가구주 및 가구특성)을 독립변수로 하는 프로빗(probit) 분석을 시행하여 성향점수를 도출하였다.

둘째, 매칭방법으로는 캘리퍼 매칭(caliper matching)을 적용하여 성향점수의 공통영역(common support)을 점검한 후 매칭의 질(matching quality)을 평가하여 실험집단(정책수급집단)과 비교집단(비수급집단)을 확정하였다.

셋째, 성향점수매칭으로 도출된 표본을 대상으로 독립변수는 근로장려세제 수급여부, 종속변수는 노동공급과 빈곤감소, 이외에 근로장려세제 수급여부에 영향을 미칠 수 있는 다른 변수들을 통제변수로 선정하여 이중차이분석을 실시하였다.

---

21) 홍민철·문상호·이명석(2016). 근로장려세제 효과 분석: 경제활동참여, 근로시간 및 개인별 빈곤을 중심으로. 정책분석평가학회보. 26(2): 1-27.

3. 분석결과 및 함의

〈표 9-11〉 성향점수매칭 이중차이분석 결과

종속변수		한국노동패널			한국복지패널			재정패널		
		전	후	차이	전	후	차이	전	후	차이
개인별 빈곤율 (%)	실험집단	29.03	32.26	3.23	15.18	20.54	5.36	31.25	18.75	-12.50
	비교집단	23.19	17.39	-5.80	25.08	16.27	-8.81**	21.69	22.89	1.20
	집단 간 차이	5.84	14.87*	9.03	-9.90*	4.26	14.17*	9.56	-4.14	-13.70
경제 활동 참여 (%)	실험집단	58.06	80.65	22.58*	85.71	1	14.29***	1	1	0
	비교집단	60.87	62.32	1.45	83.73	1	16.27***	89.16	86.75	-2.41
	집단 간 차이	-2.81	18.33*	21.13	1.99	0	-1.99***	10.84*	13.25*	2.41*
주당 근로 시간	실험집단	18.06	31.94	13.88*	44.40	38.35	-6.05*	54.40	48.75	-5.75*
	비교집단	18.88	21.22	2.33	41.50	37.42	-4.08*	44.92	41.36	-3.55
	집단 간 차이	-0.82	10.72	11.55	2.90	0.93	-1.97*	9.58	7.39	-2.20**

주: '***'는 1%수준에서 '**'는 5%수준*에서 '*' 는 10%수준에서 유의함.

성향점수매칭 이중차이모형(PSM-DID)을 분석한 결과는 다음과 같다. 복지패널 자료에서 근로장려금을 수급한 실험집단이 14.17% 정도 개인별 빈곤율이 증가한 것으로 나타났다. 또한 경제활동참여의 경우 분석 자료 간 다른 결과가 나타났다. 복지패널 자료의 경제활동참여를 분석결과 수급집단의 경제활동참여가 1.99% 감소한 것으로 나타났으나, 재정패널 자료에서는 2.41% 증가하는 것으로 나타났다. 그러나 복지패널의 표본 수가 재정패널에 비해 상대적으로 많다는 것과, 재정패널 자료에서 실험집단의 경제활동참여가 두 시점 모두 100% 임을 주의해야 한다. 마지막으로 주당 근로시간은 복지패널과 재정패널 모두 실험집단의 근로시간이 감소하는 것으로 나타났다.

이처럼 동일한 분석방법을 통해 같은 요인을 분석하더라도 자료가 상이함에 따라 분석결과가 다르게 나타날 수 있다. 이는 분석 데이터 활용에 대한 깊은 고찰이 필요하다는 점을 시사해 준다. 또한 본 연구의 분석결과를 통해서도 알 수 있듯이 장려세제의 효과를 추정하는 것에는 한계가 존재한다. 따라서 장려세제의 무분별한 확대를 지양하고, 다양한 분석과 평가를 통해 장려세제의 확대범위에 대한 심도 있는 논의가 진행되어야 한다는 것이 본 연구의 함의이다.

12. 위계선형모형(HLM: Hierarchical Linear Model): 다층모형

1) 개념 및 특성

(1) 개념

위계선형모형(*hierarchical linear models: HLM*)은 다층모형 등으로 불리며, 분석의 대상인 표본집단(개인, 집단)이 상위집단(환경, 지역)에 속해 있어 이에 영향을 받는 자료들을 포함하여 분석하는 모형을 의미한다(Raudenbush & Bryk, 2002). 위계선형모형은 교육학과 교육심리학에서 많이 사용되었으며, 학생의 학업성취도와 환경에 의해 영향을 받는 개인의 심리에 대한 연구 등이 이루어졌으며, 행정학에서도 개인에 영향을 주는 지자체나 사회, 제도적 차원에서의 고려가 이루어지고 있다(강상진, 2003: 449-450).

예를 들어, 학생의 학업성취도의 영향요인을 알아보기 위해 학생 개인의 특성뿐만 아니라, 학생을 구성하는 상위단위인 학급, 학교 등의 데이터가 포함되어 개인의 결과 값을 개인과 조직특성 그리고 개인과 조직 간의 상호작용을 통해 설명할 수 있다. 이때 필요한 분석방법이 위계선형모형이다. 즉, 미시단위인 1단계 표본과 상위단계인 2단계의 표본이 각각이 종속변수에 미치는 영향과 1단계와 2단계 간의 상호작용을 통한 영향을 살펴볼 수 있는 것이다.

미시변수와 거시변수란, 위계선형모형에서 상위집단과 하위집단을 나누기 위해 사용되는 용어로서 각 수준별로 1단계, 2단계, 상위, 하위 등과 같이 변수 간의 위계적 관계설정을 위해 혼용되어 사용된다. 가장 기초적인 분석단위인 1단계에 속하는 대표적인 표본들은 개인이 대상이 되며, 2단계에서는 개인을 포함하는 지역이나, 환경, 맥락 등이 고려된다. 또한, 2단계까지가 아닌 3단계도 활용될 수 있으며, 개인, 집단, 지역 등의 관계가 형성될 수 있다. 또한, 하위단계가 개인으로 한정되지는 않으며, 조직 등 위계관계에 따라 유동적으로 변경될 수 있다. 이처럼 개인과 집단, 지역을 같은 수준으로 보지 않고 각 수준별 집단 분석이 통합된 모형을 위계선형모형이라 한다.

(2) 특성

위계선형모형은 연구에 있어서 개인의 속성 간의 차이뿐만 아니라, 개인을 포함하고 있는 사회와 환경, 문화, 역사, 제도 및 물리적 특성이 고려된다(이희연·노승철, 2013: 427). 이처럼 위계선형모형에서는 위계구조를 갖고 있는 데이터로서의 분석대상인 표본을 분석하며, 개인적 차원과 대상이 속해 있는 가정, 학급, 지역, 사회, 국가와 같은 상위 차원의 위계적 데이터를 동시에 분석하는 모델이다.

위계선형모형은 일반적인 회귀분석과 같은 단층적인 분석이 이루어지는 것이 아닌 다층적인 분석을 진행한다. 또한, 측정수준별 오차항을 포함하기 때문에 비교적 정확한 모형의 추정과 예측이 이루어지며, 같은 대상을 분석함에 있어서도 상위단계를 어떻게 설정할 것인 지에 따라 상이한 분석결과가 나타날 수 있다.

위계선형모형은 다른 분석방법과 다음과 같은 차이점을 갖고 있다.

(가) 관측값의 측정수준을 구분

수준별 관측값을 구분하여 분석한다. 즉, 개인단위인 학생의 학습시간, 상위단위인 학급의 교사교육방식에 따른 학생성적의 인과관계를 살펴볼 수 있다.

(나) 측정수준별 여러 개의 오차항 포함

일반 회귀모형의 경우 오직 하나의 오차항을 가정하게 되나, 위계선형모형의 경우 측정수준별 오차항을 포함하기 때문에 정확한 모형의 추정과 예측이 가능하다.

(다) 모수추정은 모두 반복적 수렴

하나의 단계를 가지는 일반 회귀모형에 비해 위계선형모델은 각 수준에서 산출되는 잔차가 정규분포되어야 하기에 표본과 상위수준의 개체 수를 어떻게 설정하는지에 대한 차이점 등에 따라 분석결과가 상이 할 수 있다는 점은 주의해야 할 대목이다.

(라) 정교화된 회귀모형

위계선형모형은 하위단계와 상위단계를 함께 분석에 활용하여 상위단계가 하위단계에 미치는 영향에 대해 알 수 있다. 특히 상호작용효과 분석을 통해 이론적으로 중요한 함의의 발견이 이루어질 수 있다는 점이 장점이다.

2) 방법 및 절차

위계선형모형은 컴퓨터 패키지 프로그램을 사용하여 편리하게 분석할 수 있다. 프로그램은 현재 HLM이 있으며, 확장된 다층모형 분석을 위해 MLwiN, AMOS, LISREL MPlus 등이 있다. 이들 중 위계선형모형 분석에는 주로 HLM이 이용되고 있다. 분석단계를 살펴보면 첫 번째로 무제약모델을 통해 모델의 적합성과 위계선형모형 사용 타당성을 검증하며, 두 번째로 임의절편모델과 임의계수모델을 통해 모델의 적합성과 임의효과를 고려한 후 세 번째로 상호작용모델을 통해 1수준의 설명변수와 2수준의 설명변수들

간의 효과를 고려한 분석이 이루어진다.

(1) 분석모형의 작성

하위수준인 1수준과 상위수준인 2수준의 변수를 분리하여 모형을 작성하며, 종속변수와의 인과 관계를 화살표로 그린다.

(2) 무제약모델 = ICC값 확인

위계선형모형의 무선효과의 유의성을 살펴보기 위하여 ICC값을 통해 실제 무선효과를 분석하기 위해 모형이 유의한지를 무제약모델에서 확인한다. ICC값은 0.05~0.25의 값이 나오는 것이 보편적이며, 0.05 미만의 값이 나올경우는 단일수준의 선형 회귀모델을 사용하는 것이 바람직하다(이희연·노승철. 2013: 444-445).

ICC값은 다음과 같은 공식으로 구한다.

$$ICC = \frac{\sigma_{u0}^2}{(\sigma_{u0}^2 + \sigma_e^2)}$$

σ_{u0}^2: 2수준 집단 간 잔차 분산, σ_e^2: 1수준 개인 간 잔차 분산

(3) 임의절편모델

무제약모델에서 2수준의 분산 비율이 통계적으로 유의하게 나타났다면, 임의절편모델에서는 1수준변수와 2수준변수를 차례대로 투입한다.

(4) 임의계수모델

임의계수모델을 통해 상위수준에서의 집단 간 분산을 설명하는 변수와 모델이 통계적으로 유의하게 나타났다면, 임의계수모델에서는 각 설명변수를 하나씩 투입하여 임의계수로서 유의한 설명변수를 판정한다.

(5) 상호작용항

최종적으로는 1수준과 2수준의 설명변수들 간의 상호작용 효과를 살펴볼 수 있는 전체모델을 설정하여 분석을 진행한다.

대졸 청년층의 노동시장 성과 결정요인분석
- 위계선형모형(Hierarchical Linear Model)을 중심으로 -

1. 개요 및 자료

성균관대학교 국정전문대학원 이대웅 외(2015)는 위계선형모형을 활용하여 우리나라 대졸 청년층의 노동시장 성과 결정요인을 도출하였다. 이 논문은 최근 사회적, 경제적 변화로 인해 그 중요성이 증대된 청년층의 '노동시장으로의 이행' 실패라는 문제의식에 천착하여 대졸 청년층의 노동시장 성과 결정요인을 밝히고자 위계선형모형을 사용하여 개인수준 변수(대학 내 개인노력, 대학 외 개인노력)와 대학수준 변수(대학유형, 대학 여건 및 환경) 그리고 통제변수(인구통계, 사회경제적 변수)가 종속변수(임금성과, 고용형태)에 미치는 영향을 분석하였다. 분석자료는 한국고용정보원의 대졸자직업이동경로조사 6차(2011년) 데이터를 이용하였다.

2. 방법 및 절차

본 연구에서는 대졸 청년층의 노동시장 성과 결정요인을 파악하기 위해 우선 SPSS 패키지를 통하여 자료를 입력하여 기술통계분석을 실시하였다. 그 다음으로 HLM패키지를 이용하여 1단계 개인수준과 2단계 대학수준을 설정하여 SPSS패키지로 작성한 Data파일을 토대로 HLM프로그램을 실행하였다. 아래 〈예제〉는 HLM을 활용한 분석방법의 예이다. 구체적으로 이 프로그램안에서 사용한 메뉴는 Stat Package Input → Exploratory Analysis(level 2) → Run Analysis이다.

〈분석절차의 예제〉

WHLM: hlm2 MDM File: ogu Command File: whlmtemp.hlm

File Basic Settings Other Settings Run Analysis Help

| Outcome |
| Level-1 |
| >> Level-2 << |

| INTRCPT2 |
| OLDLEV |
| SANGWHAL |

LEVEL 1 MODEL (bold: group-mean centering; bold italic: grand-mean centering)

$$EARN = \beta_0 + \beta_1(H\_SUF) + \beta_2(HOB\_S) + \beta_3(WH\_S) + r$$

LEVEL 2 MODEL (bold italic: grand-mean centering)

$$\beta_0 = \gamma_{00} + \gamma_{01}(OLDLEV) + \gamma_{02}(SANGWHAL) + u_0$$

$$\beta_1 = \gamma_{10} + u_1$$

$$\beta_2 = \gamma_{20} + u_2$$

$$\beta_3 = \gamma_{30} + u_3$$

Final estimation of fixed effects
(with robust standard errors)

Fixed Effect	Coefficient	Standard error	t-ratio	Approx. d.f.	p-value
For INTRCPT1, β_0					
INTRCPT2, γ_{00}	2.855390	0.019328	147.732	4	<0.001
OLDLEV, γ_{01}	0.001483	0.000738	2.008	4	0.115
SANGWHAL, γ_{02}	0.040233	0.028960	1.389	4	0.237
For H_SUF slope, β_1					
INTRCPT2, γ_{10}	0.104547	0.036241	2.888	1325	0.004
For HOB_S slope, β_2					
INTRCPT2, γ_{20}	0.084038	0.019559	4.297	1325	<0.001
For WH_S slope, β_3					
INTRCPT2, γ_{30}	0.476996	0.028308	16.850	1325	<0.001

The robust standard errors are appropriate for datasets having a moderate to large number of level 2 units. These data do not meet this criterion.

Final estimation of variance components

Random Effect	Standard Deviation	Variance Component	d.f.	χ^2	p-value
INTRCPT1, u_0	0.04378	0.00192	4	6.40136	0.170
level-1, r	0.75906	0.57617			

Statistics for current covariance components model

Deviance = 3084.090877
Number of estimated parameters = 2

3. 분석결과 및 함의

〈분석결과〉

종속변수			임금성과			고용형태		
변수명			임의절편모델 (개인)	임의절편모델 (개인+대학)	임의계수모델	임의절편모델 (개인)	임의절편모델 (개인+대학)	임의계수모델
고정효과			Coef.					
절편			169.90***	183.01***	182.11***	−1.27	−1.18	−1.10
Level 1	개인의지	취업목표	1.00	0.49	0.68	−0.03	−0.05	−0.05
	대학 내 요인	타 전공 이수	−5.12	−8.31**	−6.33*	−0.04	−0.13	−0.12
		취업 관련 프로그램	−3.60	−3.23	−3.86	0.12	0.14	0.09
		평점	0.06	0.07	0.08	0.00	0.00	0.00
	대학 외 요인	어학연수	21.90***	19.37***	18.60***	0.41***	0.36**	0.31**
		자격증	8.20***	8.63***		0.18*	0.20**	0.17**
		취업 관련 프로그램	−10.90***	−12.18***	−11.73***	−0.14	−0.18*	−0.16*
Level 2	대학유형 (기준변수 =서울 4년제)	수도권 4년제		−7.00	−5.95		−0.13	−0.13
		지방 4년제		−21.14***	−21.14***		−0.35**	−0.32**
		전문대		−10.94**	−10.66**		0.16	0.11
	재정여건	학생1인당 장학금		54.98**	51.97**		1.35*	1.13*
	교육여건	교수 1인당 학생수		−0.88***	−0.90***		−0.01*	−0.01**
	연구수준	교수1인당 연구실적		22.48***	20.62***		0.54**	−0.46**
통제 변수	SES 및 인구통계	성별	−25.93***	−26.03***	−24.74***	−0.50***	−0.51***	−0.41***
		연령	3.80***	3.78***	3.82***	−0.03	−0.03	−0.02
		아버지 최종학력	2.26*	2.33*	2.40*	0.03	0.03	0.03
		부모의 월평균소득	5.27**	4.42**	4.51**	0.18**	0.18***	0.16***
임의효과			변량					
집단 내 변량			3,305.03	3,307.57	2,998.22			
집단 간 변량			381.02***	122.03***	265.38**	0.17***	0.09**	0.27
개인의지	취업목표				14.40**			0.07
대학 내 요인	타 전공 이수				12.54			0.09
	취업 관련 프로그램				13.02*			0.19
	평점				0.24			0.00
대학 외 요인	어학연수				12.30**			0.07
	자격증				6.23			0.3
	취업 관련 프로그램				6.92			0.10
SES 및 인구통계	성별				159.21**			0.10
	연령				4.05***			0.00
	아버지 최종학력				4.89**			0.02
	부모의 월평균소득				7.55			0.01

분석결과 임금성과와 고용형태성과에 대학변인들이 주요한 영향을 미치는 것으로 도출되었으며, 대학의 재정·교육·연구수준이 개인의 임금성과에 주요한 영향을 미치는 것으로 나타났다. 다음으로 고용형태로서 대기업 정규직 취업 측면에서, 서울 4년제 기준과 지방 4년제 졸업 여부는 대기업 정규직 취업에 주요한 영향을 미치는 것으로 분석되었으며, 임금성과의 결과와 동일하게 대학의 재정, 교육, 연구수준이 개인의 고용형태 성과에 유의한 영향을 미치는 것으로 나타났다.

이 같은 분석결과를 바탕으로 본 연구는, 중장기적으로 대학의 역할과 기능을 재정립할 수 있는 국가적 차원의 노력이 필요하다는 점을 발견하였으며, 대학의 소재지 및 유형에 따라 노동성과의 차이가 나타난다는 연구결과를 고려해 볼 때 지방대학의 어려움을 보완하기 위한 특단의 정책 대응이 필요하다는 점을 제안하고 있다.

제 3 절 질적자료분석

1. 정책델파이분석(Policy Delphi)

1) 개념 및 특징

델파이(*delphi*) 기법은 전문가들의 주관적 견해를 최대한 살리기 위해 전문가들끼리 반복적으로 의견을 수렴하는 것으로, 그리스 신화의 태양신인 아폴로가 미래를 통찰하고 신탁을 하였다는 '델피의 신전'에서 유래된 것이다. 델파이 기법은 일반적으로 전문가들을 통해서 진행되는 경우가 많으며(권기헌, 2008b: 276), 대규모 정책연구의 경우 중요하고 핵심적으로 사용되는 분석방법이다.

일반적으로 고전적 델파이는 단순한 미래예측, 특히 미래의 사건 변화에 대한 전문가들 간의 함의 도출을 위해 개발된 것인데 비해, 정책델파이는 정책문제의 잠재적인 해결방안을 둘러싸고 다양하게 제기되는 의견들을 노출시키고 종합함으로써 바람직한 대안의 개발을 위해 델파이 방법을 응용한 것이다. 즉, 정책결정 과정에서는 이해관계와 관점, 입장을 달리하는 다양한 참여자들이 서로 다른 선호와 판단에 입각하여 다양한 정책대안을 제기하고 지지하게 되는데, 이때 정책델파이는 여러 사람들의 다양한 입장과 정책대안들을 드러냄으로써 창의적이고 바람직한 대안을 개발하는 데 목적이 있다(강근복, 2002: 115; 권기헌, 2008b: 277).

<표 9-12> 정책델파이 방법의 일반적 절차

단　계	절　차
사전준비단계	* 이슈의 명료화 * 전문가 선정 * 설문조사 설계
설문조사단계	* 1차 설문조사 실시 및 설문결과 분석 * 2차 설문서 개발 * 2차 설문조사 실시 및 설문결과 분석 * 3차 설문서 개발 * 3차 설문조사 실시 및 설문결과 분석 ※ 필요시 다음 설문조사 실시 (설문서 개발→설문조사→설문결과 분석)
평가 및 정리단계	* 결과의 정리 및 평가 * 최종보고서 작성

2) 방법 및 절차

정책델파이의 분석 방법 및 절차를 살펴보면 다음과 같다. 우선, 정책분석팀이 델파이 참여자를 선정하고 설문지를 설계한다. 대체적으로 첫 단계에서 쓰여질 설문내용은 개방형 질문인 경우가 많지만, 정책분석팀이 정책문제와 가능한 해결방안에 대해 잘 알고 있는 경우는 구조적(선택적) 질문이 사용된다. 이렇게 설계된 설문지에 문제해결을 위해 하나 또는 두세 가지의 대안을 적거나 설문지에 제시된 대안목록 중에서 선택하면 되는데, 이때 중요한 것은 의견 제시는 익명으로 한다는 것이다.

설문지가 회수되면 분석팀은 응답결과를 분석하여 델파이 참여자들의 의견을 파악하여 정리한다. 정리된 대안들이 다시 참여자들에게 제공되면, 참여자들은 다른 사람들의 의견을 검토한 후 가장 좋다고 생각하는 대안을 우선순위를 정하여 선택하거나, 혹은 자신의 의견을 제시하도록 한다.

설문지를 회수하고, 의견을 정리하고, 다시 설문하는 절차를 몇 차례 되풀이한다. 이 과정에서 각자는 자신의 의견을 자유롭게 진술할 수 있는 기회를 가질 수 있어야 하고, 자신의 주장이 다른 사람의 것과 다를 경우 어떻게 다르며 왜 다른가에 대한 전제조건들을 검토할 수 있어야 한다. 그리고 자신의 생각을 재검토하고 수정할 수 있어야 한다. 이런 과정을 여러 번 거쳐 대안이 2~3개로 압축되면, 마지막으로 회의를 소집해서 설문에 대한 응답을 통해 충분히 드러나지 않은 가정, 대안의 특징, 비용과 효과 등을 밀도 있게 토론함으로써 대안탐색을 마무리 짓는다.

정책델파이를 이용한 Tucson시의 지역성장 예측 연구

1. 개요 및 자료

아리조나 대학 연구소에서는 "Development of Tomorrow: Options and Choices" 라는 주제 하에 Tucson 市의 성장을 컴퓨터 시뮬레이션을 통해 6개의 지역성장 시나리오를 예측, 작성하였으며, 여기에는 계량모형에서 명시적으로 나타낼 수 없는 지역성장의 지역적, 정치적, 환경적 그리고 기타 삶의 질 측면에 대해서도 포함시켜 정책델파이 방법으로 분석하였다.

2. 방법 및 절차

(1) 정책델파이 연구 1단계 : 문제의 명료화(identification), 참가자 선정

첫 번째 과정은 광범위한 전문가와 참여자의 대표적인 패널을 형성하기 위해 몇몇 지역사회 유지와 관료들과의 인터뷰를 통해 제조업, 관광, 대학, 은행, 교통 등의 전문가로 구성된 대표 패널을 구성하였다.

연구참여자에게 델파이 과정에 대한 설명서, 기존의 대도시계획 보고서와 컴퓨터 시나리오 결과를 우송하였다. 1라운드의 설문지는 보고서 평가 내용 및 컴퓨터 예측을 통한 시나리오에 대한 폭넓은 견해를 유도하기 위한 개방형 질문지를 사용하였다.

(2) 정책델파이 연구 2단계 : 제1라운드 응답분석, 후속 질문지 개발, 제2라운드
　　　　응답분석 및 반복 시행

2라운드의 질문지는 컴퓨터 예측에 의한 성장모형들을 소개하고, 가장 가능한 혹은 불가능한 모형을 선택하고 이유를 기재하도록 요구하였으며, 모든 시나리오에 대한 평가를 요청하였다.

이는 성장의 파급효과와 예측되는 파생결과에 대한 추가적인 개방형 질문의 형성이 가능하게 하였다. 개방형 질문은 최종보고서와 각종 대중매체에 사용될 인용문들을 제공하였고, 적절하고 중요한 문제의 범위를 정의하고 문제시 되는 많은 주제에 대한 사고와 논리를 이끌어내었다.

이러한 최초의 설문결과에 의거하여 다음과 같이 질문지를 구조화(構造化)된 형태로 재작성하여 핵심문제에 접근하였으며, 이를 통해 참여자들간의 합의정도나 합의의 결여 정도를 측정하였다.

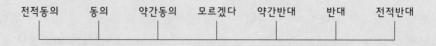

또한 응답자들로 하여금 규범적일 뿐만 아니라 예견적인 판단들에 응답하도록 하는

다양한 문장들을 포함하였다. 그 결과 응답률이 개방형 설문에 대한 응답률보다 높은 것으로 나타났다. 다만, 몇 가지 중요한 정책이슈들에 대한 심층분석을 위해 다음과 같은 몇몇 부가적인 개방형 질문을 포함시켰다.

- 대학, 기술학교 수준의 고등교육은 참여자 대부분으로부터 높은 평가를 받았다. 학교들이 지역사회에 어떻게 더 기여할 수 있으리라 보십니까?
- 10년내 혹은 그보다 빠른 시일내에 심각한 교통문제에 부닥치리라 예견되는 반면, 고속도로 건설에 대해서는 강력하게 반대를 하고 있다. 이러한 두 가지 상반된 입장을 어떻게 조화시키겠는가?
- (3) 정책델파이 연구 3단계 : 최종예상결과 정리, 대면적 세미나 개최, 최종보고서 작성

정책델파이로 나타난 연구결과는 연구주체인 대학뿐만 아니라 지역사회에 여러 측면에서 유용한 결과들을 제공하였다.

첫째, 포럼은 연구에서 얻은 주요 성장 관련 이슈를 정책의제화(agenda building) 하는데 도움을 주었다. 즉, 이들은 포럼자체를 다시 세분화하여 조직화시키는 주제들로 작용하였으며, 이슈별 연구가 진행되는데 기여하였다.

둘째, 델파이 방법에 의한 연구결과는 "제한된 합의(consensus)와 지속적인 의견차이(dissensus)"로 요약되며, 성장이 지속되리라는 전반적인 동의하에 정치적 여건 악화, 개인 및 집단이기주의 강화, 교통위기 등 몇몇 이슈에 대해서는 일반적인 동의가 이루어졌다. 그리고 합의를 얻지 못한 나머지 많은 이슈들에 대해서도 델파이 과정은 문제의 본질을 명확하게 하는데 도움을 주었다.

셋째, 델파이 과정은 원자료에 대한 시나리오 결과를 보완하는데 기여하였다. 예를 들어, 참여자 단체내 전문가의 평가에 근거한 델파이 연구는 소수 및 특별집단에 대한 영향평가와 더불어 지역성장으로 인한 파급효과를 평가하는 데 도움을 주었다. 또한 델파이 과정은 급격한 성장시나리오와 온건한 성장시나리오가 지역사회에 미치는 영향이 어떤 차이를 지니는지에 대한 몇몇 시나리오들 간의 질적 차이를 명확하게 해주었다.

3. 분석결과 및 함의

정책분석가 및 정책결정자는 불확실한 상황에서 정책결정을 하게 될 가능성이 크고, 실제 정책의 결과와 파급효과에 대해 어느 정도의 예측을 하면서 정책분석 및 결정을 하지 않으면 안된다. 이러한 상황에서 델파이의 기본논리를 이용하여 정책문제 해결을 위해 정책대안을 개발하고 정책대안의 결과를 예측하기 위해 전문가나 정책결정자가 심각하게 생각하지 못했거나 전혀 생각하지 못한 이슈들을 발굴하여 정책관련자들로 하여금 대립된 의견을 표출하도록 의도적으로 유도하고 최종적으로 이들을 수렴하는 방법인 정책델파이는 정책이나 의사결정을 위한 메카니즘으로 뿐만 아니라 정책이슈를

분석하기 위한 도구로서도 큰 의미를 지닌다. 특히 지역분석분야에 있어서 정책델파이는 첫째, 계량적 자료에 질적 차원을 효과적으로 결합시켜 계량적 분석을 보완하는 역할을 하며, 둘째, 희소한 자료와 분석자료를 새로운 정책이슈로 전화시키는 데 효과적으로 이용하게 하고, 셋째, 개별적인 자료를 "유용한 지식"으로 변형·제공함으로써 지역분석 및 정책결정자에게 중요한 관심사를 촉구하게 해준다.

2. 시나리오기법(Scenario Planning)

시나리오는 현재에서 미래시점까지의 경로를 서술하는 이야기(*narration*), 이미지(*image*), 또는 지도(*map*)를 의미하는 것이다. 시나리오는 정책결정을 하기 위해서 정책적용시 나타날 여러 가지 상황들이 어떻게 펼쳐질지를 알게 해주는 도구(Peter Schwarts, 1991)로 정의되거나, 단순한 정책예측(*forecast*)이 아니라 정책성공에 대한 비전을 명확하게 하는 도구(Michael Porter, 1996)로 정의될 수 있다. 즉, 시나리오는 정책상황의 '불확실성'을 적극적으로 해소하여 원하는 정책성공 비전(*policy vision*)을 명확히 하고 체계적인 계획 수립에 결정적인 도움을 주기 때문에 정책도구로써 많이 활용되고 있다.

<표 9-13> 시나리오기법의 특징

특 징	주요내용
다수견해 (multiple views)	*미래에 대한 한 가지 이상의 견해를 포함 *좋은 시나리오는 다양한 논리를 개발
정량적 변화 (qualitative change)	*사회적 가치, 기술변화 등 정량적인 동인을 분석
객관성 (objective)	*희망하는 미래가 아닌 발생할 수 있는 것을 서술
추상성 (open-ended)	*시나리오는 구체적인 서술을 제공하지는 않음
중요성 (relevant)	*가까운 미래 상황에 의미를 줌(정책결정에 중요한 요인분석)

* 자료: Hassan Masum, 2003; 권기헌, 2008b: 230.

시나리오 기법은 다양한 환경하에 발생하는 경로, 또는 어떻게 소망스러운 규범적 미래가 달성되는지에 대한 희망적인 질문에 초점이 맞춰지는 탐색적(*exploratory*) 방법이다.

따라서 시나리오는 정책환경에 대한 창조적 서술이며, 훌륭한 시나리오는 신뢰성, 객관성, 도전성, 중요성, 일관성을 갖추었을 때 비로소 의미가 있다. 또한 시나리오는 구성에 있어서도 일회성이 아닌 지속적인 과정, 단기적이 아닌 장기적인 과정, 강한 전략적 사고임과 동시에 복잡한 정책환경에 대한 전략 수립을 위한 과정에 항상 활용될 수 있다.

시나리오는 복잡한 정책환경에서 발현가능한 사회적 상황의 관점을 제공해 주며, 그렇게 함으로써 이 기법은 정책 분석가들이 필요로 되는 정책환경을 보다 잘 이해하고, 이를 통해 비선형적 전략(*nonlinear strategy*)과 정책도구(*policy drivers*)들을 잘 개발하는 데 도움을 줄 수 있다.

'좋은' 시나리오의 특징으로는 첫째, 다수의 견해를 통해 다양한 논리를 개발할 수 있어야 하며, 둘째 정량적 변화를 분석하며, 셋째 미래의 발생가능성을 서술하는 객관성을 지니며, 넷째 추상적 수준의 견해를 압축적으로 표현하며, 다섯째 가까운 장래 상황에 대한 의미를 포함하며 정책결정에 중요한 요인분석을 제공해 주는 것이어야 한다.

분석기법 활용사례

독일 슈투트가르트(Stuttgart) 시나리오 기법 적용 사례

1. 개요 및 자료
시나리오 기법의 전형적인 사례는 슈투트가르트 광역대도시권의 공간 및 교통계획간 통합 시나리오 모형에서 살펴볼 수 있다. 여기에서는 정책요소 선정을 위해 26개 도시·교통관련 요소를 시나리오 변수로 활용하였고, 시나리오 기법 적용을 위하여 도시구조 변화와 도로, 철도 등 주요 지역단위 교통계획 등에 대한 기초조사를 수행하였다. 특히 도시구조 변화에서는 인구수 변화, 생산활동 인구수의 변화, 취업자 수(일자리 수)의 변화 그리고 도시화면적, 건물 및 공지면적을 포함한 토지이용 변화 등에 대한 조사가 이루어졌다.

2. 방법 및 절차
슈투트가르트 모델은 크게 세 가지의 시나리오로 구성되어 있다.

첫 번째는 지금까지의 상황을 그대로 유지하는 추세시나리오(Scenario Trend)이고, 두 번째는 도시외곽에 공지를 확보하고 도심순환도로를 집중 건설하여 도심 고밀개발을 유도하는 시나리오(Scenario A), 그리고 세 번째는 이와 반대로 대중교통노선을 따라 교외지역을 집중개발하고 주로 교외의 주거지역을 연결하는 대중교통노선을 확충하여 외곽 분산개발을 유도하는 시나리오(Scenario B)가 있다.

시나리오 평가항목은 인구수, 직장수, 자동차수, 투자액, 운영비, 교통량, 환경오염 등을 선정하였다. 이에 대한 평가결과, 시나리오 B의 경우가 인구수, 자동차보유율,

통행수, 교통투자비 측면에서 유리한 것으로 나타났다. 반면 시나리오 A의 경우에는 교통운영비 측면에서 유리한 것으로 나타났다. 이러한 예측과 평가결과를 바탕으로 정책결정권자는 최적 시나리오를 선정할 수 있으며, 시나리오에 포함된 각종 정책들은 곧바로 광역대도시권의 도시 및 교통 관리정책으로 활용되고 있다.

평가항목		1990년	추세 시나리오	시나리오 A	시나리오 B
인구(명)		568,000	570,000	629,000	568,000
직장수(개)		441,000	477,000	493,000	441,000
자동차수(대)		264,000	340,000	354,000	298,000
자동차보유율(대/천명)		465	596	563	525
교통투자액(10억 마르크)		–	1,049	11,588	11,112
교통운영비(백만 마르크)		–	16	147	578
일통행수	도시지역	2.3	2.8	2.7	2.5
(회/일)	외곽지역	3.4	4.7	4.8	4.9

* 자료 : Steierwald, G. & Schoenharting, J. 1992. *Integrated Transportation Planning in Metropolitan Stuttgart*. University Karlsruhe.

〈그림 9-7〉 도시개발 및 교통계획과정에서의 시나리오 기법 적용방안

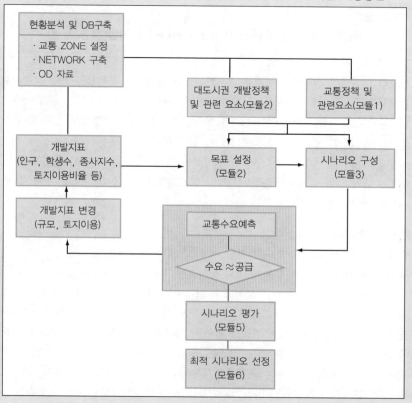

제 3 부 정책분석론: 기법

3. 분석결과 및 함의

위에서 제시된 시나리오 기법활용 사례는 도시 및 교통계획과 관련된 예측과 정책결정과정을 보여주고 있다. 이 연구는 무엇보다도 도시개발구성 단계에서 교통계획에 영향을 미치는 입지와 규모 등 도시계획적 요소를 반영하여 교통발생량을 판단하고, 교통계획요소 역시 과거의 시설공급정책에서 벗어나 수요관리 요소를 포함하였다는 점에서 많은 의의를 지닌다. 〈그림 9-7〉은 이러한 도시계획과 교통계획 요소간의 피드백(feedback) 과정 속에서 도시계획과 교통계획의 통합적 추진을 위한 시나리오 기법의 적용방안과 최적의 도시개발모델을 만들어가는 과정을 보여주고 있다.

도시개발정책의 과정에서 이러한 시나리오 기법의 활용은 선공급-후개발 정책의 실행을 가능하게해 주며, 시나리오의 일정한 변경을 통해 교통-도시 간 피드백과정을 거치면서 교통공급과 교통수요 간의 균형상태에 도달하게 해 주는 분석도구라는 점에서 매우 유용성을 지니고 있다.

3. Q-방법론(Q-Methods): 주관적 요인을 측정하기 위한 분석기법

1) 정책 연구와 인간의 주관성

정책결정 및 정책집행에 영향을 미치는 요소들은 정책과정이 진행되는 정치적, 사회적, 경제적 요인들과, 관료적, 조직적, 문화적 변수들인바, 정책 당사자들이 이들의 변수에 대하여 인지하는 중요성이 항상 동일한 것은 아니다. 각 정책의 당사자들은 자신들의 처한 입장에 따라 변수들의 중요성을 다르게 인식하고 있으며, 정책과정에 임하는 정책 당사자의 심리적, 조직적, 문화적 요소들이 중요하게 작용하게 된다(Goggin, 1987). 사회의 복잡성이 증가함에 따라 현실에 대한 정확한 자료나 정보가 부족하고, 이는 관료사회에서의 정책결정이 부족한 자료에 의하여 이루어지는 경우가 많음을 의미한다(Downs, 1967).

다수의 연구결과 정책분야에서 정책당사자의 인식이나 성과에 대한 주관적 판단이 정책의 성패를 평가하는 데 중요한 요인으로 작용하고 있다는 사실이 발견되었다(김순은, 2007). 이는 정부가 정책의 목적을 달성하는 데 필요한 정책수단을 선택함에 있어서도 정책결정의 주관적 가치와 판단이 중요함을 의미한다. 또한, 정책결정자가 정책의 성패를 좌우하는 정책수단을 선택하는 데 있어 주관적 의사가 매우 중요하므로 정책분석가들은 정책결정자의 관점을 유형화하여(Linder and Peters, 1989) 분석할 수 있는 방법이 요구된다는 것을 의미한다.

2) 개념 및 특징

Q-방법론은 주관성의 과학화에 기초를 제공한 일종의 심리적, 조직적, 문화적 계량 분석 도구이다. Q-방법론의 우수한 장점은 인간행위의 주관적인 면 즉, 인간의 주관성을 관찰하고 측정하는데 있다. 여기서 주관성이라 함은 동적인 상황 속에서 자결적(*operantly*)으로 정의되는 개인의 관점 및 신념을 의미한다. 이는 Q-방법론이 인간의 가치, 신념, 인식 등 주관성을 계량적으로 측정하는 도구라는 측면에서, Q-방법론은 연구 대상자의 특정 주제 및 자극에 대한 주관적 의견이나 인식의 구조를 확인하는데 유용하게 사용된다.

Q-방법론은 다음과 같은 특징을 지닌다(김순은, 2007: 25-27).

> 첫째, 전통적 연구방법인 R 방법론[22]은 연구 대상의 배경적 특색, 예를 들면, 학력, 체중, 신장, 나이, 성별 등의 구조적 특색을 발견하는데 사용된다. 이를 위하여 연구자는 학력, 체중 등에 관한 조작적 정의와 변수의 척도를 개발하고, 연구 대상자는 연구자의 조작적 정의에 따라 연구 대상자의 배경적 특색을 나타낸다. 반면, Q-방법론은 연구 대상자의 특정 주제 및 자극에 대한 주관적 의견이나 인식의 구조를 확인하는데 사용된다. R 방법론에 있어서와 같이 연구자가 사전에 변수에 대한 조작적 정의와 척도를 결정하지 않고 Q-방법론은 연구 대상자의 주관적 구조, 즉 특정 주제에 대한 유사한 견해를 가진 집단을 추출하게 된다. 결국 전통적 R 방법론은 연구자가 결정한 조작적 정의가 연구 대상자의 행태나 태도를 결정하고 제약하는 반면, Q-방법론은 연구 대상자가 자율적으로 결정하기 때문에 연구자의 조작에 좌우되지 않는 장점을 지닌다(Brown, 1980).
>
> 둘째, Q-방법론의 연구 대상은 거짓과 진실에 관한 것이 아니고, 주관적 견해 즉 좋고 나쁨, 선함과 악함 등의 주관적 성격을 띠고 있다. R 방법론이 행태주의적 전통에 의하여 발전되어 가치중립적인 진리를 추구하고 있는 반면, Q-방법론은 후기 행태주의, 현상학의 발전과 맥을 같이하고 있다. 따라서 인간의 주관적 요소가 지닌 구조적 측정에 관심을 갖는다.
>
> 마지막으로, 전통적 R 방법론은 다수의 무작위 표본을 대상으로 연구 대상의 배경적 특생을 유형화하는 포괄적인 연구에 사용된다. 전통적인 방법론에 있어서는 과학적 방법론은 기본적 가정을 지키기 위해 다수의 무작위 표본 추출에 많은 시간과 노력을 기울인다.

---

22) Q-방법론(Q-methodology)은 1953년 통계학자인 William Stephenson이 제안하였는데, Q-방법론은 요인분석(factor analysis)에 뿌리를 두고 있다. 인자분석이라고도 불리는 요인분석은 비교적 적은 숫자의 요인을 통해 많은 변수들 간의 복잡한 상관관계를 분석하기 위해 고안됐다. Q-방법론과 요인분석이 기술적 차원에서는 같은 뿌리를 갖고 있지만, 스티븐슨이 기존의 요인분석을 R-방법론이라고 명명함으로써 Q-방법론과 구분했을 정도로 이 둘은 철학적 기반이나 함의가 다르다고 할 수 있다(진상현, 2006: 124).

다수의 표본 추출은 연구의 오차범위를 축소하는 데 필수적인 사안이나, Q-방법론은 소수의 대상에 대한 심층적인 연구에 사용된다. 이러한 특성으로 말미암아 전통적인 방법론자들은 Q-방법론에 기초한 연구의 타당성에 의문을 제시한다. 하지만, R 방법론과 같이 연구자의 조작적 정의에 의하여 진행된 연구는 연구의 편의상 연구의 대상을 지나치게 축소하고, 그 결과 사회현상을 정확하게 관찰하지 못하는 사례가 많아 잘못된 정책분석이나 정책예측을 수반할 가능성이 높다는 점에서 Q-방법론의 활용은 효용성을 가진다(Brown et al., 1999).

3) 방법 및 절차

Q-방법론을 활용함에 있어서 최초의 절차는 연구의 주제와 관련하여 Q-진술문(Q-statement)을 작성하는 작업이다. 그 작업이 끝나면 연구 대상자(P-Sample)를 결정하고, 연구 대상자로부터 Q-분류(Q-sort)의 자료를 얻는 절차를 거치게 된다. Q-분류의 자료를 얻게 되면 요인분석의 단계를 거쳐 최종적으로 분석의 자료를 해석한다.

〈표 9-14〉 Q-분류(Q-sort) 설문지 예시

예: 서울시 미래대기환경의 20개 요소를 위치시킨 분류표

Q-분류(Q-sort)방법(예시)
① 20개 설문문항을 "중요함(7개)"/"중요하지 않음(7개)"/"보통"(6개)으로 3대 분류한다.
② "중요함"으로 분류된 7개 항목을 [중요] 4개와 [매우 중요] 3개로 분류하고, 매우 중요 중 가장 중요한 것 1개와 2개로 분류 위치시킨다.
③ 동일한 방식으로 "중요하지 않음"을 [중요 하지 않음] 4개와 [전혀 중요하지 않음] 3개로 분류하고, 가장 중요하지 않은 것 1개와 2개로 각각 분류한다(②와 동일).

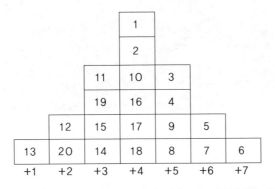

* 표안의 한 기둥 안의 값들 간에는 중요도의 가중치가 없음. 즉, 우선순위는 존재하지 않음.

Q-방법론을 활용한 서울시 미래대기환경(2030년)의 전망: 서울시 미래대기환경의 위험요소 및 정책과제

1. 개요 및 자료

미래는 보다 더 복잡하고 과거의 연장선상에서는 전혀 예측할 수 없는 새로운 행동양식들이 불연속적으로 나타날 수 있기에 과거의 데이터를 통한 예측보다는 관련 전문가들의 직관적이고 통찰력있는 식견이나 견해가 보다 적실한 미래연구를 형성할 수 있다.

이에 전문가 브레인스토밍과 전문가 패널조사를 통해 얻어진 20개의 진술문을 토대로 서울시 미래대기환경의 위험요소와 정책적 과제를 확인하고자 하였다.

2. 방법 및 절차

연구결과 사용된 20개의 진술문에 대해 4개의 요인들을 추출하였다. 이는 먼저, 주성분요인분석(principle component factor analysis)을 통해 분석한 후 요인선정 기준에 따라 4개의 중요 요인들을 추출하였다. 이후 주요 요인들을 배리맥스(Varimax) 방법으로 회전시켰으며, 이 과정에서 각 요인들에 부하된 요인적재값을 각 응답자별로 비교하고 강한 특성을 보이는 응답자를 구별하였다.

〈코딩자료 완료의 예제〉

```
PQMETHOD                                                      _ □ ×
2 5
<Continuation of Subject  1          >
Enter the Statement Numbers, Separated by Spaces,
   for Column  3:
6
         -3   -2   -1    0    1    2    3
       ! 11 ! 20 ! 19 ! 18 ! 8 ! 2 ! 6 !
       ! 12 ! 14 ! 17 ! 7 ! 5 !
            ! 13 ! 16 ! 4 !
            ! 10 ! 15 ! 3 !
                 ! 9 !
                 ! 1 !

SubjNo:  1  ID:

The Sum is   0.00,  and the Mean is   0.00,  for Subject  1
The Sort is OK, Do You Want to Change It Anyway? (y/N):
```

3. 분석결과 및 함의

no	진술문	요인1	요인2	요인3	요인4
1	중국의 산업화와 사막화 현상 등으로 인해 더욱 증대된 황사는 천식환자의 증가를 가져올 것이다.	0	-3	2	1
2	오존 오염도의 증가는 스모그와 시정장애 현상을 증가시켜 건강피해를 가져올 것이다.	0	0	3	2
3	아황산가스의 증가는 대기오염 악화의 주된 요인이 될 것이다.	1	-1	0	0
4	일산화탄소 및 이산화탄소의 증가는 대기오염 및 건강을 악화시킬 것이다.	1	0	2	-1
5	TSP(먼지)의 증가는 대기오염 및 건강의 악화시킬 것이다.	2	0	0	-1
6	VOC(휘발성유기탄소)의 증가는 대기오염 및 건강을 악화시킬 것이다.	3	-2	-1	-2
7	질소의 증가는 대기오염 및 건강을 악화시킬 것이다.	2	-1	-3	-2
8	벤젠은 대기오염 및 건강의 악화시킬 것이다.	1	0	-1	0
9	염화수소(HCl)는 대기오염 및 건강을 악화시킬 것이다.	1	0	-2	-1
10	국내대기환경지수의 측정은 보다 견고해져야 할 것이다.	0	1	1	1
11	환경기준치는 보다 강화되어야 한다.	-1	1	1	0
12	교통수단의 배출가스의 대한 대책은 보다 강화되어야 한다.	-2	1	1	3
13	천연가스자동차 및 전기자동차와 같은 환경교통수단은 지속적으로 개발되어야 한다.	-3	0	0	1
14	공사장·사업장의 먼지는 점점 증가하여 대기오염 및 건강의 악화시킬 것이다.	-1	1	-1	0
15	기술의 발전은 대기환경오염의 피해를 감소시킬 것이다.	-1	-2	0	-3
16	대기환경오염정보에 대한 시민의 확인이 보다 중요해질 것이다.	0	2	-2	1
17	대기환경오염에 대한 피해를 감소시키기 위한 시민의 대기환경에 대한 관심도가 매우 중요하다.	0	2	0	-1
18	선진국의 방식대로 미래 서울시의 대기환경제고를 위해서는 그린지역(Green Zone)의 확대를 통해 자전거와 같은 친환경 교통수단을 확대하는 것이 가장 중요하다.	0	3	1	2
19	증가하는 PM10을 해소하는 데 있어 현재의 저감방안들은 큰 실효성을 발휘하기 어렵다.	-1	-1	-1	0
20	서울시 대기환경오염에 있어 2차 오염물질인 미세먼지와 오존의 문제가 중요하게 대두되고 있지만, 아황산가스의 1차 오염물질이 여전히 더 시급히 해결해야할 대기오염물질이다.	-2	-1	0	0

본 20개의 진술문 중 뚜렷한 특성(극단값)을 가지지 못하는 진술문은 6개이고, 16가지는 특성을 가지는 문항으로 확인되었다. 특히, 6번 문항과 7번 문항은 4가지 요인 중 3가지에 포함되어 중요한 분석 및 해석의 대상이었다. 요인분석결과는 의미를 두고

있는 진술문과(+3, +2) 그렇지 않은 진술문을(-3, -2) 중심으로 해석되는 데 요인적재량은 제1요인이 4.61681로 가장 높았으며, 제2요인이 0.7975, 제3요인이 0.75393, 제4요인이 1.21371에 해당하였다.

이는 미래대기환경을 준비함에 있어 대기환경의 전문가들은 미래대기환경의 직접적 위해요인(대기오염원)을 가장 중요하게 고려하고 있으며, 다음으로 이를 대비할 수 있는 정부 규제 및 정책이 수반되어야 함을 고려한 것으로 판단된다. 이후 시민들의 자발적이고 적극적인 사회적 책임이 수반될 필요가 있으며, 2차적 발생오염원들을 신경 쓰는 것은 가장 마지막에 고려해야할 사항임을 확인할 수 있었다.

4. AHP분석(Analytical Hierachical Process): 정책우선순위 분석

1) 개념 및 특징

AHP(*analytic hierarchy process*)는 복잡한 문제를 계층화하여 주요 요인과 세부요인들로 나누고, 쌍대비교(*pariwise comparison*)를 통해 중요도를 도출한다. AHP는 의사결정의 전 과정을 단계별로 분석·해결함으로써 의사결정의 객관성을 높이고, 쌍대비교를 통해 도출된 가중치의 일관성을 검증한다.

AHP는 인간의 사고체계와 유사한 접근방법으로 문제를 분석하고 분해하여 구조화 할 수 있다는 측면과, 모형을 이용하여 상대적 중요도 또는 선호도를 체계적으로 비율척도화하여 정량적인 형태로 결과를 얻을 수 있다는 측면에서 유용하다. AHP는 Saaty(1977)에 의하여 언급된 원리들에 기반을 두고 있으며, Harker(1986)와 Vargas(1990)의 논문에서도 중요하게 다루어졌다. Saaty(1990)는 AHP의 세 가지 원리를 제시하고 있는데, 이 세 가지 원리는 계층적 구조설정(*hierarchical structuring*), 상대적 중요도 설정(*weighting*), 논리적 일관성(*consistency*)이다(한범수 외, 2005: 4).

AHP는 1977년에 Saaty가 제안한 이후로 정책결정의 우선순위 분석에 많이 활용되고 있다. AHP는 현재 다양한 영역에서 적용되고 있는데, 서로 상충하는 기준으로 평가되는 여러 대안 중에서 최적의 대안을 어떻게 선택할 것인가의 문제를 해결하기 위한 방법으로 많이 이용되고 있다. 또한, 정책결정 과정을 살펴보는 데 있어서 객관적인 접근이 필요한데, AHP는 정책 우선순위 대안을 선택하는 과정에서 선택 기준의 일관성을 유지해 준다는 점이 장점으로 인식되고 있다.

AHP는 정책결정 과정을 체계적으로 해체하여 여러 요소(속성)들 간의 가중치를 단계적으로 도출하여 합리적인 평가를 내리는 데 도움을 준다. 또한 적용방법이 간단하며 정책결정에 직접적이고 가시적인 결과를 제시할 수 있어 시간과 비용을 절약하면서 정책결정의 질을 높일 수 있다는 장점이 있다. 따라서 가까운 미래에 실시해야하는 특정 정책들의 우선순위를 분석하기 위해 적합한 방법이라고 할 수 있다.

2) 방법 및 절차

AHP 기법을 활용한 분석은 크게 4단계로 나누어 볼 수 있다. 1단계는 설문자료를 코딩한 후 데이터를 스크린 하는 과정이다. 2단계는 코딩된 자료를 쌍대비교행렬을 통해 개별적으로 분석하여 일관성 비율(*consistency ratio: CR*)[23]이 0.1 이하인 경우만을 선별한다. 3단계에서는 정책 영역·요소에 대한 응답자들의 우선순위를 종합하는 단계로 AIP(*aggregate individual priority*)방식과 AIJ(*aggregate individual judgement*)방식이 있다.[24] 4단계에서는 종합된 전체 우선순위 판단결과에 대하여 민감도 분석을 실시한다. 민감도 분석은 AHP 분석결과가 표본 및 비표본 오차에 얼마나 민감하게 반응하는가를 알아보기 위해 수행된다. 이는 분석결과로 제시된 정책요소 간 우선순위의 견고성(*robustness*)을 확보하는데 유용하다.

AHP의 분석절차는 다음과 같다(김형수, 2006: 20-23).

[단계 1] 의사결정 문제를 상호관련된 의사결정 사항들의 계층으로 분류하여 의사결정 계층을 설정한다.
[단계 2] 의사결정 요소들 간의 쌍대비교로 판단자료를 수집한다.
[단계 3] 의사결정 속성들의 상대적 가중치를 추정한다.
[단계 4] 평가대상이 되는 여러 대안들에 대한 종합순위를 얻기 위하여 의사결정 속성들 간의 상대적인 가중치를 종합화한다.

---

23) 일간성 비율(CR)은 난수지수(RI)에 대한 일관성 지수(CI)의 비율로 일반적으로 0.1을 초과할 경우 일관성이 없다고 판단한다. 일부 논문의 경우 0.2를 기준으로 하나 고길곤·하혜영 (2008: 294)에 따르면 정책분야의 경우는 보다 엄격하게 적용하여 대다수가 0.1로 하고 있다.

24) AIJ 방식의 경우 의사결정에 관한 경험적인 자료나 선행연구가 부족하거나 이를 의사결정자가 정확히 알지 못하는 비전문가 집단에 의해 의사결정을 수행할 때 이용된다(고길곤·하혜영, 2008: 299). 그러나 실제로 기존의 연구를 살피면 어떤 방식을 적용하였는지 명확하게 밝히는 경우가 드물고 언급하고 있어도 잘못 적용하는 경우도 있다는 점은 주의하여야 할 것이다(이종구·김태진·권기헌, 2009b: 93).

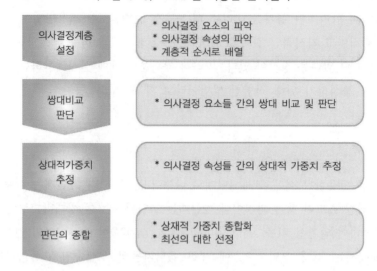

* 자료: 김형수, 2006: 20-23에서 수정.

분석기법 **활용사례**

AHP 분석을 활용한 서울시 대기환경정책 우선순위 분석

1. 개요 및 자료

권기헌 외(2009)는 AHP 분석기법을 활용하여 서울시 대기환경정책의 우선순위를 도출하였다. 서울시 대기환경정책을 정책영역(시민참여확대, 배출원관리, 대기오염측정, 시설물관리)으로 구분하고, 정책영역별 정책요소들을 도출하여 이들의 정책우선순위를 도출하였다. AHP 분석을 위한 자료는 서울시 대기환경정책 담당 기관인 맑은환경본부와 정보화기획단 그리고 서울시 환경정책 담당 공무원을 대상으로 한 설문지 결과를 토대로 하였다.

2. 방법 및 절차

다수 설문지 결과의 쌍대비교값을 단일화시키기 위해 설문결과의 기하평균을 계산하여 각 쌍대비교값을 단일화시킨 후 Expert Choice 11.5 version을 사용하여 자료를 코딩한다. AHP 설문지 자료를 코딩하기 위해서는 Expert Choice를 실행 후 Edit → Insert Child of Current Node를 선택 후 생성된 Node에 각 자료를 입력한다. 대기환경정책영역에 대한 설문지 자료 코딩 예제를 제시하면 다음과 같다.

<코딩의 예제>

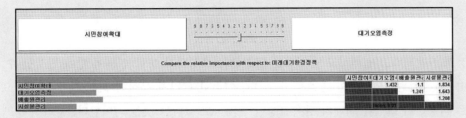

3. 분석결과 및 함의

코딩작업이 완료되면 정책대안별 우선순위를 확인할 수 있다. 확인은 Expert Choice를 실행한 후 메뉴에서 Synthesize → With respect to the Goal을 선택하면 확인할 수 있다.

<Expert Choice 통계패키지의 분석결과>

Expert Choice 분석결과 서울시 대기환경 정책영역에 대한 우선순위가 제시되었다.

먼저 분석결과의 신뢰성을 살펴보면, 일관성 지수(CR)가 0.01이므로 일관성 지수가 매우 높게 나타나 분석결과의 높은 신뢰성을 보여주고 있다. 서울시 대기환경 정책영역의 우선순위를 살펴보면, 시민참여확대가 0.317로 가장 높게 나타났으며, 배출원 관리가 0.265로 2위, 대기오염측정이 0.240으로 3위, 시설물관리가 0.178로 가장 낮게 나타났다.

이러한 분석결과는 향후 서울시가 미래대기 환경정책을 수립하고 추진함에 있어서 시민참여부분이 가장 중요하게 고려해야 함을 시사하는바, 예컨대, 시민들을 위한 대기환경정보제공, 모니터링제도, 시민운동지원, 시민과의 공동사업추진 및 홍보 등과 같이 시민들을 참여시키는 정책추진이 매우 시급하다는 점을 말해준다. 이처럼 AHP 분석은 정책요소 간 쌍대비교를 통해 적실성 높은 정책우선순위를 제시해 준다는 점에서 매우 중요한 정책분석 도구로써 활용될 수 있다.

5. 민감도분석(Sensitivity Analysis)

1) 개념 및 특성

정책을 계획하고 집행하고 운영하는 과정에는 예상하지 못한 변동 상황이 발생할 수 있으며 각종의 위험요인들이 존재할 수 있다. 이러한 예기치 못한 변화의 발생은 위험요인으로 작용하며 그만큼 미래의 불확실성이 존재하고 있다는 것을 의미한다. 따라서 정책의 타당성을 사전에 평가하는 시점에서 이와 같은 변화의 발생과 상황을 미리 고려하여 해당 프로그램의 성공과 실패에 어떠한 영향을 미치는지를 분석하고, 이 결과를 고려하는 것이 필요하다. 이러한 변화의 발생과 상황을 고려하는 것은 최종적인 선택과 판단에 도움을 줄 뿐 아니라 성공적인 집행을 위한 사전예방조치를 강구하도록 하는 계기를 마련해 주기 때문이다. 이와 같이 미래에 발생할 수 있는 다양한 상황에 대한 비용편익분석의 결과에 따라 어떠한 영향을 미치는가를 분석하는 것을 민감도 분석(*sensitivity analysis*)이라고 한다. 즉, 민감도 분석이란 최초의 예측과 실제 상황이 달라지거나 혹은 가정의 변화에 따른 결과의 변화를 분석하는 기법이라고 할 수 있다.

2) 분석 방법 및 활용

민감도 분석에서는 해당 정책의 핵심변수 또는 가정(*key driver*)이 변할 때, 경제적 효용이 얼마나 영향을 받는지를 분석함으로써 정책에 내재된 위험수준(*risk*)을 평가하고 사업추진시 관리해야 할 위험요인(*risk factor*)을 찾아낸다. 예를 들어 부동산 개발 사업의 민감도 분석을 실시한다면, 주로 이용되는 핵심변수로는 할인율, 보상비, 공사비, 분양률, 분양가, 사업기간 등이 있으며, 가정을 달리한 몇 개의 비교대안(*alternative cases*)을 작성하여 기본대안(*base case*)과 비교하는 방법이 사용된다. 대부분의 분석대상인 사업은 장기간에 걸쳐 이루어지므로 의사결정에 있어서 장래에 나타날 상황 변화의 불확실성(*uncertainty*)이 고려해야 한다. 이와 같이 미래의 불확실성이 사업 혹은 정책에 어떠한 영향을 주는가를 분석하는 것이 민감도 분석의 주요내용이다.

또한 선정기준들의 중요도 변화가 최종 결과에 미치는 영향을 살펴보기 위해서 수행하기도 한다. 평가요소의 선호도를 증가시키거나 감소시킬 때 선호도에 대한 우선순위가 어떻게 변화하는지를 알아보고, 결과 변이점(*break even point*)의 위치를 파악하기 위하여 민감도 분석을 수행하기도 한다. 이를 통해 정책결정 과정의 합리성을 향상시킬 수 있을 뿐만 아니라 오류의 발견, 수정 및 판단에 중요한 영향을 미치게 되어 정책결정과 선택의 결과에 대한 확신과 설득력을 갖게 한다.

민감도 분석을 활용한 랜드마크(Landmark)건립사업의
경제적 타당성 분석에 관한 연구

1. 개요 및 자료

김렬 외(2006)는 랜드마크 건립 사업의 경제적 타당성을 분석하기 위하여 비용–편익 분석결과의 불확실성(경제적 상황을 비롯한 제반여건이 변함에 따라 달라질 수 있으므로)에 대비하기 위하여 민감도 분석을 활용하였다. 즉, 비용–편익분석 후 장래의 여건변화에 따라 사업의 수익에 많은 영향을 미칠 것으로 판단되는 부대시설 수입률과 상징조형물 방문객률, 할인율의 변화에 따른 민감도 분석을 실시한 것이다.

2. 방법 및 절차

본 연구에서 시행된 분석절차를 간략히 소개하면, 먼저, 이를 위해 대부분의 편익 비용분석에 있어서 시장가치에 따른 편익만을 고려하는 기존 방법을 벗어나 다양한 비시장가치를 고려한 편익비용분석을 시도하면서, 편익은 입장료수입과 부대시설이용수입, 비용은 건립비, 인건비, 운영비, 감가상각비 등으로 구성하여 비용편익분석을 실시하였다.

3. 분석결과 및 함의

〈분석결과〉

부대시설 수입율	상징조형물 관람객율	할인율	순현재가치(백만원)		편익/비용비		내부수익율	
			TEFm	TEFn	TEFm	TEFn	TEFm	TEFn
10%	50%	2%	40	30,615	1.00	1.54	*2.0%*	*8.4%*
		7%	−13,248	4,141	0.71	1.09		
		8%	−15,314	3	0.65	1.00		
	60%	4%	2,096	30,716	1.04	1.60	*4.6%*	*11.6%*
		5%	−1,399	24,175	0.97	1.49		
		7%	−6,789	14,077	0.85	1.31		
		11%	−13,513	114	0.67	1.04		
		12%	−14,661	−715	0.64	0.98		
	70%	6%	2,799	29,659	1.06	1.63	*6.8%*	*14.8%*
		7%	−331	24,014	0.99	1.53		
		14%	−12,745	1,577	0.68	1.04		
		15%	−13,737	−220	0.65	0.99		
	80%	7%	6,126	33,950	1.13	1.75	*10.0%*	*18.1%*
		10%	153	23,449	1.00	1.54		
		18%	−13,034	205	0.65	1.01		
		19%	−13,805	−1,158	0.63	0.97		

위 분석결과는 시장가치에 의한 총수입(TEFm)과 비시장가치(TEFn)를 포함한 총수입에 대한 민감도 분석결과로서 부대시설 수입률 10%와 상징조형물 관람객률 50%~80%에 따른 민감도 분석을 실시하여 내부수익률의 변화를 제시하고 있다. 즉, 상징조

형물 관람객률이 70%인 경우 내부수익률 6.8%, 상징조형물 관람객률이 80%인 경우 내부수익률이 10%로 나타나 최소 상징조형물 관람객률이 80% 이상은 되어야 경제적 타당성이 있는 것으로 나타났다.

이 연구는 이와 같은 민감도 분석결과를 통해 미래의 불확실한 상황까지 고려해야만 보다 안정적인 경제적 타당성을 확보할 수 있음을 주장하였다. 또한 이 연구는 이를 통해 초기에는 투자비용의 회수에 중점을 두어 입장료를 통해 투자비용을 빠른 기간 내에 회수하고 점차 입장료를 인하하거나 무료로 개방하면서 특정시설물 이용에 대해 최소한의 이용료를 부과하는 등 다양한 정책적 대안을 강구할 수 있도록 유용한 정책 정보와 정책판단의 준거를 제공해준 연구라고 할 수 있는바, 이는 정책분석에 있어서 민감도 분석의 유용성을 잘 보여주는 사례라고 하겠다.

6. 근거이론분석(Grounded Theory Approach)을 위한 질적분석기법: Atlas/Ti

1) 개념 및 특징

근거이론(*grounded theory*)방법론은 일련의 체계적인 과정을 통하여 어떤 현상을 귀납적으로 이끌어내 하나의 이론으로 발전시키는 질적연구방법이다(Strauss & Corbin, 1990). 이는 대상자의 표현 속에서 대상자가 의미있게 받아들이고 있는 주요 사건이나 문제점을 대상자의 관점에서 파악하는 연구이므로, 연구자가 분석하고자 하는 영역에서 보여지는 행위의 다양성을 설명하고 해석할 수 있는 개념들을 발견하고 이들 간의 관계를 만들어내는 장점이 있다. 따라서 연구자는 근거이론방법을 통하여 대상자의 주요 문제를 찾아내고, 이들이 지속적으로 문제를 해결해나가는 근본적 심리사회적 과정(*basic psycho-social process*)을 발견할 수 있다(Glaser, 1978).

Blumer(1969)는 인간의 모든 사회적 행위는 행위자가 자신을 둘러싸고 있는 상황들을 주시하고 해석하며 평가하는 과정을 통해 이루어진다는 관점에서 인간을 적극적인 개체로 간주하는 적극적인 인간관을 제시하고 이를 방법론에 적용시키려 하였다. 그는 이러한 철학적 이해를 토대로 하는 근거이론방법이야말로 인간 행위의 간주간적(*inter-personal*) 상호작용의 본질을 파악하고 개념화하는 것이라고 주장한다.

2) 방법 및 절차

근거이론방법의 연구과정은 경험적 자료로부터 개념을 형성하고 발달시킨 후 개념들을 수정 및 통합하여 이를 토대로 실재 이론을 개발하고 연구를 진행한다. 근거이론방법은 이론적 표본추출(*theoretical sampling*)이라는 과정을 거쳐 표본추출을 하게 되는데, 이론적 표본추출이란 출현되는 이론을 개발하기 위한 것으로 연구자가 자료의 수집과 분석을 하면서 다음에 어떤 자료를 수집하고 또 어디서 그것들을 발견할 것인지를 결정하는 그야말로 근거이론(*ground theory*)에 토대를 둔 자료수집 과정이라고 할 수 있다.

자료수집은 주로 심층면접(*in-depth interview*)을 통해서 얻은 자료를 이용하지만, 심층면접 이외에도 현장관찰, 일기, 편지, 자서전, 전기, 역사적 유물, 대중매체 등의 다양한 경험적 자료가 활용될 수 있다. 자료분석을 위한 코딩의 방식에는 개방코딩(*open coding*), 축코딩(*axial coding*), 선택코딩(*selective coding*)이 있으며, 이러한 질적분석을 위한 프로그램으로는 Atlas/Ti가 있다.

│ 분석기법 활용사례

Atlas/Ti를 활용한 예산결산특별위원회 회의록의 질적분석

1. 개요 및 자료

서인석 외(2009c)는 의회 의사록을 통해 의사결정 상황에서 나타나는 행태적인 특성들을 살펴보고자 의사록에 명기된 상호간 대화 및 담화 내용을 Atlas/Ti 프로그램을 통해서 코딩하여 자료들간의 질서와 구조, 의미와 개념관계를 분석하였다. 이 연구는 의사록자료에 대한 질적연구방법을 취하고 있으며, Atlas/Ti version 6프로그램을 사용하였다.

2. 방법 및 절차

〈코딩의 예제〉

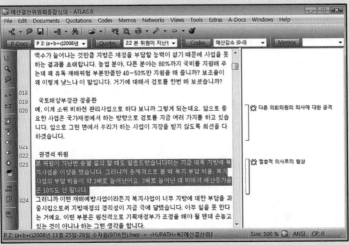

코딩의 경우 다음과 같은 절차를 가진다.

첫째, P-Docs를 클릭후 새로운 창이 뜨는데 여기서 Documents를 클릭하고 이어
   Assign을 클릭한다.
둘째, 클릭한 상황에서 사용하고자 하는 내용파일(의사록과 같은)을 클릭하면 이를
   프로그램으로 불러오게 된다.

〈P-Docs의 작성예제〉

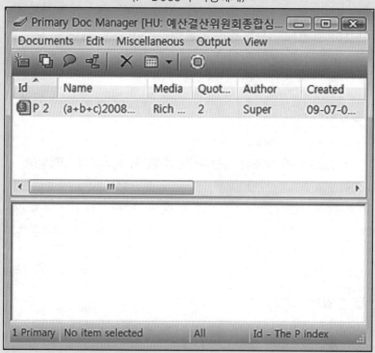

셋째, 이론적으로 규명한 분석변수들을 Codes를 클릭한 후 입력한다.
넷째, 각 변수들에 해당하는 내용을 드래그한 뒤 이를 Open code를 눌러 해당하는
   분석변수를 대응하면 문헌 옆에 구간과 분석변수가 화면에 나타난다.
다섯째, 이를 엑셀자료로 Export하여 빈도와 내용분석을 실시한다.

〈분석변수 작성의 예〉

3. 분석결과 및 함의

분석결과로 나타난 발견 및 함의는 다음과 같다.

첫째, 기존 연구에서 형식성 및 당파성이 국회에 가장 큰 영향을 미치고 있었던 연구들과는 달리 국회 및 서울시의회 모두 전문성이 가장 큰 영향력을 나타내고 있다는 점을 확인하였다.

둘째, 심의위원의 의견 및 안건제안에 있어 전문성이 높은 경우 의제수용 가능성 역시 높은 것으로 확인되었다.

셋째, 예산심의상황은 다양한 범주들이 상호작용하는 것을 확인할 수 있었다. 특히, 국회의 경우 의제결정 및 예산심의는 예측했던 것과 같이 복잡한 상호작용을 거치는 것을 확인하였는데, 이러한 상호작용의 구체적 역동성(dynamics) 및 관계(relationships)에 대해서는 향후 연구가 지속되어야 할 것으로 판단된다.

마지막으로, 국회는 다양한 요인이 분파적으로 형성되는 양상을 나타내 의사결정은 매우 복잡한 양상의 다수분파형 네트워크로 의사결정이 이루어지고 있었고, 서울시의회의 경우 비교적 단일요인인 전문성을 중심으로 이루어지고 있어 소수응집형 네트워크 양상 및 패턴을 가지고 있음을 확인할 수 있었다.

7. 사회네트워크 분석(SNA; Social Network Analysis)

1) 개념 및 특징

사회네트워크 분석방법은 여러 학문 분야에서 사용되고 있는데 대부분의 사회과학 분야, 물리학 및 생물학 등의 자연과학 분야, 그리고 의학을 포함한 생명과학 분야에까지 널리 확산되어 사용되고 있다(김용학, 2009). 특히, 정책과정은 그 자체가 복합적이고 동태적인 과정으로서 집단 간 갈등이나 행위자간 관계성이 갖는 특징으로 인해 정책성과가 결정되는데 이러한 맥락을 분석하기에 매우 적합한 분석기법이다.

네트워크 분석은 사회적 속성(*social entities*)들의 연결성(*linkage*)과 이 연결성의 함의에 관심을 가진다. 여기서 사회적 속성은 일반적으로 행위자(*actor*)로 언급되며, 이는 개인, 단체(*corporate*) 또는 집합적 사회단위(*collective social units*)로 구별될 수 있다.[25] 네트워크 분석의 가장 큰 강점은 행위자들 간의 결합된 단위를 관계도로 모형화할 수 있다는 데 있다(Wasserman and Faust, 1994: 3-4).[26]

따라서 네트워크 분석은 정부서비스 및 민관협력서비스 등을 분석하는 데도 용이하며, 최근에는 지방정부간 공동생산 및 계약에 의한 협력공공서비스 전달, 비영리-정부조직간 관계, 지역아동센터 간 네트워크를 분석하는 데에도 많이 활용되고 있다(박치성, 2006; 김준기 외, 2007; 박형준, 2009).

2) 방법 및 절차

사회네트워크 분석은 구체적으로 구조나 연결망 형태의 특징을 도출하고, 관계성으로 체계의 특성을 설명하거나 체계를 구성하는 단위의 행위를 설명하는 것이다. 연구 질문과 연구 대상에 따라 분석 대상이 되는 연결망이 달라지는 것은 모든 연구의 공통된 특징이

---

25) 집합적 사회단위란 예를 들면 집단 내에 있는 사람, 회사(corporate) 내에 있는 부서, 도시내에 있는 공공기관, 또는 세계기구 속에 개별국가 등이 될 수 있다. "actor"라는 용어의 사용이 반드시 "act"할 수 있는 능력이나 의지를 가져야 함을 의미하지는 않는다. 게다가, 대부분의 사회네트워크의 적용은 행위자들이 거의 동일한 유형의 집합(collection)에 초점이 맞춰진다. 그러한 집합(collection)을 동일유형 네트워크(one-mode network)라고 부른다. 하지만 경우에 따라서는 개념적으로 다른 유형이나 다른 수준을 분석하기도 한다(Wasserman and Faust, 1994: 3).

26) Wasserman and Faust(1994: 4)는 관계도(relationship)를 행위자들의 시스템 간 관계성(relationship among systems of actors)으로 규정하고, 시스템(system)은 구분된 구성원들 사이의 결합(ties)으로 구분하여, 시스템은 개념도의 하위단위로 설정하고 있다.

나, 연결망 분석은 연구설계를 어떻게 하는가에 따라 동일한 자료도 다른 분석수준에서 다룰 수 있다는 특징을 지니고 있다. 이러한 측면에서 연구를 설계하는 단계에서 자료수집과 분석수준을 면밀히 고려해야 한다(김용학, 2009: 2).

사회네트워크 분석의 주요 개념을 살펴보면 크게 연결망의 구조적·위치적 속성(*structural and locational properties*)과 역할 및 지위(*roles and position*)로 구분할 수 있다(Wasserman and Faust, 1994: 167-170, 345-360). 구조적·위치적 속성을 다루는 세부개념으로는 중앙성(*centrality*), 구조적 균형 및 이행성27)(*structural balance and transitivity*)이나 연결성(*connection*), 하위집단의 응집성(*cohesion*) 등이 있다. 반면, 역할 및 지위를 다루는 세부개념으로는 구조적 등위성(*structural equivalence*)이 있다.

〈표 9-15〉 사회네트워크 분석지표 및 변수

상위 개념	세부 개념	분석지표 및 변수
구조적·지역적 속성(Structural and Locational Properties)	연결망 결속	연결정도(degree), 밀도(density), 포괄성(inclusiveness)
	중앙성(Centrality)	근접중앙성(closeness), 사이중앙성(betweenness)
	응집집단(Cohesion)	공동체(community), 파벌(clique), 집단(clan), 핵심(k-core),
역할 및 위치(Roles and Position)	구조적 홀(structural hole), 구조적 등위성(structural equivalence)	구조적 홀(structural hole), 구조적 등위성(structural equivalence)

* 자료: 김용학, 2009: 169에서 재구성.

---

27) 박형준·장현주(2009: 127)는 이행성(Transivity)을 행위자 A와 B가 관계를 맺고 있고, 행위자 B와 C가 관계를 맺고 있는 경우, A는 C와의 관계를 추구하려는 것을 이행성이라고 정의하였다.

사회네트워크분석을 한국재난안전네트워크(KDSN)의 협력구조분석

1. 개요 및 자료

서인석 외(2009b)는 사회네트워크분석(SNA: Social Network Analysis)을 활용하여 한국재난안전네트워크(KDSN)의 네트워크 속성, 네트워크 결속, 중앙성(centrality), 결집집단(cohesion) 등을 파악하기 위해 한국재난안전네트워크의 네트워크적 구조에 대해서 분석하였다. 이 연구는 홈페이지에 언급된 정회원을 관계로 간주하여 분석을 시도하였으며, 이때 Netminer 3.0 패키지 프로그램을 사용하였다. 만일 특정기관(A)의 홈페이지에 접속하여 다른 기관(B)을 정회원으로 규명하는 경우 이는 A→B로의 연결성이 있고, 이것을 1로 데이터 입력하며, 없을 경우 0으로 데이터를 입력하였다.

2. 방법 및 절차

〈코딩의 예제〉

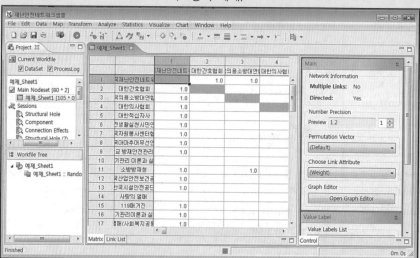

코딩의 경우 다음과 같은 절차를 가진다.

첫째, Data를 클릭후 Creat New Item을 누른 후 Insert node를 클릭하여 명칭을 입력하고 필요한 Node를 추가하면 상기와 같이 데이터가 구성된다.

둘째, 구성된 자료를 Statistics를 클릭하여 보고자 하는 연구초점(중심성, 밀도, 응집성, 구조적홀 등)을 클릭하여 결과치를 확보한다.

〈P-Docs의 작성예제〉

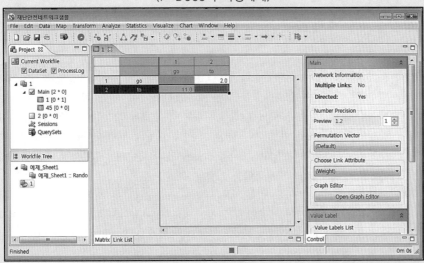

셋째, 형성된 결과치를 통해 해석하고 분석을 시도한다.

〈중심성 분석결과의 예〉

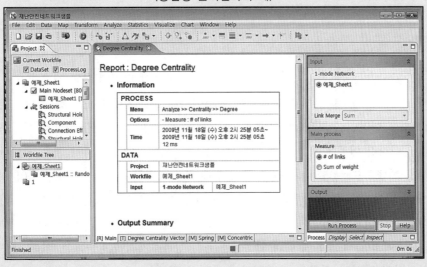

3. 분석결과 및 함의
본 연구의 분석결과, 발견 및 함의는 다음과 같다.

첫째, 향후 재난방지를 위해서 각 기관들이 최대한 협력 및 네트워크 관계의 매개자로서의 역할을 제고할 필요가 있다. 즉, 신속하고 적극적으로 대처해야하는 재난의 속성상 유관기관들 모두가 중심 및 매개역할을 담당할 수 있는 역량을 제고해야 한다.

둘째, 소방방재청이 구조적 위치 및 타 기관과의 연계성이 높다는 점에서 한국재난안전네트워크와 소방방재청을 양대 중심(head)으로 하는 방재시스템을 고려해볼 필요가 있다. 우리나라 방재체제의 경우 현재까지 대부분을 중앙정부가 중심이 되어 수행되어왔으며, 중심자로서의 자원과 권한을 가지고 방재업무를 수행해 온 경로의존성(path dependency)을 고려할 때, 향후에도 소방방재청은 재난방재에 있어 주요역할을 담당할 수 있다.

마지막으로, 부문집단(Clique)이나 커뮤니티(Community) 등 작은 차원의 집단 간 결속력을 증대시키면서 중앙에 위치한 한국재난안전네트워크나 소방방재청과 유기적인 관계를 맺는다면 거대한 방재네트워크가 유연하면서도 강력한 관계성을 유지할 수 있음을 확인할 수 있었다.

8. 시스템 다이내믹스(System Dynamics)

1) 개념 및 특징

시스템 다이내믹스(*system dynamics*)는 컴퓨팅 기술의 발전에 의한 시뮬레이션 및 환류적 사고(*feedback*)를 토대로 분석되는 기법이다(김동환, 2001: 6). 즉 복잡한 현상을 동태적이고 순환적인 인과관계의 시각(*dynamic feedback perspective*)으로 이해하고 설명하거나, 이러한 이해에 기초한 컴퓨터 모델을 구축하여 복잡한 인과관계로 구성된 현상이 어떻게 동태적으로 변해 나가는지를 실험해보는 방법론이다(정석환 외, 2005: 220). 즉, 이 접근법의 기본적인 관심은 연구하고자 하는 특정 변수가 시간의 변화에 따라 어떻게 동태적으로 변화해 가는가에 있다. 따라서 이 방법론은 설정한 변수들이 연구하고자 하는 변수들이 시간의 흐름에 따라 안정, 불안정, 상하주기적 변동, 성장, 쇠퇴, 평형상태 등의 동태적인 변화의 경향을 보이는지에 초점을 두게 된다(Meadow, 1980: 31-36).

시스템 다이내믹스(*system dynamics*)는 다음과 같은 특성을 지닌다.

첫째, 시스템 다이내믹스 모델에 포함되는 수준변수들의 값은 동시에 변화된다. 비록 시뮬레이션을 수행하는 컴퓨터는 순차적으로 작동할지라도, 시스템 다이내믹스의 시뮬레이션 알고리즘은 모델 내의 변수들을 동시에 변화시키도록 구성되어져 있다. 시스템 다이내믹스 시뮬레이션에서는 시스템을 변화시키기 위하여 극소의 시간단위(시간간격, *time interval*)라는 개념을 사용하며, 한번의 시간단위를 진행시키면서 모델 내의 모든 비율변수를 변화시킨 다음, 모델 내의 모든 수준변수를 변화시킨다.

둘째, 시스템 다이내믹스 모델은 근본적으로 연속형 변수의 값을 취한다. 비록 모델의 특성에 따라서는 이산형 변수를 모델 내에 포함시킬 수도 있지만, 이러한 경우 시뮬레이션의 오차가 발생될 여지가 있다.

셋째, 시뮬레이션은 추상적인 변수보다는 구체적인 변수들로 구성된다. 수준변수와 비율변수는 시스템 내 구성요소들의 행위를 표상하기 때문이다. 시스템 구성요소들의 행위가 논리적으로 유의미하기 위해서는 구체적인 행동대안과 행동방식이 모델 내에 표현되어야 한다(김도훈·김동환, 1997: 26-27).

2) 방법 및 절차

시스템 다이내믹스(*system dynamics*)는 인과지도의 설정과 시뮬레이션 분석의 두 가지로 구분된다. 먼저, 인과지도는 야기되는 변수들 간의 인과성을 논리에 기초하여 구성하는 것으로서 순환적인 루프(*loop*)를 형성하게 된다. 발생한 결과와 이에 영향을 미친 변수들을 논리적으로 연결하여 루프를 형성함으로써 기존의 단선적이고 선형관계로 파악된 분석의 문제를 해소하고 보다 적실한 분석을 시도한다. 시뮬레이션 모형은 인과지도로써 구성된 변수들 간의 관계를 수학적 관계로 구성함으로써 시간의 변화에 따라 변화하는 변수들의 변동량을 통해 분석의 발견 및 시사점을 얻는다.

〈그림 9-9〉 투입변수가 여러 개일 경우 유량의 수식 설정 방식

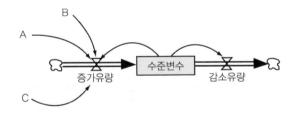

$$증가유량 = \frac{\sum 투입변수}{투입변수의 \ 갯수} \times (1 - 수준변수) = \frac{(A+B+C)}{3} \times (1 - 수준변수)$$

* 자료: 김동환, 2000: 8.

System Dynamics를 활용한 DTI 규제정책의 효과분석

1. 개요 및 자료

이동규 외(2009)는 총부채상환비율(Debt To Income: DTI) 규제의 효과를 분석하기 위해 System Dynamics를 활용하였다. 이 논문은 DTI 규제에 대한 관련 국내외의 문헌검토를 통해 DTI 규제의 특징과 효과에 대해 살펴본 후, 현 상황에서 DTI가 적용될 경우 나타날 순기능과 역기능, 파생효과 및 외부효과에 대해 논리적으로 규명하고 분석하기 위해 System Dynamics 모델링 프로그램을 활용하였다.

2. 방법 및 절차

본 연구는 System Dynamics 시뮬레이션을 사용하였으며, Vensim PLS version 패키지를 사용하였다.

〈인과지도의 작성예제〉

본 연구에서 시행된 분석모델에 대한 논거를 제시하면 다음과 같다.

첫째, 부동산가격 상승에 대한 기대는 다양한 변수들에 의해 영향을 받으며, 이것이 수준변수인 기대심리를 증폭하는 역할을 한다. 1) 부동산규제완화로 인해 부동산 가격상승의 심리가 자극받고, 2) 제1주택권 거래율과 제2주택권 거래율에 의해 부동산 가격상승에 대한 기대치가 높아지며, 3) 기대심리가 증폭되면 이 역시 부동산가격 상승에 심리를 높인다. 반면, 4) 이를 제지하기 위한 DTI규제는 이러한 기대심리를 낮추는 요소로써 작용하게 된다.

둘째, 제1금융권대출은 DTI규제와 기대심리에 의해 직접적인 영향을 받는다. DTI규제가 없는 경우, 기대심리가 높아짐에 따라 대출액이 증가하며, 이는 제1금융권 대출을 증가시키고, 이는 제1주택권 거래율을 상승시키게 된다. 그러나 투여된 DTI규제는 제1금융권 대출을 하락시켜 제1금융권의 거래를 낮추는 역할을 한다.

셋째, 제2금융권대출은 제1금융권대출에 의해 높아지게 된다. 기대심리가 높은 상황에서 감소된 제1금융권대출은 대출의 규제가 높지 않은 제2금융권으로 집중되어 대출율을 높이며, 아울러 이러한 DTI규제의 대상이던 제1주택권과 달리 대상이 되지 않는 수도권 신규분양 및 주거복합단지의 상가등으로 집중됨으로써 제2주택권 부동산 거래상황을 상승시킨다. 이러한 거래상승은 부동산 가격하락을 가져오기 어렵게 만들며, 동시에 기대심리상승을 유지시키는 결과로 나타난다.

마지막으로, DTI규제는 제1금융권, 제1주택권, 그리고 부동산 기대심리에 영향을 미친다. 대상인 1) 제1금융권과 대출액을 감소시키고, 상환액을 높이며, 2) 제1주택권 매도를 상승시킴으로써 제1주택권에 대한 부동산 거래율을 감소시킨다. 또한, 3) 해당지역이 규제의 대상이 된다는 인식이 확산됨으로써 부동산 가격 상승에 대한 기대심리를 낮추는 역할을 담당한다.

〈시뮬레이션의 작성예제〉

3. 분석결과 및 함의

〈Vensim 시뮬레이션의 예제결과〉

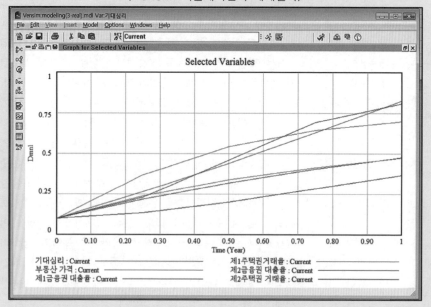

규제수준이 0.1인 수준(즉, 규제수준이 매우 미약한 수준)에서 시간이 지남에 따라 부동산 가격은 급격히 상승하게 되고, 관심의 대상이 되는 투기과열지구(강남3구 등)는 높은 상승세를 나타내게 된다. 즉, 마지막 1에 가까운 곳에서는 부동산가격이나 기대심리보다 오히려 제1금융권 대출률이 높다. 이는 적절한 규제가 없는 상황에서 부동산 경기의 불안정을 보여주는 시뮬레이션 결과를 보여주는 것이다. 또한 이는 DTI 규제정책의 필요성을 잘 보여주고 있다. 즉, 규제완화 이후 급격히 상승한 부동산 가격과 기대심리는 해당지역의 부동산거래와 가계대출을 증가시켜 왔으며, 이것이 DTI 적용의 배경이 되었던 것이다.

분석 결과에 따른 구체적 정책적 함의는 다음과 같다.

첫째, DTI 규제가 거의 없는 경우 강남3구와 같은 부동산 투기과열지구의 부동산 가격은 급등하고 거래역시 높은 수준을 나타내었으며, 시간의 변화에 따라 인근 지역의 부동산 가격도 추가 상승함을 확인할 수 있었다.

둘째, DTI 규제가 어느 정도 시행되면 대상지역의 가계 대출과 부동산 거래율은 하락하게 되는데, 정책의 투입과 산출의 관점에서 볼 때 단기적인 정책효과가 나타나는 부분이라 할 수 있다. 2009년 9월 말 투기과열지구 DTI 규제 이후 DTI 규제의 대상이 아닌 신규분양아파트와 주상복합단지의 상가에 자금이 집중되는 현상이 발생하였다.

셋째, DTI 규제가 매우 높은 수준에서는 대상지역인 투기과열지구의 주택거래는 크게 감소하고 규제 이외의 지역인 인근 지역의 부동산 거래는 급증함을 보여주었다.

마지막으로, 부동산 가격변동의 큰 System을 고려하면 정책으로 인한 파생효과(풍선효과)가 발생할 수 있음을 보여주고 있어 이러한 부분들에 대한 정책적 대응이 필요하다.

제4절 요약 및 결론

정책분석의 핵심은 인과관계(*causal relationship*)의 규명이며, 인과관계의 규명은 "왜 이런 현상이 발생했을까? 그 근본원인은 무엇일까?"와 같은 과학적 탐구(*scientific inquiry*)로부터 출발한다. 정책에 있어서 인과관계를 규명하려는 과학적 탐구는 정책의 성공(실패)인자에 대한 근본규명이 핵심이다. 정책의 성공과 실패(인자)를 규명하려는 정책분석의 탐구법은 크게 양적분석과 질적분석으로 나뉘며, 이 둘은 상호보완적 관계에서 통합적으로 진리규명에 도움을 준다.

이 장에서는 정책분석의 최신기법이라는 관점에서 양적분석으로는 회귀분석(신뢰도분석, 타당도분석), 요인분석, 구조방정식모형, Binary-data 분석을 위한 Logit/Probit 모형, Censored-data 분석을 위한 Tobit/Heckman Selection 모형, Count-data 분석을 위한 Poisson 모형, DEA와 Post-DEA, Coulter 모형, 메타회귀분석, 성향점수매칭 이중차이분석, 위계선형모형: 다층모형 등을 검토하였으며, 질적분석으로는 정책델파이 기법, 시나리오기법, Q-방법론, AHP분석, 민감도분석, 근거이론분석(*grounded theory approach: Atla/Ti*), 사회네트워크분석(*social network analysis: SNA*), 시스템 다이내믹스(*system dynamics*) 등을 학습하였다.

정책학의 인과관계에 대한 근본원인 규명은 양적분석과 질적분석의 조화로운 사용과 다각적 접근을 요구하고 있다. 이를 위해서는 독립변수와 종속변수의 방향과 강도에 대한 일치성(*consistency*), 원인성(*causality*), 상관성(*correlation*)을 규명하고자 하는 양적분석을 통한 과학적 법칙의 규명이 선행되어야 하며, 이러한 양적분석은 이론(*theory*) 토대의 발견과 보강, 연구결과의 발견(*finding*)에 대한 심층탐구(*in-depth inquiry*) 및 심층면접(*in-depth interview*) 등 질적분석의 접목을 통해 더욱 더 견고하게 된다. 또한,

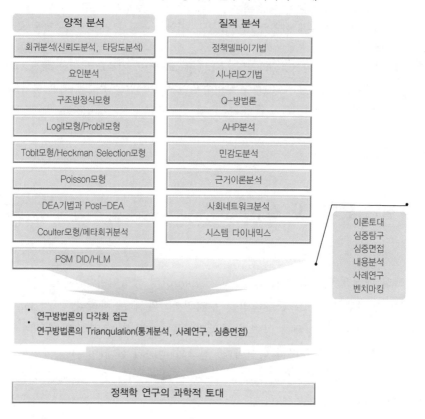

〈그림 9-10〉 정책학 연구의 과학적 토대

회의록분석과 같은 내용분석, 적실성 높은 사례연구, 우수사례(B/P)에 대한 벤치마킹 등 질적분석은 정책분석의 인과관계 규명을 더욱 더 견고하게 만들어 줄 것이다. 이처럼 정책분석을 통한 인과관계 규명은 계량분석, 사례연구, 심층면접 등 연구방법의 삼각화(*triangulation*) 및 연구방법의 다각화(*multiangulation*)를 통한 통합적 접근으로 진행될 때 정책학 연구의 과학적 토대는 더욱 더 강화되게 될 것이다.

제10장

정책분석과 미래예측

Theories of policy analysis

>>> 학습목표

제10장에서는 정책분석과 미래예측에 대해서 살펴본다. 미래예측의 개념 및 요소, 핵심명제 및 개념유형, 중요성 및 촉진동인들을 중심으로 미래예측의 패러다임에 대해서 살펴본 후, 미래예측의 방법론에 대해서 검토한다.

미래는 불확실성(uncertainty)과 불확정성(indeterminancy)을 특성으로 한다. 불확실하고 불확정적인 미래의 특성으로 인해 오히려 미래에 대한 무한한 가능성은 열려 있으며, 미래예측을 통한 인간의 창조적 행위가 가능해 진다. 미래예측은 전략기획(strategic planning), 네트워크(governance networking) 형성 및 미래연구(future studies)의 중심부에 위치하는 개념이다. 미래연구가 미래에 대한 바람직한 구상(wishful thinking)으로 끝나지 않게 하기 위해서는 미래학에서 추구하는 미래예측은 국가의 장기적 미래예측, 정책적 우선순위 도출, 미래지향적 정책설계, 정책집행체제가 일사분란하게 연계될 수 있는 국정운영시스템을 갖추는 것이 매우 중요할 것이다.

또한 이 장에서는 미래예측의 방법론에 대해서 학습한다. 미래예측기법으로 사용되는 모든 방법들은 복잡한 수학적 모형, 계량적 기법이나 컴퓨터 시뮬레이션 등을 통해 이루어지기도 하지만, 실질적인 미래예측에 있어서는 전문가 패널, 시나리오 작성, 정책 델파이 등 전문가들의 주관적 판단이나 창의적 예측이 매우 중요한 자료로 사용되므로, 양적인 분석과 질적인 접근을 모두 활용하는 미래예측의 종합적 접근이 필요하다.

미래를 예측할 때는 먼저 1) 어떠한 이슈가 존재하는지 확인하는 이슈의 확인(환경

제10장 정책분석과 미래예측

343

스캐닝, 이슈서베이, SWOT 분석)과, 2) 그러한 이슈가 어떻게 진행될지에 대해서 추정해보기 위해서 추세 연장적 접근(추세연장, 경향추정, 시뮬레이션)과 창의적 접근(브레인스토밍, 전문가패널, 시나리오, 정책델파이, 교차영향분석, 실현성예측)을 사용하게 되며, 3) 마지막으로, 이상에서 추정하고 창의적 방식을 통해 나타난 미래의 상황을 우선순위로 분류하는 우선순위 접근(핵심기술 우선순위 기법, 로드맵 우선순위 기법)이 종합적으로 필요하다. 이 장에서는 이러한 미래예측 방법론들을 개괄적으로 검토하기로 한다.

제1절　미래예측의 의의[1]

미래는 불확실성(*uncertainty*)과 불확정성(*indeterminancy*)을 특성으로 한다. 불확실하고 불확정적인 미래의 특성으로 인해 오히려 미래에 대한 무한한 가능성은 열려 있으며, 미래예측을 통한 인간의 창조적 행위가 가능해진다. 미래예측은 전략기획(*strategic planning*), 네트워크(*governance networking*) 형성 및 미래연구(*future studies*)의 중심부에 위치하는 개념이다.

1. 미래예측의 의의

1) 미래예측의 개념

미래(*future*)의 사전적 정의는 현재를 기준으로 그 뒤의 시간을 의미한다. 미래예측(*foresight*)은 현재를 기준으로 그 뒤의 시간에 발생할 수 있는 상황에 대해서 예상하고 분석하는 활동을 의미한다.

여러 정책학자들의 미래예측에 대한 정의를 살펴보면 Dunn은 정책문제의 성격에 광한 정보를 토대로 하여 사회의 미래상태에 대한 사실적인 정보를 이끌어내는 방법이라고 보았으며(W. N Dunn, 1981), Quade는 미래의 상태나 조건을 예상하거나 예측하는 행위

---

1) 이 장의 제1절과 제2절의 내용은 저자의 졸저, 『미래예측학』(법문사)의 내용을 토대로 정책분석의 관점에서 수정보완한 것임을 밝힌다.

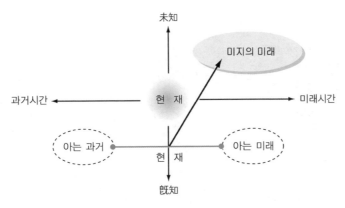
〈그림 10-1〉 미래예측의 개념

未知

미지의 미래

과거시간 ← 현　재 → 미래시간

아는 과거　　　현｜재　　　아는 미래

旣知

* 자료: Ken Tobioka, 1997.

이며, 주로 합리적인 연구나 분석에 의존한다고 보았다(E. S. Quade, 1982).

2) 미래예측의 최근동향

미래예측은 기술, 시장, 조직, 정책 등의 분야에서 미래의 상황을 과학적으로 예측하고 일련의 전략을 제시하는 가치 창조적 행위이다. 과거 과학기술 전문가들에 의해 이루어지던 기술예측(*technology forecasting*)이나 경제경영 전문가들에 의해 이루어지던 시장예측(*market forecasting*)의 개념을 벗어나 오늘날 기술(*technology*), 시장(*market*), 조직(*organization*), 정책(*policy*) 등 광범위한 분야에서 이해관계자를 포함해 사회적 요소까지도 포함하는 문제해결형의 개념으로 변모하고 있다(Gerghiou, 2001). 따라서 미래예측은 미래를 형성하고 창조하는 적극적인 개념이며, 일련의 행동체계를 제안하는 전략적인 개념이며, 기술과 사회, 현재와 미래 사이의 상호작용을 포함하는 동태적인 개념이라고 할 수 있다(과학기술평가원, 2005).

3) 타 개념과의 구별

미래예측(*future foresight*)은 "미래를 미리 본다는 것"을 말하는 데, 현재의 시점에서 미래의 어느 시점에서 일어날 것으로 예상되는 현상에 대하여 이미 알고 있는 과거와 이미 알고 있는 미래의 정보를 단서로 하여 과학적 근거를 토대로(*evidence-based*) 일정한 정확성을 가지고 예측하는 작업을 의미한다.

〈그림 10-2〉 미래예측 개념의 변화

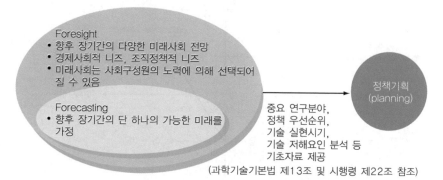

* 자료: 한국과학기술평가원, 2005 자료를 수정 보완.

미래예측(*foresight*)의 개념을 명확히 하려면 그와 비교되는 개념들과 비교해 보는 것이 의미가 있다. 즉, 미래예측(*foresight*)은 전망 혹은 선견(*forsee*) 그리고 추세연장(*forecasting*)과 구별된다.

첫째, 전망 혹은 선견(*forsee*)은 현재의 시점에서 미래의 어느 시점에서 일어날 것으로 예상되는 현상에 대한 임의적 예견을 의미한다.

둘째, 추세연장(*forecasting*)이 1) 미래 장기간 중 단 하나의 가능한 미래를 가정하는 것이며, 2) 기술이나 시장예측에 주로 사용되어 왔고, 3) 미래의 가치 창조적 활동보다는 현재상황의 연장선상에서 예측하는 활동에 주안점을 두는 개념이다.

셋째, 이에 반해 미래예측(*foresight*)은 1) 향후 장기간의 다양한 미래사회를 전망하는 것이며, 2) 기술이나 시장에 국한되지 않고 기술, 시장, 조직, 정책 등 다양한 분야의 경제사회적 수요(*needs*) 및 조직정책적 수요(*needs*)에 대한 과학적 예측이라는 점, 그리고 3) 무엇보다도 미래사회는 사회구성원의 노력에 의해 선택되고 창조될 수 있다는 가치 창조적 행위를 강조한다는 점에서 명백한 차이를 보인다.

4) 미래예측의 정의(종합)

미래예측은 전략기획(*strategic planning*), 네트워크(*governance networking*) 형성 및 미래연구(*future studies*)의 중심부에 위치하는 개념이다.

첫째, 전략기획(*strategic planning*)이란 정책설계(*policy design*)와 합리적 기획(*rational planning*)에 대한 믿음을 기초로 국가 사회의 변화 및 역동성을 촉발시키는 전략적 개념이다.

346   제3부   정책분석론: 기법

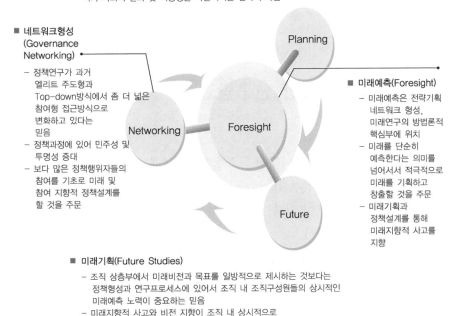

〈그림 10-3〉 미래예측의 정의(종합)

■ 전략기획(Strategic Planning)
　- 정책설계(policy design)와 합리적 기획(rational planning)에 대한 믿음
　- 국가 사회의 변화 및 역동성을 촉발시키는 전략적 개념

■ 네트워크형성
(Governance
Networking)
- 정책연구가 과거
　엘리트 주도형과
　Top-down방식에서 좀 더 넓은
　참여형 접근방식으로
　변화하고 있다는
　믿음
- 정책과정에 있어 민주성 및
　투명성 증대
- 보다 많은 정책행위자들의
　참여를 기초로 미래 및
　참여 지향적 정책설계를
　할 것을 주문

■ 미래예측(Foresight)
- 미래예측은 전략기획
　네트워크 형성,
　미래연구의 방법론적
　핵심부에 위치
- 미래를 단순히
　예측한다는 의미를
　넘어서서 적극적으로
　미래를 기획하고
　창출할 것을 주문
- 미래기획과
　정책설계를 통해
　미래지향적 사고를
　지향

■ 미래기획(Future Studies)
- 조직 상층부에서 미래비전과 목표를 일방적으로 제시하는 것보다는
　정책형성과 연구프로세스에 있어서 조직 내 조직구성원들의 상시적인
　미래예측 노력이 중요하는 믿음
- 미래지향적 사고와 비전 지향이 조직 내 상시적으로
　체제화(embedded)할 것을 주문

* 자료: Michael Keenan(2004).

둘째, 네트워크(*governance network*) 형성은 정책연구가 과거 엘리트 주도형과 Top-
down방식에서 좀더 넓은 참여형 접근방식으로 변화하고 있다는 믿음을 기초로 정책과
정에 있어 민주성 및 투명성 증대에 대한 압력을 반영하여 보다 많은 정책행위자들의
참여를 기초로 미래 및 참여 지향적 정책설계를 할 것을 주문한다.

셋째, 미래연구(*future studies*)는 미래의 비전과 목표를 조직의 상층부에서 일방적으로 제
시하는 것보다는 정책형성과 연구프로세스에 있어서 조직 내에서 조직구성원들이 상시
로 미래예측하려는 노력이 더욱 더 중요하다고 믿으며 이를 기초로 미래지향적 사고와
비전 지향이 조직 내 상시적으로 체제화(*embedded*)될 것을 주문한다.

요컨대, 미래예측은 전략기획, 네트워크 형성, 미래연구의 방법론 핵심에 존재하며, 미
래연구, 전략기획, 네트워크 형성을 대체하는 것이 아니다. 미래예측은 각 행위의 고유
영역과 역할 개념의 공유점에 위치하며, 이들에게 중요한 핵심적인 방법론을 제공한다는
데 의의가 있다.

이상을 종합해 볼 때 미래예측은 적극적으로 미래의 창조적 대안들을 기획하고 창출하

는 것을 의미한다. 그리고 미래기획과 정책설계를 통해 미래지향적 사고를 지향할 것을 주문하며, 미래지향적 비전을 창출하기 위해 조직 행위자들 간의 Bottom & Middle-up 방식의 참여지향적 정책 프로세스를 강조하는 개념이라고 할 수 있겠다.

제2절 미래예측의 연구방법

미래예측(*future foresight*)은 미래를 창조적으로 형성해가는 적극적인 의미가 담겨 있다. 따라서 정책이라는 정부의 개입(*intervention*)을 통해 소망스러운 규범적 미래를 창조하기 위한 핵심적인 방법론이 된다. 제2절에서는 미래예측 연구방법의 유형 및 전체 개관에 대해 조망해 보기로 한다.

미래예측은 다음과 같은 종합적 절차를 거쳐 이루어진다. 즉, 어떠한 이슈가 존재하는지 확인하는 이슈의 확인(환경 스캐닝, 이슈서베이, SWOT 분석), 그러한 이슈가 어떻게

〈표 10-1〉 미래예측 기법의 유형분류

Group	Method
이슈의 확인 (Identifying Issues)	환경스캐닝(Environmental Scanning), 이슈서베이(Issue Surveys), SWOT 분석
통계적 분석 (Quantitative Analysis)	회귀분석(횡단면분석: Cross-sectional Analysis, 시계열분석: Time-series Analysis), 시뮬레이션(Simulation Modelling), AHP 기법(Analytical hierarchy process), Bayesian 모형(The Bayesian model), 형태분석기법(Morphological analysis)
전문가 판단 (Expert Judgement)	브레인스토밍(Brainstorming), 전문가 패널(Expert Panels), 시나리오 기법(Scenarios), 정책델파이(Policy Delphi), 교차영향분석(Cross-Impact Analysis), 통찰적 예측(Genius Forecasting), 실현성 예측(Feasibility forecasting)
우선순위 선정 (Priority Setting)	핵심기술 우선순위 기법(Critical and Key Technologies), 우선순위 로드맵 기법(Technology Roadmapping)

* 자료: Miles and Keenan, 2003을 토대로 수정 보완함.

진행될지에 대해서 추정해보기 위한 통계적 분석(회귀분석, 시뮬레이션, AHP기법, Bayesian 모형, 형태분석기법)과 창의적 접근(브레인스토밍, 전문가패널, 시나리오, 정책델파이, 교차영향분석, 통찰적예측, 실현성예측), 이상에서 통계적으로 추정하고 창의적 방식을 통해 나타난 미래의 상황을 우선순위로 분류하는 우선순위 접근(핵심기술 우선순위 기법, 로드맵 우선순위 기법)을 통해 이루어져야 한다.

이러한 측면에서 실제 미래예측의 과정에 따라 소개한 Miles와 Keenan의 미래예측 기법의 유형분류는 큰 의미를 지닌다(Miles and Keenan, 2003). 다만, 여기에서는 본래 제시된 용어나 분류가 약간 혼란스러운 점을 재수정하여 제시하면 〈표 10-1〉과 같다.

이하에서는 이러한 새로운 유형분류를 토대로 미래예측의 연구방법에 대해서 학습하기로 한다.

1. 이슈의 확인(Identifying issues for foresight)

이슈의 확인은 미래예측의 주제와 관련하여 어떠한 이슈들이 존재하는지에 대해 정확한 진단하는 것을 의미한다. 미래예측의 주제는 매우 전문적인 이슈를 대상으로 분석하는 경우가 많기 때문에 첫 출발인 이슈의 확인과 분석은 매우 중요한 의미를 지닌다(권기헌, 2008b: 149).

1) 환경스캐닝(Environmental Scanning)

환경스캐닝이란 조사된 자료에 대해 전체적인(*systematic*) 분석을 시도하는 것으로, 미래예측의 첫 출발점으로서 미래연구와 관련된 자료들을 체계적으로 검토하는 작업이다. 이러한 환경스캐닝을 수동적 스캐닝, 적극적 스캐닝, 초점화 스캐닝의 세 가지 유형으로 나누어 볼 수 있다.

첫째, 수동적 스캐닝은 신문과 매거진 등을 통해 수동적으로 이슈를 확인하는 것이다.
둘째, 적극적 스캐닝은 신문과 매거진, 관련된 저널이나 분석지등을 좀더 체계적으로 분석하여 이슈를 확인하는 것이다.
셋째, 초점화 스캐닝은 특정한 주제에 초점을 맞춰 집중적인 자료탐색과 분석을 통해 이슈를 확인하는 것이다.

2) 이슈서베이(Issue Surveys)

이슈 서베이는 관련 전문가들의 다양한 의견 수렴을 통하여 미래예측의 핵심이 되는 이슈를 확인하는 방법이다. 그리고 미래예측의 배경이 되는 정보(*background information*)를 구하기 위해서는 정책 델파이나 시나리오 워크숍(Scenario workshop) 등이 가장 유용하다.

이슈를 확인할 때 고려해야 하는 사항들은 다음과 같다.

① 미래예측의 핵심 분야(*the area of interest*)를 주도적으로 형성하는 핵심기제들은 무엇인가?
② 핵심 기제들은 어떤 종류의 문제와 욕구들을 발생시키는가?
③ 문제와 욕구들을 해결하기 위해서는 어떤 종류의 대안과 혁신들이 존재하는가?
④ 대안과 혁신들을 도출하기 위해서는 어떤 종류의 연구와 분석, 지식과 기술들이 요구되는가?

3) SWOT(Strengths, Weaknesses, Opportunities, and Threats) 분석

SWOT 분석은 조직의 환경분석을 통하여 조직의 강점(*strength*)과 약점(*weakness*), 기회(*opportunity*)와 위협(*threat*) 요인을 규정한 토대로 미래전략을 수립하는 기법이다. 이는 조직의 내부 환경에서 강점과 약점을 발견하고, 외부 환경에서 기회와 위협을 찾아내는 것이다. 그리고 강점은 최대화하고 약점은 최소화하고, 기회는 최대한 활용하고 위협은 최대한 억제하는 기법을 통해 바람직한 미래를 수립하는 데 도움을 준다.

(1) 내부요인과 외부요인(Internal & External factors)

(가) 내부요인(internal factors)
내부요인은 조직의 내부 환경에 존재하는 강점과 약점이라고 할 수 있다. 이러한 조직의 내부요인, 즉 조직의 강점과 약점을 파악하기 위해서는 조직의 자원(*resource*)과 역량(*capability*)에 대한 분석이 수반되어야 한다.

(나) 외부요인(external factors)
외부요인은 조직의 외부 환경에서 제시되는 기회와 위협을 의미하며, 이들을 파악하기 위해서는 조직의 환경적 요소에 대한 체계적인 분석이 필요하다.

(2) SWOT 분석의 특징

SWOT는 위 설명과 같이 내부적 요소 2개-강점과 약점과 외부적 요소 2개-기회와 위협으로 이루어지며, 이는 2 × 2 매트릭스로서 표현될 수 있다. 이것은 통계적 방법은 아니지만, 조직내부에 대한 학습(강점과 약점)과 조직외부에 대한 환경과의 역동적인 상호작용(기회와 위협)을 분석할 수 있는 방법이다.

2. 통계적 분석(Quantitative Analysis)

통계적 분석에는 횡단면분석과 시계열분석을 포함한 회귀분석, 시뮬레이션이 있다.

1) 회귀분석(Regression analysis)

회귀분석은 변수들 간의 선형관계를 추정하는 데 유용한 기법이다. 즉, 독립변수와 종속변수 간의 관계의 형태와 크기를 정확히 추정하고자 할 때 사용하는 통계방법이다.

따라서 회귀분석이 제공하는 독립변수와 종속변수들 간의 관계의 형태에 대한 요약된 측정치는 모형의 설계 및 활용에 유용하다. 정책분석가는 이를 통해 변수 간의 인과관계 확인이 가능하며, 특정 독립변수가 종속변수의 원인이 되는지에 대해 정확하게 밝힌다는 점이 큰 장점이다.

회귀분석은 횡단면 분석과 시계열 분석이 있으며, 또는 선형 분석과 비선형 분석으로 나눌 수 있다.

(1) 횡단면 분석(cross-sectional analysis)

횡단면 분석(*cross-sectional analysis*)이란 분석단위가 시간이 아닌 형태의 분석이다. 여기에는 종속변수의 형태가 선형으로 나타나는 형태에 대한 분석(OLS, GLS)과 비선형으로 나타나는 형태에 대한 분석(Poission 모형, Logit 모형, Probit 모형, Tobit 모형 등)이 있다.

(2) 시계열 분석(time series analysis)

시계열 분석(*time-series analysis*)이란 분석단위가 시간의 형태로 나타나는 분석이며, 시간을 독립변수로 두고 과거로부터 현재에 이르는 변화를 분석함으로써 미래를 예측하는 방법이다.

미래예측에서 많이 사용되는 시계열 분석 기법에는 추세연장적접근(*extrapolative approaches*)과 경향추정(*trend extrapolation*)을 들 수 있다.

(가) 추세연장적접근(extrapolative approaches)

추세연장적접근(*extrapolative approaches*)은 미래예측 방법의 기본형으로서 가장 많이 활용되고 있으며, 기존의 자료나 추정을 전제로 하여 미래에 발생할 상황을 예측하는 기법이다. 즉 현재와 과거의 자료에 근거하여 미래사회의 변화될 모습을 추세연장적으로 투사(*projection*)하는 방법이다.

추세연장적접근은 시계열 자료에 의존하는데 이는 과거에 발생한 일들은 특별한 사건에 의해서 방해받지 않는 한 미래에 재연될 것이라는 전제하에 접근하는 방식이다. 즉, 과거에 관찰된 데이터의 패턴이 미래에도 발생할 것이라는 지속성, 규칙성, 자료의 타당성과 신뢰성의 세 가지 가설에 기초하고 있다(노동조, 2005: 109-110).

추세연장적접근이 기초로 하고 있는 기본 가정으로 '지속성'은 과거에 변화되어 왔던 방식이 미래에도 그대로 지속될 것이라는 가정이며, '규칙성'은 과거의 일정기간 동안의 변화가 미래의 다른 기간에서도 규칙적으로 반복되리라는 가정이다. 자료의 '신뢰성' 및 '타당성'은 외삽법에 이용될 자료가 내적으로 일관성을 띠고 있어 신뢰할 수 있으며 측정하고자 의도한 것을 측정할 수 있다는 가정이다(노동조, 2007: 105-123).

(나) 경향추정(trend extrapolation)

경향(*trend*)은 어떤 이슈가 어느 시점에 도달하여 하나의 기본 흐름으로 사회에 정착된 것을 의미한다. 이는 추세가 하나의 경향으로 자리잡은 경우를 분석한다는 점에서 추세연장적접근과 다소 차이가 나지만, 크게 다르지 않다. 즉, 경향추정은 현재의 중요한 문제를 포착하고, 그 문제의 역사적 경로(*trajectory*)를 통해 미래의 상황을 추정함에 있어 하나의 경향을 파악하여 제시하는 데 초점이 있다.

2) 시뮬레이션(Simulation)

시뮬레이션(*simulation*)은 정책대안의 실현으로 인해 어떠한 변화가 일어나는지를 실제로 그 정책대안을 실행하지 않고도 알아내는 방법이며, 실제체제를 모방한 고안물을 활용하는 방법이다(*role play*).

하지만 시뮬레이션은 보다 분석적인 차원에서 민감도 분석(*sensitivity analysis*)과 같은 의미로서 사용된다. 미래예측에 포함된 불확실성의 근거가 되는 가정에 대해 조금씩 변수 값을 앞뒤로 미세하게 변화시킴으로써, 그로 인해 나타나는 결과들을 토대로 분석하는 기법 이다. 미래예측 시스템의 역동성을 고려해야 할 때와 사건, 상태, 중재(interventions)에 관한 다양한 정책 대안들을 모색할 때, 가정이 변화할 수 있다는 점을 고려해야 할 때 매우 유용한 통계기법이다.

3) AHP 기법(Analytical hierarchy process)

AHP는 조직화되어 있지 않은 복잡한 문제 상황을 그 구성요소를 통해 세분화해 나가는 방법이다. AHP 기법은 일반적으로 계층구성의 원리, 우선순위 설정의 원리, 논리적 일관성의 원리에 의해 구성·적용된다.

첫째, 계층구성의 원리는 목표, 판단기준, 대안을 서열화하는 것을 의미한다. 즉, 상위계층에 서부터 하위계층에 이르는 순서로 목표, 판단기준, 대안을 서열화하는 것을 의미한다. AHP의 분석대상이 되는 현상이나 문제가 난해하거나, 심층분석을 요하거나, 많은 변수 를 가지거나 할수록 더 복잡한 계층구조가 형성되게 된다.

둘째, 우선순위 설정의 원리는 복잡한 의사결정 상황에서 수많은 의사결정 요소들의 가중치 또는 중요도를 쌍대비교를 통해 도출하는 것을 의미한다. 이렇게 도출된 가중치나 중요 도는 의사결정의 기준이 된다.

셋째, 논리적 일관성 원리는 비교행렬의 주 고유벡터를 활용한 1:1비교 결과의 통합과정에서 비일관성지수(inconsistency index)를 도출하는 것을 의미한다. 이렇게 도출된 비일 관성지수는 의사결정자의 논리적 일관성 여부를 확인하고 의사결정의 합리성과 논리성 을 향상시키는 데 도움을 준다(김상훈, 최점기. 2007: 123-140).

정책분석에서는 쌍대비교(pairwise comparison)를 통해 정책수단들 간의 우선순위를 확정짓는 기법으로 사용된다. AHP의 분석절차는 다음과 같다(김형수, 2006: 20-23).

〔단계 1〕 의사결정 문제를 상호관련된 의사결정 사항들의 계층으로 분류하여 의사결정 계 층을 설정한다.

〔단계 2〕 의사결정 요소들 간의 쌍대비교로 판단자료를 수집한다.

〔단계 3〕 의사결정 속성들의 상대적 가중치를 추정한다.

〔단계 4〕 평가대상이 되는 여러 대안들에 대한 종합순위를 얻기 위하여 의사결정 속성들 간의 상대적인 가중치를 종합화한다.

계층화 분석법(AHP)은 행정학, 정책학의 분석기법 중 하나로 사업시행 타당성 등의 여부를 판별하기 위해 B/C분석과 더불어 가장 널리 쓰이는 분석기법의 하나이다. AHP는 의사결정의 목표 또는 평가기준이 다수이며 복합적인 경우, 이를 계층화하여 주요 요인과 그 주요 요인을 이루는 세부 요인들로 분해하고, 이러한 요인들을 쌍대비교를 통해 중요도를 산출하는 분석 방법이다. 즉, '다수의 속성들을 계층적으로 분류하여 각 속성의 중요도를 파악함으로써 최적 대안을 선정하는 기법'이라고 할 수 있다. AHP는 개별 분석 및 평가요소가 매우 복잡하며 다차원적인 성격을 갖는 경우 유용한데, 다양한 평가 및 분석기준의 항목들이 서로 상충되는 상황에서, 관련 전문가들의 판단을 활용하여 그에 따른 가중치를 구하고 그를 토대로 종합적인 수단의 우선순위를 결정짓는다(김상훈·최점기, 2007: 123-140).

4) Bayesian 모형(The Bayesian model)

Bayesian 모형은 불확실한 상황 하에서 수집된 정보의 부분적인 신뢰를 기반으로 하여 발생할 것이라고 예상되는 상황을 추론하는 것이다. 즉, 모든 가정(*hypothesis*)에 대한 사전확률(*prior probability*)과 현재의 관찰치를 통해 사후확률을 계산하고 이를 통해 새로운 가정을 추론해내는 기법이다.

이러한 Bayesian 모형의 분석절차는 다음과 같다.

〔단계 1〕 미래예측의 가능한 시나리오를 설정한다.
〔단계 2〕 실행시점에서 이용 가능한 정보와 관련지어 각각의 시나리오의 최초의 확률 또는 사전적(*priori*) 확률을 할당한다.
〔단계 3〕 발생하기 시작하는 사건들을 기록한다.
〔단계 4〕 관찰된 경험적 자료에 기반하여 각 시나리오 발생 확률을 조정한다.
〔단계 5〕 각 시나리오의 발생확률 경향을 보여주기 위하여 획득된 결과들을 그래프화 한다.
〔단계 6〕 Bayesian 통계 계산절차와 그래픽 기법에 해당되는 소프트웨어의 도움을 받는다(www.visiongc.com)

5) 형태분석기법(Morphological analysis)

형태분석기법이란 시료 속에 들어 있는 성분 물질들이 어떤 화합물 형태로 이루어져 있는가를 알아내는 화학분석에서 유추하여, 특정한 형상물을 구성하는 성분이나 요소로 분류해 그들 각각을 변화시키거나 발전시켜 총체적인 형상물의 형태를 분석하는 기법이다. 형태분석법의 절차는 다음과 같다.

〔단계 1〕 문제를 정확하게 구체적으로 기술한다.
〔단계 2〕 가능한 한 많은 독립변수를 추출한다.
〔단계 3〕 2차원, 혹은 그 이상으로 형태분석표를 그린다.
〔단계 4〕 독립변수별 속성 간의 결합(차트의 각각의 셀)을 통해 시나리오를 확정한다.
〔단계 5〕 정책우선순위를 분석한다.

3. 창의적 예측(Creative foresight)

미래예측은 사회적이고 창조적인 과정으로서 조직의 성공에 핵심이 되는 새롭고 흥미로운 지식의 융합(*knowledge fusion*)을 키우는 상호작용의 과정이다. 이러한 관점에서 미래의 전략을 설정하는 창의적 기법이라고 할 수 있는 전문가 판단을 이용한 미래예측 기법에는 브레인스토밍, 정책델파이, 전문가패널, 시나리오기법, 교차영향분석, 통찰적 예측, 실현성예측 등이 있다.

1) 브레인스토밍(Brainstorming)

브레인스토밍은 특정한 미래의 상황에 대해 연관되는 모든 이들의 자율적 의사표현을 통해 미래를 예측하는 방식이며, 다듬어지지 않은 창의적 아이디어를 생성할 수 있는 장점을 지니고 있다.

다음은 브레인스토밍의 절차이다.

〔단계 1〕 자유로운 생각들이 지속적으로 나타나는 동안 그 아이디어들을 화이트보드나 컴퓨터에 적어놓는다. 여기서 가장 중요한 규칙은 다른 사람을 비방하거나 비판적 아이디어는 통제된다.
〔단계 2〕 초기 아이디어 생성단계 이후 보다 진지한 토의가 이어지며, 그 다음은 이 아이디어들을 군집화(*clustering*)하고, 중요도로 우선순위 분류를 한다. 역시 중요한 것은 이러한 아이디어들이 비방이나 비판적인 것이 아닌 친근한 감정을 유지하는 것들이어야 한다. 즉, 최적화된 분위기 조성으로 아이디어 창출에 도움을 줄 수 있어야 한다.

그러나 브레인스토밍은 이를 통해 바로 보고서를 작성하기는 어려우며, 아이디어를 얻는 차원에서 미래예측에 있어 하나의 출발점이라 할 수 있다.

2) 전문가 패널(Expert panel)

전문가 패널은 12-15인으로 구성된 전문가들이 각자의 보고서를 제시하며 토론에서 얻은 생각이나 지식을 통해서 미래를 예측하는 것이다.

유엔 안전보장이사회에서 대북제재위원회의 업무 지원과 관련하여, 중국이 위안화 변동환율제 시행을 검토하기 위해 전문가 패널을 사용하는 등 고도의 전문성과, 다양한 상황에 대한 미래예측이 요구되는 국제 외교분야에서 널리 사용되고 있다.

3) 시나리오 기법(Scenarios)

시나리오 기법은 단순한 '예견'($predictions$)이 아니라, 미래의 '불확실성'을 적극적으로 해소함으로써 원하는 미래상($future\ vision$)에 대한 몇 가지 가능성을 탐색하는 기법이다. 이를 통해 체계적인 계획 수립에 결정적인 도움을 주기 때문에 미래예측($future\ foresight$) 과정에서 가장 많이 사용되며, 다양한 환경 하에 발생하는 경로, 또는 어떻게 소망스러운 규범적 미래가 달성되는지에 대한 희망적인 질문에 초점이 맞춰지는 탐색적($exploratory$) 기법이다.

좋은 시나리오가 되기 위해서는 인과관계와 정책결정들을 확연하게 보여주는 합리적 도구이면서 대안으로 제시된 시나리오들 간에 일관된 비교준거를 제시해 주는 일관된 스토리여야 한다. 그리고 정책결정 과정에 영향을 미칠 정도로 미래를 실재적으로 만드는 흥미와 재미를 유발할 수 있어야 한다(박영숙, 2007: 256).

시나리오 기법은 다음의 각 단계를 통해 이루어지게 된다.

〔단계 1〕 먼저 미래의 초점이 되는 이슈를 확인한다.
〔단계 2〕 미래의 환경 하에서 핵심적인 요인이나 트렌드를 확인한다.
〔단계 3〕 그 요인이나 트렌드를 설정한다.
〔단계 4〕 시나리오 논리를 선택한다.
〔단계 5〕 시나리오 유형을 추출한다.
〔단계 6〕 목표들의 검토를 통해서 방향이나 지침을 선정한다.
〔단계 7〕 정책적 함의를 도출한다.

4) 정책델파이(Policy Delphi)

정책델파이 기법은 전문가들끼리 반복적으로 의견을 수렴하여 주관적 견해를 최대한 살리는 것을 의미한다.

1950년대 미국 랜드연구소에 의해서 처음 개발된 미래예측 델파이에서 전문가들 의견조사는 적어도 두 번 이상 반복 순환되며, 전문가들이 자신들의 의견을 수정할 수 있는 가능성을 열어둔다. 그리고 특정 전문가들의 판단에 대한 형성된 이유를 지속적으로 조사하며, 추가적으로 반복된 전문가 의견조사 과정에서 전문가들의 의견이 한 곳으로 모아진다면, 이때 모아진 의견은 전문가들의 공통되고 공유된 의견이나 전망 내지는 예측이라는 논리를 기초로 한다.[2]

정책델파이 기법은 통제가 되는 토론이라고 할 수도 있는데, 이는 극단적 의견에 대해서는 논리적 설명을 해야 하고, 이에 대해 감정이 아닌 이성적인 피드백을 받게 된다는 장점을 활용하는 기법이다. 따라서 정책델파이용 질문들은 판단력을 수반해야 한다.

연구유형에 따라 정책델파이에서 던지는 질문은 달라진다. 크게 다음의 세 가지 종류로 나누어 살펴볼 수 있다(박영숙, 2007: 160-161).

〔유형 1〕 특정 미래에 대한 발생가능성: 특정 주제에 대한 미래 발생가능성에 대해 질문하는 형태이다. 예컨대, 유비쿼터스사회가 보편화되는 시점과 같은 질문처럼 특정 미래의 발생가능성에 대한 예측유형이다.

〔유형 2〕 특정 미래에 대한 선호성: 특정 주제에 대해 선호하는 미래상에 대해 질문하는 형태이다. 예컨대, 남북통일이 조기에 실현되는 것을 선호하는 지에 대해서 묻고, 이러한 성취의 기본 전제는 어떤 것이 되어야 하는지에 대해서 질문하는 특정 미래의 선호성에 대한 예측유형이다.

〔유형 3〕 특정 미래에 대한 성취 방법: 특정 주제에 대해 선호하는 미래상을 성취하는 방법 혹은 대응하는 방법에 대해 질문하는 형태이다. 예컨대, 4만불 소득과 7대 선진국에 진입하기 위해서는 어떠한 정책들이 있을 수 있는지에 대해서 질문하는 특정 미래의 성취 방법에 대한 예측유형이다.

5) 교차영향분석 기법(Cross-impact analysis)

정책델파이처럼, 교차영향분석은 전문가 견해에 기반한 방식으로 계량적 결과를 생산

---

2) 정책델파이 기법은 제6장 정책대안의 미래예측 부분을 참고하기 바람.

하게 된다. 이것은 전문가들에게 발생가능한 사건들을 물어보고 한 사건이 일어날 때와 일어나지 않을 때에 다른 사건들의 발생률 등을 물어보는 접근법이다.3) 교차영향분석 기법은 사건이나 문제 간의 상호 관련성을 식별하도록 하며 새로운 가정과 증거를 바탕으로 발생확률을 수정할 수 있게 한다는 장점이 있다.

6) 통찰적 예측(Genius forecasting)

통찰적 예측이란 앨빈 토플러의 「미래 쇼크」, 「제3의 물결」, 「권력이동」, 「부의 미래」, 존 네이스비츠의 「메가트랜드」와 같이 개인의 통찰을 통해 미래의 비전을 묘사하거나 설명하는 것이다. 이들은 종교적 예지자(Guru)들의 초자연적 예언들이라기 보다는 정확한 논거를 제시하며 매우 비판적이고 심도 있는 사고를 제시하는 노력을 보인 연구결과물들이라고 할 수 있다.

7) 실현성 예측(Feasibility forecasting)

실현성 예측은 보다 신중하게 미래 정책수단의 실현가능성을 예측하는 방법으로서 정책관련자들의 미래행태를 예측하기 위하여 특별히 설계된 것이다. 또한 이는 정책분석가가 여러 정책대안들의 채택이나 집행을 지지하거나 반대함에 있어 정책관련자들의 예상되는 영향에 관하여 예측하는 것을 도와준다. 따라서 이는 정치적 갈등, 권력이나 기타 자원들의 배분이 동등하지 않은 조건에서 정책대안의 예상되는 결과와 정책관련자의 행태를 예견 또는 투사할 수 있게 하는 관련 이론이나 가용한 경험적 자료가 없는 상태에서 정책관련자들의 미래행태를 예측하는 데 유용하게 이용될 수 있다. 실현성 예측에서는 1) 이슈에 대한 입장, 2) 가용한 자원, 3) 자원의 상대적 서열 등이 중요하게 고려된다 (Dunn, 1981: 240-241).

---

3) 교차영향분석 기법은 제6장 정책대안의 미래예측 부분을 참고하기 바람.

4. 우선순위 선정을 위한 기법들(Priority-setting)

1) 핵심기술 우선순위 선정(Critical or key technologies)

핵심기술 우선순위 선정은 국가적 차원의 과학기술 영역에서 많이 분석된다. 미래의 우선시되는 기술을 선정함으로써 핵심기술로 나타나게 될 미래의 상황에 적합하게 대응하고자 분석하는데 목적이 있다. 이는 미래 고부가가치 핵심기술을 국가적으로 선정함으로써 국가경쟁력과 국민의 삶의 질적 향상을 제고한다는 의미를 지닌다(권기헌, 2008: 318).

(1) 핵심기술의 우선순위 선정

정책의 지속적인 성장과 국가경쟁력 향상을 위한 기술을 전략적으로 선정함에 있어 핵심기술의 정의는 매우 중요한 첫 단추이다. 핵심기술의 우선순위 선정은 특히 다양한 기술들을(technologies) 평가하는 데 있어 유용하다. 이때 고려해야 할 중요한 질문들은 다음과 같다.

① R&D의 핵심 분야는 무엇인가?
② 정부 혹은 공공 자금을 지원받아야 하는 핵심적인 기술들은 무엇인가?
③ 핵심기술을 선택하는 데 어떤 기준이 적용되어야 하는가?
④ 결과들을 집행하는 데 있어 논의되어야 하는 것 중 가장 중요한 고려사항은 무엇인가?

(2) 핵심기술의 정의

핵심기술을 정의하는 데 있어 고려되어야 할 질문들은 다음과 같다.

① 핵심기술들의 정책적 적합성은 얼마나 되는가?
② 핵심기술들과 비핵심기술들은 상호 구별가능한 정도인가?
ⓒ 핵심기술들의 도출 과정과 결과는 신뢰할 수 있으며 재생산 가능한가?

(3) 핵심기술 우선순위 선정 절차

핵심기술을 선정하기 위해서는 다음과 같은 절차를 밟는다.

① 집단 전문가(*cohort of experts for consultation*)들을 선정한다.
② 기술들의 목록표를 만든다.
③ 목록화된 기술들을 유형화하고 우선순위를 가린다.
④ 핵심기술의 우선순위를 관련 정책결정자에게 제안한다.

2) 로드맵 우선순위 기법(Technology Roadmapping)

로드맵 우선순위 기법은 시장의 요구를 충족시킬 수 있는 기술적 대안을 발굴하여 선정하고 그들 간의 관계를 시간 좌표로 표시하는 과정을 의미한다. 이 과정을 통해 성과목표(*performance target*)에 도달할 수 있는 핵심기술 또는 기술격차(*technology gap*)를 확인할 수 있다. 또한 관련 구성원들 간 연구활동을 조정함으로써 연구개발(R&D) 투자 관련 의사결정을 조율할 수 있는 미래지도(*future map*) 혹은 과학지도(*science map*)를 제공한다.

따라서 이는 과학기술 혹은 첨단산업 정책분석에서 정책기획과 기술전략을 지원하기 위한 첨단기술의 로드맵을 분석하는 데 유용하게 사용되며, 다차원적 시간에 기반한 그래픽 차트로 구성된다. 이 차트에는 기술개발과 시장수요의 관련성, 가용예산, 장단기 구분, 우선순위, 집행모니터링에 있어 유의점 등이 표현되어야 한다.

제 3 절　미래예측사례의 분석

미래예측(*future foresight*)은 인간의 창조적 이성과 지식을 토대로 미래를 창조적으로 형성하는 것을 의미한다. 특히 미래예측(*future foresight*)은 정책을 통해 소망스러운 규범적 미래를 창조하는데 있어 핵심적인 역할을 한다. 미래예측의 방법론에는 이슈의 확인(환경 스캐닝, 이슈서베이, SWOT 분석), 통계적 분석(회귀분석, 시뮬레이션, AHP 기법, Bayesian 모형, 형태분석 기법), 창의적 접근(브레인스토밍, 전문가패널, 시나리오, 정책델파이, 교차영향분석, 통찰적예측, 실현성예측), 우선순위 접근(핵심기술 우선순위 기법, 로드맵 우선순위 기법)이 있다. 미래예측에서는 이러한 방법론을 종합적으로 활용하여 규범적 미래를 창조하게 된다. 제3절에서는 미래예측의 방법론을 활용하여 미래를 창조적으로 형성한 사례에 대해 분석해 보기로 한다.

1. '치악권 행정협의회'에 대한 SWOT 분석[4]

1) 사례개요

(1) 사례소개

이광모·김형준(2007)은 SWOT 매트릭스 분석기법을 활용하여 원주시와 횡성군 간에 합의된 '치악권 행정협의회'를 분석하였다. 행정협의회가 실질적인 목적을 달성하기 위해서는 각 자치단체가 처한 환경과 자체 능력을 파악하여 상호간 정보를 공유하는 것이 필요하다. 따라서 자치단체 간 상호 협력을 위한 경쟁력을 분석하고 협력의 목적을 달성하는데 필요한 구체적이고 실천가능한 전략적 내용을 제시하고자 하였다.

〈표 10-2〉 횡성시에 대한 SWOT분석

SWOT 매트릭스		1. 기획(O) ① 원주 성장 가속화 ② 주5일제 시행	2. 위협(T) ① 원주 성장 가속화 ② 주5일제 시행
3. 강 점 (S)	① 사통팔달의 교통망 ② 청정 자연 환경의 보전	**OS 전략** ① 접근성(5·42번 국도, 영동·중앙고속도로, 수도권 1시간대) ② 원주권 정주 배후도시 ③ 청정 농산물 판매 ④ 스포츠관광위락시설(골프장, 스키장, 콘도)	**TS 전략** ① 횡성한우 브랜드 가치 고급화 ② 물의 자원화(횡성댐, 원주권 상수원, 스키·골프장 관광자원화) ③ 인프라를 갖춘 저렴한 공단부지 분양(첨단의료기기산업단지) ④ 평창동계올림픽유치와 관련하여 원주와 광역적 협력관계 유지
4. 약 점 (W)	① 주민감소· 노령화 ② 농업 중심 산업	**OW 전략** ① 기업도시, 혁신도시로 횡성유출인력 회귀 가능성 ② 친환경(유기농)농산물 계약 생산 ③ 전원주택, 1사1촌 자매결연 ④ 특·농산물 2차가공 판매	**TW 전략** ① 한우 비인기부위활용(화장품 등) ② 기후, 토질물 고려한 특화작물 계약재배(화훼, 약초, 채소 등) ③ 수도권 구, 동과 자매결연 ④ 대형 할인판매장 유치

* 자료: 이광모·김형준, 2007.

---

4) 이광모·김형준(2007), 『SWOT분석을 통한 지방정부 간 행정협의회 활성화 연구: '치악권 행정협의회' 사례를 중심으로』, 한국행정과 정책연구, 제5권 제1호, p.9에서 요약 정리하였음.

(2) 사례내용

(가) '횡성시'에 대한 SWOT분석

횡성군이 성공적 발전전략을 위해서 고려해야 할 핵심적 요소는 환경과 능력이다. 첫째, 환경적 측면에서 기회요인(O)으로는 원주시 성장 가속화·주5일제 시행이고, 위협요인(T)으로는 한미 FTA 체결·수도권 규제완화 정책이다. 둘째, 능력적 측면에서 강점(S)은 사통팔달의 교통망·청정 자연환경을 꼽을 수 있고, 약점(W)으로는 계속되는 주민수의 감소와 노령화·1차 농업중심의 산업구조라 할 수 있다.

(나) '원주시'에 대한 SWOT분석

외부 환경적 측면에서 원주시의 기회요인(O)으로는 국가적 차원에서 수행되는 국가균형발전전략 및 지역혁신 발전전략의 추진이라 할 수 있다. 위협요인(T)은 횡성군과 마찬

〈표 10-3〉 원주시에 대한 SWOT분석

SWOT 매트릭스		1. 기획(O) ① 국가균형발전전략(국가) ② 지역혁신발전전략	2. 위협(T) ① 한미 FTA 체결 ② 수도권 규제완화
3. 강점 (S)	① 수도권 접근성 ② 인구증가	OS 전략 ① 기업도시·혁신도시 유치 ② 지속적인 인구증가 ③ 의료기기산업 클러스터 ④ 취업자 증가(실업률 감소)	TS 전략 ① 중심부와 주변부의 연계 성장 ② 인구증가로 자생적 경쟁력 확보 ③ 저렴한 첨단의료기기산업단지 조성 ④ 생명·건강의 청정도시 이미지 홍보
4. 약점 (W)	① 높은 지가 상승 ② 군부대의 존재	OW 전략 ① 기업도시, 혁신도시 성공적 건설 ② 주변지역 친환경(유기농)농산물 계약 재배 ③ 군부대 이전: 계획도시 건설 ④ 자치단체간 공무원 인적교류	TW 전략 ① 국도 5호선 확장~원주 북부권 개방 ② 인접시군과의 상호 교류 연계성 확보 ③ 군기지 이전으로 횡성군과 원활한 교류 이동성 확보 ④ 수도권으로 인구이탈 방지책 (주택, 교육환경의 개선)

* 자료: 이광모·김형준, 2007.

가지로 한미 FTA 체결과 수도권 규제완화 가능성이다. 다음은 내부 능력적 측면에서의 강점(S)은 수도권 접근성의 용이성과 꾸준한 인구증가를 꼽을 수 있고, 약점(W)으로는 여타 지역과 비교하여 상대적으로 높아진 지가와 지내에 위치하고 있는 군부대(1군사령부)의 존재이다.

2) 쟁점 및 시사점

SWOT 기법은 조직의 경쟁력을 분석하고 설명하는 데 매우 유용하게 활용될 수 있다. SWOT 분석기법은 분석하고자 하는 대상의 외부 환경과 함께 내부체제를 동시에 판단하여 상황에 가장 적합한 전략을 도출 할 수 있다는 데 그 유용성이 있다. 분석절차와 방법이 비교적 간단하고 명료하기 때문에 쉽게 문제점을 파악할 수 있고 여건분석에서 전략도출까지 한꺼번에 파악할 수 있다는 점이 큰 장점이다. SWOT 분석기법과 전략은 상호 협력을 위하여 자치단체의 경쟁력을 분석하고 협력의 목적을 달성하는 데 필요한 구체적이고 실천가능한 전략적 내용을 제시하는 데 크게 활용될 수 있다. 자치단체 내부 증력인 강점과 약점을 분석하여 스스로의 능력과 한계를 밝히고, 외부 환경요소인 기회와 위협을 분석하여 미래상황을 예측하면 WIN-WIN 협력 전략의 도출이 가능하다. 행정협의회에서는 자체예산의 정도, 사업계획의 적합성과 타당성, 사업의 우선순위 등을 종합적으로 고려한 협력방안이 논의될 때 SWOT 분석결과는 실현가능성 있는 유용한 관점을 제공할 수 있을 것이다.

2. '광역지방자치단체의 전자정부'에 대한 SWOT 분석[5]

1) 사례개요

(1) 사례소개

정보통신기술의 발달은 국가전반의 변화를 통한 능동적이고 작은 전자정부를 구현하도록 하였으며, 기초지방자치단체를 중심으로 1998년부터 시군구 행정정보화사업을 실시하여 정보화기반을 수립하였다. 또한 2003년부터는 전자정부 로드맵 31대과제에서 시도

---

5) 신영진(2005), 『광역자치단체의 전자지방구현과정의 효율성 평가: 자료포락분석과 SWOT 분석을 중심으로』, 한국행정논집, 제17권 제3호, pp. 811~832에서 요약 정리하였음.

〈표 10-4〉 광역지방자치단체의 전자정부에 대한 SWOT분석

	강점(Strength)	약점(Weakness)
광역 자치 단체 (시 / 도)	− 정보화예산이 많음(서울, 대전) − 정보화 인력확대(서울, 대구, 대전, 광주, 충남, 충북, 제주) − 웹사이트를 이용한 컨텐츠 및 상호 운영성이 높음(서울, 대구, 울산, 경기, 강원) − 행정정보공개 및 주민참여제고를 통한 대민 서비스의 질향상(인천, 부산, 충남, 제주) − 인터넷기반 민원처리시스템운영(서울, 경기, 경북, 충북)	− 정보화예산이 적음(인천, 대구, 경기, 제주, 경남) − 정보화 인력감소(광주, 울산, 경기, 제주, 경남) − 웹사이트의 구성 등 대부분 취약함(인천) − 웹사이트 내용의 다양성 및 상호작용성이 낮음(부산) − 민원시스템 처리와 웹사이트의 상호운영저조(대전, 전남)
	기회(Opportunity)	위협(Threaten)
	− 정보보호시스템 구축과 전자인증수준이 높음(광주, 울산) − 효율적인 S/W관리와 정보보호기반확보(부산) − 주민정보화교육 및 정보화지원체계 강화(부산) − 정보화인력강화 및 정보화교육시간증가(광주) − 무료이동정보화교육시스템(전남) − IDC 센터구축에 Ekfs 안정된 서비스제공 및 통합관리 실현(서울) − 유비쿼터스 행정서비스 제공(서울, 부산, 대구, 경기, 충남, 경남 등) − 농어촌 대학생 IT봉사단을 조직하여 정보활용 능력증가(경북) − 디지털@경북을 통한 산·학·민·관의 협력(경북), e−경기인(경기) − 오지마을의 정보화제공 및 위성 인터넷설치(경남) − 디지털방 설치(충남)	− 정보화교육정도가 낮음(울산, 인천, 경남, 충남) − 차별적 교육시스템부족(부산) − 정보화 지원체계(PC보급률저조) 및 인프라기반 저조(인천, 광주, 강원, 충북, 경남, 제주) − 정보보호시스템 구축미비(시평균 84.5%에 비해 53.36%로 낮음)(대구) − IDC 센터 등 통합운영에 따른 인력 및 비용 감소에 대한 가시적 효과없음(서울)

* 자료: 신영진, 2005.

행정정보화사업을 포함하여 중앙정부와 지방정부를 연계한 행정서비스 체계를 구현하고 있다. 이와 같이 전자지방정부구현과정에 대해 기초자치단체는 한국자치정보화조합과 행정안전부에서 평가되고 있으며, 광역자치단체는 행정안전부의 합동평가 내용 중 일부로 평가되고 있다.

신영진(2005)은 광역자치단체 16개 시도를 대상으로 투입요소와 산출요소를 선정하여

효율성평가를 실시하고, 그 결과에 대해 SWOT분석을 이용하여 광역자치단체의 지역적 특성과 정보화 현황을 바탕으로 분석하여 효율적인 정책방향을 제시하였으며, 향후 광역자치단체를 중심으로 전자지방정부가 구현되도록 새로운 정보화환경을 구축하여 지역 간의 격차를 해소하고 균형발전을 이루는 효율적 정책방향을 제시하였다.

(2) 사례내용

서울은 가장 정보화를 위한 예산, 인력, 인프라가 충분하며, 주민참여 확대를 위한 첨단미디어기술을 이용하여 유비쿼터스 행정서비스를 제공하고 있음을 알 수 있다. 또한 경북과 경남은 정보시스템 기반을 확충하고 있으며, 충남, 경기, 대구, 대전은 인터넷 서비스를 확대하고, 경기, 충북, 전남 등은 정보화인력양성을 위한 교육시스템을 구축하고 있다. 그러나 각 지역에서 현재 추진하고 있는 지역정보화촉진계획을 중심으로 추진되는 정보화사업이 기회나 위협으로 작용할 수 있음을 간과해서는 안 된다.

2) 쟁점 및 시사점

정보화노력이 지방자치단체의 정보화수준평가를 통해 측정되고 있음에도 불구하고, 광역자치단체에 대한 정보화노력을 정확히 진단하지 못하여 지역 간의 정보화불균형을 일으키고 있다. 이에 따라, 위 연구는 전자지방정부를 구현하는 광역자치단체의 정보화에 대한 효율성을 측정하여 지역 간의 상대적 격차를 해소하고, SWOT 분석을 통해 지역특성과 현황을 분석하여 전자지방정부구현을 위한 효율적 방안을 제시하였다. 이처럼 SWOT 분석기법은 여건분석에서 전략도출까지 한꺼번에 파악할 수 있다는 점이 큰 장점이라고 할 수 있으며, 자체 정보화 사업의 강점과 약점을 분석하여 스스로의 능력과 한계를 밝히고, 외부 환경요소인 기회와 위협을 분석하여 미래상황을 예측하면 지역 간의 정보격차를 해소하고 지역특성을 고려한 정보화계획의 효율적인 운영이 이루어지는 평가기틀을 마련하는 데 많은 도움을 줄 수 있으리라 판단된다.

3. '시·군의 재정지출 구조'에 대한 회귀분석6)

1) 사례개요

(1) 사례소개

이순배(1999)는 지방정부의 지출과 인구규모와의 관계를 조사하여 분석하였다. 여기에서 지방정부(시·군)의 지출은 단기적으로 일정하다고 가정하고, 주어진 자료를 통해 1인당 총지출과 항목별 지출을 인구규모에 따라 횡단 분석하였다. 이때 정확도를 높이기 위해 시군을 인구규모별로 나누고, 그들의 지출 역시 기능별 및 유형별로 세분화시키며 세부지출(종속변수)의 크기와 그에 영향을 미치는 결정요인들(독립변수)을 선택하여 그들 간의 상관관계 및 회귀분석을 시도하였다.

(2) 사례내용

다음의 그림은 회귀분석을 실시하기 위해 시·군의 재정지출을 기능에 따라 3개로 구분하고 그에 영향을 미치는 결정요인들을 선택하여 구조화한 것이다. 그리고 나눈 세부지출

〈그림 10-4〉 기능별 재정지출과 결정요인

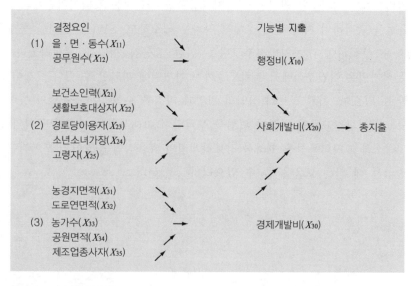

* 자료: 이순배, 1999.

---

6) 이순배, 『시군 재정지출구조의 분석-인구규모별 횡단면분석』, 재정논집, 제16권 제2호, 1999, pp. 203-221에서 요약 정리하였음.

<표 10-5> 세부지출 항목과 결정요인 간의 상관계수

구분	X_{10}의 결정요인		X_{20}의 결정요인					X_{30}의 결정요인				
	X_{11}	X_{12}	X_{21}	X_{22}	X_{23}	X_{24}	X_{25}	X_{31}	X_{32}	X_{33}	X_{34}	X_{35}
X_{10}	0.837 (0.00)*	-	-	-	-	-	-	-	-	-	-	-
X_{20}	-	-	0.721 (0.00)	0.564 (0.00)	0.720 (0.00)	0.570 (0.00)	0.683 (0.00)	-	-	-	-	-
X_{30}	-	-	-	-	-	-	-	0.770 (0.00)	0.823 (0.00)	0.557 (0.00)	0.003 (0.89)	0.394 (0.00)

* 자료: 이순배, 1999.

항목에 대응하는 결정요인을 임의로 선택한 <표 10-5>에서 보듯이 상관분석과 회귀분석을 시도하여 상관계수를 도출하였다. 수치가 1에 가까울수록 결정요인과 지출항목 사이에는 강한 상관관계가 있다고 볼 수 있다.

2) 쟁점 및 시사점

분석 결과 위의 연구에서는 시·군의 인구규모가 클수록 총지출뿐 아니라 기능별 및 특성별 지출들도 점점 줄어드는 경향을 발견했으며, 각 지출의 세부 항목별로 영향을 미치는 정도를 파악할 수 있었다.

회귀분석을 통해 분석대상을 설명하는 결정요인들이 각각 미치는 인과관계를 파악할 수 있으며, 위의 분석과 같이 구조적이고 종합적인 요소가 고려되어야 하는 분석에 유용하다. 분석하고자 하는 대상과 관련 있는 독립변수마다 상이한 상관관계의 확인 및 비교가 가능하므로 다각적인 결정요인을 선택하거나 임의로 선정한 특징에 따른 요인을 결정하는 데에 많은 도움이 될 수 있으며, 이는 미래예측의 중요한 판단자료로 활용될 수 있다.

4. '한국의 선거제도 개선'에 대한 시뮬레이션 분석[7]

1) 사례개요

(1) 사례소개

신명순·김재호·정상화(2000)는 그동안 제시되어 온 선거제도 중 세 가지(전면 비례대표제, 지역구제도 및 비례대표제의 혼합, 병행 및 제한제도, 독일식 혼합의석비례제도)를 개정의 대안으로 제시한 다음, 제14대와 제15대 국회의원선거의 경험적 자료를 바탕으로 제시한 선거제도들에 대한 시뮬레이션 분석을 실시하였다. 그 후 시뮬레이션의 분석 결과를 비교 및 검토하여 세 선거제도가 각 정당의 득표에 어떠한 영향을 미치는가를 밝히고, 이를 통해 이론적 규범적으로 타당성을 가지면서 현실적으로 기존 정당들에게 수용될 수 있는 가능성이 높은 선거제도가 어떠한 것인가를 도출하였다.

(2) 사례내용

시뮬레이션의 주된 목적은 현재까지의 선거 결과를 새로운 선거제도에 적용할 때 어떤 선거결과가 나오는지를 알아보는 것이며, 이때 분석과정에서 연구자의 자의성이 개입될 가능성을 최소한으로 줄여야 한다. 혼합의석비례제나 병행투표제의 경우는 각 정당이 국회의원선거에서 얻은 득표율을 대리지표로 사용하며, 그 밖에 당시 여론을 감안한 국회의원 정수의 설정, 각 정당별 지역구의 의석 배분, 선거구의 크기 등 원활한 시뮬레이션이 이루어지기 위한 일정한 장치를 설정하였다.

시뮬레이션 분석을 통해 선거제도 중 비례대표제의 비중이 높을수록 상대적으로 규모가 작은 정당들의 의석률이 증가한다는 것을 확인하였다. 의석률의 확보를 보면, 병행·제한제는 상대적으로 제1당에게 유리하였으며, 전면 비례대표제와 독일식 제도는 제2당과 제3당에게 유리하였다. 한편, 전면 비례대표제나 독일식 제도는 병행·제한제보다 지역주의의 선거행태를 완화하는 데 더 효과적인 것으로 밝혀졌다. 한국의 현행 선거제도를 개정하여 세 제도 중 어느 한 가지를 택한다고 가정할 경우, 기존의 선거에서 나타난 각 정당들의 의석률이 변화를 보였으나 그 정도가 각 정당들이 수용을 전면적으로 거부할 정도는 아니었다. 결론적으로, 1선거구 1인 선출의 지역구 제도에 대한 국민들의 친숙도와 지역주의의 완화, 금권선거의 억제 등 한국선거의 여러 가지 문제들을 고려할 때, 전면 비례대표제와 1선거구 1인 선출제 및 비례대표제의 장점을 모두 갖추고 있는 독일식 선거제도가 가장

---

7) 신명순·김재호·정상화, 『시뮬레이션(Simulation)분석을 통한 한국의 선거제도 개선방안』, 한국정치학회보, 제33집 제4호, 2000, pp.165-183에서 요약 정리하였음.

<표 10-6> 제14대 국회의원선거 대상 시뮬레이션 결과

지 역	민주자유당				민주당				통일국민당				계			
	현행지역구*	전면비례제	독일식	병행제한제*	현행지역구	전면비례제	독일식	병행제한제	현행지역구	전면비례제	독일식	병행제한제	현행지역구	전면비례제	독일식	병행제한제
서 울	16 (37.3)	24 (38.7)	12+13 (37.9)	12+12 (38.7)	25 (58.1)	25 (40.3)	17+10 (40.9)	17+13 (49.9)	2 (4.7)	13 (21.0)	2+12 (21.2)	2+6 (12.9)	43 (100.0)	62 (100.0)	66 (100.0)	62 (100.0)
부산·경남	31 (91.2)	29 (63.6)	20+5 (62.5)	20+14 (77.3)	0 (0.0)	8 (18.2)	1+6 (17.5)	1+4 (11.4)	3 (8.8)	8 (18.2)	1+7 (20.0)	1+4 (11.4)	34 (100.0)	44 (100.0)	40 (100.0)	44 (100.0)
대구·경남	22 (84.6)	17 (60.7)	13+4 (60.7)	13+9 (78.6)	0 (0.0)	3 (10.7)	0+3 (10.7)	0+1 (3.6)	4 (15.4)	8 (28.6)	1+7 (28.6)	1+4 (17.9)	26 (100.0)	28 (100.0)	28 (100.0)	29 (100.0)
인천·경기	23 (62.2)	20 (41.7)	15+4 (40.4)	15+10 (52.1)	9 (24.3)	17 (35.4)	5+12 (36.2)	5+9 (29.2)	5 (13.5)	11 (22.9)	4+7 (23.4)	4+5 (18.8)	37 (100.0)	48 (100.0)	47 (100.0)	48 (100.0)
전라·제주	2 (51)	10 (29.4)	1+9 (28.6)	1+5 (17.7)	37 (94.9)	23 (67.7)	16+8 (68.6)	16+11 (79.4)	0 (0.0)	1 (2.9)	0+1 (2.9)	0+1 (2.9)	39 (100.0)	34 (100.0)	35 (100.0)	34 (100.0)
충청·강원	22 (61.1)	17 (50.0)	11+6 (50.0)	11+8 (55.9)	4 (11.1)	11 (33.3)	2+6 (23.5)	2+4 (17.7)	10 (27.8)	9 (26.5)	4+5 (26.5)	4+5 (26.5)	36 (100.0)	34 (100.0)	34 (100.0)	34 (100.0)
계	116 (54.0)	116 (46.4)	72+@ (45.2)	72+58 (56.2)	75 (34.9)	84 (33.6)	41+45 (34.4)	12+13 (37.9)	24 (11.2)	50 (20.0)	12+39 (20.4)	12+25 (13.2)	215 (100.0)	250 (100.0)	250 (100.0)	250 (100.0)

* 자료: 신명순·김재호·정상화, 2000.

<표 10-7> 제15대 국회의원선거 대상 시뮬레이션 결과

지구	신한국당				국민회의				민주당				자민련				계			
	현행지역구*	전면비례제	독일식	병행제한제*	현행지역구	전면비례제	독일식	병행제한제	현행지역구	전면비례제	독일식	병행제한제	현행지역구	전면비례제	독일식	병행제한제	현행지역구	전면비례제	독일식	병행제한제
서 울	27 (58.7)	21 (37.5)	14+20 (38.1)	14+11 (44.6)	18 (39.1)	21 (37.5)	13+10 (36.5)	13+10 (41.1)	1 (2.2)	5 (14.3)	1+8 (14.3)	1+4 (8.9)	0 (0.0)	6 (10.7)	0+7 (11.1)	0+3 (10.7)	46 (100.0)	56 (100.0)	63 (100.0)	56 (100.0)
부산·경남	38 (95.0)	30 (68.2)	22+3 (67.5)	22+14 (81.8)	0 (0.0)	3 (6.8)	0+2 (5.4)	0+1 (23)	2 (5.0)	9 (20.5)	0+8 (21.6)	0+6 (13.6)	0 (0.0)	2 (4.6)	0+2 (5.4)	0+1 (2.3)	40 (100.0)	44 (100.0)	37 (100.0)	44 (100.0)
대구·경남	13 (54.2)	15 (50.0)	10+0 (47.6)	10+7 (56.7)	0 (0.0)	0 (0.0)	0 (0.0)	0 (0.0)	1 (4.2)	2 (6.7)	0+2 (9.5)	0+1 (3.3)	10 (41.7)	13 (43.3)	5+4 (42.9)	5+7 (40.0)	24 (100.0)	30 (100.0)	21 (100.0)	30 (100.0)
인천·경기	27 (57.5)	27 (58.7)	27 (58.7)	27 (58.7)	12 (25.5)	17 (30.4)	5+12 (29.8)	5+3 (23.2)	3 (6.4)	8 (14.3)	1+7 (14.0)	1+4 (8.9)	5 (10.6)	10 (17.9)	2+9 (19.3)	2+5 (12.5)	47 (100.0)	56 (100.0)	57 (100.0)	56 (100.0)
전라·제주	4 (10.0)	7 (21.9)	1+6 (19.4)	1+6 (21.9)	36 (50.0)	24 (75.0)	15+13 (77.8)	15+10 (78.1)	0 (0.0)	1 (3.1)	0+1 (2.8)	0 (0.0)	0 (0.0)	0 (0.0)	0 (0.0)	0 (0.0)	40 (100.0)	32 (100.0)	36 (100.0)	32 (100.0)
충청·강원	12 (30.0)	11 (34.4)	5+7 (33.3)	5+6 (34.4)	0 (0.0)	3 (9.4)	0+3 (8.3)	0+1 (3.1)	2 (5.0)	3 (9.4)	0+4 (11.1)	0+1 (3.1)	26 (65.0)	15 (46.9)	11+6 (47.2)	11+8 (59.4)	40 (100.0)	32 (100.0)	36 (100.0)	32 (100.0)
계	121 (51.1)	105 (42.0)	72+27 (33.5)	72+55 (50.8)	66 (27.9)	68 (27.2)	33+40 (29.2)	33+30 (25.2)	9 (3.8)	32 (12.4)	2+30 (12.8)	2+36 (7.2)	41 (17.3)	46 (18.4)	13+28 (18.4)	18+24 (16.1)	237 (100.0)	250 (100.0)	250 (100.0)	250 (100.0)

 * 현행지역구에는 무소속 16석이 포함되지 않아 총 의석은 253석이나 각 당들의 합계는 237석. 괄호 안은 백분율(%)을 의미함.
** 독일식과 병행제한제에서 앞의 숫자는 1선거구 1인 선출제 의석이며 뒤의 숫자는 비례대표제 의석임.
 * 자료: 신명순·김재호·정상화, 2000.

바람직하면서도 수용가능성이 높은 제도임이 시뮬레이션 결과로서 발견되었다.

2) 쟁점 및 시사점

시뮬레이션 분석은 경제, 사회현상뿐 아니라 자연과학, 공학, 예체능에 이르기까지 상당히 광범위한 분야에서 분석이 이루어지고 있으며 결과의 도출방법 또한 한정되어 있지 않다. 시뮬레이션 분석을 시행할 때에는, 명확하고 과학적인 분석수단을 활용하되 그 과정에 있어 자의적인 요소가 개입되지 않도록 주의해야 하며 분석의 대상이 되는 요소의 성질에 따라 다른 결과가 도출될 수 있으므로 분석의 결과가 신뢰성을 확보하기 위해서는 관련 요소들을 현실성 있는 상태로 규정하는 것이 중요하다. 시뮬레이션은 실제로 실행한 것에 대한 사후분석이 아니라, 조건을 설정하여 그에 따른 결과가 어떻게 나타날지를 알아내는 것이므로 조건의 미세한 변화에 따라 횟수에 제한 없이 시도될 수 있다. 그리고 그에 따른 분석결과를 비교하여 미래예측 및 향후 최적방안을 도출해내는 데 활용된다.

5. '정부의 정보화지원사업'에 대한 AHP 분석[8]

1) 사례개요

(1) 사례소개

김상훈·최점기(2007)는 정보화지원사업 성과평가의 평가항목간 계층구조를 시도한 후, 이를 토대로 AHP 기법을 적용하여 정보화지원사업 평가영역 및 평가항목별 가중치 분석을 실행하였다.

정부의 정보화지원사업의 성과평가는 사업의 성격 및 내용, 사업추진과 평가에 관련된 기관의 유형, 지원대상 업체의 특성 등의 요인들로 인해 다양성과 다원성, 복합성을 내포하고 있는 만큼 각 평가영역의 항목 구성은 상황에 부합될 수 있도록 선정되어야 하며, 평가요소의 비중이 천편일률적으로 동일하게 설정되지 않고 상대적인 중요도가 차별적으로 설정되어야 실제적인 사업성과를 보다 정확하게 분석 파악할 수 있다.

(2) 사례내용

다음의 도식은 사전에 도출해낸 평가항목을 AHP 분석을 위해 각 기준별로 세분화시킨 것이다. 계층구조의 최상위 계층에는 '정보화지원사업에 대한 성과평가 영역 및 항목별

---

8) 김상훈·최점기, 『AHP 기법을 이용한 정보화지원사업 평가영역 및 평가항목별 가중치 분석』, 한국경영과학회지, 제32권 제2호, 2007, pp.123-140에서 요약 정리하였음

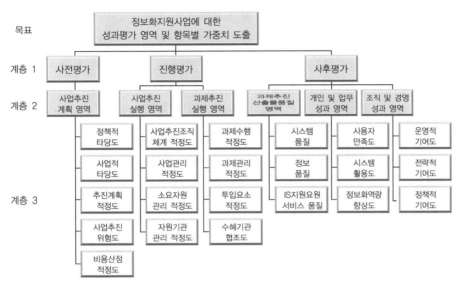

〈그림 10-5〉 정보화지원사업 성과평가의 평가항목간 계층구조

* 자료: 김상훈·최점기, 2007.

가중치 도출'이라는 최종목표를 설정하였으며, 총 3계층의 모형으로 구성하여 연구가 설계되었다. 그리고 이러한 계층구조에서 제시된 평가항목 간의 상대적 중요도를 계산하기 위하여 쌍대비교설문이 개발되었다. 쌍대비교는 각각 계층에 속하는 평가시점 간의 상대적 중요도를 구하기 위한 것으로 평가자가 비교대상항목의 중요도에 대한 어의적 판단을 내리면, 이를 수치적인 판단자료로 변환하여 수집할 수 있도록 해주는 측정도구이다.

AHP 분석을 통해 위 연구에서는 사업추진단계별, 그리고 사전평가와 진행평가, 사후평가의 세부 평가영역 및 평가항목별 가중치를 구하여 각 항목별 중요도를 파악할 수 있었다. 상대적 중요도의 비교 결과 사후평가가 가장 높은 가중치를 기록하였으며, 진행평가는 상대적인 중요도가 낮은 것으로 분석되었다. 이는 정보화지원사업의 시행결과에 대한 사후적인 평가를 통한 지원사업의 실질적 성과달성 여부/정도에 대해 다수의 응답자들이 1차적인 관심을 두고 있음을 시사한다. 또한 세부적인 평가결과를 바탕으로 지원사업 추진에 있어 중점을 두어야 할 업무분야를 확인할 수 있다.

2) 쟁점 및 시사점

AHP를 통한 평가항목별 가중치 분석은 과학적이며 공정한 분석이 가능하여 실제 적용 가능한 실무적 지침으로 활용할 수 있으며, 가중치에 따른 정책/사업의 우선순위와 미래예측을 진행하는 데 매우 유용한 자료가 된다.

다만 분석에서 주의해야 할 점은 가중치 도출과정의 비교대상이었던 평가항목들에 대한 개념적인 타당성 및 신뢰성에 대한 충분한 검증이 선행되어야 한다는 것이다. 또한 의사결정 참여자 그룹 선정 역시 그에 대한 합리적인 기준이 확립되어야 한다. 의사결정 참여자그룹은 현재 연구자의 주관적 판단이 개입되어 선정되는데, 같은 요인이라도 가중치 분석결과가 연구자에 따라 자칫 다르게 도출될 수 있음을 시사한다. 이러한 점은 나아가 분석결과가 연구자의 주관적 성향에 치우칠 가능성이 있다는 것을 의미하기도 한다. 그러므로 의사결정 참여자그룹 선정에 대한 일정한 기준이 확립되었을 때 보다 합리적인 가중치 분석결과를 기대할 수 있을 것이다.

6. '온실가스 감축 효과'에 대한 시나리오 분석[9]

1) 사례개요

(1) 사례소개

정부가 온실가스 감축목표 설정을 서두르는 것은 이명박 대통령이 지난해 7월 G8 확대 정상회의에서 중기 감축목표를 금년내 발표할 것이란 약속을 이행하는 차원이다. 우리나라가 교토의정서 상 의무감축국은 아니지만 우리 경제가 감내할 수준의 자발적 중기 감축목표를 설정해 선도자로서 글로벌 리더십을 발휘하고, 이와 동시에 미래 60년 발전 비전인 '저탄소 녹색성장' 실천의 기반을 다지겠다는 것이다. 다만 감축목표치의 강도가 높아질수록 이행을 위해 필요한 국민과 기업의 비용 부담이 커질 수 있는 만큼 어느 정도 선에서 감축안을 마련할 지 앞으로 논란이 예상된다.

(2) 사례내용

정부가 내놓은 3가지 감축목표 시나리오는 2020년 우리나라의 온실가스 배출전망치 (BAU) 대비 1) 제1안은 21% 감축(2005년 대비 8% 증가), 2) 제2안은 27%감축(2005년 대비 동결), 3) 제3안은 30%감축(2005년 대비 4% 감소)이다.

제1안은 그린빌딩(단열강화, LED 보급) 등 단기적으로는 비용이 발생하나 장기간에 걸

---

9) 헤럴드 경제, 『탄소 20% 줄일 땐 GDP 0.3% 감소』, 2009. 8. 4. http://www.heraldbiz.com/ SITE/data/html_dir/2009/08/04/200908040499.asp

쳐 에너지 절약 이익이 큰 감축수단을 주로 적용하고, 지난해 8월 발표된 국가에너지기본
계획에 의해 확정된 신재생에너지 및 원전 확대정책을 반영한 것이다.

제2안의 경우 국제적 기준의 감축비용 수준인 이산화탄소(CO_2) 톤당 5만원 이하의 감
축수단을 추가적으로 적용한 것으로, 시나리오 1안의 정책과 함께 변압기·냉매 등에 있
는 불소계 가스를 제거하고, 하이브리드자동차·바이오연료 등을 보급하는 것이다.

제3안은 EU 등에서 요구하는 개도국 최대 감축수준으로 시나리오 2안과 함께 전기
차·연료전지차 등 차세대 그린카, 최첨단 고효율제품, CCS(이산화탄소 포집 및 저장기
술) 등 감축비용이 높은 수단도 적극적으로 도입할 경우 달성이 가능하다.

2) 쟁점 및 시사점

세계적으로 성장패러다임이 녹색성장으로 바뀌어가고 있다. 우리나라는 이러한 흐름에
적극 부응하고 있는데, 위 사례는 온실가스 감축 방안을 시나리오 기법을 통하여 검토한
것이다. 감축목표치의 강도가 높아질수록 이행을 위해 필요한 국민과 기업의 비용 부담이
커지기 때문에 미래예측은 정확할수록 가치가 높아지는데, 이때 시나리오 기법은 1) 미래
와 관련된 특징들을 명확하게 설명할 필요가 있을 때, 2) 미래와 관련된 일관되지 않은
여러 설명들을 통합할 필요가 있을 때, 3) 미래와 관련된 비전을 다듬고 보강할 필요가
있을 때 특히 유용하게 활용되는 미래예측기법이다.

7. '국방부의 민간군사경비업의 도입'에 대한 정책델파이 분석[10]

1) 사례 개요

(1) 사례소개

김상진(2008)은 국방부가 불안정한 국제안보환경 속에서 국가 안보적 차원에서 군의
현대화와 효율성을 강조한 대응 메커니즘으로 민간군사경비업의 도입을 선택할 것인지
여부를 논의하기 위해, 유관 전문가들을 통하여 민간군사경비업에 대한 도입가능성과 선
결되어야할 과제 및 대안 등을 사전에 심도 있게 파악하는 방법으로써 델파이 기법을 사
용하였다.

---

10) 김상진, 『민간군사경비업의 도입과 발전과제: 델파이기법을 중심으로』, 한국행정학회 동
계학술대회 자료집, 2008에서 요약 정리하였음.

(2) 사례내용

〈표 10-8〉 민간경비업 도입시 예상되는 선결과제에 대한 발전적 대안

구 분	문 항		예상되는 기대효과			의견에 대한 중요도		
			평균	3차 표준 편차	2차 표준 편차	평균	3차 표준 편차	2차 표준 편차
1. 군 아웃 소싱 부문의 행정적 보완	- 민군 간의 구체적인 역할분담을 통한 조직간 마찰의 최소화	전체	4.83	1.775	2.079	2.65	1.027	1.912
		F값		.312			1.378	
		순위		13(10)			10(12)	
	- 민군 간의 원활한 업무추진을 위한 전담부서 및 적절한 인적자원의 활용	전체	5.17	1.775	2.395	2.39	1.033	1.362
		F값		.439			.842	
		순위		10(5)			13(15)	
	- 군 보안유출 방지를 위한 민간군사경비 기업에 대한정규적인 보완교육의 실시	전체	5.83	2.516	2.353	2.78	.422	1.254
		F값			.330		5.652*	
		순위			3(2)		8(9)	
2. 정책적 보완	- 보완(경비) 분야에 대한 점진적·혁신 적 접근방법 모색(채택)을 위한 군, 정부의 협력 및 지원	전체	.452	1.997	2.132	2.83	1.114	1.901
		F값		.184			.814	
		순위		14(12)			7(14)	
	- 해외진출을 희망하는 민간기업에 대한 정책적 통제의 완화(민간군사기업의 해외진출 기회 마련)	전체	4.26	1.544	2.147	2.83	1.193	1.347
		F값		.257			28.861***	
		순위		15(17)			7(10)	
	- 정부기구(평화유지군) 등을 통한 민간 군사경비업에 대한 정부의 통제 완화	전체	4.17	1.466	1.909	2.52	1.163	1.711
		F값		.194			4.180*	
		순위		17(14)			12(11)	
	- 군 인프라 구축을 통한 우수한 전역 군인의 재취업 기회 마련(군 전문성 유지)	전체	6.83	1.899	2.317	3.22	.736	1.401
		F값		.768			1.128	
		순위		1(1)			2(1)	
3. 전문성 확보	- 선진국(미국, 영국 등) 민간군 사기업 과의 학술교류 및 벤치마킹을 통한 역량 확보화 방안모색	전체	6.39	1.901	2.121	3.04	.706	1.478
		F값		.917			.446	
		순위		2(2)			3(2)	
	- 민간군사경비업의 인식전환을 위한 홍보활동을 강화	전체	5.83	2.059	2.201	3.43	.992	1.562
		F값		.699			14.328**	
		순위		3(10)			1(5)	
	- 구성원들의 임금 및 복지혜택 등 적절 한 처우방안 구성	전체	5.00	1.508	2.205	2.83	.887	1.247
		F값		6.328**			3.949*	
		순위		11(8)			7(3)	

* 자료: 김상진, 2008.

2) 쟁점 및 시사점

김상진(2008) 연구는 민간군사경비업 도입시 예상되는 기대효과와 문제점 그리고 영역별 적용가능 업무에 대하여 정책델파이 기법을 통한 전문가의 의견을 수렴하고, 이에 기초하여 약점을 보완하고 발전적 대안을 검토하고 있다. 대면적 토론이 갖는 문제점을 극복하고, 델파이 방법의 기본논리를 적용하여 정책문제 해결을 위한 정책대안을 개발하는데 적절하게 정책델파이 기법을 사용한 것이다. 이처럼 정책델파이 기법은 전문가들의 주관적 견해를 최대한 살리기 위해 전문가들끼리 반복적으로 의견을 수렴하는 전문가들의 공통되고 공유된 의견이나 전망내지는 예측이라 할 수 있다. 이는 응답자 집단 간의 합의가 개인의 견해보다 더 나은 지침을 제공해 줄 것이라는 델파이의 가정에 따라 진행되는 미래예측기법인데(Denis Loveridge, 2004), 따라서 정책델파이 기법은 통제가 되는 토론이라고 할 수도 있다.

8. 'U-Eco City 개발과 미래유망기술의 R&D 전략수립'에 대한 교차영향 분석[11]

1) 사례개요

(1) 사례소개

손영석·김억(2008)은 'U-Eco City 개발과 미래유망기술의 R&D 전략수립'에 대한 교차영향 분석을 실시하여, 변수와 수세들 사이에 존재하는 영향관계를 파악하고, 이를 기초로 U-Eco 미래도시의 비전을 만들고자 하였다.

최근 U-Eco City를 국가적인 성장 동력산업으로 육성시키기 위한 범 정부차원의 연구개발 계획이 진행되고 있다. U-Eco City 관련기술은 인간중심의 창의적인 도시 개념으로 도시디자인, 정보통신기술 등을 융 복합하여 도시공간에 구현하는 사업이다. 연구개발비, 연구 인력 등 한정된 자원을 선택과 집중의 원칙에 따라 효율적이고 전략적으로 사용할 필요가 있는데, 위 연구는 이를 위해 고려해야 할 변수, 추세들 사이에 어떤 상호작용이 일어나는가를 식별해내고 변수나 추세들 사이에 종속적이고 독립적인 관계를 확인하기 위해 교차영향분석을 활용하였다.

---

11) 손영석·김억, 『교차영향분석을 이용한 U-Eco City 개발과 미래유망기술의 R&D 전략수립에 관한 연구』, 대한건축학회논문집 계획계, 제24권 제11호, 2008에서 요약 정리하였음.

(2) 사례내용

<표 10-9> 추세간의 교차영향분석표

변 수	T1	T2	T3	T4	T5	T6	T7	T8	T9	T10	T11	T12	T13	T14	합계
① 에너지자원 및 천연자원 문제 심화		-1	-2	-2	-1	1	-2	1	-2	-2	1	-2	1	2	20
② 지구온난화 및 오염	2		-1	-2	-2	-1	-2	2	-1	-2	1	-2	1	1	20
③ 질병, 자연재해 및 안전사고 증가	2	2		2	-1	-1	-1	2	1	1	2	-2		-2	20
④ 기술의 융복합화	1	1	1		2	2	1	-2	1	2	1	1	1	1	22
⑤ 차세대 IT 기술	2	1	2	2		1	1	2	-1	1	1	1	1	2	20
⑥ 에너지 기술의 새로운 물결	2	2	1	2	2		-2	1	-1	1	-1	-1	-2	2	22
⑦ 가상현실	-1	-1	-2	2	1	1		0	0	2	-1	-1	-2	2	16
⑧ 인구구조의 변화(고령화, 저출산)	-1	1	-2	-2	-2	-2	-1		2	-1	1	1	1	1	19
⑨ 계층의 양극화	1	0	-1	1	-1	1	-2	1		1	2	2	2	2	17
⑩ 접속사회로의 전환	-2	-2	2	2	1	2	1	1	2		1	2	1	1	20
⑪ 노동시장 구조	1	0	1	2	2	1	0	2	1	2		2	2	1	17
⑫ 캐리어의 복잡화	-2	-2	-1	1	1	0	0	1					1	1	14
⑬ FTA 등 경제의 통합화	-1	0	-1	-1	-1	0	0	1	-1	0	-1	0		-1	8
⑭ 웰빙 감성중심의 소비패턴	-2	-2	-1	1	1	2	2	2	-1	2	1	1	-2		20
합 계	19	14	18	20	19	16	14	18	16	20	16	19	18	19	

* 자료: 손영석·김억, 2009.

2) 쟁점 및 시사점

유비쿼터스 도시에 영향을 미치는 시스템을 전체적으로 조망하고, 도출된 추세들 사이 서로 어떤 상호작용이 일어나는가를 식별해내고 핵심변수와 추세들을 분명히 확인하기 위하여 교차영향분석을 사용하는 것이 용이하다. 위 연구는 교차영향분석을 통해 초기 발생가능성의 평균값을 계산하여 개별 사건들의 중요성을 평가할 수 있었는데, 연구결과, 환경안전분야와 과학기술분야의 거시적 동인이 U-Eco 미래도시에 영향을 미치는 가장 강력한 추동요인으로 나타났으며, 사회문화분야는 가장 의존적인 요인이라는 것을 확인할 수 있었다.

9. '국가융합기술 발전 기본계획'에 대한 우선순위로드맵[12]

1) 사례개요

(1) 사례소개

우리나라는 그동안 국가 차원에서의 융합기술 육성에 관한 종합적·체계적 전략이 없이 부처별로 추진되다보니 우리나라의 융합기술 수준은 가시적인 연구 성과나 실용화면에서 아직 초보 단계로 선진국의 최고기술 수준 대비 50~80% 수준에 머무르고 있다. 이에 국가차원에서 융합기술분야를 육성시키기 위해 관계부처 합동으로 '국가융합기술발전 기본방침(2007.4)'을 수립하였으나, 세부적인 실행계획 등이 미흡하여 국가과학기술위원회에서 범부처적으로 향후 5개년('09~'13년) 동안 실행할 새로운 중장기 융합기술 추진전략 및 세부 실천과제 등을 수립·반영하여 전략별 로드맵을 작성하였다.

(2) 사례내용

㈎ 기본계획 수립의 체계

'국가융합기술발전 기본계획(안)' 수립을 위해 범부처적 협력을 추진하였다. 정부의 융합기술 정책을 포괄할 수 있도록 7개 관계부처 합동으로 5개년('09~'13년) 기본계획을 마련하고 정부 국과장급과 산학연 민간전문가 등 20명으로 '융합기술실무추진위원회'를 구성하여 기본계획(안) 검토 및 의견을 제시하였다. 그리고 공청회 및 과학기술 관련 기관의 설문조사 등을 통해 도출된 다양한 의견을 수렴하였다.

㈏ 융합기술의 재정의

과학기술의 발달에 따라 기술의 융합 형태가 다양화되어 기존에 이종기술간 화학적 결합이라는 협의의 개념으로 정의되던 융합기술을 미래사회의 경제·사회적 다양한 수요를 충족시키기 위해 과학, 기술, 문화 등과의 창조적 융합이 강조되는 개념으로 새롭게 정의하였다.

㈐ 비전 및 목표설정

국가융합기술발전 기본계획에 대한 비전을 '창조적 융합기술 선점을 통한 신성장동력 창출 및 글로벌 경쟁력 제고'로 설정하였다. 또한, 목표를 '원천융합기술 수준 향상'과 '미래 주도형 융합 신산업 창출'로 설정하였다.

---

12) 국가과학기술위원회 운영위원회, 『국가융합기술 발전.기본계획('09~'13)(안)』.

<그림 10-6> 국가융합기술발전 기본계획 수립 체계

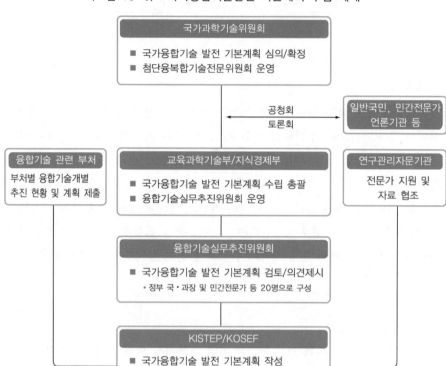

* 자료: 국가과학구술위원회 운영위원회.

(라) 추진전략과 실행계획

국가융합기술발전 기본계획에 대한 추진전략을 크게 창의·실용·인프라로 나누었다. 창의에 해당하는 전략으로는 원천융합기술의 조기확보와 창조적 융합기술의 전문인력 양성이 수립되었으며, 실용에 해당하는 전략으로는 융합 신산업 발굴 및 지원강화와 융합기술 기반 산업의 고도화가 수립되었고, 마지막으로 인프라에 해당하는 전략으로는 개방형 공동연구 강화와 범부처 연계·협력체계 구축이 수립되었다.

⒨ 전략별 로드맵 작성

국가의 원천통합기술 조기확보에 관한 전략별 로드맵은 〈표 10-10〉과 같다.

〈표 10-10〉 원천융합기술 조기확보의 로드맵

전략	중점실천과제(주관부처)	'09년	'10년	'11년	'12년 ~ '13년
원천 융합 기술의 조기 확보	• 기초 원천융합기술 개발 강화 (교과부, 각 부처)	부처별 미래유망 과제 발굴 및 특화전략 수립	융합핵심기술 개발 및 융합화		원천기술 선점 및 확보
		신성장동력창출 기준모형 제시	연구지원 및 육성		삶의 질, 미래환경 향상
		• 뇌 연구원 설립 기획 및 설계 • BBR 및 뇌 연구 로드맵 설계	국내 뇌과학연구역량 강화를 위한 연구원 설립 및 연구지원, 인력양성		
	• 연구자의 창의적 아이디어 발굴 지원 및 기획 강화 (교과부)	창의적·도의적 융합기술 과제 지원을 위한 기획체제 구축			
		창의적 아이디어 발굴을 위한 Bottom-up방식 지원 확대	우수 개인 소규모 과제의 국가 전략연구과제화		
			(가칭)국가융합기술지도 작성	미래원천융합기술 과제 도출 및 지원에 활용	
	• 국제표준화 선도 및 지식재산권 관리 강화 (교과부, 지경부)	국제 표준화 활동 현황 및 전망 조사·분석 및 공유			
		융합기술 국제표준화 전문가 양성 및 지식재산권 교육 강화		• 융합기술 전주기 관리시스템 확립 • 정기적 3P 분석을 통한 연구방향 조정 실시	

* 자료: 국가과학구술위원회 운영위원회.

2) 쟁점 및 시사점

차세대 기술혁명은 어느 한 분야에 국한되지 않고 신기술간 또는 이들과 타 분야와의 상승적 결합을 통한 융합기술(converging technology)이 주도할 것으로 예측된다. 융합기술은 단일 기술의 한계를 극복하고, 이종 기술의 효용성을 융합하는 기술들이 다양한 형태로 발전하면서 새로운 제품 및 서비스 시장의 창출영역으로 인식되고 있다. 그래서 신산업 및 신성장 분야의 글로벌 경쟁력을 확보하기 위해서는 신기술을 바탕으로 한 융합기술의 조기 선점이 필수적이다. 이에 정부는 새로운 원천기술 확보 및 신산업창출에 기여할 수 있는 융합기술 개발사업 추진을 국정과제로 제시하였다. 또한, 국가과학기술위원회에서 범부처적으로 향후 5개년('09~'13년) 동안 실행할 새로운 중장기 융합기술 추진

전략, 구체적인 실천과제 등을 수립하여 전략별 로드맵을 작성하였는바, 이러한 우선순위 로드맵은 신산업 및 신성장 분야의 글로벌 경쟁력을 확보하고 새로운 원천기술 및 신산업 창출에 기여할 수 있는 융합기술을 개발·확보하는데 중요한 핵심 가이드라인으로 작용할 것으로 기대된다.

10. '생물자원·생명공학분야 기술'에 대한 우선순위로드맵[13]

1) 사례개요

(1) 사례소개

농림수산식품부에서는 ① 유전자원의 확보 및 관리 기반 마련, ② 생물자원의 특성화, 고급화를 위한 기술 확보, ③ 생물자원 이용 기술의 실용화 달성이라는 세 가지 목표를 달성할 수 있는 핵심 기술을 선정하였다. 또한 이를 집중함으로써 향후 10년간 농림산업의 육성을 통해 국민의 삶의 질을 향상시키고, 국제적 관련 산업우위를 확보하며, 지속적인 농림산업의 발전 기반을 확보하기 위해 생물자원·생명공학 분야의 과학기술지도를 작성하였다.

(2) 사례내용

기술 로드맵은 우선 차세대 유망기술의 선정을 통해 핵심 전략과제를 수립하고, 각 과제별 성과목표와 성과목표 달성을 위한 기술개발과제를 구체화하였다. 그리고 각 분야별로 향후 10년간의 기술로드맵을 작성하였다.

(가) 차세대 유망 기술 선정

생물자원·생명공학 분야 전문가 패널토의를 통해 농림산업관련 분야 차세대 유망 생명공학 기술 분야 후보를 도출하고, 이를 유전자원 확보 가능성, 기술의 진보성과 발전전망, 국내연구 수준과 산업기반, 실용화 가능성, 기술 수요, 파급효과 등에 가중치를 주어 평점을 부여해 고득점을 획득한 최종 5분야를 선별하였다.

전문가 패널을 통해 선정된 농림산업 적용을 위한 생물자원·생명공학 분야차세대 유망기술은 ① 생명정보기술을 이용한 유용 동식물 자원의 ID, 분류 및 관리 기술, ② 차세

---

13) 농림수산식품부·농림기술관리센터, 『생물자원·생명공학분야 기술로드맵』, 2009.

<表 10-11> 농림산업 적용을 위한 생명공학 분야 차세대 유망기술 선정

후보과제 \ 항목과 가중치	유전자원확보	기술		국내기반		실용화	수요	파급효과	총점
		진보성	전망	연구	산업				
	15	10	10	10	10	20	10	15	
생물정보기술을 이용한 동식물 분석	15	10	10	8	8	15	10	15	91
Boeneroy	10	10	10	8	8	20	10	15	91
환경오염 정화, 복원	10	8	10	5	2	20	10	15	86
Plant factory	5	5	5	2	2	5	5	5	34
인공장기용 형질전환 동물	5	10	5	2	5	5	8	10	47
MEMS	0	10	5	5	5	10	5	10	50
식물세포 배양 기술	10	10	10	5	5	20	10	15	85
분자육종	15	8	8	10	8	20	10	15	94
줄기세포	10	8	5	10	2	10	5	10	65
기능성소재 탐색	5	5	10	8	8	20	10	10	76
동식물 의약품	5	5	5	5	8	20	10	10	68
Biocoversion	5	5	5	5	5	15	8	10	58

* 자료: 농림수산식품부, 농림기술관리센터, 2009.

대 청정 Bio-energy 개발 기술, ③ 식물자원을 이용한 환경 정화 및 복원 기술(식물정화기술), ④ 식물세포 배양을 통한 유용자원의 생산 기술, ⑤ 분자육종을 통한 고부가가치를 가지는 신기능성 동식물의 생산 기술들이었다.

(나) 기술로드맵

국가의 생명공학 분야의 한 축인 분자육종 기술로드맵은 〈표 10-12〉와 같다.

〈표 10-12〉 분자육종 분야의 기술로드맵

미래전망	· 농림 geno bank 사업과 유전자원 보존 분야의 경쟁이 심화 · 유전자 형질전환 기술과 분자 표기를 이용한 선별 육종 기술을 이용한 신기능 농림자원의 창출이 가속화 · 연구자, 농업종사자, 산업체 간의 유기적인 정보의 교류와 협동연구를 통한 품질평가와 실용화 증가

제품 기능	유전자원	· 고부가가치 유전자원 · 동식물 자원 전용 발현 기술과 시스템 · GMO의 안정성 검사법
	개방 동식물 자원	· 고부가가치 농업자원 · 신기능성 바이오 소개(식품, 의약, 화장품 등)

		년도	08	09	10	11	12	13	14	15	16	17
핵심 기술	농업 유전자원		고부가가치 유전자 확보									
				발현 시스템 구축								
									유전자원 통합 관리 시스템			
	유전자원 기능분석		고부가가치 유전자 확보									
								육종을 위한 분자표기 발굴				
	GMO 검정평가		GMO 평가기술 연구									
								GMO검정 기군 수립 및 실행				
	육종 실용과		기술적, 경제적, 사회적 육종연구									
							개방 동식물 자원의 생산기술 연구					
									육종 실용과			

* 자료: 농림수산식품부, 농림기술관리센터, 2009.

2) 쟁점 및 시사점

20세기 후반 생명공학 기술의 획기적인 발전과 함께 식물 형질전환 기술이 실용화되고 다량의 농업 관련 동식물들의 유전자 정보가 축적됨에 따라 이를 이용한 신기능성 농산물의 개발이 더욱 가속화 되어 이미 실용화 단계를 넘어서고 있다. 그리고 생물자원 또는 생명공학기술을 이용한 고부가가치 신기능성 작물, 또는 신물질의 생산기법은 너무도 다양한 분야에서 빠르게 발전하고 있고, 그 응용분야 역시 식품, 의약품, 화장품, 건강기능성식품, 화학, 환경, 에너지산업 분야 등 다양한 분야에 적용가능하므로 관련 기술의 확보와 수행이 국가 기술력과 관련 산업 국가경쟁력의 중요한 이슈로 등장하였다.

국가경쟁력을 강화하고 미래농업위기의 돌파구를 마련하기 위해서는 시기적절한 농림산업의 중장기 발전 계획수립을 통해 향후 일어날 농림관련 생명공학 기술의 발전 방향을 예측하고 고부가가치의 미래우수기술을 선정하고 신규 유망사업 분야를 도출할 필요가 있다. 이런한 관점에서 위 사례는 전문가 패널토의의 중요성과 함께 과학기술 우선순위로 드맵의 중요성을 잘 제시해 주는 사례라고 하겠다.

제 4 절 요약 및 결론

미래예측기법으로 사용되는 모든 방법들은 복잡한 수학적 모형, 계량적 기법이나 컴퓨터 시뮬레이션 등을 통해 이루어지기도 하지만, 실질적인 미래예측에 있어서는 전문가 패널, 시나리오 작성, 정책델파이 등 전문가들의 주관적 판단이나 창의적 예측이 매우 중요한 자료로 사용되므로, 양적인 분석과 질적인 접근을 모두 활용하는 미래예측의 종합적 접근이 필요하다는 점을 인식할 필요가 있다.

미래예측과 정책분석의 새로운 패러다임은 바로 토마스 쿤의 말대로 '지평의 전이' 즉 패러다임 쉬프트라고 할 수 있다. 미래에 대한 장기적 비전과 기획을 통해 차세대의 국정 청사진을 제시하여야 하며, 미래지향적 사고는 사람들의 가치 및 행동체계 속에 뿌리내릴 수 있어야 할 것이다.

미래예측과 정책분석의 새로운 패러다임으로 제시되는 것이 바로 완전한 미래예측이다. 완전한 미래예측은 기존의 추세연장적인 미래예측에 더하여 전문가 패널·시나리오·정책델파이에서 보여주는 장기적인 연구, 다양한 방법론의 활용, 네트워크의 형성, 정책결정과 정책기획의 강한 연계 등의 특성을 지닌 미래예측 방법론을 의미한다. 완전한 미래예측은 다양한 거버넌스 행위자들이 모여 네트워크를 형성하고 진지한 토론을 통해 미래에 대한 새로운 대안과 비전을 창출함으로써 지식융합네트워크를 형성하고 나아가 국가혁신을 지향하는 것을 목적으로 한다. 이러한 완전한 미래예측이라는 지평의 전이를 통해 네트워크의 확립, 미래예측문화의 확립, 국가혁신의 활성화를 추구함으로써 인간의 창조적 이성과 지식을 토대로 미래를 창조적으로 형성해가는 것이 가능해질 것이다.

제 4 부

정책분석론: 사례·윤리·맥락
(Case·Ethics·Context)

제11장   정책분석과 정책사례

제12장   정책분석과 정책윤리

제13장   정책분석과 정책맥락

제4부에서는 정책분석론 사례·윤리·맥락에 대해서 학습한다. 먼저 제11장에서는 정책분석과 정책사례에 대해서 검토한 후, 제12장에서 정책분석과 정책윤리를, 제13장에서 정책분석과 정책맥락에 대해서 검토한다.

제11장 정책분석과 정책사례에서는 효율성-민주성-성찰성을 기준으로 구체적인 정책사례에 대해서 실제 분석해보기로 한다. 이 장에서 분석하는 정책사례로는 시화호, 부안핵 방폐장, 삼성자동차, 의약분업, 한양약분쟁, 국민연금, 화물연대파업, NEIS, 디지털 지상파방송, 한반도대운하정책(4대강정비사업), 주택 발코니 구조변경 허용, 기업형 수퍼마켓(SSM) 허용, 하이닉스 반도체 빅딜사례 등이 있다. 효율성은 구체적으로 효과성과 능률성으로 나누어지며, 민주성은 절차적 민주성과 실체적 민주성으로 나누었으며, 성찰성은 인간의 존엄성에의 기여정도와 신뢰받고 성숙한 공동체에의 기여정도로 나누어 논의하였다.

정책분석은 가치판단적 기대와 현실판단적 전망 사이에서 드러나는 괴리를 합치시켜주는 일련의 행동을 탐색-개발-선택하는 과정이며, 이는 가치판단(규범의 모색), 사실판단(상황의 정의) 그리고 관리판단(행동의 설계) 등을 함께 통합하는 종합판단의 예술을 요구한다. 따라서 이 종합판단의 예술과정에서 규범을 모색하는 가치판단은 본질적으로 윤리분석을 요구한다. 제12장에서는 이러한 중요성을 지닌 정책윤리와 정책토론에 대해서 학습해 보기로 한다.

또한, 현대 정책환경은 국가중심에서 정부-시장-시민사회와의 수평적 네트워크에 기초한 보다 복합적이고 동태적인 양상으로 이동하고 있으며, 이에 따라 정책분석은 개인(actor)과 제도(institution), 생각(idea)과 이해(interest)의 매우 복합적이면서 역동적인 상호작용(complex and dynamic interaction)을 주제로 맥락지향적 연구가 될 것을 주문하고 있다. 제13장에서는 이러한 현대 정책환경 하에서 중요하게 대두되고 있는 맥락지향적 정책분석에 대해서 검토하기로 하며, 구체적으로 정책분석과 신제도주의, 정책분석과 정책네트워크, 정책분석고 숙의적 정책분석에 대해서 학습하기로 한다.

정책분석과 정책사례

>>> 학습목표

제11장에서는 정책분석과 정책사례에 대해서 학습한다. 정책분석의 기준은 W. Dunn이 제시한 소망성과 실현가능성을 토대로 제2장에서 구체적으로 논의된 바 있는 효율성-민주성-성찰성에 대한 정책분석의 기준을 적용하였다. 효율성은 구체적으로 효과성과 능률성으로 나누어지며, 민주성은 절차적 민주성과 실체적 민주성으로 나누었으며, 성찰성은 인간의 존엄성에의 기여정도와 신뢰받고 성숙한 공동체에의 기여정도로 나누어 논의하였다.

제11장에서 분석하는 정책사례로는 시화호, 부안핵 방폐장, 삼성자동차, 의약분업, 한양약분쟁, 국민연금, 화물연대파업, NEIS, 디지털지상파방송, 한반도대운하정책(4대강정비사업), 주택 발코니 구조변경 허용, 기업형 수퍼마켓(SSM) 허용, 하이닉스 반도체 빅딜사례 등이 있다. 이 장에서는 정책분석의 기준 및 측정지표를 구체적인 정책사례에 적용하고 논의함으로써 실제사례의 정책분석에 대한 실용적 학습을 하려고 한다.

제11장에서는 정책사례를 정부가 정책갈등의 직접 당사자인 정부-사회집단 간의 관계와 정부가 정책갈등의 제3자적 조정 역할을 하는 정부의 제3자적 관계로 나누어서 살펴보기로 한다. 먼저 정책사례의 개요와 쟁점을 소개한 후, 정책분석에 들어가기로 하며, 사례분석이 모두 끝난 뒤에는 정책사례의 유형분류에 대한 논거를 제시하고, 정책유형 및 정책단계별 실패요인 도출과 이에 따른 학습조치방안을 학습하기로 한다.

1. 시화호 정책분석[1]

1) 사례개요

(1) 시화호 소개

우리나라 중서부 지역에 위치하고 있는 시화호는 당시 행정구역명칭인 시흥군 군자면, 화성군 서신면, 옹진군 대부면 일원이 그 대상지역으로 이들 지역은 어업과 농업이 혼합된 자연부락이었다. 시화만 주변은 소하천인 반월, 신길, 동화, 삼화, 화정, 안산천이 주요 유입하천으로 잘 발달된 간사지, 얕은 구릉지대로 지세는 완만해 개발하기에는 안성맞춤인 좋은 조건을 이루고 있었다.

(2) 정책입안의 실질적 이유

시화호 개발사업은 종합 농공단지 및 신도시 건설을 통한 국토의 효율적 활용을 목적으로 시작되었다. 하지만 실질적으로는 1990년대 급증한 유휴 건설인력과 장비를 활용한다는 정치적 고려에서 정책이 계획되었다. 즉 유휴 인력과 장비의 활용을 통해 국내 건설경기를 활성화 시키고 새로운 국토를 개발하려는 일석이조의 효과를 노린 것이었다.

(3) 건설의 기본이 무시된 방조제 착공공사

건설사업이 시작되기 전에 사업에 대한 환경영향평가는 사전에 필수적으로 이루어져야 한다. 하지만 시화방조제사업의 착공은 1987년 4월 29일에 시작하였음에도 불구하고 환경영향평가 신청서가 환경부에 접수된 시점은 착공 후 6개월이 지난 87년 10월이었다. 또한 방조제를 막을 경우 시화호 오염이 불가피하여 이에 대한 선조치를 요구한 환경부의 요청에도 불구하고 국토교통부는 94년 1월 방조제를 막았다.

---

[1] 이 절에서 소개된 시화호 사례와 부안핵방폐장 사례는 졸저, 『정책학』(박영사, 2008: 278-290)의 내용을 토대로 일부 수정된 것이다. 여기에서는 삼성자동차, 의약분업, 한양약분쟁, 국민연금, 화물연대파업, NEIS, 디지털지상파방송, 4대강정비사업, 주택 발코니 구조변경 허용, 기업형 수퍼마켓(SSM) 허용, 하이닉스 반도체 빅딜사례 등을 추가하여 분석한 후, 정책사례의 유형 분류 및 학습방안에 대해 논의하기로 한다.

(4) 정부의 안이한 대응

방조제 착공 이후 시화호의 오염은 심화되었지만 이에 대하여 정부는 매우 안이한 태도로 대응하였다. 우선 시화호의 COD가 농업용수 수질기준을 훨씬 넘자 정부는 반월공단과 시화공단의 하수구 역류를 방지한다는 명목으로 시화방조제 갑문을 열어 바닷물이 시화호를 드나들게 했다. 이는 사실상 시화 담수호 계획을 포기한 것이라고 할 수 있다.

또한 안산신도시 건설시 땅에 묻은 부실한 하수도관으로 인해 시화호에는 빗물 대신 공단 폐수가 흘러들었다. 1993년에 이러한 시화호 오염문제가 언론에서 크게 부각되자 국토교통부, 수자원공사, 환경부 등 관계기관 관계자들은 방조제가 막아지기 전까지 시화호로 들어가는 모든 하수를 정화할 수 있는 규모로 안산시 하수종말처리장을 대폭 증설한다는 등의 계획을 확정했지만, '예산이 없다'는 이유로 결국 방조제가 막힐 때까지 안산시 하수종말처리장 증설은 이루어지지 않았다. 1996년 다시 시화호 오염문제가 재기되자 관계기관은 4,500억 원을 쏟아 부어 수질을 개선하기로 하였지만 시화호를 농업용수로 정화하기에는 이미 늦은 시점이었다.

(5) 시화호의 오염

방조제 착공으로 인한 물 흐름의 단절은 결정적으로 시화호 오염의 주요 원인이 되었다. 이는 갯벌의 생태계를 이루는 각종 생물의 이동을 차단하여 수질의 정화를 담당하는 갯벌이 더 이상 역할을 다하지 못하게 한 것이다.

또한 시화호 주변 지역의 급격한 도시인구 증가와 반월, 시화공단의 입주업체증가, 농촌지역의 가축사육 증가로 인하여 각종 오염물질이 담수호 내에 축적되었다. 특히 이 중 공단에 의한 폐수가 시화호 오염에 심각한 주요 원인이었으며, 원가절감을 위해 폐수를 무단방출하는 등 개별 기업의 이기주의 행동으로 인하여 시화호 오염은 가중되었다.

(6) 경제적 손실

당초 시화호 건설을 위한 직접 투자비는 4,900억 원이었다. 하지만 이를 진행하는 과정에서 심각한 수질오염문제가 발생하였고 이를 개선하기 위하여 4,500억 원이 추가적으로 사용되었다. 즉 약 9,400억 원의 예산(세금)이 사업을 위해 투입된 것이다. 하지만 이 많은 세금을 낭비한 공무원 어느 누구도 자신의 책임이라고 나선 사람은 없었다.

2) 사례쟁점

(1) 정책단계별 실패요인 및 조치방안

정책단계별 실패요인과 조치방안을 살펴보면 다음과 같다.

(개) 정책 의제설정 단계

정책목표에 대한 비전 및 목표 설정에 있어서 시화호 정책은 사회구성원들의 충분한 공감대 형성이 부족하였고, 이를 위한 정책추진 주체의 제도적 노력이 부족하였다. 따라서 정책이해 관계자들 간의 지속적인 대화와 토론을 통해 구성원 모두의 공감대를 형성하여야 한다. 또한 관련기관들은 정부 조직의 존재 이유와 직결되는 고객이 누구인가에 대한 근본적 고민과 토론의 과정이 요구되는 정책이었다고 분석할 수 있다.

(내) 정책결정 및 집행단계

시화호 정책은 다양한 기관이 연관되어 상호 협력이 필요함에도 불구하고 정책의 결정과 집행단계에서 관련 기관 간의 참여와 협의, 조정이 미흡했다. 각 부처별 권고와 요청은 무시되었으며, 각 기관 간의 연계를 가능하게 하는 제도적 장치와 책임 있는 리더십이 결여되었다.

따라서 제도적 측면에서 다양한 관련 기관이 각각의 입장을 이해하고 전문지식을 공유하는 등 기관 간 연계 시스템을 구축할 필요가 있다. 또한 인적 측면에서 관련 구성원들에게 학습동기를 부여하고 이를 유도하는 리더십이 필요함을 시사한다.

(2) 쟁점

본 사례와 관련되는 쟁점은 1) 정책목표의 설정에 있어서 구성원과 관계기관과의 충분한 공감대 형성과 토의 합의가 이루어졌는가? 2) 여기서의 정부 조직은 누구를 위한 조직인가에 대한 충분한 성찰이 이루어졌는가? 3) 관련 기관 간의 이해관계를 조정 보완하며 조정할 제도적, 인적 요인에 대한 준비가 되어 있는가? 이다. 이를 아래에서는 생산성(효율성), 민주성(참여성, 숙의성, 합의성), 성찰성(당위성)이라는 측면에서 분석하도록 한다.

(3) 학습조치방안

본 정책사례에서의 학습조치방안을 정리하면 다음과 같다.

① 정책실명제 도입 및 정책타당성 사전체크리스트(정책결정)

② 고객반응, 정책갈등 점검 등 정책결정단계에서의 정책반응모니터링 시행 의무화(정책결정)

③ 고객반응, 정책갈등 점검 등 정책집행단계에서의 정책반응모니터링 시행 의무화(정책집행)

④ 관계부서 간 대화 및 협의 정도에 대한 중간평가제도 도입(정책집행)

⑤ 환경 및 개발 관련 정부부처 합동 교육 및 학습시스템 구축 ⇒ 교육훈련 및 브레인스토밍 프로그램 운영(정책평가 및 환류)

3) 정책분석

(1) 생산성(효율성)

정책기획 단계에서 시화호 정책은 국토의 효율적인 발전을 목표로 하여 정책의 효율성을 증대하고자 하였다는 점에서 정책목표의 효과성은 평가받을 수 있는 정책이었다. 또한 국내 건설경기를 활성화시키고 또한 개발 잠재력이 높은 간척지를 집중 개발하여 수도권의 인구분산 및 공업용지의 확보까지 쉽게 점할 수 있는 일석이조의 효과로 기획되었다.

하지만 목표로 삼았던 시화국가공단은 시화호오염과 그로 인한 시화호담수화 실패로 인해 정책목표달성 없이 더 큰 예산만 낭비 되었으며, 농업용수용으로 축조된 거대한 시화 담수호는 고질적인 수질악화 문제로 제 기능을 다하지 못하고 있다. 시화호 정화로만 4,500억 원을 들였지만 결국 농업용수로는 부적합 판정을 받음으로써 국가예산의 낭비를 초래하게 되었다.

(2) 민주성(참여성)

(가) 절차적 민주성(절차적 적법성, 절차적 타당성)

국민이 낸 세금으로 진행되는 대규모 국책사업의 경우에는 다양한 분야 등 국가 전반에 큰 영향을 미치기 때문에 특히 법규와 절차의 준수가 매우 중요하다. 하지만 시화호 정책의 경우 공사여부가 결정된 후 환경영향평가를 실시하고, 환경영향평가에서 나온 결과를 무시하고 공사를 진행하는 등 기초적인 절차를 무시하였다. 또한 사업을 하는 데 있어서 관련부처 간의 협의 및 의사소통이 이루어지지 않았다. 참여가 이루어지지 않음으로서 서로의 책임회피만 가중되었고, 결국 국가 예산만 낭비하는 꼴이 되고 말았다. 절차적 적법성과 타당성 측면에서 시화호 개발은 많은 문제점을 안고 있는 정책이었던 것으로 분석된다.

(나) 실체적 민주성(참여, 숙의, 합의의 정도)

시화호 정책의 협의과정에서 정부 각 부처와 민간단체 간의 충분한 토론과 전문지식 등의 연계가 미흡하였다. 또한 추진과정에서의 리더십 부족은 각종 문제에 대하여 해결하지 못하고 난항을 거듭하면서 막대한 손실을 초래하였다. 정책의제설정과정에서 당시 행정구역명칭인 시흥군 군자면(현, 시흥시 정왕동), 화성군 서신면, 옹진군 대부면(현, 안산시) 일원이 그 대상지역으로 이들 지역의 주민과의 충분한 참여가 없었고, 정책추진 주체와 정책 이해관계 집단 간의 대화 및 토론이 부재함으로써 실체적 민주성을 실현하지 못했다.

(3) 성찰성(당위성)

(가) 인간의 존엄성(인권, 정의, 존엄) 실현

시화호 정책은 경제개발을 통한 실업의 감소 측면과 그를 통한 소득의 증가로 국민의 삶의 질 향상을 꾀했던 처음의 의도와는 달리, 막대한 오염으로 인한 쾌적한 삶을 살 권리를 훼손하였으며 또한 그를 복구하기 위한 막대한 예산 낭비를 초래하였다. 결국 다른 용도로 사용될 수 있는 국민의 세원을 낭비하는 결과를 초래하게 되었다.

(나) 신뢰받고 성숙한 공동체 실현

문제발생에 대처하는 정부의 안일한 대응과 이를 통해 발생한 막대한 세원낭비 그리고 각 부처 간의 책임 떠넘기기 식 모습은 국민에게 실망감을 안겨주었으며 신뢰받는 정부의 모습과는 동떨어진 인상을 심어주게 되었다.

4) 요약 및 정리

생산성		효과성	* 종합 농공단지 및 신도시 건설을 통한 국토의 효율적인 발전
	능률성	산출대비 비용이 적은 정책	* 유휴 건설인력과 장비를 활용 이들을 이용해 국내 건설 경기를 활성화 시키고 새로운 국토를 개발, 일석이조의 효과
		비용대비 산출이 높은 정책	* 개발 잠재력이 높은 간척지를 집중 개발, 수도권의 인구분산, 공업용지의 확보에 기여
민주성	절차적 민주성	절차적 적법성	* 환경 평가를 하고 난 뒤 환경파괴에 대한 만반의 대비를 갖추고 공사에 착공한다는 건설의 기본을 무시, 공사 착공 후 6개월 뒤 환경부에 환경영향 평가 신청서 접수
		절차적 타당성	* 방조제를 막을 경우 시화호 오염을 막을 실질적인 방법이 없으니 대책을 먼저 세워달라는 환경부측의 요청 무시 * 부처 간의 합의가 충분히 이뤄지지 않음
	실체적 민주성	참여의 정도	* 민간 단체와 관련 부처의 참여 미흡 * 실질적인 시스템과 리더십 부족으로 참여 가능성 낮음

		숙의의 정도	* 국토교통부의 환경부 요청 무시 * 안산시 폐수에 관련해 안산시와 정부의 합의 부족 * 각 부처 간 연계 부족으로 인한 전문 지식 활용 미흡
		합의의 정도	* 연계 체계부족으로 합의가 이루어지지 못하거나 합의가 이루어졌다 해도 예산을 이유로 거절 당함 * 결국 합의에 이르지 못함
성찰성	인간의 존엄성 실현	직접	* 경제개발을 통한 국민의 소득증대와 그로 인한 생활의 질 향상
		간접	* 새로운사업계획 으로 인한 일자리의 창출 및 실업 감소
		저해	* 환경오염으로 인근 지역 주민들의 '쾌적한 환경에서 살 권리' 침해
	신뢰받고 성숙한 공동체 실현	직접	* 경제 발전을 위한 정부의 노력 긍정적으로 평가
		간접	* 국토 균형 발전 * 수도권 인구분산
		저해	* 언론보도가 나가야 문제에 대처하는 정부의 안일한 태도 * 국민세금 낭비로 인한 정부 정책 불신 * 정부 부처간 반감 발생

5) 전체내용에 대한 요약

정책
사례 *cases in policy*

시화호 개발 사례

1. 개요

　시화호 개발 사례는 보다 나은 국민의 삶의 질 향상과 국토의 균형적인 개발을 목적으로 기획된 정책이다. 이 사업은 처음 정책입안시 유휴인력과 장비의 사용과 개발시 효과가 극대화될 수 있는 최적입지를 선정하여 그 정책을 추진하였다. 그러나 정책집행 과정에서 충분한 검토와 각부처간 협의가 이루어지지 않았으며 기본적 절차가 무시된 채 진행되었다. 또한 정책집행시 중간에 문제점이 발견되었을 때 적극적으로 문제를 해결하기보다는 급한 불끄기 또는 책임떠넘기기식의 안이한 정부의 대응으로 인해 그 피해는 더욱 커지게 되었으며 급기야 환경오염과 막대한 예산낭비 그리고 정부불신을 초래하게 되었다. 쉽게 그리고 빨리 회복되지 않을 환경오염과 예산낭비는 고스란히 다시 국민에게로 그 몫이 돌아가게 되었다.

2. 쟁점

본 정책사례와 관련된 쟁점은 1) 정책목표의 설정에 있어서 구성원과 관계기관과의 충분한 공감대 형성과 토의 합의가 이루어졌는가? 2) 여기서의 정부 조직은 누구를 위한 조직인가에 대한 충분한 성찰이 이루어졌는가? 3) 관련기관 간의 이해관계를 조정 보완하며 조정할 제도적, 인적 요인에 대한 준비가 되어있는가? 하는 점이다. 여기에서는 이를 생산성, 민주성, 성찰성으로 나누어 분석하고자 한다.

3. 분석

① 생산성: 개발시 최적의 입지와 유휴인력과 장비를 적극 활용하여 국토의 균형적 효율적 개발과 국민의 삶의 질 향상을 목표로 생산성이 매우 높을 정책으로 입안되었으나 정책집행과정에서의 정부의 절차무시와 안이한 대응으로 인해 오히려 세원낭비와 환경오염 발생으로 인해 생산성은 떨어지는 정책이 되었다.

② 민주성: 정책집행과정에서 절차가 무시되었으며 관계 부처간 충분한 협의가 이루어지지 않아 정책문제 발생하였다. 그러나 문제발생 후에도 적극적으로 문제를 해결하고자 하기 보다는 국민의 여론조차도 무책임한 모습을 보였다.

③ 성찰성: 국토의 개발로 인한 실업 감소와 국민의 삶의 질 향상의 목표와는 달리 정책집행과정에서의 정부의 안이한 대응은 정부조직에 대한 불신과 부처 간 반목 등 크나큰 정책의 신뢰비용을 초래하였다.

2. 부안핵 방폐장 설치 정책분석

1) 사례개요

1996년부터 원전 수거물(방사성 폐기물) 관리센터 부지확보를 위한 논의가 있었으나 지역주민, 환경단체의 반대와 활성 단층 발견 등으로 실패해오다가, 2003년 7월 24일 부지선정위원회의 평가를 거쳐 전북 부안군 위도를 부지로 선정하였다. 이후 부안 주민과 환경단체를 중심으로 하는 사업 반대 측은 주민과 의회의 의견을 수렴하지 않은 군수의 일방적 신청에 대하여 반발하였고, 결국 양측은 심각한 정책 후유증을 남긴 채 주민투표로 논의가 봉합되는 결과를 초래하였다.

(1) 방폐장 유치 지역 선정과정

1998년 말 부지 확보 방법을 유치 공모 또는 사업자 주도의 방식으로 전환하고 약 3천억 원의 지원조건을 제시하였으나, 2001년 지방자치단체에 의한 유치 공모는 신청 지자체가 없는 관계로 실패로 돌아가게 되었다. 결국 정부와 (주)한국수력원자력은 부지선정 방식을 사업자 주도 방식으로 변경하여, 2003년 2월 핵폐기물 처리장 후보 4개 지역(고창, 영광, 영덕, 울진)을 선정하였다. 2005년 방사성 폐기장과 양성자 가속기 연계방침이 발표되었고, 2003년 7월 부안 군수가 방폐장 유치 신청서를 제출하였다.

(2) 주민 여론을 무시한 유치 신청

김종규 부안 군수는 2003년 7월 11일 방사성 폐기장을 유치하겠다고 독단적으로 발표하였다. 이에 발표에 대하여 납득하지 못하는 부안 주민들은 같은 날 오전 부안 군의회가 위도 주민들의 방사성 폐기장 청원을 7:5로 부결, 반려시켰다. 부안 전체 주민이 아닌 10% 주민에 불과한 위도 주민만의 90% 찬성을 명목삼아 방폐장 유치 신청을 한 것은 위도 주민들이 비록 방폐장 설치의 일차적인 지역권을 갖고 있다는 것을 감안한다 하더라도 매우 타당성이 없는 발표였다.

(3) 사전 대화와 토론의 미흡

방폐장 유치는 지역 주민의 안전과 지역발전에 직접적인 영향을 미치는 사안이기 때문에 관련 정부부처와 지역주민 등 당사자들의 직접적인 대화와 토론이 반드시 있어야 한다. 하지만 이 경우 그러한 과정 없이 정부는 갑작스럽게 사업을 발표하였고, 이에 부안 주민들의 반감을 거세게 불러일으켰고 조직적 반대운동을 일으키는 결과를 초래하게 되었다.

(4) 공권력의 남용

여러 번의 공동협의회에도 불구하고 2003년 방폐장 건설을 반대하는 부안 주민들은 서해안 고속도로를 점거하였다. 이에 정부는 대규모 공권력을 투입하는 등 유혈사태가 발생하였고, 이로 인해 정부와 방폐장 건설 반대 주민 간의 대립은 더욱 더 격화되었으며, 그 과정에서 지방자치단체 차원에서 정책결정을 주도하였던 김종규 부안군수가 중태에 빠지는 사태가 발생하기도 하였다.

이에 온 국민의 관심이 부안에 집중되면서 정부의 밀어붙이기식 정책결정과 대화와 타협이 아닌 공권력의 남용에 의한 정책집행에 대한 국민의 질타가 쏟아지게 되었고, 결국 정부는 부안 주민투표를 통한 정책결정 방식 변경으로 한 발 물러나게 되었다.

(5) 부안 방폐장 유치 찬반 주민투표

2004년 2월 14일 투표율 72.04%, 반대율 91.83%의 부안 방폐장 유치 찬반 주민투표 결과에 의해 부안 방폐장 유치 반대가 주민의 의견으로 확정됨으로써, 부안 방폐장 유치사업은 사실상 실패로 돌아가게 되었다. 이 과정에서 겪은 혼란과 갈등, 반목과 불신 등 엄청난 비용이 소모되었다.

2) 사례쟁점

(1) 정책단계별 실패요인 및 조치방안

정책단계별 실패요인과 조치방안을 살펴보면 다음과 같다.

(가) 정책의제설정 단계

당시 군수는 주민의 90% 찬성을 얻어 유치신청을 했지만, 위도주민만을 대상으로 하였으며, 부안의 다른 지역주민들은 배제되었다. 정책의제설정의 의견을 수렴하는 과정에서 일부 지역만 대상으로 하였다는 점에서 큰 오류를 범하였다. 부안에 방폐장 건설이 불가피한 이유는 무엇인지 또 이 시설 유치할 경우 생기는 문제점에 대한 대책은 무엇인지에 대해 설명하고 군민전체를 대상으로 동의여부를 묻는 과학적 조사가 필요하였다는 점이 아쉬움으로 남는다.

(나) 정책결정 및 집행단계

부안 핵방폐장 사례는 정책결정 및 집행단계에서 성급한 정책결정과 순응성확보가 미흡했다. 아무리 시급한 사안이라고 해도 지나치게 성급한 결정이었고(14일), 약속한 보상금을 지급되었어야 했으며, 공권력 남용을 줄일 필요가 있었다.

따라서 이 사례는 제도적 차원에서 행정안전부와 지방정부의 유기적 연계를 통해 주민의 정책순응성을 확보하고, 정책선정시 성급한 형태의 졸속적 결정이 이뤄지지 않도록 절차적 보완책이 필요하다는 점을 교훈으로 남긴다. 또한 인적 차원에서 관련자들의 참여방안 마련, 시급한 사안에 대응하기 위한 위기관리체제, 그리고 정책순응성을 확보할 수 있는 정책집행자의 합리적 리더십이 필요하다는 점을 시사한다.

(2) 쟁 점

본 정책사례와 관련된 쟁점은 1) 주민의견수렴과정이 적절했던가? 2) 정책입안과정에서 민주적인 참여가 이루어졌는가? 3) 정책집행시 갈등관리가 잘 이루어졌는가? 라는 관점에서 검토될 수 있다. 이를 아래에서는 생산성(효율성), 민주성(참여성, 숙의성, 합의성), 성찰성(당위성)이라는 관점에서 분석하고자 한다.

(3) 학습조치방안

본 정책사례에서 학습조치방안을 정리하면 다음과 같다.

① 과학기술 관련 대형 국책사업에 사회영향평가를 그 속에 포함하는 기술영향평가를 의무적
   으로 수행하도록 제도 정비(정책의제형성)
② 정책실명제 도입 및 정책타당성 사전체크리스트(정책결정)
③ 고객반응, 정책갈등 점검 등 정책결정단계에서의 정책반응모니터링 시행 의무화(정책결정)
④ 고객반응, 정책갈등 점검 등 정책집행단계에서의 정책반응모니터링 시행 의무화(정책집행)
⑤ 관계부서 간 대화 및 협의 정도에 대한 중간평가제도 도입(정책집행)
⑥ 과학기술 및 환경 관련 정부부처 합동 교육 및 학습시스템 구축
   ☞ 교육훈련 및 브레인스토밍 프로그램 운영(정책평가 및 환류)

3) 정책분석

(1) 생산성(효율성)

현대의 에너지 고갈문제와 더불어 신자원의 개발이 시급하게 요구되는 상황에서 비교적 효율적인 핵발전소가 대안으로 떠오르고 있다. 이와 같은 시대적 요청 하에서 핵폐기물을 처리하는 핵방폐장 설립을 위한 부지가 필요하다는 점과 핵방폐장도 관리만 잘 된다면 충분한 기대효과를 거둘 수 있다는 점에서 정책목표달성의 효과성은 평가될 수 있다고 본다.

또한 원자력은 핵분열로 에너지를 얻기 때문에 산소를 빼앗거나 CO_2를 방출하지 않아 환경에 거의 영향을 끼치지 않는다. 태양열, 조력, 풍력 등 기존 대체에너지로 턱없이 부족한 에너지수요를 충당할 수 있는 비교우위에 있는 발전방법이 핵발전소건립이라는 점에서 정책비용의 능률성도 긍정적으로 검토된다.

(2) 민주성(참여성)

(가) 절차적 민주성(절차적 적법성, 절차적 타당성)

부안 군의회가 핵 방폐장 설치 안건을 부결시켰는데도 김종규 부안군수가 유치를 신청했다는 데서 절차적 적법성에 맞지 않고 전체주민이 아닌 위도주민(전체 인구의 10%)의 동의만으로 유치하려했다는데서 절차적으로 타당성을 결여하였다.

(나) 실체적 민주성(참여, 숙의, 합의의 정도)

부안 핵폐기물 유치사례는 지방정부와 부안주민 간의 합의가 잘되지 않아 실패한 대표적인 사례라고 할 수 있다. 정책의제설정과정에서 부안주민이 거의 참여하지 못했다는 데서 실체적 민주성 중 참여의 정도가 낮으며, 사전의 여론수렴, 핵 방폐장유치의 장단점 홍보, 보상문제 검토 등 정부와 주민들 간의 대화와 타협이 잘 이루어지지 않았다는데서 실체적 민주성도 상당부분 결여된 것으로 분석된다.

(3) 성찰성(당위성)

(가) 인간의 존엄성(인권, 정의, 존엄) 실현

핵융합발전은 우리나라 에너지 공급 중 큰 비중을 차지하는바, 이를 위한 핵방폐장의 설립을 통해 직/간접적으로 국민에게 효율적 전력을 공급하여 삶의 질을 높일 수 있다는 데서 인간의 존엄성을 제고시키는 측면이 있다. 그러나 1986년 체르노빌 원전 사고처럼 만일의 경우 핵 방폐장 유치는 인간의 기본적인 생명권을 위협할 수 있다. 이에 따라 주민들에게 생명에 대한 직/간접적 위협이 될 수 있다는 데서 소수의 의견도 존중할 필요가 있는 사안이라고 할 수 있는바, 이는 핵 방폐장에 대한 올바른 인식과 관리가 필요하다는 점을 시사해 준다.

(나) 신뢰받고 성숙한 공동체 실현

부안 핵방폐장 유치사례는 주민의 합의를 이끌어내지 못했고 끝내 유혈충돌이 일어났다는데서 직접 혹은 간접적으로 공동체라는 말이 무색하게 하였다. 또한 부안사태가 진행되는 과정에서 지방정부와 주민들 간의 반목과 불신, 갈등비용은 신뢰받고 성숙한 공동체 실현을 상당부분 저해했다고 판단된다.

4) 요약 및 정리

생산성	효과성		* 무공해에너지 * 의학분야사용 * 지질연대측정등 과학적 이용
	능률성	산출대비 비용이 적은 정책	* 소량의 핵물질로 다량의 전력을 생산
		비용대비 산출이 높은 정책	* 핵융합 반응으로 많은 전력생산

민주성	절차적 민주성	절차적 적법성	* 부안군의회 안건부결 무시
		절차적 타당성	* 부안군수의 독자적 유치신청과 그 갈등 이후 주민투표를 통해 반대론의 타당성 확보
	실체적 민주성	참여의 정도	* 정책의제설정과정에서 주민다수가 배제
		숙의의 정도	* 사려깊은 고려없는 졸속한 정책추진
		합의의 정도	* 주민투표로 끝내 부결됨으로써 합의도출 실패
성찰성	인간의 존엄성 실현	직접	* 사고발생 시 생명권위협
		간접	* 예기치못한 환경오염이 있을 수 있음
		저해	* 인간의 기본적인 건강할 권리 위협
	신뢰받고 성숙한 공동체 실현	직접	* 정부와 주민간의 불신으로 갈등양상
		간접	* 제2의 부안사태 우려
		저해	* 유치실패과정에서 반목과 불신, 갈등비용 과다발생

5) 전체내용에 대한 요약

정책 사례 cases in policy

부안 핵 방폐장 유치사례

1. 개요

정부는 2003년 부지선정위원회의 평가를 거쳐 전북 부안군 위도를 부지로 선정하였다. 이후 부안 주민과 환경단체를 중심으로 하는 사업 반대 측은 주민과 의회의 의견을 수렴하지 않은 군수의 일방적 신청에 대하여 반발하였고 결국 양측은 심각한 정책 후유증을 남긴 채 주민 투표의 문제로 논의가 봉합되는 결과를 초래하였다.

2. 쟁점

본 정책사례와 관련된 쟁점은 1) 주민의견수렴과정이 적절했던가? 2) 정책입안과정에서 민주적인 참여가 이루어졌는가? 3) 정책집행시 갈등관리가 잘 이루어졌는가? 하는 점이다. 여기에서는 이를 생산성, 민주성, 성찰성이라는 관점에서 분석하고자 한다.

3. 분석
① 생산성: 우리나라 전력생산의 3분의 1을 차지하는 핵발전과 이에 따른 핵 방폐장
 건설은 뚜렷한 대체에너지가 없는 상황에서 최선의 효과를 낼 수 있다.
② 민주성: 정책의제설정과정에서 여론수렴이 잘 이루어지지 않았고 주민참여도 미
 흡하였다. 이로 인해 합의도출이 실패되었다.
③ 성찰성: 현 시점에서 안전한 관리가 전제된 핵 방폐장 건설은 이루어져야 하나
 참여, 숙의, 합의의 여러 조건을 만족키는 것이 필요함을 알 수 있다. 졸속 정책
 입안과 집행이 생산성에 대비하여 더 큰 비효율을 불러오고 갈등관리비용도 엄청
 나다는 사실을 잘 시사해주는 정책사례라고 하겠다.

3. 국민연금 정책분석

1) 사례 개요

국민의 노후생활 보장을 위해 10인 이상의 사업장 근로자를 대상으로 1988년 처음으로 시작된 국민연금제도는 1992년부터 5-9인 이상의 사업장으로, 1995년 7월부터 농어민 및 농어촌 자영업자에게도, 1999년 4월부터는 도시지역 자영업자들까지도 확대 적용되었다. 이에 따라 1988년 말 443만 명이던 국민연금 가입자 수는 2004년에는 1,716만 명에 달하여 외관상으로는 전 국민을 대상으로 하는 국민연금으로 전개되었으며, 이에 따른 부작용과 많은 문제점을 낳고 있다. 그 중에서 대표적인 문제점으로 나타난 것은 도시 자영업자들의 소득신고 과정에서 나타난 소득의 축소신고, 이를 해결하지 못한 결과로 인한 국세징수체제의 비합리성, 소득 하향신고로 인한 직장근로자와 자영업자 간의 형평성문제, 직장근로자의 보험료 납부거부 움직임, 도시자영업자의 보험료 납부실적 저조 등의 문제점들을 들 수 있다.

(1) 무리한 목표의 설정

국민연금의 적용대상은 만 18세 이상부터 60세 미만의 상시근로자 및 사용자로서, 노령이나 혹은 퇴직에 의한 소득상실을 보장하는 소득재분배 기능과 강제저축기능을 동시에 수행할 수 있도록 균등부분과 소득비례부분 등으로 설계되었다. 그러나 비전 및 목표 설정이 너무나 비현실적이었다는 비판을 낳고 있다. 당초 전 국민을 대상으로 한다는 무리한 정책목표 설정으로 인해 소득수준이 불분명한 자영업자들에게까지 무리하게 확대한

결과 국민연금의 내실보다는 외관상의 팽창만을 추구하게 되었다. 국민연금은 월급쟁이에게는 소득의 투명성에 의해 꼬박꼬박 내야하는 일종의 세금으로 인식되고, 소득이 불분명한 자영업자들에게는 소득축소에 의한 납부 불성실을 초래하는 제도가 되었다.

(2) 국민연금제도의 문제점

국민연금제도의 문제점은 대체로 6가지로 요약된다.

첫째, 한국사회가 고령화 사회로 진입됨에 따라 2047년쯤에는 기금의 고갈이 우려된다는 점이다.

둘째, 향후 5년에 한번 씩 실시되는 연금 조정에 대한 문제이다. 이것은 국민들과 하여금 연금의 불신을 증폭시키는 결과만 초래하고, 국가가 연금의 근본적 문제를 회피하는 인상을 주었다.

셋째, 지역가입자들의 등급에 대한 문제이다. 영세사업을 영위하고 있는 사업권자들은 과세지표(과표)를 정하기 힘들기 때문에 세무서에서도 세금을 안 받는 곳이 많은 실정인데 반해, 국민연금에서 이런 영세사업주에게도 전화를 하여 마치 사업자 등록증만 있으면 국민연금 가입이 의무화되어 있는 것으로 집행되고 있다.

넷째, 가입 후 등급 조정에 대한 문제이다. 현재 국민연금에서는 영세사업주나 지역 가입자들의 등급을 정할 때 그들의 소득을 정확하게 파악 할 수 없기 때문에, 그들의 재산 상태를 파악 한 후 아파트나 부동산 보유정도에 의해 상향조정 된다.

다섯째, 최초 가입등급에 대한 문제이다. 최초로 사업장을 열고 사업을 영위할 경우 월 소득에 대한 명확한 근거가 없다. 하지만 국민연금에서는 이들에게 전화를 해서 당신이 속해 있는 사업의 평균 소득이 얼마니까 얼마만큼의 돈을 내라고 이야기를 하고 있다.

여섯째, 금융 이자 부분이다. 사업을 하기 위해서 카드 빚 까지 내어 사업을 하는 영세 사업자들이 존재한다. 이들 중엔 자기가 낸 부채의 이자를 내기도 바쁜 사람들이 많은데, 국민연금에서는 부채에 대한 금융비용은 전혀 고려하지도 않고 국민연금부터 내라고 하며 그렇지 않으면 압류에 들어간다고 이야기 하고 있다.

(3) 국민들이 저항하는 국민연금

2004년 5월 국민연금 임시직 직원에 의한 양심고백사건으로 인해 국민연금은 사상 초유의 국민저항에 직면한 사례이다. 단지 한사람의 양심고백에 의한 사건이 아니라, 국민연금 실시 후 10여 년 동안 국민들의 국민연금에 대한 불신과 신뢰성 추락으로 인해 국민연금은 종례의 의도와는 다른 강제 세금으로 인식되는 정책 실패를 맞이하게 되었다.

한나라당 고경화 의원은 "국민연금관리공단이 지난해(2004년) 4월부터 11월까지 3차례에 걸쳐 실시한 여론조사 자료를 분석한 결과 국민 4명 중 3명이 국민연금에 대해 불신하고 있다"고 밝혔다. 특히 지난해(2004년) 4월 1차 조사 때에는 불신률이 67.6%였으나 8월과 11월에는 불신률이 각각 74.8%와 73.8%에 달해 국민연금에 대한 불신감이 갈수록 더 높아지고 있는 것으로 나타났다(노컷뉴스, 2005년 10월 4일).

2) 사례쟁점

(1) 정책단계별 실패요인 및 조치방안

정책단계별 실패요인과 조치방안을 살펴보면 다음과 같다.

(가) 정책의제 설정단계
① 실패요인

국민연금제도 사례의 경우 정책의제 설정단계의 가장 큰 문제점 중의 하나는 정책목표에 대한 비전 및 목표설정이 너무나 비현실적이었다는 점이다. 당초 전 국민을 대상으로 한다는 무리한 정책목표 설정으로 인해 소득수준이 불분명한 자영업자들까지 정책범위로서 무리하게 확대한 결과, 국민연금의 내실보다는 외관상의 팽창만을 추구하게 되었다. 또한 관련 시민단체와 정부 정책 당국자들 간의 충분한 의견 교환 및 토론의 과정이 결여되었으며, 그 결과는 성급한 국민연금제도의 시행 결정으로 이어져 결국 정책실패를 야기하고 말았다.

② 조치방안

소득수준이 불분명한 자영업자들의 소득파악을 위한 인프라 구축이 요구되며 구체적으로는 지역가입자의 소득 파악 수준을 높이기 위한 조세행정 능력의 제고가 필요하다. 가령, 자영자소득파악위원회가 국세청의 과세자료를 넘겨받아 가입자의 소득확인 작업을 실시하는 것 등의 방법이 있다.

(나) 정책결정 및 집행단계
① 실패요인

정책결정 및 집행단계에서도 충분한 여론 수렴의 부족이 실패요인으로 작용되었다. 여론 수렴 절차를 통해 정책담당자가 충분한 사전 지식과 정보를 습득하지 못했기 때문에 정책에 대한 합리적 진단은 불가능하였으며, 이는 결국 정책 상황판단에 대한 편협한 사고와 잘못된 결정으로 이어졌다.

성급한 국민연금제도의 시행은 정책집행과정에 있어서도 원칙 없는 연금운영을 부추기고 방만한 공단경영의 결과로 나타나 방만한 경영과 재정적자 누적, 그리고 계속적인 연금의 조정으로 인해 국민의 신뢰성을 저하시키고 국민에게 외면 받는 연금제도로 인식되는 결과를 초래하였다. 또한 정보결핍에 의한 준비부족으로 인해 소득이 취약한 영세민 등 사회적 약자계층은 국민연금에 가입하지 못하게 되는 결과를 초래하였으며(따라서 연금제도의 소득 재분배 역할을 기대할 수 없었으며), 국민연금의 정책집행을 감찰하는 기관의 관리 소홀로 이어지는 정책시스템적 차원의 실패를 초래하게 되었다.

② 조치방안

첫째, 급여 수준에 맞는 적정부담·적정혜택의 연금구조 확립이 필요하다. 둘째, 연금 재정의 수지균형을 위하여 현재의 수정적립방식을 완전적립 방식으로 바꾸는, 재정운영 방식의 근본적 변경이 요구된다. 셋째, 연금관리공단의 경영쇄신과 기금 운영의 전문성·독립성을 통하여 국민연금사업에 필요한 재원확보 및 연금급여의 안정적 지급이 이루어져야 한다. 넷째, 국민연금제도의 이원화(현행의 균등부분을 기초연금으로, 현행의 소득비례 부분은 소득비례연금으로 분리)를 통하여 사회재분배기능을 확립이 요구된다.

(다) 정책평가 및 환류단계
① 실패요인

정책평가 및 환류단계에서의 실패요인으로는 정부의 방어적 대응을 지적할 수 있다. 시민단체나 여론의 비판에 대하여 정책담당자들이 그들의 '자리지키기식' 방어적 대응으로만 일관하여 정책평가 및 환류단계에서 환류시스템이 제대로 작동하지 않았다는 점을 들 수 있다.

② 조치방안

정책담당자들의 책임성 확보를 통하여 정책의 실패 시 담당자의 책임을 물을 수 있는 제도가 마련되어야 하며, 정책 과정 및 결과의 공개를 통하여 충분한 여론이 수렴되어야 한다.

3) 쟁점

본 정책사례와 관련된 쟁점은 1) 충분한 정보를 토대로 정책 분석이 이루어졌는지, 2) 정책 과정에서 정책 관련자들의 민주적인 참여가 이루어졌는지, 3) 정책목표와 정책비전이 타당한가 라는 관점에서 검토할 수 있다. 이를 아래에서는 생산성(효율성), 민주성(참여성, 숙의성, 합의성), 성찰성(당위성)이라는 관점에서 분석하고자 한다.

4) 학습조치방안

본 정책사례에서 학습조치방안을 학습메커니즘 구축방안과 학습체제 구축전략으로 나누어 정리하면 다음과 같다.

(1) 학습메커니즘 구축방안

정책의제설정단계에서 충분한 여론 동향에 대한 정확한 검토와 정책이해 관계자들 간의 공감대 형성을 위한 노력이 필요하며, 충분한 정보분석을 통해 정보결핍에 의한 정책결정의 오류는 예방되어야 한다. 또한 국민연금 정책사례에서는 원칙 없고 비전 없는 허황된 장점만을 부각시킴으로써 정책 담당자들 자신도 매너리즘에 빠져 들었는바, 충분한 정책 자료를 토대로 타당성 있는 정책 분석을 통해 정책목표와 정책비전에 대한 합리적인 설정이 있어야 할 것이다. 더 나아가 방만하고 원칙 없는 정책집행에 대한 대책 마련 및 감시시스템을 구축하여 정책의 투명성을 확보해야 한다.

(2) 학습체제 구축전략

① 정책의제설정단계: 합리적이고 현실성 높은 정책목표의 설정을 위해 민·관 전문가의 의견을 수렴할 수 있는 사전적 정책목표 분석시스템이 구축되어야 한다.
② 정책결정단계: 정책실명제의 도입 및 정책타당성 사전체크 리스트의 작성, 다양한 여론수렴을 위한 채널 확보, 관련 정보수집 및 분석을 위한 정보시스템의 활용 등이 필요하다.
③ 정책집행단계: 관계 부서 및 관련 시민단체 간 대화 및 협의 채널을 마련하고, 고객 반응 및 운영의 투명성 제고를 위한 분기별 손익계산서 제도를 마련하는 등 정책반응 모니터링 제도를 구축해야 한다. 또한 국민연금 정책사례와 같이 전 국민을 대상으로 하는 정책유형의 경우에는 시범사업 또는 예비조사를 단계별로 실시함으로써 정책실패요인을 감소시키는 제도적 노력이 필요하며, 이를 위해서는 시범사업의 시행 및 평가시스템이 제도화되어야 한다.
④ 정책평가 및 환류단계: 관련 정부부처를 대상으로 하는 합동 교육 및 학습시스템 구축을 통한 교육훈련과 브레인스토밍 프로그램을 개발·운영하여야 한다.

5) 정책분석

(1) 생산성

생산성의 측면에서 효과성과 능률성을 중심으로 분석하면 다음과 같다.

(가) 효과성

국민연금은 공적연금으로서 가입이 법적으로 의무화 되어 있기 때문에 사보험에 비해 관리운영비가 훨씬 적게 소요되며, 관리운영비의 많은 부분이 국고에서 지원되므로 사보험처럼 영업이익을 추구하지 않는다.

가령 제도도입 초기에는 낮은 보험료 부담으로 제도의 조기정착을 도모하고 자신의 노후 소득보장을 스스로 대비하지 못한 현세대의 부담분 중 일부분을 후세대가 부담하도록 함으로써, 세대 간 소득재분배가 되도록 설계되었다. 또한 연금액의 최초결정시에는 공적연금 가입기간 중의 소득을, 연금수급 전년도의 가치로 재평가하여 실제 소득수준에 상응하는 급여가 지급되도록 하고 있으며 연금을 받는 동안에도 매년 물가변동률에 따라 급여액을 조정함으로써 급여액의 실질가치를 확실히 유지하도록 하고 있다(http://www.npc.or.kr).

따라서 효과성 측면에서 봤을 때 국민연금은 소득 재분배와 노후 및 불확실한 미래에 대한 대책, 성실한자에 대한 보호(미래에 대비하지 못한 극빈층을 지원하는 데 성실한 자가 부담하여 손해를 보게 된다는 것)의 차원에서 효과성이 있다고 판단된다.

(나) 능률성

국민연금기금 적립금은 2005년 6월 말 150조 원을 넘어섰다. 이는 세계에서 여섯째로 많은 규모이지만, '적게 내고 많이 받는' 현재의 구조로는 2047년 정도에 재정이 고갈될 것이라는 전망이 나온 지 오래다. 이는 급격한 고령화에 따라 보험료를 내는 납부자 수는 줄고, 수혜자는 많아지게 되면서 이러한 문제가 발생하게 된다.

또한 자영업자들의 수입축소신고로 인해 보험료를 제대로 걷지 못해서 발생하는 체납의 손실과 더불어 소득이 취약한 영세민 등 사회적 약자 계층은 국민연금에 가입하지 못하게 되어 실질적 재분배가 이루어지지 못하고 있다.

따라서 장기간에 걸쳐 시행되는 정책을 초기부터 제대로 추진하지 못한 결과, 현재까지도 국민연금제도의 개편이 사회적 쟁점이 되고 그에 따른 사회적 비용이 매우 크다는 점에서 국민연금제도가 능률성이 있는 정책이라고 평가하기는 힘들다.

(2) 민주성

민주성의 측면에서 절차적 민주성, 실체적 민주성을 중심으로 분석하면 다음과 같다.

(가) 절차적 민주성(절차적 적법성, 절차적 타당성)

1988년 10인 이상의 사업장에서 일하는 사람들만을 대상으로 시작한 국민연금 제도는 1995년 7월에는 농어촌지역 주민까지 적용범위가 확대되고, 1999년 4월에는 도시지역 자영업자들에게까지 가입범위가 확대되었다. 그러나 이와 같이 전 국민적인 정책을 시행함에 앞서, 국민들의 의사를 충분히 반영해야 했고 국민연금 제도가 정책적으로 타당한지에 대한 치밀한 정책분석을 실시했어야 했다.

하지만 이러한 과정을 무시하고 정책을 강제적으로 확대·시행함으로써 국민들에게 불신을 주게 되었다. 따라서 정책 시행 이전에 실시해야 하는 정책분석 과정이 제대로 이루어지지 않아 절차적 타당성이 결여되었다고 볼 수 있다.

(나) 실체적 민주성(참여, 숙의, 합의의 정도)

국민연금제도와 같은 국가적 차원의 정책을 추진할 때에는, 여론조사를 통하여 국민들의 의사를 반영하고 각 전문가들과의 토론회를 통하여 제도적 문제점을 보완했어야 한다. 더불어 적극적인 홍보를 통하여 국민의 동의를 얻었어야 했다.

그러나 정책의제 설정과정에서 국민들의 의사를 제대로 반영하지 않고 정책 담당자들의 밀실 행정이 이루어 졌을 뿐만 아니라, 대다수의 국민들의 동의를 구하는 과정도 없이 갑자기 강제적으로 국민연금을 확대 실시하였다. 이런 점에서 국민연급제도는 실체적 민주성이 결여된 정책이라 하겠다.

(3) 성찰성

(가) 인간의 존엄성 실현

국민연금제도는 국민의 생활 안정과 복지증진을 그 목적으로 한다. 구체적으로는 소득 재분배의 측면과 더불어 국민 개개인의 불확실한 미래 상태에 대한 안정을 꾀한다는 점에서, 인간의 존엄성 실현에 기여하는 제도라고 볼 수 있다.

하지만 실질적인 사회적 보장이 필요한 노년층, 장애인, 저소득층은 연금의 사각지대에 놓여있기 때문에 이들에 대한 재분배문제가 발생한다. 또한 '미래생활에 대한 안정을 보장한다'는 이유로, 현재 강제적으로 세금을 부과하는 것은 헌법에서 보장하는 국민의 기본권(재산권 및 행복을 추구할 권리)을 침해하는 것이라고 볼 수 있다.

(내) 신뢰받고 성숙한 공동체 실현

　우리나라의 복지 체제는 아직 많이 미비한 실정이다. 특히 IMF 경제난 이후 빈부의 격차가 더욱더 커지고 있어 저소득층을 대상으로 하는 복지정책이 장기적으로 필요한 상황이다. 이러한 점에서 국민연금제도는 사회보장제도로서 적절하다고 본다. 하지만 이러한 국가적 사회보장제도가 이루어지려면 '현 근로세대, 현 노인세대, 또 미래의 근로세대'인 3세대 간의 타협을 통하여 신뢰를 확보해야 한다.

　그러나 현재 시행중인 국민연금제도는 타협을 이루기 전에 정책을 먼저 시행하고 이후에 국민들에게 실행을 강요하고 있어, 신뢰받고 성숙한 공동체 실현에 좋지 못한 영향을 미친 사례라고 할 수 있다.

4) 요약 및 정리

생산성	효과성		* 소득 재분배 * 노후 및 불확실한 미래에 대한 대책 * 성실한 자에 대한 보호
	능률성	산출대비 비용이 적은 정책	* 2047년 기금 고갈로 국가보조가 필요함 * 기금 운영의 한계 * 체납에 따른 손실
		비용대비 산출이 높은 정책	* 연금의 사각지대 발생
민주성	절차적 민주성	절차적 적법성	* 강제적으로 가입 범위 확대 적용
		절차적 타당성	* 정책 분석이 미흡했음 * 정보 결핍에 의한 준비 부족으로 비현실적인 목표 설정
	실체적 민주성	참여의 정도	* 국민의 동의 없이 강제적 정책 시행
		숙의의 정도	* 충분한 자료 검토 없이 밀실 행정이 이루어짐
		합의의 정도	* 정책을 먼저 시행한 이후에 합의를 강제적으로 요구
성찰성	인간의 존엄성 실현	직접	* 소득 재분배
		간접	* 국민생활 안정 * 복지증진
		저해	* 국민의 재산권과 행복추구권 침해

신뢰받고 성숙한 공동체 실현	직접	* 국가적 복지체제 구축
	간접	* 사회복지에 대한 국민들의 의식 일깨움
	저해	* 국민들의 불신유발 * 세대간의 갈등 야기

5) 전체내용에 대한 요약

정책 사례 *cases in policy*

국민연금 사례

1. 개요

국민의 노후생활 보장을 위해 1988년 처음으로 시작된 국민연금제도는 현재 전 국민을 대상으로 하는 국민연금으로 전개되었으며, 이에 따른 부작용과 많은 문제점을 낳고 있다. 그 중에서도 소득의 축소신고, 국세징수체제의 비합리성, 소득 하향신고로 인한 형평성 문제, 직장근로자의 보험료 납부거부 움직임, 도시자영업자의 보험료 납부실적 저조 등이 대표적인 문제점이다.

2. 쟁점

본 정책사례와 관련된 쟁점은 1) 충분한 정보를 토대로 정책분석이 이루어졌는지, 2) 정책과정에서 정책 관련자들의 민주적인 참여가 이루어졌는지, 3) 정책목표와 정책비전이 타당한가라는 관점에서 검토할 수 있다. 이를 아래에서는 생산성(효율성), 민주성(참여성·숙의성·합의성), 성찰성(당위성)이라는 관점에서 분석하고자 한다.

3. 분석

1) 생산성: 사회적 재분배와 노후생활 보장이라는 측면에서 긍정적 역할이 기대된다. 그러나 정보결핍으로 인한 준비부족과 성급한 국민연금제도의 시행으로, 원칙 없는 연금운영·방만한 공단경영 등 많은 사회적 비용을 초래하였다.
2) 민주성: 정책의제설정단계에서 충분한 의견교환과 의견수렴, 토론 및 합의 과정이 결여되었고, 정책집행 과정에 있어서도 국민의 동의 없이 강제적으로 시행되었다.
3) 성찰성: 사회복지정책이 부족한 우리나라에서 국민연금제도는 필요하다. 그러나 의견 수렴의 결여로 인하여 정책목표와 정책비전이 비현실적으로 설정되었고, 이는 국민이 불신하는 연금제도로 인식되는 결과를 초래하였다.

4. NEIS 정책분석

1) 사례개요

정보화 시대에서 전자정부는 선택이 아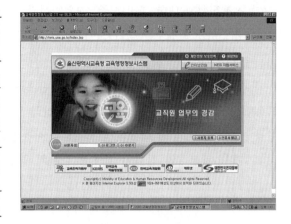
닌 필수이며 시대의 흐름이다. 따라서
우리 정부도 정보화 시대에서 전자정부
의 중요성에 대해 강조하고, 이러한 전
자정부의 흐름에 대비해 정부업무의 디
지털화·정보화·통합화를 추진하여 열
린 행정, 스마트한 전자정부를 구현하
기 위해 2001년 전자정부특별위원회
를 설치하고 11개 중점 과제를 추진하
였다. 이러한 전자정부 시책의 하나로
교육인적자원부는 교육행정전반의 효율성을 높이고, 교원의 업무환경 개선을 위하여 전
국 단위의「교육행정정보시스템」즉 NEIS(*national education information system*)를
구축하기로 하였다. NEIS란 전국 1만여 개의 초·중등학교, 16개 시·도교육청 및 산하
기관, 교육인적자원부를 인터넷으로 연결하여, 교육관련 정보를 공동으로 이용할 전산환
경을 구축하는 전국 단위의 교육행정정보시스템을 말하며, 영문약자로는 'NEIS'를 사용
한다.

(1) 무리한 일정 추진

　NEIS는 시행초기에 과도한 개인정보 입력 문제와 함께 사업기간의 단축으로 인한
부실화 우려가 문제점으로 제기됐다. 당시 감사원은 "시범운영 기간 단축으로 전반적인
시스템에 대한 점검이 아직 미흡하고 사용자 교육도 제대로 이루어지지 않았다"고 지적
했다.

　이러한 문제점은 NEIS 운영이 비교적 원활하게 이루어지고 있다는 시범학교에서도 예
외 없이 드러났다. 지난 2003년 3월 13일 윤덕홍 부총리가 직접 방문까지 해 NEIS 시
행 준비 상황을 확인한 바 있었던 서울 성산초등학교에서는 "시스템적으로는 NEIS에 대
한 준비가 잘 이루어지고 있다"면서도 "시스템 운영의 기본 방침이 되는 훈령이 마련되지
않았고, NEIS 실행을 위한 법적 근거도 늦게 마련되는 등 무리한 일정 추진으로 여기저
기서 허점이 드러나고 있다"고 상황을 전했다.

교육부총리의 시찰이 이루어질 만큼 준비가 잘 되어 있다는 이 학교에서조차 NEIS 시행에 대한 무리한 일정 추진으로 각종 어려움을 겪고 있었다. 교육부의 조치만을 마냥 기다릴 수 없어 이 학교는 자체적으로 훈령까지 만들면서 NEIS 시행에 대비하고 있는 상황이었다.

(2) 정책집행에 대한 준비 부족: 교육인적자원부의 안이한 접근태도

교육인적자원부 관계자는 "드러나는 문제점이 계속 시정되고 있어 전면 시행돼도 큰 문제는 없다"는 입장을 밝혔다. 교육인적자원부 'NEIS 총괄센터'에서는 "하루 10만 명의 교사가 접속하는 등 NEIS가 자리를 잡아가던 상황에서 국가인권위원회의 권고가 나오면서 사용량이 주춤해진 게 사실"이라면서도 "전국 1만 700여 개 일선 학교 가운데 300여 개 교를 제외한 대부분의 학교에서 NEIS를 사용하는 등 97% 정도의 참여율을 보이고 있다"고 매우 낙관적인 전망에 기초한 정부의 입장만을 고수하고 있었다.

(3) 현장 참여의 외면

NEIS 파동의 가장 큰 쟁점인 '인권침해' 논란 역시 충분한 사전 논의와 대책 마련의 과정이 있었다면 극단적인 양상으로 전개되지는 않았을 것이라는 게 관계자들의 일치된 지적이다. 실제로 일선 학교 정보부장 교사들조차 NEIS의 구체적인 모습을 접한 것은 2003년 8월에서였다. 10월경부터 전면 시행 예정이던 방대한 시스템의 최종사용자(end-user)가 불과 도입 두 달을 앞둔 시점에서야 시스템을 처음 접한 것이다.

상황이 이렇다 보니 전교조, 한국교총 등의 교원단체에서 시스템을 정확히 파악할 시간도 부족했고, 나중에야 문제의 심각성을 알게 된 이들 단체에서 도입을 반대하고 나선 후에는 이미 예정됐던 도입 시기가 코앞에 다가온 터라 교육부로서도 강행이라는 극단적 카드를 사용할 수밖에 없었다. 처음부터 무리하게 일정을 잡다 보니 이해충돌을 해결할 시간적 여유가 부족했던 것이다.

2) 사례쟁점

(1) 정책단계별 실패요인 및 조치방안
정책단계별 실패요인과 조치방안을 살펴보면 다음과 같다.

㈎ 의제설정 단계
의제설정 단계는 정책목표에 대한 비전 및 목표를 설정하는 단계로, 정책의제설정 단계에서의 NEIS 실패요인은 정부의 기술 중심적 사고로 인한 편향된 정책목표의 설정과 그 과정에서 정책관련 집단들 간의 사전적 합의도출 실패 등을 들 수 있다.

정부는 정보화, 디지털화, 통합화를 추진하여 열린 행정, 스마트한 전자정부를 구현하기 위하여 교육행정 전반의 효율성을 높이고, 교원의 업무환경 개선을 위하여 전국단위의 교육행정정보시스템을 구축하고자 하는 정책목표를 설정하였다. 그러나 정부기관인 교육부와 실무행정단체인 교원들 사이의 합의를 도출해가는 노력이 부족하였던 것으로 평가된다.

(나) 정책결정 단계

정책결정 단계에서는 정보기술의 활용을 통한 행정효율성의 제고와 인권침해 논란의 여지에 대한 본질적인 이해가 부족하였던 것으로 분석된다. 즉, 정책결정과정에서 정보화를 통한 효율성 제고는 논의되었으나, 정책 이면의 인권 침해적 쟁점에 대해서는 충분한 논의가 이루어지지 못하였다.

또한 제도적 차원에서는 시범운영기간의 단축으로 인해 무리한 일정 추진으로 정보시스템상의 부실화를 초래하였고, 인터페이스 부족으로 인한 시스템의 과부하 등의 문제점이 노출되었다.

(다) 정책집행 단계

정책집행 단계에서는 하부 교육기관의 정책집행가와는 충분한 대화가 결여된 문제점을 안고 있었다. 또한 교육대란을 의식해 이익집단 간의 분쟁 상황 하에서 정부의 정책이 갑작스럽게 변경되는 문제점을 초래하였다. 결국 교육행정 정보화의 큰 틀에 대한 정부와 이익집단 간의 견해차에서, NEIS 전면시행이라는 정책의제설정 단계에서의 정책의도가 변질되어 절충적인 집행에 이르는 기형적인 결과를 초래하였다.

(라) 환류 및 평가 단계

정책평가 및 환류 단계에서의 가장 큰 문제점으로는 전국적인 규모로 시행 정책임에도 불구하고 예비조사 및 시범지역 선정과 같은 단계별 접근이 부재하였다는 점을 들 수 있다(시스템 부재와 제도적 노력 미흡). 정책결정자의 기술 중심적 정책가치의 선택과 개인정보보호 및 인권침해에 대한 충분한 고민의 부재, 정책수립시 다양한 정책 대상 집단의 참여 및 의견수렴 노력의 부족과 이들에 대한 환류시스템이 효과적으로 작동하지 못했던 점 등을 지적할 수 있다.

(2) 쟁점

본 정책사례와 관련된 쟁점으로는 1) 설정된 정책목표는 타당하였는가? 2) 정책집행과정에서 정책목표의 일관성은 잘 준수되었는가? 3) 정책에 대한 심도 있는 이해와 충분한 의견수렴은 이루어졌는가? 4) 정책이 인간의 존엄성 실현 및 신뢰받는 사회 실현에 어떤 기여를 하였는가? 라는 관점으로 정리할 수 있다.

이를 아래에서는 생산성(효율성), 민주성(참여성, 숙의성, 합의성), 성찰성(당위성)이라는 측면에서 분석하고자 한다.

(3) 학습조치방안

본 정책사례의 학습조치방안을 정리하면 다음과 같다.

본 사례는, 학습조직의 구축전략으로서 교육행정 정보화라는 큰 틀의 구축과 전국적 교육행정망 건설과 같은 전국적 사업(정책)을 시행함에 있어, 먼저 정보시스템의 오류를 방지하기 위한 시범지역 선정 및 데이터 서비스의 시행과 정보화로 인한 인권 침해적 요인을 최소화 할 수 있는 정보시스템의 마련이 필요하다는 점을 시사해 주고 있다.

또 다른 구체적인 조치방안을 정리하면 다음과 같다.

① 전국적 행정효율화를 위한 정책을 형성하는 과정에서 정책관련 주요 이해관계자들의 참여를 보장하는 제도 마련 필요
② 정보화 정책과 같은 유형의 정책을 시행함에 있어서 효율성 요소와 이면의 인권침해 요소에 대한 체크리스트 작성 의무화
③ 하부 실질적 집행기관과의 유기적 협의제도 마련
④ 전국적 시행 정책에 있어 예비조사 및 시험시행지역 선정 및 문제점보완 해결 노력 요구
⑤ 정책결정자의 정책결정과정상의 합리적 판단을 위한 관계부처의 교육훈련, 브레인스토밍 및 학습시스템 구축

3) 정책분석

(1) 생산성(효율성)

생산성의 측면에서 효과성과 능률성을 중심으로 분석하면 다음과 같다.

(가) 효과성

NEIS는 전자정부 시책의 하나로서 교육행정 전반의 효율성을 높이고, 교원의 업무환경 개선을 위하여 전국단위의 교육행정정보시스템을 구축하고자 하는 정책목표를 가지고 시작되었다.

정보통신기술의 발달 등으로 이에 부응하는 교원, 학생, 학부모의 교육정보 서비스에 대한 요구 증대로 교육행정서비스 체제 혁신이 필요하고, 지역에 무관한 One-Stop/Non-Stop 민원 서비스, 교육행정정보 공유를 통한 행정서비스의 신속, 정확한 처리가 요구되는데 이에 반하여 교육행정 부문의 정보화는 매우 미비하였다. 단위기관별 개별적 추진으로 기관 간 연계이용을 위한 정보유통환경의 개선이 시급하였고, 교육청별 단위업무 중심의 시스템 개발로 서식, 코드, 업무처리 절차 등 표준양식이 미비하였고, 전산기종, 응용 S/W의 다양성으로 정보 공동 활용의 연계 및 호환이 결여되었으며, 비표준화된 업무처리로 체계적인 교육행정 정보화가 어려운 실정이었다. 따라서 교육행정정보시스템은 기존의 비효율적 요인을 제거한 종합적이고 체계적인 교육행정정보화의 추진으로 교육행정 서비스를 획기적으로 개선하고자 하는 정책목표 하에 추진된 정책이었다.

이러한 정책목표를 시행하게 되면 학부모와 민원인들은 각종 민원신청, 교육통계 현황, 교육정책, 학생정보 등을 첨단정보시스템을 통해 조회할 수 있게 됨으로써 직접 학교를 방문하지 않고 인터넷을 통해 각종 정보를 손쉽게 제공받을 수 있게 된다. 또한 학교 생활기록부 등 학생 지도에 필요한 자료가 초등학교부터 고등학교까지 누적 관리되기 때문에 교사들이 좀더 효율적이고 체계적으로 학생을 지도할 수 있고, 수작업이나 자료 취합 등에 따르는 시간과 업무량이 많이 줄어들고, 기초 자료를 실시간으로 활용함으로써 신속한 의사 결정은 물론 신뢰성 있는 교육정책을 추진할 수 있게 된다.

지식기반사회의 새로운 정부 모습으로 전자정부가 각광받고 있는 정책상황 하에서, 정보의 공동 활용을 통한 신속하고 대응성 높은 행정서비스를 제공하고자 하는 이러한 정책목표는 매우 타당한 설정이라고 할 수 있으며, 이러한 정책목표가 제대로 실현되기만 한다면 이 정책은 매우 효과성 있는 정책이라고 판단된다.

그런데 문제는 이러한 정책이 그 시행과정에서 처음에 세웠던 목표를 잘 달성하였느냐 하는 문제이다. NEIS는 정책집행에 대한 준비가 부족한 상황에서 무리한 일정 진행, 관련된 다양한 이해관계자와의 충분한 참여 및 의견 교환이 없는 정부의 일방적인 집행, 정보보호와 관련된 인권의 문제 등으로 인해 시행과정에서 많은 혼란을 겪게 되었으며, 결국은 교육대란을 의식해 이익집단간의 분쟁 상황 하에서 정부의 정책이 갑작스럽게 변경

되는 문제점을 초래하였다. 따라서 이 정책은 정책이 가진 의도는 훌륭했으나, 정책목표를 설정하는 과정 및 집행하는 과정에서 많은 문제점들을 초래하였으므로, 정책목표 달성의 효과성은 높다고 할 수 없다.

(나) 능률성

NEIS를 이용하면 정보의 전산화, 정보의 공유와 공동 활용으로 수작업, 자료 취합 등에 소요됐던 시간과 업무량, 기관 및 업무 간 중복업무가 줄어들게 되고 처리절차가 간편해진다. 이에 따라서 신속한 의사결정과 신뢰성 있는 교육정책을 추진할 수 있으며 이용자의 요구에 대한 대응성도 높아진다. 이러한 교육행정 업무의 재설계와 정보화사업을 추진하는 효과를 2008년까지 환산하면 1조 4,000여억 원에 이르는 액수로, 이것은 교육행정정보시스템의 초기 투자비용은 521억 원의 약 25배에 달한다는 분석결과[2]가 있다. 따라서 이러한 근거에 비추어 판단한다면 이 정책은 비용 대비 산출 효과가 높은 능률적인 정책이라고 볼 수 있다.

그런데 정책 시행 과정에서 인권 침해의 논란이 벌어지면서 정책이 표류하게 되고 이러한 갈등으로 인해서 보이지 않는 많은 비용이 발생하게 되었다. 충분한 준비 없이 무리한 일정 추진으로 정보시스템상의 부실화를 초래하였고, 인터페이스 부족으로 인한 시스템의 과부하 등의 문제점이 노출되었다. 인권 침해의 소지를 없애기 위해 3개 영역(교무와 학사, 보건, 입(진)학)을 별도 관리하기로 결정하면서 학생들의 성적이나 생활환경기록 등 민감한 개인 정보들을 중앙 서버에서 종합 관리하는 게 아니라, 학교별로 분리 관리해 외부로 유출되지 않도록 하고 이것을 관리하는 일을 외부에 위탁해 학교의 부담을 줄여주기로 함으로써, 2006년 3월부터 3천 5백억 원 이상의 비용을 지출해야 할 것이라는 예측이 나오고 있다. 이러한 자료들을 종합해 볼 때, 이 정책의 능률성 또한 긍정적인 평가를 받기는 어려운 실정이다.

(2) 민주성

민주성의 측면에서 절차적 민주성, 실체적 민주성을 중심으로 분석하면 다음과 같다.

(가) 절차적 민주성(절차적 적법성, 절차적 타당성)

NEIS는 정책을 형성하는 과정에서 충분한 준비 없이 무리한 일정 추진으로 정보 시스템상의 부실화를 초래하였다. 또한, 시스템 운영의 기본 방침이 되는 훈령이 마련되지 않았고, 법적 근거도 늦게 마련되는 등 절차적 적법성 측면에서 문제점을 안고 있었다. 또한

---

2) 인터넷민원서비스 홈페이지(http://www.neis.go.kr/).

NEIS를 시행하는 데 있어서도 무리한 추진으로 인해 NEIS에 대한 사전 논의와 이해, 다양한 이해당사자의 의견수렴이나 합의노력도 미비하여 절차적 타당성 측면에서도 많은 문제점을 나타냈다.

(나) 실체적 민주성(참여, 숙의, 합의의 정도)

NEIS 전면 도입을 앞두고 시스템의 최종 사용자인 일선 학교의 교사들이 NEIS의 구체적인 모습을 접한 것은 전면적 시행 예정 두 달 전으로써, 따라서 이들이 시스템에 대해 충분히 이해하고 파악할 시간이 부족하였으며 정상적인 운영조차도 어려웠다. 또한 상황이 이렇다 보니 전교조, 한국교총 등의 교원단체에서도 나중에야 시스템에 대한 정확한 파악과 문제의 심각성을 알게 되어 NEIS 도입에 대해 반대하고 나섰으나, 이들 단체들이 도입을 반대하고 나선 후에는 이미 예정됐던 도입 시기가 코앞에 다가온 터라 교육부로서도 강행이라는 극단적 카드를 사용할 수밖에 없었던 결과가 초래되었다.

성공적인 정책을 위해서는 정책 과정에서의 다양한 이해관계자의 참여와 충분한 숙의 그리고 합의의 과정이 있어야 한다. 그런데 NEIS는 다양한 이해관계자를 가지고 전국적으로 시행되는 규모가 큰 정책임에도 불구하고 처음부터 이해관계자의 의견을 수렴하고 그 과정에서 나타나는 갈등을 해결할 시간적 여유 없이 무리한 일정을 잡다 보니 여러 가지 문제가 발생하게 된 것이다. 교육부는 개발을 위한 업무분석 및 재설계 작업에 교원단체들을 전혀 참여시키지 않았고, 이러한 정책과정에 있어서 참여 부족은 정책 집행 직전에 '전교조와 교육부의 갈등'이 제기되게 된 근본적 원인이 되었다. 결국 교육부가 제도 추진 전 단계에서 이뤄져야 하는 충분한 의견수렴 단계는 결여된 채, 끊임없이 문제점이 지적되는 제도를 '일단 도입하고 보자'는 식으로 정책을 강행한데에서 많은 비용이 초래되었다.

또한, NEIS는 정보화 추세에 맞춘 효율성 높은 정보시스템이라는 면만을 강조하며, 정책 이면의 인권침해에 대해서는 충분한 고찰과 이해, 고민과 숙의의 과정이 경시됨으로써 NEIS 정책의 쟁점과 본질에 대한 근본적 파악이 결여되었다. 충분한 사전 논의와 대책 마련의 과정이 있었다면 극단적인 양상으로 전개되지는 않았을 것이라는 게 관계자들의 일치된 지적이다. NEIS의 도입 문제의 본질은 "어떻게 하면 학생들을 올바로, 제대로 가르칠 수 있는가"에 맞추어져 접근되어야 하는데도 불구하고, 행정 집행의 효율성과 편리성 측면 위주로만 진행된 점이 이 정책사례의 근본적 원인이었다.

(3) 성찰성(당위성)

㈎ 인간의 존엄성(인권, 정의, 존엄) 실현

NEIS는 정보의 통합 및 행정 효율성 제고를 통해 삶의 질을 향상시키는 측면도 있으나, NEIS의 정보가 유출될 경우 초래될 개인정보 침해 가능성과 인권의 침해 가능성에 대해서는 본질적 고민이 결여된 사례라고 볼 수 있다. 또한 과도한 개인정보 입력문제로 인한 인권침해의 문제도 제기될 수 있다. NEIS에는 200여 가지가 넘는 학생과 학부모, 교사의 축적된 신상정보를 본인의 동의 없이 통합 관리함으로써 개인정보 유출과 인권 침해의 우려를 제기하였다. NEIS의 정보가 유출되지 않는다 해도 "내 정보가 언제 새어나갈지 모른다"는 불안감과 그에 따른 자기검열은 그 자체로 국민들에게 피해를 줄 수 있다.

OECD 프라이버시 가이드라인을 보면, "사업이나 행정적 목적으로 불가피하게 개인정보를 수집할 경우, 당사자에게 목적을 명확히 밝혀야 하고, 제3자가 이를 이용할 경우 본인의 승인을 받아야 한다", "누구나 자신의 정보를 열람하고 수정 및 삭제할 수 있어야 한다"는 내용을 담고 있다. UN의 개인정보 가이드라인도 "개인 정보의 보관 기간은 명시된 목적을 달성할 수 있는 기간을 초과해서는 안된다"고 명시하고 있다. NEIS는 국민의 단순 정보에서 민감한 정보까지, 상당히 오랜 기간 저장하는 모습을 보이며, 국제적 규약과도 상당히 동떨어진 모습을 보이고 있다. 요컨대, NEIS는 헌법상의 기본권인 '사생활의 비밀과 행복추구권'을 침해할 가능성이 크며, 본질적으로 인간 존엄성 실현을 저해할 가능성을 내포하고 있음을 말해준다.

㈏ 신뢰받고 성숙한 공동체 실현

정보화 추세에 효과적으로 대응하고 국민의 정보를 통합하여 효율적인 행정을 이루어 가려는 정부의 의도는 긍정적으로 평가되나, NEIS의 정책추진 과정에서 정책당국인 교육부의 안일한 대처와 독단적인 정책추진, NEIS 정책이 지닌 본질적 문제점에 대한 진지한 성찰 부족 등은 '인권침해'라는 문제를 대두시키고, NEIS의 실제 사용자인 교사와의 분쟁을 초래하여, 전교조 파업이라는 최악의 사태까지 초래하였다. 게다가 교사 집단 내부에서도 정책에 대해 찬성하는 집단(교총)과 반대하는 집단(전교조)으로 나누어져 교육부의 방침을 그대로 수용한 교사들과 그렇지 않은 교사 간의 갈등의 골은 깊어져 갔고, 이러한 교단의 갈등은 고스란히 학생들의 피해로 돌아가게 되었다.

또한 정부가 NEIS에 대해 효율적인 행정, 기술적인 측면 등 편향적인 이해에만 치중, 그 이면의 인권 침해적 요인을 충분히 고려하지 못하여 '인권 침해, 정보유출' 등의 문제가 제기되었을 때에도 교사와 학생, 학부모 등의 의견을 수렴하는 노력보다는 행정의 효율성과 정보화의 필요성 등만을 강조하며 '강압적'으로 정책을 추진하는 정부의 정책추진 행태는 국민에게 신뢰받는 정부와는 거리가 먼 모습이었다. 요컨대, 정책에 대한 충분한 이해와 준비가 부족한 상태에서의 무리한 정책추진, 다양한 이해관계자의 충분한 참여와 합의를 이끌어내지 못하고 갈등을 유발시키는 정부의 일방적인 정책 강행의 모습을 보여준 이 사례는 사회의 화합과 신뢰의 저하를 초래한 부정적 선례로 남게 되었다.

4) 요약 및 정리

생산성	효과성		* 종합적이고 체계적인 교육행정정보화의 추진으로 교육행정 서비스 개선, 신뢰성 있는 교육정책 추진 의도 * 하지만 시행과정의 문제점으로 초기의 목표 달성하지 못함
	능률성	산출대비 비용이 적은 정책	* 시스템구축 비용에 비해 기대되는 산출효과는 평가
		비용대비 산출이 높은 정책	* 여러 관계자간 갈등으로 인한 비용 유발
민주성	절차적 민주성	절차적 적법성	* 기본방침이 되는 훈령이나 법적근거 마련 미비
		절차적 타당성	* 이해관계자의 의견수렴 단계 부재
	실체적 민주성	참여의 정도	* NEIS구축과 시행과정에서 교사 등 관련당사자 참여 매우 미비
		숙의의 정도	* NEIS에 대한 본질적인 이해 결여 및 숙의 과정 결여 – 정책 집행과정에서의 갈등초래
		합의의 정도	* NEIS의 정책과정에서 정부의 편향된 정책목표설정 * 정책 관련 집단들 간 합의도출 실패
성찰성	인간의 존엄성 실현	직접	* 국민의 기본권인 '사생활의 비밀과 행복추구권' 침해 가능성
		간접	* 개인 정보 유출과 악용의 위협이 존재
		저해	* 인간존엄성 실현 저해 요소 내포
	신뢰받고 성숙한 공동체 실현	직접	* 강압적 및 일방적 정책 시행으로 인한 갈등 심화
		간접	* 교육부와 교사 사이의 학생 소외
		저해	* 사회의 화합과 신뢰의 저해 요소 내포

5) 전체내용에 대한 요약

NEIS 정책 사례

1. 개요

정부는 정보화 시대에서 전자정부의 흐름에 대비해 정부업무의 디지털화·정보화·통합화를 추진하였다. 열린 행정, 스마트한 전자정부를 구현하기 위한 시책의 하나로 교육부는 교육행정전반의 효율성을 높이고, 교원의 업무환경 개선을 위하여 전국 단위의 「교육행정정보시스템」 즉 NEIS(National Education Information System)를 구축하였다. 그러나 NEIS의 '인권침해요인,''과도한 개인정보등록' 등으로 인해 전교조에서 NEIS의 사용을 거부하는 등 심각한 갈등이 발생하는 등 많은 정책비용을 초래하였다.

2. 쟁점

본 정책사례와 관련된 쟁점으로 1) 설정된 정책목표가 타당하고, 시행 과정에서 그 목표는 잘 준수되었는가, 2) 정책에 대한 심도 있는 이해와 충분한 의견수렴이 이루어졌는가, 3) 정책이 인간의 존엄성 실현 및 신뢰받는 사회 실현에 어떤 기여를 하였는가? 하는 점이다. 여기에서는 이를 생산성, 민주성, 성찰성의 관점에서 분석하고자 한다.

3. 분석

① 생산성: NEIS는 전국단위의 교육행정정보시스템을 구축하여 정보공유를 통한 신속하고 정확한 행정서비스 제공, 교원의 업무환경 개선 등 교육행정 전반의 효율성을 높이고 신뢰성 있는 교육정책을 추진하기 위한 목표를 가지고 출발하였으나, 정부의 일방적인 집행, 무리한 일정 진행 등 정책 추진과정에서의 여러 가지 문제점으로 인해 원래 정책이 의도하였던 목표를 제대로 달성하지 못하였다.

② 민주성: 정책의 전반적인 과정에서 관련 이해관계자인 교사나 학생, 학부모와의 참여나 의견수렴, 토론 및 합의도출 등이 잘 이루어지지 않았다. 또한 NEIS의 인권 침해 요인으로 인한 교사의 반발 및 저항에 대한 정부의 대응방식이 참여·토론·합의 등 민주적인 방식으로 해결하기보다는, '일방적 강압적 밀어붙이기'로 일관되었다.

③ 성찰성: NEIS는 과도한 개인정보 입력문제, 정보의 유출과 악용가능성 등으로 인해 국민의 기본권인 '사생활 비밀과 행복추구권'을 침해할 소지를 안고 있었다. 또한 NEIS 정책추진 과정에서의 교육부와 교사 간 갈등심화, 무리한 정책추진이나 강압적인 정책집행 행태, 정책의 변질 등은 신뢰받는 정부와 성숙한 공동체의 실현에 저해요인으로 작용하였다.

5. 디지털지상파방송 정책분석

1) 사례개요

(1) 정책사례의 소개

우리나라는 과학기술정보통신부 주관 하에 1997년 11월 지상파 디지털방송 전송방식을 ATSC(미국식)방식으로 결정하였다. 그러나 7년 뒤인 2004년 7월 8일에서야 디지털 TV전송방식을 ATSC(미국식)로 확정지었다. 이는 정부, 정보통신업체, 방송기술노조, 시민단체 등 다양한 정책행위자들의 영향력의 행사로 인한 갈등 속에서 7년 동안 몸살을 앓고 내연해 온 셈이다.

본 정책사례는 1997년 결정된 정책에 정부, 정보통신업체, 방송기술노조, 시민단체 등 다양한 정책행위자들이 영향력을 행사하면서 이전에 유례를 찾기 어려울 정도로 다양한 영역의 다양한 주체가 정책과정에서 갈등하고 타협하는 모습을 보여주고 있다. 이 사례를 통해 정보 기술의 발전에 의해 방송과 통신이라는 상이한 정책 영역이 융합되는 과정, 정책의 융합 속에서 빚어지는 다양한 정책 행위자들의 심각한 갈등과 반목 그리고 갈등을 불러일으킨 근본적인 원인인 정책에 대한 가치관과 조직 자체의 생존욕구에 대해 생각해 볼 여지를 가질 수 있을 것이다(권기헌, 2005: 332).

(가) 디지털방송의 도입배경 및 전송방식

1956년 처음 흑백 아날로그 TV가 도입된 이후, 1980년대 칼라TV가 소개되었으나 기술의 한계성에 의해 특정한 조건에 맞지 않을 경우 잡음, 고스트 현상이 심하게 나타날 뿐만 아니라 전송시 오류가 발생하면 복구가 거의 불가능하였다. 이를 해결하고 보다 발전적인 서비스를 제공하고자 디지털방식의 방송기술이 도입되었다. 디지털방송은 방송신호를 디지털로 처리하기 때문에 품질 손상 없이 신호정보의 복원이 가능하고 잡음 등이 없어 아날로그방송보다 화질과 음질이 훨씬 깨끗하고 선명해질 뿐만 아니라 전송할 수 있는 정보용량이 확대되어 다양한 데이터정보 서비스 등이 가능하다.

디지털 방송방식은 각 나라마다 지리, 경제, 정치적인 문제를 고려하여 적용되는 전송방식을 달리하고 있는데 크게 단일 캐리어를 사용하는 ATSC(미국형 방식)와 복수의 캐리어를 사용하는 DVB-T(유럽형 방식)로 나누어지며 독자적인 일본방식(ISDB-T)이 있다.

미국방식은 시장 지향, 경쟁조건의 형성이라는 정책의 기본구도를 통해 보편적 서비스와 공익을 보호한다. 영국방식의 큰 특징은 멀티플랙스 면허를 도입하여 종래 방송사업자

ATSC(미국형)방식과 DVB-T(유럽형)방식 비교

구 분	미국방식	유럽방식	구 분	미국방식	유럽방식
기존 아날로그TV간섭	낮음	중간	HDTV방송	유리	불리
가정내 전자파 잡음 내성	강함	약함	이동수신서비스	어려움	가능
시청자복지	유리	불리	서비스영역 및 송중계 시설 투자비용	넓음 저렴	좁음 상대적으로 많음
국내 기술경쟁력	높음	낮음	다중경로 수신 성능	중간	좋음
세계시장규모 (2007년까지)	507억불 (북미시장)	101억불 (유럽시장)	디지털 전환 용이성	높음	낮음

를 채널사업자와 전파를 다중하는 사업자로 기능분화 시켰다.

(나) 미국식 방식으로의 정책결정(1997년 11월)

과학기술정보통신부는 1997년 3월, 지상파 디지털 방송 추진 협의회를 구성하였다. 전송방식에 따른 경제적 측면, 기술적 측면, 서비스 측면을 나누어 평가하고, 1997년 11월에 ATSC(미국식)방식으로 최종 정책결정하였다. 하지만 지나친 산업 중심적 접근에 의해 채택되었고, 비교시험을 거치지 않았으며, 정책결정과정에서 방송정책 네트워크의 목소리가 반영되지 않았다는 점이 갈등의 인자로 남아 있었다.

(다) 순조롭게 진행되어왔던 정책집행(1997년 이후 ~ 1999년)

1997년 12월 통과된 디지털 TV전환정책은 1999년까지 순조롭게 진행되었다. 또한 IMF이후 경제 환경에 활력을 불어넣기 위해 정부의 기대 속에서 1999년 7월 '디지털 조기방송 실시계획'이 진행되었다. 종합계획에서도 지상파 TV는 미래 지식정보사회의 핵심 인프라로 인식하고, 2010년까지 200여 조에 달하는 생산기반 확충과 수출, 신규고용 9만 명 창출이 기대되었다.

(라) 갈등의 불씨: 방식 변경 및 비교시험 논란(2000년 하반기 ~ 2003년 상반기)
① 표면적 이유: ATSC(미국식)방식의 결함 논란

일견 순조롭게 시작되던 디지털지상파 방송정책은 1999년 미국 싱클레어 방송사의 송출방식에 대한 재검토 청원을 계기로 ATSC(미국식)방식의 기술적 결함에 대한 비판에 직면하게 되었다. 주요 비판으로는 ㉠ ATSC(8-VSB)는 일반 가정용 실내 안테나로는 수신이 잘 안되고 옥외 안테나도 그 방향이 정확해야만 수신이 되며 ㉡ 미국 ATSC이 전송성능 개선작업에 착수하자 미국식전송방식이 근본적 결함이 있다는 비판의 여지를 주었다. 또한 국제적으로 ㉢ 미국식을 채택했던 많은 국가들이 비교시험을 거치고 유럽식으로 방향을 선회하고 있다는 주장이 드러나게 되었다.

② 비교시험 논란과 신뢰의 상실

우리나라는 시민대책위원회(2000.9.28)를 중심으로 ATSC(미국식)방식에 대한 재검토의 필요성을 제기하였다. 시민대책위원회는 ㉠ ATSC방식의 수신률이 아날로그보다도 떨어지며 ㉡ 국제적으로 미국방식을 채택했던 여러 나라가 비교실험을 하거나 방식을 재검토 중이고, ㉢ 미국 내에서도 결함논란이 끊이지 않고 있으며, ㉣ 난시청 및 막대한 시청자 부담, 이동수신에 대한 중요성이 대두됨에 따라 국내에 ATSC방식이 적합지 않다는 문제점을 제기하였다. 전송방식 논란의 검증을 위해 MBC 주체로 미국 ATSC방식과 유럽 DTV-T방식에 대한 비교시험(2000.10)은 공정성에 관한 상호불신이 존재하는 가운데 진행되었다. 비교시험결과, MBC는 여러 측면에서 유럽 DTV-T방식이 우수하다고 주장하며 디지털 지상파 방송정책의 전면적 재검토를 주장하였다. 반면 과학기술정보통신부는 미국 방식은 기술적 측면뿐 아니라 산업·경제적 측면과 서비스적 측면을 종합적으로 비교·검토하여 결정한 것으로 MBC측의 비교시험이 비과학적이고 불공정함을 주장했으며 미국방식을 고수할 것을 표명했다.

㈐ 갈등의 고조: 제2기 방송위원회 출범과 정책갈등 극대화(2003년 5월~12월)

DTV전송방식 선정정책은 넓은 의미에서는 방송통신융합적인 정책이지만, 기존의 방송정책의 이해관계자의 입장에서는 어디까지나 방송정책이었다. 이러한 점을 고려할 때, 디지털 방송 전송방식을 둘러싼 과학기술정보통신부와 방송위원회의 갈등은 어떤 면에서는 필연적인 것이었다. 제2기 방송위원회 출범 후, 방송위원회와 과학기술정보통신부는 2003년 11월부터 미국, 유럽, 호주, 일본, 대만 등 주요국의 DTV전송방식 변환과정에 대한 공동조사를 하였다. 하지만 공동조사 후 갈등이 더욱 심화되었다. 양측은 조사결과를 상호입장에 유리한 방향으로만 해석하였으며 기본적인 사실에 대한 해석마저도 정반대로 나올 정도로 입장차가 벌어져 있었다.

㈑ 방송노조의 공세수위 강화

과학기술정보통신부에 대한 방송노조의 공세수위는 날로 높아져 갔다. DTV비상대책위원회(2003.8)가 구성되었고, 삭발식 및 무기한 단식농성에 들어갔다. 또한 여론조성을 위해 현 DTV구입시 피해를 입을 수 있다는 취지의 자막을 방송하였다. 또한 각 방송사 노조는 6대 광역시의 디지털 TV전환일정을 중단하기로 결의, 광역시 전환이 강행될 경우 파업을 결의하는 등 공세수위를 상향 조정하였다.

(사) 봉합국면: 대통령의 역할과 4자 협의체 구성
2003년 12월 30일, 대통령이 과학기술정보통신부 장관에게 '합리적인 프로세스 마련'을 지시함으로써 적극적으로 대안이 제시되기 시작했다. 이에 따라 과학기술정보통신부 장관, 방송위원장, KBS사장, 언론노조 위원장으로 구성된 4인대표자 회의와 관련 실무자 회의가 구성되었고 DTV전송방식에 관련한 갈등사항이 회의로 집중되었다. 결국 2003년 7월 8일, DTV전송방식에 대해 2001년 MBC측의 비교시험을 재검증하고, ATSC(미국식)방식을 고수하며 이동방송이 어렵다는 한계점을 보완하기 위해 디지털멀티미디어방송(DMB)을 우선 상용화한다는데 최종 합의하였다.

이로써 7년 동안이나 끌어오던 정책갈등을 일단 봉합하였으나 정부와 방송노조 그리고 시민단체사이의 정책결정, 정책진행방식의 과정에 대한 지루한 공방은 정책학습에 대한 새로운 과제를 던져주고 있다.

2) 사례쟁점

(1) 정책단계별 실패요인
정책단계별 실패요인과 조치방안을 살펴보면 다음과 같다.

(가) 의제설정단계
정책의제 설정단계에서 대표적인 정책실패요인으로는 정부기관인 과학기술정보통신부와 가전업체, 지상파방송사 및 방송기술인, 시민단체들 간의 합의를 만들어가는 노력의 부족을 지적할 수 있다. 일반적으로 정책의제설정 단계는 정책목표에 대한 비전 및 목표를 설정하는 단계로 구성된 구성원 모두의 공감대를 형성하는 비전 및 목표가 설정되도록 지속적인 대화 및 토론의 과정이 필요하다. 하지만 디지털 지상파 방송 정책사례의 경우 정부기관인 과학기술정보통신부와 가전업체(산업계), 지상파방송사 및 방송기술인, 시민단체들 간의 합의를 만들어가는 노력이 부족으로 관련 집단(정부와 방송노조 및 시민단체) 간의 갈등이 증폭되는 결과를 초래하였다.

(나) 정책결정 및 집행단계

정책결정 단계에서의 가장 큰 실패요인으로는 정책관련 대상 집단들의 참여부족을 들 수 잇다. 정책결정과정에서 정책이해 관계자들의 공식적인 참여는 있었으나, 전송방식 관련 현장 비교실험을 시행하지 않은 관계로, 방송노조 및 기술인들과 시민단체들의 반발이 끊이지 않았다. 이는 정책의 대응성 및 투명성 확보에 실패한 것을 의미하며 그 결과 정책결정과 정의 정당성 및 타당성을 확보하지 못함으로써 일부 정책관련 집단의 순응을 확보하지 못하는 결과를 초래하였다. 요컨대, 정책과정에 있어서 정책실패의 방지를 위하여 정책이해 관계자들의 대표성 있는 참여방안을 제도적으로 마련하는 것은 정책과정의 절차적 합리성을 담보함으로써 투명성과 타당성을 제고시킬 수 있다.

(2) 쟁 점

위 사례의 쟁점으로는 ① 수출산업, 개발비, 방송사의 부담, 특허료 등은 고려되었는가? ② 시스템의 성능, 확장성 등의 문제점 등은 고려되었는가? ③ 서비스의 다양성 및 품질, 정책결정과정에의 참여도의 문제점 등은 고려되었는가? ④ 국가 경쟁력 측면에서 국민들의 권익에 도움이 되는 것은 어떤 방식인가? 등의 측면이 있는데 이 사항들에 관하여는 아래에서

생산성(효율성), 민주성(참여성, 숙의성, 합의성), 성찰성(당위성)의 관점으로 분석할 것이다.

(3) 학습조치방안

본 정책사례의 학습조치방안을 정리하면 다음과 같다.

첫째, 비전과 정책목표에 대한 정책관련 주요 이해관계자들의 합의와 공감대 형성을 위해 이들의 참여를 보장하는 제도적 방안이 마련되어야 한다.

둘째, 정책실명제 도입 및 정책타당성 사전체크리스트의 작성, 고객반응, 정책갈등 점검 등 정책결정단계에서의 정책반응모니터링 시행 의무화 등이 필요하다.

셋째, 관련 부서와 관련 이익집단 그리고 시민단체 간 대화 및 협의 채널을 마련하고, 관계 부서 간 대화 및 협의 정도에 대한 중간평가 제도를 도입함으로써 이를 제도적으로 의무화하는 것을 검토해야 한다. 또한 정책결정자의 정책결정과정상의 합리적 판단을 위한 교육훈련과 브레인스토밍 등의 학습시스템을 구축해야한다.

넷째, 관련 정부부처를 대상으로 하는 합동 교육 및 학습시스템 구축을 통한 교육훈련과 브레인스토밍 프로그램을 개발·운영할 필요가 있다.

3) 정책분석

(1) 생산성(효율성)

생산성의 측면에서 효과성과 능률성을 중심으로 분석하면 다음과 같다.

(가) 효과성

1997년 정책결정 당시, ATSC(미국식)방식은 HD구현이 가능한 반면, DVB-T(유럽식)방식은 데이터 전송률이 떨어져 HDTV 방송서비스가 곤란했으며, ATSC(미국식)방식은 기존 주파수와의 간섭을 최소화한다는 점에서 전환과정에서의 아날로그 시청자 보호가 가능했다. 또한 한국의 TV수출시장은 미국방식과의 호환성이 높아 수출이 유리하다는 장점이 있었다. 이러한 기술적 측면에서의 효과성뿐만 아니라 정부는 DTV도입을 통해 2010년까지 200여 조에 달하는 생산기반 확충과 수출 1,540억 달러, 신규고용 9만명 창출을 기대했다. 또한 지상파 TV를 미래 지식정보사회의 핵심인프라로 인식하였으며, 세계 DTV시장은 2010년까지 약 4억 5천만대(6,837억 달러)의 규모로 성장할 것으로 전망되었다.

당시 우리나라가 IMF 관리체제 직전의 경제난에 시달리고 있었고 세계 디지털 방송시장이 2010년까지 6,800억 달러의 규모로 예상되는 상황에서, 디지털 지상파 방송정책이 성공할 경우 우리 경제 및 산업 창발효과를 고려해 볼 때, 정책목표달성의 효과성은 충분히 평가될 수 있었다.

DTV시장전망

연 도	2004	2005	2006	2007	2008
국내보급(만대)	120	203	329	421	389
국내시장(조원)	2.7	3.9	5.6	6.6	6.0
세계시장(억불)	239	355	477	589	641
국내수출(억불)	55(23%)	81(23%)	114(24%)	156(26%)	171(27%)

* 자료: IN-stat/MDR 2004.3월, ETRI 2004.2.

(나) 능률성

우리나라는 1995년 2월, ATSC방식으로 연구개발이 집중되면서 총 사업비 1,024억원의 기술개발이 시작됐다(과학기술정보통신부, 1997). 미국식 도입의 결함을 주장하며 정책추진사항을 원점으로 돌리고, 유럽 방식을 도입하는 것이 더 효과적이라는 주장도 있었다. 하지만 김동욱 행개련 정보통신위원회 위원장(서울대 행정대학원 교수)은 양 방식에 대한 비용 및 편익에 대한 실증 연구를 벌인 결과, 미국식을 유지하는 방안에 비해 유럽 방식으로 교체하는 방안은 11조 6,970억 원 또는 12조 264억 원의 비용을 수반하는 것으로 나타났다. 즉, 능률성 측면에서도 일관된 정책추진이 필요함을 의미한다.

또한 2003년 12월, 코리아 타임즈에 게재된 ATSC 포럼 로버트 그레이브스 의장의 기고문에서 우리나라가 ATSC(미국식)방식을 채택함에 따라 미국은 DTV관련 상품이 앞으로 3년이면 3천만 개의 상품이 팔릴 것으로 예상되며 이 중 상당수 제품은 한국 제조업체들에 의해 만들어질 것이라 강조했다. 이러한 주장은 우리나라에서도 설득력 있게 받아들여졌다. 정책추진과정에서 들어간 시간, 자원, 노력 등을 고려했을 때, 디지털 전송방식에 얽매이기보다 조기에 발전적 지위를 확보하는 것이 향후 지상파뿐만 아니라 케이블과 위성방송 그리고 온라인 콘텐츠 시장에서 경쟁력을 높이고 능률성을 최대화 할 수 있는 방안이다. 이미 1997년 디지털 지상파 방송정책이 구체적으로 논의되어 ATSC(미국식)방식이 채택될 당시, 당시 IMF상황과 한국에서의 디지털TV산업의 창발효과를 고려하여 추진되었으며, 이미 능률성의 측면에 있어서 타당성이 검토된 결정이었다.

(2) 민주성(참여성)

민주성의 측면에서 절차적 민주성, 실체적 민주성을 중심으로 분석하면 다음과 같다.

㈎ 절차적 민주성
① 절차적 적법성

정책결정 이후, 정부가 2000년 12월 '디지털 지상파 TV방송의 디지털 전환을 위한 종합계획'을 발표 할 당시에도 방송사의 입장이 주도적으로 반영되지 못하는 정책집행구조에 대해 방송사는 내심 불만을 가지고 있었으나 멀티미디어 방송을 지향한다는 국가 정책적 목표에 뚜렷하게 반대할 만한 명분을 찾지 못하고 있었기 때문에 정부와 방송위원회 차원의 여러 안들은 커다란 난제 없이 적법하게 마련, 추진되었다.

하지만 과학기술정보통신부와 통신위원회는 주파수 관할권을, 문화체육관광부와 방송위원회는 방송사업자 추천권을 갖고 있기 때문에, 이들 간 주도권 다툼이 이뤄지고 있다. 법안 마련도 미비하여 SK Telecom은 TU미디어콥 이라는 법인을 세워 위성DMB에 나섰으나 현행 방송법으로는 통신사업자가 방송을 겸할 수 없다는 문제점이 있다. 따라서 이제는 각자의 이해득실을 따지면서 소모적 논쟁을 계속하기보다 법적 토대를 마련하는 것이 시급하다.

② 절차적 타당성

방송사와 노조는 정부의 정책결정이 절차적 타당성을 고려하지 않았다고 비판하였으나, 초기의 정책결정 당시는 IMF의 상황이었으므로 2007년까지 500억 달러의 시장이 예상되었던 디지털 TV산업의 창발효과는 무시할 수 없는 정책결정의 요인이었다. 게다가 당시에는 ATSC(미국식)방식이 이미 개발·발전하여 DVB-T(유럽식)방식에 비해 압도적으로 우수하였으므로 수출을 위하여 ATSC(미국식)방식을 결정하는 것이 적정성의 관점에서 옳은 판단이었다. 그러나 이것이 2000년대에 들어서면서 DVB-T(유럽식)방식의 발전으로 그 둘의 우열을 가리기 어렵게 되자 방송사를 비롯한 노조와 시민단체들이 이의를 제기하게 된 것이다.

물론 정책결정 과정에서 정부가 언론사의 입장을 배려하지 않은 정책결정을 내렸다고 하지만 그 결정이 적정성과 적합성에 어긋나지 않기 때문에 당시의 결정이 잘못된 것이었다고 판단할 수 없다.

(나) 실체적 민주성

절차적 민주성이라는 외견상 타당성을 지닌 것처럼 보이는 이 정책결정은 그 내면에 갈등의 불씨를 안고 있었다. 97년 정책결정 당시 결정과정에 방송 정책네트워크의 목소리가 제대로 반영되지 않았다는 것이다. 이렇듯 참여의 부족 하에 이루어진 정책결정이었기 때문에 참여의 실체적 민주성 정도가 낮았다.

또한 97년 정책결정 당시 비교실험을 하지 않았던 것에 대해 방송사와 노조는 숙의의 민주성이 결여된 졸속행정이라는 비판을 하였으나 정부는 이에 대해 정책결정과정에 참여의 정도가 미진하였음은 인정하나 졸속행정은 아니었다는 주장을 하였다. 이러한 양측 간의 공방은 합의로 귀결되지 못하고 논쟁이 장장 4년에 걸쳐 이루어졌다. 이러한 갈등의 해결방안을 모색하기 위해서는 새로운 돌파구가 필요하였고 이를 위하여 사실의 확인을 위한 대화와 반대편의 입장에 대한 이해의 폭을 넓히려는 진지한 시도가 모색되었다. 결국 2004년 1월 진대제 정통부 장관, 노성대 방송위원회 위원장, 정연주 KBS사장, 신학림 언노련 위원장은 4인 대표회의를 구성하고, 산하에 실무위원회를 두어 양 방식에 대한 공정한 비교필드테스트를 실시하여 기술의 우위성을 비교하는 한편, 방송방식 변경시 야기될 사회, 경제적 비용을 산출하여 최종 결론을 도출하기로 합의하였다.

(3) 성찰성(당위성)

㈎ 인간의 존엄성 실현

지상파 방송의 디지털TV전송방식에 대한 논의의 초점은 결국 보편적 서비스를 받을 권리를 갖는 방송의 주 소비자인 시청자이어야 한다. 하지만 과학기술정보통신부와 정책이해집단 간의 의견일치가 이뤄지지 않아 7년 동안 정책이 표류하는 과정에서 시청자의 입장은 전혀 고려되지 않았다. 또한 디지털 기술의 발전 가능성은 시시각각 변화하고 있으며, 방송정책은 한번 추진되면 교체하기 어렵고, 많은 매몰비용이 들어가는 특성이 있기 때문에 더더욱 국민들의 의견을 수렴하고 논의할 수 있는 제도적 장치가 마련되어야 할 것이다. 게다가 디지털 지상파 방송정책 추진에 따라 나타날 것으로 예상했던 파급효과의 발생시기가 늦어지고, 정부에 대한 불신만 키우는 계기가 됐다. 방송방식에 대한 논란보다는 시청자를 위한 디지털TV 프로그램 서비스에 주력해야 하는 것이 우선되어야 한다. 결국, 정책의 최상위 가치는 인간의 존엄성 실현이라는 점을 인식해야 할 것이다.

㈏ 신뢰받고 성숙한 공동체 실현

디지털TV전송방식에 대한 7년간 논란과 뒤늦은 타결은 우리 사회 및 정책추진에 있어 시사하는 바가 크다. 각각의 이해관계만 주장하면서 기초적인 사실에 대한 해석도 정반대로 했던 과학기술정보통신부와 방송통신위원회의 태도는 비판받아 마땅할 것이다. 결국 4자 회담을 통해 대화와 타협으로 해결된 사실에서도 알 수 있듯, 우리 사회도 강력한 주장만을 제기하던 단계에서 벗어나 대화와 토론을 통해 문제를 해결하는 민주적 태도가 요구된다. 앞으로 정부의 정책은 조금 시간이 더 걸리고, 돌아가는 것처럼 느껴진다 할지라도 이해관계자의 의견을 좀더 수렴하고 동의를 구해 나가는 것이 장기적인 관점에서 더 안정적이고 효율적인 정책집행이 될 것이라는 것을 인식할 필요가 있다.

4) 요약 및 정리

생산성	효과성		* 수출유리 * 신규고용 창출 * 미래 핵심 인프라 구축 * 경제적 파급효과
	능률성	산출대비 비용이 적은 정책	* 기존투자했던 미국방식을 채택·발전시키는 정책
		비용대비 산출이 높은 정책	* 수출시장 안정적인 미국방식

민주성	절차적 민주성	절차적 적법성	* 법안 마련 미비로 소비적 논쟁 지속
		절차적 타당성	* 방송사는 정책결정 당시의 시대적 상황과 기술발전 상황 고려 하지 않음
	실체적 민주성	참여의 정도	* 정책 결정 당시 이해관계자의 참여 미진
		숙의의 정도	* 비교 실험을 하지 않았고 진중한 고려 미흡
		합의의 정도	* 7년간 정책 표류 * 결국 처음 대안채택
성찰성	인간의 존엄성 실현	직접	* 주체인 국민이 객체화 * 보편적 서비스 권리 박탈됨
		간접	* 경제 산업의 발전이 늦어짐 * 정부 정책추진에 대한 불신
		저해	* 정책추진의 궁극적 목적 탈피 * 기본 권리 고려하지 않음
	신뢰받고 성숙한 공동체 실현	직접	* 정부와 이해당사자의 이기적 태도 * 장기간정책 표류
		간접	* 대화 참여타협의 중요성-정부 정책결정과정 문제점 인식
		저해	* 시간 비용 자원 낭비

5) 전체내용에 대한 요약

정책
사례   *cases in policy*

디지털 지상파 방송 정책

1. 개요

과학기술정보통신부는 1997년 11월 여러 측면을 고려하여 ATSC(미국식)방식을 최종 결정을 하였다. 이후 99년까지는 비교적 순조롭게 정책집행이 진행되었으나 2000년 7월 10일 한국방송기술인연합회가 ATSC(미국식)방식에 관한 재검토의 필요성을 제기하면서 전송방식 갈등이 시작되었으며, 2003년 11월부터 실시된 해외현황조사의 조사결과를 둘러싼 시각차가 갈등의 불씨에 기름을 끼얹었다. 끝이 보이지 않는 갈등은 과학기술정보통신부 장관, 방송위원장, 언론노조 위원장, KBS 사장으로 구성된 4인대표자 회의와 관련 실무자회의가 구성되고, 기존 미국의 ATSC방식을 고수한다는 것을 주요 골자로 하는 방안에 최종 합의함으로써 7년 동안 끌어오던 정책갈등을 일단 봉합하게 되었다.

2. 쟁점

본 정책사례와 관련된 쟁점은 1) 수출산업, 개발비, 방송사의 부담, 특허료 등은 고려되었는가? 2) 시스템의 성능, 확장성 등의 문제점 등은 고려되었는가? 3) 서비스의 다양성 및 품질, 정책결정과정에의 참여도의 문제점 등은 고려되었는가? 4) 국가 경쟁력 측면에서 국민들의 권익에 도움이 되는 것은 어떤 방식인가? 하는 점이다. 여기에서는 이를 생산성, 민주성, 성찰성의 관점에서 분석하고자 한다.

3. 분석

1) 생산성(효율성)

미국식을 유지하는 방안에 비해 유럽 방식으로 교체하는 방안은 11조 6,970억 원 또는 12조 264억 원의 비용을 수반하는 것으로 예측되는 반면, 미국식의 도입·유지를 통해 2010년까지 200여 조에 달하는 생산기반 확충과 수출 1,540억 달러, 신규고용 9만 명 창출이 기대되는 등 향후 10년간 경제적 파급효과가 매우 클 것으로 예측되었다. 수출유리, 신규고용 창출, 미래 핵심 인프라 구축, 경제적 파급효과라는 측면에서 본 정책사례의 효과성과 능률성은 평가될 수 있다.

2) 민주성(참여성)

정부와 방송위원회 차원의 여러 안들은 커다란 난제 없이 적법하게 마련, 추진되어 절차적 적법성을 충족하였다. 물론 이에 대해 방송사와 노조는 정부의 정책결정이 절차적 타당성을 고려하지 않았다고 비판하였으나, IMF의 상황 하에서 당시의 정책결정은 시기에 맞춘, 적정성 있는 결정이었다고 평가할 수 있다. 그러나 97년 정책결정 당시 결정 과정에 방송 정책네트워크의 목소리가 제대로 반영되지 않았기 때문에 참여의 실체적 민주성 정도가 낮았다는 질책을 받았다.

3) 성찰성(당위성)

지상파 방송의 디지털TV전송방식에 대한 논의의 초점은 결국 보편적 서비스를 받을 권리를 갖는 방송의 주 소비자인 시청자이었음에도 불구하고 7년 동안 정책이 표류하는 과정에서 시청자의 입장은 전혀 고려되지 않았다는 점이다. 따라서 국민들의 의견을 수렴하고 논의할 수 있는 제도적 장치가 마련되어야 하며 방송방식에 대한 논란보다는 시청자를 위한 디지털TV 프로그램 서비스에 주력해야 하는 것이 우선되어야 한다.

6. 한반도 대운하(4대강 정비사업) 정책분석3)

1) 사례개요

(1) 한반도 대운하 소개

한반도 대운하란 경부운하, 경인운하, 호남운하(영산강 운하), 금강운하, 북한운하로 이루어져 있으며, 이 계획의 핵심인 경부운하는 낙동강과 남한강을 가로막는 소백산맥의 조령을 뚫어 인천에서 부산까지 이어지는 내륙운송 수로를 4년 만에 건설하겠다는 계획이다. 이명박 대통령 후보가 2007년 대한민국 대통령 선거를 맞아 내놓은 건설 공약이다. 2006년 11월부터 이명박 대통령 후보의 대선공약으로 공론화되기 시작하였으며, 대통령 선거기간에는 다른 논란 때문에 크게 의제화 되지 못했으나, 2007년 12월 이명박 대통령 당선 이후 본격적으로 논의가 되기 시작하였다.

(2) 찬성측과 반대측의 입장대립

이명박 대통령이 대선공약 중 하나로 내건 한반도 대운하 정책의 추진을 강행하면서 논란이 일기 시작했다. 한반도 대운하에 대한 우려의 목소리와 부정적인 의견이 존재했음에도 불구하고 이를 무시한 사업의 추진의도가 큰 반대여론을 불러온 것이다. 이와 더불어 한반도 대운하의 타당성과 유효성을 입증하는 찬성측의 공세도 만만치 않았다. 찬성측과 반대측이 각각의 자료와 주장을 내세우며 첨예한 대립을 하는 사이에 여론의 악화로 한반도 대운하 정책은 더 이상의 진전없이 정체하게 된다.

(3) 강행된 정책구상

부정적 여론이 존재함에도 불구하고 여론수렴을 통해 정책을 결정하기보다는 정책추진을 강행하려는 의도를 내비치면서 논란이 증폭되었다. 정부 차원에선 국토교통부, 기획재정부, 환경부, 문화재청 등 관계기관이 가칭 '범정부 한반도대운하 추진위'를 구성해 행정절차를 밟을 계획을 세웠으며, 청와대나 총리실에 기구를 둬 지휘할 계획을 내보인바 있다. 또한 정책의 진행을 위해 국회에서 '대운하 특별법'통과에 대비하는 등, 한반도 대운하

---

3) 한반도 대운하 정책은 이명박 대통령이 후보시절 공약한 정책으로서 많은 논란을 남긴 채 중단된 정책이다. 따라서 현재 한반도 대운하 정책이란 이름의 정책은 현재 존재하지 않지만 왜 정책이 중단되게 되었는지, 그러한 과정에서 남긴 쟁점과 시사점은 무엇인지에 대해 알아보기 위해 사례를 분석해 보았다. 또한 한반도 대운하 정책은 홍수피해를 막고 치수관리라는 목적을 띤 4대강 정비사업으로 현재 정책집행이 되고 있는 상태인데, 이 두 사업이 같으냐 다르냐에 대한 정치적 논란을 떠나 여기에서는 정책분석이라는 관점에서 쟁점을 파악해 보기로 한다.

정책을 기정사실로 보고 진행시키게 된다(조선일보, 2008년 1월 11일자 보도).

(4) 여론악화로 인한 사업중단, 그리고 이어지는 논란들

계속되는 반대의견과 더불어 미국산 쇠고기 파동으로 인한 여론악화의 여파로 인해 한반도 대운하에 대한 부정적인 여론은 더해져 갔다. 이에 이명박 대통령은 한반도 대운하 정책을 접고 4대강 정비계획을 실행할 것이라며 여론 잠재우기에 나섰다. 그러나 건설기술연구원의 한 연구원의 양심선언으로 '4대강 정비계획의 실체는 운하계획'이라는 사실이 밝혀졌으며, '제대로 된 전문가 분들이라면 운하건설로 인한 대재앙은 상식적으로 명확하게 예측되는 상황'이란 그의 주장으로 인해 한반도 대운하를 둘러싼 비판여론은 한층 더 가열되었다. 마침내 대규모 촛불시위 후에 열린 특별기자회견에서 이명박 대통령은 '대운하 사업도 국민이 반대한다면 추진하지 않을 것'이라는 입장을 밝히면서 한반도 대운하 정책은 중단되었다. 그러나 대통령의 기자회견 다음 날 추부길 전 비서관이 대운하 관련 토론회를 여는 등 불명확한 태도를 보여 또다시 논란이 가중된 바 있다. 현재 홍수피해를 막고 치수관리라는 목적을 띤 유사한 성격의 4대강 정비사업으로 정책집행이 되고 있는 상태인데, 이 두 사업이 같으냐 다르냐에 대한 정치적 논란을 떠나 여기에서는 정책분석이라는 관점에서 쟁점을 파악해 보기로 한다.

2) 사례쟁점

(1) 정책단계별 실패요인 및 조치방안

정책단계별 실패요인과 조치방안을 살펴보면 다음과 같다.

(가) 정책 의제설정 단계

의제설정 단계에서부터 여론수렴이 잘 이루어지지 않았다. 이명박 대통령은 한반도 대운하 정책이 대표 공약 중 하나였고, 당선이 된 만큼 국민이 한반도 대운하 정책을 지지한다고 여기는 가운데 정책을 추진해 나간 것이다. 그러나 실제로는 환경단체를 비롯한 각종 시민단체, 전문가, 다수의 국민, 야당, 심지어 여당인 한나라당 내에서도 반대의견이 상당하게 존재하였다. 반대의견이 상당수 존재함에도 의제설정 단계에서 제대로 된 여론수렴이 이루어지지 않았던 사례로 볼 수 있다. 현재 정책집행 중인 4대강 정비사업 역시 하천생태계 훼손과 식수원 오염과 같은 환경문제에 있어서 충분한 여론수렴과정을 거치지 않고 추진하였다는 비판을 받고 있다.

(나) 정책결정 및 집행단계

정책결정 및 집행단계도 제대로 이루어지지 못했으며, 성급하고 미숙한 양상을 보였다. 실제로 한반도 대운하가 삼고 있는 모델인 MD운하[4]가 개통되기까지 32년이 걸렸다. 한반도 대운하의 역시 대규모 공사인 만큼 세부적인 사항까지 심사숙고해서 완벽한 계획을 짜고 시행해야 함에도 불구하고 완공이 임기 내에 이루어지도록 하기 위해 5년 내로 설정되었으며, 그 기한을 맞추기 위한 졸속 행정이 이루어짐으로써 불합리한 정책결정과 더불어 성급히 집행으로 나아가려는 모습을 보인다는 우려를 낳았다. 현재 정책집행중인 4대강 정비사업 역시 재해예방이라는 명분을 통해 국가재정법의 예비타당성 조사를 생략한 점, 예산확보를 위해 사업주체에 수자원공사를 포함시켜 민간부담을 확대시킨 점 등은 절차적 정당성이라는 관점에서 많은 비판을 받고 있다.

(2) 쟁점

본 정책사례와 관련된 쟁점은 1) 실제로 한반도 대운하 정책이 생산성이 있는가?, 2) 정책진행과정이 민주적으로 이루어졌는가?, 3) 성찰성에 대한 고려가 이루어졌는가? 라는 관점에서 검토될 수 있다. 이를 아래에서는 생산성(효율성), 민주성(참여성, 숙의성, 합의성), 성찰성(당위성)이라는 관점에서 분석하고자 한다.

3) 정책분석

(1) 생산성(효율성)

생산성의 측면에서 효과성과 능률성을 중심으로 분석하면 다음과 같다.

(가) 효과성

한반도 대운하의 공사 진행과 완공 후 운하의 이용 측면에서 효과성분석이 이루어질 수 있다. 공사 진행으로 인해 일시적으로나마 경기활성화를 가져올 수 있으며, 완공이 이루어지면 운하를 이용함으로써 물류이동과 내륙개발, 관광산업 등에 관해 정책이 가진 효과성이 논의될 수 있을 것이다. 그러나 운하로 인한 수자원의 오염과 환경파괴, 홍수피해의 심화, 물류이동의 실효성으로 인하여 그 필요성과 효용성에 대해 많은 비판이 가해지고 있다는 점도 고려되어야 할 것이다. 4대강 정비사업 또한 홍수피해를 막고 치수관리가 용

---

4) 독일의 마인강과 도나우강을 연결하는 운하로서 마인강과 도나우강의 앞글자를 따서 MD운하라고 불린다.

이해지며 관광, 레저시설 등을 설치하여 지역경제 활성화에 효과를 가져올 수 있으나, 사업시행 과정에서 건설되는 댐과 강 주변의 보로 인한 환경파괴와 생태오염에 대한 비용도 고려되어야 할 것이다.

(나) 능률성

한반도 대운하 정책은 예산이 약 20조 원으로 책정되는 대규모 국책사업이다. 운하를 건설하기 위해 들어가는 예산은 상당하다고 볼 수 있는데 반해 운하가 가져올 효과가 20조 원이라는 투입비용을 들이고도 얻을 만한 가치가 있는지 숙고해 볼 문제이다. 운하의 건설과 이용으로 인해 효과가 발생할 수는 있으나 그 효과가 투입에 비해 얼마나 큰지가 문제이며, 운하가 효과 외에도 상당한 부작용을 불러올 가능성이 존재하는바, 이는 향후 정밀 조사가 필요한 부분이라고 볼 수 있다. 4대강 정비사업 또한 약 23조 원이라는 막대한 비용을 넘는 효과를 창출할 수 있을 것인지에 대한 우려와 이러한 효과를 위해 감수해야할 비용의 크기에 대한 정밀 분석이 추후 필요하다고 하겠다. 예컨대, 4대강 정비사업 시행과정에서 건설되는 댐과 강 주변의 보를 쌓음으로써 야기되는 물의 오염과 강바닥의 시멘트 작업으로 인한 하천의 먹이 피라미드 파괴가 우려되는 등 환경파괴와 생태계 오염으로 인한 비용의 문제도 면밀히 분석될 필요가 있다.

(2) 민주성(참여성)

민주성의 측면에서 절차적 민주성, 실체적 민주성을 중심으로 분석하면 다음과 같다.

(개) 절차적 민주성(절차적 적법성, 절차적 타당성)

한반도 대운하 정책은 절차적 민주성이 무시된 정책이라 할 수 있다. 당선자 임기 안에 운하사업을 마치겠다는 확고한 의지로 인하여 급하게 한반도 대운하 사업을 위한 구체적 추진 단계에 접어들었다. 국토교통부는 2008년 초 인수위 보고에서, '현행 법률에 따라 대운하를 추진할 경우 환경영향평가와 문화재 지표조사, 기타 행정절차를 거쳐 착공까지 3, 4년이 걸려 임기 내 완공이 사실상 어렵다'는 의견을 개진하였다. '한반도대운하 국민검증기구'를 시급히 구성할 필요성도 제기되었다. 하지만 다양한 반대의견과 부정적인 견해가 존재했음에도 불구하고 이를 고려하지 않고 총선 이후, 6월 정기국회 때 특별법을 제정하고, 내년 2월 첫 삽을 뜨겠다며 불도저식 밀어붙이기 진행을 보여줌으로써 절차적 민주성에서 미흡한 측면을 많이 보여주었다. 4대강 정비사업 역시 사업추진과정에서 중요한 환경영향평가서 작성기간이 4개월이라는 짧은 기간이었다는 비판과 함께 환경조사 및 개발로 인한 영향예측 미실시, 그리고 재해예방을 위해서라면 예비타당성 조사를 피해갈 수 있는 국가재정법의 예외조항을 명분삼아 예비타당성 조사를 생략하였다는 비판으로 받고 있는바, 이러한 관점에서 4대강 정비사업 역시 절차적 적법성과 절차적 타당성 측면에서는 매우 미흡한 측면이 있다.

(나) 실체적 민주성(참여, 숙의, 합의의 정도)

실체적 민주성 역시 크게 평가받기는 어렵다. 이명박 대통령 임기 초반에 충분한 국민적 참여와 숙의 및 합의의 절차가 결여된 채 사업을 강행하려는 의도는 보였으며, 이러한 국민적 의견수렴 미흡은 결국 한반도 대운하사업은 중단이라는 결론에 이르게 되었다. 현재 집행추진 중인 4대강 정비사업 또한 끊이지 않는 논란으로 국민적 합의의 정도가 높은 상태에서의 정책추진이라는 평가를 받기는 어려운 실정이다.

(3) 성찰성(당위성)

(가) 인간의 존엄성(인권, 정의, 존엄) 실현

한반도 대운하로 인하여 창출되는 각종 이익들은 직·간접적으로 국민들의 삶의 질 향상에 기여할 수 있다는 측면에서 인간의 존엄성 실현을 제고시킨다고 볼 수도 있을 것이다. 그러나 그 이익이 다수의 국민들에게 돌아가는 것이 아닌 각종 건설업체와 일부 땅투기꾼들, 소수의 사업 관련자에게 돌아감으로써 창출되는 이익들이 다수 국민의 존엄성을 실현시킨다고 보기 어렵다는 측면도 존재하며, 운하건설로 인한 수질오염과 환경파괴, 운하 주변지역 홍수의 위험성은 국민들의 생명을 위협하는 수단이 될 수도 있어 이 정책은 인간의 생명권, 존엄권, 생태환경권이라는 측면에서 많은 제고의 여지가 있다고 할 수 있다. 4대강 정비사업역시 강의 자연적인 흐름을 막음으로써 안게 되는 문제점들로 인해 세계적으로 댐을 해체하는 추세인 현시대의 상황에서 이에 역행되는 사업이라는 점, 하천 생태계 훼손과 식수원을 오염시킬 수 있는 위험으로 인한 생존권과 생태환경권이라는 측면에서 문제점을 안고 있다.

(나) 신뢰받고 성숙한 공동체 실현

정부와 국민간의 신뢰는 국가의 흥망성쇠를 좌우할 정도로 중요한 요소인데, 이번 한반도 대운하 정책은 정부와 국민 간의 신뢰가 금이 가고 무너지는 것을 보여준 대표적 사례라 할 수 있다. 반대 여론에도 불구하고 정부에서는 운하사업을 강행하는 모습을 보임으로써 국민의 신뢰를 잃었으며 이로 인하여 국정운영에 많은 차질이 초래한 결과가 되었다. 정부에서는 대화의 장을 열기보다는 각종 광고로 국민을 일방적으로 설득하려는 행태마저 보여 정부와 국민간의 신뢰성을 저하시키는 기제를 제공하였다.

4) 요약 및 정리

생산성		효과성	* 일시적 경기활성화와 경제적 파급 효과 존재 * 수질오염 등 환경 파괴우려
	능률성	산출대비 비용이 적은 정책	* 약 20조 원이라는 비용에도 불구하고 산출보다 부작용이 더 많을 것으로 우려됨(4대강정비사업의 경우, 23조 원 투입비용에 대한 충분한 산출을 확신할 수 없음)
		비용대비 산출이 높은 정책	* 각종 경제적 파급효과가 존재하나 약 20조 원이라는 비용에 대비하여 산출이 더 높을지 의문임 * 보다 정밀한 연구조사가 필요(4대강 정비사업의 경우 역시투입비용대비 경제적 파급효과를 확신할 수 없으므로 사업으로 인한 영향예측조사가 요구됨)
민주성	절차적 민주성	절차적 적법성	* 국토교통부의 올해 초 인수위 보고와 '국민검증기구'를 구성할 필요성이 무시됨(4대강 정비사업의 경우, 짧은 영향평가 작성 기간과 법안통과기간, 영향예측 미실시가 지적됨)
		절차적 타당성	* 반대의견과 부정적 견해가 존재했음에도 이를 고려하지않은 채 사업을 추진하려함(4대강 정비사업의 경우, 재해예방을 목적으로 명시하여 예비타당성조사를 피해감)
	실체적 민주성	참여의 정도	* 각종 시민단체, 야당, 다수의 국민, 전문가 등의 반대의견이 배제됨(4대강 정비사업의 경우 역시, 환경전문가 등의 우려및 반대의견이 배제됨)
		숙의의 정도	* 한반도 대운하에 대한 이해와 숙의의 과정이 결여됨 * 찬성 측과 반대 측 간에 숙의가 이루어지지 않음으로써 갈등이 심해짐(4대강정비사업의 경우 역시 숙의의 과정이 부족하였음)
		합의의 정도	* 참여성과 숙의성이 무시됨으로써 합의성 역시 저해됨(4대강 정비사업의 경우 국민의 참여성과 숙의성 모두 이루어지지 않아 합의성또한 미흡한 것으로 평가)
성찰성	인간의 존엄성 실현	직접	* 운하 이용을 통한 편리성 증대(4대강 정비사업의 경우 효율적 치수관리로 인한 물부족 해결, 재해예방을 기대할수 있음)
		간접	* 운하가 가져오는 각종 효과로 인한 국민의 삶의 질 향상(4대강 정비사업의 경우 관광, 레저시설 설치가능으로 인한 지역경제 활성화 기대가능)
		저해	* 수질오염, 환경파괴, 홍수의 위험 성, 수몰지역 이주민 발생 등 국민의 환경권 등 기본권의 침해 우려 존재(4대강 정비사업의 경우, 생존권과 환경생태권 침해 우려 존재)

신뢰받고 성숙한 공동체 실현	직접	* 정부에 대한 국민의 신뢰도 저하(4대강 정비사업 역시무리하게 진행되어 국민의 충분한 공감대 도출이 어려웠음)
	간접	* 정부가 추진하는 다른 정책에 대해서도 불신발생, 국정운영에 차질(4대강 정비사업의 경우 관광, 레저시설 설치가능으로 인 한 지역경제 활성화 기대)
	저해	* 정책진행과정에서 여론수렴이 부재 * 정부와 국민간의 갈등 발생(4대강 정비사업의 경우 역시 환경 전문가 등의 다른 의견고려부족, 신뢰도 저하)

5) 전체내용에 대한 요약

**정책
사례** *cases in policy*

한반도 대운하

1. 개요

이명박 대통령이 대선공약 중 하나로 내건 한반도 대운하 정책의 추진을 강행하면서 논란이 일기 시작했다. 부정적 여론이 존재함에도 불구하고 여론수렴을 통해 정책을 결정하기보다는 정책추진을 강행하였고, 그 가운데 한반도 대운하에 대한 부정적인 여론은 더해져 갔다. 이에 이명박 대통령은 한반도 대운하 정책을 접고 4대강 정비계획을 실행할 것이라며 여론 잠재우기에 나섰으나, 건설기술연구원의 양심선언으로 '4대강 정비계획의 실체는 운하 계획'이라는 사실이 밝혀짐으로써 비판여론은 한층 더 가열되었다. 마침내 특별기자회견에서 이명박 대통령은 '대운하 사업도 국민이 반대한다면 추진하지 않을 것'이라는 입장을 밝히면서 한반도 대운하 정책은 중단되었으며, 4대강 정비사업의 형태로 정책이 집행되고 있다.

2. 쟁점

본 정책사례와 관련된 쟁점은 1) 실제로 한반도 대운하 정책이 생산성이 있는가? 2) 정책진행과정에 있어 민주적으로 이루어졌는가? 3) 성찰성에 대한 고려가 이루어졌는가? 라는 관점에서 검토될 수 있다. 이를 아래에서는 생산성(효율성), 민주성(참여성, 숙의성, 합의성), 성찰성(당위성)이라는 관점에서 분석하고자 한다.

3. 분석

1) 생산성: 한반도 대운하로 일시적 경기활성화와 경제적 파급효과가 있을 수 있으나 수질오염 등 환경이 파괴되고, 수몰지역 이주민이 발생하며, 그 효용성과 필

요성에 대한 의문이 제기되었다. 또한 한반도 대운하가 약 20조 원이라는 투입에 반해 가져올 효과가 미미할 뿐더러 오히려 많은 부작용을 일으킨다는 점 이 지적되었다. 4대강 정비사업의 효과는 홍수피해 방지와 치수관리 용이, 관광 레저시설 설치가능으로 인한 지역경제 활성화를 기대할 수 있으나, 댐과 보 설치로 인한 환경오염과 생태파괴가 우려된다는 점이 지적되고 있다.

2) 민주성: 당선자 임기 안에 운하사업을 마치겠다는 확고한 의지로 인하여 급하게 한반도 대운하 사업을 위한 구체적 추진함으로써 국토교통부의 인수위 보고와 '한반도대운하 국민검증기구'를 구성할 필요성이 무시되었으며, 국민의 반대여론 역시 고려되지 못하였다. 이로 인하여 민주성이 저해되는 결과를 가져왔다. 4대강 정비사업은 국가재정법의 예외조항을 이용하여 예비타당성 조사를 생략하고 짧은 기간의 영향평가 작성과 법안통과기간 등으로 여론의 반발을 얻게 되어 국민적 합의를 높은 수준으로 이끌어냈다는 평가는 받지 못하고 있다.

3) 성찰성: 수질오염, 환경파괴, 홍수의 위험성, 수몰지역 이주민 발생 등으로 인하여 국민의 환경권 등 기본권의 침해함으로써 인간의 존엄성 실현이라는 정책의궁극적 목적 달성에 우려를 주는 정책으로 볼 수 있다. 또한 반대여론을 무시한 채 독단적인 정책추진으로 정부와 국민간의 신뢰성 저하를 초래하였다. 4대강 정비사업 역시 강의 자연적인 흐름을 막음으로써 안게 되는 문제점들을 고려하지 않고 생태계 훼손과 식수원 오염으로 인한 생존권과 생태환경권 침해가 우려된다. 또한 한반도 대운하 사업의 대안이라는 의혹을 충분히 해소하지 않고 사업을 무리하게 집행한다는 비난을 받고 있다.

7. 주택 발코니 구조변경 정책분석

1) 사례개요

(1) 정책 명칭

본 정책사례 명칭은 '주택 발코니 구조변경 허용사례'로서 발코니는 모든 주택과 관련되어 있는 사안이기는 하다. 그러나 본 정책에서 의미하는 주택 발코니는 주로 공동주택에 설치하는 발코니로서, 주된 정책대상이 아파트 발코니에 해당한다.

(2) 정책 배경

우리 사회에서 발코니를 둘러싼 불법적인 구조변경은 소위 서구의 공동주택인 아파트가 등장하던 초기부터 비롯되었다. 그렇지만 처음부터 정부가 이에 대해 적절한 정책대응을 하지 못했기에 안전문제와 함께 관련된 대부분의 시민들을 범법자로 양산하는 상황이었다. 다시 말해 시민들은 별다른 문제나 죄의식 없이 발코니 구조를 자의적으로 변경해 왔고, 이를 단속하고 규제해야 할 행정기관 또한 그 역할을 소홀히 함으로서, 불법적인 발코니 구조변경을 둘러싼 환경은 그야 말로 악화일로를 걷고 있었다.

아파트 발코니의 불법적인 구조변경은 이미 시민들에게 보편적인 생활행위로 인식되었지만, 현행 법테두리에서는 이를 허용하고 있지 않아 법과 실제 간의 괴리가 상당히 큰 문제가 아닐 수 없었다. 그 결과 실정법을 위반한 시민들이 대부분이었지만, 현실적으로 이를 단속하는 것은 거의 불가능한 상황이었다. 그래서 간혹 단속에 의해 처벌을 받는 상황이 발생해도, 실정법을 위반했으니 책임을 져야한다는 준법정신보다는, 다들 하는 일인데 나만 억울하게 단속대상이 되었다는 손해의식이 팽배해져 갈 수밖에 없었다. 정책에 대한 순응도 감소와 그에 따른 형식주의 즉 법과 실제 간의 괴리 증폭 등 법과 현실이 따로 노는 상황이 계속되었던 것이다.

(3) 발코니의 구조변경의 허용배경

아파트 발코니의 불법 구조변경은 사회비용과 안정상의 문제, 그리고 단속에 따른 범법자의 확산이라는 다면적인 부작용을 양산해 왔다. 따라서 보다 적극적인 대응을 모색해야 할 시점이 되었다 판단한 정부는 단속을 통한 통제보다는 적절한 기준을 만들어 안전을 확보하는 동시에 많은 국민이 범법자가 되는 것을 막을 수 있는 방법을 강구하게 되어 발코니 구조변경을 허용한 것이다.

2) 사례쟁점

주택 발코니 구조변경 허용사례의 쟁점은 다음과 같다.

(1) 정책문제의 인지와 해석을 둘러싸고 발생한 갈등사례

정책형성과정에서 정책대상인 발코니에 대한 정책문제의 개념화를 둘러싼 갈등으로, 정책대상인 발코니의 기능과 역할에 대한 정책문제의 인식차이에서 비롯된다. 이로 인해 발코니를 둘러싼 정책권한의 주체가 누구인가의 문제에 대한 불만부터 표출되었다.

(2) 정책유형의 성격

본 정책은 당초 발코니의 이용에 대한 규제를 완화하는 데 그 목표가 있었지만, 이후 또 다른 규제를 강화하는 정책을 동반하는 상황이 발생하게 된다. 이같은 양면적 성격을 지닌 정책유형의 성격으로 말미암아 동 정책은 관계부처(국토교통부와 국민안전처) 간의 정책갈등을 야기했을 뿐만 아니라, 정책효과에도 큰 영향을 미치게 된다. 즉, 규제완화정책은 발코니 확장허용와 주거면적 확보이고, 규제강화정책은 소방안전시설확보(안전기준마련)인데, 규제완화성격은 다음에 볼 정책형성초기과정에서 나타나고 규제강화성격은 정책형성과정 상에서 제기된다.

3) 정책분석

(1) 생산성(효율성)

생산성의 측면에서 효과성에 능률성을 중심으로 분석하면 다음과 같다.

(가) 효과성

주택 발코니 구조변경 사례는 정책내용이라는 측면에서 편익성과 안정성이라는 이중적 구조의 정책목적을 담고 있다. 정부는 발코니 구조변경의 허용을 통한 정책을 통해 아파트 주민의 편익을 제고하려는 목적이 있었고 화재발생 시에 시민들의 안전을 확보하기 위해 방화유리나 방화벽 등을 설치하게 하는 또 다른 기준을 강화함으로써 시민의 안전을 보호하는 데도 또 다른 목적이 있었다.

하지만 규제완화라는 측면에서 볼 때는 주민의 편익성이 증가하는 효과가 있지만, 안정성의 강화를 위한 규제강화라는 측면에서 볼 때는 주민의 입장에서 대단히 불편할 수밖에 없다. 이런 관점에서 규제강화적 정책내용의 복잡성이 높으면 높을수록 정책의 순응성을 확보하기가 어렵고, 이에 따라 정책효과성은 낮을 수밖에 없어서 목표달성도라는 정책의 효과성 측면에서 이미 이중적인 구조를 안고 출발한 정책이었다.

(나) 능률성

1990년대 후반에 접어들면서 발코니의 불법확장은 날로 그 정도가 심해 정부는 강력한 조치들을 통해 발코니의 불법 확장을 규제하고자 하였다. 그런데도 발코니의 불법 확장은 줄어드는 기색을 보이지 않았는데, 그 저변에는 정부 스스로가 정부정책을 불신하게 만드는 이중적인(규제완화, 규제강화) 조치들을 취해왔기 때문이다. 이에 정부는 다양한 방법으로 단속을 시도했지만 효과는 미미하고 주택업체들이나 거주자들은 역시 발코니 구조변경이 어디까지 용인되는지 혼란스러워 했을 뿐만 아니라, 거주자들의 안전 불감증도 심각했다.

이와 같이 일부에서는 불법으로 인식조차 하지 못할 만큼 만연한 불법이었지만, 실제로 단속 대상이 된 주택의 경우 복구명령과 벌금 등 많은 경제적 비용을 지불할 수밖에 없는 모순적 구조였다.

(2) 민주성

민주성의 측면에서 절차적 민주성, 실체적 민주성을 중심으로 분석하면 다음과 같다. 국토교통부가 정책의제설정 초기에 의도한 초점은 발코니 확장과 관련한 안전문제에 있어, 주로 구조적 안정성에 초점이 맞춰져 있었으며, 화재와 관련된 위험이라는 관점에서의 안전문제에 대해서는 심각한 인지를 하지 않았던 것이 뒤의 관계부처간 갈등으로 표출되었다. 여러 세미나를 주최했지만, 다양한 의견을 듣기에는 세미나 참석자들이 너무 한쪽으로 치우친 경향(발코니 구조변경이 가져올 편익)이 있었다는 측면에서 충분한 숙의의 문제점이 노정되었다. 또한 시민들은 국토교통부가 간과하고 있던 소방안전문제를 다양하게 제기하였지만 시민들의 모든 의견을 다 반영할 수 없다라는 이유로 시민의 제안을 무시했다는 측면에서도 민주성 차원의 문제점이 나타난 사례라고 할 수 있다.

(3) 성찰성

주택 발코니 구조변경 정책은 원칙적으로 주민들의 편익성을 높이고자 출발한 것이기는 하지만, 또 다른 측면에서 볼 때는 정책의 순응성이 낮고 그에 따라 정책에 대한 신뢰도가 저하되는 결과를 초래하였다. 또한 이 정책은 법규정을 제대로 지키지 않은 사람들에게 오히려 면죄부를 주는 결과를 가져다 주었으며, 그런 측면에서 그동안 법 규정에 따라 성실하게 발코니를 구조변경해 온 주민들에게 상대적 상실감을 안겨주는 정책이 되었다.

4) 요약 및 정리

생산성	효과성		* 편익성과 안정성이라는 이중적 구조의 정책목적 * 규제완화라는 측면에서 볼 때는 주민의 편익성이 증가하는 효과가 있지만, 안정성의 강화를 위한 규제강화라는 측면에서 주민의 불편초래 및 정책의 순응성을 확보가 어려운 구조임
	능률성	산출대비 비용이 적은 정책	* 정부는 다양한 방법으로 단속을 시도했지만 효과는 미미
		비용대비 산출이 높은 정책	* 단속 대상이 된 주택의 경우 복구명령과 벌금 등 많은 경제적 비용을 지불할 수밖에 없는 모순적 구조로 능률성 저하
민주성	절차적 민주성	절차적 적법성	* 공청회 및 소방방재청과 협의 등 형식적 적법성 유지

		절차적 타당성	* 공청회의 패널 선정이 시민들의 편익을 강조하는 쪽으로 편향되었다는 지적을 받음
	실체적 민주성	참여의 정도	* 정책 결정 당시 이해관계자의 참여 미진
		숙의의 정도	* 시민들의 소방 안전 문제 관련 다양한 의견수렴 부족
		합의의 정도	* 국토교통부와 소방방재청 합의
성찰성	인간의 존엄성 실현	직접	* 주체인 주민들의 편익성을 높이고자 출발
		간접	* 주민들의 삶의 질 제고를 위한 노력 의도
		저해	* 예기치 않게 시민들에게 더 많은 세금만을 부과하는 결과를 초래
	신뢰받고 성숙한 공동체 실현	직접	* 정책의 순응성 저하 * 정책신뢰성에 심각한 문제 야기
		간접	* 법 규정에 따라 성실하게 발코니를 구조변경해 온 주민들에게 상대적 상실감 초래
		저해	* 법규정을 제대로 지키지 않은 사람들에게 면죄부를 주는 결과 초래

5) 전체내용에 대한 요약

정책 사례 *cases in policy*

주택 발코니 구조변경 허용정책

1. 개요

아파트 발코니의 불법 구조변경은 사회비용과 안정상의 문제, 그리고 단속에 따른 범법자의 확산이라는 다면적인 부작용을 양산해 왔다. 따라서 보다 적극적인 대응을 모색해야 할 시점이 되었다고 판단한 정부는 단속을 통한 통제보다는 적절한 기준을 만들어 안전을 확보하는 동시에 많은 국민이 범법자가 되는 것을 막을 수 있는 방법을 강구하게 되어 발코니 구조변경을 허용하게 되었다.

2. 쟁점

본 정책사례와 관련된 쟁점은 1) 정책의 효과성과 함께 민주성과 성찰성에 대한 고민이 같은 비중으로 이루어졌는가? 2) 정책결정 과정에 있어서 숙의 과정을 충분히 거쳤는가? 3) 정책의 궁극적인 목표인 인간의 존엄성 실현에 위배되는 부작용이 예상 불가능했는지이다. 이를 아래에서는 생산성(효과성, 능률성), 민주성(참여성, 숙의성, 합의성), 성찰성(당위성)의 관점에서 분석하고자 한다.

3. 분석

① 생산성: 이 정책사례는 정책내용이라는 측면에서 편익성과 안정성이라는 이중적 구조의 정책목적을 담고 있었다. 1990년대 후반에 접어들면서 발코니의 불법확장은 날로 그 도를 더해가 정부는 다양한 방법으로 단속을 시도했지만 효과는 미미하고 주택업체들이나 거주자들은 역시 발코니 구조변경이 어디까지 용인되는지 혼란스러워 했을 뿐만 아니라, 거주자들의 안전 불감증도 심각했다. 이와 같이 일부에서는 불법으로 인식조차 하지 못할 만큼 만연 불법이었지만, 실제로 단속 대상이 된 주택의 경우 복구명령과 벌금 등 많은 경제적 비용을 지불할 수밖에 없는 모순적 구조였다.

② 민주성: 국토교통부는 정책관련 여러 세미나를 주최했지만, 다양한 의견을 듣기에는 세미나 참석자들이 너무 한쪽으로 치우친 경향(발코니 구조변경이 가져올 편익)이 있었다는 측면에서 충분한 숙의의 문제점이 노정되었다. 또한 시민들은 국토교통부가 간과하고 있던 소방안전문제를 다양하게 제기하였지만 시민들의 모든 의견을 다 반영할 수 없다라는 이유로 시민의 제안을 무시했다는 측면에서도 민주성 차원의 문제점이 나타난 사례라고 할 수 있다.

③ 성찰성: 이 정책은 원칙적으로 주민들의 편익성을 높이고자 출발한 것이기는 하지만, 또 다른 측면에서 볼 때는 정책의 순응성이 낮고 그에 따라 정책에 대한 신뢰도가 저하되는 결과를 초래하였다. 또한 이 정책은 법규정을 제대로 지키지 않은 사람들에게 오히려 면죄부를 주는 결과를 가져다 주었으며, 그런 측면에서 그 동안 법 규정에 따라 성실하게 발코니를 구조변경해 온 주민들에게 상대적 상실감을 안겨주는 정책이 되었다.

제 2 절　정부정책: 정부의 3자적 관계

1. 삼성자동차 정책분석

1) 사례개요

1993년 6월 삼성은 2000년대 주력사업으로 자동차 사업을 선정하였으나, 중복 과잉

투자라는 정부의 반대에 부딪혔다. 삼성은 승용차 진출을 위한 활동을 지속적으로 펼쳐 1994년 자동차 시장의 진입준비를 마치고야 말았으나, 정부는 업종 전문화 정책을 내세우며 허가해 주지 않았고, 이에 삼성은 정계ㆍ관계를 대상으로 전 방위 로비에 나섰다. 94년 말 당시 산업통상자원부 장관이던 김철수 장관은 삼성 자동차의 진출 문제에 대한 문제점을 지적한 보고서를 제출하였고, 최초 정책결정자였던 김영삼 대통령 역시 부정적 견해를 나타내었다. 그러나 삼성의 로비 이후 삼성자동차 허가문제에 대한 입장을 번복하게 되었고, 그에 따라 경제적 합리성을 근거로 한 정책적 방침이 허물어지는 결과가 초래되었다. 삼성자동차는 시장에 입성할 수 있었지만 닛산(Nissan)과의 무리한 계약, IMF 시기와 맞물림 등 총체적 부실로 인해 빅딜이 아닌 제3자 인수방향으로 선회하였고, 결국 2000년 4월 27일 르노삼성자동차라는 이름으로 새롭게 탄생하게 된다.

이와 같은 삼성자동차 사례는 정책의 합리적인 판단과 분석이 정치적인 논리와 흐름에 의해 흐려지면서 지역경제와 국가경제에 많은 상처와 아픔을 남긴 정책사례로 기록되게 되었다. 우리는 이 사례에서 정부의 정책이 어떤 이유와 문제점으로 인해 번복되고, 허물어지고 말았는지 여러 관점에서 분석하고 토론해 볼 가치가 있을 것이다.

2) 사례쟁점

(1) 정책단계별 실패요인 및 조치방안

삼성자동차 정책 사례를 다음과 같이 정책의제설정단계, 정책결정 및 단계로 나누어 그 실패요인과 조치방안을 살펴볼 수 있다.

(가) 정책의제설정 단계

삼성자동차 정책사례는 정책목표에 대한 비전 및 목표 설정이라는 관점에서 의제설정 에서부터 문제를 안고 있었다. 당시 정부의 주무부처인 산업통상자원부에서 삼성자동차의 효율성과 환경적 약점이 노출 되었기에 그 문제성을 제시하였으나, 다른 부서와 대통령의 입장선회가 정책의 문제점을 간과하였고 그에 따라 정치적 상황이 합리적 정책목표를 흐리게 만든 사례이다.

(나) 정책결정 및 집행단계

정책결정과정에 있어서 외부 환경적 요인과 경책결정자의 정책의지의 혼란을 지적할 수 있다. 정책이란 미래의 상황에서 지금의 문제를 변동하기 위한 것이므로 정확한 미래 예측이 중시된다. 그러나 다수의 부처와 정치적 로비로 인한 결정 및 집행은 정책의 합리적 특성과 미래 예측적 특성이 반영되지 못하는 결과를 초래하였다. 정부기관 소수의 의견이라도 환경을 고려한 예측이 충분히 토의될 수 있는 제도적 장치가 필요하며, 정치적 맥락에 흔들리지 않는 리더십과 정책의 사안에 따라 우선순위의 중요도를 평가할 수 있는 국정 최고 책임자의 능력이 얼마나 중요한지를 보여주는 사례이다.

(2) 쟁점

본 정책사례와 관련된 쟁점은 1) 삼성자동차 시장진입의 효율성과 환경적 취약성에 대한 분석은 충분히 이루어졌는가? 2) 정치적 환경의 영향력은 이 정책에서 어떤 방식으로 작용되었는가? 3) 정책결정과정의 정당성 및 타당성은 얼마나 확보되었는가? 하는 점이다. 이를 아래에서는 생산성(효율성), 민주성(참여성, 숙의성, 합의성), 성찰성(당위성)이라는 측면에서 분석하도록 한다.

(3) 학습조치방안

본 정책사례에서의 학습조치방안을 정리하면 다음과 같다.

① 정책실명제 도입 및 정책타당성 사전체크리스트(정책결정)
② 관계 부서 간 대화 및 협의 정도에 대한 중간평가제도 도입(정책집행)
③ 정책결정에 있어서 정치적 영향력 배제를 위한 시스템 구축(정책평가 및 환류)
④ 정책결정자의 정책결정과정 상의 합리적 판단을 위한 관계부처의 교육훈련 및 학습시스템 구축(정책결정)

3) 정책분석

(1) 생산성(효율성)

(가) 효과성

효과성의 측면에서 정책참여자인 정부와 삼성의 입장을 분석하면 다음과 같다.

① 정부입장: 삼성의 외국기술 도입으로 자동차 기술자립화가 늦어지고 중복과잉투자가 우려되며 한정된 내수시장을 놓고 소모적인 경쟁이 심해지기 때문에 효과성 측면에서는 부정적 입장을 취하고 있다.
② 삼성입장: 국경없는 세계화 시대의 국가 경쟁력 강화 필요 ⇨ 수출 주력 사업인 자동차산업의 발전 요구 ⇨ 삼성 자동차의 시장진입 ⇨ 우리 경제가 재도약될 수 있다고 보고 결국 세계화 시대에 발맞추어 국제경쟁력을 강화시키고 소비자의 이익을 증대시키기 위한 방안

으로 삼성자동차의 시장경쟁 진입이 성공적으로 이루어진다면 충분한 기대효과를 거둘 수 있다는 점에서 긍정적 입장을 취하고 있다.

③ 종합: 자동차 산업은 공업발전, 경제성장과 고용확대를 위한 국가전략 산업이라는 특징을 지닌다. 국내 자동차 산업의 2000년 총생산액은 44조 원으로 제조업의 10.2%나 되며 부가가치는 12조 7,145억 원으로 제조업의 7.19%이고 수출액은 111억 4,200만 달러로 총 수출액의 7.75%를 차지하고 있다. 또한 자동차 관련 세는 전체 세수의 17~18%에 이르는데다가 기계, 철강, 유리, 섬유, 정유, 고무, 화학, 정비, 금융, 운수, 관광 등의 광범위한 연관성을 가지고 있어, 관련 산업 발전에 커다란 영향을 미친다. 따라서 자동차 산업의 발달은 엄청난 일자리 창출효과와 산업기술발전에 기여한다. 만약 삼성자동차가 이런 긍정적인 효과를 창출할 수 있었다면 이 정책은 효과성에 있어서는 높은 점수를 얻었을 것이다. 그러나 초기에 삼성이 자동차 산업에 진입하는 것 자체가 효과성과 능률성을 모두 의심 받았을 뿐 아니라, 삼성자동차가 생기면서 회생되기를 기대했던 부산지역 경제에도 오히려 악영향을 끼쳤기 때문에 이를 허가했던 정부의 정책은 효과성 측면에서 높은 점수를 받기 힘들다.

(나) 능률성

정부의 삼성 자동차사업 허가는 자동차 산업이 가지는 효과성에 비해서 발생한 비용이 너무 컸다. 삼성 자동차 문제는 합리성에 근거해야 할 경제정책 문제임에도 불구하고 정치적인 논리에 입각하여 정책결정을 하였고, 정책문제가 어렵고 복잡하게 되면서 결국은 부산시민의 경제적 생존권에도 치명적인 상처를 안기는 등 많은 오점을 남겼기 때문이다. 삼성의 자동차시장 진입은 B/C분석, B/E분석 측면에서 비합리적인 결정이었다. 국내 중복과잉투자를 우려했던 상공부의 정책분석은 타당한 것이었고, 이는 경제성장과 자동차 소비 패턴을 연구한 매우 과학적이고 체계적인 분석 자료에 근거5)한 것

---

5) 경제 성장과 소비에 관해 소비 상한과 투자 상한이 있다. 이는 그림에서 볼 수 있듯이 재화에 대한 소비자의 한계 효용은 체감하기 때문에 수요에는 한계가 있다. 한 재화가 소비 상한에 이르면 더 이상 그 재화의 소비가 이루어지지 않는 것이다. 투자 상한은 자동차 등의 기계나 컴퓨터와 같이 생산 활동을 위해 구입하게 되는 투자재에 한계가 있다는 것이다. 투자재에 일정량을 투자하고 나면 이와 같은 재화에 대해 유지나 보수비만 들이고 새롭게 구입하는 일이 적어진다(삼성경제연구소, 신상품의 경제학, 2005: 200에서 수정).

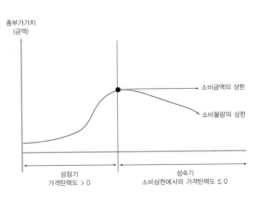

이었다.

(2) 민주성(참여성)

민주성의 측면에서 절차적 민주성, 실체적 민주성으로 구분하여 분석하면 다음과 같다.

(가) 절차적 민주성(절차적 적법성, 절차적 타당성)

당시 상공부는 과잉중복투자에 대한 우려로 업종전문화정책을 내세웠지만 삼성은 전방위 로비를 펼친 끝에 최고정책결정자의 입장선회를 이끌어내었다. 정부의 규제로 삼성자동차의 시장진입이 허용되지 못하자 비록 로비에 의한 것일지라도 세계화란 명분하에 대통령의 최종적 결정을 이끌어내었음으로 형식적으로나마 절차적 적법성을 지켰다고 볼 수 있으나, 경제적 합리성에 근거한 정책목표를 충분한 미래예측 없이 번복하게 되었다는 점에서 절차적 타당성은 확보되지 못한 정책으로 분석된다.

(나) 실체적 민주성(참여, 숙의, 합의의 정도)

삼성그룹 자체적으로도 자동차 사업에 경험도 없고 장래 수익성도 불투명하다는 이유를 들어 여러 번 자동차사업 진출을 고민했었지만, 전자·기계·화학 등 그룹 인력을 풀가동하면 세계적 경쟁력을 갖춘 자동차를 만들 수 있다는 몇몇 최고 경영진의 의견을 받아들여 사업 진출을 결정했다. 정부와 기업, 시민 단체들의 모든 참여가 이루어졌지만 올바른 숙의의 과정을 거치지 못하고 로비에 의한 졸속적인 정책이 이루어진 정책으로 평가된다. 상공부라는 정부내부의 소수 의견이 고려되지 못했고 시민 여론의 형성 또한 기업에게 유리한 입장을 가져오게 만든 수단에 불과하였기 때문에 그에 따라 충분한 숙의를 거친 합의에 토대를 둔 정책이었기보다는 정치적 로비에 의한 일방적인 흐름이었다는 평가를 받게 된다.

(3) 성찰성(당위성)

성찰성의 측면에서 다음과 같이 사례를 분석할 수 있다.

(가) 인간의 존엄성(인권, 정의, 존엄) 실현

삼성자동차의 시장진입은 수출 주력 사업인 자동차 산업의 발전을 통해 직·간접적으로 국민에게 국제 경쟁력을 강화시키고 소비자의 이익을 증대를 실현시킬 수 있다. 이는 전 국민의 삶의 질을 높일 수 있다는 측면에서 인간의 존엄성을 제고시키는 효과를 갖는다고 생각해 볼 수 있다. 그러나 삼성자동차 공장이 원활히 돌아가지 않을 경우에 삼성자동차의 부실은 부산 경제를 마비시킬 것이며, 이는 곧 부산 시민들의 생존권을 위협할 것이고, 결국 우리나라 경제 전체에 악영향을 미칠 수 있다는 부정적인 영향의 고려도 필요했다고 본다. 결과적으로 보았을 때 삼성자동차의 실패는 국외에 알려진 국내 최고의 브랜드 네임 SAMSUNG, 또한 국내에선 영향력뿐만 아니라 신뢰도에서도 1위6)를 기록했던 삼성이었기에 그룹 자체만의 손실이 아니라 국가적 손실이 아닐 수 없다. 이 정책은 새로운 산업의 시장진입에 대한 합리적 분석 및 과학적 예측, 그리고 경제적 타당성 분석이 얼마나 중요한지를 깨닫게 해주는 정책사례이다.

(나) 신뢰받고 성숙한 공동체 실현

정책이란 미래의 상황에서 지금의 문제를 해결하여 더 나은 방향으로 나아가기 위한 것이기에 정확한 미래 예측이 중요하다. 신뢰받고 성숙한 국가가 되기 위해서는 일관된 정책과 소신 있는 집행의 모습이 필요함에도 불구하고, 삼성자동차 사례의 경우 다수의 부처와 정치적 로비, 정책결정자의 확고한 정책의지의 부재로 인한 혼란으로 정책의 과학적인 정책 특성이 결여된 사례로 평가된다. 또 삼성자동차 사업이 결국 실패했다는 결과를 놓고 보았을 때 그 과정에서 많은 문제점이 발생했음을 알 수 있다. ① 국내의 경우 지역 간 경제적 상호의존성이 매우 큰데도 불구하고 지역을 대표하는 기업의 부실 발생시 문제점을 고려하지 않은 점, ② 부산 공단 설립시 과다비용투자로 인한 손실초래, ③ 정부와 삼성, 그리고 주민들 간의 반목과 불신, 갈등비용은 성숙하고 발전된 공동체 실현을 오히려 저해한 사례로 분석된다.

4) 요약 및 정리

생산성	효과성		* 정부: 중복과잉투자, 외국기술도입으로 인한 기술자립화 늦어짐 * 삼성: 국경없는 세계화 시대의 국가 경쟁력 강화, 우리 경제의 재도약 * 일자리 창출효과
	능률성	산출대비 비용이 적은 정책	* 전자 화학 자동차 등을 결합함으로써 엄청난 시너지 효과 * 반면 중복과잉투자 및 과다경쟁으로 인한 엄청난 정책비용의 초래 가능성 존재
		비용대비 산출이 높은 정책	* 삼성의 진입으로 부품업계구조 개선 및 부산경제의 활성화 * 반면 투자실패의 경우 실업의 발생, 부산경제의 타격 및 국가경제에 악영향 * 소비 상한과 투자상한을 고려하지 못한 정책

---

6) 동아시아연구원(EAI)과 중앙일보가 실시한 우리 사회 23개 '파워 조직'에 대한 평가조사 결과(중앙일보, 2006.5.25, "대한민국 '파워조직' 1위는 삼성").

민주성	절차적 민주성	절차적 적법성	* 충분한 미래 예측 없이 정책 명분이 세계화란 명목으로 변질
		절차적 타당성	* 정책목표의 변화가 로비에 의한 번복
	실체적 민주성	참여의 정도	* 로비로 인한 정부의 참여가 이루어졌음. * 시민단체의 참여는 기업에 유리한 측면으로 쓰여짐
		숙의의 정도	* 정부내부의 소수의견이 무시됨 * 충분한 숙의과정을 거치지 않은 졸속한 정책 추진
		합의의 정도	* 로비에 의한 합의 도출
성찰성	인간의 존엄성 실현	직접	* 국제 경쟁력 강화 * 국민의 삶의 질 향상 * 실패 시 지역경제와 국가경제에 악영향
		간접	* 실패 시 삼성그룹에 악영향 * 국제적 브랜드 이미지 실추
		저해	* 실패 시 부산경제악화로 인한 부산시민들의 생존권 위협
	신뢰받고 성숙한 공동체 실현	직접	* 정부와 삼성 그리고 주민 간의 불신으로 갈등 양상
		간접	* 부평지역 대우 자동차, 이천 하이닉스, 수원삼성 전자 등 지역을 대표하는 기업의 부실 발생 시 문제발생
		저해	* 유치 과정에서 정부, 기업, 주민간의 반목과 불신, 갈등비용 과다발생 * 부산 공단 설립 시 과다비용투자로 인한 손실초래

5) 전체 내용에 대한 요약

**정책
사례** *cases in policy*

삼성자동차 정책사례

1. 개요

　1993년 6월 삼성은 2000년대 주력사업으로 자동차 사업을 선정하였으나, 중복 과잉투자라는 정부의 반대에 부딪혔다. 삼성은 승용차 진출을 위한 활동을 지속적으로 펼쳐 1994년 자동차 시장의 진입준비를 마치고야 말았으나, 정부는 업종 전문화 정책

　　　　제 4 부　정책분석론: 사례 · 윤리 · 맥락

을 내세우며 허가해 주지 않았고, 이에 삼성은 정계·관계를 대상으로 전 방위 로비에 나섰다. 94년 말 당시 상공부 장관이던 김철수 장관은 삼성자동차의 진출 문제에 대한 문제점을 지적한 보고서를 제출하였고, 최초 정책결정자였던 김영삼 대통령 역시 부정적 견해를 나타내었다. 그러나 삼성의 로비 이후 삼성자동차 허가문제에 대한 입장을 번복하게 되었고, 그에 따라 경제적 합리성을 근거로 한 정책적 방침이 허물어지는 결과가 초래되었다.

2. 쟁점

본 정책사례와 관련된 쟁점은 1) 삼성자동차 시장진입의 효율성과 환경적 취약성에 대한 분석은 충분히 이루어졌는가? 2) 정치적 환경의 영향력은 이 정책에서 어떤 방식으로 작용되었는가? 3) 정책결정과정의 정당성 및 타당성은 얼마나 확보되었는가? 하는 점이다. 이를 여기에서는 생산성, 민주성, 성찰성의 관점에서 분석할 것이다.

3. 분석

1) 생산성: 세계화 시대에 발맞추어 국제경쟁력을 강화시키고 소비자의 이익을 증대시키기 위한 방안으로 삼성자동차의 시장경쟁 진입이 성공적으로 이루어진다면 충분한 기대효과를 거둘 수 있지만, 외국기술 도입으로 인한 기술자립화가 늦어지거나 중복과잉투자가 우려되고 한정된 내수시장에서의 소모적인 경쟁이 심해질 수 있는 정책이라는 점에서 목표의 효과성과 능률성 확보가 미흡한 정책으로 분석된다.

2) 민주성: 정부 내부의 소수의견(상공부)과 대통령이 삼성자동차의 진출문제에 대해 과잉중복 투자의 우려로 부정적인 견해를 가지고 있었으나, 삼성측의 로비로 인한 정치적 상황이 타 부서와 대통령의 입장선회를 가져와 합리적이고 과학적이지 못한 정책결정을 야기시킨 정책인바, 충분한 이해관계자의 참여와 토의, 숙의와 합의 과정을 거치지 않은 졸속정책이었던 것으로 평가된다.

3) 성찰성: 세계화와 소비자의 삶의 질 향상을 위한 방안으로 삼성자동차의 시장경쟁 진입을 고려할 수 있으나, 정부와 기업 그리고 주민간의 참여, 숙의, 합의의 과정이 좀더 아쉬운 정책이었다. 유치과정에서 정부, 기업, 주민간의 반목과 불신, 갈등비용 과다발생 등을 볼 때 생산성에 대비하여 더 큰 비효율을 불러온 정책이었으며, 부산 지역경제와 국가경제에 많은 부작용과 악영향을 초래함으로써 경제적 손실과 함께 정책의 신뢰성 저하를 가져 온 정책이었던 것으로 분석된다.

2. 의약분업 정책분석

1) 사례개요

(1) 의약분업 초기단계(1963 ~ 1997)

의약분업 시행에 대한 논의는 1993년 약사법 개정에서 1999년 7월 7일 이전에 의약분업을 실시하도록 규정하면서 본격화되었다. 의약분업 초기시기를 살펴보면 본격적인 법정시한인 1999년 7월 7일 이전으로 의사회 및 약사회 등 각 이권단체들이 강한 수용거부양상을 표출하지 않고 있던 시기였다.

(2) 정부 주도단계 / 시민단체 및 의약협회의 충동단계(1998.5 ~ 1998.11 / 1998.11 ~ 1998.12)

그 이후 정부는 1998년 8월 의사협회・약사회 등 해당업계와 언론계・학계 등으로 구성된 의약분업추진협의회와 의약품 분류위원회를 구성, 구체적인 협상에 들어갔으나 의사회와 약사회의 반대로 구체적인 합의를 도출하지는 못하였다. 1999년 7월 의약분업을 시행하기로 합의를 한 정부가 주도적 책임자로서 정책을 적극적으로 추진하였다. 그러나 같은 해 12월 의사협회와 약사회에서 각각 의약분업 시행 연기를 국회에 청원함에 따라 국회는 제도 시행을 1년간 연기하면서 의약분업의 조속한 시행을 주장하는 시민단체와 의약분업의 연기를 의도한 해당업계 즉, 의사회와 약사회가 대립을 하게 된다. 이 시점에서 서로 대립관계였던 의사회와 약사회가 시민단체에 대항하여 연합전선을 꾀하는 등 정부 및 해당단체도 혼선을 빚었다.

(3) 새정치국민회의 주도단계(1998.12 ~ 1999.3)

당시 집권여당인 새정치국민회의가 주도적 입장에서 전면으로 나서게 되는데 1998년 중순 새정치국민위원회의 정책위원회가 의사회와 약사회의 중재자 역할로 의약분업의 1년 연기안인 1999년 3월 약사법 개정안을 입법하였다.

(4) 시민단체 주도단계(1999.3 ~ 1999.7)

1999년 5월 경실련을 위시한 5개 시민단체대표와 의사협회・약사회는 의약분업안에 합의를 하였으나 병원협회의 반대로 의사회의 대표성을 부정하고 의약분업안의 재합의를 요구하는 사태가 발생하였다. 시민단체가 정부의 후원을 얻어 정책결정과정에서 주도적인 역할을 하여 그 위상을 높인 시기라고 볼 수 있다.

(5) 보건복지부 주도단계(1999.7 ~ 1999.12)

정부가 시민대책위원회의 방안을 정부안으로 결정하고 보건복지부 차관을 위원장으로 한 의약분업 실행위원회를 출범하여 의약분업 정책의 실질적 추진하는 위원회가 탄생하였는데 이 위원회의 정책입안 활동과정에서 의사회와 병원협회의 반대운동을 겪게 된다.

(6) 의약분업분쟁·갈등심화단계(2000.1 ~ 2000.12)

2000년 12월 의약분업이 실질적으로 시행되기 전까지 의사회와 병원협회가 연합을 하여 정부가 입법화 시킨 의약분업안에 반발하여 휴업과 집단 휴진, 시범사업과 같은 각종 투쟁 등을 3차에 걸쳐 실시하였다. 이에 약사회는 의약부업 정착을 위한 대국민 홍보활동을 시작하는 등 각 이권단체의 의약분업에 대한 투쟁 및 이권단체들간의 마찰 이권단체와 대국민들과의 마찰 등으로 진통을 겪은 시기이다. 2000년 7월 의약계와 함께 약사법 개정안에 대한 논의를 시행하여 그 시행을 앞두었으나 약사의 임의조제를 완전히 금지시킬 것을 요구하는 4차 의료파업을 강행하였다. 하지만 11월 약사법 재개정을 위한 의·약·정소위원회가 핵심쟁점 사항에 대한 잠정합의안을 도출 의약분업정책의 안정적인 시행을 할 수 있었다.

우리는 이 사례에서 정부가 정책을 결정하는 단계에서 정책대상자들 간의 다양한 이해관계와 갈등, 투쟁을 살펴볼 수 있다. 즉, 이러한 과정에서 민주화 시대에 나타난 정책결정의 과정을 다양한 이익집단들의 이해관계 표명 및 이익표명의 과잉분출이라는 관점에서 정책을 분석하고 토론해 볼 수 있을 것이다.

2) 사례쟁점: 정책단계별 실패요인 및 조치방안

의약분업정책사례의 실패요인과 조치방안을 정책단계별로 파악하면 다음과 같다.

(1) 의제설정단계: 정책목표에 맞는 수단확보 미흡

의약분업정책의 근본적인 정책목표는 무엇보다도 의약품의 오남용을 방지하여 국민의 생명과 건강을 보호하는데 있다. 따라서 사회복지적 측면이 강한 것이며, 개정 약사법은 위와 같은 목적을 달성하기 위한 수단으로서 의사와 약사의 전문성을 인정하는 직능 간의 엄격한 분리제도(즉, 의사는 진단 처방; 약사는 조제 판매)를 도입하고 있다. 하지만, 이러한 정책대안을 정책의제설정 단계에서 탐색하는데 있어 광범위한 정책대안들이 탐색되어야 하는데도 불구하고 광범위한 토론에 대한 노력이 부족한 것으로 분석된다.

(2) 정책결정단계: 의견수렴 부족

정책결정에 있어 정책대상 집단들의 의견수렴을 위한 시스템적인 요인의 미흡점과 의약분업정책에 관련된 의사회·약사회·병원회·시민단체 등 주요 이해관계집단들의 의견을 정부가 효과적으로 조정하지 못하여 결정과정에서의 부작용을 초래하는 등 갈등이 심화되는 결과를 빚게 되었다. 즉, 정책의 대응성 및 공평성이 부족한 것으로 분석되며, 의약분업정책이 그 당시 국내 상황에 적용하기에는 무리한 벤치마킹이었다는 분석되는 바, 정책의 적합성과 적정성이 부족한 것으로 분석되는바, 종합적으로 정책결정과정에서의 타당성과 정당성 확보가 미흡하다고 평가된다.

(3) 정책평가 및 환류단계: 정책평가에 대한 환류 미흡

정책평가 및 환류단계에 있어 정책집행과정에 있어 정책집행에 참여한 행위자들(시민단체, 의사회, 병원협회, 약사회) 간에 정치적인 상호작용을 거치면서 다양한 의견이 제시되었으나 그러한 의견이 환류과정을 거쳐 정책에 반영되는 과정이 부족한 것으로 분석되며, 이러한 의견들이 반영이 되는 과정에서 내용이 변질되는 모습도 나타났다.

(4) 사례쟁점

본 정책사례와 관련된 쟁점은 1) 정책수단 확보가 정당하였는가? 2) 정책대상 집단 간의 갈등관리가 올바르게 이루어졌는가? 3) 정책집행 및 정책평가에 있어 정책행위자들의 의견이 올바르게 수렴되었는가? 라는 관점으로 정리를 할 수 있다.

우선, 정책목표에 대한 타당하고 정당한 정책수단의 확립이 필요하다. 제도적인 측면에서 정책결정과정에 있어서 여러 이해집단들 간의 갈등이 충돌했을 때, 합의점이 도출되지 않고 첨예한 대립을 보이는 경우, 그러한 다자간의 이해집단의 의견을 효과적으로 수렴할 수 있는 정책제도의 마련이 필요하다. 정책의 참여성·숙의성·합의성에 대한 충분한 고려가 더 필요하다고 보며, 이러한 제도와 방식으로 합의된 정책의견이 본래의 정책에 환류되어 학습될 수 있는 보다 합리적인 정책과정이 강구되어야 할 것이다.

이를 아래에서는 생산성(효율성), 민주성(참여성, 숙의성, 합의성), 성찰성(당위성)이라는 측면에서 분석하도록 한다.

(5) 학습조치방안

본 정책사례에서의 학습조치방안을 정리하면 다음과 같다.

① 정책수단의 장단점 분석시스템이 구축의 필요성
② 정책대상 집단 간 첨예한 대립을 보이는 정책의 경우 균형 잡힌 합의안 도출 및 분업모형을 개발하고 유도 방안의 필요성
③ 정책실명제의 도입 및 정책타당성 사전체크리스트의 작성
④ 중간 평가 후 환류장치의 제도화
⑤ 정책대상자가 전국민일 경우 시범사업 실시의 제도화
⑥ 정책대상자들의 의견 절충자로서 제 3의 집단에 의한 중재노력 활용

3) 정책분석

(1) 생산성

생산성의 측면에서 효과성과 능률성을 중심으로 분석하면 다음과 같다.

(가) 효과성
① 의약품의 오·남용 예방

정부는 의약품의 오·남용 예방과 관련하여 '그동안 마약·향정신성의약품 등 일부의 약품을 제외하고는 소비자가 자유롭게 의약품을 구입할 수가 있어 의약품의 오·남용이 만연하였다'라며 의약분업의 실시로서 이를 예방할 수 있다고 주장하였다. 하지만, 의약분업정책의 실시로 약국이 마약을 다룰 수 있게 됨으로써 마약류의 사용증가를 가져왔는바, 이 부분에서 정부의 인과관계에 대한 예측은 적실성을 확보하지 못하고 있다. 다만, 하지만 항생제(주사류)의 오남용 방지효과에 대하여서는 긍정적인 성과를 거두었다는 평가를 받고 있다.

② 의약품의 적정사용으로 약제비 절감

정부는 의약분업을 통해 장기적으로 약제비 절감, 의약품 오·남용 축소에 따른 국민의료비의 절감 등 사회적인 비용감소로 나타날 것으로 주장하였으며, 그것이 의약분업정책을 시행하는 주요 목표 중의 하나이다.

하지만, 의약분업정책이 의약품의 적정사용을 유도할 것이라는 것과 약제비의 절감으로 이어질 것이라는 인과관계는 타당성을 확보하지 못한 것으로 분석된다. 의약분업의 실시로 의약품을 오용하지 않고 적정하게 사용함으로써 직접적인 약제비가 절감될 것이라는 추측은 오히려 의약분업정책의 실시로 약가에 대한 부담이 사라져 의약품의 효과 및 품질을 우선으로 하여 처방함으로써 고가약 처방이 늘어나게 되었다는 평가를 받고 있어

정부의 주장은 타당성을 상실하고 있다(건강보험심사평가단, 「약제평가종합보고」, 2004).

③ 환자의 알권리 및 의약서비스의 수준향상

약사와 의사 그리고 몇몇 건강보험 관계자만이 알고 있던 지식이 일반국민에게도 알려지는 효과는 있었을 것이다. 하지만 국민들의 주된 관심사는 병을 얼마나 빠른 시간 내에 치료를 할 수 있느냐 이지 어떤 과정으로 병을 치료하는지에 관한 것은 아닐 것이다. 또한 의료서비스는 의약분업정책과는 별개의 문제로서 병원 간 혹은 약국 간의 경쟁으로부터 서비스가 강화되는 것이며, 오히려 정문약국이라고 불리우는 병원 처방전을 독점하는 약국의 등장으로 인하여 서비스의 질적 저하라는 부작용도 나오고 있는 실정이다.

(나) 능률성

보건사회연구원에서 발간한 「의약분업의 경제적 효과분석과 도입방안(1997.5)」에서는 완전의약분업으로 인한 사회적 순편익규모가 약 3,890억 원에 이르게 될 것으로 추정하고 있으나, 정책추진에 수반되는 사회적인 비용 및 국민 불편 지수를 계량화하여 수치를 투입하면 어떠한 결과를 가져올 것인지에 대한 분석은 이루어지지 않고 있다. 또한 사회적 편익면에서도, 건강보험재정의 부담이 2조 3천억 원이라는 점과 의약품의 실거래가제로 인한 보험수가의 인상, 의사들의 반발을 막기 위하여 50%정도 인상한 의료수가 등으로 인한 국민의 경제적 부담만 가중된 결과를 초래하였다. 한 분석에 의하면, 이러한 국가 추가 부담액은 19조 원에 달할 것이라는 평가도 있다.

(2) 민주성

민주성의 측면에서 절차적 민주성, 실체적 민주성을 분석하면 다음과 같다.

(가) 절차적 민주성
① 절차적 적법성

정책과정 전반에 걸쳐 절차적 적법성의 준수는 민주성을 보장하는 충분조건은 되지 못하지만 그 필수조건은 된다. 절차적 적법성을 준수하지 못한 정책은 국민 및 이해관계자들의 신뢰를 얻지 못하게 되며 제대로 된 정책 집행이 이루어지기 어렵다.

의약분업의 경우 정책의제설정은 개정된 약사법의 내용을 실현하기 위한 것이었다. 그 이후 끊임없이 이해관계자인 의사회, 약사회, 병원협회, 시민단체들의 의견을 조율하였으며, 그 과정에서 법적 근거가 되는 약사법의 개정을 시도하였다. 이점에서 외견상 의약분업정책과정은 절차적 적법성의 문제가 없어 보인다. 하지만 그 과정을 세부적으로 보면 절차적 적법성과 관련해 두 가지 문제점을 들 수 있다.

첫 번째 문제는, 보건복지위원회 위원 선임과 관련하여 참여연대가 제기한 문제인데, 국회법 제48조 제3항의 이해관계 있는 위원의 경우 위원선임을 금지한 조항과 관련해서이다. 의약분업정책의 경우 고도의 전문성이 요구되긴 하지만, 또 다른 한편으로 의약분업정책은 극렬히 대립하는 이해관계자들 간의 다툼의 문제로 볼 때, 보건복지위원회의 출신성분을 분석해 보면 16명 중 7명이 병원장, 의사, 제약회사 사장, 약사 출신으로서 얼마나 국가정책의 타당성이라는 관점에서 심의할 수 있었을지가 의문시된다(김미진, "이익갈등중재자로서 상임위원회의 전문성과 중립성의 상충에 관한 연구," 「의정자료」 제27호, 2000.3).

두 번째 문제는, 의약분업 추진과정에서 정부가 그 근거로 삼은 자료들의 부실을 들 수 있다. 절차적 적법성의 의미가 입법절차뿐 아니라 행정절차, 국회조사절차 등 모든 절차에 있어서 준수해야 할 기본적 원칙임을 상기해 볼 때, 의약분업 추진과정에서 보건복지부가 부실한 통계자료 근거하여 의약분업정책을 강행한 점은 절차적 적법성과 관련하여 문제가 있어 보인다. 의약분업의 경우 전 국민의 건강이라는 중대한 공익이 걸린 민감한 사안이므로 그 정책과정에 있어서 순기능, 역기능을 철저히 조사하여 실행해야 한다. 그럼에도 보건복지부는 국내의 의료상황을 제대로 통계분석하지도 않은 채 허위의 수치에 의한 상부보고, 그에 따른 정부정책의 시행을 강행해 나갔다는 점이 감사원 평가에서 지적되었다.

② 절차적 타당성

의약분업의 경우 이해관계자들의 상반된 이해관계가 걸린 문제이므로 관련 당사자의 납득을 구할 수 있는 절차적 타당성을 갖추어야 한다. 하지만 정부가 의약분업 추진과정에서 보인 태도는 타당성을 갖추지 못한 것으로 평가된다. 정부의 의약분업정책과 관련한 밀어붙이기식 전략은 절차적 타당성과 관련하여 문제점으로 지적된다. 의약분업정책은 의사회와 약사회의 충분한 동의와 합의를 이끌어내어야 한다. 이를 위해 당사자에게 정책의제 설정단계에서부터 정책목표를 달성하기 위한 가능한 정책대안을 제시하고, 이를 이해관계자가 비교·평가할 수 있도록 시간과 자료를 제공하는 노력이 부족했다는 평가를 받고 있다. 의약분업추진과정에서 정부는 잦은 공청회, 관련 당사자와의 잦은 협의를 통해 절차적 타당성을 실현한 듯 보이나 실제로 이는 정부의 책임회피를 위한 의식이나 행사였다는 평가를 받고 있다.

(나) 실체적 민주성

① 참여의 정도

한 나라의 정책을 추진하는 과정에서 대상 집단인 이해관계자 및 이와 관련된 국민들의 동의를 얻는 것은 중요하다. 이를 위해서는 이들의 참여가 무엇보다 중요한 의미를 갖는다. 사회적 합의를 이끌어내지 못한 정책은 권위주의적이며 강압적인 정부 정책이 될 수밖에 없으며, 이는 결국 정책이 궁극적으로 달성하려는 '국민들의 보다 나은 삶의 실현'에 기여할 수 없다.

의약분업정책추진과정의 경우, 관련 이해관계자인 의사회, 약사회, 병원협회, 그들의 중재자로서 정부, 시민단체, 진료를 받아야 하는 국민들의 참여가 필요했다. 이들의 적극적인 참여가 있어야만 의약분업정책이 결정, 집행되는 과정에서 의약분업의 목적을 극대화 할 수 있기 때문이다.

우선 의사회, 약사회, 병원협회의 경우 의약분업을 자신의 생존권이 달린 문제로 인식하고 정부에 자신들의 의견이 반영될 수 있도록 합법적, 비합법적인 수단을 동원해 자신의 이익을 관철하도록 노력하였다. 결국 이들은 의료파업이라는 극단적인 결정까지 하였다. 하지만 초기의 의료분업이라는 정책의제를 설정하고 정책을 결정하는 과정에서 이들의 충분한 참여가 있었는지에 대해서는 부정적인 평가가 우세하다. 정부의 '선시행, 후보완' 방침과 초기의 이들 집단의 참여 미약이 의약분업정책의 극단적인 대립양상구도의 결과를 초래하였다.

다음으로 정부의 경우, '국민의 정부' 이전의 경우 정부의 정책의지가 미약하였으나, '국민의 정부'이후 단계의 경우 정부는 오히려 강행적 태도를 보였다. 하지만 의사회, 약사회 간의 차이를 조율하지 못하고 책임회피적인 행정행태를 보이는 등 국정을 이끌어 가는데 필요한 국정역량과 리더십을 평가받기에는 많은 문제가 있었다.

의약분업정책추진과정과 관련해 가장 두드러진 특징은 시민단체의 적극적인 참여이다. 기존의 시민단체들은 정책의 주변인 수준에서 정부를 보조하는 역할만을 담당하였을 뿐이였다. 그러나 의약분업과 관련해서는 보건복지부의 의약분업추진협의회에서 비중 있는 참여자로서 활동하였으며, 그 이후에는 의사회와 약사회의 갈등을 조정하는 구심점으로서 적극적인 활동을 하였다. 현행 시행하고 있는 의약분업안 역시 시민단체 주도하에서 만들어진 조정안이다. 의약분업정책추진과정에서의 시민단체의 참여는 의약분업과 관련한 최근 평가에서 중립성과 전문성이 결여된 시민단체의 적극적 참여가 바람직하지 못하였다는 비판을 받기도 하지만, 이는 의약분업 이외의 기타 정부정책과 관련해 공익단체로서의 시민단체의 적극적 역할에 선례를 남겼다는 점에서 긍정적으로 평가할 수 있는 부분이다.

마지막으로 의약분업의 가장 큰 이해관계자라고도 볼 수 있는 국민의 참여의 정도를 살펴보도록 한다. 참여연대의 의약품 약가조사결과의 발표, 의료파업 등으로 인해 의약분업에 대한 국민적 관심사는 높았다고 보인다. 다만 국민적 여론 형성에 있어서 보건복지부는 의약분업의 긍정적인 측면만을 강조하였고, 이에 따른 국민 불편 등의 부정적인 측면은 알리지 않았다. 그 결과 결국 국민의 참여 역시 반쪽의 참여라고 밖에 평가될 수 없다.

② 숙의의 정도

진정한 민주주의가 실현되기 위해서는 참여민주주의뿐 아니라 숙의민주주주의 역시 병행하여 이루어져야 한다고 본다. 즉 각 개인이 공평하게 자신의 입장을 말하고, 이것이 정부정책에 시의 적절하게 반영될 수 있어야 한다.

그러기 위해서는 특히 정책과정에 있어서 끊임없는 정책분석과 평가가 이루어지고, 이에 대해서 각 당사자 간의 합리적인 의견 반영이 있어야 한다. 하지만 의약분업추진과정에서는 제대로 된 정책평가가 전무하였다고 볼 수 있다. 감사원 감사결과 역시 의약분업과 관련하여 정부의 정책평가가 거의 이루어지지 않았음을 잘 보여주고 있다. 한국보건사회연구원의 중간평가가 있긴 하였으나 이는 형식적인 수준에 머물고 객관적이며 종합적인 평가는 전무하였다는 분석도 나오고 있다(의협신문, 7월 27일).

정책과정에서 제대로 된 정책분석과 평가가 이루어지지 않는다면 정책추진과정에서 나타난 문제점을 바로잡을 기회는 상실된다. 의약분업을 한 지 5년이 지난 지금 국민의 건강보험료 부담은 제도 시행 전의 두 배로 올랐고, 의약분업과 관련한 건강보험의 지출도 19조원이나 늘어난 것으로 분석됐다(의협신문, 7월 27일).

또한 정부의 밀어붙이기식 전략, 국민들의 의견을 제대로 반영하기 위한 실질적인 공청회보다는 책임회피적인 형식적 공청회, 의사회와 약사회가 벌인 극단적인 이해대립과 로비활동들 역시 숙의민주주의와는 거리가 멀다.

③ 합의의 정도

정부정책을 추진함에 있어서는 사회적 합의가 필요하고, 이를 전제로 정책은 달성하고자 하는 목표를 극대화할 수 있다.

의약분업정책은 여러 차례 갈등과 조정을 반복하면서 사회적 합의를 이끌어가기 위해 노력한 것처럼 보인다. 하지만 실제로 정부는 의사회와 약사회와의 합의를 이끌어가는 과정에서 의약분업에 불만이 많고 저항이 높은 의사집단의 요구와 이익을 수용하고 타협하는데 치우쳤다는 평가를 받고 있다. 이는 약사회를 배제한 정부와 의사회의 비공식적인 합의안 도출이라는 결과로 나타났고 결국 약사회의 강력한 반발을 사기도 하였다.

또한 국민에게는 의약분업 실시로 인해 의료비가 상승할 수 있으며, 의료수가 상승요구로 인한 보험료가 상승할 수도 있는 등 부작용은 알리지 않았다. 이는 결국 현재 의료분업제도가 국민적 동의를 얻지 못하고 있는 한 원인으로 작용하고 있다.

의약분업제도와 관련해서 먼저 사회적 합의를 도출하기 보다는 정부의 '선시행, 후보완'이라는 의약분업정책추진 방식 역시 의약분업제도가 현재 난항을 겪고 있는 원인이기도 하다.

(3) 성찰성(당위성)

(가) 인간의 존엄성 실현

의약분업 정책목표는 약물의 오·남용을 방지하고, 국민의 의료비를 절감하고 약사의 임의조제를 막아 양질의 의료서비스를 제공하는데 있다. 정책의 표방된 목표로는 의약분업 정책은 궁극적으로는 국민의 생명권 및 인간의 존엄성과 관련해 매우 중요한 정책으로 볼 수 있다.

의약분업정책은 국민의 환자로서의 알권리를 신장하는 것과도 간접적으로 관련이 된다. 기존에는 자신에게 투여되는 약이 무엇인지 정확히 알지 못하였으나 의약분업의 실시로 소비자로서의 의료의 권리가 신장되는 결과를 낳았다. 하지만, 의약분업 정책은 의사(병원포함), 약사 간의 첨예한 이해대립이 있는 사안인 만큼 적절한 합의를 도출하지 않은 채 무리한 정책집행은 사회적 갈등을 증폭시키며 이는 의료파업에서도 볼 수 있듯이 환자들의 생명까지 위협하는 결과를 초래하였다.

또한 의료비 절감이라는 목표 역시 의약분업 중재과정에서 의약분업이 가져올 부작용을 제대로 진단하지 못한 결과 오히려 보험진료비의 증가만 가져왔으며, 현행 의약분업 실시로 많은 환자들이 병원과 약국이라는 이중 절차의 번거로움에 시달리고 있다. 이는 의약분업이 당초 목표와는 상반된 방향으로 가고 있음을 보여주고 있다.

(나) 신뢰받고 성숙한 공동체 실현

의약분업정책이 당초 정부에서 예측한 인과관계대로 시행된다면 의료계의 투명성과 이로 인한 의료계와 국민 사이의 신뢰형성, 의사와 약사간의 효율적인 분업 실시로 상호간의 신뢰형성에 기여할 수 있다. 또한, 정부의 의료정책에서의 효율적 개혁을 통해 국민과 정부 사이에서의 신뢰형성에 기여할 수 있고, 의료계 역시 정부의 의료정책 추진과정에서 일관된 정책추진을 통해 향후 있을 의료개혁에 대한 신뢰의 토대를 마련할 수 있다. 그리고 의약분업정책추진과정에서 시민단체의 올바른 중재자로서의 역할은 의료계와 일반 시민 사이의 신뢰를 형성하는 데 기여할 수 있다. 이는 사회 전반에 걸친 성숙한 공동체 실현을 가능하게 할 것이다.

하지만, 의료계의 극단적인 의료파업은 국민의 생명을 볼모로 자신의 이익을 관철시킬 수 있다는 의료계에 대한 국민적 불신을 낳게 하였다. 또한 의약분업 추진과정에서 정부가 보여준 임기응변식의 정책수정 및 지연, 왜곡집행은 정부가 의료계와 국민의 신뢰를 얻는 데 실패한 원인이 되었다.

보건의료정책의 전 부문에 걸쳐 향후 있을 정부정책과 이에 대한 이익집단 간의 갈등에 있어서 의약분업과정에서 보여준 정부의 미온적 태도는 정책결정과 집행과정에서의 잘못된 문제해결방법을 보여준 부정적 선례로 남게 되었다.

4) 요약 및 정리

<table>
<tr><td colspan="2" rowspan="1">생산성</td><td>효과성</td><td>* 정부는 의약분업을 통해 장기적으로 약제비 절감, 의약품 오·남용 축소에 따른 국민의료비의 절감 등을 목표로 제시했으나 의약품의 적정사용을 유도와 약제비 절감으로 나타나지는 못함</td></tr>
<tr><td rowspan="2">능률성</td><td>산출대비
비용이 적은 정책</td><td>* 의약분업으로 인한 사회적 순편익규모가 약 3,890억 원에 이르게 될 것으로 추정하고 있으나, 정책추진에 수반되는 사회적인 비용 및 국민 불편 지수를 계량화하지 못하였으므로 타당성 의심</td></tr>
<tr><td>비용대비
산출이 높은 정책</td><td>* 사회적 편익면에서도, 건강보험재정의 부담이 2조 3천억 원이라는 점과 의약품의 실거래가제로 인한 보험수가의 인상, 의사들의 반발을 막기 위하여 50%정도 인상한 의료수가 등으로 인한 국민의 경제적 부담 가중</td></tr>
<tr><td rowspan="4">민주성</td><td rowspan="2">절차적
민주성</td><td>절차적
적법성</td><td>* 국회법 제48조 제3항의 이해관계 있는 위원의 경우 위원선임을 금지한 조항과 관련절차적 적법성 의문
* 의약분업 추진과정에서 정부가 근거로 삼은 자료들의 부실</td></tr>
<tr><td>절차적
타당성</td><td>* 정부의 의약분업정책과 관련한 밀어붙이기식 전략은 절차적 타당성과 관련하여 문제점으로 지적</td></tr>
<tr><td rowspan="2">실체적
민주성</td><td>참여의 정도</td><td>* 시민단체의 적극적 참여
* 그러나 가장 큰 이해관계자라고도 볼 수 있는 국민의 참여의 정도 미진</td></tr>
<tr><td>숙의의 정도</td><td>* 정부의 밀어붙이기식 전략, 국민들의 의견을 제대로 반영하기 위한 실질적 공청회보다는 책임회피적 형식적 공청회
* 의사회와 약사회가 벌인 극단적 이해대립과 로비활동 등 숙의 의정도 결여</td></tr>
</table>

성찰성			
		합의의 정도	* 먼저 사회적 합의를 도출하기 보다는 정부의 '선시행, 후보완'이라는 의약분업정책 추진 * 의약분업에 불만이 많고 저항이 높은 의사집단의 요구와 이익을 수용에 치우침
	인간의 존엄성 실현	직접	* 약물의 오·남용 방지, 약사의 임의조제를 막아 양질의 의료서비스 제공한다는 취지는 좋음
		간접	* 국민의 환자로서의 알권리를 신장한 점은 긍정적임
		저해	* 하지만 보험 진료비 증가 초래 * 의약분업 실시로 많은 환자들이 병원과 약국이라는 이중 절차의 번거로움에 시달리는 결과 초래
	신뢰받고 성숙한 공동체 실현	직접	* 당초 정책은 의료계의 투명성과 이로 인한 의료계와 국민 사이의 신뢰형성을 의도
		간접	* 하지만 의료계의 극단적 의료파업은 국민의 생명을 볼모로 자신의 이익을 관철시킬 수 있다는 의료계에 대한 국민적 불신을 초래
		저해	* 의약분업 추진과정에서 정부가 보여준 임기응변식 정책수정 및 지연, 왜곡집행은 정부가 의료계와 국민의 신뢰를 얻는데 실패

5) 전체 내용에 대한 요약

**정책
사례** cases in policy

의약분업 정책사례

1. 개요

정부는 1963년 약사법개정을 법적 근거로 사회복지적인 차원에서 약물의 오·남용을 방지하여 국민의 생명건강을 보호한다는 취지로 1997년부터 3년간 의사회·약사회가 정부의 의약분업 정책 도입 내용에 대한 반대를 하며 참여 주체들 간의 다양한 이해관계와 이합집산 그리고 갈등과 투쟁을 통하여 정책 합의안을 이끌어낸 사례이다.

2. 쟁점

본 정책사례와 관련된 쟁점은 1) 정책수단 확보가 정당하였는가? 2) 정책대상 집단 간의 갈등관리가 올바르게 이루어졌는가? 3) 정책집행 및 정책평가에 있어 정책행위자들의 의견이 올바르게 수렴되었는가? 하는 점이다. 여기에서는 이를 생산성, 민주성,

성찰성의 관점에서 분석하고자 한다.

3. 분석

① 생산성: 정책의 기본목표인 약물의 오·남용 방지에도 실패하였다고 평가될 수 있으며, 건강보험 재정부담 증가, 보험수가 및 의료수가 등의 인상으로 인해 국민의 경제적 비용부담 증가 등으로 그 부정적인 효과가 나타나고 있으며 현재 전면적인 개정을 논하고 있는 실정이다.

② 민주성: 의약분업정책의 경우 절차의 준수가 기본되어야 함에도 국회상임위원임, 부실통계에 근거한 정책시행, 형식적인 공청회와 협의, 밀어붙이기식 행정으로 절차적 민주성은 미약한 것으로 분석된다. 또한 의약분업은 전 국민과 관련한 중요한 공익정책이므로 사전에 충분한 참여와 숙의를 통해 모두가 동감할 수 있는 합의를 이끌어내어야 했음에도 초기 단계에서 관련당사자의 참여 부족, 정책추진 과정의 시의적절한 정책평가의 부족, 모든 당사자와의 합의 도출 실패 등 실체적 민주성을 확보하지 못했다.

③ 성찰성: 의약 분업은 궁극적으로는 전 국민에 대한 의료환경 개선으로 생명권을 더욱 보장하기 위한 정책이었다. 하지만 의료파업 등에서 나타났듯이 오히려 환자의 생명을 위협했으며, 의료비 절감과 그로인한 의료서비스 개선의 목적은 거의 이루어지지 않아 인간의 존엄성 실현이라는 정책의 궁극적 목적 달성에 상당 부분 실패한 정책으로 평가된다. 또한 성공적인 의약분업을 통해 의료계간, 의료계와 국민, 정부와 의료계 및 국민과의 신뢰형성에 기여할 수도 있었다. 하지만 의약분업정책은 사회적 갈등만 증폭시켰고, 그 결과 상호간 불신의 폭만 넓혔다고 평가할 수 있다.

3. 한양약분쟁 정책분석

1) 사례개요

한양약 분쟁은 보건사회부(현 보건복지부)가 1993년 1월 30일에 약사법 시행규칙 제11항 제1항 제7호, "약국에서 재래식 약장 외의 약장을 두어 이를 깨끗이 관리해야 한다"를 삭제한, 즉 한약장 규제규정 삭제 및 무면허 약사의 조제행위에 대한 처벌완화 등을 담은 시행규칙 개정안을 입법예고한데서 시작되었다. 이에 대해 한의대생의 수업거부와 약사의 한약 제조권 반대 서명운동 등으로 인하여 6월 30일 보사부가 한약분쟁해결을 위한 「약사법개정추진위원회」(약개추)를 발족하였다. 보사부는 총 여섯 번의 약개추를 개최하여 9월 3일 새로운 약사법개정안, 즉 "한약의약분업은 앞으로 여건이 성숙한 뒤 별도로

법을 개정해 추진. 일단 한의사는 현행대로 한약을 조제하고, 이미 한약을 취급해 온 약사의 기득권을 감안 한약제조를 허용"한다는 내용을 주요 내용으로 한 개정안을 발표하였으나 한의사회와 약사회 모두 이에 반대의사를 밝혔다. 경제정의실천연합(경실련)이 반대를 중재하여 보사부가 경실련의 중재안을 일부 수용하면서 10월 8일 약사법개정안 최종안, 즉 "약사의 한약 조제 원칙적 금지. 예외적으로 기존약사 및 법시행 이전 약대 재학생에게 응시자격 2회부여"한다는 내용을 발표하였다. 이 최종안에 대해 약사회는 수용불가를, 한의사회는 수용의사를 표명하였으나, 12월 17일 이 약사법개정안이 국회본회의를 통과함으로써 일단락된 사례이다.

(1) 분쟁의 촉발

1993년 이전에도 한의사회와 약사회 간의 분쟁은 잠복과 표출을 계속하였다. 해방 이전에 한의사는 의사로서 인정받지 못하다가 1953년 약사법 제정으로 의료제도는 의사와 한의사로 이원화되었고, 의약제도는 불안정하지만 약사로 일원화되었다. 1970년대에 한의사회는 약사의 한약조제금지를 요구하였고 1980년대에는 약사회의 반발로 정부가 약사의 한약조제를 단속하지 못한 채 오다가 1993년에는 심각한 갈등을 표출하게 되었다. 한약분쟁의 핵심은 한약을 누가 취급하느냐의 문제였다. 약사법 개정안에 약국에 한약장을 설치하는 문제가 포함되자 그간 약사가 한약을 취급하여 왔던 것에 반대하여 왔던 한의사들이 대응하면서 분쟁이 촉발되었다.

(2) 시행규칙 개정안과 이익갈등의 발생(1993년 1월 ~ 6월): 미래상황에 대한 예측 미흡

약사법시행규칙의 삭제로 인해 초래될 수 있는 미래상황을 제대로 예측하지 않은 채, 1993년 1월 보사부가 약사법 시행규칙 개정안, 즉 "약국에서는 재래식 한약장 이외의 약장을 두어 이를 청결히 관리하여야 한다"는 조항 삭제하는 것을 입법예고함으로써 이후 한의사회의 심각한 반발을 초래하였으며, 이는 한의사회와 약사회의 실력행사로 이어졌다.

한의사회가 약사법 개정안에 대해 약사의 한약조제를 보장하는 조치이며 한의학 말살 정책이라고 반대하고 1993년 3월 한의대생이 데모를 시작하였으며, 신문광고전, 약사법 개정 청원의 행동이 이어졌고 이에 반대하는 약사회도 반대 청원을 국회에 제출하였다.

5월에 국회에서는 공청회 개최를 개최하여 논의하였으나, 약사회가 정부의 약사법 개정 반대를 계속하자 정부가 약사법 개정 계획을 철회하였다.

(3) 분쟁해결을 위한 정부개입(1993년 6월 ~ 9월): 정책대상자의 의견 수렴의 미흡

정부가 분쟁해결 시도를 위해 '한약분쟁해결을 위한 약사법 개정추진위원회'를 설치하여 한약분쟁은 정부의제로 전환되었다. 총 여섯 차례에 걸친 회의와 공청회를 거쳐 9월 정부가 약사법 개정안, 즉 "한약의약분업은 앞으로 여건이 성숙한 뒤 별도로 법을 개정해 추진. 일단 한의사는 현행대로 한약을 조제하고, 이미 한약을 취급해 온 약사의 기득권을 감안 한약제조를 허용"한다는 내용을 발표하였으나, 한의사회, 약사회, 시민단체가 모두 반대함으로써 정부 중재 노력이 실패로 돌아갔다.

한의사회와 약사회의 집단행동 격화, 집단 폐업 결의, 결의대회를 개최하였고, 이에 정부는 보사부 차관 경질 및 강경대응 원칙 표명하고, 한의대생 3,153명을 집단 유급 확정하였다.

(4) 경실련의 개입과 분쟁의 조정(1993년 9월 ~ 12월): 정부 정책(약사법 개정안) 결정 후 정책대상자에 반발에 따른 정책집행의 표류 및 수정

경실련이 정부안에 반대하면서 자체 대안을 발표하고 한의사회와 약사회의 동의를 얻어 '한약조제권 분쟁해결을 위한 조정위원회'를 구성하였다. 9월 20일 조정위원회는 한의사가 한방의약분업을 수용하고 약사회는 의약분업의 상대를 한약사로 인정한다는 원칙하에 합의안을 이끌어 냈다.

합의안에 대해 한의사회는 수용, 약사회는 반대하고 무기한 휴업에 돌입하자 여론이 약사회를 비난하였고, 정부는 집단휴업을 불법으로 고시하고 '독점규제 및 공정거래에 관한 법률' 위반행위로 약사회 간부들을 검찰에 고발, 사법 처리하자, 하루 만에 휴업을 철회하고 대국민 사과문을 발표하였다.

정부는 경실련의 조정안에 대하여 반대하다가 이를 전격 수용하는 약사법 개정안을 확정 발표하였다. 이에 대해 언론, 시민단체, 보건전문가들은 대체로 찬성하였다. 그러나 약사회가 반대하여 수업거부에 들어가고 한의사협회도 한약사제도에 반대하였으나, 결국 정부는 약사법 개정안을 10월 26일 국회에 상정, 12월 17일 국회 본회의에서 통과시킴으로써 문제는 일단락되었다.이후, 이 분쟁은 1995년 8월부터 1996년 2월 말까지의 개정 약사법에서 합의한 한약학과를 어느 대학에 설치할 것인가, 한약사 자격시험의 출제를 누가 담당해야 하는가 등을 둘러싼 갈등으로 이어짐으로써, 이 사안을 둘러싼 갈등은 근본적인 해결을 보지 못하고, 갈등의 불씨는 잠재된 형태로 남아있는 형국이 되었다.

2) 사례쟁점

(1) 정책단계별 실패요인 및 조치방안

한양약정책사례의 실패요인과 조치방안을 정책단계별로 살펴보면 다음과 같다.

㈎ 정책의제 설정단계

한양약분쟁 정책은 의제설정 단계에서 본질적인 문제 해결을 위한 정책이 아닌 임시변통식의 비전이 없는 정책의제를 설정하였고 약사법 시행 규칙의 삭제로 인해 초래될 수 있는 미래상황에 대한 예측이 미흡했다는 문제가 있었다. 이 정책은 정부 정책의 장기적 비전 설정과 정책으로 인하여 나타날 수 있는 미래상황에 대한 예측의 중요성을 시사해 준다.

㈏ 정책결정단계

정책결정단계에서는 첫째 문제는 정책대상자들의 의견 수렴 부족이다. 관련 논의가 오랜 시간 이루어졌음에도 약사측의 입장만을 받아들여 다른 집단의 반발을 초래하였다. 두 번째 문제는 최종 정책결정자의 시혜적인 결정이다. 이에 따라 최초의 정책이 한의사들의 반대로 수정되고 절충적으로 집행되는 파행이 초래되었다. 따라서 이 정책은 정책관련 이해관계집단들을 충분히 참여시켜 의견수렴을 할 수 있는 제도적 장치와 관련 집단들의 상이한 입장을 조정할 수 있는 조정시스템 그리고 최종 정책결정자의 리더십의 중요성을 지적해주고 있다.

㈐ 평가 및 환류단계

정책평가 및 환류단계의 가장 큰 문제점은 정책이 결정 후 입법예고 상태에서 수정되었다는 점이다. 정책결정 후 한의사들이 반발하자 정책 집행이 보류되었고 그 후 최초 정책이 수정되는 결과를 초래하였다. 결국 정부는 관련 집단들의 이해관계에 끌려가는 정책결정 형태를 보여줌으로써 정책비용과 정책불신을 초래하였다.

(2) 쟁 점

본 정책사례의 쟁점은 1) 정책이 정책문제 해결과 인과적 타당성이 있는가? 2) 정책결정단계에서 관련 집단들의 의견을 민주적으로 수렴하였는가? 3) 정책관련 집단들의 갈등관리가 잘 이루어졌는가? 라고 볼 수 있다. 이를 아래에서는 생산성(효과성, 능률성),

민주성(참여성, 숙의성, 합의성), 성찰성(당위성)의 관점에서 분석하고자 한다.

(3) 학습조치방안

본 정책사례에서의 학습조치방안을 정리하면 다음과 같다.

① 정책 실명제 도입 및 정책 타당성 사전체크리스트 도입(정책결정)
② 정책대상 집단 간 첨예한 대립을 보이는 정책의 경우(이 사회의 경우 한의사회와 약사회)에는 양 집단의 의견수렴 절차를 강화 ⇒ 한쪽에 치우치지 않는 균형잡힌 합의안 도출 및 분업모형 유도 필요(정책의제설정, 정책집행)
③ 정책결정에 있어서 정치적 영향력 배제를 위한 시스템 구축(정책평가 및 환류)
④ 정책결정자의 정책결정과정 상의 합리적 판단을 위한 관계부처의 교육 훈련 및 학습시스템 구축(정책결정)

3) 정책분석

(1) 생산성(효율성)

생산성의 측면에서 효과성과 능률성을 중심으로 분석하면 다음과 같다.

(가) 효과성

한양약 분쟁에서 약사법 시행규칙의 개정안은 기존의 의료체계의 혼란과 무질서를 바로잡는다는 데에서 출발하고 있다. 1980년대가 지나오면서 발전된 경제체제하에서 한약(보약)에 대한 수요는 급증했다. 그러나 의약분업이 실시되기 이전에 한국의 의료체계는 한약과 양약의 제조권이 누구에게 있는가에 대한 명확한 규정이 없었다. 수요가 증가함에 따라 황금 알을 낳는 시장이 된 한약분야를 과연 의사나 약사도 다룰 수 있는지에 대한 문제, 더 나아가 의약분업이 실시하게 되면 어떻게 직역에 범위가 나눠질 것인지에 대한 문제를 내포하고 있었다. 따라서 한·양약 제조권의 소재를 명확히 밝히고 의사, 한의사, 약사의 직역을 명확히 구분하는 일은 각각의 직능의 범위를 밝히고 그에 맞은 의료서비스를 제공하게 함으로써 의료소비자의 요구를 만족시키고, 각자에게 요구되는 전문성을 갖추게 하는 효과를 거둘 수 있다는 점에서 정책의 목표 설정의 효과성은 평가될 수 있다.

(나) 능률성

한양약 분쟁은 의료산업분야라는 한 산업분야 내 직역이 어떻게 구분되는가에 따라 의사, 한의사, 약사의 이익이 달라짐에 따라, 이익집단간의 갈등과, 그에 따른 피해라는 정책비용을 수반할 수밖에 없다. 의료산업계에 명확한 직역의 구분은 필요하고도 바람직한 정책목표이지만, 능률성이 비용대비 산출이라는 점에서, 능률적인 정책이라고는 평가할 수 없다. 특히 한·양약 분쟁 사례의 경우 미래상황을 예측하지 못한 정책의제 설정과 관련 집단들의 합의를 도출하지 못하고 표류하던 정책은 이익집단의 거센 충돌을 불러왔다. 한의대생들의 수업거부에 따른 단체 유급, 약사들의 집단휴업 등 결국 국민 전체에게 피해를 주고만 이 정책은 결국 여론의 반발이 거세지자 경실련의 절충안을 많은 부분 수용하여 정책 결정을 강행하는 모습을 보여주었다. 정책비용에 비하여 결정된 정책은 근본적 해결을 미루고 있는 미봉책에 불과했으며 분쟁의 여지를 여전히 남겨두고 있다는 점에서 이 정책의 능률성은 많은 문제점을 안고 있다.

(2) 민주성(참여성)

민주성의 측면에서 절차적 민주성, 실체적 민주성을 중심으로 분석하면 다음과 같다.

(가) 절차적 민주성(절차적 적법성, 절차적 타당성)

약사들의 한약 제조권을 허용하는 의미를 내포할 수도 있는 약사법 개정안을 정부가 관련 이익집단의 참여 없이 논의하여 입법예고했다는 점은 이미 갈등을 예고하는 것이었다. 이러한 이익집단과 관련된 문제를 정책 형성하고 집행하는 과정에 관련 이익집단이 적절한 참여를 할 수 있는 제도를 마련하지 않음으로써 이익집단들의 갈등이 양보 없이 극단적으로 표출되는 결과를 낳았고, 이런 관점에서 절차적 민주성은 평가받기 어려운 정책으로 남게 되었다.

(나) 실체적 민주성(참여, 숙의, 합의의 정도)

정책의제설정 단계에서 충분한 참여와 합의 없이 이루어진 약사법개정안 입법예고는 정책순응에 대한 실패를 초래하였다. 정책결정단계에서는 이 문제가 오랫동안 논의가 되었음에도 약사측도 한의사측도 자신의 입장만을 주장하며 상대방의 의견을 고려하지 않았다. 결국 정책은 합의되지 못하고 표류하게 되었고, 밥그릇 싸움에 지친 여론의 반발이 거세지자 이 문제는 절충안으로 결정하였고 갈등은 수면 밑으로 일시 가라앉은 형국을 띠게 되었다. 충분한 참여와 대화와 토론 그리고 합의의 정신이 있었는지에 대해 많은 비판과 성찰 여지를 남긴 사례이다.

(3) 성찰성(당위성)

(가) 인간의 존엄성(인권, 정의, 존엄) 실현

국민에게 의료서비스를 제공하는 데 있어서 의료산업의 직역구분을 명확히 함으로써, 전문성을 확보하고 의료 서비스 제공 수준과 분야에 따른 적절한 투자를 통해 국민에게 적절한 의료비용을 지출하게 하려는 정책의 의도는 인간의 존엄을 확보하기 위함이라고 볼 수 있다. 그러나 정책의제설정과 정책결정 단계에서의 민주성의 결여는 관련 집단들의 반발이 약사들의 집단 휴업 등으로 나타남으로써 국민들의 건강을 담보로 한 집단 이기주의와 집단 이익보호의 싸움으로 변질되었다.

(나) 신뢰받고 성숙한 공동체 실현

국민은 한학과 양학이 국민의 건강과 의료를 위하여 상호 이해와 협력하기를 바란다. 또한 이를 통하여 학문적으로도 발전을 도모하고 공동의 이익을 증진시킬 수 있다. 그러나 한·양약 분쟁은 한약의 조제권을 둘러싸고 직역간의 배제와 독점을 이루려는 분쟁의 성격을 가지고 있는 사건이었으며, 이는 국민들에게 의료계에 대한 불만과 불안, 이를 제대로 해결하지 못하는 정부에 대한 불신을 일으켰다. 이와 같은 측면에서 한·양약 분쟁은 신뢰받고 성숙한 공동체 실현에 있어서 오히려 이를 저해하는 사건이었다. 하지만 다른 한편으로는 해결과정에 있어서 이해갈등을 해결하는데 있어 정부만이 아니라, 언론, 시민단체 등의 시민사회 영역의 역할에 대한 기대가 확대된 점은 긍정적인 측면으로 평가될 수 있다.

4) 요약 및 정리

생산성		효과성	* 의료서비스 분야의 직역 명확화에 따른 적절한 의료서비스 제공
	능률성	산출대비 비용이 적은 정책	* 갈등의 심화로 심각한 정책 비용 초래
		비용대비 산출이 높은 정책	* 갈등으로 인한 정책 비용에 비하여 분쟁의 여지 남긴 정책결정
민주성	절차적 민주성	절차적 적법성	* 참여자들의 비합법적인 수단의 강행
		절차적 타당성	* 이익집단들의 민주적 참여를 보장하는 시스템의 부재

성찰성	실체적 민주성	참여의 정도	* 정책의제설정과정에서 이익집단들의 배제
		숙의의 정도	* 사려깊은 고려없이 한쪽의 이익 집단의 손을 들어준 정책결정
		합의의 정도	* 적절한 합의점을 도출하지 못함
	인간의 존엄성 실현	직접	* 국민에게 필요하고도 적절한 분야의 의료서비스 제공
		간접	* 의약계에 대한 국민들의 불신 초래
		저해	* 국민의 건강을 담보로 한 타협점 마련
	신뢰받고 성숙한 공동체 실현	직접	* 새로운 정책갈등의 해결자로서 시민단체 등장
		간접	* 이익집단의 갈등과 이를 해결하는 새로운 민주주의 과정 제시
		저해	* 의료업계에 대한 불신과 이를 적절히 해결하지 못한 정부에 대한 불신 초래

5) 전체 내용에 대한 요약

정책 사례 *cases in policy*

한·양약 분쟁

1. 개요

한·양약 분쟁은 보건사회부(현 보건복지부)가 1993년 1월 30일에 약사법 시행규칙 제11항 제1항 제7호를 삭제한 시행규칙 개정안을 입법예고한 것에 대해 한의대생의 수업거부와 약사의 한약 제조권 반대 서명운동 등으로 촉발되었다. 이에 대해 정부는 한약분쟁해결을 위한 총 여섯 번의 약사법개정추진위원회를 개최하여 9월 3일 새로운 약사법개정안을 발표하였으나, 한의사회와 약사회 모두 이에 반대의사를 밝혔다. 반대를 경제정의실천연합(경실련)이 중재하여 보사부가 경실련의 중재안을 일부 수용하면서 10월 8일 약사법개정안 최종안을 만들었다. 이에 대해 한의사회는 수용하였으나 약사회는 반대하여 집단 휴업하는 등 반발이 있었으나, 12월 17일 이 약사법개정안이 국회본회의를 통과함으로써 일단락되었다

2. 쟁점

본 정책사례와 관련된 쟁점은 1) 정책이 정책문제 해결과 인과적 타당성이 있는가? 2) 정책결정단계에서 관련 집단들의 의견을 민주적으로 수렴하였는가? 3) 정책관련 집단들의 갈등관리가 잘 이루어졌는가? 하는 점이다. 여기에서는 이를 생산성, 민주성,

제4부 정책분석론: 사례·윤리·맥락

성찰성의 관점에서 분석하고자 한다.

3. 분석

① 생산성: 우리나라의 의료체계가 직역이 명확히 구분되지 않아 많은 혼란을 내포하고 있는 상황에서 의약분업을 예비한 한·양약 제조권의 소재를 정하는 일은 한의사, 의사, 약사의 의료서비스 제공 분야를 명확히 해 국민에게 적절한 의료서비스를 제공하도록 하는 효과가 있다. 그러나 이익집단의 이해관계가 얽혀 있는 정책결정은 이익집단 간의 갈등에 따른 비용을 수반하였다.

② 민주성: 정책의제설정과정에서 이익집단의 이해관계를 적절히 반영할 수 있는 제도적 장치와 정책결정자들의 관련 이해부족으로 이익집단의 참여가 이루어지지 않았고, 이로 인해 일방적으로 정책이 결정되었다. 그 결과 합의도출은 실패되었고, 이익집단 한쪽의 반발을 남겨둔 채 마무리되어 분쟁의 씨앗을 남겼다.

③ 성찰성: 한양약제조권의 소재를 명확히 해 의료서비스 간 직역구분을 하는 것은 국민에게 적절한 의료서비스를 제공함으로써 인간의 존엄을 실현하는 일이다. 하지만 이를 위해 정책을 실현하는 과정이 민주성을 고려하지 않은 일방적인 것이었기 때문에 갈등관리에 실패한 정책으로 분석되며, 이는 국민의 불신과 불안을 초래했다는 점에서 성찰성 측면에 많은 아쉬움을 남긴 정책으로 평가된다.

4. 화물연대파업 정책분석

1) 사례개요

(1) 화물연대 파업 발단의 이유

2003년 5월 2일 화물연대가 집단적으로 운송을 거부하면서 전국적인 물류차질이 야기되었다. 부산항, 광양항, 울산항 등 주요 수출 항구의 출하작업이 중지되고, 전국의 컨테이너 물류는 마비되었다. 화물연대와 관련을 맺고 있는 국내의 철강, 섬유, 화학 등 기업들 또한 꽉 막힌 유통으로 인해 운영 중지가 불가피하였으며, 이로 인해 국가 경제의 중심은 흔들리게 되었다. 결국 파업 돌입 14일여 만에 정부와 화물연대의 협상으로 막을 내린 화물연대파업은 경제적·사회적으로 큰 타격을 주었으며, 나아가 대외신뢰도까지 하락되는 등 한국 경제에 치명적인 상처를 낳았다.

㈎ 물류 구조의 악순환과 현행 제도에 대한 불만

전국 운송하역 노조 화물연대가 내건 파업이유는 생존권 확보였다. 화물연대의 도로 물류 비중은 국내 물류의 90% 이상을 차지하고 있지만, 물류 구조는 '전근대성'을 면치 못하고 있었다. 여기에 계속된 경유값과 통행료 인상, 지입제로 인하여 다단계를 거치며 운전사에게 돌아오는 운임은 월 70만원 정도로, 도저히 생계를 지탱할 수 없을 정도의 생활고를 겪고 있는 것이었다. 따라서 화물연대 포항 및 경남 지부는 이에 따라 다단계 알선의 폐지, 운임인상 등 화물연대의 기초적인 생활권 보장을 위한 요구를 요청했으나, POSCO 등의 화주업체는 화물연대와의 협상을 거부하는 것은 물론, 화물연대 노조를 탄압하기 시작했다. 게다가 빚과 생활고로 비관하던 조합원의 자살은 파업의 동기를 더욱 자극시키는 원인이 되었다.

화물연대는 정부에 사업용 자동차에 대해 부과하는 경유세 인하, 도로 통행료 인하 및 요금체계 개선, 화물노조를 억압하는 지입제 폐지 등 물류 구조와 제도 개선을 위한 협의기구 구성 등의 10개항을 요구하고, 이것이 받아들여지지 않을 경우 전국적인 강력한 투쟁을 벌이겠다고 밝혔다.

(나) 화물연대의 10대 요구안

① 직접비용 인하
  ⓐ 사업용 자동차에 부과되는 경유세 인하
  ⓑ 도로비 인하 및 요금체계 개선

② 전근대적인 물류체계의 타파
  ⓒ 지입제 철폐
  ⓓ 지입차주 차량 소유권 보장
  ⓔ 다단계알선 근절
  ⓕ 면허제 등 수급조절 기구 및 제도 마련

③ 노동조건 및 환경 개선
  ⓖ 지입차주 노동3권 보장
  ⓗ 과적 단속 제도정비
  ⓘ 고속도로 휴게소 운영개선
  ⓙ 노정협의기구 구성

(2) 전개 과정 및 파업 결과

5월 2일 포항투쟁을 시작으로 각 지부별로 파업투쟁에 돌입함으로써, 물류파업의 위력과 화물연대의 존재가 수면으로 떠오르기 시작하였다. 정부와 화주업체는 화물파업의 막대한 영향력에 당황하면서 뚜렷한 해결방안을 제시하지 못한 채 상황은 악화되었다. 이로 인해 화물연대 파업은 전 사회의 최대 현안으로 부각되면서 모든 언론과 국민의 주목을 받기 시작하였다. 정부는 포항지역에 공권력을 투입하겠다고 선언을 하였으나, 실제로 실행되지는 못하였고, 이러한 상황에서 7일 파업지원과 동참을 호소하던 한 노동자의 사망은 부산지부에서 대 정부 10대 요구안을 위한 전면 파업투쟁을 전개하는 데 불씨가 되었다.

화물연대는 상반기 파업투쟁을 통해 엄청난 힘과 파급력을 가진 물류파업으로 교섭에 안일하게 대처하던 정부와 화주, 운송 업체 등을 교섭에 참여하게 했으며, 화물노동자의 생존권 요구와 잘못된 법, 제도, 관행, 중간착취의 실태를 상세하게 세상에 알려냄으로써, 전 사회적 쟁점으로 부각시키는 성과를 쟁취했다.

그러나 장기화된 화물연대파업으로 인하여 화물의 반출이 마비되어 국가의 수출경제가 마비된 것은 물론, 수출차질로 인한 가시적 경제적 손실만 5.4억 달러에 이르며, 또한 21세기 동북아 물류 중심에서 무역에 역점을 두던 우리나라는 이번 파업으로 인하여 대외신뢰도 하락이라는 돌이킬 수 없는 치명적 위기를 맞이하게 되었다.

물류대란으로 야기된 구체적인 피해규모는 화물연대노조 파업이 일어났던 전과 비교하면하루 평균 수출액이 1억 2천 400만 달러로 파업이전인 2003년 1월 1일부터 5월 8일까지(1억 9천 300만 달러)보다 무려 36.6% 감소했다. 하루 평균 6천 900만 달러의 수출액이 줄어들면서 5일 동안 3억 4천 500만 달러의 수출 차질이 발생한 것이다. 파업기간 부산항과 광양항의 하루 평균 수출액은 각각 1억 900만 달러와 1천 500만 달러로 파업이전의 1억 7천 400만 달러와 1천 900만 달러에 비해 각각 37.5%와 18.9% 감소했다.

화물연대파업 관련기사

물류대란, 정부 각 部處 "내 책임 아니다" 수수방관

"예전에 이런 문제는 국가정보원이 총괄했는데 …, 지금은 이 문제를 처리하는 곳이 청와대 어느 부서인지 헷갈린다." 노무현 대통령이 화물연대 파업을 계기로 청와대 내의 위기관리시스템 부재를 지적하면서 한 말이다. 당초 포항지역에 국한됐던 화물연대 파업이 전국적으로 확산되는 등 물류대란을 야기한 데는 노 대통령의 지적처럼 무엇보다도 청와대를 비롯한 정부의 잘못이 컸다는 지적이다. 정부가 이번 화물연대 파업과정에서 잘못한 점은 크게 세 가지다. 첫째는 국토교통부 행정안전부 고용노동부 등 화물연대 파업과 관련 있는 정부기관들이 서로 '주무'를 떠넘기다 초기 대응이 늦어졌다는 점이다. 둘째는 정부차원의 위기관리 시스템이 없다는 것이고, 마지막으로는 현 정부의 일관된 친 노동자 정책을 들 수 있다.

정부 부처 떠넘기기와 늑장대응

정부가 화물연대와 협상에 나선 것은 지난 2003년 4월 21일부터였다. 그러나 정부가 화물연대의 요구에 난색을 표명하면서 협상에 별 진전이 없자 화물연대는 실력행사에 나섰다. 4월 28일 고속도로 서행운전을 시작으로 지난 2일부터는 포항지역에서 파업에 돌입했다. 그러나 정부가 적극적으로 움직이기 시작한 것은 5월 6일 국무회의에서 노 대통령이 최종찬 국토교통부장관에게 호된 질책을 한 다음부터다. 정부는 화물연대 파업이 사흘이 지나도록 관계부처 장관회의 한 번 없었으며, '지금이 위기상황'이라는 인식이 없었던 것이 사태가 심각한 상황에 이르게 된 또 다른 이유이다. 이 사례에는 국토교통부, 고용노동부, 산업통상자원부 등 여러 부처가 관련돼 있다. 각 부처 간 공조체제가 가동되지 않고서는 종합적인 대책이 나올 수 있는 상황이 아니었다. 그러나 각 부처는 자신들의 소관사항이 아닌 문제는 어찌할 도리가 없다며 다른 부처에 일을 떠넘기면서 적극적으로 문제해결에 나서기를 꺼려했다.

위기를 부르는 분쟁 조정시스템 미비

이번 화물연대 파업을 풀기 위한 협상은 당초 한 테이블에서 일괄적으로 이뤄지지 못하고 각 지부별로 또는 노·사, 노·정 간 협상이 따로 이뤄지는 등 다층구조를 지니고 있었다. 물론 화물연대 자체가 노동자성이 인정되지 않는 사업주 집단이라는 것도 문제지만 국가 산업 경쟁력에 큰 위기를 불러올 수 있는 분쟁이 터졌을 때 이를 중간에서 조율할 수 있는 기구가 없다는 점 또한 중요한 문제점으로 지적되는 것은 바로 그런 이유 때문이다. 이번 파업으로 막대한 손실을 입은 재계의 한 관계자는 "민간 기업도 위기상황을 총괄하는 부서와 시스템이 있기 마련"이라며 "일차적으로는 법집행을 엄정하게 해야 하지만 정부도 사회적 분쟁 조정을 총괄 담당하는 시스템을 갖춰야 한다"고 말했다.

＊ 자료: MBN, 2003. 5. 12.

2) 사례쟁점

정책단계별 실패요인과 조치방안을 설명하면 다음과 같다.

(1) 정책단계별 실패요인

㈎ 의제형성과정

화물연대의 파업에 대한 정부 정책의 첫 번째 실수는 정책의제 설정단계에서 화물연대 파업의 근본적 원인과 그 심각성을 제대로 파악하지 못했다는 점이다. 화물연대는 파업을 단행하기 전에 이미 자신들의 입장과 심각한 물류구조의 문제를 언급하며 정부의 빠른 응답을 요청해 왔다. 그럼에도 불구하고 노동정책에 있어서는 자신감을 내보이던 정부는 낙관적인 전망으로 시간을 끌어온 결과, 파업돌입 후에야 화물연대파업대책의 의제를 설정하는 등의 시급한 현안에 대해 안일한 태도를 보였다. 즉, 파업이 일어나기 전, 그것을 예방하기 위한 차원에서의 정책의제형성이 아니라, 문제가 심각해지자 뒤늦게 의제형성과 정책도입단계를 거친 정부의 태도는 문제에 대한 적절한 대응시점을 놓침으로써 파업으로 인한 화물 반출의 마비와 거대한 경제적 손실이 초래하였다.

또한 정부 내 스스로의 해결의지를 내보이며 정책의제를 형성했다기보다는 문제의 심각성을 먼저 접한 언론과 여론의 질타와 비판으로 인해 진행된 면이 없지 않아 있어, 정부의 정책의제형성과정의 허점을 드러내고 있다. 요컨대, 화물연대파업 정책사례는 정부의 문제발생가능성 예측시스템의 부재와 초기 문제발생 후에도 사태의 중요성과 심각성, 사회적 파장 등을 간과한 점은 이 정책실패의 핵심 요인으로 생각된다.

(나) 정책결정과정

화물연대파업정책에 있어 정책결정 과정상의 문제는 적시성에 관한 것이다. 이 단계에서 나타난 가장 큰 문제점은 분쟁 발생 초기, 정부의 정책대응과정에서 부처 간의 업무책임 소재를 놓고 그것을 조율하는 데 많은 시간을 낭비하여 중요한 대응시기를 놓쳤다는 점이다. 화물연대의 요구사항은 국토교통부와 고용노동부 산업통상자원부 등 여러 부처가 관련돼 있었다. 따라서 각 부처 간 공조체제가 가동되지 않고서는 종합적인 대책이 나올 수 있는 상황이 아니었다. 그러나 각 부처는 자신들의 소관사항이 아닌 문제는 어찌할 도리가 없다며 다른 부처에 일을 떠넘기면서 적극적으로 문제해결에 나서기를 꺼려했다.

또한 엄청난 사회적 비용을 치렀음에도 불구하고 여전히 불씨가 꺼지지 않고 있는 화물연대 파업사태는 보다 구조적이고 근원적 해결보다는 문제를 봉합하는 데 급급했던 정부 노동정책의 한계를 보여주는 것이다. 문제의 원인에 대한 정확한 진단을 통해 근본적인 해결방안을 제시하는 접근보다는 사태 추이에 따라 눈가림식으로 대응하는 등의 미봉책을 제시하는 정부의 모습은 정부의 문제해결능력을 의심케 하는 것이었다.

(다) 정책집행과정

정책집행과정에서도 정부는 제대로 된 원칙을 정립하지 못하고 상황의 전개에 따라 대응방식을 달리하여, 화물연대뿐 아니라 정부 자신도 해결방식의 혼란을 가져왔으며, 화물연대와의 협상의 과정에서도 노·사의 입장 조율을 시도하기 보다는 문제를 재빨리 봉합하려는 태도로 일관해 결과적으로 2003년 5월 15일 화물연대와의 협상의 과정에서 화물연대측의 요구를 거의 다 수용하는 협상 능력의 부재를 드러냈던 것이다.

또한, 화물연대가 제시한 경유세 인하, 고속도로 통행료 인하, 물류 구조개선을 위한 제도적 뒷받침에 대한 협상에서 정부가 일방적으로 노조의 의견을 대폭 수용하는 쪽으로 합의를 이끌었으나, 이후 정부는 합의사항에 대해 미온적인 이행 태도를 보여, 8월에 다시 노조의 파업을 불러일으켜 전국적인 물류 대란을 초래하게 되는 등, 협의 결과에 대해서 제대로 된 정책집행을 실천하지 않아 노조로부터 신뢰를 잃고, 정부의 정책을 불신하게 만드는 원인을 제공하였다.

게다가 화물연대 파업을 풀기 위한 협상은 당초 한 테이블에서 일괄적으로 이뤄지지 못하고 각 지부별로 또는 노·사, 노·정 간 협상이 따로 이뤄지는 등 다층구조를 지니고 있었던바, 이러한 상황에서 국가 산업 경쟁력에 큰 위기를 불러올 수 있는 분쟁이 터졌을 때 이를 중간에서 조율할 수 있는 기구 혹은 제도적 장치가 없다는 점은 중요한 문제점으로 지적되었다.

(2) 정책단계별 조치방안

㈎ 정책의제형성 및 정책결정과정

정책의 결정 및 집행과정에서 정책결정자는 문제해결에 대한 확고한 원칙과 의지를 가져야 한다. 중요한 것은 문제의 심각성과 중요성을 포착하는 것인데, 외부로부터 타율적으로 의제형성에 대한 압력이 들어오기 전에 정부 스스로가 문제의 심각성을 신속하게 인지하고, 문제가 촉발되기 전 그것을 사전에 예방하기 위한 정책타당성 사전체크리스트와 정책반응모니터링제도가 마련되어야 한다.

또한 정책의 대응성과 적시성을 높여야 한다. 화물연대 파업사례와 같이, 파업이 일어나기 전부터 화물연대가 정부에 대해 현 물류구조의 심각성과 개선의지를 천명해 왔고, 정부가 하루 빨리 개입하여 시정해줄 것을 요청해 왔다면, 정책수립과 결정에 있어 그들의 의견을 반영하고, 정책에 관련한 모든 이해관계자들과 충분한 협의와 대책 마련이 있었어야 했다. 정부 부처 간의 협력과 조정은 현재 사회문제 대부분이 복잡하고 다양화되는 상황에서 필수 사항이다. 다급히 해결해야 할 문제를 두고, 관련 부처가 그 책임 소재를 두고 시시비비를 따진다면, 문제의 대응시기와 대응 포인트를 놓치게 되는 것은 당연하다. 따라서 제도적차원에서 범부처 차원의 논의기구를 마련하여 화물연대파업처럼 부처 간의 협력과 긴밀한 공조를 필요로 하는 사안이 발생할 경우 문제에 대해 심층적으로 논의하고 보다 신속하고 다각적인 해결방법을 강구하기 위한 제도적 장치가 마련되어야 할 것이다.

(나) 정책 집행 및 평가과정

정책의 집행과정에서 일관성 있게 추진하고자 하는 정부의 강력한 의지 및 리더십이 요구된다. 화물연대파업 정책사례는 정책의 전 단계에서 정부의 총체적인 문제해결능력의 부재를 지적하고 있다. 특히 정책 집행과정에 있어서는 일관성을 잃어버린 정책의 집행, 합의 사항의 준수에 대해 미온적으로 대처했다는 점에서 정책실패는 이미 예견된 것이다. 연대파업이나 물류대란과 같은 국가적 차원의 위기발생시 그 대응과정에서 사태의 전개에 대한 예측과 파급 효과에 대한 과학적이고 체계적인 분석이 이뤄져야 할 것이며, 이를 위해서 부처를 대상으로 하는 합동 학습시스템 및 브레인스토밍 프로그램을 개발·학습할 필요가 있다.

또한 정부 독자적이고, 일방적인 정책집행과 평가보다는, 정책과 관련된 이해관계자(화물연대 파업정책의 경우, 화주업체, 운송업체, 화물연대 및 민주노총) 및 시민단체 간 대화 및 협의 채널을 마련하고, 협의 과정 및 집행 평가 결과가 정책형성에 환류되어야 할 것이다.

(3) 쟁점

본 정책사례와 관련된 쟁점은 1) 정부의 늦장대응, 2) 위기관리에 대처하는 관계부처 간 협력체계 부재, 3) 정부의 총체적인 갈등관리 및 문제해결 능력 부족, 4) 미온적인 합의 이행 태도 및 일관성을 잃은 정책집행 등으로 요약된다.

화물연대 파업의 근본적 원인을 간과하고 그 심각성을 파악하지 못함으로써, 정부는 사전 예방에 소홀한 자세를 보였다. 화물연대가 파업하기 전에 그 신호를 감지했음에도 불구하고, 그것에 대한 심각한 고려나 정책대응을 간과함으로써, 보다 큰 피해를 야기했다. 또한, 정부와 노조는 당초 2003년 5월 15일 화물연대가 제시한 경유세 인하, 고속도로 통행료 인하, 물류 구조개선을 위한 제도적 뒷받침에 대한 협상에서 노조의 의견을 대폭 수용하는 쪽으로 합의를 이끌었으나, 이후 정부는 합의사항에 대해 미온적인 이행 태도를 보여, 8월에 다시 노조의 파업이 일어나, 전국적인 물류 대란을 초래하게 되었다. 마지막으로, 정부의 사전 예방적 활동의 부재, 주무부서의 주도적이고 적극적인 개입의 실패 등으로 인한 대응시기의 지연, 일관성 없는 정책 대응 등, 위기대처 능력의 미흡은 화물연대 파업 정책에 있어 총체적인 문제점으로 부각되었다.

이를 아래에서는 생산성(효율성), 민주성(참여성, 숙의성, 합의성), 성찰성(당위성)이라는 측면에서 분석하도록 한다.

(4) 학습조치방안

본 정책사례의 학습조치방안을 정리하면 다음과 같다.

① 정책이슈 판단부서의 정책수요 조기파악
② 정책타당성 사전체크리스트
③ 고객반응, 정책갈등 점검 등 정책결정단계에서의 정책반응모니터링 시행 의무화
④ 관계부서 간 대화 및 협의 정도에 대한 중간평가제도 도입
⑤ 정책결정자의 정책결정과정 상의 합리적 판단을 위한 관계부처의 교육훈련, 브레인스토밍
   및 학습시스템 구축

3) 정책분석

생산성 측면에서 효과성과 능률성을 중심으로 분석하면 다음과 같다.

(1) 생산성

⑺ 효과성

  화물연대파업에 대한 정책의 효과성 몇 가지로 나누어서 분석할 수 있다. 첫째, 화물연대파업에 대한 1차적 정책 목표는 파업국면을 진정시키고, 대화와 타협으로써 노동자들의 처우를 개선, 나아가 사회 통합적인 노사관계를 구축하는 것이었다. 정책이 집행되면서 많은 갈등과 잡음도 있었지만, 당시 이 정책의 집행으로 극단으로 치닫던 파업의 진정과 노동자들의 권익 신장은 목표는 어느 정도 달성되었다고 볼 수 있다.

  화물연대가 파업을 강행할 수밖에 없었던 이유는 생존권 확보 때문이었다. 화물연대 포항 및 경남 지부는 이에 따라 다단계 알선의 폐지, 운임인상 등 화물연대의 기초적인 생활권 보장을 위한 요구를 요청했고, 정부가 최종적으로 그들의 요구를 들어줌으로써 파업은 진정국면에 접어들었고 부당하고 열악한 환경에서 근무하던 화물연대소속의 노동자들의 권익을 보장받을 수 있게 되었다. 하지만, 이 정책은 정부의 늑장 대응, 미온적인 합의 이행 태도 등으로 인해 많은 문제점을 초래하였다. 정부의 늑장 대응으로 인해 파업이 승리를 낳은 선례를 만들고, 미온적인 합의 이행 태도로 인해 동조 파업을 연쇄적으로 파생시키는 결과를 초래했고, 일관되지 못한 정책 집행으로 인해 아직까지도 많은 분쟁의 불씨가 남아있다는 점 등 많은 부정적인 정책결과를 초래하였다.

(나) 능률성

화물연대파업이 장기화되면서 얻은 손실은 막대하다. 화물연대파업으로 인하여 화물의 반출이 마비되어 국가의 수출경제가 마비된 것은 물론, 수출차질로 인한 가시적 경제적 손실만 5.4억 달러에 이르며, 또한 21세기 동북아 물류 중심에서 무역에 역점을 두던 우리나라는 이번 파업으로 인하여 대외신뢰도 하락이라는 돌이킬 수 없는 치명적 위기를 맞이하게 되었다. 특히 대외 신뢰도의 하락은 계량적으로 추정할 수 없지만 개방화된 세계 경제체제하에서 외국 기업 투자 유치의 어려움 등 우리나라에 미치는 영향은 엄청나다고 볼 수 있다.

산업계 주요 피해

삼성전자	광주공장 특근(하루 2시간) 취소, 주말 가동 취소 고려
LG전자	창원공장 수출물량 일부 내수 전환, 미작업 컨테이너 물량 80% 육박
대우 일레트로닉스	용인공장 일부 수입원자재 재고 소진, 8평형 에어컨 생산 중단
오리온전기	구미공장 2개 라인 조업중단, 하루 20억 원 피해
환영철강	협상타결 불구 정상화 지연
한보철강	철강제품 공급 중단
LG화학	250TEU선전 지연, 피해규모 50억 원

게다가 정책집행의 일관성 부재로 인한 부수적 사회적 비용과 시간까지 합한다면, 화물연대파업을 해결하기 위해 국가적으로 든 비용은 상상을 초월한다. 이러한 막대한 비용에도 불구하고, 가시적인 정책성과는 거의 없다는 점을 고려할 때, 이 정책의 능률성은 매우 낮은 것으로 판단된다.

(2) 민주성(참여성)

민주성 측면에서 절차적 민주성과 실체적 민주성을 중심으로 분석하면 다음과 같다.

(가) 절차적 민주성(절차적 적법성, 절차적 타당성)

화물연대 파업으로 물류시스템이 마비되는 상황에서 불법파업엔 공권력 사용이 불가피함에도 불구하고, 정부가 사회 통합적 노사관계를 추구하며, 일하는 사람들의 삶의 질을 높이기 위해 중장기적으로 노사갈등과 파업을 줄이고 구속 노동자들을 최소화 시키는 것을 위해 공권력 투입을 자제하는 모습은 예전에는 찾아보기 힘든 모습이었다. 또한 부족하긴 했지만 정부는 화물파업연대와의 대화와 타협을 위해 노력했다는 점에서 보았을 때, 절차적인 민주성이 어느 정도 확보되었다고 할 수 있다.

그러나 정부는 화물연대 측에게만 경유세를 인하해주기로 합의, 택시·버스 등 다른 운송업체들과의 형평성에 어긋나는 정책을 수용해주는 등 법적 타당성에 있어서는 논쟁의 여지를 남겨두게 되었다.

(나) 실체적 민주성(참여, 숙의, 합의의 정도)
① 참여의 정도

화물연대파업 초기에 정부가 협상을 시도하지 않았다는 점, 화주업체 및 대형운송업체의 협상 불참 등 여러 문제점을 보였지만, 화물연대가 정부와 대형업체와 동등한 위치에서 협상에 참여하였고, 해결안에 있어서도 생존권을 확보하기 위한 화물연대요구를 전폭적으로 포용했다는 점에서 이 사례에서 보여준 참여적인 측면은 어느 정도 평가할 수 있다.

② 숙의의 정도

하지만, 정책위기가 촉발되기 전에 전근대식 물류구조에 대한 화물연대의 지속적인 문제제기와 개선요청에도 불구하고 사안의 심각성이나 파급효과를 간과하고 심도 있게 고려하지 않았던 점에서 많은 문제점을 드러냈다. 또한 정부가 주체적으로 사안의 문제나 해결 대안에 대하여 체계적인 대안 탐색이나 의제설정 과정이 부족하여 과학적이고 합리적인 정책결정이 이루어지지 않았다는 점도 문제점이었다. 무엇보다도 정책문제가 발생한 이후에도 정부가 늑장대응, 책임 떠넘기기 식의 대응 등을 통해 관련 부처가 문제해결에 대한 숙의의 정도가 낮았다는 점은 이 사례의 치명적인 문제점으로 지적될 수 있다.

③ 합의의 정도

화물연대와 정부, 화물업체 간의 합의는 다소 비대칭적으로 이루어졌다. 화물연대와 정부 간의 합의는 정부가 최종적으로 화물연대의 요구를 대폭 수용함으로써 높은 합의 결과를 보였으나, 협상과 조율 없이 이뤄졌다는 점에서 다소 비대칭적인 합의였음을 알 수 있다. 또한 그러한 합의의 결과를 대형 화물업체로 하여금 일방적으로 수용하도록 만든 측면이 있다. 정부와 기업, 시민단체 등 모두가 참여하고 보다 나은 대안을 위한 토의와 숙의의 과정을 통한 합의 도출이었다기보다, 화물연대가 제시한 대안을 토대로 실현가능하고 정치적 갈등이 적게 생길 것 같은 사항들을 채택한 듯한 인상을 지울 수 없는 사안이다.

그러나 사회적 약자였던 화물연대의 지위를 신장시키고, 그들의 생존권을 보장하는 내용을 기초로 된 합의라는 점에서 그 내용의 민주성은 평가받을 수 있을 것이다. 그런데 정작 문제점은 합의된 사항을 이행하는 과정에서 많은 문제점을 드러냈다는 점이다. 정부는 화물연대와의 타협을 2003년 5월 15일에 마무리 지으면서 파업이 진정국면으로 들어서는 듯했으나, 정부의 미온적인 합의 준수 및 정책의 비일관성은 그 해 8월의 화물연대의 2차 파업을 자극시키는 결과를 초래하였으며, 더 나아가 노동계 전체의 우후죽순격의 연쇄파업을 야기하게 되었다. 이러한 분쟁의 불씨는 2년이 지난 아직까지도 꺼지지 않고 있으며, 정부와 화물연대측은 아직도 합의와 합의된 내용의 이행에 대하여 난항을 겪고 있는 상황이다(부산화물연대 조합원의 분신자살, 2005년 9월; 화물연대 비상확대 간부회의 소집 및 대정부 요구안 제시, 2005년 10월 1일; 전면 파업위기 상존).

(3) 성찰성

(가) 인간의 존엄성 실현

화물연대는 파업투쟁을 통해 교섭에 응하지 않던 정부와 화주, 운송업체를 교섭테이블에 나오게 했으며, 결과적으로 정부의 정책은 화물노동자의 생존권 요구와 잘못 된 법, 제도 관행 등을 인정하고, 그들의 생존권과 삶의 질을 향상시키기 위한 것으로 초점이 맞춰져, 이 정책은 인간의 존엄성과 인권을 위해 다가가는 정책이 되었다.

무엇보다도 이 사례는 화물노동자의 생존권 향상을 위한 정책이라는 점이 고려되어야 한다. 산업안전의 사각지대라고 할 수 있는 화물 운송 분야는 작년 한 해 동안 140여 차례의 고속도로 화물차 관련 사고가 있었고 800여 명의 사상자가 발생하였다. 이는 운전자들의 안전의식에도 문제가 있지만 구조적인 문제가 더 크다고 할 수 있다. 도로비, 경유가 등 직접비용을 줄여야 이익이 되는 사업구조와 야간 할인 시간대를 이용하다 보니 나오는 결과였다. 또한 화물차운전자들의 간이 정류장이 폐쇄되어 휴식과 기본적인 인간 욕구를 해소하지 못했던 것이 그간의 현실임을 반영하면 이번 화물연대 정책은 기본적인 인간의 존엄성 실현과 보다 나은 노동 환경을 마련하는 데 기여한 정책으로 평가할 수 있다.

(나) 신뢰받고 성숙한 공동체 실현

정부의 정책내용이 화물연대의 노동자가 처하고 있는 환경을 개선하고 복지를 확충하는 데 합의를 한 것이었다면, 정책과정에 있어서 정부의 태도는 노동계로 하여금 신뢰를 저버리게 할 만큼 안정적이지도, 일관되지도 못했다.

정부의 화물연대 대응태도는 일반 국민들에게도 행정에 대한 신뢰를 떨어뜨리게 하는 계기가 되었다. 정부의 무능한 태도, 일관되지 못한 행정 집행, 정책 기조 없이 중심과 원칙이 흔들리는 정부의 모습은 많은 국민들에게 불신을 안겨주었다.

더불어 화물연대측의 무분별한 파업 역시도 일반 국민들에게 좋지 않은 인상을 남겼다. 대다수 국민들은 국가의 경제현실을 무시한 화물 연대의 전면적 파업대응에 대해서도 많은 불만을 가지고 있다. 이렇게 사회구성원들이 서로에 대해 불신하는 결과를 초래함으로써 이 정책은 현대 사회에서 가장 중요하다고 할 수 있는 신뢰라는 사회자본형성에 매우 부정적인 영향을 끼친 것으로 분석된다. 사회적 구조로서의 신뢰, 사회적 연결망, 호혜적 믿음, 보다 신뢰받고 성숙한 공동체 실현은 무형의 사회 자본으로서 우리 사회의 잠재적이고 지속적인 성장 원동력이 될 수 있을 것이다. 하지만 이번 정책은 우리 사회가 사회적 신뢰를 쌓은 데 오히려 부정적인 영향을 미친 것으로 판단된다.

4) 요약 및 정리

생산성	효과성		* 정부의 늑장 대응, 미온적인 합의 이행 태도 등으로 인해 많은 문제점을 초래
	능률성	산출대비 비용이 적은 정책	* 화물의 반출이 마비되어 국가의 수출경제가 마비된 것은 물론, 수출차질로 인한 가시적 경제적 손실만 5.4억 달러에 달함
		비용대비 산출이 높은 정책	* 정책집행의 일관성 부재로 인한 막대한 사회적 비용과 시간을 초래
민주성	절차적 민주성	절차적 적법성	* 정부는 화물파업연대와의 대화와 타협을 위해 노력 * 절차적 민주성 인정됨
		절차적 타당성	* 하지만 정부는 화물연대 측에게만 경유세를 인하해주기로 합의 * 택시·버스 등 다른 운송업체들과의 형평성에 어긋나는 정책을 수용
	실체적 민주성	참여의 정도	* 화물연대파업 초기에 정부가 협상을 시도하지 않았다는 점, 화주업체 및 대형운송업체의 협상 불참 등 여러 문제점 노정
		숙의의 정도	* 정책문제가 발생한 이후에도 정부가 늑장대응, 책임 떠넘기기 식의 대응 등을 통해 관련 부처가 문제해결에 대한 숙의의 정도가 낮았음
		합의의 정도	* 화물연대와 정부, 화물업체 간의 합의는 비대칭적인 합의였음
성찰성	인간의 존엄성 실현	직접	* 화물노동자의 생존권 요구와 잘못된 법, 제도 관행 등을 인정 * 노동자의 생존권과 삶의 질을 향상시키기 위한 것으로 인간의 존엄성과 인권을 위해 다가가는 정책이 되었음

	간접	* 정부가 주체적으로 사안의 문제나 해결 대안에 대하여 체계적인 대안 탐색이나 의제설정 과정이 부족하여 과학적이고 합리적인 정책결정이 이루어지지 않았음
	저해	* 하지만 정부의 무능한 태도, 일관되지 못한 행정 집행, 정책기조 없이 중심과 원칙이 흔들리는 정부의 모습은 많은 국민들에게 불신을 안겨주었음
신뢰받고 성숙한 공동체 실현	직접	* 정책과정에 있어서 정부의 태도는 노동계로 하여금 신뢰를 저버리게 할 만큼 안정적이지도, 일관되지도 못했음
	간접	* 더불어 화물연대 측의 무분별한 파업 역시 사회구성원들이 서로에 대해 불신하는 결과를 초래
	저해	* 결과적으로 신뢰라는 사회자본형성에 매우 부정적인 영향을 끼친 것으로 분석됨

5) 전체 내용에 대한 요약

정책
사례 *cases in policy*

화물연대파업

1. 개요

2003년 5월 2일 화물연대가 집단적으로 운송을 거부하면서 전국적인 물류차질이 야기되었다. 부산항, 광양항, 울산항 등 주요 수출 항구의 출하작업이 중지되고, 전국의 컨테이너 물류는 마비되었다. 화물연대와 관련을 맺고 있는 국내의 철강, 섬유, 화학 등 기업들 또한 꽉 막힌 유통으로 인해 운영 중지가 불가피하였으며, 이로 인해 국가 경제의 중심은 흔들리게 되었다. 결국 파업 돌입 14일여 만에 정부와 화물연대의 협상으로 막을 내린 화물연대파업은 경제적·사회적으로 큰 타격을 주었으며, 나아가 대외신뢰도까지 하락되는 등 한국 경제에 치명적인 상처를 낳았다.

2. 쟁점

본 정책사례와 관련된 쟁점은 1) 정책수단 확보가 정당하였는가? 2) 정책대상 집단 간의 갈등관리가 올바르게 이루어졌는가? 3) 정책집행 및 정책평가에 있어 정책행위자들의 의견이 올바르게 수렴되었는가? 하는 점이다. 여기에서는 이를 생산성, 민주성, 성찰성의 관점에서 분석하고자 한다.

3. 분석

① 생산성: 화물연대파업이 장기화되면서 얻은 손실은 막대하다. 화물연대파업으로 인하여 화물의 반출이 마비되어 국가의 수출경제가 마비된 것은 물론, 수출차질

로 인한 가시적 경제적 손실만 5.4억 달러에 이르며, 또한 21세기 동북아 물류 중심에서 무역에 역점을 두던 우리나라는 이번 파업으로 인하여 대외신뢰도 하락 이라는 돌이킬 수 없는 치명적 위기를 맞이하게 되었다.

② 민주성: 화물연대파업 초기에 정부가 협상을 시도하지 않았다는 점, 화주업체 및 대형운송업체의 협상 불참 등 여러 문제점을 보였으며, 화물연대와 정부, 화물업체 간의 합의는 비대칭적이라는 문제점을 보였다.

③ 성찰성: 화물연대는 파업투쟁을 통해 교섭에 응하지 않던 정부와 화주, 운송업체를 교섭테이블에 나오게 했으며, 결과적으로 정부의 정책은 화물노동자의 생존권 요구와 잘못 된 법, 제도 관행 등을 인정하고, 그들의 생존권과 삶의 질을 향상 시키기 위한 것으로 초점이 맞춰져, 이 정책은 인간의 존엄성과 인권을 위해 다가가는 정책이 되었다. 하지만, 정부의 화물연대 대응태도는 일반 국민들에게도 행정에 대한 신뢰를 떨어뜨리게 하는 계기가 되었다. 정부의 무능한 태도, 일관되지 못한 행정 집행, 정책 기조 없이 중심과 원칙이 흔들리는 정부의 모습은 많은 국민들에게 불신을 안겨주었다.

5. 기업형 슈퍼마켓(SSM) 정책분석

1) 사례개요

(1) SSM이란?

SSM은 "슈퍼슈퍼마켓"이라고 하는 할인점보다는 작고 일반 슈퍼마켓보다는 큰 300~1000평 규모의 소매점을 말한다. 현재, SSM 시장은 크게 LG유통 / 롯데 마트 / 삼성테스코 홈플러스 의 3파전으로 나뉜다. SSM 시장이 새로운 타겟으로 떠오르는 이유는, 기존 대형 할인마트 형태로 이용할 수 있는 부지가 한정돼 있어 추가적인 매장 확보가 어려운데다 SSM 형태가 지역 상권의 특성에 따른 매장 및 물품 구성이 용이하기 때문이다.

(2) 대형유통업체 對 소형슈퍼마켓

골목상권을 둘러싸고 대형유통업체와 소상인들의 신경전이 거세지고 있다. 대형유통업체들이 기업형 슈퍼마켓(슈퍼 · 슈퍼마켓 SSM)을 내세워 주택가 골목까지 진출하면서 영세 상인들이 받는 압박이 점점 커지고 있기 때문이다. GS, 롯데, 홈플러스에 이어 대형마트 1위 업체인 신세계 이마트까지 SSM에 진출하면서 자영업자들의 우려는 더욱 깊어지고 있다. 중소상인단체들은 정부 차원에서 합리적인 규제 방안이 마련돼야 한다고 주장한다.

(3) SSM(Super Supermarket) 확산 급가속

기업형 슈퍼마켓(SSM) 출점은 개설 신고만으로 가능하다. 기존 대형마트와 달리 개점이 쉽다. 대형 부지에 비해 입지 선정이 수월하며 출점 비용도 적게 든다. 최근 500∼800평형대 매장에서 70평형대의 소형 점포가 등장하는 등 소형화 추세를 보이고 있다. SSM은 1996년 GS리테일(당시 LG유통)이 LG슈퍼마켓을 출점하면서 확산되기 시작했다. 현재 롯데슈퍼, 홈플러스 익스프레스, 이마트 에브리데이 등 전국에 480여 개 매장이 분포돼 있다. 올해 말까지 700여 개 점포로 확대될 전망이다. 최근 주목할 점은 유통업계 1위기업 이마트의 출점으로 기존 업체들의 입지 경쟁이 가속화되고 있다는 것이다. 이로 인해 소형 슈퍼들이 속속 문을 닫는 현상이 일어나고 있다. 선택의 폭이 넓고, 가격과 품질에 대한 신뢰도가 높은 SSM에 대한 소비자들의 선호도가 높아지면서 동네 골목 상권 내 슈퍼마켓과 재래시장 등의 매출이 급감하고 있는 것이다.

(4) 정부 대안은 'SSM 개설등록제' 도입

정부는 일단 SSM을 신고제에서 등록제로 좀더 엄격하게 규제하는 대책을 마련했다. 산업통상자원부와 한나라당은 최근 당정협의회를 열어 매장면적 합계가 3,000㎡ 이상인 점포에 적용돼 온 '개설 등록제'를 규모와 무관하게 '대규모 점포 및 대규모 점포의 직영점'으로 확대한다는 골자의 개정안을 만들었다. 등록신청 과정에는 '지역 협력 사업계획'을 지자체에 제출토록 의무화했다. 또 2014년까지 소매조직화 사업에 488억원, 공동도매물류센터건립에 1,100억 원 등 총 1,600억 원을 단계적으로 지원할 방침이다.

2) 사례쟁점

정책단계별 실패요인과 조치방안을 살펴보면 다음과 같다.

(1) 정책단계별 실패요인

(가) 의제형성과정

기업형 슈퍼마켓의 허가에 대하여 외부주도적인 의제형성이 되었다. 그 이유는 기업형 슈퍼마켓의 허가에 대하여 기존에 신고제에 대한 문제점이 제기되었지만 정부는 의제형성과정에서 현행법상에서 신고제로 규정된 것을 이유로 아무문제가 없다는 입장을 보인

바 있다. 기업형 슈퍼마켓이 설립되면 영세자영업자의 문제, 재래시장의 문제가 나타날 것은 분명히 예견가능하지만 이에 대하여 사회적인 이슈가 될 때까지 정부의 대응은 미비했다.

또한 정부 내 스스로의 해결의지를 내보이며 정책의제를 형성했다기보다는 문제의 심각성을 경험하고 난후에 영세상인들과 재래시장 상인들의 비판이 거세지자 이를 무마하기위해 진행된 면이 없지 않아 있어 정부의 정책의제형성과정의 허점을 드러냈다.

(나) 정책결정과정

정부는 기업형 슈퍼마켓의 허가를 인정할 것인가의 문제에서 법률의 요건이 인정되는지의 문제만을 중심으로 정책결정을 이루어왔다. 초기 기업형 슈퍼마켓의 허가는 신고제였기 때문에 법률의 요건만을 갖추어 신고를 하게 되면 정부는 기업형 슈퍼마켓을 인정해주어야 되는 것이었다. 하지만 기업형 슈퍼마켓이 실제 입점하게 되면, 규모의 이익과 낮은 가격을 통해 지역의 상권을 독점하게 될 확률이 매우 높고 이로 인해 영세상인과 재래상인은 문을 닫게 된다는 충분한 사전적인 설문조사 등이 있었음에도 불구하고, 이러한 문제를 정책결과과정에 반영하지 못하였다. 즉, 유통업계에서의 대기업인 기업형 슈퍼마켓 위주의 정책결정이 이루어졌으며, 영세상인과 재래상인의 의견과 참여는 실제 정책결정과정에서 충분히 반영되지 못하였다.

(다) 정책집행과정

정책집행과정에서 '유통산업 발전법 개정안'이 기업형 슈퍼마켓을 규제하는 방향으로 결론이 날 가능성이 높다고 알려지면서 법적규제가 발동하기 전에 기업형 슈퍼마켓의 신규입점을 서두르는 상황이 발생하였다. 하지만 자영업자들의 반발과 정부와 지방자치단체의 규제방침에 따라 기업형 슈퍼마켓 신규 출범을 사실상 전면 중단되는 상황에 이르게 된다. 그리고 2009년 7월 27일 중소기업청은 인턴 부평구에 개점 예정이었던 홈플러스 익스프레서에 대해 처음으로 '사업개시 일시정지 권고'를 내리게 되었다. 이러한 정책집행과정은 정책결정과 상치되는 정책 집행과정의 비일관성과 비효율성이라는 문제점을 낳게 하였다. 즉 정책 결정과정에서 충분히 예상할 수 있었던 문제를 집행과정에서 쟁점화되니 이때에 이러한 문제를 막기 위하여 문제를 봉합하기 위해 규제를 가하는 것이었다.

3) 정책분석

(1) 생산성

기업형 슈퍼마켓에 대한 양측 입장

구 분	중소·영세상인	대기업
출점 규제강화	등록제보다 강한 허가제 도입	대형마트처럼 등록제 유지
기업형 슈퍼에 대한 시각	골목 영세상점 다 죽이는 행위	글로벌 스탠더드와 부합
국가 전체에 미치는 영향	대기업이 국가 유통망 독점	국가 유통산업 발전 도모
소비자에 미치는 영향	소비자 선택권이 제한될 것	값싸고 질 좋은 상품 구매 가능
부수 효과	600만 자영업자 공멸 초래 우려	고용 창출 및 유통업 발전에 기여

생산성 측면에서 효과성과 능률성을 중심으로 분석하면 다음과 같다.

㈎ 효과성

효과성 측면에서 기업형 슈퍼마켓이 입점하게 되면 지역내 소비자들이 원하는 제품을 최저가로 공급하여 물가안정에 기여할 수 있다는 점을 대기업을 주장한다. 하지만 실제 지역내 중소영세 상인 폐업위기를 통하여 독과점의 폐해가 나타날 수 있는 비효율성 역시 문제가 된다.

㈏ 능률성

기업형 슈퍼마켓의 허가를 통하여 부의 집중 측면에서 일부의 유통업계의 부의 집중화가 이루어졌으며, 다수의 영세상인들은 수입이 급감하며, 폐업위기에 놓이게 되었다. 실제로 기업형 슈퍼마켓이 다수에 이루어 지지못함으로 인해 시민들은 대형마트보다 가까운 곳에서 물건을 살 수 있는 거리상의 편의 측면도 충분히 활용하지 못하고 있는 상황이다. 즉 정부의 비일관적 대응으로 인해 소비자편익 측면에서도 크게 향상되지 못했으며, 기업형 슈퍼마켓의 입장에서도 많은 매장을 설립하지 못하여 기대수익이 감소했으며, 영세상인의 경우 폐업의 위기에 내몰리게 되었다.

(2) 민주성(참여성)

민주성 측면에서 절차적 민주성, 실체적 민주성을 중심으로 분석하면 다음과 같다.

(가) 절차적 민주성(절차적 적법성, 절차적 타당성)

절차적 민주성 측면에서 기업형 슈퍼마켓의 허가는 기존에 신고제로 되어 있었기 때문에 문제가 없다고 볼 수도 있다. 하지만 대형마트의 한계로 인하여 기업형 슈퍼마켓을 통해 지역상권을 흡수하려는 대기업에 대하여 신고만을 통해 규제하려는 것은 적절하지 못하다. 이에 대하여 향후 개정안을 발의하는 등의 노력이 선행되었다면, 현재와 같은 영세상인과 재래상인의 문제점은 미리 예방할 수 있었을 것이다.

(나) 실체적 민주성(참여, 숙의, 합의의 정도)
① 참여의 정도

기업형 슈퍼마켓의 입점초기에 영세상인들과 중소재래상인들의 의견은 실제적으로 정책결정과정에서 거의 영향을 미치지 못하였다. 실제로 대기업은 상권형성을 통한 규모의 이익으로 소비자 편익을 추구할 수 있다는 논리로 시민들의 입장을 대변하려는 노력을 한 것으로 보인다. 이는 참여의 측면에서 실제적인 피해의 대상인 영세상인들의 참여가 실제적으로 이루어지지 못한 것을 의미한다.

② 숙의의 정도

숙의의 정도는 법률안의 개정안은 적절한 시기에 이루어지지 못하였으며, 대통령이 재래시장을 방문할 때에 시장상인이 기업형 슈퍼마켓 문제를 좀 해결해 달라는 호소를 하였음에도 이는 법적으로 문제가 없어 해결할 수없다는 식의 문제회피로서 적절한 숙의는 이루어지지 못했다고 할 수 있으며, 지금의 문제해결은 문제가 크게 쟁점화 되고 영세상인의 거센 반발에 의한 봉합적인 문제해결에 가깝다.

③ 합의의 정도

합의의 정도 또한 매우 낮으며, 실제로 영세상인들의 참여가 이루어지지 못했기 때문에 합의의 정도 또한 매우 낮다고 볼 수 있다. 소망성 측면에서 형평성 측면보다는 효율성만을 추구하는 것으로는 합의를 도출하기가 매우 어렵다는 점을 알 수 있다.

(3) 성찰성

(가) 인간의 존엄성 실현

소비자의 편익 측면과 대기업의 수익창출 측면이 있으나 지역상인, 영세상인, 재래상인들에게는 생존권과 직결되어 있다. 물론 소비자의 편익이 당연히 증가된다는 측면은 시행

후에나 측정될 수 있는 문제이기 때문에 확실히 측정할 수 없다. 대기업의 지역상권의 독점과 영세 상인의 폐업위기 측면에서 인간의 존엄성 구현과는 배치되는 경향이 강하다. 하지만 향후의 기업형 슈퍼마켓에 대한 규제는 기업형 슈퍼마켓과 자영업자들 간의 생존권을 보장하고자 하는 후속조치로서 인간의 존엄성에 접근하는 정책이 되어야 할 것이다.

㈏ 신뢰받고 성숙한 공동체 실현

 정부의 유통업계에 대한 접근은 초기 충분한 참여와 숙의, 합의를 가지지 못한 것이며, 집행과정에서 비일관성과 문제에 대한 봉합적인 대처로서 신뢰를 저하시켰다. 특히 초기 문제가 대두될 때의 적절하지 못한 대응은 영세상인들에게 불신을 가중시켰다. 법률적인 문제도 중요하지만 사회적인 영향 측면에서 먼저 숙의와 합의가 선행되어야 하며, 그것이 신뢰받고 성숙한 공동체 실현에 도움이 되는 것임을 잘 알려주는 사례라고 하겠다.

4) 요약 및 정리

생산성	효과성		* 지역내 중소영세 상인 폐업위기를 통하여 독과점의 폐해가 나타날 수 있는 비효율성 문제 노정
	능률성	산출대비 비용이 적은 정책	* 기업형 슈퍼마켓의 허가를 통하여 부의 집중 측면에서 일부의 유통업계의 부의 집중화
		비용대비 산출이 높은 정책	* 다수의 영세상인들은 수입이 급감하며, 폐업위기
민주성	절차적 민주성	절차적 적법성	* 절차적 민주성 측면에서 기업형 슈퍼마켓의 허가는 기존에 신고제로 되어 있었기 때문에 문제가 없다고 볼 수 있음
		절차적 타당성	* 하지만 대형마트의 한계로 인하여 기업형 슈퍼마켓을 통해 지역상권을 흡수하려는 대기업에 대하여 신고만을 통해 규제하려는 것은 적절하지 못하며 이에 대한 예측 실패로 인해 많은 문제점 노출
	실체적 민주성	참여의 정도	* 기업형 슈퍼마켓의 입점초기에 영세상인들과 중소재래상인들의 의견은 실제적으로 정책결정과정에서 거의 영향을 미치지 못하였음
		숙의의 정도	* 법률안의 개정안은 적절한 시기에 이루어지지 못하였으며, 따라서 적절한 숙의의 과정도 미흡
		합의의 정도	* 영세상인들의 참여가 이루어지지 못했기 때문에 합의의 정도 또한 매우 매흡

성찰성	인간의 존엄성 실현	직접	* 소비자의 편익 측면과 대기업의 수익창출 측면이 있으나 지역 상인, 영세상인, 재래상인 들에게는 생존권과 직결
		간접	* 대기업의 지역상권의 독점과 영세 상인의 폐업위기
		저해	* 인간의 존엄성 구현과는 배치
	신뢰받고 성숙한 공동체 실현	직접	* 정책집행과정에서 비일관성과 문제에 대한 봉합적인 대처로서 신뢰를 저하
		간접	* 초기 문제가 대두될 때의 적절하지 못한 대응은 영세상인들에게 불신을 가중
		저해	* 사회적인 영향 측면에서의 예측 부재로 신뢰받는 정책구현 실패

5) 전체 내용에 대한 요약

정책 사례 *cases in policy*

기업형 슈퍼마켓(SSM) 허가

1. 개요

골목상권을 둘러싸고 대형유통업체와 소상인들의 신경전이 거세지고 있다. 대형유통업체들이 기업형 슈퍼마켓(슈퍼·슈퍼마켓 SSM)을 내세워 주택가 골목까지 진출하면서 영세 상인들이 받는 압박이 점점 커지고 있기 때문이다. GS, 롯데, 홈플러스에 이어 대형마트 1위 업체인 신세계 이마트까지 SSM에 진출하면서 소형 슈퍼들이 속속 문을 닫는 현상이 일어나고 있다. 정부는 일단 SSM을 신고제에서 등록제로 좀더 엄격하게 규제하는 대책을 마련했으나 졸속대응이라는 비판이 일고 있다.

2. 쟁점

본 정책사례와 관련된 쟁점은 1) 정책수단 확보가 정당하였는가? 2) 정책대상 집단 간의 갈등관리가 올바르게 이루어졌는가? 3) 정책집행 및 정책평가에 있어 정책행위자들의 의견이 올바르게 수렴되었는가? 하는 점이다. 여기에서는 이를 생산성, 민주성, 성찰성의 관점에서 분석하고자 한다.

3. 분석

① 생산성: 기업형 슈퍼마켓의 허가를 통하여 부의 집중 측면에서 일부의 유통업계의 부의 집중화가 이루어졌으며, 다수의 영세상인들은 수입이 급감하며, 폐업위

기에 놓이게 되었다. 실제로 기업형 슈퍼마켓이 다수에 이루어 지지못함으로 인해 시민들은 대형마트보다 가까운 곳에서 물건을 살 수 있는 거리상의 편의 측면도 충분히 활용하지 못하고 있는 상황이다.

② 민주성: 절차적 민주성 측면에서 기업형 슈퍼마켓의 허가는 기존에 신고제로 되어 있었기 때문에 문제가 없다고 볼 수도 있다. 하지만 대형마트의 한계로 인하여 기업형 슈퍼마켓을 통해 지역상권을 흡수하려는 대기업에 대하여 신고만을 통해 규제하려는 것은 적절하지 못하기 때문에 이에 대한 적극적 대책이 마련되었더라면 현재와 같은 영세상인과 재래상인의 문제점은 미리 예방할 수 있었을 것이다.

③ 성찰성: 정부의 유통업계에 대한 접근은 초기 충분한 참여와 숙의, 합의를 가지지 못한 것이며, 집행과정에서 비일관성과 문제에 대한 봉합적인 대처로서 신뢰를 저하시켰다. 특히 초기 문제가 대두될 때의 적절하지 못한 대응은 영세상인들에게 불신을 가중시켰다. 법률적인 문제도 중요하지만 사회적인 영향 측면에서 먼저 숙의와 합의가 선행되어야 하며, 그것이 신뢰받고 성숙한 공동체 실현에 도움이 되는 것임을 잘 알려주는 사례라고 하겠다.

6. 하이닉스 반도체 빅딜 정책분석

1) 사례개요

(1) 하이닉스 반도체 소개

하이닉스 반도체는 1983년에 현대전자산업주식회사의 이름으로 설립되어 1988년에 유럽현지법인을 설립, 1993년에 미국 진출을 하고, 1996년에 기업 공개 및 상장 등 꾸준히 성장을 계속한 기업이었으나, 1997년 IMF외환위기 이후 김대중 정부의 빅딜정책에 따라 LG반도체를 흡수·합병한 후, 2001년 3월 하이닉스 반도체로 회사명을 변경함으로써 현대그룹과 분리되었다. 빅딜 이후 반도체 시장의 세계적 불황에 따라 막대한 부실자산이 발생, 약 14조 원의 공적자금이 투입되는 등의 우여곡절 끝에 흑자전환에 성공해 현재 DRAM, NAND Flash 등을 주축사업으로 하고 있다.

(2) IMF 외환위기와 반도체 부문 빅딜 사업

1997년 김대중 대통령 당선자는 경제 5단체장과의 오찬간담회에서 "짐 되는 기업은 모두 버리라"고 강하게 빅딜의 필요성을 촉구하였고 빅딜정책이 출발하게 되었다. 이후

1998년 1월 합의문 형식의 '구조개혁 5대 원칙'이 대통령 당선자와 5대 그룹 총수 사이에 체결되었고 동년 7월에 대통령과 전경련 회장단 사이에서 9개항의 합의문이 나왔다. 이 중 세 3항에서 "대기업 간 빅딜은 해당 기업이 자율적으로 추진하는 것을 원칙으로 하고, 정부는 사업교환이 원활히 되도록 제도적 지원 방안을 강구하는데 노력한다"라고 명시함 으로써 공식적으로 빅딜 정책이 언급되었다. 이후 1998년 9월 전경련이 반도체, 석유화 학, 항공기, 철도차량, 정유, 선박용 엔진, 발전설비 등 7개 업종 빅딜 안을 발표하였다.

(3) 반도체 부문 빅딜 사업당사자 간 갈등과 청와대의 압박

외관상 전경련이 주도하는 것으로 보인 빅딜 사업은 실상 외환위기 돌파를 위한 '가시적 개혁성과의 상징'으로 삼으려는 대통령의 강력한 의지에 바탕을 둔 정부주도 사업으로 반 도체 부문에 있어서도 이러한 모습이 강하게 나타났다. 현대전자산업과 LG반도체 간의 빅딜은 전경련에 의해 양자 간 합의가 도출되고 일정이 정해진 가운데서도 빅딜 문제가 불리하게 돌아간다고 여긴 LG 구본무 회장이 빅딜에 응하지 않는 등의 문제가 발생했 다. 이에 대해 대통령과의 면담을 통해 반도체 빅딜이 강행되었고 LG는 반도체 부문을 포기하는 대가로 데이콤의 경영권을 인수하는 약속을 얻어낸다. 청와대의 압박에 의해 1999년 4월 LG반도체는 현대전자에 LG반도체를 2조 5,600억 원에 양도하기로 최종 합의한다.

(4) 반도체 빅딜 이후 하이닉스 반도체의 경영악화

반도체 빅딜이 이뤄진 지 22개월 후인 2001년 8월 하이닉스 반도체는 11조 500억 원의 과도한 부채와 최악의 반도체 불황을 견디지 못하고 사실상의 디폴트(Default: 채무 불이행)를 선언하였다. 김대중 정부가 시도한 사실상의 밀어붙이기식 정책의 결과에 대해 정부는 '하이닉스 문제는 채권단에 맡긴다는 것이 기본 원칙'이라며 책임을 회피하였다. 이후 2003년 김대중 정부의 '국민의 정부 5년 정책 평가 보고회'에서 5개 정책에 대한 '뼈아픈 실책'을 자인하였는데 그 중 하나가 빅딜 정책이었다. 결국 정책 추진 5년만에 실 패한 정책임을 스스로 인정하고 만 것이다.

2) 사례쟁점

정책단계별 실패요인과 조치방안을 살펴보면 다음과 같다.

(1) 정책단계별 실패요인 및 조치방안

(가) 정책의제설정 단계

정책의 목표에 있어서는 정부가 빅딜 정책을 통해 외환위기의 주요 원인으로 작용한 재벌그룹의 무분별한 사업 다각화와 과잉중복 투자에 따른 문제점을 해소하여 해당기업을 핵심역량 위주로 전문화(*specialization*)하여 국제경쟁력을 확보하는 데 두었으므로 시의적절하고 필요한 정책이었다고 평가할 수 있다. 그러나 정책의 필요성이나 의제설정과정이 대통령이 직접 나서서 추진되어 정부 부처 내 정책을 책임지는 추진 주체가 불명확해졌고 소신 있는 행정과 합리적인 분석을 전제로 하는 정책 검토가 불가능했다. 이러한 문제는 정책의 효과성과 신뢰성을 떨어뜨리는 요인으로 작용했다.

(나) 정책결정 및 집행단계

정책의 결정과 집행과정에 있어 민주적 절차를 통해 사회적 합의를 이끌어내지 못했으며 미리 짜여진 시간에 쫓겨 의견 수렴과정이 대부분 무시되었다. 투명하지 못한 '밀실행정'의 전형을 보여준 정책의제설정 단계로 인해 정책의 결정과정도 극소수의 관료와 대통령, 재계인사 등을 중심으로 이루어졌다.

정책집행의 단계에 있어서는 수립된 정책이라 하더라도 집행단계에서 여론이 비판적이거나 이해관계자의 저항이 있거나, 전문가의 정책진단에 의해 부정적인 분석결과가 나올 경우 정책의 집행을 재고려하는 유연성이 필요하다. 이때 집행된 예산은 매몰비용(*sunk cost*)으로 보아야 하며 만약 이에 얽매여 무리하게 정책추진을 강행할 경우 효과성에 문제가 있는 정책을 무리하게 추진하게 되고 하이닉스와 같은 천문학적 비용(14조 원)을 유발 할 수 있다.

(2) 쟁점

본 정책사례와 관련된 쟁점은 1) 과연 반도체 빅딜이 경제적으로 효과적이었는가? 2) 정책의 결정과 집행과정이 민주적으로 이루어졌는가? 3) 성찰성에 대한 고려가 이루어졌는가? 라는 관점에서 검토될 수 있다. 이를 아래에서는 생산성(효율성), 민주성(참여성, 숙의성, 합의성), 성찰성(당위성)이라는 관점에서 분석하고자 한다.

3) 정책분석

(1) 생산성(효율성)

생산성의 측면에서 효과성과 능률성을 중심으로 분석하면 다음과 같다.

(가) 효과성

경제적 효과성의 측면에서 하이닉스 반도체 빅딜은 규모의 경제효과 측면에서 현대와 LG의 반도체 라인 및 공정기술이 달라 빅딜에 의한 시너지 효과(*synergy effect*)를 기대하기 어려웠다. 또한 부실기업의 퇴출이 아니라 인수 및 합병에 의한 정리로 부실이 희석되고 빅딜 후의 동반부실화를 초래하였으며, 이로 인해 막대한 부채(약 14조 원)를 남기게 되었다. 결국 이러한 부채는 국민들의 세금인 공적자금의 투입을 통해 해결하게 되었으며 빅딜이 초래한 정책결과로서의 효과성은 매우 낮다고 볼 수 있다.

(나) 능률성

김대중 정부는 반도체 빅딜로 인해 기업 간 중복 투자를 피할 수 있고 세계시장에서의 경쟁력 제고를 통해 과다한 부채를 해소할 수 있을 것으로 기대했다. 또한 청와대 홈페이지 등을 통한 정부의 홍보내용에서도 이러한 점을 적극적으로 부각시켰다. 그러나 빅딜이 실제로 이루어지던 시점에서 반도체 경기는 호황을 맞았고 현대와 LG 두 기업 간의 생산 라인과 공정의 차이로 인해 정부가 주장했던 경쟁력 제고는 기대하기 어려웠다. 또한 부채의 문제에 있어서도 기존의 두 회사가 지니고 있던 부채가 합쳐져 자본을 잠식했고 이에 따라 반도체 분야에 필수적인 투자가 이뤄지지 못했다. 결국 하이닉스 반도체가 채무불이행(*default*)을 선언하는 시점에서 정부는 '채권단이 알아서 할 문제'라는 식으로 책임을 회피하였다. 이러한 측면에서 빅딜 정책이 가지는 능률성을 판단해 본다면 역시 매우 낮은 수준이라고 볼 수 있다.

(2) 민주성(참여성)

민주성의 측면에서 절차적 민주성과 실체적 민주성을 중심으로 분석하면 다음과 같다.

(가) 절차적 민주성(절차적 적법성, 절차적 타당성)

빅딜 정책은 김대중 대통령 당선자가 처해 있던 IMF외환위기라는 국가적 재난 국면을 탈피하고자 내놓은 개혁정책 중 하나다. 이와 같은 성격으로 인해 사회적 논의와 합의에 의해 정책이 구성되지 못하고 대통령의 의지에 기반하여 정책이 추진되었다. 실제 재벌개혁을 위한 법안 등이 마련되지는 않았으나 정부는 시중은행에 대한 감독권을 바탕으로 해당 기업에 대한 금융제재위협을 통해 빅딜 정책을 가속화한 측면이 강하다. 이 또한 정부가 갖는 적법한 수단이라고 한다면 절차적 문제가 발생한다고 보기는 쉽지 않다. 그러나 결과적으로 빅딜 이후 하이닉스 반도체가 디폴트 위기에 맞닥뜨리게 되고 그로 인해 공적자금이 무려 14조 원 이상 제공된 것을 본다면 정책의 의제설정이나 결정 과정에서 공청회 등을 거치지 않았다는 점은 실제 법상의 문제를 야기하지는 않았다 할지라도 광의의 절차적 민주성 측면에서 바람직하지 않았다고 볼 수 있다.

(나) 실체적 민주성(참여, 숙의, 합의의 정도)

실체적 민주성 역시 크게 평가받기는 어렵다. 대통령의 강력한 의지에 기반하여 추진되었기 때문에 정책의 제반과정에서 해당기업의 참여는 저조했으며 경실련 등 시민단체의 의견은 거의 반영되지 못했다. 또한 결과적으로 빅딜 이후 하이닉스 반도체가 디폴트 위기에 처하고 이의 해결을 위해 정부가 14조 원이라는 천문학적 공적자금을 투입하게 되었는데 이는 결국 국민의 세수 부담으로 연결되었다. 이러한 결과를 고려한다면 정책의 초기 단계에서부터 국민들의 적절한 참여와 숙의를 바탕으로 한 합의에 기반하는 것이 당연함에도 불구하고 빅딜 정책은 그러한 과정을 거치지 않았으며 따라서 실체적 민주성 측면에서 매우 낮은 평가를 받을 수밖에 없다.

(3) 성찰성(당위성)

(가) 인간의 존엄성(인권, 정의, 존엄) 실현

빅딜 정책은 사회적 합의를 이루어내지 못하고 막대한 세수 부담을 국민들에게 안겼으며 해당 기업의 반발을 크게 발생시켰다. 또한 정책이 소수 관료와 재벌집단에 의해 '밀실행정'식으로 만들어졌으며, 정책의 조속한 시행을 위해 정부가 가진 금융제재 방안을 무기로 사용하였다. 또한 공적 자금의 투입 등에 있어 WTO가 금지하고 있는 보조금 규정에 위배되어 통상문제를 유발하기도 하였다. 이러한 점에서 빅딜 정책은 정책이 다양한 사회 구성원의 참여와 숙의를 통한 합의에 기초해 만들어지고 시행되어야 하는 것임에도 불구하고 소수의 권력 집단에 의해 결정되었으며, 이는 인간이 가지는 참여의 열망을 무시한 처사이다. 또한 정부가 무리하게 정책을 추진하고자 하는 의지로 인해 적절한 절차를 밟지 않고 은행 감독권 등을 행사하여 사회적 비용을 유발하였다. 이러한 점은 사회정의의 측면에서 결코 바람직하다고 보기 어렵다.

(나) 신뢰받고 성숙한 공동체 실현

정부, 시장, 시민사회의 3자적 관계의 중요성이 더욱 부각되고 있는 현 시점에서 빅딜 정책을 평가한다면 신뢰와 성숙의 공동체 실현과는 거리가 멀다고 볼 수 있다. 정부는 시장 논리에 따라 기업 간에 해결되었어야 마땅한 문제에 대해 직접 개입함으로써 시장원리를 훼손하였으며, 이는 민주적 시장경제 확립이라는 당시 김대중 정부의 정책 기본원칙과도 상당부분 모순되는 것이다. 또한 이러한 정부 주도의 강제적 산업구조조정은 그 책임소재가 불분명하여 기업과 관련 공무원 모두에게 도덕적 해이(*moral hazard*)를 발생시킬 가능성이 높았다. 마지막으로 시민은 빅딜 정책의 모든 과정에서 상당히 소외되었으며 이는 정책추진의 기본 동력인 시민의 신뢰와 협력을 얻지 못한 결과를 낳았다.

4) 요약 및 정리

생산성		효과성	* 빅딜에 의한 시너지 효과 저조 * 막대한 부채(14조 원)초래
	능률성	산출대비 비용이 적은 정책	* 정책 추진자체의 비용은 크지 않았으나 사회적 비용 발생
		비용대비 산출이 높은 정책	* 결과적으로 약 14조 원의 공적자금이 투입되었으나 정책의 효과는 미지수
민주성	절차적 민주성	절차적 적법성	* 시장원리에 의해 행해져야 할 부분으로 적절한 법안이 부재
		절차적 타당성	* 반대의견과 부정적인 견해가 존재했음에도 이를 고려하지 않은 채 사업추진
	실체적 민주성	참여의 정도	* 소수 정부관료, 재벌기업간의 밀실논의로 정책 결정 및 집행
		숙의의 정도	* 빅딜 정책에 대한 이해와 숙의의 과정이 결여됨 * 양 기업 간에 숙의가 이루어지지 않음으로써 갈등이 심해짐
		합의의 정도	* 시민사회와의 합의 부재 * 정책결정과 집행 모두에서 시민 배제
성찰성	인간의 존엄성 실현	직접	* IMF 외환위기 극복을 위한 전시행정으로 인간의 존엄성 실현과 거리 있음
		간접	* 시민들의 참여 배제로 참여의 욕구 무시
		저해	* 참여와 합의 배제로 인간 존엄성 실현 가능성 매우 낮음

신뢰받고 성숙한 공동체 실현	직접	* 정부시장 시민 3자의 신뢰 부재
	간접	* 시장의 기능 무시 * 정부정책 집행에 대한 시민의 지지 하락
	저해	* 정책진행과정에서 여론수렴이 부재 * 정부, 시장, 국민간의 갈등 발생

5) 전체내용에 대한 요약

**정책
사례** cases in policy

반도체 빅딜 정책

1. 개요

IMF외환위기에 빠져있던 1997년 대통령 당선자였던 김대중 대통령이 위기극복에 대한 강력한 의지 표현의 일환으로 착수한 재벌개혁의 대표적 정책으로 빅딜 정책을 추구하였다. 이중 과잉 설비투자와 막대한 부채에 허덕이던 반도체 부분에 대해 현대와 LG 양 기업 간의 인수, 합병을 고안하게 된다. 그러나 해당기업의 반발과 무리한 정책추진으로 상당시간이 소요되게 되고 결국 빅딜 후에 막대한 부채를 공적자금의 투입을 통해 해결하는 최악의 상황을 맞게 된다.

2. 쟁점

본 정책사례와 관련된 쟁점은 1) 과연 반도체 빅딜이 경제적으로 효과적이었는가? 2) 정책의 결정과 집행과정이 민주적으로 이루어졌는가? 3) 성찰성에 대한 고려가 이루어졌는가?이다. 이를 아래에서는 생산성(효율성), 민주성(참여성, 숙의성, 합의성), 성찰성(당위성)이라는 관점에서 분석하고자 한다.

3. 분석

1) 생산성: 해당기업의 생산라인과 공정이 애초에 달라 시너지 효과를 기대하기 어려웠 으며 기존의 양사가 가진 막대한 부채가 통합되어 천문학적인 부채액수로나타났다. 정부가 처음 홍보했던 경쟁력 강화는 이뤄지지 못했고 빅딜 이후 오히려 하이닉스사는 어려움에 처하게 되었다.

2) 민주성: 정책의 제반과정에 있어 시민들의 참여가 거의 없었으며 이는 정부의 일방적 정책 추진으로 나타났다. 또한 대통령의 의지가 강하게 피력되어 겉으로 는 기업 간의 자율적 추진을 내세웠으나 실제로는 정부가 지닌 은행감독권 등을 통한 금융제재등의 위협을 가하여 밀어붙이기식 정책을 추진하였다.

3) 성찰성: 국민이 가지는 참여의 열망이라는 기본적 욕구를 정책의 모든 과정에서

무시하였으며 오히려 정책추진 이후 발생한 막대한 규모의 부채를 공적 자금 투입이라는 방법을 통해 해결하여 국민들의 세수 부담을 증가시켰다.
또한 정부, 시장, 시민사회의 3자적 관계를 고려하지 않고 일방적으로 정부에서 정책을 추진하였으며 시장의 원리를 훼손하는 결과를 가져왔다.

제 3 절 요약 및 결론: 정책유형 및 정책단계별 정책 실패요인 및 정책학습방안

이 절에서는 앞에서 논의한 우리나라 대형 국책사례의 유형을 분류하고, 이들의 실패요인에 대한 분석을 토대로 정책유형 및 정책단계별 조치방안과 학습메커니즘 구축방안에 대해 논의하면서 마무리하기로 한다.

1. 정책사례의 유형분류

정부의 역할과 갈등의 쟁점에 따라 정책사례의 유형은 크게 4개로 분류된다.

첫째, 정부의 역할이 조정중재자이고, 쟁점이 이해문제로서 "집단 간 이해갈등"에 해당되는 유형이다.

둘째, 정부의 역할이 조정중재자이고, 쟁점이 가치문제로서 "집단 간 가치갈등"에 해당되는 유형이다.

셋째, 정부가 직접 문제의 당사자이고 쟁점이 이해문제로서 "정부-사회 집단 간 이해갈등"에 해당되는 유형이다.

넷째, 정부가 문제의 당사자이자 쟁점이 가치문제로서 "정부-사회 집단 간 가치갈등"에 해당되는 유형이다.

앞에서 다룬 정책사례들을 이와 같은 관점에서 유형화하면 〈그림 11-1〉과 같다.
첫 번째 유형은 정부가 사회집단 간 이해갈등의 조정중재자인 경우이다. 예컨대, 이 유형에 속하는 "디지털지상파방송 사례"는 1997년 도입된 미국형 디지털 방송방식인

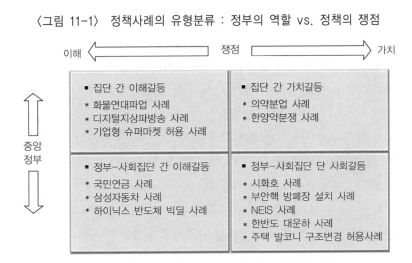

〈그림 11-1〉 정책사례의 유형분류 : 정부의 역할 vs. 정책의 쟁점

이해 ⟵ 쟁점 ⟶ 가치

중앙정부

- 집단 간 이해갈등
  * 화물연대파업 사례
  * 디지털지상파방송 사례
  * 기업형 슈퍼마켓 허용 사례

- 집단 간 가치갈등
  * 의약분업 사례
  * 한양약분쟁 사례

- 정부-사회집단 간 이해갈등
  * 국민연금 사례
  * 삼성자동차 사례
  * 하이닉스 반도체 빅딜 사례

- 정부-사회집단 단 사회갈등
  * 시화호 사례
  * 부안핵 방폐장 설치 사례
  * NEIS 사례
  * 한반도 대운하 사례
  * 주택 발코니 구조변경 허용사례

* 자료: 지속발전가능위원회(2004); 권기헌(2008: 441)을 토대로 재구성.

ATSC방식에 대한 비판과 함께 제기된 유럽형 방식인 DVB-T방식에 대한 정보통신업체와 방송기술노조 사이의 이해관계의 충돌 및 갈등이 심화된 정책이었으며, 정부는 이러한 상반된 이해관계의 사회집단들 간의 중재자 역할을 담당한 정책이었다. "화물연대파업 사례" 역시 노조 화물연대와 화주업체 간의 갈등이 노정된 사례로서 정부(국토교통부, 고용노동부, 산업통상자원부)가 서로 책임 떠넘기기식과 늑장대응 등 조정중재자 역할을 제대로 하지 못해서 정책실패가 더 크게 불거진 사례이며, "기업형 슈퍼마켓 허용 사례"도 기업형 슈퍼마켓과 영세상인들 간의 이해갈등의 문제를 정부가 조기에 대응하지 못해 문제가 커진 사안이다.

두 번째 유형은 정부가 사회집단 간 가치갈등의 조정중재자인 경우이다. 예컨대, 이 유형에 속하는 "의약분업 사례"와 "한·양약 분쟁 사례"는 의사와 약사, 동양의학과 서양의학 간의 이해관계가 상충되는 정책이기도 했지만, 동시에 양 집단 간의 정책주체성이 첨예하게 대립한 가치갈등의 사례라고 할 수 있으며, 정부는 양 집단이 모두 인정할 수 있는 한도에서 갈등을 해결하고 상호 공존의 중재자 역할을 담당하였다.

세 번째 유형은 정부가 사회집단과의 이해갈등의 당사자인 경우이다. 예컨대, 이 유형에 속하는 "국민연금 사례"는 정부가 국민의 노후생활 보장을 위해 10인 이상의 사업장 근로자를 대상으로 1988년 처음으로 시작된 제도였으나, 원칙 없는 연금운영과 방만한 공단경영의 결과로 인한 재정적자 누적, 그리고 계속적인 연금의 조정으로 인해 국민의 신뢰성을 저하를 초래하여 2004년 5월 국민연금 임시직 직원에 의한 양심고백사건으로까지 이어지는, 우리나라 정책 사상 초유의 국민저항에 직면한 사례이다. 따라서 이는 정부와 국민간의 이해갈등이 직접적으로 노정된 사례라고 하겠다. "삼성자동차 사례" 역시 삼성자동차와 경쟁 자동차회사 사이의 잠재적 갈등도 있었지만 정부(청와대, 김영삼 대통령)와 삼성자동차 간의 관계가 주도적인 위치를 차지한 정책이며, "하이닉스 반도체 빅딜 사례"도 현대반도체와 LG전자 사이의 잠재적 갈등도 있었지만 정부(청와대, 김대중 대통령)가 주도하여 하이닉스 반도체를 탄생시킨 정책이다.

네 번째 유형은 정부가 사회집단과의 가치갈등의 당사자인 경우이다. 예컨대, 이 유형에 속하는 "시화호 사례"와 "한반도대운하 사례"(혹은 그 뒤 변형된 "4대강 사업")는 대표적으로 정부가 내건 경제발전이라는 가치와 시민단체 등이 내건 환경보호라는 가치가 충돌된 사례라고 할 수 있다. 이는 새로운 건설을 통한 국토의 효율적인 활용 및 수자원의 개발이라는 가치가 환경보존 혹은 훼손이라는 환경가치와 충돌한 사례이다. 부안 핵방폐장 사례 역시 원자력 에너지 개발이라는 정부의 에너지 정책의 가치가 주민 생존권 위협이라는 또다른 가치와 충돌한 사례이며, NEIS 사례는 정부의 교육행정의 전산화/효율화라는 가치가 프라이버시 보호 등의 가치와 충돌한 사례이다. 또한, 주택 발코니 구조변경 허용 정책의 경우에는 주거편익허용이냐 소방안전강화차원이냐의 가치갈등이 충돌한 사례이다.

2. 정책유형 및 정책단계별 정책실패요인

정책유형 및 정책단계별 정책실패요인을 제시하면 다음과 같다.

첫째, 정책형성단계에서 정책이해관계자와의 대화 및 의견수렴 부족은 매우 중요한 정책실패의 요인으로 지적되고 있다. 여기에서 검토한 13개의 정책사례 중 적어도 7개 이상은 정책이해관계자와의 합의 혹은 의견수렴 노력의 부족으로 인해 빚어진 결과들이다. 또한 무리한 정책목표의 설정이나 미래 상황예측 능력의 부족, 성급한 제도 도입 등도 실패요인으로 지적되었다.

둘째, 정책실패의 유형을 인적 요인, 제도적 요인, 환경적 요인으로 나누어 살펴볼 때, 정책결정단계에서는 정책이해관계자와의 합의를 이끌어낼 수 있는 리더십 요인이 매우 중요한 것으로 부각되었다. 조직 책임자는 관련 당사자들을 포함시킬 수 있는 제도를 마련하고, 국내 상황에 적합한 정책 벤치마킹을 주도하는 능력이 요구된다.

셋째, 반도체 빅딜 정책사례, 삼성자동차의 정책사례에서 보듯이, 환경적 요인에서 제기되는 (특히 정치권력 최고위층으로부터 제기되는 외압과 같은) 요인들은 사실상 제도적으로 통제하기는 어려운 요인들이다. 다만, 이러한 경우에도 정책결정과정에서 외부의 영향의 개입이나 정책혼란 야기를 최소화하는 노력이 요구된다고 하겠다.

넷째, 제도적 요인으로는 정책담당부서와 정책집행부서 그리고 일선담당기관과의 연계체제의 마련 부족(시화호), 집행상의 일관성 결여로 인한 정책순응성 미확보 및 정책신뢰 상실 (부안방폐장), 정책집행에 대한 관련 집단의 신뢰 및 정책순응성 확보(화물연대파업) 등이 중요한 요인으로 지적되었다.

다섯째, 정책평가와 환류의 중요성도 매우 중요하게 지적된다. 정책환류에 의한 학습이 제대로 이루어지지 않아 후에 유사문제를 발생시키는 사례가 빈번하게 나타나고(예: 시화호의 실패로 인해 새만금호, 화옹호 등), 의약분업에서 보듯이 정책행위자들 간의 정치적 상호작용을 보장하는 제도적 장치 마련 및 학습장치 강구 방안이 매우 절실히 요구되고 있다.이러한 정책학습 부재는 여론에 대해 방어적 대응으로만 일관하고 낙관적 청사진만을 제시하는 경우로 나타나거나(국민연금 실패), 화물연대 파업에서 보듯이, 여론에 의한 사건 부각으로 인해 정부의 여론에 대한 방어적 정책의 난발로 나타난다.

이상의 논의들을 표로 정리하면 〈표 11-1〉과 같다.

〈표 11-1〉 정책유형·정책단계별 정책실패요인

정책사례 및 정책유형			정책단계별 실패요인			
	정책사례	정책유형	정책 의제설정	정책결정 (정책목표 및 정책대안의 결정)	정책집행	정책평가 및 환류
정책유형 및 정책사례	시화호	환경개발 정책	정부조직과 정책이해관계 당사자들의 대화와 토론 부족	정책합의를 이끌 수 있는 리더십 부족 (인적요인)	정책을 집행하는 관련부처와 일선담당기관의 연계부족(시스템적 요인)	정책환류에 의한 학습이 제대로 이루어지지 않아 후에 유사문제를 발생시킴 (예: 새만금호, 화옹호 등)
	부안방폐장	산업기술 정책	의견수렴 및 동의 산출이 미흡	실질적 정책관련 집단간의 충분한 합의가 이루어지지 않은 상태에서 성급한 정책결정을 함	집행상의 일관성 결여로 인한 정책순응성 미확보 및 정책신뢰 상실 (조직적 요인)	정책에 관련된 다양한 이해관계자들의 정책합의를 도출해내는 장치가 부족
	삼성자동차	산업정책	정책외부환경 요인(정치적 요인) 으로 인하여 정책목표가 비합리적으로 변질	정책결정과정에서 외부의 영향에 의해 정책혼란 야기	시장논리에 의한 결정이 아니라 정치논리에 의해 정책이 집행	정책결정과정의 정당성 및 타당성실패
	의약분업	의료 복지정책	정책목표에 맞는 수단 확보 미흡 및 균형적인 합의안 미도출	관련 당사자들을 포함 시킬수 있는 제도의 미흡; 국내상황과 맞지 않는 무리한 벤치마킹	파생되는 외부성 예측을 위한 시범사업의 미실시; 대상자들의 저항	정책행위자들간의 정치적 상호작용을 보장하는 제도적 장치 미흡
	한양약 분쟁	의료 복지정책	약사법시행규칙의 삭제로 인한 미래상황의 예측실패	약사측 여론의 일방적 수렴; 관련대상자들을 포함할수 있는 제도의 미흡	균형적인 정책집행 결여; 약사측 의견의 일방적 수렴	정책의 집행없이 평가 및 환류를 통해 수정정책이 마련됨

국민연금	사회 복지정책	무리한 정책 목표 및 성급한 연금제도의 시행	여론수렴시스템이 제대로 작동하지 않음	소득재분배 역할 불충분; 연금의 원칙없는 방만한 운영; 감독기관의 관심과 관리 소홀	여론에 대해 방어적 대응으로만 일관하고 낙관적 청사진만을 제시
화물연대 파업	노동정책	정책대안을 제시할 수 있는 제도의 구축 미비; 사후 처방적 조치보다는 사전 예방적 정책 방안이 필요	일관성 있는 추진을 위한 정책결정자의 리더십 부재	분쟁발생시 분쟁조정 기구의 조기 구축 필요; 정책집행에 대한 관련 집단의 신뢰 및 정책순응성 확보 필요	여론에 의한 사건 부각으로 인해 정부의 여론에 대한 방어적 정책 난발
NEIS	교육 정보화 정책	실무행정단체인 교원노조와의 합의 실패	무리한 일정의 추진과 인터페이스부족으로 인한 정책결정 투명성 결여	정책집행가와 관련 당사자들간의 대화 부족	교육행정 정보화의 큰 틀에 대한 정부와 교육 이익집단간의 견해차하 에서 정부의 정책 변경
디지털 지상파TV	정보통신 정책	참여부족과 디지털 방송기술 선정방식에 대한 참여자들의 합의 노력 부족	공식적인 참여는 있었지만 정부의 정책 대응성 및 투명성 부족을 드러냄; 절차적인 합리성을 획득할 수 있는 정책결정 시스템 구축 필요	–	–
한반도 대운하 (4대강 사업)	국토건설 정책	반대의견이 상당수 존재함에도 제대로 된 여론수렴이 이루어지지 않음 ※ 4대강 정비사업의 경우 국민들의 참여와 합의위한 충분한 여론수렴이 이루어지지 않음	완공이 임기 내에 이루어지도록 하기 위해 사업이 성급하게 추진되었음 ※ 4대강 정비사업 의 경우 한반도 대운하 정책 중단 후 무리 하게 강행하기 위해 성급한 환경영향 평가와 예비 타당성조사 생략	* 정책중단 ※ 4대강 정비 사업의 경우 일부 집행 중에 있음(생태계 훼손과 식수원 오염을 최소화 하는 방향으로 정책 집행이 이루어질 필요가 있음)	–
주택 발코니 구조변경허 용	건축/주 거정책	발코니변경에 관한 정책권한의 주체모호	당초의 규제완화에서 부작용이 일자 다른 부분에서의 규제강화식의 양면적 정책마련	집행시기의 문제, 지속되는 불법확장공사 방지에 취약	–
기업형 슈퍼마켓 (SSM) 허용	기업정책	외부주도형 정책, 여론의 악화 이후에 정책이 형성됨	기업형 슈퍼마켓 위주로 정책결정, 영세상인과 재래 상인의 의견과 참여 충분히 반영되지 못함	정책결정과정에서 예상할 수 있었던 문제가 집행과정에서 쟁점화되자 규제일변도로 봉합	SSM개설 등록제 마련
하이닉스반 도체 빅딜	기업개혁 정책	해당기업, 시민들의 의견수렴과정 이루어지지 않음	소수 관료, 재벌기업에 의한 밀실행정식 정책결정	집행과정에서 무리한 추진으로 사회적 비용발생	무리한 정책으로 14조원 가량의 부채에 대한 공적자금 투입

　　　　제4부 　정책분석론: 사례·윤리·맥락

3. 정책유형 및 정책단계별 정책학습 메커니즘

정책유형 및 정책단계별 정책학습방안을 정리하면 다음과 같다.

첫째, 정책형성단계에서 정책 이해관계자들의 이해를 구하고 합의를 도출해 나가는 노력은 매우 중요한데, 이를 위해서는 예컨대, 정책실명제 도입 및 정책타당성 사전체크 리스트 구축, 정책결정 집행단계에서의 정책모니터링 시스템 구축, 중간평가제도 도입을 검토할 필요가 있다. NEIS 사건에서 보듯이, 정책담당자와 정책집행자 및 정책이해관계 당사자들 간의 충분한 대화 장치를 마련하는 것은 정책실패를 미연에 방지할 수 있는 중요한 요인이다.

둘째, 정책관련 주요 당사자들의 정책참여를 제도화하고, 정책실명제 도입 및 정책타당성 사전 체크리스트 구축을 통해 절차적인 합리성을 획득할 수 있는 정책결정시스템 마련이 필요하다.

셋째, 정책집행단계에 있어서도, 부안방폐장 사태에서 보듯이, 정책에 관련된 다양한 이해관계자들의 정책합의를 도출해내는 장치 마련이 중요하게 부각되는바, 기술영향 평가 도입이나 정책결정 집행단계에서의 정책반응 모니터링 시스템 도입 등이 검토되어야 한다.

넷째, 정부부처의 직능 혹은 단계별로 나타나는(예컨대 환경보전부서와 산업개발부서 혹은 중앙단위의 부서와 집행단위의 부서) 조직구성원의 편협한 시각 탈피하고 상호 간의 이해를 높이는 공동 교육시스템 및 시스템적 사고를 육성하는 방안이 마련되어야 하며, 이는 정책실패에 대한 정기적 학습메커니즘으로 활용되어야 한다.

다섯째, 사후 처방적 조치보다는 사전 예방적 정책 방안이 필요하며, 분쟁발생시에는 분쟁조정기구의 조기 구축이 필요하다. 또한, 이를 학습하고 제도화함으로써 동일한 분쟁 발생에 대해 정책실패를 방지하는 노력은 매우 중요하다고 하겠다.

여기에서 검토한 정책사례는 표본규모가 13개로 한정되어 있어 일반화 하기는 어려우며, 또한 표본숫자의 한계로 인해 정책유형별 공통 실패요인과 학습요인을 밝혀내는 데에는 한계가 있었는 바, 이는 향후 표본규모를 좀 더 확대하여 심층 검토할 과제라고 하겠다. 하지만, 이 장에서의 검토한 대형 국책실패의 사례들은 연구대상 그 자체로도 많은 의미를 지니며, 이들을 심층적으로 관찰하고 분석한데서 도출된 정책적 함의 및 시사점은 매우 큰 의미를 지닌다고 하겠다. 특히, 이 장에서 다루어진 정책사례분석은 효율성-민주성-성찰성이라는 세 가지 차원의 정책분석 기준을 체계적으로 적용해 본 실습과정이라는 점에서 정책분석의 실제학습으로서도 많은 의미를 지닐 것이다.

이상의 논의들을 표로 정리하면 〈표 11-2〉와 같다.

〈표 11-2〉 정책품질 향상을 위한 정책유형·정책단계별 조치방안 및 학습메커니즘 구축방안

	정책 사례	조치방안	학습 메커니즘
정책유형 및 정책사례	시화호	정책실명제 도입 및 정책타당성 사전체크리스트 구축; 정책 결정 집행단계에서의 정책모니터링 시스템 구축; 중간평가제도 도입; 정부부처간 합동 교육시스템의 구축 (환경부, 농림부, 국토교통부 등)	조직구성원의 편협한 시각 탈피; 상호간의 이해를 높이는 공동 교육시스템 및 시스템적 사고를 육성하는 방안 마련
	부안 방폐장	기술영향 평가 도입; 정책실명제 도입 및 정책타당성 사전체크 리스트 구축; 정책 결정 집행단계에서의 정책반응모니터링; 정부부처간 합동 교육시스템의 구축 (산자부, 과기부, 환경부 등)	정책에 관련된 다양한 이해관계자들의 정책합의를 도출해내는 장치 마련
	삼성 자동차	정책실명제 도입 및 정책타당성 사전체크리스트 구축; 중간평가제도 도입; 정치적 영향력 배제를 위한 시스템 구축; 정부 부처간 합동 학습시스템의 구축 (산자부, 청와대, 지자체 등)	정책결정에 있어서 지역주의에 의거한 정치적 요인이 합리성 및 국가이익에 장애가 될 수 있으므로 제도적 방안 마련 필요
	의약 분업	정책실명제 도입 및 정책타당성 사전체크리스트 구축; 첨예한 의견 대립 시 균형 잡힌 합의안 도출을 위해 제3의 집단(NGO 등)의 중재노력도입; 관계 기관간 합동 교육시스템의 구축 (보건복지부, 의사협회, 약사협회 등)	정책행위자들간의 정치적 상호작용을 보장하는 제도적 장치 마련
	한· 양약 분쟁	정책실명제 도입 및 정책타당성 사전체크리스트 구축; 첨예한 사안의 경우 양 집단의 균형적 의견수렴 방안 마련 절차를 강화할 것; 정치적 영향력 배제를 위한 제도적 장치 마련; 정부 부처간 합동 교육시스템의 구축 (보건복지부, 교육부, 한의사회, 약사회 등)	정책관련 대상자들을 모두 포함시켜 균형잡힌 정책결정 시스템 마련
	국민 연금	전국 규모의 영향력이 큰 정책의 경우 정책의 예비조사 (Pilot Study)를 거쳐 단계별로 시행할 것을 검토; 회계처리를 요하는 정책의 경우 분기별 손익계산서의 제도화	정책결정과정에 있어서 여론수렴시스템 장치 마련
	화물 연대파업	정책수요 조기 파악; 정책실명제 도입 및 정책타당성 사전체크 리스트 구축; 정책결정 집행단계에서의 정책 반응모니터링; 중간평가제도 도입; 정부부처간의 브레인 스토밍과 교육 훈련 (고용노동부, 국토교통부, 산자부 등)	분쟁발생시 분쟁조정기구의 조기 구축 필요; 사후 처방적 조치보다는 사전 예방적 정책 방안이 필요

제 4 부 정책분석론: 사례·윤리·맥락

NEIS	정책관련 주요 당사자들의 참여 제도화; 정책영향평가실시; 집행기관간의 유기적 협력체제 구축; 정책 예비조사 실시; 관계 기관간 합동 교육시스템의 구축 (교육부, 행자부, 교원노조 등)	정책집행가와 관련 정책이해관계 당사자들간의 충분한 대화 장치 마련
디지털 지상파TV	정책관련 주요 당사자들의 참여 제도화; 정책타당성 사전체크리스트 구축; 정책 결정 집행단계에서의 정책모니터링 시스템 마련; 중간평가제도 도입; 정부 부처간 합동 교육시스템의 구축 (정통부, 문광부, 방송위원회 등)	절차적인 합리성을 획득할 수 있는 정책결정시스 템 구축 필요; 서로간의 합의를 만들어가기 위한 노력 필요
한반도 대운하 (4대강 정비사업)	정책타당성 조사; 정책관련 주요 당사자들의 참여 제도화; 중간평가제도 도입; 정부 부처 간 합동 교육시스템의 구축 (환경부, 해양수산부, 산업통상자원부 등) ※ 4대강 정비사업의 경우 정책타당성 심층조사 필요; 정책목적에 관한 국민들의 충분한 합의를 위한 시스 템 제도화; 환경적/생태계 파괴 우려에 대한 전문가 평가 반영	여론수렴시스템을 정책적으로 보장; 정확한 정책 생산성평가가 요구됨 ※ 4대강 정비사업의 경우 정책 생산성 심층평가 필요; 정책추진과정에서의 법적 절차의 형식적 준수가 아닌 실질적 준수 필요; 원활한 정책집 행추진을 위해 국민들의 신뢰 회복을 위한 가 시적 조치 필요
주택 발코니 구조변경 허용	정책 추진후 미래에 대한 예측설계; 관련 부처간 상시대화채널 개설; 정책의 실수요자에 대한 사전 인터뷰	정책의 시행에 따른 미래예측; 관련 부처 간의 합의
기업형 슈퍼마켓 (SSM) 허용	정책의제설정단계에서 미래에 대한 영향평가 제도화; 정책 관련자들의 참여 제도화; 경제적 손실 등에 관한 전문가 평가 반영	정책 관련자의 의견 수렴; 정책의 영향에 대한 미래예측적 평가 제도화
하이닉스 반도체 빅딜	정책실명제 도입; 전문가패널 등의 의견 반영 제도화	정책의 책임성 제고; 정부−시장−시민의 거버넌스 구축

제12장

정책분석과 정책윤리

 >>> 학습목표

  정책분석은 가치판단적 기대와 현실판단적 전망 사이에서 드러나는 괴리를 합치시켜주는 일련의 행동을 탐색-개발-선택하는 과정과 그 과정에서 필요한 내용에 대해 분석하는 학문이다. 이는 가치판단(규범의 모색), 사실판단(상황의 정의) 그리고 관리판단(행동의 설계) 등을 함께 통합하는 종합판단의 예술을 요구한다. 따라서 이 종합판단의 예술과정에서 규범을 모색하는 가치판단은 본질적으로 윤리분석을 요구한다. 그리고 이러한 정책학 규범적 기초로서 정책연구는 정책윤리와 개방적 사고 및 정책토론을 절실하게 요구하고 있다.

  제12장에서는 민주주의 정책분석의 실천적 이념인 정책윤리와 정책토론의 중요성에 대해서 논의하기로 하며, 이러한 중요성에 따른 정책윤리 및 정책토론의 이론적 흐름과 논의를 짚어보기로 한다.

제1절 정책윤리의 개념 및 중요성

  사회적으로 매우 복잡한 문제는 하루에도 수십 건씩 발생하고 있다. 이 수많은 문제들은 거의 공공정책에 의하여 해결된다. 이 때문에 오늘날은 정책의 시대라고 부르기도 한다. 먹는 물로 시작한 식수정책에서 직장으로 출근하기 위하여 차를 타는 교통정책, 숨을 쉴 때 마시고 내뱉는 대기정책, 나라를 지키는 국방정책에 이르기까지 실로 정책의 수도 다양할 뿐만 아니라 그것이 미치는 사회적 범위도 대단히 넓다. 이러한 수많은 정책을 결정하고 집행하는 주체는 바로 국가기관이며 공무원들에 의해서 이루어지고 있다. 또한 정책문제가 복잡하면 복잡할수록 정부는 더 많은 재량권을 가질 수밖에 없다. 여기서 수많은 사회문제를 정책문제로 해결하기 위해서 정책결정자가 가져야 할 기준이 있는데, 그 기준 중에서도 최상위에 놓여진 것이 정책윤리이다.

따라서 정책결정자는 정책의 기본적 가치나 목적을 실현시키고 정책목적을 달성하기 위해서 윤리적 의무를 지녀야한다. 정책이 추구하고자 하는 바람직한 가치는 결국 정책을 담당한 공무원들에 의해서 가시화된다. 즉, 정책결정의 주도적 위치에 있는 공무원들은 바람직한 사회를 구현하는 주체자이다. 바로 정책윤리란 정책담당자인 공무원이 정책을 수행함에 있어 국민 전체에 대한 봉사자로서 때로는 개척자로서 정책이 추구하는 바람직한 사회라는 공공목적 달성을 위해 준수해야 할 행동규범을 의미한다. 특히 가치선택을 반영시키는 정책은 인간과 인간간의 행위기준을 의미하는 윤리를 구체화하게 된다는 점에서 정책윤리는 더욱 강조된다.

공직사회가 부패하거나 정보화사회에 맞는 정책윤리나 사고가 확립되지 않을 경우 바람직한 사회상태를 이룩한다는 것은 불가능하다. 비과학적이고 불합리한 정책결정은 국가나 인류발전의 선도적 역할을 담당하기보다는 오히려 넓게는 인류발전, 좁게는 나라발전과 지역발전을 가로막는 장애요소만 부각시켜 퇴행을 거듭할 난제만을 양산하는 지경이 된다. 따라서 정책윤리를 미시적 관점에서 파악할 때는 공직자의 부정부패 방지와 같은 특정행위의 규제에 초점이 맞추어진다. 그러나 거시적 관점에서 파악할 때는 인류를 위하여 자기의 지식을 적극적으로 활용해야 될 뿐만 아니라 높은 공익성과 봉사정신이 강조된다. 근대적인 공직윤리가 정착되지 않는 한 합리적인 결정은 기대할 수가 없다. 이 때문에 정책윤리는 그 무엇보다도 중요한 것이다(김정기, 2000: 197-200).

제 2 절 　정책분석에서의 정책윤리의 의의

행정윤리가 행정행위에 요구되는 가치기준 또는 행동규범인 것과 같이, 정책분석학에 있어서 정책윤리는 '정책분석 또는 정책결정을 수행함에 있어서 요구되는 가치기준 또는 행동규범'이라 할 수 있으며, 이것은 정책분석가들이 정책분석의 각 단계에서 역할을 수행하는 과정에서 당면하는 갈등들을 해결하는 규범적 기준이 된다(김성제, 2005: 337). 즉, 정책분석가들이 사회가 소망하는 이익의 추구라는 그들의 역할을 수행하는 과정에서 수시로 당면하는 딜레마들을 해결하는 규범적 표준이 된다(노화준, 2003: 413).

정책분석에서 있어서의 윤리가 중요한 이유는 다음의 몇 가지를 들 수 있다.

첫째, 정책이 사회에 미치는 영향의 근본성, 광범성, 장기성에서 찾을 수 있다. 정책영향의 '근본성'이란 정책이 정치·경제·사회의 가장 근본적인 가치, 규범, 행태 등에 영향을 미친다는 것을 의미하며, 정책영향의 '광범성'이란 하나의 정책이 사회의 여러 부문에 걸쳐 광범위하게 영향을 미친다는 것을 의미하며, 정책영향의 '장기성'이란 정책의 영향이 단기간에만 국한되는 것이 아니고 개인의 가치관, 행태에 영향을 미쳐 장기간 지속된다는 것을 말한다.

둘째, 정책은 보다 바람직한 미래의 사회상태를 실현하려고 하는 것에 최우선이 주어져 있기 때문에 정책분석가의 보다 적극적이고 미래지향적인 사고를 필요로 한다.

셋째, 정책은 정책분석가 또는 정책결정자가 의도하는 부도덕한 방향으로 미래에 영향을 미칠 수도 있고, 그들이 의도하지 못한 나쁜 사회적 영향을 초래할 수도 있기 때문에 정책분석과정에서 정책윤리에 바탕을 둔 숙고가 필수적으로 요구된다.

마지막으로, 매우 불확실한 상황 하에서 이루어지는 정책결정은 고도의 위험성이 내포되어 있고, 그 이해득실 또한 엄청나게 크기 때문에 정책분석가의 강한 윤리적 책무가 요구된다.

정책분석은 정책결정과정에서 정책판단에 가장 핵심이 되는 영향을 미치고자 하는 분석활동이다. 이러한 정책분석은 사회와 개인들에게 미치는 영향이 크고, 정책분석을 수행하는 과정에서 여러 가지의 윤리적 딜레마에 직면하게 된다고 한다. 그렇다면 정책분석가가 정책분석을 수행하는 과정에서 지켜야 할 윤리의 본질은 무엇인가? 정책분석가가 정책분석과정에서 딜레마에 직면했을 때 따라야 할 행동규범은 공익과 사회적 책임이다. 민주주의 사회에서 정책이 추구하여야 할 가장 중요한 정책목표는 공익이고, 정책분석은 바로 이 정책들이 목표로 하고 있는 공익을 실현하기 위하여 가장 효율적인 방안이 무엇인가에 대한 정보를 산출하기 위한 분석활동이기 때문에 정책분석과정에서 직면할지도 모르는 딜레마를 해결해 나가는 행동지침은 바로 공익이 되어야 한다. 또한 정책분석가는 그가 내린 정책문제에 대한 정의, 그가 개발하고 설계한 정책대안, 그가 적용하기로 선택한 정책대안의 평가기준, 그가 설정한 정책목표와 대안과의 인과관계모형 및 그가 처방으로 제시한 최적 정책대안에 의하여 이해관계를 달리하는 여러 집단과 개인들 가운데 어떤 집단이나 개인들은 더 많은 편익을 받게 될 수도 있고, 공공의 자원이 사회적 편익의 증진에 아무런 효과도 없이 낭비될 수도 있을 뿐만 아니라 때로는 사회전반에 커다란 손실을 입히게 될 수도 있다는 점에서 막중한 책임을 느껴야 할 것이다. 그러므로 공익의 추구와 책임이 정책분석 윤리의 핵심이라고 할 수 있을 것이다(김정기, 2000: 203-204).

제3절   정책분석에서의 윤리분석의 실패

정책연구는 가치판단적 기대와 현실판단적 전망 사이에서 드러나는 괴리를 합치시켜 주는 일련의 행동을 탐색-개발-선택하는 과정과 그 과정에서 필요한 내용에 대한 연구를 하는 학문이다. 이는 가치판단(규범의 모색), 사실판단(상황의 정의) 그리고 관리판단(행동의 설계) 등을 함께 통합하는 종합판단의 예술을 요구한다. 따라서 이 종합판단의 예술과 정에서 규범을 모색하는 가치판단은 본질적으로 윤리분석을 요구한다(허범, 1992: 165). 그리고 이러한 정책학 규범적 기초로서의 정책윤리는 개방적 사고와 정책토론을 요구하고 있다.

학문으로서의 정책학의 태동은 정책의 윤리성에 대한 특별한 관심에서 비롯되었다. 가치중립적인 추상적 목적을 제시하는 다른 학문과는 달리 정책학은 특정한 내용의 윤리적 목적을 명백히 표방하고 탄생하였다. 이런 의미에서 정책학은 윤리적 학문이며 이것이 정책학의 정체성을 구성하는 본질이다. Lasswell이 소망하는 정책학의 이상도 "인간의 존엄성을 보다 충실하게 실현하는 것"이었으며, 그가 정책학의 주창을 통하여 진정으로 의도하였던 것은 과학적 방법을 통하여 인도주의적 이상을 구현할 수 있는 윤리적 학문을 성립시키는 것이었다. 따라서 정책학의 정체성을 모색함에 있어서 그 윤리적 기초와 목적을 바르게 이해하는 것이 무엇보다 중요하다. 이는 정책학의 윤리적 기초와 목적이 정책학 개념화의 방향과 내용, 패러다임 그리고 성격을 규범적으로 규정하기 때문이다(허범, 1999a: 319).

허범(1992: 167-175)은, 정책학의 이러한 윤리적 의의에도 불구하고, 정책학의 윤리분석이 실패하였음을 지적하고 있다. 이는 P. DeLeon(1981: 1-7)과 Sir Vickers (1973a: 103)의 지적에서도 공통적으로 나타나는데, 이들은 정책학이 처음 제안된 뒤 한 세대가 경과한 시점에서 정책학이 그 본질인 규범지향성을 상실하고 있다고 진단하였다. 정책이론과 모형의 발전은 가치-규범의 차원으로부터 분리되어가는 경향을 보이며, 정책

〈그림 12-1〉 정책연구에 있어서 윤리분석의 실패 극복방향

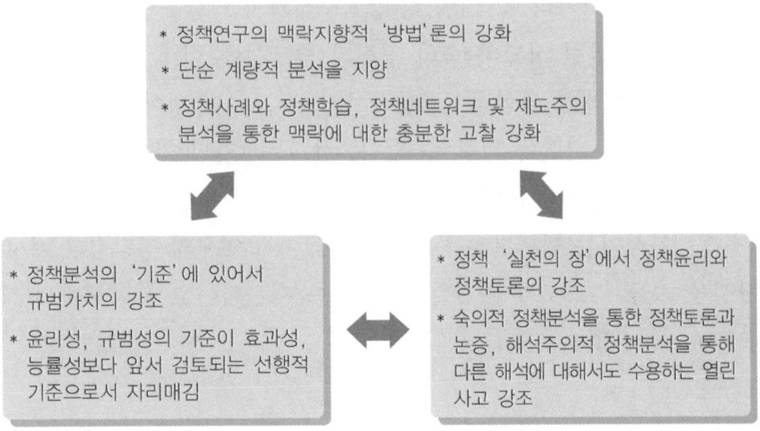

* 정책연구의 맥락지향적 '방법'론의 강화
* 단순 계량적 분석을 지양
* 정책사례와 정책학습, 정책네트워크 및 제도주의 분석을 통한 맥락에 대한 충분한 고찰 강화

* 정책분석의 '기준'에 있어서 규범가치의 강조
* 윤리성, 규범성의 기준이 효과성, 능률성보다 앞서 검토되는 선행적 기준으로서 자리매김

* 정책 '실천의 장'에서 정책윤리와 정책토론의 강조
* 숙의적 정책분석을 통한 정책토론과 논증, 해석주의적 정책분석을 통해 다른 해석에 대해서도 수용하는 열린 사고 강조

학의 이름으로 유행하는 이른바 과학적 정책분석은 객관성, 문제의 분할 및 축소, 계량화, 그리고 부분극대화 등에 치우친 협의의 합리적 기법들이라는 것이다. 따라서 이론과 실제의 실천적 접합을 지향하는 정책학이 오히려 이론과 실제를 분리시키는 정책분석을 발전시키고 있다는 역설과 안타까움이 존재하는 것이다(Goodin, 1982: 3-18; Hoos, 1972).

정책학에서 정책윤리와 정책규범이 별리된 채 부분극대화적인 실증주의적 접근이 아무 문제없이 주류를 이루고 있다는 지적은 매우 타당한 지적이라고 생각된다. 정책분석에 있어서 윤리성과 규범성의 기준이 효과성과 능률성보다 앞서 검토되어야 선행적 기준으로서 자리매김되어야 할 것이다. 또한 정책연구에 있어서 단순 계량적 분석이 지양되어야 하며, 이는 앞서 논의한 바와 같이, 정책사례와 정책학습, 정책네트워크 및 제도주의분석을 통한 맥락에 대한 충분한 고찰, 숙의적 정책분석을 통한 정책토론과 논증 강조, 해석주의적 정책분석을 통해 다른 해석에 대해서도 수용하는 열린 사고 등이 강조되어야 함을 의미한다.

제 4 절　정책분석가의 윤리

정책학에서의 정책윤리의 반영이 실패하고 있는 현상을 타개하기 위해서는 정책연구의 맥락지향적 방법론의 강화와 정책분석의 기준에 있어서 규범 가치의 강조가 필요하다. 이

와 함께 정책 '실천의 장'에서 정책윤리와 정책토론의 강조가 함께 병행되어야 한다. 이에 여기에서는 먼저 정책분석가의 윤리규범과 정책분석가의 역할유형을 살펴보고, 정책토론과 정책논증에 기초한 열린 사고와 숙의 정신의 중요성에 대해 검토하기로 한다.

정책분석가는 문제에 대한 과학적·경험적 설명에 그치는 것이 아니라 경쟁적 가치와 이해관계에 대한 규범적 판단을 피할 수 없다. 정책분석가의 가치, 이해관계 등 규범적 요인이 정책분석의 기본방향을 좌우하기 때문에 정책분석가의 윤리에 관한 문제가 대두된다. 따라서 정책분석가는 연구결과를 제시함에 있어서 연구의 정당성과 제시된 결과 및 결론의 타당성을 그들 스스로가 판단할 수 있도록 객관적이고 분명하게 제시해야 한다 (William N. Dunn, 2004: 551).

1. 명확한 근거의 제시

정책분석이나 연구는 가능한 한 객관적이고 과학적인 토대 위에서 이루어지는 것이 바람직하다. 하지만 실제에 있어서 정책분석은 정책 선택을 위한 추론과정이기에 가치판단이나 주관적인 접근을 완벽히 배제하기 어려운 것이 사실이다. 이에 더하여, 분석결과 제시가 자료에 대한 해석을 포함하는 경우 단순 예측에 그쳐야 하는지 혹은 더 나은 정책대안의 제시까지를 포함하는지의 판단, 그리고 그것을 주창하는 경우에는 가치에 대한 판단을 필연적으로 포함하게 된다. 이러한 가치판단은 주관적인 것이므로 이에 대한 근거를 제시하지 않으면 분석결과뿐 아니라 분석과정 전체에 대해 신뢰할 만한 평가를 받지 못할 수 있다. 때문에 정책분석가는 분석을 수행하는 과정에서 개재되었던 가치관과 가정 및 판단 근거를 명확하게 제시하여야 한다(Quade, 1989: 327-328; Mood, 1983: 285). 또한, 정책분석결과를 토대로 정책제언을 할 때 정책분석가는 객관적인 발견 사실과 규범적인 주장을 명확히 구분해야 한다. 또한 정책제언에 개인적인 또는 사회 정치적인 가치판단이 포함되어 있다면 그것을 정확하게 공개해야 한다(Fischer, 1998; Barber, 1984).

정책분석가는 자신의 가치관과 관점, 분석의 전제, 정책문제와 정책수단의 분석방법, 내용과 결과, 그리고 분석의 한계 등에 대해 숨김없이 명확하게 밝혀야 한다. 예를 들면, 조사 및 정책실험의 설계, 표본의 선정기준, 설문지 등 조사 측정의 척도, 주요 전제와 가정 등을 명확히 밝혀 다른 사람들이 그 타당성과 신뢰성을 점검할 수 있도록 하여야 한다. 이렇게 여러 측면에서 정책분석가 자신이 행한 분석활동이 갖는 한계성을 명확히 밝힘으로써 분석 결과를 잘못 해석하거나 과신하여 이를 토대로 그릇된 정책주장이 나오지 않도록 하여야 한다(강근복, 2000: 289).

2. 타당성의 확보

정책분석가는 가치 간의 갈등(*complex of value*)이 있을 때, 어렵더라도 어느 한쪽에 치중하지 않아야 하나, 정책대상 및 환경에 따른 정책분석시에는 가치의 우선순위에 차이가 생기기 마련이다. 때문에 분석 결과를 제시할 때에는 가치 실현 및 문제 해결을 위해서 어느 가치가 더 중요한가, 또는 더 시급한가, 또는 더 효율적인가 등을 규명해 줄 수 있는 타당성 전제를 제시하여야 한다. 즉, 정책분석가는 이해 당사자들이 제시된 대안에 대해 반대 주장을 할 수 있다는 것을 예측하여 그들이 수용할 수 있는 타당성 있는 분석결과를 제시할 수 있어야 한다(Mood, 1983: 284). 이에 더하여, 타당성 전제가 확보되었다 하더라도 지나치게 일방적이고 생색을 내는 표현이나 너무 교훈적인 표현양식은 피하는 것이 바람직하다(Fischer, 1998; Quade, 1989: 328).

3. 개방적 관점

정책분석가는 분석결과를 제시할 때 개방적인 사고(*open-mindedness*)를 갖는 것이 중요하다(Fischer, 1998: 143; Barber, 1984). 즉, 정책분석가는 결과를 제시함에 있어 중립성과 객관성을 유지해야 한다. 이론상 바람직한 것은 전제나 주요 변인들에 대한 가정을 달리할 경우에 예상되는 결과들을 개방적으로 복수로 제시해야 하며 경우에 따라 민감도분석(*sensitivity analysis*)에 따른 결과 제시까지 시도할 필요가 있다.

자신이 수행한 분석의 한계를 숨기고 유용성을 과시하기 위하여 또는 자신이 선호하는 정책대안을 부각시키기 위하여 부당하게 분석 내용, 결과 등을 누락, 왜곡하여서는 안된다. 여러 정책대안을 분석하고 제시하는 경우 가능한 한 중립성과 객관성을 유지해야 한다는 것이다. 그러므로 설령 어떤 대안이 정책분석가 자신의 가치관 및 선호에 부합되지 않더라도 검토 대안 속에 포함시키고 가능한 한 객관적 입장에서 비교·분석의 자료를 제공함으로써 정책관련자가 합리적인 정책주장을 할 수 있도록 도와주어야 한다(강근복, 2000: 289).

4. 체계적 윤리성 지향

정책분석가는 전체 체계적 윤리성을 지향해야 한다. 모든 공공정책은 전체 사회의 일반적인 진보와 번영을 그 공동 목적으로 한다. 그러나 정책에 내포되어 있는 특정한 행동방안은 대개 전체 사회의 어느 일부분만을 대상으로 하는 한정된 내용으로 구성되고 그것의 효과도 부분 효과에 지나지 않는다. 그러므로 행동방안을 분석하는 정책분석단계에서 사회의 한 부분을 대상으로 하는 부분 지향적 정책을 전체 사회적 진보와 조화시키기 위한 노력이 필요하다. 정책분석가는 윤리적 분석을 통해 부분적인 정책행동을 전체 사회의 이상가치, 지향적 목적체계와 연관시킴으로써 그 정책의 전체 체계적 윤리성을 향상시켜야 할 의무가 있는 것이다(허범, 1992: 67). 즉, 정책분석가는 구체적인 행동 방안을 탐색·개발할 때 '이상가치-상위목적-계획목표-실천행동'을 연관시킴으로써 구체적인 행동방안이 계획목표의 달성, 상위 목적의 실현, 그리고 궁극적으로는 이상 가치의 실현으로 연관될 수 있도록 지향하여야 한다(허범, 1992: 60).

앞서 2절에서 정책분석가가 정책분석과정에서 따라야 할 행동규범은 공익과 사회적 책임이라고 설명한 바 있다. 그런데 이러한 행동규범은 어떻게 확보할 수 있을 것인가? 이것은 정책분석이 조직의 내부전문가에 의해서 이루어지는가, 아니면 조직의 외부전문가에 의해서 이루어지는가에 따라 조금 달라질 수 있을 것이다. 즉, 정책분석가가 조직내부 전문가인 경우에는 조직의 행동규범 또는 윤리규범을 준수해야 한다. 그러나 정책분석가가 조직 외부의 전문가인 경우에는 이러한 조직의 행동규범이 구속력이 없기 때문에 다른 방법이 강구되어야 한다. 이 경우 정책분석가의 행동규범은 정책분석가 자신을 포함한 모든 인간과 그들이 제안한 모든 정책이 도덕적으로 애매모호할 수 있다는 도덕적 모호성에 대한 인식에서부터 출발하여야 한다. 사람들은 공익을 실현할 수 있는 능력뿐만 아니라 사익을 충족시키려는 성향도 가지고 있기 때문이다.

이와 같은 도덕적 모호성이 지배적인 상황에서 정책분석의 윤리성을 확보하기 위해서는 정책분석 과정을 공개하는 것이 매우 중요하다. 즉, 정책목표, 정책효과, 정책분석 방법 등이 분명하게 공개될 수 있도록 노력해야 한다. 정책목표나 정책효과가 공개되면 이에 의해 영향을 받는 개인이나 집단의 찬성과 반대 의견이 표출되며, 이들의 의견 수렴을 통해 바람직한 정책과 방법적 오류에 따른 문제를 해결할 수 있기 때문이다. 또한 정책분석에서 활용된 다양한 방법들은 해당 분야 전문가들에 의해 비판과 검증을 통해 잘못된 방법의 활용으로 인한 오류를 수정할 수 있는 계기를 마련해 준다.

이와 같이 정책분석의 윤리성을 확보하기 위해서는 조직적인 차원에서는 바람직한 행동규범을 정립하는 것이 필요하며, 이외에도 투명하고 공개적인 분석과정과 적합한 방법의 활용을 통해 다양한 의견의 수렴과 방법적 오류에 따른 문제를 해결할 수 있는 제도적인 장치를 마련하는 것이 필요하다(강근복, 2000: 285).

정책분석가의 역할 및 정책윤리

1. 객관적 기술자 모형과 정책윤리

객관적 기술자 모형은 정책분석가를 합리적인 존재로 상정하며 가치 중립적 입장을 띠고 있는 기술자로 본다. 이 모형에서는 분석가의 주요 관심이 가장 경제적으로 능률적인 프로그램을 만드는 데 있고, 정책목표 자체보다는 문제해결 방법에 초점을 둔다. 그래서 이러한 유형의 정책분석가가 산출하는 정보는 가치판단이 개입된 것이거나 처방적인 정보보다는 객관적이고 기술적인 정보들이다. 이 모형에서 가정하고 있는 것은 분석의뢰자(정책결정자)와 정책분석가의 엄격한 기능상의 분화이다. 분석의뢰자는 자기가 생각할 때 해결되어야 한다고 생각되는 문제를 정책분석가에게 제시하고, 정책분석가는 객관적인 입장에서 정책대안을 제시하며, 결정의 책임이 있는 사람으로 하여금 제시된 정책대안을 놓고서 최종적인 결정을 내리도록 한다(강근복, 1994). 따라서 이 모형에서의 정책분석가들은 자신이 분석한 정책대안에 대한 선호도를 제시하지 않으며 단지 객관적인 정보만을 제공함으로써 바람직한 대안의 선택과 같은 가치판단의 문제는 결정권자에게 남겨놓는다(Lynn, 1999; Meltsner, 1976). 정책분석가는 그들이 개인적으로 좋아하는 정책대안이 선택되지 않는 경우에도, 편견없는 자문을 꾸준히 제공함으로써, 장기적으로는 좋은 사회를 만드는 데 공한할 수 있을 것이다(노화준, 2003: 421).

정책
사례 *cases in policy*

이공계분야 기초연구지원의 우선순위 설정에 관한 연구:
학술연구조성사업의 사례를 중심으로

1. 사례개요

노유진(2008)에서는 이공계분야 기초연구지원의 우선순위 설정에 관한 연구를 진행했는데, 이 연구는 우선순위 설정방법에 관한 선행연구들을 검토한 후, 그들 가운데서 가장 널리 활용되고 있는 계층화분석법(AHP)을 활용하여 우선순위설정모형을 작성하고, 관련분야 전문가들의 의견을 조사·분석하여 이공계분야 학술연구조성사업의 효율적인 수행을 위한 지원의 우선순위체계를 설정하였다.

이 연구에서는 새로이 설정된 이공계분야 우선순위를 현행의 이공계분야 연구지원체계의 우선순위와 비교하여 그 차이를 분석한 결과, 이공계 분야 학술 연구지원 활동의 효율성을 제고하기 위하여 다음과 같은 조치들을 취하는 것이 바람직한 것으로 나타났다.

첫째 신진교수연구지원에 대한 지원을 확대하고, 둘째 박사 후 연구자에 대한 지원을 현재와 같은 우선순위를 두어 추진해 나가며, 셋째 중점연구소 지원을 지금과 같은 상태로 유지하되, 학술단체지원과 학술정보인프라 구축을 동시에 상호보완적으로 수행함으로써 학술기반조성에 대한 합성효과가 나타날 수 있도록 해야 한다. 또한 성과관리시스템의 구축이 연구자들의 연구 성과를 제고하는 데 매우 중요한 지원 활동들인 것으로 평가된 점을 감안하여, 우리나라의 경제사회적 여건과 법적·제도적 특성, 경제적 기회와 제약 등 외적 맥락(context)을 포함하여 우리나라 이공계 분야 연구자들의 연구행태적 특성과 연구수요(needs), 연구지원기관 구성원들의 특성 등을 종합적으로 분석하고 평가하여 성과관리제도를 발전시켜 나가야 한다는 것이다.

2. 쟁점 및 시사점

객관적 기술자 모형에서 정책분석가는 가치중립적인 기술자이며 정책분석가의 주요 관심은 가장 경제적으로 능률적인 프로그램을 만드는 것이다. 위의 제시된 사례에서 정책분석가는 이공계 분야의 연구지원의 우선순위체계를 설정하고자 AHP기법을 활용하여 조사 분석하였다. 또한 이상적 우선순위체계와 현행 연구지원체계의 우선순위를 비교, 분석하여 효율성 제고를 위한 문제해결 방안을 객관적 관점에서 사실 위주로 제시하고 있는바, 이는 정책분석가의 객관적 기술자 모형에 해당하는 연구사례라고 볼 수 있다.

2. 고객 옹호자 모형과 정책윤리

고객 옹호자 모형은 정책 분석가를 정책결정자에 대한 봉사자로 본다. 이때 능동적인 정책분석가는 분석의뢰자의 이익이라는 관점에서 문제의 제시, 목표의 설정, 대안의 평가, 정책결정에 뒤따르는 반응의 처리전략, 정책 집행 상황 및 그 결과에 대한 평가 등을 수행한다(Behnm, 1981: 211). 이 모형에 속하는 정책분석가는 정책이 결정되고 난 이후에 정책을 정당화 시키는 역할을 담당하기도 하며, 이들이 사용하는 가치중립적인 과학은 정책결정자의 의사결정을 정당화하기 위하여 사용될 수도 있다는 점에서 주의깊은 관찰을 요한다(강근복, 1994).

4대강 사업 졸속 강행 : 법 무시, 절차 생략, 입찰 짬짜미 '총체적 부실'

1. 법 위의 사업

4대강 사업은 국가재정법, 하천법, 문화재 보호법 등 최소 6개 이상 현행법을 위반했다는 지적을 받고 있다. 위법 논란이 가장 큰 것은 22조 원이 넘는 예산이 투입되는 대형 국책사업을 진행하면서 예비타당성 조사를 생략한 점이다. 국가재정법 38조는 총사업비 500억 원 이상이고 이 중 국고지원 규모가 300억 원 이상인 신규사업에 대해 예비타당성 조사를 실시하도록 하고 있다. 정책적, 경제적 타당성을 따져 예산낭비를 막기 위한 목적이다.

정부는 지난 1월 예비타당성 조사가 면제되는 대상을 정한 국가재정법 시행령에 '국가정책적으로 추진이 필요한 사업으로 기획재정부 장관이 정하는 사업'이라는 조항을 추가했다. 면제 대상 중 하나인 '재해 복구지원 사업' 조항도 '재해 예방·복구 지원'으로 바뀌었다. 4대강 사업을 면제 대상에 포함시키기 위해서다. 하지만 '국가 정책적으로 필요한 사업이면 예비타당성 조사를 면제할 수 있다'는 것은 사실상 정부의 자의적인 판단에 맡기는 것이어서 시행령이 상위법의 위임한계를 벗어난 위법이라는 지적이 나온다.

수자원공사에 사업비 8조 원을 떠넘긴 것은 수공이 대행할 수 있는 사업의 범위를 넘어서 하천법 28조와 동법 시행령 28조 위반이다. 지난 국정감사에서 수공 스스로 사업 참여가 위법이라고 검토한 내부 문건을 해양수산부에 보고한 사실이 확인됐다.

상위계획인 유역종합치수계획, 수자원장기종합계획을 수정하기 전에 '4대강 종합정비 기본계획'을 발표하거나, 이 기본계획을 하천의 중요한 사항을 심의하는 중앙하천관리위 심의 없이 지역별 분과위 심의만 거친 점은 하천법 위반이다.

또한, 4대강 권역의 나루터 유적 112개소 중 27개만 수중조사를 하거나 지표조사를 사업계획과 설계구간이 수립되지도 않은 지난 2~3개월 동안 실시한 것은 문화재 보호법 위반이다.

2. 절차 외면

정부는 4대강 사업 추진과정에 지켜야 할 최소한의 제도적 절차마저 무시했다. 대표적인 사례가 4개월 만에 끝낸 환경영향평가다. 환경영향평가는 보통 계절별로 환경에 미치는 영향을 조사해야 하기 때문에 1년 이상이 걸린다. 하지만 정부는 마스터플랜이 발표된 이후 7월 11일부터 시작해 불과 4개월여 만인 지난 6일 관련 부처 협의까지 끝냈다.

박창근 관동대 교수는 "4대강 사업처럼 큰 규모의 사업은 최소한 사계절 변화에 따라 주변 생태계 변화를 정밀하게 확인해야 한다"며, "2012년까지 공사를 끝내겠다는 계획에 맞춰 환경부가 끼워 맞추기식 조사를 한 것"이라고 말했다.

정부의 예산안 심의도 졸속으로 이뤄졌다. 해양수산부는 지난달 1일 제출한 예산안 자료가 부실하다는 이유로 퇴짜를 맞았다. 국토부는 지난 18일까지 두 차례 추가자료를 국회에 제출했다. 그러나 '알맹이 빠진 자료' 논란은 아직도 계속되고 있다.

예산의 방만한 집행을 막기 위한 예비타당성 조사 역시 '공구 쪼개기'로 피해갔다. 예비타당성 조사는 사업비가 500억 원 이상인 정부 사업이 의무적으로 거쳐야 하는 경제성 평가다.

농업용 저수지(87개)의 높이를 올리는 데 들어갈 사업비는 모두 2조 1,515억 원으로 추정되지만 1개당 사업비는 평균 284억 원에 그쳐 대부분 예비타당성 조사를 피했다. 자전거도로 건설도 사업비가 500억 원 미만이어서 189㎞에 이르는 한강구간과 금강구간(248㎞), 영산강구간(220㎞)도 면제를 받았다. 4대강의 핵심인 보 건설과 준설 역시 재해예방사업으로 분류돼 예비타당성 조사를 거치지 않는다. 여론을 띄우기 위해 관련 제도를 뭉갰다는 지적도 나왔다. 정부는 지난해 12월 사전환경성 평가가 진행 중인데도 경북 안동에서 일찌감치 4대강 살리기 선도사업의 기공식을 강행했다.

3. 턴키 입찰

4대강 사업은 공사가 본격화하기도 전부터 대형 건설사들 간의 담합 의혹으로 얼룩지고 있다. 정치권의 의혹제기에 이어 경쟁당국이 조사에 착수할 정도로 정황도 구체적이다.

민주당 이석현 의원이 지난 국정감사에서 밝힌 바에 따르면 현대건설과 삼성물산, 대우건설 등 주요 건설사들이 올해 초 여러 차례 모임을 갖고 4대강 턴키 1차 사업(15개 공구)을 분배했다. 현대건설 등 6개사는 15개 공구 중 호남 영산강의 2개 공구는 호남연고 건설사에 떼어주고, 나머지 13개 공구를 각사가 나누기로 했다가 포스코건설과 현대산업개발이 끼어들면서 13개 공구를 8개사가 1~2개 공구씩 맡게 됐다는 게 요지다.

이에 따라 4대강 사업의 15개 턴키 공구 가운데 14개 공구에 2~3개 업체만 입찰에 참여했고, 이 중 10곳은 입찰금액 차이가 3% 미만으로 담합 의혹이 있다고 이 의원은 주장했다. 이 의원은 이같은 담합을 통해 낙찰가가 상승해 4대강 턴키 1차 사업에서만 1조 2,000억 원의 국민세금이 새 나가게 됐다고 주장했다. 이 같은 의혹이 제기되자 공정거래위원회는 지난달 관련 건설사들에 대해 조사를 벌이고 있다고 밝혔다. 그러나 공정위 조사에는 한계가 있을 것으로 보인다. 담합사실이 밝혀질 경우 '대형 비리사업'으로 변질되면서 사업 추진동력을 잃을 수 있다는 우려가 있기 때문이라는 것이다. 정호열 위원장이 4대강 사업에 대해 "담합과 관련된 정황들이 포착되고 있다"고 말했다가 이틀 만에 "턴키 공사의 일반적인 상황에서 그런 사실들이 나타난다는 것"이라며 말을 바꾼 것도 이런 정부내 기류와 관련이 있는 것으로 보인다.

* 자료: 경향신문, 2009. 11. 22.

4. 쟁점 및 시사점

환경부는 정부가 추진하는 "4대강 사업" 추진의 당위성을 근거로 환경영향평가를 실시했지만 전문가들에게 허점이 들어나며 공격을 받고 있고, 이뿐만 아니라 2012년 완공을 목표로 하기 때문에 많은 과정을 생략한 채 졸속으로 추진되고 있다는 비판을 받고 있다. "4대강 사업"에 많은 세금이 투입되어 진행되고 있는데, 정부는 이를 합리화시키기 위해 고객 옹호자 모형인 환경부를 이용하여 국민들의 판단을 흐리게 한다는 비난도 피하기 어려운 실정이다. 고객 옹호자 모형은 정책결정자의 의사결정을 정당화하기 위하여 사용될 수도 있다는 점에서 주의 깊은 관찰을 요하며, 이러한 모형은 객관적 기술자 모형 및 쟁점 창도자 모형으로 보완되어 명확한 근거의 제시 및 공익에 관련된 다양한 쟁점 토론이 병행될 필요가 있을 것이다.

3. 쟁점 창도자 모형과 정책윤리

쟁점 창도자 모형은 정책분석가를 바람직한 가치를 추구하는 규범적 존재로 본다. 이 모형에서는, 정책분석가가 목표달성을 위해 바람직한 수단을 강구할 뿐만 아니라, 목표선택에도 관심을 가진다고 상정한다. 이때 기준이 되는 것은 자기 자신의 가치관이다. 따라서 이 모형의 정책분석가는 정책결정자에 대한 봉사자이기보다는 자기 자신의 신념에 대한 봉사자이며, 미래의 행동경로에 대한 스스로의 가치판단에 입각하여 문제를 진단하고 목표를 설정하며 대안을 탐색, 개발하고 비교·평가한다(강근복, 1994).이 모형에서 정책분석가가 추구하는 가치는 인간의 존엄성 혹은 사회적 형평과 같은 사회적, 윤리적 원리들일 수도 있고, 체제 유지나 안정 또는 변화와 관련된 정치적, 경제적 이념들일 수도 있다(deLeon, 1998).

**정책
사례** *cases in policy*

4대강 생태계 보전대책의 문제점

1. 사례개요

정부가 '4대강 사업' 공사에서 생태계 피해를 최소화하겠다며 제시한 야생 동식물과 어류의 보전·복원 계획이 부실하다는 지적이 제기됐다.

대한하천학회가 13일 대전 목원대에서 개최한 '4대강 사업 환경영향평가 분석'이라는 주제의 세미나에서, 하천 전문가들은 정부가 환경영향평가를 거쳐 내놓은 생태계 보전 대책이 4대강의 먹이그물을 파괴할 것이라고 비판했다.

정민걸 공주대 교수(환경교육)는 어류 보전 대책이 현실성이 없다고 지적했다. 2012년까지 금강에 서식하는 11개 어종을 증식·복원해 재방류하겠다는 환경부의 계획에 대해, 정 교수는 "새로운 활어 양식도 대다수 실패하는 등 멸종위기종의 증식·복원 가능성이 크지 않은 상황에서 공사부터 먼저 한다는 것은 어불성설"이라며, "멸종위기 어종의 인공 증식이 가능할 때까지 공사를 시작해선 안 된다"고 주장했다. 또 그는 환경부가 환경영향평가에서 법정 보호종은 공사의 영향을 크게 받지 않는다고 밝힌 데 대해, 자의적인 해석이라고 꼬집었다. 정 교수는 "보통 상위 포식자 종의 10배가량의 하위 종이 살아야 생태계가 유지된다"며, "생태계 네트워크를 고려하지 않고 법정 보호종에 관한 영향만 축소 평가했다"고 주장했다.

정부가 하천 생태계를 파괴하는 요인을 측정하지 않고 대책을 세웠다는 지적도 나왔다. 허재영 대전대 교수(토목공학)는 "4대강에 관광레저 목적의 다중집합시설이 설치되는데, 이에 따른 하천 오염도 분석대상에 포함시켜야 한다"고 말했다. 겨울 철새 도래 기간에는 공사를 중지하겠다는 등의 공사 완급 조절 방안에 대해서도 비판이 쏟아졌다. 정민걸 교수는 "이미 공사로 파괴된 곳에 철새가 올 리 없고 어류가 산란하기도 힘들다"며 "실효성이 없는 방안"이라고 말했다.

  * 자료: 한겨레신문, 2009. 11. 13.

2. 쟁점 및 시사점

정부가 추진하는 "4대강 사업"에 대해 위에서 제시된 토론회에서는 정책분석가가 정책결정자에 대한 봉사자가 아닌 자기 자신의 신념에 대한 봉사자이기 때문에 환경파괴를 일으킬 것이라고 주장했다. 쟁점 창도자 모형에 해당하는 이러한 분석가들은 정부가 환경론자들의 반발을 최소화하기 위하여 생태계 보전 대책을 내놓았지만 환경학자들은 현실성이 없으며, 생태계 네트워크를 오히려 파괴시킬 것이라고 주장했다. 따라서 쟁점 창도자 모형은 상당히 중요한 가치를 지닌다고 할 수 있는데, 예컨대, 만약 정부가 거짓된 정보 혹은 졸속적 추진으로 기관이나 국민을 속이려 했을 때 양심을 지닌 학자, 교수들이 진실을 알기 위해 노력하고 공익을 위해 쟁점을 분명히 알리는 역할을 한다는 측면에서 쟁점 창도자 모형은 매우 큰 의의를 지닌다고 할 수 있는 것이다.

4. 정책토론 옹호자 모형과 정책윤리

정책토론 옹호자 모형은 정책분석가를 바람직한 가치를 추구하는 규범적 존재로 파악하며 주창적 입장에서 분석결과를 제시하는 한편, 이성과 증거를 토대로 하여 이루어지는 합리적 정책토론 과정을 거쳐 정책을 결정하는 것이 더욱 바람직하다고 생각한다(Fischer, 1998: 143: Barber, 1984). 따라서 합리적인 토론의 과정에서 제시된 분석결과는 정책토론의 촉진제 및 정책주장을 위한 근거로서 활용된다.

〈표 12-1〉 정책분석가의 유형과 윤리적 관점

정책분석가 유형	역할 인식	윤리 초점
객관적 기술자 모형	객관적 정보제공자	경제성 및 공리성; 전체사회의 체제적 공익 관점에서 주의를 요구
고객 옹호자 모형	분석의뢰자에 대한 봉사자	분석의뢰자의 이익, 윤리적 관점에서 주의를 요구
쟁점 옹호자 모형	정책 창도자	바람직한 가치 추구
정책토론 옹호자 모형	정책토론 촉진자	정책토론의 자료개발

* 자료: 강근복, 1994: 214에서 수정.

다양한 위치에 있는 정책분석가들은 그들이 처한 입장에 따라 위에서 제시한 여러 가지 정책분석가의 역할들 가운데 어떤 입장을 선택하여 분석가로서의 역할을 수행한다. 대학교 교수와 같이 어떤 입장을 선택하는 데 비교적 자유로운 입장에 있는 정책분석가들이 있는가 하면, 어떤 정부조직이나 어떤 특정한 임무를 가진 연구조직에서 활동하는 정책분석가들도 있으며, 환경문제, 바르게 살기운동과 같은 어떤 가치를 증진시키기 위해 활동하는 비정부조직을 위하여 일하는 정책분석가들도 있고, 어떤 정당이나 특정한 정치인을 위하여 일하는 정책분석가들도 있다. 그들 분석가들은 자기들이 처한 입장에 따라 어떤 정책분석가의 역할모델을 선택하여 그가 선택한 모델에 따라 정책분석가로서 활동하게 된다(노화준, 2003: 421-422).

정책토론이란 정책에 관련된 주제에 관하여 자기 나름의 의사를 표현하고 다른 사람의 의견과 비교하는 과정(강근복, 1994)이기에 개인들이 다양하고 대립적인 주장들을 펴는 토론과정에서 타당한 결론을 얻어내거나 합의를 도출하기 위해서는 개인 각자가 이성과 증거에 입각한 대화가 자유롭게 이루어질 수 있어야 한다. 민주주의를 지향하는 사회에서는 다양한 가치관과 동기 및 이해관계를 지닌 여러 사람들 간의 토론과정이 필수적이기 때문이다.

민주주의 정책학을 완성함에 있어 정책토론(*policy discourse*)과 정책숙의(*policy deliberation*)에서 정책언어(*policy language*)와 정책논증(policy argumentation)이야 말로 맥락지향적 정책연구를 함에 있어서 핵심(M. Danziger, 1995: 435-450)이다. 정책분석가는 정책내용과 결과가 분석의 시각에 따라 해석의 여지를 달리하기 때문에 (Torgerson, 2003: 119; deLeon, 1997), 개방된 사고를 기초로 창조적 이성에 기초한 정책토론과 숙의, 정책논증과 담론을 중요시해야 하는 것이다(Forester, 1999; Fischer, 1998; Hajer, 1993; Fischer & Forester, 1993; Roe, 1994).

정책연구은 "사회현실(*reality*)"을 있는 그대로 받아들이기 보다는 자신의 입장, 권력관계, 의제설정, 투입과 배제, 제한된 관심 등을 반영하는 지적사고의 교호작용을 통해 이루어진다(F. Fischer & J. Forester, 1993: 1). 따라서 정책토론(*policy discourse*)과 정책숙의(*policy deliberation*)에 기초한 열린 사고는 정책연구가 보다 본질적 맥락을 파악하고 보다 민주적인 과정과 결과를 투영시키기 위해 가장 필수적인 전제조건이 되는 것이다.

J. A. Throgmorton(1991: 153-179)은 이를 위해 정책분석의 담론을 강조한다. 정책현상의 분석에 있어서 정책과정에서 작용하는 중요한 행위자들, 즉 학자 및 과학자 (*scientists*), 정책옹호가(*lay advocates*), 정치인(*politicians*) 사이의 담론과 숙의에 내재된 복합적인 정책맥락을 분석하지 못한다면, 그러한 정책분석은 매우 불완전하고, 비현실적이며, 정당화될 수 없다고 주장하는데, 이는 향후 우리나라의 정책연구에 있어서도 매우 주목할 만한 논제라고 판단된다.

---

1) 이 절의 내용은 저자의 졸저, 「정책학의 논리」(박영사, 2007: 193-195)에서 제시된 내용을 토대로 수정한 것이다.

정책토론의 중요성: 천성산 터널공사와 국가예산의 낭비

1. 천성산 터널공사

천성산–금정산 구간 경부고속철도 터널공사는 '개발과 환경'의 문제로 정부와 환경단체의 갈등을 빚은 대표적인 국책사업 중 하나이다. 물류 교통난을 해소하고 지역발전을 꾀하고자 정부가 추진한 고속철 개통사업은 1992년 노선 결정 후 서울–대구 간 1단계 착공을 시작으로 순조롭게 진행되었다.

그러나 1999년 고속 철도가 관통할 천성산에서 산지 늪이 발견되면서 습지 파괴를 우려하는 환경단체 및 종교계의 사업반대로 제2단계 공사에 제동이 걸렸다. 문제가 되었던 구간은 천성산을 관통하는 원효터널 13.28km로서, 중단되었던 공사는 결국 2005년 11월 30일 끝내 재개되었으나 7년간에 걸친 국책사업의 표류는 수조원에 이르는 엄청난 국가예산 낭비와 거래비용을 초래하였다.

2. 쟁점 및 시사점

천성산은 무제치늪과 화엄늪 등 습지보호구역과 30여 종의 법적 보호 동식물이 서식하고 있는 천혜의 자연생태계를 품고 있지만 고속철 천성산 터널공사에 대한 환경영향평가서에는 꼬리치레 도롱뇽도 없었고 습지보호구역도 없었다. 또한 터널로 인해 늪이 마르고 계곡물이 줄어 도롱뇽을 비롯한 뭇 생명들이 죽을 수 있다는 사실도 전혀 고려되지 않았다. 반면, 이러한 터널 공사로 인해 단축되는 교통시간은 고작 20분에 불과하다. 이러한 사실을 감안했을 때 졸속적 환경영향평가의 문제점을 되새겨 볼 필요가 있다고 하겠다. 또한, 대형 국책사업일수록 다양한 참여자들의 관점이 제시된 정책토론이 중요하며, 토론의 기초가 되는 환경영향평가 혹은 사업타당성 검증이 정당하게 이루어질 필요가 있다는 점을 시사해주고 있다.

제 7 절　실천적 이성과 정책토론의 중요성[2]

J. Dewey(1916, 1920, 1940)는 인간이 환경에 적응해가는 모든 과정이 탐구이며, 인간 사회를 좀더 나은 방향으로 진보시키는 것이 바로 과학적 탐구(*scientific inquiry*)의

---

2) 이 절의 내용은 저자의 졸저, 「정책학의 논리」(박영사, 2007: 196-200)에서 제시된 내용을 수정한 것이다.

목표라고 하면서 이를 위해 필요한 것이 창조적 지성(*creative intelligence*)이라고 보았다. 인간의 부단한 실천적 이성의 산물인 지식은 바로 문제 해결의 도구이며, 이러한 지식의 사회 적용에 있어서 필요한 것은 지식의 맥락지향적 탐구와 민주주의적 사고를 통한 문제해결의 과정이라고 할 수 있다(권기헌, 2007). 민주주의 정책학을 완성하는 데 있어서 민주사회 시민이라면 누구나 가지는 사회공동체의 공공선과 보다 창조적인 미래를 추구하는 인간 내면에 존재하는 보편적인 인간의지로서의 실천적 이성(Charles Anderson, 1993: 223)이 매우 중요한 것이다.

Charles Anderson(1993: 215-227)은 인간행위의 이성을 설명하고 규정짓는 공통된 틀로서 세 가지 이론적 흐름, 즉 1) 공리주의적 경제모형(*utilitarian calculation*), 2) 자유주의적 정치모형(*liberal rationalism*), 3) 실천적 이성에 기초한 숙의 민주주의 모형(*practical reason and deliberative democracy*)을 제시하면서, 이때 제3의 관점으로서 실천적 이성에 기초한 숙의 민주주의 모형(*practical reason and deliberative democracy*)의 중요성을 강조하고 있다. 민주사회의 보편적 시민이라면 대화와 토론, 담론과 숙의를 통해 공공선과 보다 창조적인 미래를 추구하는 인간 내면의 실천적 이성에 대해 강조하고, 이러한 숙의와 담론에 기초한 열린 사고와 실천적 이성에 대한 믿음이 민주주의 정책학을 실현해 나가는 중요한 이론적 토대가 되어야 한다는 것이다.

우리는 이상의 논의를 통해, 민주주의 정책학을 실현하는 데 있어서는 인간의 존엄성에 대한 지향, 근본적 문제의 추구, 맥락지향적 정책연구, 실증주의와 탈실증주의의 통섭적 접근과 함께, 이를 정책분석의 행동지향 영역에서 뒷받침해 주는 투명한 정책윤리와 정책토론의 개방적 사고가 필요함을 알 수 있다. 정책문제에 담긴 다양한 형태의 해석적 구조와 주장을 발견해 나가려는 노력과, 이를 위해 필요한 정책토론과 논증, 그리고 정책해석의 열린 구조야말로 민주주의 정책학과 정책분석의 중요한 인식론적 토대가 되어야 할 것이다.

제 8 절　요약 및 결론

인간의 존엄성을 실현하고 민주주의 정책학을 완성하기 위해서는 정책윤리와 정책토론이 필요하다. 정책분석은 가치판단적 기대와 현실판단적 전망 사이에서 드러나는 괴리를 합치시켜 주는 일련의 행동을 탐색-개발-선택하는 과정과 그 과정에서 필요한 내용에 대해 분석하는 학문이다. 이는 가치판단(규범의 모색), 사실판단(상황의 정의) 그리고 관리판단(행동의 설계) 등을 함께 통합하는 종합판단의 예술을 요구한다. 따라서 이 종합판단의 예술과정에서 규범을 모색하는 가치판단은 본질적으로 윤리분석을 요구한다. 그리고 이러한 정책학 규범적 기초로서 정책연구는 정책윤리와 개방적 사고 및 정책토론을 절실하게 요구하고 있다.

이 장에서는 민주주의 정책분석의 실천적 이념인 정책윤리와 정책토론의 중요성에 대해서 논의하였으며, 이를 위해 정책분석에서의 정책윤리의 중요성, 정책윤리분석의 실패, 정책분석가의 윤리, 정책분석가의 역할유형과 정책윤리, 정책토론과 개방적 사고의 중요성, 실천적 이성과 정책토론의 중요성에 대해서 검토하였다.

민주주의 정책학을 실현하는 데 있어서는 인간의 존엄성에 대한 지향, 근본적 문제의 추구, 맥락지향적 정책연구, 실증주의와 탈실증주의의 통섭적 접근과 함께, 이를 정책분석의 행동지향 영역에서 뒷받침해 주는 투명한 정책윤리와 정책토론의 개방적 사고가 필요하다. 민주사회의 보편적 시민이라면 누구나 지니는 인간 내면의 실천적 이성에 기초한 열린 사고와 정책 담론을 의미하는 것이다. 정책문제에 담긴 다양한 형태의 해석적 구조와 주장을 발견해 나가려는 노력과, 이를 위해 필요한 정책토론과 논증 그리고 정책해석의 열린 구조야말로 민주주의 정책학의 중요한 인식론적 토대가 될 것이다.

제13장

Theories of policy analysis

정책분석과 정책맥락

>>> **학습목표**

현대 정책환경은 국가중심에서 정부-시장-시민사회와의 수평적 네트워크에 기초한 보다 복합적이고 동태적인 양상으로 이동하고 있으며, 이에 따라 정책연구는 개인 (actor)과 제도(institution), 생각(idea)과 이해(interest)의 매우 복합적이면서 역 동적인 상호작용(complex and dynamic interaction)을 주제로 맥락지향적 연구 가 될 것을 주문하고 있다.

현대 거버넌스 패러다임 하에서 중요하게 대두되고 있는 맥락지향적 정책분석에 대 한 연구경향으로서 제13장에서는 정책연구와 신제도주의, 정책연구와 정책네트워크, 정책연구와 숙의적 정책분석에 대해 검토하며, 이를 통해 이러한 방법론들이 정책분 석에 주는 희망과 전망, 가능성과 한계 그리고 이론 및 방법론적 과제에 대해서 토론 하기로 한다.

제1절   정책분석과 맥락지향의 의의[1]

현대사회의 정책환경 변화는 국정운영에 대한 '참여', '숙의', '합의'를 바탕으로 정책행위 자들간의 관계성(relationship)에 대한 연구를 필요로 하고 있다. 특히 다차원적인 정책

---

[1] 이 장에서의 내용은 저자의 졸저, 『정책학의 논리』(박영사, 2007)에서 제시된 정책학의 연구 지향을 정책분석의 시각에서 수정보완한 것임을 밝혀둔다.

행위자들간의 네트워크적 관계성은 정책문제를 해결하는 규범적 지향에서 뿐 아니라, 경험적인 사실로서도 바람직한 것으로 제시되고 있기도 하다.

현대 정책환경은 국가중심에서 정부-시장-시민사회와의 수평적 네트워크에 기초한 보다 동태적이고 복합적인 양상으로 이동하고 있다. 이에 따라 정책은 개인(*actor*)과 제도(*institution*), 생각(*idea*)과 이해(*interest*)의 매우 역동적이면서 복합적인 상호작용(*complex and dynamic interaction*)으로 나타나고 있다.

이와 같은 정책환경의 복합성(*complexity*)은 정책과정(*policy process*)에서 무엇이 복잡한 것인지, 무슨 일이 일어났는지를 상대적으로 이해하기 힘들게 만들고 있는 데, 향후 우리나라 정책연구에 있어서 필요한 것은 이러한 정책과정의 특성을 어떻게 혹은 무엇을 연구해야 하는지에 대해서 논의해 보는 것이다. 즉, 거버넌스 패러다임에서 정책학의 궁극적 가치를 달성하고, 민주주의 정책학을 실현할 수 있는 보다 현실 적합한 맥락지향적 설명력을 제고할 수 있는 연구가 필요하며, 이에 따르는 분석적 방법의 개발 또한 연구될 필요가 있다.

이하에서는 현대 거버넌스 패러다임 하에서 중요하게 대두되고 있는 맥락지향적 정책분석에 대하여 정책연구와 신제도주의, 정책연구와 정책네트워크, 정책연구와 숙의적 정책분석에 대해 검토하면서, 이러한 방법론들이 정책분석에 주는 희망과 한계 그리고 이론 및 방법론적 과제에 대해서 논의하기로 한다.

제 2 절 정책분석과 신제도주의이론

1. 신제도주의 이론의 개관

신제도주의는 인간의 행위와 사회적 현상을 제도주의적 관점에서 설명하는 이론적 틀이다. 제도를 중시한다는 점에서 신제도주의는 구제도주의와 동일선상에 있지만, 사회현상에 대한 인과관계를 밝히려는 분석적 접근이라는 점에서는 행태주의와 방법론적 시각을 공유한다(염재호, 1994: 12-15). 따라서 신제도주의는 사회현상에 대한 인과관계를 밝히려고 노력하되, 행태주의에서 강조하는 원자적(原子的) 설명에 대해 의문을 제기한다. 또한 신제도주의는 구제도주의가 따르는 법적, 기술적, 정태적 접근방법에 대해서도 반대한다.

신제도주의는 사회과학 현상을 설명하는 분석변수로서 제도를 중요시한다. 이때 제도는 정부내 법, 규칙, 절차, SOP 등을 의미하는 수준으로서의 제도와 국가내 행정부와 의회와의 권력관계 및 집권화 정도를 의미하는 수준으로서의 제도 그리고 국가와 사회를 규정하는 이념적 규범으로서의 제도를 포함하는 개념이다(J. Ikenberry, 1988: 226-227).

신제도주의는 먼저 개인의 행위결과(outcome)가 개인의 선호체계(preference)의 직선적인 연장선상에 있다는 행태주의의 가정에 의문을 제기한다. 신제도주의는 행태주의에서 규명하고자 했던 개인의 선호체계와 개인의 행위결과 간의 직선적 인과관계 그리고 이에 기초한 사회현상의 보편적 인과법칙의 추구에 의문을 제기하며, 선호체계에 따른 행위결과는 역사와 장소의 맥락에 따라 달리 나타날 수 있다는 점을 지적한다(Immergut, 1998: 6-7). 개인의 행위결과는 제도 및 유인의 규칙과 규범을 통해 변화될 수 있으며(합리적 선택 신제도주의), 조직의 행위결과는 조직의 절차와 규칙 및 규범을 통해 변화될 수 있으며(사회학적 신제도주의), 국가의 행위결과는 국가의 제도, 헌법 및 규범을 통해 변화될 수 있다는 점을 명확히 한다(역사적 신제도주의).

신제도주의에서 분석변수로서 다루는 제도는 개인 행위자들의 상호작용과 역학관계만을 중시 여기던 행태주의와는 달리, 정부내 개인 행위자들의 상호작용의 결과로서 나타나는 제도적 규범으로서 한번 만들어지면 영속하려는 속성을 지닌다. 하지만 신제도주의는 인간 행위의 결과로서 만들어지는 혹은 이미 역사적으로 만들어진 구조와 제도를 매개변수로 도입함으로써 사회현상의 인과관계를 탐구하는 분석적 접근이라는 점에서 사회현상을 실증적으로 밝혀보려는 행태주의와 방법론적 공통점을 지니고 있다(권기헌, 2007).

신제도주의 접근을 통해 국가의 정책을 통시적(longitudinal)으로 분석하게 되면 시기별로 이러한 구조적 형태와 속성이 어떤 변화(variation)가 있었는지를 알 수 있게 된다. 따라서 역사적 맥락(historical logic) 속에서 제도와 구조의 형태 및 속성은 형성되고 변화되어 오는 것임을 분명하게 제시하고 있다. 따라서 비교정치적인 시각에서 기존에 일률적으로 논의되던 강한 정부-약한 정부(strong state vs. weak state)의 논쟁은 큰 의미가 없고, 제도적 속성의 변화에 따라 통시적으로 정부의 정책능력(state capacity)이 어떻게 변화되어 왔는가를 밝히는 것이 더욱 중요하다고 주장한다. 예컨대, S. Haggard(1988: 12)는 1930년대 쌍무협정(bilateral trade agreement)과 특혜관세(preference schemes)가 막 설정되던 당시 미국정부의 정부협상능력(government capacity)을 국제무역환경이 어떻게 보다 독립적·재량적으로 변화시켰는지를 설명하고 있다.

또한 신제도주의 학파에서는 역사적 전개(historical development) 속에서, 예컨대, H. Lasswell(1948: 262)이 "행위에 심각한 충격을 주는 상황"으로서의 역사적 사건들

즉, 위기(crisis), 전쟁(war), 공황(depression) 등이 역사적 경로를 어떻게 바꾸고, 그러한 큰 틀 속에서 제도적 속성이 어떻게 변화되었으며, 그러한 제도적 변화가 정책의 변화에 어떤 영향을 미쳤는지도 중요한 관심사항이다. 예컨대, S. Krasner(1984: 234)와 같은 학자는 미국이 국제관계 속에서 국가 헤게모니를 유지하는 과정에서 국가(state)라는 변수를 중요하게 도입하면서, 제도의 모습을 근본적으로 변화시키는 결정적 전환점(critical junctures)으로 전쟁과 위기와 같은 역사적 변수들이 어떻게 작용했는지를 설득력 있게 보여주었다. 즉, 근본적으로 변화하는 결정적 전환점(critical junctures)을 기준으로 제도의 모습은 역사적 사건의 흐름이 단절적으로 나타나게 하며, 제도적 구조는 국내외적인 환경 변화에 유연하고 빠르게 적응·변화해 가는 것이 아니라, 매우 급격하고, 간헐적으로 일어난다. 또한 S. Krasner는 제도가 결정적 전환점(critical junctures)을 통해 단절되고 위기극복 이후 다시 제도적인 균형상태에 돌입하게 되는 현상을 결절된 균형(punctuated equilibrium)이라고 하였다(S. Krasner, 1983: 359-61; 1984: 223-246).

2. 정책분석의 관점에서 본 신제도주의

정책현상의 연구대상은 이해관계자와 참여자(multiple interests and participants), 그리고 관계 및 제도(relationship and institution)를 포함한다. 행태주의적 연구가 정책 이해관계자들의 행태 및 태도에 대한 실증적 연구에 보다 많은 관심을 보였다면, 신제도주의적 연구는 이러한 행위자들의 행태를 설명하려는 미시적 접근을 넘어서서 규범과 관계, 그리고 구조와 제도에 많은 연구관심을 기울일 수 있다는 점에서 유용성을 갖는다.

정책분석에서 신제도주의적 관점은 매우 유용한 설명도구로 활용될 수 있다. 정책결과(policy outcome)에 제도적 요인(institutional factor)들이 어떤 영향을 미치며, 그에 따른 정책적 쟁점(policy implication)이 무엇인지에 대한 연구들은 정치학에서 국가주의적 연구동향과 함께 발전되어 왔다(J. Ikenberry, 1988: 219-243; S. Krasner, 1983: 359-61; 1984: 223-246; S. Haggard, 1988: 12-15). 이들은 그동안 역사적 신제도주의에 포함되어 집중 조명되지 못한 측면이 있었으나, 정책학의 관점에서 제도의 속성(attributes), 제도의 형태(configuration), 제도의 규범(SOP) 등을 통해 복합적 성격의 정책과정과 정책결과를 분석함에 있어 매우 중요한 이론적 관점으로 평가할 수 있다.

신제도주의이론에서 정책분석의 이론적 외연의 확장과 내포의 풍부함을 키워줄 수 있는 점이 무엇인지를 검토하는 것은 정책학 연구의 발전에 도움이 되는 의미 있는 작업이라고 할 수 있다(정정길 외, 2005: 920-926; 염재호, 1994; 정용덕 외, 1999; 김병섭 외, 2000: 582).

첫째, 합리적 선택 신제도주의는 제도와 개인행태 간의 관계를 보다 정확하게 개념화했으며, 체계적인 이론형성을 가능하게 하였는 바, 정책과정에 참여하는 행위자들의 유인 구조와 행동원인에 대한 제도적 구조를 토대로 정책과정에 참여하는 제도적 경로와 방법을 설계하는데 많은 학술적 기여를 할 수 있을 것으로 평가된다.

둘째, 역사적 신제도주의는 정책결정과 집행 등 거시적 형태의 정책과정 연구에 많은 이론적 기여를 할 수 있을 것으로 기대된다. 정책결정과정에서 역사적 신제도주의는 국가간 정책결정제도의 비교연구나 상이한 정책을 채택하게 되는 설명변수로서 각국의 제도차이가 중요함을 밝히는데 적용가능할 것이기 때문이다. 또한 역사적 신제도주의는 정책집행과정에서 역사적 요인에 의해 결정된 제도가 사회적 연합의 형성에 어떤 영향을 미치는지 그리고 사회적 연합이 다른 집단에 어떻게 대응하는지를 설명함으로써 정책과정 참여메커니즘을 설명하는 데 도움을 줄 것으로 평가된다.

셋째, 사회학적 신제도주의는 정책이 결정되는 사회적 환경, 즉 정책결정과 관련된 조직들의 환경적응 이유와 적응 성공 혹은 실패과정을 설명하는 데 도움을 줄 수 있다. 정책결정과정이 보다 거시적인 차원에서 제도로서의 문화의 영향에 의한 것임을 설명함으로써 정책의 사회적 특성을 밝히는 데에도 도움을 준다. 또한 사회학적 신제도주의는 합법적 절차를 거친 정책의 집행이 집행현장에서 왜곡되는 이유를 설명하는 부분에도 유용할 것으로 평가된다(정정길 외, 2005: 925-926).

정책분석 연구의 발전이라는 관점에서 정책분석 연구와 제도주의 연구는 통합 지향적으로 발전될 필요가 있을 것이다. 특히 정책결과(policy outcome)에 제도적 요인들이 어떤 영향을 미치며, 그에 따른 정책적 쟁점이 무엇인지에 대한 연구들은(J. Ikenberry, 1988: 219-243; S. Krasner, 1983: 359-61; 1984: 223-246; S. Haggard, 1988: 12-15) 그동안 역사적 신제도주의에 포함되어 집중 조명되지 못한 측면이 있었지만, 정책연구의 관점에서 제도의 속성(attributes), 형태(configuration), 규범(SOP) 등이 정책의 과정과 결과에 미치는 영향에 대한 정책학적 신제도주의에 대한 연구와 이들을 하나의 공통된 시각으로 조명해보려는 노력 등은 앞으로 정책학도들의 중대한 과제로 남아있다고 하겠다. 국내 정치(domestic politics)에 영향을 미치는 사회적 관계(social dynamics)들이 정부의 구조적 특성에 어떠한 영향을 미치고, 또한 이러한 정부의 구조적 특성(structural attributes)은 정책결정 규칙과 규범 및 절차 등과 같은 정책과정의 제도적 속성(*institutional attributes*)에 어떠한 영향을 미치는지에 대해서도 향후 앞으로 많은 정책연구가 필요할 것이다.

제 3 절   정책분석과 정책네트워크이론

1. 정책네트워크이론 개관

1) 정책네트워크 모형의 의의

정책네트워크 모형은 공식적인 참여자들만이 아니라, 다양한 집단들 간의 상호작용과 정이 전개되는 비공식적 장에서의 논의가 정책과정과 산출에 영향을 미치고 있다는 점에 착안하여, 다양한 참여자들 간의 관계를 포괄한 정책과정의 동태성을 설명하기 위한 새로운 모형으로 제시되었다.

정책연구에 있어서 네트워크 분석의 기원은 1960년대에 등장한 하위정부 모형과 정책공동체, 그리고 이에 대한 비판으로 1970년대 후반에 Heclo에 의해 제기된 이슈네트워크모형이다. 우선, 하위정부 모형은 폐쇄적이고 안정적인 네트워크의 일종으로 해당 관료조직, 의회의 상임위원회, 특정 이익집단 간의 상호작용 유형으로 정의되며, 정책공동체는 이 삼자 연합에 학자를 포함하여 하위정부 모형보다는 약간 더 개방적인 모형이다. 다음으로 이슈네트워크는 정책공동체보다 더 개방적이고 유동적인 네트워크의 일종으로 해당 관료조직, 의원, 기업가, 로비스트, 학자, 언론인 등을 포함하는 특정 영역에 이해관계나 관심을 가지는 사람들 간의 의사소통 네트워크를 의미한다.

2) Rhodes & Marsh의 정책네트워크 모형 분석

Rhodes & Marsh는 영국 중앙정부와 지방정부 간 관계에 대한 경험적 연구를 통해 정책공동체 모형(*policy community model*)[2]과 이슈네트워크 모형(*issue network*

---

2) 정책네트워크 모형에서 고전적으로 가장 널리 논의된 것은 미국 사례를 분석한 하위정부(subgovernment) 모형인데, 1980년대에 들어서면서 설명력을 점차 상실하게 되자 영국 학자를 중심으로 정책공동체 모형이 새로운 정책네트워크 모형의 하나로 제시되었다.

model)3)을 통합시킨 정책네트워크 모형을 제시하면서, 정책공동체와 이슈네트워크의 특성과 차별성을 비교하였는 데 그 내용은 다음과 같다.

첫째, 멤버십의 구성이다. 정책공동체의 경우 구성원 간 관계는 안정적이고, 구성원 수가 매우 제한적이며, 공동의 서비스 전달체계의 책임에 따른 수직적 상호의존관계를 보이고, 다른 네트워크와 분리되는 특성을 가진다.4) 반면, 이슈네트워크의 경우 참여자 수가 많으며, 상호의존 정도가 제한적이고 불안정한 구조를 의미한다.

둘째, 통합성이다. 정책공동체의 경우, 참여자 간의 상호작용은 매우 빈번하며, 구성원, 가치관, 정책성과면에서 연속성을 지니고 모든 참여자가 기본적인 가치관을 공유한다. 반면, 이슈네트워크의 경우, 참여자 간 상호작용뿐 아니라 구성원, 가치관, 정책성과면에서 불안정하며, 참여자 간 어느 정도의 공감대는 이루어질 수 있지만 항상 갈등이 존재한다는 특성이 있다.

셋째, 자원배분의 측면이다. 정책공동체의 경우, 모든 참여자가 자원을 가지며, 기본적으로 참여자 사이의 교환관계를 갖는다. 한편 참여조직 내에서 자원배분은 위계적이며, 조직의 명령이 구성원에 대해 강한 통제력을 행사한다. 반면, 이슈네트워크의 경우, 참여자의 자원보유면에서 격차가 발견되며, 기본 관계는 교환관계가 아닌 자문수준에 머무른다. 한편 참여조직 내에서 자원의 배분과 구성원에 대한 통제력은 다양하다.

넷째, 권력의 측면이다. 정책공동체의 경우, 만일 한 집단이 우세한 지위를 점할 경우, 정책공동체가 유지되기 위해서는 장기적으로 패자가 없어야 한다(포지티브섬 게임). 이에 반해 이슈네트워크의 경우 자원과 접근의 불평등 때문에 권력에서도 불평등이 발견된다(제로섬 게임).

Rhodes & Marsh가 제시한 모형은, 현실 세계의 각 정책부문에서 형성되는 정책네트워크의 특성을 연구하기 위한 기본적인 이념모형을 제시하고 있으며, 정책네트워크의 특성을 이해하기 위해 정부와 이익집단 관계에서 행해지는 행위자들의 상호작용을 구체적으로 연구할 필요가 있다는 점을 시사한다.

---

3) 하위정부 모형에 대한 또 다른 비판적 관점에서 제시된 것이, Heclo의 이슈네트워크 모형이다. Heclo는 거미집 같이 수많은 행위자들 간의 유동적이고 불안정한 관계를 은유적으로 이슈네트워크라 지칭하였다.

4) Rhodes & Marsh는 정책공동체의 구성 집단으로서 행정부, 정치인, 전문가집단 그리고 이익집단을 포함시켰다. 의회는 관료제가 강한 영국 사회의 특성상 정책공동체에서 배제되며, 시민단체 등의 공익집단은 정책공동체가 멤버십에서 의식적으로 배제시킨다.

3) 정책네트워크 모형의 주요 구성요소

정책네트워크의 구성요소 및 분석변수에 대한 논의는 학자들마다 매우 다양하지만, 대체로 정책네트워크 자체의 분석에 주로 치중하고 있으며, 이를 분석하기 위한 주요 구성요소로는 정책행위자, 관계구조, 상호작용방식, 정책결과를 들 수 있다.

(1) 정책행위자(policy actors)

정책행위자(*policy actors*)의 특성은 다음과 같다.

첫째, 정책행위자는 정책과정에 참여하여 정책 산출과 그 결과의 집행에 영향을 미치는 개인 또는 사회집단으로 정의될 수 있다.

둘째, 행위자로 인정되기 위해서는 정책에 대한 기본적인 이해를 공유해야 하며, 상호 교환될 수 있는 자원을 보유하고 있어야 하기 때문에 그 범위는 비교적 안정적이고 지속적이다.

셋째, 이슈네트워크는 상황마다 중요시되는 자원의 종류도 달라지고, 이슈의 성격에 따라서 수시로 주요 행위자가 변하며, 그에 따라 주도적 행위자가 변하기 때문에 매우 유동적이고 불안정하다.

넷째, 국가는 다른 참여자에 비해 보다 중요한 행위자인데, 이는 국가 자신의 정책이해를 가지고, 이를 정책과정에서 관철시키고자 하는 하나의 행위자이기 때문이다.

(2) 정책행위자 간의 관계구조(relationship network)

정책행위자 간의 관계구조(*relationship network*)에 관한 특성은 다음과 같다.

첫째, 행위자들이 가지고 있는 자원들의 상호의존성에 기인하여 행위자들 간의 관계가 형성된다고 본다.

둘째, 정책공동체는 참여자들 간에 비교적 균등한 권력을 보유하고, 관계의 속성도 포지티브 섬(*positive sum*) 게임적인 속성이 강한 반면, 이슈네트워크는 행위자들 간에 권력배분의 편차가 심하며, 관계도 '네가티브 섬'(*negative sum*) 게임적인 경우가 많다고 본다.

셋째, 다양한 행위자들 간의 관계를 분석하는데 관심이 있으므로 국가와 이익집단 간의 관계에만 특별히 주의를 기울이지는 않으며, 이들을 포함하여 다양한 행위자들 간의 관계를 분석한다.

(3) 정책행위자 간 상호작용 방식(dynamic interaction)

정책행위자 간의 상호작용 방식(*dynamic interaction*)에 관한 특성은 다음과 같다.

첫째, 정책공동체의 행위자 간에는 매우 빈번한 상호작용이 발생한다. 또한 안정적이고 협력
　　　적이지만 제도화된 관계를 갖게 된다.
둘째, 이슈네트워크 행위자 간의 상호작용은 이슈의 전개 상황에 따라서 가변적이다. 많은 행
　　　위자들이 있지만 이들 간의 상호작용 빈도는 높지 않으며, 제도화된 관계가 형성되지 않
　　　는다.

(4) 정책결과(policy outcome)

정책결과(*policy outcome*)의 특성은 다음과 같다.

첫째, 기본적으로 정책공동체 자체는 서로 유사한 이해를 공유하고 있기 때문에 정책공동체가
　　　처음 의도한 정책내용과 정책결과는 크게 다르지 않다. 따라서 정책결과를 예측하기도
　　　용이하다.
둘째, 이슈네트워크는 행위자가 유동적이며, 이해공유 정도도 매우 낮기 때문에 대체로 자원
　　　과 권력을 많이 보유한 행위자의 이해가 많이 반영된다.

4) 정책네트워크 분석사례

(1) 사례소개: 수자원공급네트워크의 변화

　환경개발정책에 해당하는 세 사례, 즉 용담댐, 동강댐, 한탄강댐 건설사례를 비교하면,
용담댐 건설사례의 경우에는 정책공동체의 개방성과 다양성은　낮았으나, 동강댐이나 한
탄강댐 건설사례에서는 정책공동체의 개방성과 다양성이 비교적 높은 것을 볼 수 있다.
또한, 정책공동체와 이해당사자 간의 상호작용에서도 과거에는 이해 당사자 규모가 비교
적 적고 하향적이었으나, 동강댐이나 한탄강댐 건설사례에서는 이해당사자의 규모가 광
범위해졌을 뿐 아니라, 단순히 집행을 수용하는 입장이 아니라 정부와 지방자치단체에 대
안을 요구하고, 적극적으로 정부에 참여하는 입장으로 변경되고 있는 모습을 보여준다.

<표 13-1> 수자원공급네트워크의 변화

시행시기		용담댐 1987-2001	동강댐 1990-2000	한탄강댐 1995-
정책공동체의 참여구조	정책공동체의 개방성	낮음	고시 이전-낮음 고시 이후-비교적높음	비교적 높음
	정책공동체의 다양성	낮음	고시 이전-낮음 고시 이후-비교적높음	높음
정책공동체와 이해당사자 상호작용	이해당사자 규모	비교적 소규모	비교적 광범위	비교적 광범위
	정책추진조직 ↕ 이해당사자 대립	비교적 낮은 편	비교적 높은 편	비교적 높은 편
	상호작용정도	낮은 편임	비교적 높은 편임	높은 편
	상호작용방향성	비교적 하향성	쌍방향성	쌍방향성

* 자료: 최홍석 외, 2004: 258.

(2) 쟁점 및 시사점

위 세 사례를 비교하여 살펴보면, 시대의 변화에 따라 정책네트워크가 점차 다양하고 광범위해져서, 정책공동체에서 이슈네트워크로 변해가는 형태를 띠며, 지역운동가·전문가·환경운동가 등 정책참여자들이 적극적인 참여로 댐건설에 관여함을 알 수 있다. 이러한 정책환경의 변화는 다음과 같은 쟁점과 시사점을 제시한다.

첫째, 〈그림 13-1 (i)〉은, 참여자 수를 줄이고 단순히 효율적으로 문제를 해결하려고 하는 것이, 이후에 더 큰 순응비용을 야기할 수 있다는 것을 보여준다. 따라서 정책과정에 정책이해 당사자들의 적정한 수준의 참여와 숙의, 합의를 통해 문제를 해결함이 더 효율적인 문제해결이 될 수 있다는 것을 시사한다.

둘째, 개방화·세계화, 민주화 및 정보화의 진전, 시민사회의 대두로 인해 정책과정에 더 많은 이해당사자의 참여가 생기게 되었다. 이에 따라 과거 군부독재시절의 발전 행정적 패러다임 하에서는 능률성을 최상의 가치로 추구하여, 상명하복(top-down)방식으로 해도 해결가능한 문제가, 이제는 정책참여자의 과도한 목소리 표출로 인해 정책집행의 순응비용이 더 많이 들게 되는데, 이는 〈그림 13-1 (ii)〉에서 살펴볼 수 있다. 이 그림은 순응비용 곡선이 우상향으로 이동하면서 동일사안에 대해, 다른 조건이 같다면, 정책이해관계자들의 순응비용이 상승하게 된 것을 보여준다. 이는 이제 대규모 갈등을 수반하는 국가 정책의 경우 강압적 문제해결방식은 더 많은 정책비용을 야기하게 된다는 점을

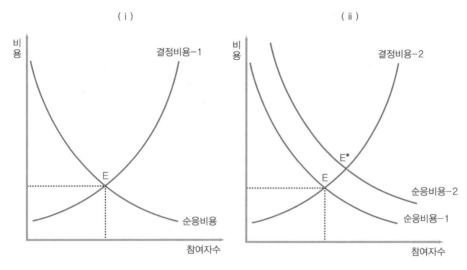

〈그림 13-1〉 관계집단의 정책참여로 인한 정책비용의 증가

시사한다.

　동시에 이제는 정책형성 및 집행과정에서 정책이해관계자들의 진정한 참여와 토론, 대화와 숙의, 합의와 타협의 과정을 통한 성숙된 민주성을 담보하는 것이 정책집행의 효율성을 실현하는 데에도 필수적인 전제조건이 되고 있다는 점을 시사한다.

2. 정책분석의 관점에서 본 정책네트워크

　정책네트워크이론은 신제도주의와는 또 다른 관점에서 정책분석의 유용한 방법이 되고 있다. 특히, 정책네트워크이론은 다양한 정책행위자들 간의 동태성과 역동성에 기초한 연결성과 관계성을 이해하고 분석한다는 관점에서 유용한 연구방법론이다(Scharf 1997; March and Olsen, 1989).

　정책네트워크분석의 초점은 정책행위자들 간의 존재하는 동태적 역동성이다. 전통적 정책과정론이 정책의제설정-정책결정-정책집행-정책평가-정책종결로 진행되는 정책과정의 시간적 흐름(*time-bounded*)을 가정하는 다분히 Top-down 방식의 계층적 흐름(*hierachical processes*)에 기초하고 있다면(Sabatier(1993: 159)와 Jenkins-Smith and Sabatier(1993: 3-4)가 비판적으로 지적하고 있듯이), 네트워크 정책분석은 정책현상을 설명하는 행위자들 간의 동태적(*dynamic*) 그리고 수평적 관계성(*horizontal relationships*)을 분석하며(Heclo, 1978: 104), 또한 복합성(complexity)과 상호의존성(*inter-*

dependence)을 분석한다(Atkinson and Coleman, 1992; Scharpf, 1990; Castells, 1996: 468; Rhodes, 1990; Heclo, 1978; Coleman and Skogstad, 1990). 이런 관점에서 정책네트워크이론은 인간의 존엄성을 구현하려는 목적지향적 인식론을 바탕으로 지금 형성되어 있는 거버넌스 국정구조의 네트워크 관계를 이해하고 분석하는데 매우 유용한 연구방법론이 될 것이며, 최근의 경향처럼 사회네트워크분석기법(Social Network Analysis; SNA)을 활용한다면 더욱 더 활용도가 높을 수 있을 것이다(Hajer and Wagenaar, 2003: 13).

이에 대한 연구주제는 다음 세 가지 정도로 요약할 수 있다.

첫째, 네트워크에 대한 미시적 연구이다. 이 경우 자발적 정책네트워크의 정도를 매우 중요한 분석변수로 다루고 있다(Lehner, 1991; Rhodes 1986).

둘째, 네트워크와 네트워크 간 연합형태에 대한 연구이다. 정책현상을 설명함에 있어 네트워크들간에 어떻게 권위가 배분되었는지, 어떻게 복수의 네트워크가 상호 연결되었는지를 중요하게 다루는 이론적 흐름이 있다(Scharpf, 1991; Rhodes and Marsh, 1992).

셋째, 국가 및 사회적 수준에서 네트워크의 역할이다. 이는 국가 및 사회적 수준에서 형성되어 있는 수많은 정책네트워크가 거시적으로 국가수준에서 정치와 행정 그리고 정책현상을 설명하는데 어떻게 작용하는지에 대해서 분석하려고 하는 이론적 흐름이다(Lehmbruch, 1991; Campbell, Hollingsworth and Linberg, 1991).

정책네트워크분석은 정책현상의 단일 차원적 분석을 거부한다. 이는 D. Marsh & M. Smith(2000: 4-21)가 1930년대 이후 영국의 농업정책을 설명하면서 잘 보여주고 있다. 네트워크분석은 적어도 구조(*structure*), 행위자(*agents*) 그리고 이들 사이를 연계하는 네트워크와 맥락(*network and context*)의 변증법적 상호작용과 복합성을 분석하며, 이들이 동태적으로 정책결과에 어떤 영향을 미쳤는지에 대해서 분석해주고 있다.

정책네트워크 분석은 공식적인 정책기구뿐만 아니라 매우 복잡하게 얽혀 있는 공식적, 비공식적 정책과정 참여자들 간의 상호작용을 분석하게 해주며, 따라서 현실의 정치 및 정책과정에서 국가와 사회의 상호 침투영역에 관련되는 공식적, 비공식적 제도적 장치를 설명하는데 도움이 된다. 또한 정책과정에서의 행위주체들 간의 상호작용을 살펴봄으로써 정책결정 및 집행구조를 밝혀 낼 수 있기 때문에 과정과 구조를 동시에 파악할 수 있다는 점에서 앞으로도 정책분석연구에서 매우 중요한 방법론이 될 수 있을 것이다.

1. 정보사회의 정책이념

산업사회의 정책이념은 효율성으로 무장한 발전행정모형을 따르고 있기에 기술지향적인 도구적 합리주의로 전락하였다는 비판을 받고 있다. 이에 비해, 정보사회에서의 정책이념은 폐쇄적 의미에서의 관료적 합의가 아닌 국민들과의 굴절되지 않은 의사소통을 통해 광범위한 합의에 기초한 정책문제해결이어야 한다는 데 기초하고 있다. 즉, 국가정책은 국민 개개인은 인간존엄성 실현이라는 최선의 목표를 지향하면서 인권·정의·형평이라는 이념 아래, 민주성과 효율성을 확보해나가려는 노력이어야 한다는 것이다. 새로운 패러다임 방향성의 핵심은 국민의 의사소통이 자율성이며, 이를 토대로 국민의 주체적 삶이 향상되어야 한다는 것이다.

2. 참여성과 숙의성

정책과정에 있어서 민주성은 참여성, 숙의성, 합의성에 기초하고 있다.

첫째, 민주주의는 참여(*participation*)를 핵심요소로 갖고 있다. 참여는 정부기관의 계획 및 정책에 대한 정당성과 합법성을 부여할 뿐 아니라 국민에게 학습기회를 제공하고 책임의식을 향상시킨다.

둘째, 민주주의는 숙의성(*deliberation*)이 있어야 한다. 숙의성이란 다수결주의가 다수의 독재로 변화되는 것을 막고, 공중의 이성능력을 발현하기 위해 토론과 다양한 의견교환을 통해 오류를 수정하는 과정을 말한다.

셋째, 민주주의는 합의성(*consensus*)이 있어야 한다. 합의성은 독단적 결정과는 상치되는 개념으로 다수의 합의를 통해 의사를 결정하는 것이다. 다수결의 원칙은 그 과정에 있어서 소수를 배제하거나 억압하는 것을 의미하지는 않는다. 진정한 합의를 이루려는 절차적 타당성을 보장하고, 충분한 토론을 통해 합의에 이르는 과정과 노력 그리고 절차가 중요하다.

21세기에 들어오면서 현대사회는 점차 다원화된 이익집단과 이해관계가 복잡하게 얽힌 지식정보사회로 진입하게 되었다. 관료주의·권위주의·집권주의의 사회운영원리가 탈관료주의·탈권위주의·분권주의 원리로 변하게 된 새로운 시대에서의 정책방향은 중앙과 지방, 정부와 국민의 이분법적 사고에 바탕을 둔 Top-down 방식의 단순한 능률성 집행구조에서 벗어나, 다양성과 창의성 그리고 이에 기초한 실용성으로 변모되어야 한다.

3. 숙의민주주의

현대 숙의민주주의에 있어서 시민사회의 역할은 중요하다. 시민은 Government(정부)의 민주주의 형태보다는 Governance(국정운영)의 민주주의 형태를 구현하는데 매우 중요한 역할을 하게 된다.

J. Habermas(1981)는 대화 및 참여를 다양화, 복잡화되고 있는 사회의 모든 국면에 적용될 수 있도록 오로지 정치적인 영역에만 국한하지 말고 사회, 문화적인 영역으로까지 확대되어야 한다고 주장한다. 또한 민주사회에서 합법성을 확보하는 유일한 방법은 중립성에 대한 제약 하에서가 아니라 실제적인 측면에서 공개적 토론(*public dialogue*)을 통해 이루어진다고 주장한다.

J. Harbermas는 자유주의와 공화주의의 민주주의론을 비판적으로 검토하면서 두 모델이 가지는 한계를 극복하기 위한 대안으로서 절차주의적 민주주의론을 제시한다. 절차적 민주주의는 숙의정치, 숙의 민주주의의 이념과 실천을 토대로 하며, 개방적 참여가 보장되는 의사소통 구조의 확보를 통해 사적 자율성과 공적 자율성이 동시에 보장되는 민주주의 형태이다. J. Harbermas가 제시하는 숙의 정치의 관점은 공화주의적 관점보다는 현실적이면서 동시에 자유주의적 관점보다는 민주주의의 규범적 이상을 실질적으로 보장할 수 있다는 장점을 갖는다. 숙의 정치에 근거한 민주주의에 대한 절차주의적 개념은 자유주의적 공정성과 공화주의적 인격형성의 요소들을 수용하여 이들을 토론 및 의사결정을 위한 이상적 절차라는 개념 속에서 통합함으로써 구성된다(서울대, 2002: 75-76).

J. Harbermas는 시민사회 내의 지배를 해부하고 폭로하는 맑스주의 전통과 개인적 자율성의 수호에 있어 시민사회의 역할을 강조하는 자유주의 전통을 결합시켰다. J. Harbermas는 '의사소통적 행위', '담론민주주의', '생활세계의 식민화' 등 복잡한 이론틀을 제시하면서 상이한 개념들을 정교하게 체계화하였다. 하버마스에게 있어서 건강한 시민사회는 구성원들에게 공유된 의미들을 기반으로 구성원들에 의해 운영되는 사회인 것이다. 여기서 공유된 의미란 공적 영역내 의사소통의 구조들을 통해 구성원들이 민주적으로 구축한 것을 의미한다. 이러한 하버마스 덕분에 공공영역 이론이 최고 수준에 도달하

게 된 것으로 평가할 수 있다(서유경, 2005: 35-40).

4. 정책분석의 관점에서 본 숙의적 정책분석

정책연구에 있어서 인간행태와 사회행위는 무엇보다도 맥락을 통해 해석되고 분석되어야 하며, 이러한 행위의 간주관적 해석(*inter-personal interpretation*)이야말로 정책현상의 결과와 함의를 풍요롭게 하는데 있어서 빼놓을 수 없는 부분이다. 이렇듯 숙의적 정책분석은 해석학적 정책분석과 밀접히 연계되며, 민주주의 정책연구와도 밀접히 연결되는 개념이다. 숙의적 정책분석은 궁극적으로 보다 민주적인 정책학을 지향하며, 정책과정에서 성찰적인 시민들의 보다 많은 참여와 의견 개진의 가능성을 열어둠으로써 정책과정에서의 보다 나은 지식과 정보의 제공을 지향한다(deLeon, 1994: 88).

해석학적 정책분석은 문제정의에 대한 서로 다른 해석과 관점, 갈등과 이념의 가능성을 열어둔다. 불확실성과 권력 그리고 가치가 담겨 있는 정책맥락 속에서 서로 다른 시각과 관점에 대한 다른 해석의 가능성을 열어둘 때만이 맥락지향적 정책분석이 가능해지며, 이러한 열린 토론과 다른 해석의 가능성을 통해서만이 정책학의 민주주의 지향이 가능하게 된다(deLeon, 1994: 87; deLeon, 1990; Durning, 1993).

정책
사례   *cases in policy*

숙의민주주의 성공사례: 한국 원전(신고리 5·6호기) 공론화위원회 사례

1. 개요

원자력은 대한민국 전체 발전량의 39.0%(2018년 기준)를 차지하는 매우 중요한 에너지원이다. 1970년 9월 경상남도 양산군 장안읍 고리에 대한민국 최초, 세계 21번째로 원자력발전소를 건설한 이후, 고리 2호기, 월성 1호기, 고리 3·4호기, 영광 1·2호기 등을 차례로 건설하여, 한국에는 총 24개의 원전 발전소가 가동되고 있다. 뿐만 아니라 UAE에 원전발전소 4호기 수출에 성공하는 등 글로벌 시장에서도 한국형 원전은 높게 평가되고 있다.

하지만, 2011년 후쿠시마 원전사고 이후 원자력발전소 위험성에 대한 문제가 제기되는 등 '탈원전' 이슈는 늘 한국사회를 괴롭히는 정책 아젠다 중의 하나였다. 이러한 맥락에서 문재인 대통령은 지난 대선 때 '안전한 대한민국'을 천명하고, '신고리 5·6호기의 공사 중단'을 대선공약으로 발표하였다.

그러나 신고리 5 · 6호기는 건설허가를 취득한 이후 1년 정도 공사가 진행되어 종합 공정률이 이미 28.8%에 도달하였고, 공사 중단은 지역과 국가경제에 미치는 손실이 클 것으로 예측되었다. 이를 고려하여 정부는 신고리 5 · 6호기 건설 중단 문제에 관한 사회적 합의 과정 절차를 밟겠다고 밝혔고, 2017년 7월 24일에 신고리 5 · 6호기 공론화위원회가 정식 출범하였다.

2. 사례내용

공론화위원회는 위원장을 포함 총 9인으로 구성하며, 위원장은 중립적이면서도 사회적으로 덕망 있는 인사를 위촉하고, 위원은 인문사회, 과학기술, 조사통계, 갈등관리 분야 각 2인으로 구성하였다. 특히, 위원의 남녀 비율을 균형 있게 배치하고 미래 세대를 대표하는 20~30대를 포함하여 대표성 높은 위원들로 구성하였다. 또한 시민참여단의 경우 국민의 대표성을 확보할 수 있도록 이중추출법(Double Sampling for Stratification)을 사용해 선정하였다. 즉, 모집단에서 큰 표본을 1회 추출하고, 그 표본의 균형성을 분석한 후 보다 대표성 높은 표본을 만들기 위하여 일부를 다시 표본으로 추출한 것이다.

시민참여단은 신고리 5 · 6호기 건설 중단 혹은 재개 여부를 판단하기 위한 객관적인 정보를 얻기 위해 e-learning 등 동영상 강의를 이용하였다. 최종 결정하기까지 학습, 의견청취, 질의응답, 토의 등의 숙의과정에서 시민참여단은 1인 평균 2,187분 (36시간)을 소진하는 등 실로 진지한 토의과정을 거치게 되었다.

이를 통해 객관적이고 전문적인 지식을 습득한 시민참여단은 다음과 같은 결론에 도달하였다. 신고리 5 · 6호기 건설재개를 주장하는 시민(59.5%)이 건설중단을 주장하는 시민(40.5%)보다 19%가 많았다. 특히 조사를 거듭할수록 20~30대에서 건설재개 비율이 높아지면서 격차가 벌어진 것으로 분석되었다. 한편 장기적으로 원자력에너지의 발전 비중은 축소해야 한다고 응답하였다(시민참여단 53.2% 축소로 응답).

이에 신고리 5 · 6호기 공론화위원회는 1) 신고리 5 · 6호기의 건설은 재개하되, 2) 향후 원자력 에너지의 발전 비중을 축소시켜야 한다(이를 위해 신재생에너지에 투자 확대)고 정식으로 정부에 권고하였다. 이러한 권고에 따라 정부는 신고리 5 · 6호기 공론화위원회의 권고를 이행하기 위해 조속히 신고리 5 · 6호기 건설을 재개하고, 향후 원전 비중을 축소하기 위한 보완대책을 마련하겠다는 정부지침을 발표하였다.

3. 쟁점 및 시사점

위 사례는 많은 갈등이 있었던 신고리 5 · 6호기 건설재개 여부를 공론화하여 사회적 합의를 도출하는데 성공한 최초의 사례로서 매우 중요한 역사적 의미를 갖는다. 이는 정책학에서 강조하는 숙의 민주주의의 핵심적 과정인 숙의(심의 혹은 토의)를 통해 충분한 정보와 지식을 갖추게 하고, 이를 갖춘 능동적, 성찰적 시민들이 상호 의견수렴을 통해 성숙한 공동체의 의사결정에 도달하는 것을 말한다.

공론화 과정에서 정부는 어떤 간섭이나 개입도 하지 않고 중립의 원칙을 지키고,

성, 연령, 입장이 다른 구성원이 한 분임(소그룹)이 되어 다양한 의견을 나눔으로써, 나와는 다른 관점과 생각이 있다는 것을 이해하고 존중하는 가운데 경청하는 분위기를 만들었고, 참여한 시민들은 이러한 환경 속에서 서로의 의견을 교환하며 쟁점에 대한 심도 깊은 토론과 숙의의 시간을 가졌다.

또한 일반 국민들과 공유할 수 있도록, 지역순회 공개토론회, TV 토론회, 미래세대 토론회를 개최하였고, 현장방문 및 이해관계자들과의 간담회 등을 실시하였다. 이러한 과정을 통해 토론에 참여한 국민들이 정책을 수용하고 받아들이는 수동적 입장에서 직접 정책과정에 참여하여 자신의 의견을 정책에 반영하는 능동적 입장으로 변화하였으며, 토론에 참여하지 못한 국민들까지도 정책에 대한 높은 수용성을 이끌어낸 매우 의미 있는 사례로 남게 되었다. 이러한 숙의 민주주의적 문제해결구조는 공론화 중요성에 대한 인식과 시민들의 능동적 참여, 민주주의 의식 향상이라는 성과를 가져왔다.

이 사례에서 숙의 민주주의 공론화 과정 구성원은 위원회와 시민참여단으로 구성되었다. 위원회는 객관적 자료 제출이나 토의과정을 중립적 입장에서 진행을 도와주는 역할을 한 반면 시민참여단의 최종 결론을 결정으로 수용하는 절차를 취했다. 이러한 숙의과정을 통해 능동적인 시민의 참여를 독려하여 의견을 수렴하고 쟁점에 대한 사회적 통합을 이끌어 낼 수 있었던 것으로 해석된다. 따라서 신고리 5·6호기 공론화위원회 성공사례는 한국 숙의민주주의 첫 성공사례로 역사적 자리매김을 함과 동시에 향후 유사 대형 국책갈등과제에 대한 사회적 통합을 이끌어내는데 있어서도 중요한 지침으로 작용할 수 있는 모범적인 정책 성공사례라고 할 수 있다.

자료: 정책학강의(2018)에서 재인용

제 5 절 요약 및 결론

인간의 존엄성을 실현하고 민주주의 정책학을 완성하기 위해서는 맥락지향적 정책분석이 필요하다. 맥락지향적 정책분석은 현대 정책환경이 전통적 관료제 모형에서 다양한 행위자들이 동태적으로 상호작용하는 거버넌스 모형으로 변화됨에 따라 더욱 더 요구되는데, 이 장에서는 신제도주의, 정책네트워크, 숙의적 정책분석 등에 대하여 살펴보았다.

신제도주의는 제도적 요인들이 정책결과에 미치는 영향과 그에 따른 정책적 쟁점에 관한 연구라고 할 수 있는데, 개별 행위자들간의 상호작용과정을 분석하는 합리적 선택 신제도주의, 조직수준에서의 규범과 SOP 등에 대해서 분석하는 사회학적 신제도주의, 국가수준에서 장기간의 시간성을 두고 나타나는 정책결과 차이를 분석하는 역사적 신제도주의 등이 있다.

정책네트워크이론은 정책행위자들간의 연결성과 관계성을 이해하고 분석하는 정책연구 방법론인데, 구조, 행위자와 이들 사이를 연계하는 네트워크와 맥락의 변증법적 상호작용과 복합성을 분석하며, 동태적으로 정책결과에 미치는 영향에 대해서 분석할 수 있게 해 준다.

숙의적 정책분석은 정책참여와 토론을 강조하는데, 정책과정에서 나타나는 서로 다른 해석과 관점을 통해 맥락지향적 정책분석을 가능하게 해 준다.

신제도주의, 정책네트워크, 숙의적 정책분석과 같은 정책연구방법들은 방법론적 접근에 있어 탈실증주의적 접근의 맥락지향적 방법론의 가능성을 제시한다. 탈실증주의는 어떠한 현상의 '맥락'을 고려하고, 네트워크 사이에 존재하는 '권력'을 분석하며, 무엇보다도 '왜' 발생하였는가에 대해 설득력 있는 설명을 가능하게 해 주는데, 참여와 숙의에 기초한 탈실증주의 접근이야말로 정책의 맥락적 배경하에서 시민의 참여와 토론 그리고 합의의 장을 열어놓으며, 열린 토론의 장을 통해 상호 신뢰와 협력을 구축할 수 있다는 점에서 민주주의 정책학 구현에 필수적이라고 할 것이다.

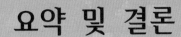

요약 및 결론

이 책에서 제시된 주장과 논점, 분석과 함의에 대해서 요약하면 다음과 같다.

제1절 정책분석론의 구성논리

1. 정책학과 정책분석

 정책학은 문제해결을 지향하면서(*problem-orientation*), 시간성과 공간성의 맥락성(*contexuality*)을 가지며 또한, 순수학문이자 응용학문으로서 연합학문지향성(*inter-disciplinary approach*)을 지닌다. 정책이란 이성과 합리성, 효율성과 과학의 산물이면서 동시에 가치와 갈등, 권력과 협상의 산물이기 때문에 정책학을 바르게 이해하려면 계량분석과 정책분석 기법뿐 아니라, 정치학, 조직학, 심리학에 관한 지식이 전제되어야 한다. 정책은 이렇듯 다양한 속성을 가지기 때문에 정책의 적절한 쓰임을 위한 정책분석도 역시 다양한 기법과 전문적인 기술을 필요로 한다. 그러나 무엇보다 정책학과 정책분석의 궁극적인 목적은 인간의 존엄성(인권, 형평, 정의라고 하는 우리 사회의 근본적 가치)을 실현하는데 있다. 인간의 존엄(*dignity*)을 실현하고 인간의 가치(*value*)를 고양시키는데 있다. 이를 H. Lasswell은 민주주의 정책학이라고 불렀다. 생산성(*productivity*)과 민주성(*democracy*)을 토대로 성찰성(reflexivity; 인권·정의·존엄의 실현)을 추구하는 학문이 정책분석론인 것이다. 이를 정책분석의 당위성, 실현성, 능률성 차원이라 설명할 수 있을 것이다. 규범적이고 당위적인 정책이상을 바라보면서 능률적이고 효과적인 정책을 추구하되, 실현가능한 정책수단을 개발하는 것이 정책분석의 존재이유다. 우리는 인간 존엄성이라는 정책의 근본가치를 다시금 새기면서 이를 실현하기 위한 정책학 그리고 정책분석으로 갈등관리와 거버넌스 이론을 정책연구의 또다른 한축으로 자리매김하여, 비용-편익분석과 비용-효과분석 등 효율성 차원의 분석을 넘어 정책의 본질적 쟁점을 규명하고 보다 근본적인 정책상위 차원이라고 할 수 있는 민주성·성찰성 분석을 지향해야 할 것이다.

21세기 정책 화두는 다양성, 창의성, 실용성이다. 다양성과 창의성을 토대로 실용성을 추구해야 한다. 21세기 디지털 기술은 시간, 속도, 불확실성이라는 속성을 지니고 있다. 시공의 압축 혁명 속에서 생각의 속도로 움직이는 디지털 신경망 조직을 만들고, 우리는 조직 구성원과 최고 책임자의 의식을 업그레이드하지 않으면 살아남지 못하는 시대에 우리는 살고 있다. 지금은 변화의 시대이다. 변화를 경영해야 하고, 변화를 창조해야 한다.

디지털과 속도 그리고 변화의 시대에 절실히 요구되는 것은 정책분석과 문제해결 역량이다. 지식정보의 시대는 know-what 보다 know-how를 요구한다. 정책분석에 대한 다양한 이론적 토대와 철학적 인식을 기반으로 정책실패와 정책성공이 교차하는 분기점에서 다양한 정책사례들을 분석하고 학습하는 능력이 필요하다. 이러한 시대적 요구에 따라 본서의 집필 의도는, 학습자가 정책의 본질과 쟁점을 이해하고 정책의 성공과 실패원인에 대한 분명한 시각을 토대로 정책분석의 다양한 이론과 사례에 대해 습득하는 것이었다.

정책이란 정치적 갈등의 요소와 합리적인 의사결정단계가 상호 역동적이고 동태적인 과정을 거치면서 만들어진다. 정책과정은 가치 있는 자원의 배분을 놓고 이해관계자들이 경쟁하고 타협하는 과정으로서, 본질적으로 가치, 갈등, 권력 등의 요소들이 내재되어 있다. 이처럼 정책은 가치, 갈등, 권력적 요소를 그 배경으로 하고 있지만, 정책분석이 존재하는 본질적 이유는 이러한 배경적 제약조건을 특성으로, 어떻게 하면 합리적 정책과정에 있어서 권력적 요소를 배제하고 전문성을 제고하며, 과학적이고 체계적인 정책을 도출할 수 있을 것인가 사유하고 탐색하는데 있다. 즉, 정책분석은 문제의 본질적 쟁점규명, 명확한 목표설정, 체계적인 대안탐색, 대안결과의 예측, 과학적인 대안비교 등을 통해 최적의 대안선택을 추구하는 끊임없는 분석과 사유의 과정이며, 이를 통해 궁극적으로 인간존엄성($human\text{-}dignity$)을 지향하고자 하는데 목적이 있다.

정책이 가지는 이러한 합리성과 정치성의 양면성($duality$)으로 인하여 효율성 차원을 분석하는 양적분석($quantitative\ of\ analysis$)과 민주성 및 성찰성 차원을 분석하는 질적분석($qualitative\ of\ analysis$)은 병행되어야 한다. 정책분석에서 양적분석과 질적분석을 병행하면서 효율성-민주성-성찰성 차원의 분석을 가급적 엄격하게 유지하려는 노력을 기

요약 및 결론

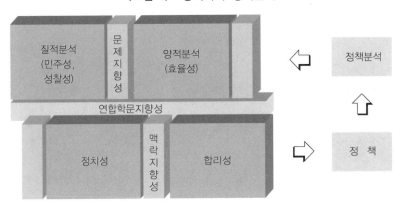

〈그림 1〉 정책학과 정책분석

울여야 한다. 이것이 이 책에서 논의하고자 하는 핵심 테마이다.

2. 지식정보사회와 정책분석이념

정책이 국민들의 굴절되지 않은 의사소통을 통해 합의된 발전적 개념을 도출할 수 있으려면, 정책과정에 있어서 민주성, 특히 참여성, 숙의성, 합의성이 얼마나 중요한지가 부각되어야 한다.

민주주의는 참여(*participation*)를 핵심요소로 갖고 있다. 민주주의는 문자 그대로 민이 주인이 되는 주의이므로 국민의 참여가 없는 민주주의는 형식적이고 가식적인 민주주의에 불과할 뿐이다.

참여성과 함께 숙의성(*deliberation*)이 있어야 한다. 숙의성이란 다수결주의가 다수의 독재로 변화되는 것을 막고 공중의 이성능력을 발현하기 위해 토론과 다양한 의견교환을 통해 오류를 수정하는 과정을 말한다.

충분한 숙의 후에는 이를 바탕으로 합의를 해야 한다. 합의성은 다수의 합의를 통해 의사를 결정하는 것으로 독단적 결정과는 상치되는 개념이다.

21세기를 맞아 사회는 점차 다원화된 이익집단과 이해관계가 복잡하게 얽힌 지식정보사회로 진입하게 되었다. 지식정보사회의 대표적 환경변수라고 볼 수 있는 정보통신기술의 발달은 누구나 적은 노력과 비용으로 정보와 의사결정에 접근할 수 있도록 하여 정책결정에 대한 참여의 폭을 크게 확대시켰으며, 그 결과, 관료주의·권위주의·집권주의의 사회운영원리가 탈관료주의·탈권위주의·분권주의·평등주의 원리로 변하게 되었다.

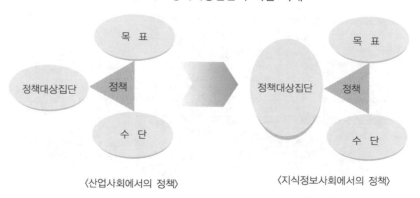

〈그림 2〉 정책대상집단의 역할 확대

〈산업사회에서의 정책〉   〈지식정보사회에서의 정책〉

지식정보사회의 새로운 뉴거버넌스 국정모형하에서는 정책분석이념도 참여성, 숙의성, 합의성을 기초로 하는 민주성과 투명성을 토대로 효율성과 생산성을 강조하는 성찰하는 정부의 모습을 요구하고 있다.

3. 지식관료와 정책분석

  미래사회에서는 주어진 문제에 대해 해결책을 찾는 것만이 능사가 아니라, 불확실성이 높은 환경을 정확하게 인지하여 무엇이 문제인가를 발견하는 것이 중요하다. 지식관료는 소극적 행정에서 적극적 행정으로의 변화를 꾀해야 한다는 것이다. 새로운 시대는 안정보다는 불안정성, 확실성보다는 불확실성, 선형성보다는 비선형성, 가역성보다는 불가역성, 존재보다는 변화쪽에 초점을 두는 패러다임의 모색을 불가피하게 한다(Lee, 1996: 23). 즉, 환경이 급변하는 상황에서는 따라야 할 모델이 만들어질 시간이 없기 때문에 새로운 대응모델을 유연하게 구축해나가는 지식창조 능력이 필요한 것이다. 종래의 소품종-대량생산시대에는 큰 개념(*big concept*)을 창조하는 극소수의 지식창조자만을 필요로 했지만, 지식의 경쟁이 격화되고 다품종-소량생산이나 변종변량생산이 보편화된 시대에는 작은 개념(*small concept*)을 창조하는 다양한 지식창조자의 중요성이 크게 부각된다.
  미래사회의 지식창조자와 같은 맥락에서 지식관료란 불확실한 환경을 정확하게 인지하고 필요한 지식을 창조하여 국민을 만족시키는 관료를 의미하는데, 환경의 불확실성이 극히 높아진 정책 환경에서는 그러한 환경에 대해 정확히 인지할 수 있는 능력, 문제의 본질을 적확하게 파악하는 능력, 문제를 정확하게 분석하는 능력, 타당한 대안을 제시하는 능력이 관료에게 요구되고 있다.

요약 및 결론

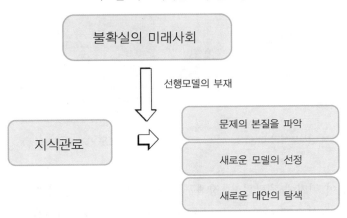

〈그림 3〉 지식관료의 필요성

불확실의 미래사회

선행모델의 부재

지식관료

문제의 본질을 파악

새로운 모델의 선정

새로운 대안의 탐색

　21세기에는 다양성과 창의성을 중시한다. 다양성과 창의성을 토대로 실용성(효율성)을 추구하는 시대이다. 즉 지식기반사회에서는 불확실한 환경 속에서 문제의 본질을 파악하고, 따라야 할 선행모델이 없는 상황에서 새로운 모델을 설정하고 새로운 대안을 개발·탐색·분석하는 정책분석역량이 점차 더 많이 요구되고 있다.

4. 정책분석론 패러다임

　정책이란 정치적 갈등의 요소와 합리적인 의사결정단계가 상호 역동적이고 동태적인 과정을 거치면서 만들어 지는 것이다. 정책과정은 가치 있는 자원의 배분을 놓고 이해관계자들이 경쟁하고 타협하는 과정으로서, 본질적으로 가치, 갈등, 권력 등의 요소들이 내재되어 있다. 사회과학의 범주 안에서 이처럼 복합적 구성체로서의 정책을 분석하는 정책분석론은 크게 정책의 세 가지 차원을 분석하게 된다.

　첫 번째 차원은 효율성이다. 효율성은 효과성과 능률성을 의미한다. 목표달성도를 의미하는 효과성과 투입·산출비용의 비율로 나타나는 능률성의 개념이다. 생산성이라고도 부를 수 있는 이 차원은 단순한 기계적 효율성과는 구별되는 '사회적 효율성'을 지칭한다.

　두 번째 차원은 민주성이다. 효과적이고 능률적인 정책요소가 실현되면 그 다음 분석의 차원은 민주성이다. 실체적인 소망성 차원의 정책분석이 이루어지고 나면 그 다음 분석의 차원은 절차적 측면에서 민주성의 가치가 실현되었는지를 분석해야 한다.

　세 번째 차원은 성찰성이다. 성찰성이란 인권·정의·형평과 같이 정책이 가질 수 있는 최상급 차원의 메타포이다. H. Lasswell이 지칭한 인간의 존엄성, 허범(1982)에서 강조

요약 및 결론　　　　　　　547

<〈그림 4〉 정책분석론의 패러다임 변화>

〈전통적 정책분석의 이념〉　　　　　　〈새로운 정책분석의 이념〉

한 당위성 차원이 여기에 해당된다. 정책구조가 인간의 존엄성이 실현되는 사회를 지향하고 보다 신뢰받고 성숙된 사회를 지향한다면, 우리는 그 사회에 속하는 구성원 개개인의 인권과 정의가 강물처럼 넘쳐흐르고, 우리 헌법이 보장하는 "자유 민주주의적 시장질서와 평등권"이라는 최고의 가치 속에서 이 나라 국민 모두의 주체성과 독립성, 신뢰와 평등권, 나아가 자아실현의 기회가 균등하게 보장된 사회를 꿈꾼다. Maslow는 욕구단계설에서, 인간은 안전과 생존의 욕구를 넘어서 축적과 명예의 단계를 지나면 자아완성을 추구한다고 하였다. 이처럼, 정책도 하위목표, 중간목표, 상위목표를 넘어서 인간의 존엄성 실현이라는 최상위목표를 추구하는 것이다. 따라서 정책이 가져야 할 가장 당위적인 목표의 분석, 그것이 성찰성 차원의 분석이다.

〈Maslow 욕구5단계와 인간존엄성의 단계〉

생리적 욕구	안전 욕구	소속 욕구	존중욕구	자아실현욕구
효율성		민주성	성찰성(인간 존엄성)	

정책분석의 과정에서 정책의 가치구조, 즉 생산성-민주성-성찰성의 3가지 차원을 좀 더 균형잡힌 시각으로 분석해야 한다. 자칫 분석의 어려움이나 계량화의 한계를 이유로 생산성 범주에 속한 효과성과 능률성 분석이 편향되게 다루어져서는 안 될 것이다. 비용편익분석이나, 비용효과분석, 회기분석이나 계량분석과 같은 기법들은 여전히 정책분석의 핵심수단이지만, 그 못지않게 정책의 형이상학적 구조나 절차적인 측면이 중요하게 분석되어야 한다. 요컨대, 정책분석은 양적분석과 질적분석을 병행하면서 효율성-민주성-성찰성 차원의 분석을 가급적 엄격하게 견지하려는 노력을 기울여야 한다. 정책사례분석이 강조되는 것도 이러한 논지와 맥락을 같이한다. 비용편익분석이나 비용효과분석이 이루어지는 경제적인 정책분석과 더불어, 맥락의 풍요로움 속에서 정책의 민주성이나 당위

요약 및 결론

성 차원에 대한 분석역량을 강화함으로써 정책문제의 본질과 쟁점을 규명하려는 노력이 매우 중요한 학문적 이슈로 대두되고 있다. 이러한 측면에서 본서는 최대한의 정책사례를 소개함으로써 정책사례가 지니는 효율성-민주성-성찰성 차원의 쟁점에 대한 분석을 정리하여 제공하고자 하였다.

5. 정책분석의 기준

분석(分析)이란 "나누어 살펴보다"라는 의미이다. 즉 분석적 노력이란 연구대상을 분할하고 종합하는 활동과 대상 전체에 총체적으로 접근하는 활동이다. 따라서 정책분석이란 "정책을 대상으로 나누어서 살펴보려는 노력"이며, 정책이라는 복합적 가치의 구성물을 분할하고 종합하는 체계적이고 과학적인 작업을 통해 정책판단의 근거를 질적으로 향상시키려는 노력이다.

정책은 원래 합리적 요소와 정치적 요소를 포함하고 있으므로 우리가 정책을 분석한다고 할 때에는 정책에 담긴 비용-편익, 비용-효과성의 양적(quantitative) 측면뿐만 아니라, 민주적 가치, 인권적 가치, 형평적 가치 등 민주성과 성찰성 측면의 질적(qualitative) 측면을 모두 분석하는 것이 바람직하다. 즉, 정책에 담긴 예상 비용과 예상 편익(효과)만을 분석하는 것이 아니라, 정책형성 과정에서 나타나는 민주적 가치와 절차의 측면도 분석의 대상이며, 나아가 정책이 가져올 정치적, 경제적, 사회적, 문화적 영향에 대해서도 종합적으로 판단하고 분석하는 노력이 필요하다.

하지만, 이처럼 정책형성이전에 정책의 효율성-민주성-성찰성을 분석하고 측정하는 일이 결코 쉽지는 않다. 정책이 시행되기 이전에 미리 정책에 담긴 민주적 가치와 성찰적 가치에 대해 예측하는 것이 결코 쉬운 일은 아닐 것이다. 하지만 이러한 노력을 통해 정책에 담긴 복합적 차원(dimension)이 좀더 분명해지고, 정책판단의 근거는 질적으로 향상된다고 믿는다. 따라서 우리는 이 책에서 정책분석의 세 가지 차원인 생산성(효율성)-민주성(참여성·숙의성·합의성)-성찰성(당위성)에 대해 설명하고, 이를 구체적인 정책사례분석에 적용시켜봄으로써 실제 정책분석이 어떻게 이루어지는지에 대해서 학습하는 데 많은 주안점을 두었다.

〈그림 5〉 정책분석의 기준

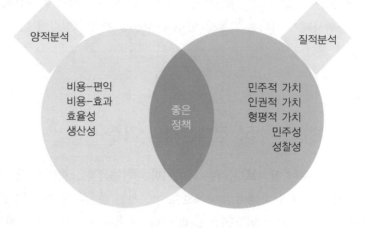

6. 정책분석의 과정

국내외 선행연구를 토대로 이 책에서 제시하는 정책분석과정은 다음과 같이 요약된다.

첫째, 문제의 정의는 매우 중요한 과정이므로 독립하여 강조한다. 문제의 본질 및 쟁점 규명은
　　　정책목표의 설정과 정책대안의 탐색에 있어서 가장 중요한 정책분석의 첫 단추이며, 따
　　　라서 우리는 정책분석에 있어서 문제의 정의와 쟁점 규명을 가장 첫 번째 독립된 분석단
　　　계로 삼고자 한다.
둘째, 문제의 본질적 정의가 끝나면 정책목표의 설정단계가 따른다. 정책목표의 설정은 시대
　　　(*timing*) 적합성이 있어야 하고, 정도(*degree*) 적정성이 있어야 하며, 내적 일관성
　　　(*consistency*)이 있어야 한다.
셋째, 문제의 정의와 목표의 설정이 있고나면 정책대안의 분석에 들어간다. 정책대안의 분석
　　　은 세 단계로 나뉘는데, 먼저 정책대안의 분석(I)은 정책대안의 탐색・개발・설계의 과
　　　정이다. 여기에서는 과거 정책목록을 대상으로 한 점진적 탐색개발과 함께 미래 창조적
　　　정책대안을 위한 직관적 탐색개발을 모두 고려한다.
넷째, 정책대안의 분석(II)의 과정으로서 대안결과의 미래예측이다.
다섯째, 정책대안의 분석(III)의 과정으로서 대안의 비교평가이다.
여섯째, 분석결과의 제시이다. 여기에서는 결과를 분석하고 해석하여 제시하는 과정을 거친
　　　다. 이러한 여섯 단계의 정책분석의 과정에 있어서 중요한 것은 양적 분석과 질적 분석

550
　　　　　　　　　　　　　　　요약 및 결론

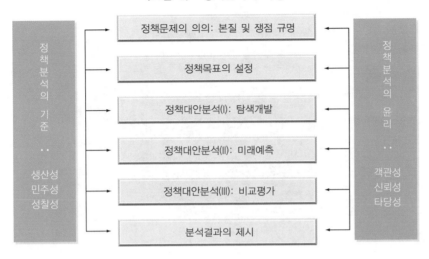

〈그림 6〉 정책분석의 과정

을 종합적으로 병행한다는 것이고, 이 모든 과정에서 고려되어야 할 정책분석의 기준은 효율성-민주성-성찰성이라고 하는 정책분석의 세 가지 분석차원이다.

일곱째, 정책분석에 있어서 윤리 및 가치문제는 매우 중요하다고 할 수 있는데, 정책분석의 모든 과정에 있어서 정책분석의 객관성-신뢰성-타당성 유지를 위한 정책분석가의 윤리가 전제되어야 할 것이다.

제 2 절 **정책분석의 분석방법**

정책분석은 구체적으로 정책문제의 분석, 정책목표의 설정, 정책대안의 분석, 분석결과의 제시의 과정을 거친다. 이 중에서 정책대안의 분석은 세 단계로 구분할 수 있는데, 먼저 정책대안의 분석(I)에서는 대안의 탐색과 개발 및 설계가 이루어지고, 정책대안의 분석(II)에서는 대안결과의 예측, 정책대안의 분석(III)에서는 대안의 비교 및 평가가 이루어진다.

<그림 7> 정책문제의 분석방법

정책문제의 본질과 쟁점 규명	
예비분석	본분석
요소별 점검법 나뭇가지 모양 분석 우선순위 행렬표	배경분석 원인분석 결과분석 관련집단 파악 가치분석

1. 정책문제의 분석

　정책분석의 첫 단계는 정책문제의 분석이다. 문제의 본질과 쟁점을 규명하려는 노력이야말로, 제3종 오류를 방지하고, 타당한 정책목표와 정책대안의 탐색의 가장 중요한 첫 출발점이 된다. 특히 여기에서 문제란 객관적 실체로서 '저기 객관적으로 떨어져 존재'하는 것이 아니라, 바로 인지하는 사람의 마음 속에서 이루어지는 주관적 구성물이라는 시각에서 출발하는 것이기에 문제의 본질과 쟁점은 그만큼 더 중요한 의의를 지니는 것이다. 또한 여기에서는 문제의 중요성에 대한 분석의 과정으로서 예비분석과 본 분석에 대한 분석방법을 공부하였다. 예비분석에서는 요소별점검법, 나뭇가지 모양분석, 우선순위 행렬표 등을 중심으로 정책문제의 본분석을 위한 여과방법에 대해서 검토하였으며, 본분석에서는 정책문제의 배경 및 원인에 대한 분석, 결과 및 가치에 대한 분석과 함께 관련 정책대상집단에 대한 분석에 대해서도 중점적으로 다루게 됨을 학습한 바 있다.

2. 정책목표의 설정

　정책분석의 두 번째 단계는 정책목표의 설정이다. 문제의 본질과 쟁점을 규명하고 나면 타당한 목표를 설정해야 한다. 여기에서 타당한 목표란 시대와 가치 적합성을 지니고, 시간과 정도의 적정성을 지니며, 목표 구조 사이에 내적 일관성을 지니는 목표를 말한다.

요약 및 결론

〈그림 8〉 타당한 정책 목표

정책의 최상위 가치는 인간의 존엄성 실현이다. 이를 위해 정부는 타당하고 규범적 가치를 지닌 정책목표를 설정하게 된다. 이러한 목표는 정책결정의 지침, 정책집행의 기준, 정책평가의 근거가 된다는 점에서 매우 중요한 의의를 지닌다. 여기에서는 또한 정책목표의 의미, 의의와 기능, 정책문제와 정책목표의 관계, 바람직한 정책목표의 요건, 정책목표들 간의 우선순위 관계 등에 대해서 공부하였다.

3. 정책대안의 분석(Ⅰ): 대안의 탐색개발

정책분석의 세 번째 단계는 정책대안의 분석(Ⅰ): 정책대안의 탐색개발이다. 정책 결정, 집행, 평가, 환류의 모든 단계가 문제없이 진행된다 하더라도 채택된 수단이 아닌 보다 더 나은 정책수단이나 대안이 있었다면 그 정책은 성공적이라 할 수 없을 것이라는 점에서 대안의 창조적 탐색과 개발 및 설계의 중요성은 아무리 강조해도 지나치지 않을 것이다. 즉, 최선의 대안을 선택하기 위해서는 우선 정책 대안을 광범위하게 탐색, 개발해야하며, 정책대안의 탐색개발 과정을 거친 후에는 제시된 대안 중 최선의 대안을 선택해야한다. 여기에서는 정책대안 분석의 의의, 정책대안의 탐색·개발방법(과학적 지식 vs. 주관적 방법), 정책대안의 설계, 정책대안의 예비분석 등에 대해서 공부하였다.

〈그림 9〉 정책대안 분석의 탐색·개발·설계 단계

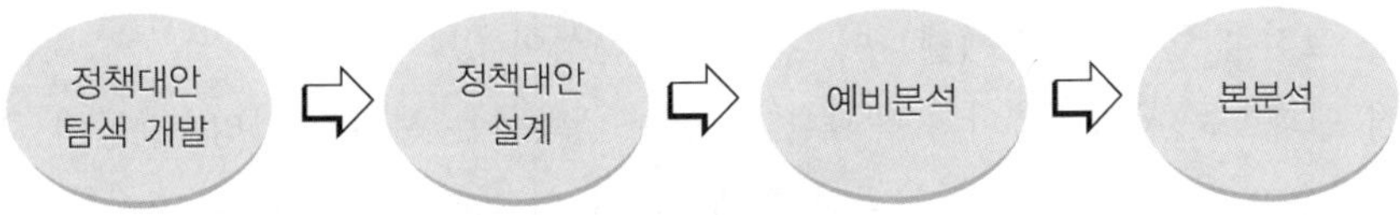

정책대안 탐색 개발 ⇨ 정책대안 설계 ⇨ 예비분석 ⇨ 본분석

4. 정책대안의 분석(Ⅱ): 대안의 미래예측

정책분석의 네 번째 단계는 정책대안의 분석(Ⅱ): 대안의 미래예측이다. 사회과학이론의 궁극적 목적은 정확한 묘사와 설명을 통한 예측의 가능성이다. 정책분석에서도 정책의 분석을 통한 예측의 기능이 가장 중요하다고 할 수 있다. 우리가 정책분석을 통해서 미래를 예측하고자 하는 이유는 미래의 불확실성에 대비하고자 하기 때문인데, 미래의 불확실성은 문제정의, 목표설정, 대안채택, 대안결과, 비교평가의 기준 등이 잘못되었기 때문에 발생한다. 미래의 불확실성에 대비하는 방법으로는 이론이나 모형을 이용하여 인과관계를 밝히거나, 상황자체를 통제하는 등 적극적인 방안이 있다. 이론모형을 이용한 인과관계를 밝히는 일은 사실상 정책분석의 핵심인데, 이를 위해서는 이론에 근거한 변수의 선택을 통한 정확한 모형의 설정이 중요하다.

한편, 불확실성을 주어진 것으로 보고 소극적으로 접근하는 보수적 접근, 가외성 확보, 민감도 분석 등의 방안도 있는데, 보수적 접근이란 가장 최악의 상황을 가정하고 정책의 결과를 예측하여 최선의 대안을 선택하는 방법이고, 가외성 확보란 불확실한 미래를 대비하여 중복적인 수단을 보유하는 것이다. 또, 민감도 분석은 분석에 사용된 중요변수의 미세한 차이가 결과에 어떠한 영향을 미치는 지에 대해 체계적으로 알아보는 방법이다. 민감도 분석에는, 최선의 대안 결과와 차선의 대안 결과가 나뉘는 분기점에서 발생가능 확률과 정책의 효과를 비교하는 '분기점 분석'(break-even analysis)과, 최선의 대안 결과가 다른 대안의 결과보다 월등히 뛰어날 때 최선의 대안에는 최악의 가정을 나머지 대안에는 최선의 가정을 함으로써 대안의 결과를 비교하는 '악조건 가중 분석'(a fortiori analysis)이 있다.

대안 결과의 예측 방법에는 귀납적으로 데이터에 기초한 연장방법인 경향치의 투사와 연역적인 방법에 속하는 이론적 모형설정, 전문가의 의견조사에 해당하는 주관적 판단의 방법이 있다. 경향치를 투사하는 방법으로 시간의 순서로 데이터의 변화 추이를 살피는 시계열 분석과 선형회귀분석 기법을 이용하는 선형경향추정법이 있다. 그리고 미래 예측을 위한 이론적 모형설정에는 모의분석법과 회귀분석이 있다. 모의분석법이란 어떤 실제 체제의 성질, 행태 및 특성들을 연구하고 이해하기 위하여 그 체제를 모방한 고안물을 활용하는 것이고, 회귀분석은 선형적인 미래예측이라고도 할 수 있는데 변수들의 관계를 이용하여 미래를 예측하는 기법이다. 대안 결과의 예측 방법 중 주관적 판단으로 예측하는 방법에는 고전적 델파이, 정책델파이, 교차영향분석이 있다.

고전적 델파이는 정책델파이와 유사한데, 정책 델파이는 선택적 익명, 갈등의 구성, 식견 있는 다수가 전문가로 참여, 양극화 통계처리 등의 특성을 활용하여 고전적 델파이의

요약 및 결론

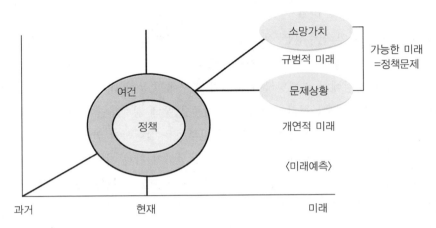

〈그림 10〉 정책결과의 미래예측

소망가치
규범적 미래

문제상황
개연적 미래

가능한 미래
=정책문제

여건

정책

〈미래예측〉

과거   현재   미래

단점을 보완한 것이다. 델파이와 더불어 주관적 판단의 예측을 위해 많이 쓰이는 방법은 교차영향 분석법인데, 교차영향 분석법은 여러 사건의 발생가능성과 한 사건이 다른 사건에 미치는 영향의 방향, 강도, 시차를 분석하는 것이다.

5. 정책대안의 분석(Ⅲ): 대안의 비교평가

정책분석의 다섯 번째 단계는 정책대안의 분석(Ⅲ): 대안의 비교평가이다. 대안의 비교 평가란 정책대안 간의 우선순위를 택하는 것인데, 만약 정책대안을 비교 평가하여 적합한 대안이 없을 때는 새로운 탐색의 개발 과정인 초기단계로 순환하게 된다. 여기서 우선순위의 선택 기준으로 네 가지 차원을 제시하였는데, 그것은 당위성에 속하는 성찰성과 민주성, 그리고 실현가능성과 효율성의 차원이다. 과거에는 효율성 차원의 분석만이 정책 분석의 전문 영역이라고 생각하였지만, 정책대안은 집행환경이나 그 형성과정에서 정치 성을 배제할 수 없기 때문에 효율성만을 강조하는 정책분석은 점차 바람직하지 않은 것으로 여겨지고 있다.

먼저 가장 상위차원의 정책대안 평가기준인 성찰성은 정책대안이 인간의 존엄성을 실현하고 성숙하고 신뢰받는 사회를 구축하는 데 바람직한 영향을 미치는지를 평가하는 것이다. 인간의 존엄성 실현과 사회적 신뢰의 구축은 민주성이나 형평성보다 포괄이고 이념적인 상태를 뜻하며, 하버마스가 언급한 미완의 프로젝트('*Unfinished Project*')라는 말처럼 우리가 끊임없이 추구해야할 철학적 지향점을 이른다. 만약 한 국가의 수많은 정책들이 올바른 방향, 즉 성찰성을 추구한다면 그렇지 않았을 경우 감수해야할 사회적 비용을 감소시킬 수 있다. 뿐만 아니라 보다 하위차원의 정책분석 기준인 민주성이나 효율성에도 긍정적인 영향을 미칠 것이다.

두 번째 분석 차원인 민주성은 절차적 민주성과 실체적 민주성으로, 실체적 민주성은 다시 참여성, 숙의성, 합의성의 세부 차원으로 나뉜다. 절차적 민주성과 실체적 민주성은 정책대안의 설정 과정에서 정책당국이 국민의 요구에 충분히 대응적(responsive)이었나를 평가하는 것이다. 정책분석가가 민주성의 기준을 통해 정책대안에 반영하고자 하는 바는 참여성, 숙의성, 합의성이며, 이런 실체적 민주성을 실현하기 위해서 절차적 적법성과 절차적 타당성이 필요하다고 할 수 있다. 이를 달성하기 위한 것으로서 최근 NGO 거버넌스(NGO Governance)의 개념이 주목받고 있다. NGO 거버넌스는 정부의 공식적 체제 밖에 존재하면서 정책과정에 영향을 미친다(권기헌, 2007: 236). 이들의 참여를 정책분석 단계에서부터 보장하면 국민의 요구와 정책대상의 현실을 고려한 정책대안을 마련할 수 있다. 이로써 자연스럽게 국민의 참여, 숙의, 합의를 통한 민주성 달성은 물론, 이후 단계에서의 정책불응 등의 비효율을 줄일 수 있다는 점에서 효율성 차원과도 부합한다.

실현가능성의 차원은 정치적, 경제적, 사회적, 행정적, 기술적, 법적 실현가능성으로 나눌 수 있다. 정책대안은 채택가능성(acceptability)과 집행가능성(implementation)을 제약하는 외부요인에 직면할 수 있는데, 여러 대안 중에 특별히 실현가능성이 낮은 대안을 택할 필요는 없을 것이다. 실현성 분석법에는 정책델파이와 정책집단분석이 있다. 정책집단분석은 불균등한 자원의 배분과 정책대상집단 간의 갈등 상황 하에서 정책대안의 채택과 집행을 위한 노력이 어떠한 결과를 가져올 것인지를 예측하는 데 특히 적합한 기법이다. 이는 정책대안에 대한 입장, 가용자원의 양, 관련 집단이 보유한 자원의 상대적 영향력에 대해 분석하게 된다.

마지막으로 효율성 차원의 분석은 목표달성도를 뜻하는 효과성과 비용편익의 비율로 나타나는 능률성의 관점에서 정책대안의 적합성을 판정하는 것이다. 이를 평가하는 방법으로는 순현재가치(NPV), 비용-편익비율, 내부 수익률(IRR) 측정이 있다.

6. 분석결과의 제시: 결과의 분석과 해석

정책분석의 마지막 단계는 분석결과의 제시이다. 정책분석은 구체적으로 정책문제의 분석, 정책목표의 설정, 정책대안의 분석, 분석결과의 제시의 과정을 거친다. 이 중에서 분석결과의 제시는 정책분석의 최종 마무리 단계에 해당된다.

분석결과의 제시 단계에서는 정책분석 과정을 통해 도출된 연구결과를 정리하여 분석 의뢰자 및 관심 있는 사람들에게 알리는 데 의의가 있다. 이때 정책분석가는 연구의 정당성과 제시된 결과 및 결론의 타당성을 분석 의뢰자가 스스로 판단할 수 있도록 객관적이고 분명하게 분석결과를 제시할 수 있어야 한다.

정책분석의 제시를 위해 정책분석가들은 다양한 역할유형(객관적 기술자 모형, 고객 옹호자 모형, 쟁점 창도자 모형, 정책토론 옹호자 모형)을 통해 자신들의 역할에 대한 인식을 하며, 다양한 형태의 분석결과의 제시를 하게 된다. 정책분석가들은 정책보고서의 작성, 구두보고, 브리핑, 세미나 발표 등의 다양한 방법을 이용해서 분석결과를 제시하게 되는 것이다. 이때 정책분석가들은 단순하고, 정확하며, 잘 문서화된 보고서를 통해 분석결과를 효과적으로 전달하도록 하는 것이 중요하다.

7. 정책분석의 최신기법

정책분석의 핵심은 인과관계(*causal relationship*)의 규명이며, 인과관계의 규명은 "왜 이런 현상이 발생했을까? 그 근본원인은 무엇일까?"와 같은 과학적 탐구(*scientific inquiry*)로부터 출발한다. 정책에 있어서 인과관계를 규명하려는 과학적 탐구는 정책의 성공(실패)인자에 대한 근본규명이 핵심이다. 정책의 성공과 실패(인자)를 규명하려는 정책분석의 탐구법은 크게 양적분석과 질적분석으로 나뉘며, 이 둘은 상호보완적 관계에서 통합적으로 진리규명에 도움을 준다.

이러한 관점에서 이 책은 정책분석의 최신기법을 다루고 있으며, 특히 양적자료분석과 질적자료분석으로 나누어 최근에 많이 활용되고 있는 기법들과 구체적인 분석 절차에 대해서 학습하였다. 양적분석으로는 회귀분석(신뢰도분석, 타당도분석), 요인분석, 구조방정식모형, Binary-data 분석을 위한 Logit/Probit 모형, Censored-data 분석을 위한 Tobit/Heckman Selection 모형, Count-data 분석을 위한 Poisson 모형, DEA와 Post-DEA, Coulter 모형, 메타회귀분석, 성향점수매칭 이중차이분석, 위계선형모형: 다층모형 등을 학습하였으며, 질적분석으로는 정책델파이기법, 시나리오기법, Q-방법론, AHP분석, 민감도분석, 근거이론분석(*grounded theory approach: Atla/Ti*), 사회네트워크분석(*social network analysis: SNA*), 시스템 다이내믹스(*system dynamics*) 등을 학습하였다.

정책학의 인과관계에 대한 근본원인 규명은 양적분석과 질적분석의 조화로운 사용과 다각적 접근을 요구하고 있다. 이를 위해서는 독립변수와 종속변수의 방향과 강도에 대한

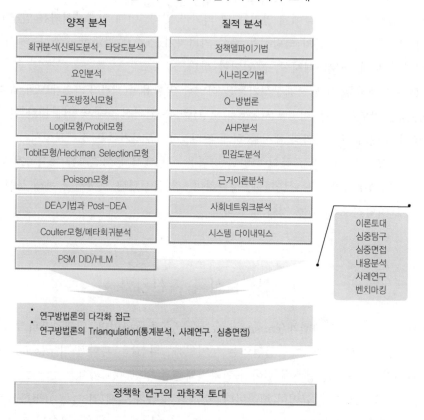

〈그림 11〉 정책학 연구의 과학적 토대

일치성(*consistency*), 원인성(*causality*), 상관성(*correlation*)을 규명하고자 하는 양적 분석을 통한 과학적 법칙의 규명이 선행되어야 하며, 이러한 양적분석은 이론(*theory*) 토대의 발견과 보강, 연구결과의 발견(*finding*)에 대한 심층탐구(*in-depth analysis*) 및 심층면접(*in-depth interview*) 등 질적분석의 접목을 통해 더욱 더 견고하게 된다. 이처럼 정책분석을 통한 인과관계 규명은 계량분석, 사례연구, 심층면접 등 연구방법의 삼각화 (*triangulation*) 및 연구방법의 다각화(*multiangulation*)를 통한 통합적 접근으로 진행될 때 정책학 연구의 과학적 토대는 더욱 더 강화되게 될 것이다.

8. 정책분석과 미래예측

미래라는 시간의 축과 정책이라는 공간의 축은 상호보완 적인 관계이다. 즉 미래예측은 미래의 대안을 정책을 탐구하는 학문으로서 과거나 현재에 관한 일련의 추세적 연장에 그치지 않고 미래의 대안을 창조하고 그러한 대안의 선택과 결정을 통해서 미래의 바람직한 대안을 개발하려는 학문이다.

1) 전략기획, 네트워크, 미래연구의 연결고리

미래는 불확실성(*uncertainty*)과 불확정성(*indeterminancy*)을 특성으로 한다. 불확실하고 불확정적인 미래의 특성으로 인해 오히려 미래에 대한 무한한 가능성은 열려 있으며, 미래예측을 통한 인간의 창조적 행위가 가능해 진다. 미래예측은 전략기획(*strategic planning*), 네트워크(*governance networking*) 형성 및 미래연구(*future studies*)의 중심부에 위치하는 개념이다.

2) 미래예측과 정책연구

미래예측과 정책연구는 매우 밀접한 연관관계를 맺고 있다. 하지만 그동안 미래예측이 정책연구라는 관점에서 집중적으로 조명을 받지는 못했는데, 앞으로는 미래예측과 정책연구의 다양한 연결고리에 대해서 연구할 필요가 있을 것이다. 정책은 미래가 있기에 정책의 미래지향적 탐색이 가능하게 되고, 국가의 미래지향적 가치를 그리면서 정책을 가치창조적으로 형성해나갈 수 있게 되는 것이다.

3) "완전한" 미래예측: 전문가 패널, 시나리오, 정책델파이

"미래예측"이라는 용어는 온갖 종류의 활동에 적용되지만, 미래연구를 하는 학자들은 전문가 패널, 시나리오 기법 및 정책델파이에서 활용되는 보다 진지한 형태의 토론과 다양한 방법론의 활용을 중시한다. 또한 이러한 관점에서 미래연구학자들은 전문가 패널, 시나리오 기법 및 정책델파이에서 보여주는 보다 장기적 형태의 연구와 다양한 방법론의 활용, 네트워크 형성, 정책결정과 정책기획의 강한 연계 등의 특성을 지닌 미래예측 방법론을 "완전한 미래예측"(*fully-fledged-foresight*)이라고 불렀다.

4) 미래예측 연구방법

미래를 예측할 때는 먼저 1) 어떠한 이슈가 존재하는지 확인하는 이슈의 확인(환경 스캐닝, 이슈서베이, SWOT 분석)과, 2) 그러한 이슈가 어떻게 진행될지에 대해서 추정해보기 위해서 추세 연장적 접근(추세연장, 경향추정, 시뮬레이션)과 창의적 접근(브레인스토밍, 전문가패널, 시나리오, 정책델파이, 교차영향분석, 실현성예측)을 사용하게 되며, 3) 마지막으로, 이상에서 추정하고 창의적 방식을 통해 나타난 미래의 상황을 우선순위로 분류하는 우선순위 접근(핵심기술 우선순위 기법, 로드맵 우선순위 기법)이 종합적으로 필요하다.

미래예측기법으로 사용되는 모든 방법들은 복잡한 수학적 모형, 계량적 기법이나 컴퓨터 시뮬레이션 등을 통해 이루어지기도 하지만, 실질적인 미래예측에 있어서는 전문가 패널, 시나리오 작성, 정책 델파이 등 전문가들의 주관적 판단이나 창의적 예측이 매우 중요한 자료로 사용되므로, 양적인 분석과 질적인 접근을 모두 활용하는 미래예측의 종합적 접근이 필요하다.

5) 창의적 예측연구

미래연구(*future studies*)는 미래의 문제를 탐구하는 학문으로서 과거나 현재에 관한 일련의 추세적 연장에 그치지 않고, 미래의 대안을 창조하고, 그러한 대안의 선택과 결정을 통해서 미래의 바람직한 대안을 개발하는 학문이다. 미래예측의 통계적 기법들은 데이터의 형태를 그래픽으로 혹은 추정의 형태로 처리해 줌으로써 미래예측의 객관성과 신뢰성을 확보하는 기반이 되지만, 미래연구는 어디까지나 이러한 통계분석의 수준을 넘어서서 창의적 예측에 기초한 창조적 대안 개발을 요구하고 있다.

미래예측은 결국 사회적이고 창조적인 과정이다. 미래예측은 조직의 성공에 핵심이 되는 새롭고 흥미로운 지식의 융합(*knowledge fusion*)을 키우는 상호작용의 과정이라고 할 수 있는데, 이러한 관점에서 이 장에서 소개한 전문가 판단에 기초하여 미래의 전략에 대한 창의적 견해들을 이끌어내는 기법들은 매우 중요한 의미를 지닌다고 하겠다. 창의적 예측의 방법론으로 브레인스토밍, 전문가 패널, 시나리오 기법, 정책델파이, 교차영향분석, 실현성예측 등이 있다.

6) 정책 우선순위 예측

미래연구(*future studies*)는 미래의 문제를 탐구하는 학문으로서, 미래의 대안을 창조하고 미래의 정책을 기획하는 학문이다. 미래예측은 1) 이슈의 확인, 2) 통계적 분석, 3) 전문가 판단의 과정을 거쳐 우선순위 분석을 통해 완성되는 것이며, 따라서 정책 우선순위를 분석하고 거기에 대한 논리적 정당성을 제시하는 일은 미래예측에서 매우 중요한 의미를 지닌다. 더욱이 미래예측이란 단순히 몇 가지 계량분석 방법론을 통해 미래를 단순히 예측하는데 그치는 것이 아니라, 국가혁신이라는 관점에서 미래의 보다 나은 창조적 대안들을 적극적으로 개발하고 창조하며 정책의 우선순위 선정에 따른 정책기획까지도 포함하는 폭넓은 미래지향적 사고의 과정이라고 보았을 때, 우선순위 분석은 미래예측에서 매우 중요한 의미를 지닌다고 할 수 있다.

9. 정책분석과 정책윤리

정책이 사회에 미치는 영향의 특성은 근본성, 광범성, 장기성이다. 정책분석이 사회와 개인들에게 미치는 영향이 광범위하고 심대하고 근본적이기 때문에 정책분석에 있어서 정책분석가의 윤리문제가 중요한 이슈로 대두된다.

민주주의 정책학을 완성함에 있어 정책토론(*policy discourse*)과 정책숙의(*policy deliberation*)는 매우 중요한 의미를 지닌다. 정책언어(*policy language*)와 정책논증(*policy argumentation*)이야 말로 맥락지향적 정책연구를 함에 있어서 핵심이기 때문이다(M. Danziger, 1995: 435-450). 또한, 이는 정책윤리(*policy ethics*)를 정책맥락(*policy contexts*)에 포함시키는 데 있어서도 매우 중요한 의미를 지닌다.

학문으로서의 정책학의 태동은 정책의 윤리성에 대한 특별한 관심에서 출발한다. 정책학은 윤리적 학문이며 이것이 정책학의 정체성을 구성하는 본질이다. Lasswell이 소망하는 정책학의 이상도 "인간의 존엄성을 보다 충실하게 실현하는 것"이었으며, 그가 정책학의 주창을 통하여 진정으로 의도하였던 것은 과학적 방법을 통하여 인도주의적 이상을 구현할 수 있는 윤리적 학문을 성립시키는 것이었다. 그리고 이것은 또한 허범(2002: 307-308)에서 주장되듯이, 민주주의 정책학과 탈실증주의의 접목을 위한 중요한 방향 설정이 될 것이다. 정책윤리에 대한 강조는, 토의 민주주의(*discursive democracy*)의 신장과 함께, 인간의 존엄성의 실현을 위한 중요한 방향 설정이 될 것이다. 정책학의 윤리적 기초와 목적이 정책학 개념화의 방향과 내용, 패러다임 그리고 성격을 규범적으로 규정짓기 때문이다.

> 21세기 인류사회에 요청되는 것은
> 개인의 가치가 존중되는 인간 존엄성의 사회를 실현하기 위한
> 정책적 지혜이다.
> Daniel Bell

미래는 단절과 불확실성, 속도와 불확정성 속에서 무서운 속도로 진행되고 있다. James Canton은 이를 '극단적 미래'(*extreme future*)라고 표현하였다. 특히 정보화와 과학기술이 급속도로 진행되고 있는 현 시점에서 오늘날 인류는 전례를 찾아보기 힘들 정도의 대변혁의 과정을 겪고 있다. 생활양식의 급격한 변화를 초래시키고 있는 정보기술, 이로 인한 가치관의 혼란, 안전한 삶을 위협하는 온갖 두려움과 공포의 증대 등 우리가 지금껏 경험해 보지 못한 가능성을 현실로 경험하고 있다. 극단적 미래에서 우리를 위협하게 될 여러 가지 요인들은 무수히 많으며, 극단적 미래는 역동적이면서도 지금과는 단절된 다차원적 성향을 띠면서 다가오고 있다.

정책분석의 궁극적 목적은 인간 존엄성을 실현하는데 있다. 인간의 존엄(*dignity*)을 실현하고 인간의 가치(*value*)를 고양시키는 데 있다. 이를 H. Lasswell은 민주주의 정책학이라고 불렀다. 생산성(*productivity*)과 민주성(*democracy*)을 토대로 성찰성(*reflexivity*-인권·정의·존엄의 실현)을 추구하는 학문이 정책분석론이다. 이를 정책분석의 당위성, 실현성, 효율성 차원이라고 부를 수도 있다. 규범적이고 당위적인 정책이상을 바라보면서 능률적이고 효과적인 정책을 추구하되 실현가능한 정책수단을 개발하는 것이 정책분석의 존재이유이다.

정책분석이란 정책을 대상으로 나누어서 살펴보는 노력이며, 정책이라는 복합적 가치의 구성물을 분할하고 종합하는 체계적 과학적 작업을 통해 정책판단의 근거를 질적으로 향상시키는 노력이다. 정책은 원래 합리적 요소와 정치적 요소를 포함하고 있으므로 우리가 정책을 분석한다고 할 때에는 정책에 담긴 비용-편익, 비용-효과성의 양적(*quantitative*) 측면뿐만 아니라, 민주적 가치, 인권적 가치, 형평적 가치 등 민주성과 성찰성 측면의 질적(*qualitative*) 측면을 모두 분석하는 것이 필요하다. 즉, 정책에 담긴 예상비용과 예상편

562

익(효과) 만을 분석하는 것이 아니라, 정책형성 과정에서 나타나는 민주적 가치와 절차의 측면도 분석 대상이며, 나아가 정책이 가져올 정치적, 경제적, 사회적, 문화적 영향에 대해서도 종합적으로 판단하고 분석할 필요가 있다.

본서에서는 미래예측(future foresight)을 정책분석의 중요한 방법론으로 비중을 두어 소개하였다. 미래예측은 미래의 정책을 탐구하는 학문으로서 과거나 현재에 관한 일련의 추세적 연장에 그치지 않고, 미래의 대안을 창조하고, 그러한 대안의 선택과 결정을 통해서 미래의 바람직한 대안을 개발하는 학문이다. 미래예측의 통계적 기법 그리고 미래연구의 창의적 분석들은 미래정부의 분석역량의 예측역량의 중요성을 감안할 때 정책분석론에서 차지하는 비중이 점점 더 중요해질 것으로 예상된다.

우리는 이러한 노력을 통해, 결코 쉽지는 않지만, 정책에 담긴 복합적 차원(dimension)이 좀더 분명해지고, 정책판단의 근거는 질적으로 향상될 것으로 믿는다. 이 책은 바로 이러한 전제하에 정책분석의 세 가지 차원인 생산성(효율성)-민주성(참여성·숙의성·합의성)-성찰성(당위성)에 대해서 설명하고, 이를 구체적인 정책사례분석에 적용시켜보려는 노력을 통해 실제 정책분석이 어떻게 이루어지는지에 대해서 학습하는 데 많은 주안점을 두었다.

J. Canton이 그의 극단적 미래예측(the extreme future)에서 간파한 것처럼, 미래예측의 목적은 변화에 있다. 미래예측은 미래에 대한 장기적 비전을 세워서 미래를 창조하는 것이다. 극단적 미래에 우리를 위협하게 될 여러 가지 도전들에 대해 지금 분석하고 예측하는 노력을 통해 대비하지 않으면 안된다. 지금 이 순간 변화가 시작되어야 한다.

참고문헌

1. 단행본

강근복(2002). 『정책분석론(개정판)』. 서울: 대영문화사.

강병서 · 김계수(2007). 『사회과학 통계분석』. 서울: 한나래.

거버넌스 연구회(2002). 『거버넌스의 정치학』. 법문사.

곽효문(1998). 『정책학원론』. 학문사.

권기헌(1994). 『Internatinal Institutions After Hegemony: Declining Commitments among the Large Industrialized Nations』. Unpublished Ph D Dissertation. Harvard University Cambridge, MA.

_____ (1997). 『정보사회의 논리』. 서울: 나남출판.

_____ (1999). 『전자정부와 정부혁신』. 서울: 커뮤니케이션 북스.

_____ (2000). 『정보사회의 논리』(개정판). 서울: 나남출판.

_____ (2003). 『정보체계론』. 서울: 나남출판.

_____ (2005). 『전자정부론』. 서울: 박영사.

_____ (2007). 『정책학의 논리』. 서울: 박영사.

_____ (2008a). 『정책학』. 서울: 박영사.

_____ (2008b). 『미래예측학』. 서울: 법문사.

권기헌 · 박승관 · 윤영민(1998). 『정보의 신화, 개혁의 논리』. 서울: 나남출판.

권기헌(2005). 『미래 과학기술을 위한 대형 연구시설 및 장비구축에 관한 정책연구』. 과학기술부.

_____ (2008). "미래지향적 전파관리 정책과제 도출". 『전파관리 핸드북 개발연구』. 전파연구소.

_____ (2009). 『미래예측을 통한 서울시의 u-City 서비스 모델개발』. 서울특별시.

권상탑(2000). 『최신정보화용어사전』. 서울: 홍익재.

권해수 외(2002). 『전자정부를 통한 부패통제-이론과 사례』. 서울: 한울아카데미.

김광웅 외(1982). 『정책학: 과정과 분석』. 법문사.

김광웅(1983). 『행정과학서설』. 서울: 박영사.

_____(1996). 『행정과 나라만들기』. 박영사.

김경동·이온죽(1998). 『사회조사연구방법』. 박영사.

김규정(1996). 『행정학연구』. 서울: 법문사.

김렬·성도경·이환범·이수창(2008). 「사회과학 연구 및 논문 작성을 위한 통계분석의 이해 및 활용」 서울: 대명.

김명수(1993). 『공공정책평가론』. 박영사.

김석준 외(2000). 『뉴거버넌스 연구』. 서울: 대영문화사.

_____(2001). 『뉴거버넌스와 사이버 거버넌스 연구』. 대영문화사.

김성태(1999). 『행정정보체계론』. 서울: 법문사.

_____(2003). 『전자정부론』. 서울: 법문사.

_____(2003). 『전자정부론 이론과 전략』. 서울: 법문사.

김수행(1988). 『정치경제학 원론』. 서울: 한길사.

김순은(2007). 『Q방법론과 사회과학』. 금정.

김승태 외(2004). 『행정사례연구』. 경희대학교 출판국.

나영·박상규(2009). 『사회과학분야 통계적 연구방법론의 이해』. 서울: 신영사.

남궁근(2009). 『행정조사방법론』. 제3판. 법문사.

남궁근, 이희선, 김선호, 김지원 공역(2008). 『정책분석론』(W. Dunn, Public Policy Analysis). 법문사.

노시평(2001, 2006). 『정책학의 이해』. 비앤앰북스.

노정현·박우서·안용식(1995). 『행정개혁론 이론과 실제』. 서울: 나남출판.

노화준(2003). 『기획과 결정을 위한 정책분석론』. 박영사.

노화준(2007). 『정책학원론』. 박영사.

박동서(1993). 『한국행정론』. 서울: 법문사.

박세정(1995). 『세계화시대의 일류행정』. 서울: 가람.

배동인(1992). 『한국의 국가와 시민사회』. 서울: 한울.

배병렬(2007). 『Amos 7에 의한 구조방정식 모델링』. 도서출판 청람.

백기복(1996). 『조직행동연구』. 서울: 법문사.

오석홍(1993). 『조직이론』. 서울: 박영사.

_____(1995). 『행정개혁론』. 서울: 박영사.

이성우 외(2005). 『로짓·프라빗모형 응용』. 서울: 박영사.

이수훈 역(1996). 『사회과학의 개방』. 임마뉴엘 월러스타인 저. 마산: 경남대 출판국.

이학식·임지훈(2008). 『구조방정식 모형분석과 AMOS 7.0』. 법문사.

이훈영(2008). 『이훈영교수의 SPSS를 이용한 데이터분석』. 서울: 청람.

정용덕 외(1999). 『신제도주의 연구』. 대영문화사.

_____(1999). 『합리적 선택과 신제도주의』. 대영문화사.

조석준(1986). 『한국의 행정문화』. 서울: 박영사.

정정길 외(2003). 『정책학원론』. 대명출판사.

최신용 외(2001). 『행정기획론』. 박영사.

최창현 외(2003). 『정책분석론』. 시대고시기획.

최홍석·주재복·홍성만·주경일(2004). 「공유재와 갈등관리」. 박영사.

하민지(2009). 『방과후 보육프로그램의 소득증대효과 및 영향요인 분석』. 성균관대학교 국정
관리대학원 석사학위논문.

허 범(1982). "가치인식과 정책학". 성균관대학교 사회과학연구소(편). 『현대사회과학의 이
해』. 대왕사.

_____(1988). "공공정책의 형성과 집행". 성균관대학교 사회과학연구소(편). 『행정학개론』.
대영문화사.

2. 국내논문

강근복(2007). "참여정책분석의 개념적 특성과 과정". 「지방정부연구」. 제11권 제3호.

강상진(2013). "교육학의 미래와 다층모형". 韓國敎育. 30(3): 437-456.

강성철·김도엽(2007). "지방공공 서비스의 민간위탁결정요인에 관한 연구". 「2008년도 하계
학술대회 발표논문집」. 151-174.

강소랑·문상호(2013). "기초노령연구제도가 고령자의 경제적 만족도에 미치는 영향". 「정책
분석평가학회보」. 23(4): 59-85.

강인재·이원희·임도빈(1998). "새로운 제도와 한국관료문화와의 적합성에 관한 연구". KIPA
연구 98-20. 한국행정연구원.

고길곤·하혜영(2008). "정책학 연구에서 AHP 분석기법의 적용과 활용", 「한국정책학회보」
17(1): 287-313.

권기헌(1995a). "정보화사회와 정보통신정책: 정보혁명·정책환경의 변화와 정책적 대응". 과
학기술정보통신부. 95-40.

_____(1995b). "The Vision, Goals and Tasks for the Human-centered Information Society".
「관용, 도덕성, 그리고 인간성 회복」. UN 50주년 기념 국제학술회의.

_____(1996a). "세계화: APII와 아·태 정보통신협력". 「행정문제연구」. 3(1).

_____(1996b). "WTO 체제하의 정보통신정책". 「대학논집」. 26호.

_____(1996c). "From Amoral To Humane Society: Science, Value, and Public Policy". 「세계
공동체를 향한 평화전략 및 21세기 UN의 역할」. 제10차 UN 평화의 날 제정기념 국제학술
회의.

_____(1996d). "정보화전략과 국가경쟁력". 한국정보산업연합회.

_____ (1996e). "정보화사회와 정보통신정책: 정보혁명·정책환경의 변화와 정책적 대응". 정보통신학술과제.

_____ (1997a). "전자정부와 행정개혁의 연계방안". 한국행정학회 동계학술대회 발표논문.

_____ (1997b). "21세기 정보사회를 위한 전자정부론". 한국학술진흥재단.

_____ (1999). "창조적 지식정부". 「창조적 지식국가」. KIET.

_____ (2000). "지식정부의 이론적 모형과 평가틀". 「정보와 사회」. 1: 28-47.

_____ (2007a). "정책이론과 거버넌스". 「국정관리연구」. 성균관대학교 국정관리대학원.

_____ (2007b). "정부개혁과 거버넌스". 「국정관리연구」. 성균관대학교 국정관리대학원.

_____ (2008). "전자정부와 거버넌스". 「국정관리연구」. 성균관대학교 국정관리대학원.

권기헌·최병선(2004). 「공공정책의 품질 향상 방안에 관한 연구」. 행정안전부.

김광웅(1995). "정보화 정부론". 서울대학교 행정대학원 행정논총. 33(1).

_____ (1998a). "김대중정부 초기정부조직개편에 관한 비판적 성찰". 「한국행정학보」. 32(2): 97-111.

_____ (1998b). "전자민주주의와 미래의 정부". (재)한국의회발전연구회 동계학술대회 발표논문집.

김길수(2004). "부안핵 방폐장 정책사례". 「한국정책학회보」. 제13권 제5호.

김현구(2006). "「정부업무평가 기본법」의 논리와 과제: 평가성공의 제도적 요인 분석". 한국행정학회 추계학술대회 발표논문집. 145-165.

김신복(1982). "정책분석 및 연구의 윤리성." 「행정논총」. 제27권 제2호

김규일(1995). "정책분석가의 윤리문제에 관한 연구". 「선진화를 위한 정책 윤리 및 과제」.

김내헌·방인홍(2003). "협업 환경에서 CAX운용 전략 개발". 대한설비관리학회지. 8(2).

김동욱(1995a). "공공기관간 정보이용 제고방안 연구". 서울대학교 행정논총.

_____ (1995b). "정책정보 공동이용을 위한 공공부문의 정보화". 국가기간전산망 저널. 2(4).

_____ (1996). "정보공동활용의 효율적인 추진방안". 국가기간전산망저널. 3(2).

김동현(1988). "정보화사회와 행정". 「고시계」. 10월호.

김득갑(2000). "디지털 경제의 확산과 정책대응". 삼성경제연구소.

김만기(1991). "한국에 있어서 정보공개와 행정문화". 한국외대 논문집. 6월호.

김명환, 김혜영. (2005). "콩 수매제도의 효율성 분석". 「농촌경제」. 제28권 제2호.

김문조(2000). "지식기반사회: 진단 및 대응". 「한국행정연구」. 9.

김병섭(1999). "정보화와 정부기능의 재설계". 「공공정책연구」. 5.

김상묵·박희봉·강제상(2001). "지적자본 형성 및 효과 – 조직내 사회자본과의 관계를 중심으로". 「21세기 지방행정의 과제와 비전: 자주재원 확충과 지역발전 요인의 탐색」. 강원행정학회 학술세미나 발표논문집. 한국행정학회.

김상욱(1999). "전자정부 구현을 위한 발전전략". 자치정보화재단 창립 1주년 기념 제2회 자치

정보화 세미나 논문집.

김상현(1996). "인터넷 영어 독점을 깨라". New+. 1996. 5.

김석주(2000). "전자지방정부 추진방향". 「지방자치정보」. 113.

김석준(1988). "전환기 한국행정의 새로운 패러다임 모색". 「한국행정학보」. 22(2).

김선경(2003). "U-Government의 등장과 서비스 방향". 「디지털 행정」. 특집 유비쿼터스와 전자정부. 행정안전부 정부전산정보관리소.

김선호·이석조(2003). "협업 비즈니스프로세스의 연구동향". 한국전자거래학회지. 8(1).

김성태(1998). "전자정부 조기 구현을 위한 행정정보 공동활용 저해요인 분석: Fish-bone Analysis의 적용". 「정책분석평가학회보」. 8(1).

김영삼(2004). "전자정부개념논의의 비판과 연구방향". 「참여정부의 정부혁신 방향과 과제」. 2004년도 춘계학술대회 발표논문집. 한국행정학회.

김영성·신기원(1991). "사회변화에 따른 한국행정문의 바람직한 방향설정에 관한 연구". 충남대학교 사회과학 연구소.

김영희(1996). "우리나라 유전자 치료의 가능성". 「포럼 21」. 한백연구재단.

김응천(1994). "미국의 통신산업 구조변동과 통신사업자의 전략분석". 과학기술정보통신부.

김 일(1992). "한국공무원 윤리관의 정립방안에 관한 연구". 단국대학논총. 12월호.

김순양(2003). "정책 네트워크 모형의 이론적 쟁점 분석". 「정부학연구」. 9(1).

김재윤(2000). "인터넷: 경제이상이 실현되는가?". 「인터넷 연구1」. 삼성경제연구소.

김정수(1994). "거시행정학의 체계정립을 위한 시론". 「한국행정학보」. 28(1).

김준모(1999). "일하는 방식에 대한 연구". 기획예산처 용역과제. 한국행정연구원.

김형렬(1993). "국제화에 대응한 정치, 행정의 역할". 한국정책학회. '93 정책토론회 자료집.

남궁근·황성돈(2001). "김대중 정부 행정개혁 3년 평가". 한국행정학회 춘계학술대회발표논문집.

낸시 포어(1996). "가상현실과 아이들". 「녹색평론」. 28.

노창선(1995). "Home 병무 서비스체제의 구축". 「행정과 전산」.

노화준(1996). "정보사회에 있어서 행정의 세계역량확충". 「행정과 전산」.

목진휴·최영훈·명승환(1998). "정보기술이 정책결정과정에 미치는 영향". 「한국행정학보」. 32(3). 가을.

문신용·윤기찬(2004). "사회복지서비스 생산성에 관한 통합적 분석". 「한국행정학보」. 38(6).

박영기(1992). "정보사회와 행정". 행정전산. 14(2). 총무처 전자계산소. 4월호.

류지창(1996). "인터넷, 앞으로 어떻게 될까?". 「포럼 21」. 한백연구재단.

목진휴·최영훈·명승환(1998). "정보기술이 정책결정과정에 미치는 영향". 「한국행정학보」. 32(3).

문태현(2005). 지역혁신을 위한 문화정책거버넌스의 성공요인분석. 「한국행정논집」, 제17권 제2호.

박문수·문형구(2001). "지식공유의 영향요인: 연구동향과 과제". 「지식경영연구」. 2(1): 1-23.

박상찬(1997). "해외 정보화 기술 동향". 「지역정보화」. 내무부.

박 성(2001). "행정조직의 지식관리전략". 「한국행정논집」. 13(4): 765-783.

박성진·문교봉(1998). "분산객체 컴퓨팅과 ERP". 「정보학회지」. 제16권.

박승관(1997). "한국사회, 커뮤니케이션, 정보테크날러지". 『국가사회정보화포럼』. 서울: 크리스찬아카데미.

박정택(1993). "새로운 국제행정 개념의 탐색". 「한국행정학보」. 27(1).

박희서·임병춘(2001). "지방공무원들의 효율적 지식관리를 위한 인과모형 검증". 「한국정책학회보」. 10(2): 111-133.

배순훈(2000). "지식기반사회로 발전". 「한국행정연구」. (9).

백완기(1994). "행정문화의 현주소와 방향". 「국책연구」. 12월호.

사재명(2002). "지방공무원의 지식관리에 관한 인식분석". 「한국지역정보학회지」. 5(2): 81-106.

서인석(2007). "인터넷 커뮤니티가 청소년의 지식형성에 미치는 영향에 관한 연구". 성균관대학교 국정관리대학원 Working Paper.

서인석 외(2009a). "수자원 예산심의에 관한 정책결정 분석". 「한국행정연구」. 18(4).

서인석 외(2009b). "한국재난안전네트워크(KDSN)의 네트워크 협력구조에 관한 연구: 사회연결망의 구조변수를 중심으로". 2009 국가위기관리학회 동계학술대회 자료집 54-71.

서인석 외(2009c). "국회 및 서울시의회 예산총괄심의과정에서의 의사결정: 질적연구방법을 활용한 예산결산특별위원회 회의록분석". 「한국행정학보」. 제43권 제4호.

석재은(2010). "이중차이모델에 의한 공적연금제도의 영향 분석". 「사회보장연구」. 26(3): 73-98.

손태완(1998). "기업식 정부에 대한 기대". 「한국행정연구」. 7(2). 한국행정연구원.

송근원(1989). "정책분석가의 역할, 윤리 및 지식". 「한국행정학보」. 제23호 제2권.

심상용(2005). "과거 성장전략의 경로의존성과 혁신주도 동반성장의 과제에 대한 연구". 한국정책학회. 「한국정책학회보」. 제14권(4): 223: 399.

안문석(1996). "차세대 행정정보화 사업의 추진방향". 「행정과 전산」.

_____(1997). "정보화 추진체계 및 과정에 대한 평가". 국가정보화추진과 시민사회의 참여 연구포럼 발표논문.

_____(1998). "정부개혁의 이슈". 「한국행정연구」. 7(2).

안성민(1999). 갈등관리의 제도화. 「한국행정학회」. 제12권 제10호

오광석(2003). "유비쿼터스 전자정부 추진 전략 및 구축 방안". 「디지털 행정」. 특집 유비쿼터

스와 전자정부 II. 행정안전부 정부전산정보관리소.

오광석・박원재(1997). "공공행정의 리엔지니어링과 추진방향". 「정보화동향」. 제94호.

염재호(1994). "국가정책과 신제도주의". 「사회비평」. 제11호.

유재원・홍성만(2004). "정부 속에서 꽃핀 거버넌스: 대포천 수질개선 사례". 「한국정책학회보」. 13(5). 한국정책학회.

유영달・정명수(1999). "공공부문 정보자원조사의 행정개혁적 함의". 「한국행정연구」. 8(1). 한국행정연구원.

유평준(1996). "전자정부에서의 행정서비스". 「국가기간전산망저널」. 3(3).

윤영민(1996). "전자정부의 구상과 실천에 관한 비판적 접근". 「정보화저널」. 한국전산원.

_____(1997a). "후기 산업사회 생산방식과 사회정의". 「현대사회와 과학문명」. 서울: 나남 출판.

_____(1997b). "19세기 이상과 21세기 기술의 접합은 환상인가?". 「국가사회정보화포럼」. 서울: 크리스찬아카데미.

윤영훈(1996). "PC통신과 통신망". 「행정과 전산」.

이대웅・권기헌・문상호(2015). "근로장려세제의 정책효과에 관한 연구: 성향점수매칭 이중・삼중차이 분석을 중심으로". 「한국정책학회보」. 24(2): 27-56.

이대웅・손주희・이소담・권기헌(2015). "대졸청년층의 노동시장 성과 결정요인 분석 -위계선형모형(Hierarchical Linear Model)을 중심으로-". 「한국정책학회보」. 24(4): 125-154.

이동규 외(2009), "주택정책 규제수단으로서 DTI 규제정책의 효과분석: System Dynamics를 활용한 시뮬레이션 분석". 「한국정책학회보」. 제18권 제4호.

이선・장석인・권기헌・강구영・양병무(1999). "창조적 지식국가론". 산업연구원.

이양수(1990). "한국 행정문화의 바람직한 방향". 「행정학회보」. 25(1).

이정화・문상호(2014). "기초연금이 고령자의 소득에 미치는 영향: 성향점수매칭(PSM) 이중차이(DID)를 활용한 분석". 「한국정책학회보」. 23(3): 411-440.

이종구・김태진・권기헌(2009a). "사교육비 지출 패턴과 경감정책의 효과분석: Tobit Model과 Heckerman Selection Model의 활용". 「한국교육」. 제36권 제2호.

이종구・김태진・권기헌(2009b). "전파자원 관리정책 네트워크 분석: 전파자원관리 패러다임을 중심으로". 「한국행정논집」 제21권 제4호.

전대성(2000). "지식행정을 통한 지방정부의 경쟁력 제고방안". 「경북전문대학논문집」. 19: 67-91.

정진섭(1995). "컴퓨터범죄와 보안문제". 「정보처리」. 2(4).

제갈돈(1994). "행정학의 패러다임과 비판적 행정이론: 새로운 패러다임 구성을 위한 시도". 「행정학회보」(대구・경북).

하미승(1992). "정보사회가 행정체제에 미친 영향". 「한국행정연구」. 1(3).

한범수・정승준(2005). "계층화분석방법(AHP)를 이용한 2005 경기방문의 해 사업평가". 한국

관광학회 학술대회 발표논문집. 3-11.

황지욱(2004). "델파이기법을 활용한 남북한 지방자체단체의 교류·협력 전망과 접경지역의 기능변화".「국토계획」. 제39권 제1호.

한국행정연구원(1996). "삶의 질에 있어서의 현황과 과제".「한국행정연구」. 봄호.

한상진(1998). "사회과학의 패러다임 전환과 정의의 문제". 경희대 사회과학연구원 학술심포지엄.

한세억(1999). "지식행정에 대한 탐색적 연구".「한국행정학보」. 33(3).

_____(2000). "지식사회의 행정조직관리패러다임: 지식관리의 이해와 실천".「한국행정연구」. 9(3): 125-127.

_____(2001). "행정지식관리시스템의 이해와 접근: 행정정보시스템의 진화가능성 모색".「한국행정연구」. 10(2): 228-259.

한수정(2015). "노인장기요양보험제도가 삶의 질과 복지인식에 미치는 영향: 한국복지패널을 활용한 성향점수매칭 이중차이 분석". 성균관대학교 국정관리대학원 석사학위 논문.

허 범(1992). "정책윤리분석의 구조와 기준".「중앙공무원교육원 연구논집」. 12: 165-187

_____(1997). "대통령 선거정책공약의 설계를 위한 개념적 틀과 지도지침".「한국정책학회보」. 제6권 제2호. 11-41.

_____(1999a). "개혁정책의 탐색과 설계". 성균관대학교 행정대학원(편).「21세기 강좌교제」. 1-23.

_____(1999b). "정책학의 패러다임에 관한 연구: 개념전제에 입각한 해석을 중심으로". 한국정책학회(편).「정책학의 정체성: 한국적 정책학과 미래의 정책학(1999년도 동계학술대회 발표논문집)」. 317-327.

_____(2002). "정책학의 이상과 도전".「한국정책학회보」. 제11권 제1호. 293-311.

_____(2006). "공직자의 삶과 윤리". 정책학이론세미나 강의자료.

홍민철·문상호·이명석(2016). "근로장려세제 효과 분석: 경제활동참여, 근로시간 및 개인별 빈곤을 중심으로".「정책분석평가학회보」. 26(2): 1-27.

3. 외국논문

Anderson, Charles W. (1990). Pragmatic Liberalism. Chicago: University of Chicago Press.

_____. (1993). "Recommending a scheme of reason: political theory, policy science, and democracy". *Policy Science*, 26(3): 215-227.

Argyris, C. (1977). "Double Loop Learning in Organizations". *Harvard Business Review*. September-October.

Ascher, W. (1987). "The Evolution of Policy Sciences: Understanding the Rise and Avoiding the fall". *Journal of Policy Analysis and Management*, 5: 365-373.

Atkinson, Michael M. and William D. Coleman. (1992). "Policy Networks, Policy Communities and the Problems of Governance". *Governance: An International Journal of Policy and Administration*. Vol. 5, No. 2: 154-180.

Barber, Benjamin. (1984). *Strong Democracy*. Berkeley: University of California Press.

Becker, O. Sascha and Ichino, Andrea. (2002). "Estimation of Average Treatment Effect based on Propensity Scores". *The Stata Journal*, 2(4):358-377.

Bellah, Robert N. (1983). "Social Science as Practical Reason". In Callahan, Daniel & Bruce Jennings (eds.). *Ethics, The Social Science, And Policy Analysis*, New York: Plenum Press. 37-68.

Bennis, W. (1993). *The Condition of a New Leader*. NY: The Free Press.

Bertrand, M. & Duflo, E. & Mullainathan, S. (2004). "How Much Should We Trust Differences-In-Differences Estimates?". The Quarterly Journal of Economics. 119(1): 249-275.

Bhatt, G. D. (2000). "Organizing Knowldege in the Knowledge Development Cycle". *Journal of Knowledge Management*. 4(1).

Brewer, G. & deLeon, P. (1983). *The Foundation of Policy Analysis*. Homewood, Ⅲ.: The Dorsey Press.

Brown, S. (1980). *Political Subjectivity: Applications of Q Methodology in Political Science*. New Haven: Yale University Press.

Brown, S., D. During and S. Selden. (1999). Q methdology. In G. Miller and M. Whicker, eds. *Handbook of Research Methods in Public Administration*. New York: Marcel Dekker.

Brunner, R. D. (1991). "The Policy Movement as Policy Problem". *Policy Sciences*, 24: 65-98.

_____. (1996). "A Milestone in the Policy Sciences". *Policy Science*s, 29(1): 45-68.

Cahill, Anthony G. and E. Sam Overman. 1990. "The Evolution of Rationalicy in Policy Analysis". In Stuart Nagel (ed.). Policy Theory and Policy Evauation: Concept, Knowlege, Causes, and Norms, New York: Greenwood Press. 11-27.

Caliendo, M. & Kopeinig, S. (2005). "Some Practice Guidance for the Implemantation of Propensity Score Matching". *The Institute for the Study of Labor*, Discussion Paper 1588. 1-29.

Choo, C. W. (1998). *The Knowing Organization: How Orgnizations us information to construct menaning, create knowledge, and make decision*. New York: Oxford University Press.

Churchman, C. West. (1968). *Challenge to Reason*. New York: McGraw-Hill.

Coleman, William D. and Grace Skogstad. (1990). "Policy Communities and Policy Networks:

A Structural Approach". In William D. Coleman, and Grace Skogstad (eds.). Policy *Communities And Public Policy in Canada.* Toronto: Copp Clack Pitman.

Danziger, J. D. & Kling, R. (1982). "Computers in Policy Process". *Computers and Politics.* Columbia University Press.

Danziger, M. (1995). "Policy Analysis Postmodernized: Some Political and Pedagogical Ramifications". *Policy Studies Journal,* 23(3): 435-450.

Davenport, T. H. (1996). *Improving Knowledge Work Process.* Sloan Management Review. Summer: 52-66.

Davenport, T. H. & Prusak, L. (1998). *Working Knowledge: How Organization Manage What They Know,* Harvard Business School Press.

Davenport, T. De Long David W. & M. C. Beers(1998). "Successful Knowledge Management Project". *Sloan Management Review.* Winter. 37: 43-57.

Dertouzos, M. L. (1997). *What Will be.* San Francisco: HarperEdge.

DiMaggio, Paul J. and Powell, Walter W. (eds.). (1991). *The New Institutionalism in Organizational Analysis.* Chicago: The University of Chicago Press.

deLeon, P. (1981). "Policy Sciences: The Discipline and the Profession". *Policy Sciences,* 1(13): 1-7.

_____ . (1988). *"Advice and Consent: The Development of the Policy Sciences".* New York, N. Y; Russell Sage Foundation. 23(3): 435-450

_____ . (1990). "Participatory Policy Analysis: Prescriptions and Precautions". *Asian Journal of Public Administration.* 12: 29-54.

_____ . (1994). "Reinventing the Policy Sciences: three steps back to the Future". *Policy Sciences.* 27: 77-95.

_____ . (1997). *Democracy and The Policy Sciences.* Albany, NY: State University of New York Press.

_____ . (1998). "Models of Policy Discourse: Insights vs. Predition". *Policy Studies Journal.* BVol. 26, No. 1(Spring).

_____ . (1999). "The Stages Approach to the Policy Process: What Has It Done? What Is It Going?" In Sabatier, Paul A. (ed). *Theories of the Policy Process.* Boulder, Colorado: Westview Press.

DeLeon, P. and Martell, C. R. (2006). "The Policy Sciences: Past, Present, and Future". In G. Peters & J. Pierre. (ed). *Handbook of Pubic Policy,* SAGE Publicactions: London.

Denis, Loveridge. (2005). "Technology Foresight Methods". Working Paper. PREST, Manchester, UK.

Dobuzinskis, L. (1992). "Modernist and Postmodernist Metaphors of the Policy Process:

574   참고문헌

Control and Stability vs. Chaos and Reflective Understanding". Policy Sciences. 25(4) : 355-380.

Doren, Gideon. (1992). "Policy Sciences: The State of Discipline". Policy Studies Review. 11 : 303-309.

Dror, Y. (1970). "Prolegomena to Policy Sciences". *Policy Sciences*. Policy Sciences. 1 : 135-150

Dryzek, J. S. (1982). "Policy Analysis as a Hermeneutic Activity". *Policy Sciences*. 14(4) : 309-329

_____ . (1989). "Policy Sciences of Democracy". *Polity*, XXII-1, 99-118.

_____ . (1990). *Discursive Democracy: Politics, Policy, and Political Sciences*. New York, NY; Cambridge Univ. Press.

_____ . (1992). "The Democratization of the Policy Sciences". *Public Administration Review*. 52-2, 125-129.

_____ . (1993). "Pollicy Analysis and Planning: From Science to Argument". In F. Fischer and J. Forester. (eds.) (1993). *The Argumentative Turn in Policy Analysis and Planning*. Durham, NC: Duke University Press.

Dunn William N. (1994). *Public Policy Analysis*. Englewood cliffs, NJ: Prentice Hall.

_____ . (1985). *Public Policy Analysis*. Englewood cliffs, NJ: Prentice Hall.

_____ . (1981). *Public Policy Analysis*. Englewood cliffs, NJ: Prentice Hall.

_____ . (1998). "Methods of the Second Type: Copying with the Wilderness of Conventional Policy Analysis". *Policy Studies Review*. V.7, N.4.

Durning, Dan. (1993). "Participatory Policy Analysis in a Social Service Agency: A Case Study". *Journal of Policy Analysis and Management*. 12: 231-257.

Downs, A. (1967). *Inside Bureaucracy*. Boston: Little, Brown.

Elinor, Ostrom. (1986). "An Agenda for the Study of Institutions". *Public Choice*. 48: 3-25.

_____ . (1990). *Governing the Commoms: The Evolution of Institutions for Collective Action*. New York: Cambridge University Press.

_____ . (1992). *Crafting Institutions for Self-Governing Irrigation Systems*. San Francisco: ICS Press.

Fischer, F. (1980). *Politics, Values, and Public Policy: the Problem of Methodology*. Boulder, colorado: Westview Press.

_____ . & Forester, J. (1993). *The Argumentative Turn in Policy Analysis and Planning*. Durham, North carolina, Duke Univ. Press.

_____ . (1993). "Policy Discourse and the Politics of Washington Think Tanks". In F. Fischer and J. Forester. (eds.). (1993). *The Argumentative Turn in Policy Analysis and Planning.* Durham, NC: Duke University Press.

_____. (1995). *Evaluating Public Policy.* Chicago: Nelson-Itall.

_____. (1998). "Beyond Empiricism: Policy Inquiry in Postpositivist Perspective". *Policy Studies Journal.* 26(1): 129-146.

_____ & J. Forester. (eds). (1993). *The Argumentative Turn in Policy Analysis and Planning.* Durham, NC: Duke University Press.

FOREN. *Practical Guide to Regional Foresight.* 2001.

Forester, J. (1993). *Critical theory, Public Policy and Planning Practice: Toward a Critical Pragmatism.* Albany, N.Y; SUNY Press.

Feigenbaum, E. & P. McCorduck. (1983). *The Fifth Generation-Artificial Intelligence and Japan's Computer Challenge to the World.* Reading. MA: Addison-Wesley.

Fukuyama, F. (1997). *The end of history and the last man.* Harpercollins.

Galbraith, J. K. (1967). *The New Industrial States.* Hamish Hamilto : London.

Gandy, O. H. (1986). "Inequality: You Don't Even Notice It After a While". In J. Miller(ed.). *Telecommunications and Equity: Policy Research Issues.* Amsterdam: North-Holland.

_____ . (1989). "The Surveillance Society: Information Technology and Bureaucratic Social Control". *Journal of Communication.*

Gates, B. (1996). The Road Ahead. Penguin Books USA Inc.

_____ . (1999). The Speed of Thought. Warner Books: A Time Warner Company.

Goggin, M. (1987). *Policy Design and the Politics of Implementation.* Knoxville: University of Tennessee Press.

Habermas, J. (1971). *Knowledge and Human Interests.* Translated by J. Shapiro, Boston MA: Beacon Press.

_____. (1979). *Communication and the Evolution of Society.* Translated by J. Shapiro, Boston MA: Beacon Press.

_____. (1987). *The Philosophical Discourse of Modernity.* Translated by F. Lawrence, Cambridge: MIT Press.

Hall, P. A. (1986). *Governing the Economy: The Politics of State Intervention in Britain and France.* New York: Oxford University Press.

Haggard. S. (1988). "The Institutional Foundations of Hegemony: Explaining the Reciprocal Trade Agreements Act of 1934". In G. John Ikenberry, David A. Lake, and Michael Mastanduno (eds.). *The State and American Foreign Economic Policy.* Ithaca: Cornell University Press.

Hajer, Maarten A., and Hendrik Wagenarr (eds.). (2003). *Deliberative Policy Analysis: Understanding Governance in the Network Society.* Cambridge, NY: Cambridge

University Press.

Helco, Hugh. (1978). "Issue Networks and the Executive Establishment". In *The American Political System*, Anthony King (ed.). Washington: American Enterprise Institute.

Ikenberry, G. J., D. A. Lake, and M. Mastanduno (1988). "Introduction: Approaches to Explaining American Foreign Economic Policy". In G. John Ikenberry, David A, . Lake, and Michael Mastanduno (eds.). *The State and American Foreign Economic Policy*. Ithaca: cornell University Press.

_____. (1988). "Conclusion: An Institutional Approach to American Foreign Economec Policy". In G. John Ikenberry, David A. Lake, and Michael Mastanduno (eds.), *The State and American Foreign Economic Policy*. Ithaca: cornell University Press.

Immergut, E. M. (1998). "The Theoretical Core of the New Institutionalism." *Politics & Society*, 26(1): 5-34.

Jantsch, Erich. (1970). "From Forecasting and Planning to Policy Sciences". *Policy Sciences.* 1-1, 31-47.

Jenkins-Smith, Hank C., and Paul A. Sabatier. (1993). "The Study of Policy Process." In Paul A. Sabatier and Hank C. Jenkins-Smith (eds.). *Policy Change and Learning*. Boulder, CO: Westview Press. Chap. 1.

Kaushal, N., Gao, Q., & Waldfogel, J. (2006). "Welfare Reform and Family Expenditures: How Are Single Mothers Adapting to the New Welfare and Work Regime?". (No. w12624). *National Bureau of Economic Research.*

Kennedy, P. (1993). *Preparing for the Twenty-first Century*. Seoul: The Korea Economic Daily(Korean edition).

Kettl, Donald F. (1994). "Managing on the Frontiers of Knowledge: The Learning Organization". in P. W. Ingraham and B. S. Romzek(eds.). *New Paradigms for Government*. San Francisco: Jossey-Bass Publisher.

King, G. Keohane. R. O. & Verba, S. (1993). *Designing Social Inquiry*. Princeton: Princeton University Press.

Kiser, L. and E. Ostrom. (1982). "The Three World of Action: A Metatheoretical Synthesis of Institutional Approaches". In Elinor Ostrom. (ed.) *Strategies of Political Inquiry*. London: Sage Publication. 179-222.

Kelly, Rita Mae. (1986). "Trends in the Logic of Policy Inquiry: A Comparison of Approaches and A Commentary". *Policy Studies Review*. 5(3): 520-529

Kooiman, Jan. (2003). "Modes of Governance". In Kooiman. *Governing as Governance*. London: Sage.

Krasner, S. 1983. "Regimes and the Limits of Realism: Regimes as Autonomous Variables".

In Krasner, ed., *International Regimes*. Ithaca: Cornell University.

Kornhauser, W. (1959). *The Politics of Mass Society*. New York: The Free Press.

Lasswell, H. D. (1943a). "Memorandom: Personal Policy Objectives (October 1)". Archived at Sterling Library. Yale University, New Haven, CT.

_____. (1943b). "Proposal: The Institute of Policy Sciences (October 1)". Archived at Sterling Library. Yale University, New Haven, CT.

_____. (1949). *Power and Personality*. New York: Norton.

_____. (1951). "The Policy Orientation". H. D. Lasswell and D. Lerner (eds.). *Policy Sciences*. Stanford, California: Stanford Univ. Press. 3-15.

_____. (1955). "Current Studies of the Decision Process: Automation versus Creativity". *The Western Political Quarterly*. 8: 381-399.

_____. (1965a). *World Politics and Personal Insecurity*. New York: The Free Press.

_____. (1965b). "The World Revolution of Our Time: a Framework for Basic Policy Research". H. D. Lasswell and D. Lerner (eds.). *World Revolutionary Elites: Studies in Coercive Ideological Movements*. Cambridge, MA: The MIT Press. 29-96.

_____. (1970). "The Emerging Conception of the Policy Sciences". *Policy Sciences*, 1: 3-14.

_____. (1971). *A Pre-View of Policy Sciences*. New York, N. Y.: Elsevier.

_____ & Myres S. McDougal. (1992). "Jurisprudence of a Free Society." *Studies in Law, Science and Policy* (Vol. 2), New Haven, CT: New Haven Press.

Lawlor, Edward F. (1996). "Book Review". *Journal of Policy Analysis and Management*. Vol. 15, No. 1 (Winter).

Lerner, Daniel. (1975). "From Social Science to Policy Science: An Introductory Note". Stuart S. Nagel. (ed.). *Policy Studies*. Lexington, Mass: Lexington Books.

Levitt, B. & March, J. G. (1988). "Organizational Learning". *American Review of Soiology*. Vol. 14. 1988.

Linder, S. and B. Peters. (1989). *Instrument of Government: Perceptions and Contexts. Journal of Public Policy*. 9: 35-58.

Loader, Brian D. (1998). "How Democratic Can Informatics be in Reality?: A Strategy for Political Inclusion?". Paper presented for 1998 Korea Association for Public administration (KAPA) International Symposium on Electronic Government. Hotel Shilla (Oct. 17, 1998).

Longino, H. E. (1993). "Economics for whom?". In M. Ferber & J. Nelson (Eds.). *Beyond Economic Man*. Chicago, IL & London: University of Chicago Press. 158-168.

Lynn, Laurence E., Jr. (1999). "A Place at the Table: Policy Analysis, Its Postpositive

Critics, and the Future of Practice". *Journal of Policy Analysis and Management*. Vol. 16, No. 3 (Summer).

Macrae, D. and J. Wilde. (1979). *Policy Analysis for Public Decisions*. N. Scituate: Duxdury.

Marsh, D. and Smith, M. (2000). "Understanding Policy Network: Towards a Dialectical Approach". *Political Studies*. 44: 4-21.

Marshall, J. and Peters, M. (1985). "Evaluation and Education: the Ideal Learning Community". *Policy Sciences*. 18: 263-288.

Newman, Janet. (2001). *Modernising Governance: New Labour, Policy and Society*. London: Sage.

North, Douglass C. (1994). "Economic Performance Through Time". *American Economic Review*. 84(3). 359-368.

NPR. (1995). *The Vision Takes Hold*. National Performance Review. September 1995.

OECD(1990). *Suvey of Public Management Development*. Paris: OECD.

_____ (1990a). *Financing Public Expenditures through User Charges*. Paris: OECD.

_____ (1991). *Survey of Public Management Developments*. Paris: OECD.

_____ (1996). *Knowledge Based Economy*. Paris: OECD.

_____ (1997a). *National Innovation System*. Paris: OECD.

_____ (1997b). *Regulatory Management and Reform: Current Concerns in OECD Countries*. Public Management Occasional Papers. Regulatory Management and Reform Series No. 1 (Paris: OECD).

Paris, David C. and James F. Reynolds. (1983). *The Logic of Policy Inquiry*. New York: Longman.

Painter, M. and Pierre, J. (eds). (2005). *Challenges to State Policy Capacity*. Palgrave Macmillan: NY.

Peters, G. (1995). *The Future of Governing*. University Press of Kansas.

Peter, A. Hall. (1996). "Political Science and the Three New Institutionalisms". *Political Studies*. XLIV. 936-957.

Peters, G. & Pierre J. (2005). "Toward a Theory of Governance". In Peters G. & Pierre J. *Governing Complex Societies: Toward Theory of Governance: New Government-Society Interactions*. Palgrave: Macmillan.

Ploman, E. W. (1975). "Information as Enviornment". *Journal of Communication*. 25(2).

Pierre, Jon. (2000). "Introduction: Understanding Governance". In Jon pierre(ed.). *Debating Governance*. Oxford: Oxford University Press.

Putnam, R. (1992). *Making Democracy Work*. Princeton: Princeton University Press.

_____. (1993). "The Prosperous Community: Social Capital and Public Life". *The American Prospect 13*(spring).

Quinn, J. B., P. Anderson, & S. Finkelstein, S. (1996). "Professional Intelligence to Create Value". *Harvard Business Review.* March-April.

Raudenbush, Stephen W. & Anthony S. Bryk. (2002). Hierarchical Linear Models Applications and Data Analysis Methods Second Edition. Sage Publications, Inc.

Rhodes, R. A. W. (1990). "Policy Networks: A British Perspective". *Journal of Theoretical Politics.* Vol. 2.

_____. (1997). *Understanding Governance: Policy Networks, Governance: Reflexivity and Accountablity.* Open University Press: Buckingham. Ch. 1-4.

Ronald, Coase. (1998). "The New Institutional Economics". *American Economic Review.* 88(2): 72-74.

Rochefort, David A & Roger W. Cobb. (1994). *The Politics of Problem Definition: Shaping the Policy Agenda.* Lawrence, Kansas: University Press of Kansas.

Rosenbaum, P. & Rubin, D. (1983). "The Central Role of the Propensity Score in Observational Studies for Causal Effects". Biometrika. 70(1): 41-55.

Saaty, T. L. (1977). A scaling method for priorities in hierarchical structures. *Journal of Mathematical Psychology*, 15: 234-281.

Sabatier, Paul A. (ed). (1999). *Theories of the Policy Process.* Boulder, Colorado: Westview Press.

Sabatier, Paul A. (1993). "Policy Change over a Decade or More". In Paul A. Sabatier and Hank C. Jenkins-Smith (eds.). *Policy Change and Learning.* Boulder, CO: Westview Press.

Simon, H. A. (1987). "The Steam Engine and Computer: What Makes Technology Revolutionary". *Computer and Society.*

Simon, H. (1985). Human Nature in Politics: The Dialogue of Psychology with Political Science. *American Political Science Review.* 79: 293-304.

Skocpol, T. (1984a). "Emerging Agendas and Recurrent Strategies in Historical Sociology". In Theda Skocpol (ed.). *Vision and Method in Historical Sociology.* Cambridge University Press.

_____. (1984b). "Sociology's Historical Imagination". In Theda Skocpol (ed.). *Vision and Method in Historical Sociology.* Cambridge University Press.

_____. (1985). "Bringing the State Back In: Strategies of Analysis in Current Research". In P. Evans, D. Dietrich and T. Skocpol, eds. *Bringing the State Back In.* Cambridge: Cambrige Univ. Press. 3-43.

Skok, James E. (1995). "Policy Issue Networks and the Public Policy Cycle". *Public Administration Review.* 55(4): 325-332.

Stephen Krasner. (1984). "Approaches to the State: Alternative conceptions and Historical Dynamics". *Comparative Politics*, Vol. 16 No. 2: 223-246.

Stone, Deborah. (1997). *Policy Paradox: The Art of Political Decision Making.* New York: W. W. Norton & Co.

Throgmorton, J. A. (1996). "The Rhetorics of Policy Analysis". *Policy Sciences*, 24(2): 153-179.

Torgerson, D. (1985). "Contextual Orientation in Policy Analysis: The Contribution of Harold D. Lasswell". *Policy Sciences.* 18: 241-261.

_____. 1992. "Priest and Jester in Policy Sciences: Developing the Focus of Inquiry". *Policy Sciences.* 25: 225-235.

_____. (2003). "Democracy through Policy Discourse." In Maarten A. Hajer and Hendrik Wagenaar (eds.). *Deliberative Policy Analysis: Understanding Governance in the Network Society.* Cambridge: University Press.

Toulmin, Stephen. (1958). *The Uses of Argument.* Cambridge: Cambridge University Press.

_____. R. Rieke, and A. Janik. (1979). *An Introduction to Reasoning.* New York: Macmillan.

Williamson, O. (1975). *Market and Hierarchies: Analysis and Antitrust Implications.* New York, The Free Press.

_____. (1985). *The Economic Institution of Capitalism.* New York, The Free Press.

Winpisinger, W. W. (1989). *Reclaiming Our Future.* Boulder: Westview Press.

World Bank. (1998). *Knowledge For Development.* Washington D. C: World Bank.

4. 정부간행물 및 기타

과학기술정책관리연구소(1995). "소프트웨어산업의 장기발전을 위한 기술혁신전략".

국가경쟁력강화민간위원회(1995). "국가사회정보화 민간종합계획".

기획예산위원회(1998a). 『국민과 함께 하는 국가경영혁신』. 대통령 업무보고. 1998. 4. 13.

_____(1998b). "정부부문 정보자원조사".

디지털 타임스. 2002년 4월 15일.

_____ . 2002년 5월 3일.

_____ . 2002년 6월 3일.

생산기술연구원(1995). "2000년을 향한 산업기술 개발수요".

전자정부구현을 위한 행정업무등의 전자화촉진에 관한 법률(2001. 3. 28 법률 제6439호) 및 동 법시행령(2001. 6. 30. 대통령령 제17271호).

전자정부특별위원회(2003). 『전자정부백서』.

과학기술정보통신부(2002). 『정보통신분야 정책성과』.

초고속정보통신기반연구반(1994). 『21세기의 한국과 초고속정보통신』.

총무처 직무분석기획단 편저(1997). 『신정부혁신론: OECD 국가를 중심으로』. 서울: 동명사.

함께하는 시민행동(2001). "전자정부구현을 위한 방안과 과제". 제3회.

행정안전부(1998a). "전자정부 구현을 위한 전자문서유통 활성화". 1998. 8.

_____ (1998b). 『전자정부의 비전과 전략』.

_____ (2001). "전자정부법의 이해와 해설". 2001. 7.

행정정보공동이용에 관한 규정(1998. 3. 28제정, 2001. 6. 30 폐지). 대통령령 제17271호.

21세기 위원회(1991a). "정보화사회와 국민생활".

_____ (1991b). "한국 미래정책의 선택".

_____ (1992). "21세기 한국의 선택".

감사원 http://www.bai.go.kr

법제처 http://www.moleg.go.kr

서울시 홈페이지 http://www.seoul.go.kr

전자정부 이야기 포럼 http://www.seri.org/forum/egov

전자정부 홈페이지 http://www.egov.go.kr

과학기술정보통신부 http://www.mic.go.kr

정부전산정보관리소 http://www.gcc.go.kr

정보통신정책연구원 http://www.kisdi.re.kr

조달청 http://www.pps.go.kr

종합뉴스데이터베이스 http://www.kinds.or.kr

한국전산원 http://www.nca.or.kr

한국전자거래협회/기술협회 http://www.kcals.or.kr

행정안전부 http://www.mogaha.go.kr

문화일보 홈페이지 http://www.munhwa.com/

한국노동연구원 http://www.kli.re.kr/

정보통신정책연구원 http://www.kisdi.re.kr/

청와대홈페이지 http://www.president.go.kr/

통계청 홈피에지 http://www.nso.go.kr/

사 항 색 인

ㄱ

가치갈등적 접근방법 ·············· 66
가치판단 ······················· 508, 523
간주관적 해석 ······················ 539
개방적 사고 ························· 520
개방화 ···························· 23
개연적 미래 ························ 142
개인문제 ··························· 64
객관적 기술자 모형 ·········· 223, 513
거버넌스 패러다임 ················ 526
결절된 균형 ······················ 528
결정적 전환점 ···················· 528
경제적 실현가능성 ··············· 183
경향추정 ························· 153
고객 옹호자 모형 ············ 225, 514
고전적 델파이 ···················· 161
공개적 토론 ······················ 538
공리주의적 경제모형 ············· 522
공식적 목표 ······················· 98
공평성 ··························· 180
과학적 탐구 ······················ 521
관리판단 ······················ 508, 523
교차영향분석 ················· 163, 357
구성론적 관점 ····················· 66
구성요소 분석 ····················· 86
구조방정식 ······················ 258
국정운영 ························· 538

규범적 미래 ······················ 143
근거이론분석 ···················· 328
근본적 문제의 추구 ··············· 75
기술적 실현가능성 ··············· 191

ㄴ

나뭇가지 모양 분석법 ·············· 84
네가티브 섬(negative sum) 게임 ······· 532
능률성 ··························· 195

ㄷ

다층모형 ························· 305
단순한 요소별 점검법 ············· 80
대응성 ··························· 182
도구적 합리주의 ················· 537
도덕적 모호성 ···················· 512
DMU ······················ 282, 283
DEA분석 ························· 282

ㅁ

맥락지향성 ························ 31
메타회귀분석 ···················· 296
모형의 적합도 ···················· 261
무형목표 ·························· 98
문제구조화 ······················· 73
문제지향성 ······················· 30

미래예측 ·································· 14
민감도 분석 ············ 144, 326, 511, 554
민주성 ································ 183
로드맵 우선순위 기법 ················ 360
Logit 모형 ··························· 264
로짓분포 ····························· 267

ㅂ

Binary-data ························ 264
법적 실현가능성 ···················· 190
Bayesian 모형 ····················· 354
벤치마킹 ························ 85, 122
복합적 요소점검법 ··················· 83
본분석 ································ 88
분기점 분석 ···················· 148, 554
불확실성 ····························· 144
브레인스토밍 ··············· 128, 154, 355
비용편익분석 ························ 196
비용효과분석 ························ 197
비형평 계수표 ······················ 294
비형평성지수 ························ 293

ㅅ

사실판단 ······················· 508, 523
사회네트워크분석기법 ········ 332, 333, 536
사회문제 ····························· 64
사회적 실현가능성 ··················· 189
사회학적 신제도주의 ················· 527
삼각화 ······························ 342
상위목표 ····························· 98
생산성 ······························ 193
SERVQUAL ························· 286
선형경향추정법 ····················· 554
성찰성 ······························ 174
성향점수매칭 이중차이모형 ············ 299

세계화 ······························ 23
Censored-data ····················· 270
수직적 형평성 ······················ 179
수평적 형평성 ······················ 179
숙의 ································· 525
숙의민주주의 ························ 538
숙의성 ······························ 537
숙의 민주주의 모형 ·················· 522
SWOT 분석 ························· 361
승산치(odds) ······················· 264
시계열 분석 ························· 149
시나리오기법 ·········· 129, 154, 314, 341
시뮬레이션 ····················· 154, 352
시민사회 ····························· 24
시스템 다이내믹스 ··············· 336, 337
신제도주의 ·························· 526
실질적 목표 ·························· 98
실천적 이성 ························· 521
실체론적 관점 ······················· 66
실체적 민주성 ······················ 185
실현성 예측 ························· 358
쌍무협정 ···························· 527

ㅇ

Atlas/Ti ··························· 328
악조건 가중 분석 ················ 148, 554
AHP분석 ······················ 322, 323, 324
AP 모형 ···························· 287
역사적 신제도주의 ·················· 527
연합방법지향성 ······················ 31
예비분석 ····························· 79
요인분석 ···························· 255
우선순위 행렬표 분석법 ··············· 85
위계선형모형 ························ 305
유형목표 ····························· 98
이론 ································ 123

이슈네트워크 ·· 530
이슈서베이 ··· 350
Euler상수 ·· 265
인간의 존엄성 실현 ······························· 74

ㅈ

자유주의적 정치모형 ···························· 522
잠재적 미래 ··· 142
쟁점 창도자 모형 ······················ 223, 517
적시성 ·· 235
적실성 ·· 235
적정성 ·· 177
적합성 ·· 120
전문가패널 ····················· 128, 156, 356
전자정부 ··· 13
점증주의 ·· 124
절차적 적법성 ······································ 184
절차적 타당성 ······································ 184
정보사회 ···································· 23, 537
정책공동체 ··· 530
정책네트워크 ·· 530
정책논증 ·· 520
정책대상집단 ································· 6, 123
정책대안 ·· 120
정책델파이 ············· 131, 162, 310, 357
정책문제 ······································· 7, 65
정책목표 ······························· 6, 95, 97
정책목표의 명확화 ······························ 108
정책분석가 ··· 509
정책분석 과정 ······································· 15
정책분석론 ··· 5
정책비용집단 ··· 6
정책수단 ·· 6
정책수혜집단 ··· 6
정책숙의 ·· 520
정책실패 ······································ 498, 495

정책언어 ·· 520
정책윤리 ·· 506
정책이념 ······································ 33, 537
정책의제설정 ··· 7
정책토론 ·· 520
정책 토론 옹호자 모형 ················ 228, 518
정책프레임 ·· 67
정책학 ·· 4
정책형성과정 ··· 5
정치적 실현가능성 ································ 187
제로섬 게임 ·· 531
지식관료 ··· 27
지식관리체계(KMS) ······························ 12
지식사회 ··· 19
지식정부 ··· 26

ㅊ

참여 ·· 525
참여성 ··· 537
창의력 ··· 122
창조적 대안탐색 ··································· 126
창조적 목표 ··· 98
창조적 지성 ·· 522
체계적 윤리성 ······································ 511
총체적 효과성 ······································· 24
추세연장적 접근 ··································· 152
충족도 점수를 계산한 요소별 점검법 ······· 80
치유적 목표 ··· 98

ㅋ

칼도-힉스 기준 ····································· 195
Count-data ·· 279
Coulter 모형 ·· 290
Q-방법론 ····························· 317, 318, 319

E

Tobit 모형 ·································· 270
통찰적 예측 ····························· 358
특혜관세 ································· 527
Tier분석 ································· 286

ㅍ

파레토 최적 ····························· 195
Poisson 모형 ··························· 279
포지티브섬 게임(positive sum) ········· 532
Probit 모형 ····························· 266
Propensity Score Matching-Difference in
　　difference ·························· 299
PSM-DID ······························· 299

ㅎ

하위목표 ································· 98
하위정부 모형 ··························· 530
할인율 ··································· 197
합리적 선택 신제도주의 ················· 529
합의 ····································· 525
합의성 ··································· 537
핵심기술 우선순위 선정 ················· 359
행정적 실현가능성 ····················· 189
행태주의 ································· 526
Heckman Selection 모형 ··············· 274
형태분석기법 ··························· 354
Hierarchical Linear Model ············· 305
HLM ····································· 305
환경스캐닝 ····························· 349
회귀분석 ·························· 244, 351
횡단면 분석 ····························· 152
효과성 ··································· 193

인 명 색 인

김동환 ································ 336, 337

김상진 ································· 373

김상훈 · 최점기 ····················· 370

김순은 ································· 318

다원 ··································· 243

맑스 ··································· 243

박형준 · 장현주 ····················· 333

손영석 · 김억 ······················· 375

신명순 · 김재호 · 정상화 ··········· 368

신영진 ···························· 363, 364

앨빈 토플러 ····················· 167, 358

이광모 · 김형준 ····················· 361

이순배 ································· 366

허범 ··································· 560

Aldrich & Nelson ·················· 266

Amemiyq ······················· 270, 271

Aristotle ···························· 290

Blumer ······························ 328

C. Lindblom ························· 124

Coulter ······························ 290

Cragg ································· 275

Goldberger ·························· 270

H. Lasswell ····················· 29, 243

J. Kingdon ···························· 7

James Canton ··················· 562, 563

John Rawls ·························· 548

Ken Tobioka ························· 345

Liao ·································· 267

Maslow ······························ 548

Michael Keenan ····················· 347

Miles & Keenan ················· 348, 349

Poisson ······························ 279

Quade ································ 172

Rhodes & Marsh ····················· 530

Saaty ································ 322

Tobin ································· 270

Train ································· 264

W. Dunn ··························· 9, 344

Wasser,am & Faust ·················· 332

William Stephenson ················· 318

Y. Dror ······························ 127

저자약력

한국외국어대 행정학과 졸업(행정학 학사)
서울대 행정대학원 졸업(행정학 석사)
미국 하버드대 졸업(정책학 석사, 박사)
제26회 행정고시 합격
상공부 미주통상과 근무
세계 NGO 서울대회 기획위원
미국 시라큐스 맥스웰 대학원 초빙교수
중앙공무원교육원 정책학교수
행정안전부 정책평가위원
행정고시 및 외무고시 출제위원 역임
한국정책학회 편집위원장 역임
성균관대학교 국정전문대학원장 역임
현재 성균관대학교 행정학과 교수 및 국제정보정책 · 전자정부연구소장

수상

국무총리상 수상(제26회 행정고시 연수원 수석)
미국정책학회(APPAM) 박사학위 최우수논문 선정
한국행정학회 학술상 수상
미국 국무성 풀브라이트 학자(Fulbright Scholarship) 선정
대한민국 학술원 우수학술도서 선정(정보체계론, 나남)
대한민국 학술원 우수학술도서 선정(정책학의 논리, 박영사)
문화체육관광부 우수학술도서 선정(정책학, 박영사)

주요 저서

《정책학》《행정학》《정책학의 논리》《행정학 강의》《행정학 콘서트》
《정책학 강의》《정책학의 향연》《정책학 콘서트》《정의로운 국가란 무엇인가》
《미래예측학: 미래예측과 정책연구》《전자정부론: 전자정부와 국정관리》
《정보체계론: 정보사회와 국가혁신》《정보사회의 논리》
《전자정부와 행정개혁》《과학기술과 정책분석》《정보정책론》
《창조적 지식국가론》《시민이 열어가는 지식정보사회》
《정보의 신화, 개혁의 논리》《디지털 관료 키우기》 등

제2 전정판
정책분석론

초판발행	2010년 8월 25일
제2전정판발행	2019년 2월 25일
중판발행	2023년 9월 15일

지은이	권기헌
펴낸이	안종만·안상준

편 집	윤혜경
기획/마케팅	정연환
표지디자인	김연서
제 작	고철민·조영환

펴낸곳	(주) **박영사**
	서울특별시 금천구 가산디지털2로 53, 210호(가산동, 한라시그마밸리)
	등록 1959. 3. 11. 제300-1959-1호(倫)

전 화	02)733-6771
f a x	02)736-4818
e–mail	pys@pybook.co.kr
homepage	www.pybook.co.kr
I S B N	979-11-303-0745-9 93350

copyright©권기헌, 2019, Printed in Korea

* 파본은 구입하신 곳에서 교환해 드립니다. 본서의 무단복제행위를 금합니다.

정 가   32,000원